사회·문화편
유언비어(2)
전시기(1937~1945) '불온 언동'

사회·문화편

일제침탈사
자료총서 61

유언비어(2)
—전시기(1937~1945) '불온 언동'

동북아역사재단 일제침탈사 편찬위원회 기획
정병욱·김연옥 편역

동북아역사재단
NORTHEAST ASIAN HISTORY FOUNDATION

발간사

  일본이 한국을 침탈한 지 100년이 지나고 한국이 일본의 지배로부터 벗어난 지 70년이 넘었건만, 식민 지배에 대한 청산은 이루어지지 못하고 있다. 일본의 독도영유권 주장은 도를 넘어섰다. 일본은 일본군'위안부', 강제동원 등 인적 수탈의 강제성도 인정하지 않고 있다. 일본군'위안부'와 강제동원의 피해를 해결하는 방안을 놓고 한일 간의 갈등은 최고조에 이르고 있다. 역사문제를 벗어나 무역분쟁, 안보위기 등 현실문제가 위기국면을 맞고 있다.

  한일 간의 갈등은 식민 지배의 역사를 어떻게 볼 것인가 하는 역사인식에서 기인한다. 역사는 현재와 과거의 대화이며 이를 기반으로 미래로 나아갈 수 있다. 과거 침략의 역사를 미화하면서 평화로운 미래를 말하는 것은 불가능하다. 식민 지배와 전쟁발발의 책임을 인정하지 않고 반성하지 않으면 다시 군국주의가 부활할 수 있고 전쟁이 일어날 위험성도 배제할 수 없다. 미래지향적 한일관계를 형성하고 나아가 동아시아의 평화와 번영의 기틀을 조성하기 위해 일본은 식민 지배의 책임을 인정하고 그 청산을 위해 노력해야 할 것이다.

  식민 지배의 역사를 청산하기 위해서는 식민 지배는 어떻게 이루어졌는지 그 실상을 명확하게 규명하는 일이 긴요하다. 그동안 일본 제국주의에 맞서 조국의 독립을 위해 헌신한 독립운동가들의 활동을 찾아내고 역사적으로 평가하는 일에는 상당한 성과를 거두었다. 반면 일제 식민침탈의 구체적인 실상을 규명하는 일에는 충분한 노력을 기울이지 못했다. 제국주의가 식민지를 침탈했다는 것은 너무나 당연한 사실로 여겨졌기 때문에, 굳이 식민 지배에서 비롯된 수탈과 억압, 인권유린을 낱낱이 확인할 필요가 없었는지도 모른다. 그러는 사이 일본은 식민 지배가 오히려 한국에 은혜를 베푼 것이라고 미화하고, 참혹한 인권유린을 부인하는 역사부정의 인식을 보이는 데까지 이르고 있다. 일제의 통치와 침탈, 그리고 그 피해를 종합적으로 조사하고 편찬할 필요성이 여기에 있다.

  일제침탈사를 체계적으로 정리하는 일은 개인이 감당하기 어렵다. 이에 우리 재단은 한국

학계의 힘을 모아 일제침탈사 편찬위원회를 꾸렸다. 편찬위원회가 중심이 되어 일제의 식민지 침탈사를 정치·경제·사회·문화 모든 방면에 걸쳐 체계적으로 집대성하기로 했다. 일제 식민침탈의 실체를 파악하기 위해 2020년부터 세 가지 방면으로 사업을 추진하고 있다. 하나는 일제침탈의 실상을 구체적이고 생생한 자료를 통해서 제공하는 일로서 〈일제침탈사 자료총서〉로 편찬한다. 다른 하나는 이들 자료들을 바탕으로 연구한 결과물을 〈일제침탈사 연구총서〉로 간행한다. 그리고 연구의 결과를 대중들이 이해하기 쉽게 〈일제침탈사 교양총서〉를 바로알기 시리즈로 간행한다. 자료총서 100권, 연구총서 50권, 교양총서 70권을 기본 목표로 삼아 진행하고 있다.

〈일제침탈사 자료총서〉에서는 정치·경제·사회·문화 모든 방면에 걸쳐 침탈의 역사를 자료적 차원에서 종합했다. 침략과 수탈의 역사를 또렷하게 직시할 수 있도록 생생한 자료를 제공하는데 목표를 두었다. 그동안 관련 자료집도 여러 방면에서 편찬되었지만 원자료를 그대로 간행한 경우가 많았다. 이번에 발간되는 자료총서는 해당 주제에 대한 침탈의 실상을 체계적으로 이해할 수 있는 구성방식을 취했으며, 지배자의 언어로 기록되어 있는 자료들을 독자들이 쉽게 읽을 수 있도록 모두 번역했다. 자료총서를 통해 일제 식민 지배의 실체와 침탈의 실상을 있는 그대로 이해할 수 있게 되기를 기대한다.

2023년
동북아역사재단 이사장

편찬사

1945년 한국이 일제 지배로부터 해방된 지 78년의 세월이 지났다. 그럼에도 불구하고 일본 사회 일각에서는 여전히 일제의 한국 지배를 합리화하고 미화하는 주장이 나오고 있으며, 최근에는 한국 사회 일각에서도 일제 지배를 왜곡하고 옹호하는 주장이 나오고 있다. 이는 한국과 일본 사회, 한일 관계와 동아시아 국제관계의 미래를 위해서도 결코 바람직하지 않은 일이다.

이에 동북아역사재단은 일제의 한국 침략과 식민 지배에 대한 학계의 연구 성과를 총정리한 〈일제침탈사 연구총서〉를 발간하기로 하였다. 이에 따라 2019년 9월 학계의 전문가를 중심으로 편찬위원회를 구성하였으며, 편찬위원회는 학계의 연구 성과를 토대로 정치·경제·사회·문화 부문에서 일제의 침탈이 어떻게 이루어졌는지 정리하여 연구총서 50권을 발간하기로 하였다.

주지하듯이 1905년 일제는 러일전쟁에서 승리한 뒤, 한국에 군대를 주둔시키면서 한국의 외교권을 빼앗고 통감부를 두어 내정에 간섭하였다. 1910년 일제는 군사력으로 한국 정부를 강압하여 마침내 한국을 강제 병합하였다. 이후 35년간 한국은 일제의 식민 통치를 받았다.

일제는 한국의 영토와 주권을 침탈하였을 뿐만 아니라, 군사력과 경찰력으로 한국을 지배하면서, 정치·경제·사회·문화의 모든 부문에서 한국인의 권리와 자유, 기회와 이익을 박탈하거나 제한하였다. 정치적으로는 군사력과 경찰력, 각종 악법을 동원하여 독립운동을 탄압하고, 한국인의 정치활동을 억압하고 참정권을 박탈하였으며, 집회와 결사의 자유를 억압하였다. 경제적으로는 일본자본이 경제의 주도권을 장악하고, 일본인 위주의 경제정책을 수행했으며, 식량과 공업원료, 지하자원 등을 헐값으로 빼앗아 갔고, 농민과 노동자 등 대다수 한국인의 경제생활을 어렵게 하였다. 사회적으로는 한국인들을 차별적으로 대우하고, 한국인의 교육의 기회를 제한하고, 한국인으로서의 정체성을 박탈하여 결국은 일본의 2등 국민으로 만들고자 하였다. 문화적으로는 표현과 창작의 자유, 종교와 사상의 자유를 억압하고, 한글 대신 일본어를 주로 가르치고, 언론과 대중문화를 통제하였다. 중일전쟁, 아시아태평양전쟁을 도발한 뒤에는 인적·물적 자원을 전쟁에 강제동원하고, 많은 이들을 전장에 징집하여 생명까지 희생시켰다.

〈일제침탈사 연구총서〉는 침탈, 억압, 차별, 동화, 수탈, 통제, 동원 등의 단어로 요약되는 일제의 침략과 식민 지배의 실상과 그 기제를 명확히 밝히고자 하였다. 이를 통해 일제의 강제 병합을 정당화하거나 식민 지배를 미화하는 논리들을 비판 극복하고, 더 나아가 일제 식민 지배의 특성이 무엇이었는지, 식민 통치의 부정적 유산이 해방 이후에 어떤 영향을 미쳤는지를 밝히고자 하였다.

편찬위원회는 연구총서와 함께 침탈사와 관련된 중요한 주제들에 관하여 각종 법령과 신문·잡지 기사 등 자료들을 정리하여 〈일제침탈사 자료총서〉도 발간하기로 하였다. 아울러 일반인과 학생들이 보다 쉽게 읽을 수 있는 〈일제침탈사 교양총서〉를 바로알기 시리즈로 발간하기로 하였다.

일제의 한국 침략과 식민 지배의 역사는 광복 후 서둘러 정리해냈어야 했지만, 학계의 연구가 미흡하여 엄두를 내기 어려웠다. 이제 학계의 연구가 어느 정도 축적되어 광복 80주년을 맞기 전에 이와 같은 작업을 할 수 있게 된 것을 다행으로 생각한다. 한일 양국 국민이 과거사에 대한 올바른 역사인식을 갖고 성찰을 통해 미래를 향해 함께 나아갈 수 있기를 기대하면서 삼가 이 책들을 펴낸다.

2023년
동북아역사재단 일제침탈사 편찬위원회

| 차례

  발간사   04
  편찬사   06

  자료 해제   11

I 조선군참모부 자료

1. 『1936년 전반기 조선사상운동개관 부록』   16
2. 『1938년 후반기 조선사상운동개황』   42
3. 『1939년 전반기 조선사상운동개황』   46
4. 『1939년 후반기 조선사상운동개황』   49
5. 『1940년 전반기 조선사상운동개황』   56

II 조선총독부 경무국 보안과 자료

1. 『치안상황』 26-47, 1937.9~1938.10   68
2. 『고등외사월보』 1-12, 1939.7~1940.7   204
3. 『제79회 제국의회 설명자료』, 1941.12   251

III 조선총독부 고등법원 검사국 자료

1. 「시국관계 범죄에 관한 조사」, 『사상휘보』 13, 1937.12   272
2. 「지나사변(중일전쟁)에 관련된 시국 관계 사건」, 『사상휘보』 13, 1937.12   278
3. 「유언비어 죄에 관한 조사」, 『사상휘보』 14, 1938.3   281
4. 「지나사변(중일전쟁) 관계 범죄 조사」, 『사상휘보』 14, 1938.3   305

5.	「시국관계 범죄에 관한 조사」, 『사상휘보』 16, 1938.9	…………	336
6.	「시국관계 범죄에 관한 조사」, 『사상휘보』 18, 1939.3	…………	364
7.	「시국관계 범죄에 관한 조사」, 『사상휘보』 19, 1939.9	…………	402
8.	「시국관계 범죄에 관한 조사」, 『사상휘보』 20, 1939.9	…………	411
9.	「시국관계 범죄에 관한 조사」, 『사상휘보』 21, 1939.12	…………	428
10.	「시국관계 범죄에 관한 조사」, 『사상휘보』 22, 1940.3	…………	445
11.	「시국관계 범죄에 관한 조사」, 『사상휘보』 23, 1940.6	…………	462
12.	「시국관계 범죄에 관한 조사」, 『사상휘보』 24, 1940.9	…………	474
13.	「시국관계 범죄에 관한 조사」, 『사상휘보』 25, 1940.12	…………	481

Ⅳ 일본 내무성 경보국 자료

1.	『특고월보』, 1937.7~9	…………	494
2.	『특고월보』, 1938.1~11	…………	499
3.	『특고월보』, 1939.1~12	…………	512
4.	『특고월보』, 1940.3~12	…………	525
5.	『특고월보』, 1941.8~12	…………	529
6.	『특고월보』, 1942.1~12	…………	549
7.	『특고월보』, 1943.1~12	…………	585
8.	『특고월보』, 1944.1~12	…………	624
9.	『특고월보』, 1945(원고)	…………	667

　　　자료목록 ………… 671

일러두기

1. 일제침탈사 자료총서는 가급적 일반 시민이 읽고 이해할 수 있는 현대적인 문장과 내용으로 구성했다.

2. 인명 및 지명 등 고유명사는 사례마다 처음 등장할 때 원어를 병기하고 이후에는 한글만 표기했다. '창씨개명'된 인명의 경우 '한글(한자, 일본어 음)'으로 표기했고, 다른 자료에서 본명을 확인할 수 있는 경우 '[한글, 한자]'로 부기하고 근거를 제시했다. 한글 표기는 국립국어원 외래어표기법에 따랐다.

3. 연도는 서력 표기를 원칙으로 하고 관련 연호는 병기했다. 날짜는 원문 그대로 하고 음력과 양력 여부를 알 수 있는 경우에만 '(음)', 또는 '(양)'으로 기재했다.

4. 숫자는 천 단위까지 아라비아 숫자로 표기하고 만 단위 이상은 '만'자를 넣어 표기했다. 도표 안의 숫자는 가급적 그대로 표기했다.

5. 국한문혼용체와 같이 탈초만으로 문장을 이해하기 힘든 경우 가급적 현대어에 가깝게 윤문했다. 단 풀어 쓰기 어려운 낱말이나 문구는 원문을 병기하거나 편역자주를 이용했다.

6. 낱말이나 문구에 대한 설명이 필요한 경우, 또는 편찬사업의 취지에 따라 자료 해설이 필요한 경우 편역자주를 적극 활용했다. 편역자주는 1), 2) 등으로 각주 처리했다. 단, 간단한 편역자주는 가독성을 높이기 위해 본문에 쓰고 '[ ]'로 표시했다.

7. ○은 원문에 있는 그대로, ■는 판독이 불가한 글자의 경우 표기했다.

8. 한 사례가 이 자료집에 여러 번 나오는 경우 사례의 끝에 '→' 표시를 하고 쪽수를 기입했다.

9. 원문에는 없으나 '불온 언동' 자의 수감 사진이 남아 있는 경우 제시하였다.

10. 자료 원문에 나오는 '역사적' 용어는 시대적 상황을 전하기 위해 원문 그대로 표기했다. 다만 아래 용어는 다음과 같이 번역하였다.

원문	번역
내지(內地), 내지인	일본, 일본인
선인(鮮人)	조선인
지나(支那), 지나인, 지나군(支那軍)	중국, 중국인, 중국군
북지나(北支那)	화북
지나사변(支那事變), 일지(日支事變)	중일전쟁
사변(事變)	중일전쟁, 전쟁, 사변

자료 해제

이 자료집은 1937년경부터 1945년경까지 일제 당국에 포착된 불온 언동을 모아 번역한 것이다. 앞서 펴낸 『유언비어(1)』은 1943년 고등법원 검사국 사상부(高等法院檢事局思想部)가 엮은 『대동아전쟁 발발 후 특수범죄 조서(東亞戰爭勃發後ニ於ケル特殊犯罪調)』를 번역한 것으로, 자료의 편찬자가 단일하고 대상 시기도 아시아태평양전쟁 발발 직후 1941년 말부터 1943년 상반기까지다. 이번에 펴내는 『유언비어(2)』는 조선과 일본의 군(軍), 경(警), 검(檢) 4개 기관의 6개 자료를 번역하였으며, 대상 시기도 1937년 전후부터 1945년까지 전시기(戰時期) 전반을 아우르고 있다. 전시기 불온 언동 자료의 역사적 의미에 관해서는 대략 앞선 자료집에서 서술했으므로[1] 생략하고 이번 자료집에 수록된 자료를 간단히 소개하겠다.

첫째, 조선군참모부의 『조선사상운동개황(朝鮮思想運動概況)』이다. 조선군참모부가 1933년 말 일본 육군성의 의뢰에 따라 반년마다 조선군참모장 명의로 육군차관에 송부했던 보고서이다. 보고가 언제부터 시작되었는지 확실하지 않지만, 현재 1936년 전반기부터 1940년 전반기를 다룬 보고서가 일부 남아 있다. 그 목적은 조선인 징병제 실시를 검토하기 위한 준비조사였던 것 같다.[2] 같은 시기 다른 자료와 비교해 볼 때 '불온 언동' 중에서 '반군반전(反軍反戰)'에 중점을 둔 자료이다.

둘째, 조선총독부 경무국(보안과)에서 작성한 『치안상황(治安狀況)』, 『고등외사월보(高等外事月報)』, 「1941년(昭和 16) 12월 제79회 제국의회 설명자료(帝國議會說明資料)」이다. 『치안상황』은 경무국 보안과에서 중일전쟁 발발 무렵[3]부터 작성하여 관련 기관에 통보했던 문서로 경

---

1 정병욱·김연옥 편역, 2021, 『유언비어(1) 아시아태평양전쟁 발발과 '불온 언동'』, 동북아역사재단, 11~31쪽.
2 宮田節子, 1993, 「『朝鮮思想運動槪況』解說」, 『朝鮮思想關係資料集 6』, 高麗書林, 1~2쪽.
3 현존 『치안상황』의 작성 주기를 보면 1937년 9월 중순~9월 말 매주 2보씩, 그해 12월까지 매주 1보씩 작성되었고, 1938년 들어서면 1~2주에서 2~3달로 작성 주기가 길어지고 불규칙해진다. 이로 볼 때 현재 확인할 수 없는 1937년 9월 중순 이전은 매주 2보씩 또는 그보다 더 자주 작성되었을 가능성이 있다. 주된 내용이 중일전쟁 발발에 따른 치안 특이 사항이므로 1937년 7월 7일 중일전쟁 발발 이후 작성되기 시작했을 가능성이 크다. 국사편찬위원회, 『한국

성지방법원 검사국에서 접수한 것 일부가 현재 국사편찬위원회 소장 '경성지방법원 검사국 문서'[4]에 포함되어 있다. 26보(報)(1937.9.14)부터 50보(1938.10.15)까지 총 25보가 남아 있는데,[5] 26보부터 '경계취체상황(警戒取締狀況)' 항목에 불온 언동 및 유언의 사례를 보고하고 있으며, 48보(1938.6.10)에서 50보에는 '도별(道別) / 불온 언동·유언 요지 / 검거연월 / 형벌 / 경찰서명(署名) / 씨명'으로 구성된 '불온 언동 및 유언비어 처벌표(不穩言動及流言蜚語處罰表)'가 제시되어 있다. 대략 『치안상황』 전반을 보면 1937년(昭和 12) 중일전쟁 이후 경무국이 '민심'을 읽기 위해 각계각층의 '언동(言動)'을 예의 주시하면서 그중 '불온'한 경우를 처벌하기 시작했다고 할 수 있다.

1939년 7월부터 간행된 월간 『고등외사월보』는 창간호 서문을 보면 1933~1937년간 총 6호 발행됐던 『고등경찰보(高等警察報)』의 후속편으로 기획되었지만, 방식을 바꿔 '치안상의 특수정세', '중요 안건' 등을 매월 분류 정리하였다. 월간 발행, '각 도 상호 긴밀한 연락', 내용 분류가 곤란하여 사무 분담기구에 따른 배열에 그친 점 등에서 1937년 중일전쟁 발발 이후 '치안'의 급박한 정세가 느껴진다.[6] 『고등외사월보』에는 '불온 언동 유언비어 처벌표(不穩言動流言蜚語處罰表)', '기타 시국관계 범죄표(其他時局關係犯罪表)'가 수록되었는데, 이는 『고등경찰보』에는 없는 것이다. '불온 언동 유언비어 처벌표'는 '도명(道名) / 불온 언동·유언 요지 / 검거연월 / 형벌 / 경찰서명(署名) / 씨명'의 항목이 달린 표로 위 『치안상황』과 그 양식이 동일하다.

「1941년(昭和 16) 12월 제79회 제국의회 설명자료」는 조선총독부가 제국의회에 설명하기 위해 준비한 자료에 포함된 것으로, 『고등외사월보』보다 소략하나 다른 자료에 나와 있지 않은 1941년 7~8월의 유언비어, 불온 언론을 담고 있다.

셋째, 조선총독부 고등법원검사국 사상부에서 간행한 『사상휘보(思想彙報)』이다. 『사상휘보』를 보면 고등법원검사국 사상부가 공산주의·민족주의와 같은 '사상사건' 외에 '유언비

사데이터베이스' 참조.

4   이 문서의 성격과 소종래에 대해서는 정병욱, 2014, 「경성지방법원 검사국 기록과 '사상부(思想部)'의 설치」, 『기록학연구』 제40호, 한국기록학회 참조.
5   총 2권으로 편철되었는데, 두 번째 권의 표지제목은 '自四十四報至第四十七報(昭和十三年度), 治安狀況, 警務局保安課'로 되어 있다. 그러나 내용을 보면 47보 이후에도 호수를 매기지 않았지만 『치안상황』이 3권 더 편철되어 있으며 시기상으로 연결되어 있다. 순서에 따라 48~50보로 간주하였다.
6   朝鮮總督府警務局保安課, 1939.7, 「서문(はしがき)」, 『高等外事月報』 第1號 참조.

어'를 포착하였던 것은 1937년 말부터였다. 같은 해 12월에 발간된 『사상휘보』 13호에 '시국관계 범죄에 관한 조사'라는 제목으로 "지나사변[중일전쟁]이 발발하자 시국에 관련하여 여러 범죄가 발생했다. 이제 11월 말까지 … 각 지방법원 검사국에서 수리 처분했던 이런 종류의 범죄에 대해서 조사한 바를 게재"하였다. 예로 든 범죄는 조언비어[유언비어], 사기, 시국이용 무고 및 절도, 보안법 위반이었고, 사상부가 판단하기로 총 49건 중 47건이 '사상과 관계없는 것'이었다.[7] 다시 14호(1938.3)에는 1937년 7월~1938년 2월 '조언비어'만 다룬 조사와 부록에 조선총독부 법무국 법무과가 조사한 1937년 7월~12월 '지나사변관계범죄조'를 실었는데, 양자는 항목에 다른 점이 있으나 중복되는 사건이 많다.[8] 16호(1938.9)부터는 정형화된 양식에 따라 '시국관련 범죄'가 조사 작성되었다. 일정 기간 각 지방법원 검사정이 당국에 보고한 것을 기초로 범죄를 '시국에 직접 관계된 사건', '시국을 이용한 사건', '시국관계법령위반사건' 3종으로 나누고 각각 통계와 사건 개요표를 제시했다. 표는 '관대(管內)/피의자 씨명·직업·연령/죄명/범죄사실 개요/검사 처분, 재판 결과 및 그 연월일/비고'로 구성되었다.[9] 이러한 표의 양식은 마지막 『사상휘보』가 나오는 1940년 12월까지, 또 속간호가 나왔던 1943년 10월에도 변함이 없었다. 다만 다루는 범죄의 종류에 변화가 있었다. 18호(1939.3)에서 '시국관계법령위반사건'이 '시국관계경제사범'으로 명칭이 바뀌었다가 1940년 이후에는 다루지 않았다. 중일전쟁 이후 총동원체제하에서 각종 경제통제법규를 위반하는 사건이 많아짐에 따라 1938년 11월부터 각 지방법원 검사국에 경제계 검사를 두었고,[10] 1940년경에는 사상부와 별도로 '경제부'를 두어 '시국관계범죄' 중 경제사건을 관할했다. 23호(1940.6)에 "종래 시국관계경제사건의 통계와 범죄사실 개요도 함께 게재했지만, 당국 경제부에서 팸플릿지(紙)를 발행하게 되었으므로 본 호 이후는 생략"한다고 했다.[11] 이후 25호(1940.12)까지 '시국직접관계사건'과 '시국이용사건' 2종을 게재하다가 속간호(1943.10)에는 '시국이용사건'만 게재하였다. '시국직접관계사건'은 앞의 『대동아전쟁 발발 후 특수범

---

7 高等法院檢査局思想部, 1937.12, 「時局關係の犯罪に關する調査」, 『思想彙報』 제13호, 87~93쪽.
8 高等法院檢査局思想部, 1938.3, 「造言飛語の罪に關する調査」, 『思想彙報』 제14호, 78~94쪽; 法務局法務課, 「支那事變關係犯罪調」, 같은 책, 303~320쪽.
9 高等法院檢査局思想部, 1938.9, 「時局關係の犯罪に關する調査」, 『思想彙報』 제16호, 33~69쪽.
10 문준영, 2010, 『법원과 검찰의 탄생: 사법의 역사로 읽는 대한민국』, 역사비평사, 455~456쪽.
11 高等法院檢査局思想部, 1940.6, 「時局關係の犯罪に關する調査」, 『思想彙報』 제23호, 67쪽.

죄 조서』로 펴냈다. 이 자료집에는 『사상휘보』 13~25호까지 주로 '시국직접관계사건'을 번역하여 수록했다.

넷째, 일본 내무성(內務省) 경보국(警保局) 보안과(保安課)가 '특고경찰(特高警察)'의 주된 사무인 반(反)국가단체 단속에 참조하기 위해 사회운동 전반의 동향을 조사하여 펴낸 정기간행물 『특고월보(特高月報)』이다. 매월 사회주의, 종교단체, 농민운동, 노동운동 등과 함께 재일조선인의 동향이 파악되었다. 재일조선인의 동향에는 '협력'에서 조직적 독립·해방 운동까지 망라되었는데, 이 자료집에서는 1937년 7월 중일전쟁 발발 이후 1945년 일본 패전까지 전시기의 주로 개인의 불온 언동, 특히 불경 사건, 유언비어, 불온 낙서의 사례를 모아 번역했다. 1945년 원고분은 박경식 편, 『재일조선인관계자료집성(在日朝鮮人關係資料集成)』 제5권(三一書房, 1975)에 의거했다. 전시기 재일조선인의 삶과 생각을 살펴볼 수 있는 귀중한 자료이다.

I

조선군참모부 자료

1. 『1936년도 전반기 조선사상운동개관 부록』

1) 불경사건 일람표(1936년 1~6월)

지방: 충북

월일: 4월 24일

범인의 주소·성명: 제천군(堤川郡) 백운면(白雲面) 모정리(茅亭里)·이상준(李相俊, ■세)

내용: 위 사람의 어머니가 열부(烈婦)로 총독부가 발행한 명륜록(明倫錄)에 등록된 적도 있었는데, 어머니의 죽음으로 극도의 충격을 받아 다음과 같이 불경·불온한 상주(上奏)·진정서를 천황 폐하·조선총독·도지사 앞으로 두 차례에 걸쳐 투함(投函)했다.

(번역문)

천황 폐하께

이처럼 모든 만물이 화창한 시절에 천황 폐하의 옥체 건강하심을 삼가 뵈옵니다. 지난달 한번 말씀 올렸으나 답변이 없으셔서 답답한 마음 가득합니다.

조선총독도 이 백성을 돌아보지 않고, 천황 폐하도 이 백성을 돌아보지 않으시면 소민(小民)은 빌 곳이 없습니다. 일본국 대왕으로서 백성을 버리는 것은 심한 것 아닙니까? 바라옵기는 폐하께서 이 백성의 상고(上告)를 한 번 생각해 주시기를 많은 눈물로 상주드리며 맺습니다.

1936년 4월 23일
조선지방 백성 이상준 올림

조치[處置][1]: 관할서(所轄署)에서 취조한 결과 후회하는 마음이 현저하므로 엄중히 말로 타이른(說諭) 후 풀어 줌.

---

[1] 원문 표기는 "처치(處置)"로 되어 있으나 한국어 어감상 '조치'로 바꿔 번역하였음. 이하 동일.

지방: 충남

월일: 2월 20일

범인의 주소·성명: 대전부 대동정(大東町)·종남빈(宗南彬) / 대전부 대동정·여호용(呂好龍)

내용: 결혼 피로연 향응을 받은 후 사소한 것으로 말싸움과 폭행을 했고, [그 과정에서] 실내에 걸려 있던 [천황] 폐하의 존영(尊影) 4장을 파기했다.

조치: 관할서에서 ■■■ 송국하고, 6월 ■4일(종남빈은 ■■■, 여호용은 ■■■)의 판결을 언도받음.[2]

지방: 전남

월일: 2월 5일

범인의 주소·성명: 화순군(和順郡) 북면(北面) 원리(院里)·정병의(鄭炳儀)

내용: 화순군 북면 면사무소에서 도로 개수(改修) 문제 협의회 석상에서 면장이 '예산 [문제를] 탁상공론해 봤자 우리는 양해할 수 없다. 천황조차도 인민들에게 고개를 들 수 없는 점도 있으므로 예산 내용을 상세히 발표해 주어야지 우리가 양해할 수 있다'[와 같이] 외람되게도 천황을 예시로 끌어들여 존엄을 범하는 불경한 언동을 하였다.

조치: 관할서에서 검거, 불경죄로 송국, 3월 30일 징역 4월에 처해짐.

지방: 경북

월일: 5월 13일

범인의 주소·성명: 대구부 봉산정(鳳山町)·권중택(權重澤, 29세)[3]

내용: 1933년(昭和 8) ■■적색농민조합사건에 연좌·검거되어 징역 2년 6월의 형기(刑

---

2   국가기록원, 〈독립운동 관련판결문〉의 '형사사건부'에 의하면 여호룡은 1936년 6월 24일 대전지방법원 공주지청에서 불경죄로 징역 10개월을 선고받았다.

3   권중택은 안동군청 임시고원, 안동군농회 임시고원,《중앙일보(中央日報)》안동지국 기자로 근무하고 나서 잡화상을 경영하며 안동청년동맹에 가입했다. 1931년 3월 안동콤그룹 결성에 참여하여 조직부 위원이 되어 안동 읍내를 담당했다. 4월 안동콤그룹 산하 적색농민조합을 조직하려 했으며, 여자부를 결성했다. 1934년 7월 대구지방법원에서 치안유지법 위반으로 징역 2년 6개월, 동년 10월 대구복심법원에서 징역 2년 6개월 집행유예 4년을 선고받았다. 대구지방법원형사부, 1934.7.2, 「1934년 형공(刑公) 제499호 판결: 안상윤(安相潤) 등 18인」; 대구복심법원형사제1부, 1934.10.3, 「1934년 형공공(刑控公) 제349호 판결: 이필(李鉍) 등 5인」.

期)를 끝내고 올해 3월 15일 대구형무소에서 출소했는데, 그 후 정신이상이 와서 자택 앞 기둥에 미농형(美濃型) 양지(洋紙)[4]에 "권중택 장자(長子) 금상(今上) 천황 폐하 대구형무소에서 인정"이라 써서 붙여 두었다.

조치: 관할서에서 검거했으나, 정신병자이므로 보호자에게 감시하게 함.

지방: 경남
월일: 1월 24일~1월 26일
범인의 주소·성명: 산청군(山淸郡) 산청면 부리(釜里)[5] 78·노수(盧洙)
내용: 1월 24~26일까지 자택 온돌방에서 "경고 '위천하생령포고문(爲天下生靈布告文)'"이라 제목을 붙이고, "쇼와(昭和) 히로히토(裕仁)[6] 및 총독 [우가키(宇垣)] 가즈시게(一成)는 지금까지 대역죄 11조가 있다고 운운"하며, 황실의 존엄을 모독하는 문장 2통을 작성하여 그중 1통은 자택에 두고, 1통은 2월 14일 오후 1시경 산청군 산청면 지리(池里) 공자묘에 들고 가서 지키는 사람에게 교부한 다음, 2월 25일 공자묘 제례(祭禮)에 다수의 유림(儒林)이 모이므로 그들에게 회람시켜 자신의 의사를 발표하려고 하였다.

조치: 관할서에서 검거, 취조 후 4월 4일 송국, 4월 6일 기소유예가 됨.

지방: 경기
월일: 1월 1일
범인의 주소·성명: 경성부 연지정(蓮池町) 41·조선경찰신문사(朝鮮警察新聞社)
내용: 위 신문사에서 발행한 1936년 1월 1일 자 신문에서 "연기난다, 제국헌법"이란 제목의 기사 중에 "황자(皇子) 데루노미야(照宮)께서 훙거(薨去)하셨다"[로 써야 할 것]를 "황자(皇子) 데루노미야(照宮)께서 폐거(弊去)하셨다"라고 잘못 표기하였다.

---

4 미농지(美濃紙)는 닥나무 껍질로 만든 질기고 얇은 종이로 일본 종이(和紙)의 일종이다. 일본 기후현(岐阜縣) 미노(美濃) 지방의 특산물인 데서 생긴 명칭이다. 양지는 서양에서 들여온 종이를 말하며 일본 종이에 대칭되는 표현이다. '미농형 양지'는 미농지 형태를 띤 서양 종이를 말하는 것 같다.
5 원문은 '釜田里'이나 당시 산청면에 없는 동리명으로 가장 유사한 것으로 고쳤다.
6 원문에는 '히로히토'의 한자를 '裕仁' 대신 '祐仁'로 표기되어 있으나 고의적인 오기(誤記)인지는 분명하지 않다.

조치: 전주경찰서에서 발견, 정정함.

2) 유언비어·낙서 일람표_ 민족(공산)의식에 기반한 것(1936년 1~6월)

지방: 경남

월일: 1월 21일

내용: 북(北)마산역 구내 변소 벽 낙서

    一. 우리 붉은 청년들은 레닌 기념일을 사수하자.

    一. 만국 무산당(無産黨)은 적기(赤旗) 아래 모여라.

    一. 일본 제국주의를 타도하자.

    一. 레닌 기념일 만세 만만세.

조치: 관할서에 연락, 말소(抹消)한 후 행위자를 수사 중

지방: 함남

월일: 2월 20일

내용: 본궁(本宮)[7] 대두(大豆)화학공업주식회사 공장 변소 안 낙서

    1. '독립', '결속하자', '제국타도'

    2. "우리는 무엇 때문에 저들로부터 압박을 받는가? 우리는 철저히 싸워야 하지 않겠는가? 공장 내에서 동맹파업을 결행하는 것은 우리들의 임무이다."

조치: 회사 경비계가 발견, 헌병·경찰에 연락, 말소

---

7 함흥의 본궁은 조선 태조 이성계가 왕이 되기 전에 살았던 집이다. 사건 당시 주소는 함주군(咸州郡) 운남면(雲南面) 중수리(中水里)이다. 대두화학공업회사의 공장이 같은 면 운상리(雲上里) 건설 중이어서 '본궁 부근'이란 뜻으로 앞에 명소명을 붙였다. 〈대두화학공업 8월에 공장 준공〉, 《동아일보》, 1935.4.9, 6면 4단; 〈대두화학공업 근근(近近) 해체결정〉, 《동아일보》, 1936.2.1, 4면 8단.

지방: 경남

월일: 2월 22일

내용: 부산부 대신정(大新町) 공설시장 변소 안 낙서

"최근 일소전쟁이 있었다. 조선인은 일어나 ○○국에 대해 항쟁하라. 3월 1일도 다 가온다. 조선독립 만세"

조치: 헌병이 발견, 말소하고 관할서와 연락해 행위자를 수사 중

지방: 충북

월일: 3월 6일

내용: 이번 제도사건(帝都事件)[8]은 작년 12월부터 이미 예지되었던 것으로, 그것은 음력 1월 20일 밤, 달의 양쪽을 향해 무지개 두 줄기가 보인 적이 있다. 예부터 큰 사건이 일어나기 전에는 반드시 이러한 현상이 있다[고 전해진다]. 또 재작년 밤 흰 무지개[9] 네 줄기가 나타난 것을 봤는데, 가까운 시일에 반드시 도쿄 사건(東京事件) 이상의 대사건이 발발할 수 있고, 드디어 일본도 멸망할 운명이 가까워진 것이다. 우리 조선민족에게 독립의 좋은 기회가 도래할 것이다.

조치: 관할서 서원(署員)이 들어서 알고 사실무근임을 알리며 유포 방지에 힘씀.

지방: 함남

월일: 3월 26일

내용: 본궁 대두화학공업주식회사 공장 변소 안 낙서

"혁명 선두에 서 있는 우리 공장 노동자여, 단결하라. 공급인부를 판단해 주십시오. 공급인부여, '■'라는 글자를 알고 있습니까? 공급인부도 직공도 같은 공장의 노동

---

8 '2·26사건'을 말하는 것 같다. 1936년 2월 26일 황도파(皇道派)의 영향을 받은 육군 청년장교들이 일본 천황 친정을 명분으로 1,483명의 병력을 이끌고 봉기하여 정부 주요 인사를 습격하고 관청가인 가스미가세키(霞ヶ関) 일대를 점령하며 반란사건을 일으켰다. 27일 계엄령과 28일 일본 천황의 원대복귀 명령으로 반란은 실패했고, 곧이어 오카다 게이스케(岡田啓介) 내각이 총사직했다.

9 조선시대에도 흰 무지개가 태양을 꿰뚫는 백홍관일(白虹貫日)과 흰 무지개가 달을 꿰뚫는 백홍관월(白虹貫月)은 변고(變故)의 징조로 해석되어 천문 관측의 주요 대상이었다.

자입니다"라고 낙서되었다.

조치: 회사 경비계가 발견, 헌병·경찰에 연락, 말소(抹消)

지방: 함남
월일: 4월 12일
내용: 본궁 대두화학공업주식회사 공장 변소 안 낙서
"제군이여, 우리는 전적으로 사회주의를 목숨과 같이 생각하여 주장하고 실현할 것을 맹세합니다", "일본인, 조선인의 구별을 하지 말라"고 낙서되었다.
조치: 회사 경비계가 발견, 헌병·경찰에 연락, 말소(抹消)

지방: 경남
월일: 4월 20일
내용: 진해읍 일출통(日出通, 현재 태평동) 84번지 앞 공중변소 안 낙서
"일본의 멸망은 멀지 않았다. 독립 만세"
조치: 헌병이 발견하여 말소하고, 관할서와 연락하여 행위자 수사 중

지방: 전남
월일: 4월 25일
내용: 전남 광주역 공중변소 벽 낙서
"우리 조선은 귀중한 국가임에도 왜놈에게 빼앗긴 것에 분노를 심히 참을 수 없다. 여전히 우리는 혈의(血衣)를 입고 있으므로 그것을 벗어던질 각오를 하라."
조치: 헌병이 발견, 말소하고 관할서와 연락하여 행위자 수사 중

지방: 전남
월일: 5월 15일
내용: 여수역 변소 안 낙서
"이완용은 매국자입니다. 우리 인생 중 실업자 이상으로 가엾은 자는 없다. 우리 동

포들이여, 현 사회를 고쳐 공산사회로 혁신합시다. 우선 첫 번째로 역에서는 역부(驛夫)를 살해합시다."

조치: 헌병이 발견, 역장에게 연락하여 말소. 헌병·경찰에 연락, 범인 수사 중

지방: 충남
월일: 5월 24일
내용: 예전에 비해 지금과 같이 문화가 발달한 경성을 보면, 수려한 강산이 타국의 수중에 들어간 것은 천추(千秋)의 한(限)이다. 또 총독부의 화려함에 비해 이왕가(李王家)의 쓸쓸하고 삭막함을 보고 있을 때면 눈물을 금할 수 없다.
조치: 헌병이 엄하게 타이른 후에 지금 세상[물정]을 설득하고 계몽하여 돌려보냄.

지방: 나남
월일: 6월 17일
내용: 나남읍 본정(本町) 공동변소 판자문에 연필로 "조선은 공산주의 선전에 따라 독립운동에 힘쓰라. 만세 만세. 일본인은 개자식이다"라고 한자가 섞인 언문으로 된 낙서가 있었다.
조치: 헌병이 발견, 경찰관에게 연락해 말소. 범인을 수사했으나 발견에 이르지 못함.

3) 유언비어·낙서 일람표_ 군사에 관한 것(1936년 1~6월)

지방: 경남
월일: 1월 2■일
내용: 일본 군부는 최근 제2차 세계대전을 예상하고 북선(北鮮)에 대 공군을 수송하고, 군비 충실을 기하였으나, 군축회의에서 탈퇴한 결과 고립무원에 빠졌고, 나아가 제2차 세계대전의 원인이 되었다. 일본 패전의 결과로 조선은 소련에 점령될 것이다.
조치: 헌병이 유포자를 엄하게 타이르고, [추후] 방지를 위해 노력함.

지방: 경북

월일: 1월 ■5일

내용: 1. 북중국 형세가 점점 험악해지는 조짐이 있는 것은 세계 동란의 전조일 것이다. 조선반도가 동란의 중심이 될 것이다.

2. 병자년(1936년)은 천하의 동란을 피하지 못할 것이다. 일본과 중국의 대전쟁은 올해에 발발한 것이다.

조치: 관할서 서원이 들어서 알고 엄하게 타이른 뒤 [추후] 방지를 위해 노력함.

지방: 충북

월일: 1월 25일

내용: 올해는 병자호란이 일어났던 해로 일·중, 일·미 관계가 날로 악화하는 정세이다.

조치: 관할서 서원이 들어서 알고 엄하게 타이른 뒤 [추후] 방지를 위해 노력함.

지방: 충남

월일: 2월 중순

내용: 병자년은 흉년(凶年)이 들 것이며, 국내에서 전쟁 혹은 악병이 유행할 것이다. 일본·만주 대(對) 소련의 개전은 올해에 발발할 것이 분명하다.

조치: 관할서 서원이 들어 알고 엄하게 타이른 뒤 [추후] 방지를 위해 노력함.

지방: 경기

월일: 2월 4일경부터

내용: 제3사단 출동설

경성의 주식거래업자들 사이에 경성부 황금정(黃金町) 2-199 주식거래업자 니타요시타미(新田義民)의 거래처인 오사카 주식 상인이 '2월 4일 나고야 주식거래소의 주가가 다른 거래소에 비해 현저하게 하락한 것은 제3사단 출동 때문이 아니겠는가'라고 했다는 유언(流言)이 유포되고 있다.

조치: 헌병은 조선취인소(朝鮮取引所) 간부와 업자에게 앞으로는 이러한 경솔한 언동을

하지 말도록 주의함.

지방: 경기
월일: 2월 초순
내용: 일본의 대(對)미국·소련 개전 유언비어

경기도 고양군(高陽郡) 은평면(恩平面) 일부 주민은 "올해가 병자년이므로 국내의 변동은 피하기 어렵고, 가까운 시일 내에 일본의 대(對)미국·소련 전쟁이 반드시 있을 것이고, 국내 소요가 일어날 즈음에는 현금이 필요하므로 준비해야 한다"라고 운운함.

조치: 헌병은 관할 경찰서와 연락하여 경방(警防)함.

지방: 강원
월일: 2월 14일
내용: 　본적: 전라남도 장성군(長城郡) 이하 불상

주소: 불상

직업·성명: 잡화행상 김시재(金時在, 50세)

위 사람은 강원도 이천군(伊川郡) 서면(西面) 문암리(文岩里) 여인숙 박주현(朴周賢) 집에 들렀을 때 박주현 외 2명의 마을 사람에게 소련과 만주의 국경 충돌사건은 점점 확대하고, 일소 개전은 이제 시간문제라며 드디어 사태가 긴박해지고 있다. 만약 일본과 소련이 개전한다면 즉시 제2차 세계대전이 될 것이다. 일본은 전 세계를 상대로 고전하지 않으면 안 되는데, 그때 조선 내에 만 20세 이상의 남자 중에서 다수의 군인을 모집할 것이고, 현재 착착 준비 중이다[라고 말함].

조치: 관할 경찰서에서 탐지하고 청취자에게 사실무근임을 말로 타이름(說諭)

지방: 전남
월일: 2월 하순
내용: 해남군(海南郡) 옥매산(玉埋山) 명반(明礬)광산에서 작년 12월부터 광부(鑛夫)를

배로 증가시켜 채광을 서두르고, 일본으로 이출(移出)하고 있는데, 해당 광석에서 알루미늄을 만들어 낼 수 있기 때문이다. [이는] 군축회의 탈퇴 혹은 소련과 만주 국경문제의 긴박 등에 비추어 보면 군비의 충실을 기하기 위해 군함, 비행기 등의 원료로 충당할 자원이니, 전쟁은 반드시 치르게 될 형세이다.
조치: 유포자를 말로 타이르고(說諭), [향후] 방지에 노력함.

지방: 함남
월일: 2월 15일~2월 22일
내용: 최근 소련과 만주 국경 침략 분쟁이 빈번히 일어나 일일이 셀 수 없는바, 만주국을 중심으로 일본과 소련의 외교는 점점 악화하고 있어 현재 일소전쟁도 시간문제이다.
조치: 유포자를 말로 타이르고(說諭), [향후] 방지에 노력함.

지방: 함남
월일: 2월 23일
내용: 최근 혜산진(惠山鎭) 지방 일대에서 소(牛) 중매인이 다수 들어와 밭 가는 소(耕牛)를 매수했는데, 이는 군부(軍部)가 군수품 제조에 이용하려는 것이다. 또 금창구(金廠溝) 사건[10] 결과 극비리에 재만(在滿)부대의 충실을 기해, 일본과 소련의 분쟁이 날로 확대돼 올해에는 개전할 것이다.
조치: 경우(耕牛) 매수는 영업을 위한 것으로 군부가 이용할 수 없다는 취지로 설명해서 유언(流言)의 해소에 힘씀.

지방: 경북
월일: 2월 27일

---

10 1936년 1월 29일부터 2월 1일까지 국경지대인 만주국 밀산(密山) 금창구(金廠溝)에서 일본군·만주군과 소련군 사이에 발생한 무력충돌을 말한다. 만주국 국경감시대에서 일부 병사가 반란을 일으키고 탈주하여 소련으로 향했고, 이에 일본군·만주군이 추적하다 국경선 부근에서 소련군과 전투가 벌어졌다. 松本和久, 2018, 「初期滿ソ国境紛争の発生と展開(1935~1937)」, 『境界研究』 8, 42쪽.

내용: 1. 제도(帝都) 불상 사건이 낙착되면 일본과 소련이 개전할 것이다.
　　　　 2. 이번 폭동 사건의 이면에는 총지휘관으로 예비역 육군 중장이 개입했다.
　　　　 3. 제도(帝都) 중대 사건은 미야(宮) 전하를 추대하는 것으로 상당히 뿌리 깊다.
조치: 헌병은 유포자를 분대(分隊)로 불러서 타이르고 유포 방지에 힘씀.

지방: 경남
월일: 2월 26일
내용: 군부는 일본과 러시아 간 국교가 급변함에 따라 군수품 수송을 개시하고, 또 교대를 이유로 재만부대의 병력에 충실을 기하기 위해 노력하고 있다. 이러한 것으로 봐도 일러 개전이 긴박해졌음은 사실이다.
조치: 헌병은 유포자를 분대(分隊)로 불러서 타이르고 유포 방지에 힘씀.

지방: 경남
월일: 2월 26일 이후
내용: 일본과 소련의 개전설
조치: 출처가 불명해도 하층 농민들 사이에서 유포되어, 헌병과 경찰이 협력하여 방지에 힘씀.

지방: 함남
월일: [원문 공란]
내용: 5·15사건 이래 육군 청년장교들은 백색(白色)테러[11]병에 걸려 잇따라 흉변이 야기되고 있다. 육군 일반에서는 극도로 지존(至尊)의 신뢰를 실추한 것이 명백해져서 비상경비 임무에도 해군 함대에 경비의 대명(大命)[12]이 내려지는 등 육군의 부패가 절정에 달했다.

11　권력자나 지배계급이 반정부 세력이나 혁명 운동에 대해 행하는 탄압이다.
12　일본 천황의 어명을 말한다.

조치: 근신(勤愼)하도록 경고하였으므로 곧 해소됨.

지방: 함남
월일: 2월 29일
내용: 군부의 횡포는 다시금 전율할 만한 큰 흉악범죄를 감행했다. 지금 제국은 위급존망의 기로에 봉착하여 민심은 군복을 입어도 벌레[毛蟲] 보듯 싫어하니, 민심이 갑자기 동요하고 혼란하고 있다.
조치: 근신(勤愼)하도록 경고하였으므로 곧 해소됨.

지방: 함남
월일: 2월 29일
내용: 소련 극동군 사령관의 중대 성명은 일본에 대한 도전적 태도를 노골적으로 표현하니, 호시탐탐의 정세이다. 그러나 일본은 제도(帝都)에 대흉변(大凶變)이 있어 군부의 위신이 실추되고 내부 다툼에 급급하여 외환을 잊고 있다. 소련의 독아(毒牙)에 유린당하는 것은 시간문제이다.
조치: 근신(勤愼)하도록 경고하였으므로 곧 해소됨.

지방: 경기
월일: 3월
내용: 경성부의 한가하고 나이든(有閑古老) 조선인들 사이에서 다음과 같은 유언비어가 돌고 있다.

　　1. 극동에서 소련은 방대하게 군비를 확장하고 있다. 일본은 이에 대한 방어책으로 육군에서는 만주국과 몰래 제휴하여 조만간 일본과 조선 안에 있는 대(大)부대를 만주국으로 이주(移駐)시키고, 아울러 조선 내 농민의 대부분을 만주로 이주(移住)시키기로 결정하였다.

　　2. 정감록의 예언시(豫言詩)에 '살육자수(殺戮者誰) 정탈기우(精脫其右) 조로만야(朝露滿野) 운등치우(雲騰致雨)'라고 되어 있는데, 미일분쟁은 미국이 승리하고,

일본과 러시아는 만주에서 전쟁을 시작하는 것을 의미한다.[13]

조치: 헌병·경찰이 협력하여 사실무근이라는 취지로 엄하게 타이르고(嚴諭) 유포 방지에 힘씀.

지방: 경북

월일: 3월 5일

내용: 1. 2·26사건에 의해 오카다(岡田) 내각이 총사직했는데, 다음에 군부를 주체로 하는 '파쇼' 내각이 출현하고, 이를 계기로 일본과 소련 사이에 가로놓인 여러 문제가 한 번에 해결될 것이다. 일소 개전은 필연적일 것이다.

2. 이번 사건에 의해 경계 중이던 경찰관 200명이 사상(死傷)되었다. 이로 인해 군경(軍警) 양쪽의 감정이 첨예화해 제도(帝都)에 제2의 불상(不祥)사건이 발발하려는 정세이다.

3. 이번 사건은 전국적으로 연락이 있던 것으로, 우가키(宇垣) 총독은 해운대에서 폭도의 습격을 받아 상처를 입어 화물열차로 급거 귀성했다.

조치: 헌병·경찰이 협력하여 사실무근이란 취지로 엄하게 타이르고 유포 방지에 힘씀.

지방: 함북

월일: 3월 초순

내용: 경원(慶源)

도쿄 사건이 발생한 것과 더불어 도쿄에 거주하는 조선인은 1923년(大正 12)에 있었던 관동대지진 재해와 같은 비참한 일을 겪을 것을 우려하여 계속 귀환하고[引揚] 있다.

조치: 헌병·경찰이 협력하여 사실무근이란 취지로 엄하게 타이르고 유포 방지에 힘씀.

---

13 '살육자수(殺戮者誰) 정탈기우(精脫其右)'에서는 '精'자에서 '靑'을 뗀 '米', 즉 '미국'으로 보고 '살육자는 누구인가? 미국이다'로 해석했다. '조로만야(朝露滿野) 운등치우(雲騰致雨)'에서는 '滿野'를 '만주 들판'으로 보고 '만주 들판에서 구름이 올라가 비를 이루듯(雲騰致雨) 전쟁이 일어날' 것으로 해석한 것 같다.

지방: 함북

월일: 3월 초순

내용: 회령 보병(步兵) 75대대, 공병(工兵) 19대대에 다량의 탄약이 도착했는데, 일소 개전을 준비하는 것으로 회령지방은 폭탄 세례를 받을 것이다.

조치: 헌병·경찰이 협력하여 사실무근이란 취지로 엄하게 타이르고 유포 방지에 힘씀.

지방: 함북

월일: 3월 중순

내용: 국경 모 수비대장이 2·26사건에 관해 부하에게 훈시하던 중에 모 청년장교가 칼을 빼어 수비대장을 베려고 했으나 제압되어 감금되었다.

조치: 헌병·경찰이 협력하여 사실무근이란 취지로 엄하게 타이르고 유포 방지에 힘씀.

지방: 충남

월일: 3월 12일

내용: 2·26사건의 원인은 군부가 일소 개전 준비로서 방해물을 제거한 것인데, 일소 개전이 눈앞에 임박했다.

조치: 헌병·경찰이 협력하여 사실무근이란 취지로 엄하게 타이르고 유포 방지에 힘씀.

지방: 경남

월일: 3월 18일

내용: 군부는 제도(帝都)사건 이후 적극적으로 군비 확장을 기도(企圖)하고 국내 산업 통제에 착수하는 등 일소 개전을 준비하고 있다. 일소 개전은 피하기 어렵고, 그 결과 일본은 곤경에 빠질 것이고, 조선은 독립하거나 소련의 속령(屬領)이 될 것이다.

조치: 헌병·경찰이 협력하여 사실무근이란 취지로 엄하게 타이르고 유포 방지에 힘씀.

지방: 경북

월일: 3월 26일

내용: 상거래를 위해 상경하던 중 제도(帝都)사건이 발발하고 그 상황을 목격했는데, 반란 장병들은 흰 어깨띠에 머리띠를 한 모습으로 곳곳을, 특히 경찰 본대(本隊)를 점령했으므로 도쿄의 치안은 완전히 어지러웠다.

각 조난(遭難)된 관저에 근무하고 있던 경찰관들도 위험을 우려하여 당황하여 어쩔 줄 몰라 달아났다고 하는데, 신문 보도 같은 것을 보면 사실이 아니므로 경찰 당국에서도 경찰관의 쓸모없음을 호도하기 위해 과대 선전을 한 것이다.

사건 당시 육전대(陸戰隊)와 반란군이 조만간 충돌하려던 참이었으나, 양군 지휘자 간의 회견으로 없던 일로 되었다.

조치: 헌병·경찰이 협력하여 사실무근이란 취지로 엄하게 타이르고 유포 방지에 힘씀.

지방: 전남
월일: 3월 29일
내용: 목포항만 조사는 일소 개전 시 군사 수송의 주요 항으로 삼을 목적으로 하는 것이다.
조치: 헌병·경찰이 협력하여 사실무근이란 취지로 엄하게 타이르고 유포 방지에 힘씀.

지방: 함북
월일: 3월 하순
내용: 2·26사건에 관계있는 모 연대의 청년장교 1명이 책임을 느껴 군도(軍刀)로 할복자살을 했으나, 연대에서는 엄중한 비밀에 부치고 있다고 한다.
조치: 헌병·경찰이 협력하여 사실무근이란 취지로 엄하게 타이르고 유포 방지에 힘씀.

지방: 전남
월일: 3월 하순
내용: 일본 소련 양국의 전쟁 개시는 이제는 자연스러운 추세이다.
조치: 관할서에서 유포 방지에 힘씀.

지방: 함남

월일: ■월 5일■ 3월 1■일

내용: 장령자(長嶺子) 사건[14] 발발에 대해 다음과 같이 유언(流言)이 있다.

1. 국경에서 소련의 비행기가 습래(襲來)하여, 수비대가 이를 방비하기 위해 일부 출동하는 것을 봤다고 한다.
2. 혼춘(琿春) 부근의 소련과 만주 국경에서 일본과 소련이 충돌해서 이 때문에 26일 밤 나남부대가 특별 열차로 혼춘에 출동했다.
3. 육군용 배 우지나마루(宇品丸)는 소련과 만주의 국경문제 악화로 인해 병기, 탄약과 군수품을 가득 싣고 청진에 입항했다.
4. 도쿄 사건의 행동대 천여 명이 죄를 용서받고 23일 웅기에 상륙해서 만주 국경 방면으로 향했다.

조치: 헌병은 경찰관과 협력해서 [유언비어의] 출처를 내사하고 유포자에 대해 경고하여 해소하기에 노력한 결과 점차 해소됨.

지방: 함남

월일: 3월 말

내용: 일소 개전이 절박해지면서 조선인 부호(富豪) 중에는 [어떤 자는] 공습을 우려해 가족을 경성으로 이전하는 것을 준비 중이다.

조치: 헌병은 경찰관과 협력해서 [유언비어의] 출처를 내사하고 유포자에 대해 경고하여 해소하기에 노력한 결과 점차 해소됨.

지방: 전남

월일: 4월 상순

내용: 일소 개전은 이제는 반드시 일어나는 추세일 것이다.

---

14 936년 3월 25일 일본군이 혼춘(琿春) 동남쪽 장령자 부근의 국경선을 시찰하던 중 소련군과 사이에 벌어진 전투를 말한다. 松本和久, 2018, 「初期滿ソ国境紛争の発生と展開(1935~1937)」, 『境界研究』 8, 45쪽.

조치: 헌병은 경찰관과 협력해서 [유언비어의] 출처를 내사하고 유포자에 대해 경고하여 해소하기에 노력한 결과 점차 해소됨.

지방: 전북
월일: 4월 9일
내용: 병자년의 미신, 일소 개전에 관한 것
조치: 헌병은 경찰관과 협력해서 [유언비어의] 출처를 내사하고 유포자에 대해 경고하여 해소하기에 노력한 결과 점차 해소됨.

지방: 함북
월일: 4월 초순
내용: 나남(羅南)을 출발, 남양(南陽)·도문(圖們)을 거쳐 만주로 가는 부정기 열차의 운행이 빈번해졌는데, 일본에서 군수품을 만주로 전송하는 것으로 일소 개전의 준비이다.
조치: 헌병은 경찰관과 협력해서 [유언비어의] 출처를 내사하고 유포자에 대해 경고하여 해소하기에 노력한 결과 점차 해소됨.

지방: 충남
월일: 4월 14일
내용: 소연방(蘇聯邦)[15]의 도전적 태도에 대해 일본 제국은 이에 응하기 위해 다수의 군대를 소련과 만주의 국경으로 보내고 추가로 파견하기만 할 뿐 귀환하는 자는 적으니, [파견군이] 상당히 다수에 달할 것이다. 그 수송이 완료되는 때 일소 개전에 이를 것이다.
조치: 헌병이 엄하게 타이르고 방지에 힘씀.

---

15 '소비에트 사회주의 공화국 연방'의 줄임말이다. 1917년 10월 혁명으로 생긴 최초의 사회주의 국가로 옛 제정 러시아의 대부분과 우크라이나를 비롯한 15개 공화국으로 이루어진 다민족 국가이다. 1991년 연방이 해체되었다.

지방: 경남

월일: 4월 중순

내용: 일소 관계는 점점 악화에 가까워져 양국의 개전은 피하기 어렵고 재향군인 등의 소집도 준비 중이다.

조치: [유언비어의] 출처는 분명하지 않지만 언동자에 대해서는 사실무근임을 제시하고 헌병·경찰이 협력하여 유언비어의 방지에 힘씀.

지방: 평북

월일: 6월 상순

내용: 일본에서 만주로 출동하는 병사 중 기후 관계상 나병(癩病)에 걸린 군인으로서 근무할 수 없고 귀성도 할 수 없는 자가 조선에 들어와 치료를 위해 인육을 먹는다. 최근에는 강계(江界)에도 2~3인의 나병 병사가 들어와서 매일같이 사람을 먹고 있다. 정부로서는 나라를 위해 충성을 다하고 병을 얻었기 때문에 그대로 방치하고 있다. 그러므로 [조선인이 알아서] 경계해야 할 것이다. (강계 지역 조선인 사이에서)

조치: [유언비어의] 출처는 분명하지 않지만 언동자에 대해서는 사실무근임을 제시하고 헌병·경찰이 협력하여 유언비어의 방지에 힘씀.

지방: 경북

월일: 6월 4일

내용: 조선중앙철도(朝鮮中央鐵道)의 완성을 3개년으로 단축하려는 것과 같은 것은 일소(日蘇) 양국 관계가 [악화로] 압박되는 것을 말해 주는 것이다. 완성 후에는 주로 일소 전쟁에 대비해 군대 수송에 이용할 것이다.

조치: [유언비어의] 출처는 분명하지만 언동자에 대해서는 사실무근임을 제시하고 헌병·경찰이 협력하여 유언비어의 방지에 힘씀.

지방: 함남

월일: 6월 20일부터 6월 30일까지

내용: 소연방에서는 지금 극동 국경선 일대에 대해 점점 병비(兵備)를 강화하기에 힘쓰고 있다. 재만 백계(白系) 러시아인들을 회유하여 귀국종용책에 분주(奔走)하고 있다.

소련은 러시아에 있는 조선인·만주인을 엄중히 조사하여 용의자의 국외 추방을 단행하고 있다.

일본군은 소련·만주 국경에 대해 방비 공사 중이다.

조치: [유언비어의] 출처는 불분명하지만 언동자에 대해서는 사실무근의 내용을 제시하고 헌병·경찰이 협력하여 유언비어의 방지에 힘씀.

지방: 평북
월일: 6월 하순
내용: 군부(軍部)에서는 2·26사건 피고를 재판함에 군에 불이익이 되는 사항이 있었으므로 그것을 유야무야하게 덮기 위해 요요기(代々木) 연병장(練兵場)의 정중앙에 임시 군법회의[군사법원]를 마련하여 헌병 수십 명으로 이 주위를 계속 경계하게 하는 고식(姑息)적인 수단에 의해 심리 중이다. (강계 지역 조선인 사이에서)
조치: 헌병이 유언비어 발설자를 발견할 때마다 말로 타이르고 [향후 유포] 방지에 힘씀.

지방: 충남
월일: 6월 22일
내용: 일소 관계가 점점 험악해져 양국은 계속해서 국경으로 병력을 집중시키고 있다.
조치: 헌병이 유언비어 발설자를 발견할 때마다 말로 타이르고 [향후 유포] 방지에 힘씀.

4) 유언비어·낙서 일람표_ 미신 및 기타(1936년 1~6월)

지방: 경남
월일: 1월 3일
내용: 최근 ■■■ 국민정부가 만주국 쪽으로 방류한 ■■■ 때문이라고 운운함.

조치: 관할서에서 유포자를 검거하여 엄중히 훈계함.

지방: 경북

월일: 1월 23일

내용: ■…■ 악병이 유행했고, ■…■ 악병이 유행해 ■…■ 정감록에 기재되어 있는 것과 같이 ■…■ 먹을 수밖에 없을 것이다.

조치: 관할서에서 계몽하고, 유포 방지에 힘씀.

지방: 경북

월일: 1월 25일

내용: 병자년은 액년(厄年)이 많은데 조선민력(民曆)■ '五行上行参'에 '七日得辛十二龍治水'라고 되어 있다.

'득신(得辛)'은 ■…■, '十二龍治水'는 가뭄을 표시하고, 구(舊) 3월에 들어서 한식(寒食)이 있으면 계절이 늦어져 보리의 발육이 좋지 않으리라 예상되고, 또 신구(新舊) [양력 음력 모두] 윤년으로 월식이 2회, 일식이 1회 있으니 확실하게 액년(厄年)임을 나타내는 것이다.

조치: 관할서에서 계몽하고 유포 방지에 힘씀.

지방: 경북

월일: 1월 26일

내용: 총독부에서 편찬한 올해 조선 민력(民曆)에서는 음력 9월·10월·11월 3개월이 연속 대월(大月)로, 이것을 과거의 사례로 보면 올해는 반드시 흉작으로 대사변이 있을 것임에 의심의 여지가 없다.

조치: 헌병이 들어서 알고 관할서에 연락해 유언비어 유포 방지에 힘씀.

지방: 경북

월일: 1월 2■일

내용: 60년 전 병자년 구정에 큰 폭설이 있었고 큰 가뭄으로 대기근이 들어 다수의 아사자가 있었던 적이 있다. 올해도 정월에 폭설이 있었던 것은 이에 대한 전조(前兆)로, 미리 금전거래 및 기타를 준비해 둘 필요가 있다.
조치: 관할서에서 유포 방지에 힘씀.

지방: 전남
월일: [원문 공란]
내용: 과거 병자년 구정에 전남 광양군 옥룡면(玉龍面) 백운산(白雲山)이 크게 울려 흔들리자[鳴動] 동학당의 난이 일어났고, 또 그 61년 전 병자년에도 백운산에서 명동(鳴動)이 있자 비참한 기근이 들었다. 올해도 병자년으로서 1월 30일 이래 백운산이 명동(鳴動)했으므로 대동란(大動亂)의 발발을 보게 될 것이다.
조치: 관할서에서 지방민에게 이러한 미신에 미혹되지 말도록 극력으로 설득한 후 유포 방지에 힘씀.

지방: 평남
월일: [원문 공란]
내용: 전해지는 말에 따르면 병자년은 예부터 액년(厄年)으로 '丙'이라는 글자로 구성되는 해에는 반드시 큰 전쟁이 일어나거나 대기근이 발생하고 혹은 전염병이 유행한 전례가 있다. 올해는 일소(日蘇) 개전이 일어나고 나아가 세계전쟁이 될지도 모른다. [평양 구시가(舊市街) 조선인들 사이에서]
조치: 경찰 당국에 연락해 방지에 힘씀.

지방: 평남
월일: [원문 공란]
내용: 작년 말부터 매우 추운 데다가 눈도 적게 와서 올해는 흉년을 면하기 어렵고, 또한 당국에서 기독교도에게 신사참배를 강요하기 때문에 천부(天父)의 분노[怒]를 샀다고 운운함. (평양의 기독교도 사이에서)

조치: 경찰 당국에 연락해 방지에 힘씀.

지방: 황해
월일: [원문 공란]
내용: 병자년에 대해서

    올해는 병자년으로 ■■ 악병, 기근이 계속 발생할 것이다. 올해는 세계 심판의 때로 일본은 세계 각국으로부터 응징당할 것이다.

조치: 헌병과 경찰이 협력하여 방지[防遏]에 힘쓴 결과 잠시 후 소멸함.

지방: 경기
월일: 1월 2일
내용: 경성부 종로 2정목(丁目) 소재 파고다공원 앞문 입구 주춧돌[柱石]에 다음과 같은 문구가 적힌 흰 종이가 부착되어 있었다.

    ■리(理)제국중의원(帝國衆議院)

    회기(會期) 기원(紀元) 31년 3월 1일부터 5월 29일까지로 함.

조치: 관할서인 종로서에서 철저히 범인 수사 중

지방: 전북
월일: 1월 2일
내용: 충남 계룡산이 음력 정월 상순 무렵 밤에 2회 정도 진동한 적이 있었는데, 지진과는 달랐다. 소문에 따르면 제도(帝都)에서 군대의 반란이 일어나 다수의 사상자가 나왔다고 하는데, 이러한 동란이 혁명이 되고 나아가 일소 개전이 되어, 동양은 일대 전쟁터로 변하게 될 것이다. 이것을 천명에 따라 계룡산 신[16]이 세상 사람들에게 알리기 위해 진동한 것이다.

조치: 완전히 미신임을 타이르고, 유포 방지에 힘씀.

---

16 원문은 '伸'이나 문맥상 '神'인 것 같다.

지방: 전남

월일: 3월 9일

내용: 병자(丙子)는 언문(諺文: 한글)으로 아픔[病氣]과 같은 말이다. 악병(惡病)이나 전란(戰亂)이 일어나는 해로, 올해도 이러한 해가 될 것이므로 전란 또는 악병의 유행을 보게 될 것이다. 이러한 액(厄)을 제거하기 위해서는 다른 마을의 쌀 절구를 눈치채지 못하게 몰래 훔쳐 이것을 [우리] 마을에 비치해 두면 이러한 참화(慘禍)를 면하는 데 기묘(奇妙)하다.

조치: 관할서에서 하게 타이른 후 유포 방지에 힘씀.

지방: 충북

월일: 3월 27일

내용: 옥천역(沃川驛) 공동변소 내벽에 낙서

"만고(萬古)에 선견지명이 있는 이완용 백작 각하. 오늘날 우리 반도 동포가 근심 없이 편안히 지낼[高枕安眠] 수 있게 된 것은 이 백작의 공덕이다."

조치: 관할 주재소 소원이 발견하고 역장에게 연락하여 말소함.

지방: 충남

월일: 4월 5일

내용: 대전은 과거에 비해 경이로울 정도로 발전을 했지만, 이 지역은 불길한 땅으로 영주(永住)할 곳이 못 된다. 즉, 『정감록』에서 말하기를 '공회(公懷)' 사이에 ■■■'라 하였다. 지리상 대전은 공주(公州)와 회덕(懷德)의 중간에 있다. 가까운 시일 내에 큰 전쟁이 일어나고 그때 대전은 먼저 전멸할 것이다.

조치: 헌병이 들어서 알고 다른 곳으로 유포되지 않도록 엄격히 타이름.

지방: 전북

월일: 5월 13일

내용: 가련강포망(可憐江浦望)(강포■…■)

    불견락교인(不見洛橋人)(낙교■…■)¹⁷

    위와 같이 중국 시구(詩句) ■…■

라는 의미로, 가까운 시일 중에 개전이 되는 일소 전쟁에서 일본이 패전하고 일인의 생존자도 없이 멸망할 것이라고 운운함.

조치: 헌병·경찰이 협력하여 계몽하고 이것이 유포되는 것을 방지함.

지방: 경기

월일: 6월 초순

내용: 나병(癩病) 군인의 배회에 관한 유언비어(경성부와 그 부근 일대)

"작년 겨울 혹한으로 인해 만주로 출정 간 일본 군인 중 동상(凍傷) 환자가 다수 속출해서 나병 환자가 되었다. 치료의 효과가 없었으므로 군 당국은 이들 나병 환자 약 1천 명을, 조선에서 이들 일당이 아이 3명씩을 살해하고 인육(人肉)과 생간(生肝)을 먹어도 묵인하는 조건으로 조선으로 내쫓았다."

조치: 헌병은 경성부 내 경찰서와 연락하여 [소문의] 출처를 규명하고 유언비어의 확산 방지에 힘쓴 결과 6월 하순 대체로 소멸함.

지방: 경기

월일: 6월 초순

내용: 나병 환자 인육을 먹는다

1. 최근 일본 방면에서 3천 명의 나병 환자가 조선에 유입되어 인육을 먹으면 치료된다는 미신에 의해 각지에서 살인이 행해져, 천안, 수원, 동소문 외곽 방면에서는 이미 살해된 자가 있다고 운운함.
2. 소록도에 수용 중이던 나병 환자를 전부 풀어 각 도(道)로 이송한다. 경기도에서는 트럭 2대에 수십 명의 환자를 태워 수원까지 수송하여, 현재 [그 환자가] 산야

---

17 중국 당(唐)의 시인 송지문(宋之問, 656~712)의 시 '도중한식(途中寒食)'에 나오는 구절로 그 뜻은 다음과 같다. '가련하다, 강 포구를 바라보니 / 낙교 위에 사람이 보이지 않네.'

(山野)를 횡행(橫行)하며 사람의 생간(生肝)을 취하고 있다.
3. 올해는 병자년에 상당하므로 미륵불 회의에서 조선은 흉작, 악병이 유행하고 일본은 풍년, 세계 각국은 전쟁이 야기될 것으로 결의되었다.

조치: 헌병은 경성부 내 경찰서와 연락하여 [소문의] 출처를 규명하고 유언비어의 확산 방지에 힘쓴 결과 6월 하순 대체로 소멸함.

지방: 함남
월일: 6월 22일
내용: 나병 환자인 군인 3천 명이 인천에 상륙해 남녀 청소년을 보자마자 포박해서 산속으로 끌고 가 피와 간을 빼먹었다. 아이들에게 주의시켜야 한다.
조치: 헌병은 경성부 내 경찰서와 연락하여 [소문의] 출처를 규명하고 유언비어의 확산 방지에 힘쓴 결과 6월 하순 대체로 소멸함.

5) 반군(反軍) 상황 조사표_ 조선 내 조선인의 책동(1936년 1~6월)

장소: 광주
운동 발생 소재지·성명: 경성부 종로 2정목·김태영(金太永)
월일: 2월 23일
운동 방법: 기독교 포교 시 반전 언동을 함.
운동 개요: "기독교와 정의"라는 제목으로 약 2시간에 걸친 포교 강연 중 다음과 같은 발언을 하였다.
1. 일본은 과거 정의에 반하는 전쟁을 감행하고 우주의 인류를 해쳤다.
2. 기독교는 이러한 전쟁에는 절대 반대한다.

조치 및 반향: 신도로부터 탐문해서 알게 된 것으로 앞으로 언동에 주의 중

장소: 전남 목포

운동 발생 소재지·성명: 전북 군산부 약송정(若松町)·포교사 안금수(安錦洙)

월일: 1월 27일

운동 방법: 반군(反軍) 기사 게재 잡지《시조(時兆)》의 독자 모집

운동 개요: 1월 27일 목포부 내에서
"이러한 엄청난 군비(軍備)는 세계 최후 인류의 파멸 시의 대 전쟁을 예감하고 두려워하고 있는 인심의 동향을 말해 주는 것이다" 등의 반군적(反軍的) 기사를 게재한 잡지인《시조(時兆)》의 독자를 모집하려 한 자이다.

조치 및 반향: 헌병이 발견하고 ■■ 견본으로 갖고 있던 1월호를 임의 ■■시킴.

장소: 조선 전체

운동 발생 소재지: 하층 조선인 일반

월일: 6월 하순

운동 방법: 군인을 비방·폄하하는 유언비어 유포

운동 개요: "나병 환자인 일본인 3천 명의 군인이 약 1주일 전 인천에 상륙했는데, 그들은 도처에서 남녀청소년을 붙잡아 산속으로 끌고 가서 피와 간을 먹고 있으니, 특히 아이들에게 주의시켜야 할 것이다" 운운하며 함부로 제국 군인을 비방·폄하하여 ■■ 이간을 꾀하는 유언을 유포하였다.

조치 및 반향: ■…■

2. 『1938년 후반기 조선사상운동개황』

1) 반군(反軍)·반전(反戰) 책동의 상황

(1) 유언비어에 관한 것

- 나남읍(羅南邑) 생구정(生駒町)에 거주하는 한 조선인은 7월 18일 신문·라디오 등을 통해 알게 된 사항에 자신의 억측을 더해 지인 수 명의 면전에서, "이번에 드디어 일본과 러시아 사이에 전쟁이 일어날 모양으로, 헌병대에서는 인부를 40명 정도 모집하고 있다고 한다. 누가 가겠는가? 이번 전쟁은 '만주사변'이나 중일전쟁과 달리 인부로 가면 바로 살해당할 테니 종군 희망자는 백 명 중 한 명도 없을 것이다"라고 군사에 관한 유언비어를 말했다. (7월 3일 헌병이 검거)

- 경성부 의주통(義州通り) 1-130번지에 거주하는 한 조선인은 7월 29일 같은 곳에 동숙(同宿) 중인 조선인 수 명에게, "소련·만주 국경 방면으로 출정한 병사들은 언제 죽을지 모르므로 자포자기하여 부녀(婦女)를 보면 차별 없이 포옹하고 입을 맞추는 등 그 행동을 말로 다할 수 없다. 또 소련군을 수차례 공격한 일본군은 연전연패로 끝나 수수 방관하고 있고, '만주사변' 당시 일본군은 마을을 모두 태워 없애고 부녀를 모아 폭행을 가하고 참살시키는 등 비인도(非人道)가 극에 달했다" 등의 유언비어를 말했다. (10월 7일 경찰관이 검거)

- 웅기읍(雄基邑) 백학동(白鶴洞)에 거주하는 한 조선인은 장고봉(張鼓峯) 사건 시 파견 부대에 고용되어 홍의역(洪儀驛)에서 포탄 폭격을 받아 무단 도주해 귀환했다. 8월 6, 7, 12일 세 차례에 걸쳐 조선인 수 명에게, "이번에 이 마을에서 국방헌금을 계속 모집하고 있는데, 전쟁터로 가 봐라. 일본군은 패전하여 뿔뿔이 흩어지고 곳곳에서 일본병의 사체(死體)가 강아지[犬ㄱㅁ]처럼 굴러다니고 있다. 이렇게 의지할 바가 못 되는 군대에 헌금할 필요가 있는가" 하고 군사에 관한 유언비어를 말했다. (9월 1일 헌병이 검거)

- 경북 경주 농민 사이에서 9월 중순에 "올해 가뭄[旱魃]은 전사한 장교들의 신벌(神罰)에 기인한 것으로 앞으로 전쟁을 중지하지 않으면 농작물 수확은 평년의 반타작에도 미치지 못할 것이다"는 유언비어가 있었다. 현재 출처를 엄중히 탐색 중이다.

(2) 문서에 의한 것

- 북중국으로 파견된 가와기시(川岸)부대 모 군의(軍醫) 중위(中尉)가 7월 4일 경성부 조선신문사 앞으로 "일본 병사 제군에게 고함", "길동북(吉東北)[18] 무장 형제"라고 제목을 단 2종류의 반전(反戰)·반군(反軍)을 내용으로 하는 인쇄물을 우편으로 보내왔다. 수신자는 발신자와 면식이 없어 즉시 헌병에 제출하였으므로 특이한 반향은 없었다.

- 오사카시(大阪市) 스미요시구(住吉區) 세이메이도오리(晴明通り) 1초메(丁目) 천리교 본도(本道) 임시 사무소에서 충남 대전우편국 앞으로 "우국지사에게 고함"이란 제목에 반군적 내용의 '팸플릿'이 우송되어 온 것을 헌병이 발견, 임의로 제출하게 하였으므로 특이한 반향은 없었다.

(3) 강연에 의한 것

- 나가사키시(長崎市) 아이오이초(相生町) 묘코지(明光寺) 주지[住職]는 7월 11일 인천 공회당에서 "야마토 혼과 불교"라는 제목으로 강연 중에 전쟁터에서 보고 들은 실제 상황이라고 하면서

  1. 난위안(南苑)[19] 공략 후 황군의 비참한 상황
  2. 황군의 중국군 포로 사살 상황
  3. [자식과 남편의] 전사(戰死)를 맞은 부모·처자를 추모(追慕)한 상황

  등 반전적 언사를 하였다. (7월 2일 헌병이 검거)

---

18 길림 동북 지역 혹은 길림 동쪽과 북만주 지역을 의미하는 것 같다.
19 베이징(北京)시 남쪽 공항이 있던 곳으로 1937년 루거우차오 사건(盧溝橋事件) 뒤 일본군이 점령했다.

2) 불경 사건의 개요

(1)
주소: 황해도 신계군(新溪郡) 신계면(新溪面) 향교리(鄕校里) 196
성명: 농업 김용준(金龍俊, 18세)
내용: 위 사람은 10월 2일 신계(新溪)공립소학교에서 영화 관람 중 황족인 왕비 전하가 도쿄 제2 육군병원을 위문하는 사진에 대해 황족 왕비 전하임을 인식하면서도 조선말로 "시찰하러 오지 마라", "모자도 벗지 않고 예의 없게 들어오지 마라"라고 불경한 언동을 하였음에 체포된 자이다.

(2)
주소: 경성부 영등포정 254-9 경성 흥인(興仁)심상소학교 5학년생
성명: 강태희(姜泰喜, 14세)
내용: 위 사람은 통학 중이던 6월 8일 열차 안에서 친구가 소지한 『주부의 벗(主婦ノ友)』 부록에서 "6세 봄을 맞이하시는 황태자 님"이란 제목이 달린 존화(尊畫)에 입을 맞춘 후 침을 내뱉고, 다시 신발을 신은 채로 밟는 등 불경 행위를 하였음에 7월 3일 검거된 자이다.[20]

(3)
주소: 경기도 고양군(高陽郡) 은평면(恩平面) 홍제외리(弘濟外里)
성명: 일일 노동자 김충이(金忠易, 49세)
내용: 위 사람은 가족 4인을 거느리고 곤궁한 생활을 하고 있었다. 사변 이후 점차 수입이 감소한 것은 필경 천황 폐하 때문이라고 곡해하여 8월 30일 거주하는 마을 사람 약 40명에게 "전쟁 때문에 우리는 모두 죽어버리는 것인가? 천황 폐하가 있어도 어쩔 수 없구나.

---

[20] 이 사건에 관해서는 京畿道警察部長, 1938.7.29, 「小學校生徒ノ不敬事件檢擧ニ關スル件」[京城地方法院檢事局, 1938, 『(昭和十三年) 思想ニ關スル情報』(10)에 수록] 등의 기록이 남아 있다. 경찰은 강태희를 기소 의견으로 검사국에 송치했다.

사지를 찢어[八裂] 버려라" 운운하는 불경 언동을 하여 9월 1일 검거된 자이다.[21]

(4)
주소: 함경북도 경흥군 웅기읍(雄基邑) 전 보병 조장(曹長)
성명: 무직 오노 노부요시(小野信儀, 59세)
내용: 위 사람은 8월 29일 웅기에서 지인 수 명과 장고봉 사건에 관해 잡담하던 중 "적의 비행기가 활발히 폭격하고 있는데, 일본 비행기는 1대도 날아오지 않으므로, 제1선의 군인들을 생각하면 매우 유감스럽다. 일본 비행기는 천황 폐하의 칙명이 없으면 출동할 수 없다. 장교에게서 들었던 군인[의 실상]은 전쟁할 마음으로 전투에 임하고 있지만, 비행기가 출동하지 않았으므로 전사자가 많았던 것이다. 전사자 중에는 "■■■■ 멍청이"라고 외치며 죽은 병사가 있다고 하는 것을 군인에게서 들었다"라고 근거 없는 사실을 날조했고, 불경 및 군사에 관한 유언비어를 말한 것을 헌병이 들어서 알고 8월 30일 검거한 자이다.[22] → 259쪽

---

21 판결문에 의하면 그는 1939년 3월 7일 경성지방법원에서 불경죄로 징역 10개월 처분을 받았다. 京城地方法院刑事第二部, 1939.3.7, 「1938年 刑公 第1,704號 判決: 金忠易」, 참고 자료로 京畿道警察部長, 1938.9.10, 「時局ニ關スル不敬言動者檢擧ニ關スル件」[京城地方法院檢事局, 1938, 『(昭和十三年) 思想ニ關スル情報』(11)에 수록]이 있다. 원문의 주소가 "공제외리(孔濟外里)"로 기재되었으나 당시 은평면에 없는 지역명으로 판결문에 의거하여 '홍제외리'로 고쳤다. 판결문과 참고자료에 따르면 그의 거주지는 "향상대(向上臺)"로 당시 홍제외리의 토막촌이었다.
22 『사상휘보』에 따르면 피의자명은 "小野信美", 복자 처리된 부분은 "天皇陛下"이다. 高等法院檢事局思想部, 1939.12, 「不敬罪に關する調査」, 『思想彙報』 21호, 26쪽.

I. 조선군참모부 자료 **45**

3. 『1939년 전반기 조선사상운동개황』

1) 반군(反軍)·반전(反戰) 책동의 상황

- 경기도 수원군에 거주하는 김철완(金鐵完)은 장고봉 사건을 회고하며 "러시아 비행기 40~50대가 매일 조선 내를 공습했기 때문에 일본군 사상자가 속출했고, 그 시체 정리를 조선인 청년들에게 시켰으며, 따르지 않으면 사살되었기 때문에 웅기읍 사람은 아무도 상업 활동을 할 상황이 아니었다" 운운하며 유언비어를 유포해 금고 6월[에 처해졌다].[23] → 402쪽

- 함북 성진(城津) 캐나다 장로파 영국인 선교사 맥레[D.M. McRae, 馬具禮]는 2월 9일 "무한(武漢) 삼진(三鎭)의 공략에도 불구하고 여전히 사변의 종식을 보지 못한 것은 중국에 대해 여러 외국의 원조가 적극화되었기 때문이다. 일본이 과연 장기전을 감당해 낼 수 있을지는 심히 의문으로, 이대로 진행된다면 제2의 독일이 될 우려가 있다. 약간 양보하더라도 화평을 이끌어 내는 것이 득책일 것이다" 운운하며 교도(敎徒)에게 반전적 언사를 발설하였다.

- 5월 1일 제19사단 사령부 및 보병 75연대 앞으로 마쓰모토(松本)우편국 소인이 찍히고 '나가노현(長野縣) 유족회원으로부터'라 하여, 장고봉 사건 전사자의 지방장(地方葬) 때 연대 당국의 조치가 냉담했는데 북중국 전사자의 장의(葬儀)에 비해 두드러진 손색이 있었다. 이렇게 해서는 조선 병사들의 죽음은 개죽음과 비슷하다 운운하며 군부를 저주하는 통신을 보냈다.

---

[23] 水原警察署長, 1938.12.10, 「造言蜚語被疑事件ニ關スル件」[京城地方法院檢事局, 1938, 『(昭和十三年) 思想ニ關スル情報』(11)에 수록] 참조.

- 함북 회암동(炭岩洞)²⁴에 거주하는 중국인 노동자[苦力: 쿨리] 대표[頭] 한 사람이 작년 10월 무렵부터 올해 3월에 걸쳐 "한구(漢口)는 일본군에 점령되었지만, 일본군은 중국 측 제방(堤坊) 결궤(決潰)에 의해 수만 명의 익사자가 발생했다" 등 반군적 유언비어를 유포하고 그 밖에 경제 교란을 기도(企圖)하여 5월 17일 관할서에서 검거하였다.

- 사가현(佐賀縣) 히가시마쓰우라군(東松浦郡) 구리무라(久里村) 쇼쿄쿠사이(松旭齊) 2대 덴카쓰(天勝)²⁵ 좌장(座長) 오카구치 사이치(岡口佐市) 외 29명 위 일행은 4월 27일, 28일 이틀 동안 군산 극장에서 "명예로운 수도(首途)"라는 제목의 군사극을 상연했는데, 모든 장면을 통해 응소(應召) 군인의 비참한 상황을 연출해서, 관중에게 전쟁 혐오감을 유발할 우려가 있으므로 경찰 측에서 이후 상연을 금지하였다.

2) 불경 사건(항)의 개황

- 인천 자갈공급조합(砂利供給組合) 고용인 중 한 조선인이 자갈취급업조합을 조직하기 위해 두세 번 계획을 세웠으나 실패했기 때문에 추가로 재건을 기도하여 "이번에 결성할 조합에는 천황의 친척이 가입해 있다" 운운하는 불경한 언사를 발설하여 6월 28일 관할서에서 검거했다.²⁶

- 강원도 영월에 거주하는 조선인 목사 한 명이 교도 약 50명에게 황실의 존엄을 모독하는 듯한 불경한 설교를 했으므로 5월 31일 관할서에서 검거했다.²⁷ →78쪽

---

24 함경북도 경흥군(慶興郡) 상하면(上下面)에 속한 동명인 것 같다. 1940년 11월 상하면은 아오지읍(阿吾地邑)으로 개칭 승격되었다.
25 松旭齋天勝은 20세기 초반 일본 흥행계(興行界)에서 활동했던 마술사로 1936년 은퇴하면서 후계자에게 '天勝'의 이름을 물려주었다.
26 발설자는 강상근(姜上根)으로, 이 사건에 관해서는 京畿道警察部長, 1939.7.13, 「不敬事件ノ檢擧ニ關スル件」[京城地方法院檢事局, 1939~1940, 『昭和十四年』 思想ニ關スル情報綴』(4)에 수록] 참조. 이 자료에 근거해 원문의 '砂利供組合'을 '砂利供給組合'으로 바로잡고 '자갈공급조합으로' 번역했다.
27 설교자는 기독교전도사 박병화(朴炳華)로, 이 사건에 관해서는 江原道警察部長, 1939.9.16, 「監理會牧師不穩說敎ニ

- 충북 영동군에 거주하는 한 조선인이 지원병 공모 좌담회 석상에서 "일본에는 천황 폐하가 있지만 우리 조선에는 천황 폐하가 없다" 운운하는 불경한 언동을 하여 관할서에서 검거했다.

- 2월 13일 충남 온양경찰서 앞으로 다음과 같은 불경한 투서가 있어 범인을 수사 중이다. "세금은 증가하고, 의복은 색옷(色衣)[28]으로 개정되고, 불필요한 정치가 많으니, 너희 왕의 머리를 남대문에 걸어 두라. 왕은 미워하고 원망해야 할 놈이다. 일본은 급속히 망할 것이다" 운운하다.

- 충남 공립서천(舒川)소학교에서는 아동을 통해 국체명징(國體明徵), 경신숭조(敬神崇祖) 이념을 앙양하게 할 목적으로 1938년도 350개의 대마(大麻)를 아동들에게 1개씩 배급하고 봉제(奉祭)하게 했는데, 그 후 실태를 조사해 본바, 일부는 창고에 방치되어 있거나 혹은 온돌 아궁이에 소각되는 등 불경한 행위자가 있었음이 발견되었으므로 관할서에서 배후 관계를 극비리에 수사 중이다.

關スル件」[京城地方法院檢事局, 1939~1940, 『(昭和十四年) 思想ニ關スル情報綴』(4)에 수록]; 京城地方法院刑事第二部, 1939.12.19, 「1939年 刑公 第1437號 判決: 朴炳華」 참조. 판결문에 의하면 박병화는 불경죄로 징역 10개월을 선고받았다. 그는 1937년 8월에도 불온 언동으로 구류 20일 처분을 받았었다.

28　물감을 들인 천으로 만든 옷이다. 1930년대 조선총독부가 '농촌진흥운동'의 일환으로 조선인의 노동을 제고하기 위해 백의(白衣) 대신 착용을 강제했다.

4. 『1939년 후반기 조선사상운동개황』

1) 반군(反軍)·반전(反戰) 책동의 상황

(1) 통신

- 12월 27일 경성에 있는 미국 총영사관 앞으로 미국 뉴욕시 이소벤츠사(社)가 '일본의 무익한 전쟁'이라는 제목으로 다음과 같은 기사를 게재한 잡지 1부를 우송해 왔다.
  - 지나사변에서 중국군은 18승(勝)을 했다.
  - 일본은 주력인 육군의 위신을 회복하기 위해 중국중앙정권 수립을 서두르고 또 소련과 정전협정을 했다.
  - 중국에서 일본의 행동은 침략적이다.

- 12월 27일 원산에 거주하는 미국인 선교사 케이트 쿠퍼[Sally Kate Cooper] 외 조선에 거주하는 외국인 23명에게 미국 내슈빌시(市)[Nashville] 월드 아웃룩 사(社)가 '중국은 이전보다 더욱 강대해졌고, 장개석은 항전을 계속할 것이다'는 제목으로 다음과 같은 기사를 게재한 잡지 각 1부를 우송해 왔다.
  - 장개석은 제2차 유럽(歐洲)대전에서 점점 활력을 받아 일본에 항전할 것이다.
  - 제2차 유럽대전은 일본의 중국 침략에 기인한다.
  - 일본이 유럽 문제에 대해 불간섭주의를 표명한 것은 자신들에게 유리한 침략정책 수행을 위해서다.
  - 일본은 이미 인적, 자원적으로 고갈[상태가]되었다.

- 12월 19일 황해도 해주부 화교(華僑)소학교의 교사 왕홍도(王鴻圖) 앞으로 '도쿄, 오사카, 구루메, 교토 및 관동군사령부 내 파견군인 반(反)침략 동맹' 명의로,
  - 일본의 병사 제군들! 그대들의 고향은 어떻게 되고 있는가?
  - 제군들 전쟁을 멈추라! 침략 전쟁에 반대하라!

- 보라 이것이 후방[銃後]이다!

등의 반군·반전적 선전문이 우송되었는데, 접수자가 한 번 읽어 본 후 헌병에 제출하였으므로 반향 등은 없다.

• 경성부 송월정(松月町) 59 옥천군청 소사(小使) 유재혁(柳在赫)

　위 사람은 7월 11일 옥천군수에게 다음과 같이 특별지원병 이인석(李仁錫)의 전사에 대해 반군·반전적 협박문을 우송하였다. 경찰 측에서 검거하여 9월 14일 육군형법[위반] 및 협박죄로 송국(送局)했다.

　"이놈, 네가 이인석을 흉악한 계략으로 죽였다. 병사가 되면 늙으신 부모님과 처자식의 생활을 걱정할 필요가 없다는 구실로 빈곤한 이 군을 전장으로 보내길 강요했고, 전사시킨 후, 네가 일본 놈에게 좋게 보이려고 경성일보에 저렇게 흉악하고 더러운 말을 기재시켰는가 (중략) 조선 청년이 일본인을 위해 전사했다. 네 마음(胸)이 왜 그렇게 기분이 좋은가?"[29] → 433쪽

• 구마모토현(熊本縣) 다마나군(玉名郡) 가와조에무라(川沿村) 에구리(江栗) 2306 소속 중국 중부(中支) 지역 파견군 이나바(稻葉)부대 다카사키대(高崎隊), 현재 구마모토[能本][30] 육군병원 건군(健軍)임시병원

　현역 보병 일등병 가와가미 마사노리(川上正乘, 23세)

　위 사람은 1939년 10월 중순 인천부(仁川府) 기상강화회(氣象講話會) 앞으로 회보(會報) 자료로 종군 당시 보고 들은 기사를 보내왔다.

　- 검게 흐르고 있는 양자강(楊子江) 물에 사체가 떠 있다. 크리크[creek, 작은 운하 하

29　인용문의 '너'는 옥천군수 최병협(崔秉協)이다. 전 옥천군청 소사 유재혁이 경성일보에 실린 옥천군수 최병협(崔秉協)의 글, 즉 이인석의 죽음과 유가족의 태도를 칭송하는 기사를 보고 분개하여 그를 꾸짖고 협박하는 편지를 보냈다가 체포되어 육군형법 위반과 협박죄로 1940년 4월 2일 대전지방법원에서 금고 1년 선고를 받았다. 유재혁은 공소(控訴)했으나 동년 6월 7일 경성복심법원이 기각했다. 京城覆審法院刑事第1部, 1940.6.7, 「1940年 刑控 第138號 判決: 柳在赫」; 박민선, 2019, 「전시체제기 일제의 육군특별지원병제도 선전과 조선인 전쟁영웅화 작업-李仁錫의 사례를 중심으로」, 『숭실사학』 42, 310~311쪽 참조.

30　구마모토(熊本)의 오기(誤記)로 추정됨.

천]의 물뿐이다.
- 무엇을 위해 누구를 위해 우리는 싸우는가. 우리는 중국 양민들을 죽이며, 우리는 이렇게까지 고생한다.
- '음' 하는 무념무상[無念]의 한마디. 당한 듯하다. 죽음 앞에 이 정적이란!

등 약 10여 곳에서 반전(反戰)사상을 유발할 우려가 있는 통신문을 우송해 온 것을 헌병이 발견하고 선처(善處)했다.

• 전남 광주부 동정(東町) 209, 전 농학교 학생 김장곤(金長坤)
전남 화순군 이서면(二西面) 영평리(永坪里) 235, 명륜중학 4학년 양회총(梁會鏓)
위 두 사람은 각각 도쿄에 거주하는 조선인 학생과 재류조선인들을 모아 조직한 비밀결사 '래빗(rabbit, 토끼) 구락부(俱樂部)' 회원인 친구로부터 "타인을 살상(殺傷)하는 것은 사람의 도리상 최고로 죄악시되는데, 전쟁은 그것을 공훈으로 삼는다. 인류 사회에서 이러한 모순을 일소하고 군비를 철폐하여, 군사비를 교육비로 바꾸어 인격 향상을 통해 세계평화를 초래하자"는 반군·반군적 통신물을 받고 그 주의(主義)에 공명하여 운동하던 중 관할서가 검거하여 송국했다.[31]

(2) 언동

장소: 전남 완도
주소·성명: 전라남도 완도군 고금면(古今面) 장용리(藏龍里)·정문두(鄭文斗)
월일: 1937년 7월 하순
언동의 개요: 비밀결사 호남 'ML' 회원에게 "이번 사변은 일본의 제국주의 침략으로, 식민지의 확대를 기도하고 자본가에게 유리할 뿐 노동자에게는 아무런 이익되는 바가 없다" 등의 유언비어를 말했다.

---

31 '래빗(rabbit)구락부'는 1939년 도쿄에서 문경호 등 조선인 학생, 노동자가 조직한 비밀결사로, 이에 호응하여 전라남도 광주에도 독서회가 조직되었다. 원문의 편지는 도쿄의 문경호 등이 광주의 김장곤에게 보낸 것으로 보인다. 래빗구락부에 대해서는 光州地方法院, 1940.2.5, 「1939年 刑公 第1435號 判決: 文慶浩 孫鎬周」; 변은진, 2018, 『일제말 항일비밀결사운동 연구』, 선인, 130, 134, 203쪽 참조. 조직명은 '토끼처럼 뛴다'는 의미를 담은 것이다.

조치: 1939년(昭和 14) 10월 관할서에서 검거, 송국함.[32]

장소: 경성
주소·성명: 경성부 남대문 1-22·김세광(金世鑛, 40세)
월일: 1939년 8월
언동의 개요: "올해 조선의 가뭄은 북중국 방면에서 대포를 다량으로 발사함에 따라 상공에 화약이 가득 차 고기압이 편재(偏在)했기 때문이다" 운운하는 유언비어를 말했다.
조치: 헌병이 검거, 말로 타이름(說諭)

장소: 경남
주소·성명: 밀양군 원양면(圓陽面)[33]·일부 조선인들 사이에서
월일: 1937년 [월 누락] 중순
언동의 개요: 올해 가뭄은 전장에서 대포를 발사했기 때문으로, 전쟁이 끝나지 않으면 내년에도 가뭄은 면하지 못할 것이다.
조치: 경찰에서 수사 중

장소: 황해 연안(延安)
주소·성명: 황해도 연백군(延白郡) 연안읍(延安邑) 관천리(舘泉里)·장창윤(張昌潤, 21세) 외 1명
월일: 1939년 8월
언동의 개요: "노몬한 전쟁에서 아군은 대패했다" 등의 유언비어를 말함과 동시에 각종

---

32 정문두는 정후균(鄭後均) 등과 함께 '전남운동협의회', '적색농민조합건설비위원회'의 후계단체로 완도 등의 지역에서 비밀결사를 조직하여 활동하다 검거되어 1941년 8월 광주지방법원에서 치안유지법 위반으로 징역 4년을 선고받았다. 光州地方法院刑事部, 1941.8.6, 「1941년 刑公合 제12호 判決: 鄭後均 등 9인」. 판결문에 의하면 본문과 비슷한 발언을 한 사람은 정후균으로 1937년 7월 중순쯤 전라남도 강진군(康津郡) 대구면(大口面) 용운리(龍雲里) 김창현의 집에서 김상수 등에게 말했다. '전남운동협의회'에 관해서는 지수걸, 1991, 「일제하 전남 완도·해남지역의 농민조합운동연구-'전남운동협의회'의 활동을 중심으로」, 『역사교육』 49 참조.
33 당시 밀양군에 없는 행정구역명이다.

신문기사를 부정하는 역선전을 했다.

조치: 경찰이 검거, 송국함.[34] → 223, 428쪽

2) 불경 사건의 개요

주소: 경기도 안성군(安城郡) 대덕면(大德面)[35] 보동리(深東里) 19
성명: 농업 김영배(金永培, 24세)
내용: 위 사람은 6월 15일 자택 앞마당에서 같은 마을 사람 수 명에게 "이번 지나사변은 반드시 세계전쟁이 될 것이다. 중국의 배후에는 소비에트 러시아가 있으므로 전쟁은 장기화하고, 일본은 경제력 파탄이 초래되어 반드시 패전할 것이다. 일본이 지면 조선은 만주를 점령하고 독립할 것이다. 만약 일본에서 내란이 발생하면 우리는 궁성(천황을 지칭)과 싸우면 되는 것이다. 그리고 조선이 독립하면 생활은 풍족해지고 행복하게 살 수 있을 것이다"라고 유언비어를 말해, 7월 28일 안성서에서 검거하여 송국했다.[36] → 224, 429쪽

주소: 강원도 강릉군(江陵郡) 주문진면(注文津面) 주문리(注文里)
성명: 어업 이학신(李學信, 35세)
내용: 위 사람은 9월 19일 같은 마을의 서재원(徐在元) 집에서 얘기를 나누던 중 백운학(白雲鶴)이 '만주사변'일[9월 18일]을 계기로 해서 동방요배(東方遙拜)를 실시할 심산이라는 말에 대해, "동방요배를 하기보다 내 '고추'에 절하는 편이 낫다"라고 했다. 이에 백운학이 그 못된 마음가짐을 타이르자, 도리어 그에게 폭행을 가하였다. 강릉서에서 9월 19일 검거 송국하여, 징역 6월에 처해졌다. → 229쪽

---

[34] 장창윤과 박범광은 1939년 10월 6일 경성지방법원에서 '육군형법 제99조 위반'으로 금고 8개월을 선고받았다. 京城地方法院, 1939.10.6, 「1939년 刑公 제1367호 判決: 朴凡光 張昌潤」.

[35] 원문은 '목덕면(木德面)'이나 안성군에 없는 행정구역명이다. 보동리가 속한 '대덕면(大德面)'으로 수정했다.

[36] 김영배는 1939년 11월 2일 경성지방법원에서 징역 10개월을 선고받았다. 京城地方法院, 「1939년 刑公 제1356: 金永培」. 판결문에 의하면 죄목은 '불경'이 아니라 '육·해군형법 위반과 보안법 위반'이었다. 이 사건에 관해서는 정병욱, 2013, 『식민지 불온열전』, 역사비평사, 87~138쪽 참조.

주소: 강원도 통천군(通川郡) 답전면(踏錢面)[37] 석성리(石城里)
성명: 기독교도 조흥일(趙興一, 53세)
내용: 위 사람은 10월 25일 같은 군 [고저읍(庫底邑)] 어운리(漁雲里) 예배당에서 목사 서원필(徐元弼)[38]에게 "천조대신(天照大神, 아마테라스 오미카미)은 왜 예수보다 존엄한가? 예수는 우주 만물 중의 최고 절대 신으로 천조대신은 물론 모든 신은 예수의 사자(使者)이다. 마신(魔神), 사신(邪神)인 이러한 자를 믿는 것은 일종의 정신병자다"라고 말했다. 11월 5일 통천서에서 검거, 송국했다.

주소: 평안남도 중화군(中和郡) 동두면(東頭面) 장용리(張龍里) 66
성명: 농업 임희용(林熙龍, 30세)
내용: 위 사람은 10월 6일 같은 마을의 이태원(李泰沅) 집에서 식사하던 중 동두면 면 서기인 박종욱(朴鐘旭)이 면화의 공동판매 출하를 독려하는 것에 대해 "전쟁 때문에 면화가 필요하다면 전쟁은 중지하는 편이 좋다. 우리는 고생하고 있다. 부모가 나쁘면 자식이 고생하고, 황제가 나쁘면 국민이 고생한다. 우리나라도 현재 전쟁을 하지 않아도 되는데, 황제가 나쁘니까 전쟁을 하는 것이다" 운운하며 발설했다. 관할서에서 검거, 송국했다.

주소: 전라북도[39] 정읍군 입암면(笠巖面) 신정리(新井里) 180
성명: 김병두(金柄斗, 85세)
주소: 전라남도 장성군 북이리(北二面) 죽청리(竹靑里) 9
성명: 박기래(朴琪來, 69세)
내용: 김병두는 영가무답교(詠歌舞踏敎)라는 것을 창설하여 "1943년(昭和 18)에는 현 사회 조직에 일대 변혁이 초래되어 조선을 중심으로 하는 세계 일국을 형성하고, 일본 황제는 우리 교주의 지배를 받으며, 교도는 모두 높은 지위의 고관에 취임할 것이다"라는 불온

37　원문은 '답철면(踏鐵面)'이나 통천군에 없는 행정구역명이다. 석성리가 속한 '답전면'으로 고쳤다.
38　원문은 '제(除)원필'이나 우리나라에 없는 성씨이다. 江原道警察部, 『(昭和十三年度) 治安狀況』, 宗 42쪽에 의거해 '서원필'로 수정했다.
39　원문은 '전라남도'이나 정읍군이 속한 '전라북도'로 수정했다.

언사를 발설하고, 약 100명의 신도를 획득하였다. 박기래는 위의 영가무답교의 간부로, 신도 획득 실천에 힘쓰고 있었는데 12월 12일 장성서(長城署)에서 검거하여 송국했다. (김병두는 12월 22일 기소유예, 박기래는 1월 23일 징역 8월)[40]

주소: 경상북도 고령군 쌍림면(雙林面) 평지동(平地洞) 863
성명: 이지현(李址鉉, 42세)
내용: 위 사람은 주세(酒稅) 납부 시 '천황'의 호칭으로 '쇼와(昭和)' 연호를 써서 "쇼와(昭和) 이 걸식하는 놈이 들어온 이후 가뭄이 계속되고 묘목이 한 그루도 자라지 않는다. 매일 전쟁만 하고 있는데도 자신의 군대를 죽이는지 다른 군대를 죽이는지 모른다. 인민은 많은 세금을 징수당하고, 장사를 해도 이익이 없다. 정부의 장사를 하는 것과 같다"라는 말을 발설하였다. 10월 12일 관할서에서 검거하여 송국했다. 12월 18일 징역 10개월에 처해졌다.[41]

주소: 경상북도 고령군 쌍림면 평지동 63
성명: 이재성(李宰城, 56세)
내용: 군용 말먹이[馬糧] 공출에 대해 협의하기 위해 모인 조선인 2명에게 '천황'의 호칭으로 '쇼와(昭和)' 연호를 써서 "쇼와(昭和) 이놈이 들어온 이후로는 풍작이 되지 않는다. 이쪽이 좋으면 저쪽이 나쁘고, 저쪽이 좋으면 이쪽이 나쁘다. 중일전쟁이 일어난 것을 보면 일본도 운(運)이 다하고 있다"라고 말했다. 8월 31일 관할서에서 검거하여 10월 25일 송국했다. 12월 18일 징역 6개월에 처해졌다.[42]

---

40 光州地方法院刑事部, 1940.1.23, 「1939년 刑公合 제44호 判決: 朴琪來」. 판결문에 따르면 그의 혐의는 불경과 보안법 위반이었다.
41 大邱地方法院刑事部, 1939.12.18, 「1939年 刑公 第1550號 判決: 李址鉉」.
42 大邱地方法院刑事部, 1939.12.18, 「1939年 刑公 第1549號 判決: 李宰城」.

5. 『1940년 전반기 조선사상운동개황』

1) 반군(反軍)·반전(反戰) 책동의 상황

(1) 민족·공산주의 운동에 의한 것

장소: 경기·충남

운동자 단체명: 신인구락부(新人俱樂部) 관계자, 충북 영동군(永同郡) 학산면(鶴山面) 아암리(鵝岩里) 만선일보(滿鮮日報) 충남지국장 박래수(朴來秀, 27세) 외 5명

월일: 1938년(昭和 13) 6월~1940년 2월

운동 상황: 비밀결사 '신인구락부'를 조직하고 공산 운동을 하는 한편, 반군·반전적 유언비어를 발설.

개요: 비밀결사 '신인구락부'를 조직해 물자의 결핍, 물가 앙등에 의한 조선 내 민심의 불안함에 편승해 반전 사상을 양성함으로써 공산혁명의 실현을 기대할 목적하에

- 일본군은 경제적으로 패전한다.
- 일본의 침략주의에 의한 지원병제도에 대해서는 조선의 공산화로 대항하는 수밖에 없다.
- 공산주의에 의한 반군 사상의 유발을 기대한다.
- 지나사변은 일본의 침략이다.
- 전쟁 때문에 사회가 혼란해지고, 종국에 일본은 패전할 것이므로 제군들은 현재 직장을 버리고 각자 집에서 자유로운 생활을 해야 할 것이다.

등 각지에서 반군·반전적 유언비어를 말했다.

조치: 관할서에서 검거, 송국[43]

---

[43] 박래수는 1941년 10월 27일 전주지방법원에서 치안유지법 위반으로 징역 2년의 처분을 받았다. '유언비어'를 처벌하는 육군형법 99조 위반으로 처분을 받은 자는 이석태(李錫台), 박재복(朴在福)으로 각각 금고 1년의 형을 선고받았다. 全州地方法院刑事第二部, 1941.10.27,「1941年 刑公第672·673號 判決: 朴來秀 등 5인」; 大邱覆審法院刑事第一部, 1942.5.10,「1941年 刑控公 제394·395號 判決: 朴來秀 李錫台 李東雨」.

장소: 평북

운동자 단체명: (본적) 평안북도 자성군(慈城郡) 삼풍면(三豊面) 신흥동(新興洞) 53, (주소) 만주국 통화성(通化省) 집안현(輯安縣) 제1구 하서촌(河西村) 조선인 김명진(金明鎭, 33세)

월일: [1940년] 1월 16일

운동 상황: 소년을 부추겨[指嗾] 도로상에서 반군적(反軍的) 유언비어를 말함.

개요: 만주사변 당초부터 만주로 건너와 돈벌이를 하던 중 반일적 사상과 민족주의를 품기에 이르렀는데, 올해 1월 조선으로 들어와 만포진(滿浦鎭) 읍내에서 술 마시던 중 마침 거기에 있던 소년 1명을 부추겨 만포진 읍내 도로에

- "일본 나쁘다", "일본 졌다."
- "일본 바보", "모두 승리"
- "일본 쓰려졌다."
- "일본 무너졌다."

등의 자구(字句)를 새겨 쓰게 했다.

조치: 경찰 측이 검거, 송국

(2) 문서에 의한 것

장소: 경성

주소·성명: 경성부 청운정(淸雲町) 57-10·경성제국대학 부속 도서관 촉탁 김진섭(金晉燮)

월일: [1940년] 1월 4일

운동 상황: 월간 잡지에 반전 논설을 게재함.

개요: 매일신보사의 의뢰로 매일신보 신년호(新年號) 학예란(學藝欄)에 '구주대전(歐洲大戰)과 문화의 장래'라는 제목으로

- '전쟁은 문화의 무서운 파괴자다'라고 하는 예루살렘의 말을 인용하였다.
- "고귀한 인간의 생명을 셀 수 없이 살상하고 인간의 노력의 결정인 문화재산을 여지 없이 분쇄하는 것은 실로 전쟁의 필수 조건으로 전쟁이야말로 근대문화의 요소이어야 할 개성적 발전과는 결정적으로 배치되는 것이다" 운운하며 논단하고

독자에게 전쟁을 기피하는 감정을 자극·유발하는 듯한 논설을 게재했다.

반향 및 조치: 헌병이 본인 및 신문사 편집국장을 취조한 결과 사상적 관계가 없으므로 앞으로 [이러한 일이 없도록] 계고(戒告), 시말서를 작성하게 하고 돌려보냄.[44]

장소: 황해도
운동자 단체명: 중국공산당
월일: [1940년] 1939년 12월 19일
운동 상황: 화교 소학교 교원 앞으로 온 통신문에 반전 격문을 봉입(封入)함.
개요: 황해도 해주부 남본정(南本町) 화교(華僑)소학교 교원 왕홍도(王鴻圖) 앞으로 친아버지가 보낸 신서(信書) 속에 중국공산당의 대일반일모략이라고 판단되는

1. 도쿄, 오사카, 구루메(久留米), 교토 사단 및 관동군사령부 내 파견군인 반(反)침략동맹이라는 명의로
   - 일본의 병사 제군들! 그대들의 고향은 어떻게 되고 있는가.
   - 제군들 전쟁을 멈추라! 침략 전쟁을 멈추자.
   - 보라! 이것이 후방[銃後]이다!
   - 1엔의 착취

등의 제목으로 후방인 농촌의 궁핍한 상황을 과장하고 우리 장병들의 반전 기운을 조장하려는 듯한 선전문을 우송해 왔다.

반향 및 조치: [원문 공란]

장소: 전남
운동자 단체명: 불상(不詳)
월일: [1940년] 3월 2일
운동 상황: 특별지원병의 부형(父兄)에게 반군적 투서를 함.

---

[44] 김진섭의 글은 당시 《매일신보(每日申報)》 1940년 1월 6일 자 4면에 〈歐洲大戰과 文化의 將來: 아즉은 念慮없다〉로 실렸다. 김진섭(1908~?)은 수필가로 일본 호세이대학(法政大學) 독문과를 졸업하고 귀국 후에 경성제국대학 도서관 촉탁으로 근무하며 극예술연구회에 참여했다. 해방 후에는 서울대, 성균관대 교수를 역임했다.

개요: 아들 3명을 특별지원병에 지원하게 하여, 일반인들로부터 '군국의 아버지'로 칭찬받고 있던 전라남도 곡성군에 사는 한 조선인에게, "조선인으로 일본을 위해 지원병을 지원하는 마음가짐에 실로 감탄할 수밖에 없다. 그 이유는 조선이 일본의 식민지가 되었음에도 오로지 귀하와 같은 인물이 존재하기 때문이다. 바라기는 일본을 위해 북중국으로 가서 산화(散華)해 주시오"라고 반군적 투서를 했다.

반향 및 조치: 미검거

(3) 반군·반전적 언동 상황

장소: 경성
주소·성명: 불상(不詳)
월일: [1940년] 1월 7일
언동의 개요: 경성부 내 백미(白米) 소매상점 앞에서 "지금까지는 다만 전쟁이 있다고 말했을 뿐이지만, 현재는 식량 기근이 전쟁이다! 아무리 전쟁이라고 해도 먹을 수 없는 것은 무슨 일인가? 쌀도 없고 좁쌀[粟]도 없다. 죽을 수밖에 없다. 이런 상황인데 전쟁은 무슨 소용인가?"라며 유언비어를 말했다.

조치: 미검거

장소: 경남
주소·성명: 본적 경상남도 마산부 부정(富町) 97번지, 주소 본적과 동일·무직 이태근(李泰根, 23세)
월일: 1939년 12월 11일
언동의 개요: 조선인 이발점에서 마침 거기에 있던 손님 수 명에게,

- 우리 조선민족은 3천 년의 역사가 있음에도 불구하고, 지원병제도가 실현된 것은 유감이다.
- 인도인은 머리가 잘리더라도 영국인에게 굴복하지 않는다고 하는데, 조선인으로 지원병이 되는 바보도 있다.
- 지원병에 대한 송별회에는 절대 참가할 필요가 없다.

등 반군적 언동을 농(弄)했다.
조치: 경찰 측이 검거, 징역 10월

장소: 경남
주소·성명: 경상남도 고성군 마암면(馬巖面) 도전리(道田里)[45] 211·배상호(裵相鎬)
월일: [1940년] 2월 6일
언동의 개요: 음식점에서 마침 거기에 있던 손님 수 명에게 "소학교 6년을 졸업하면 지원병에 채용되므로 학교는 졸업하지 말라. 졸업 전에 퇴학하면 채용되는 일이 없다" 운운하는 등 특별지원병제도에 관한 유언비어를 말했다.
조치: 경찰 측이 검거, 송국[46]→61쪽

장소: 경북
주소·성명: 경상북도 울릉도 남면(南面) 도동(道洞)·다카하타 겐타로(高畑權太郞, 43세)
월일: [원문 공란]
언동의 개요: 거주하는 곳에서 입영자 자축연에 초대되어 지방 관공리 등의 면전에서 입영자에게 "군대에 가서 죽는 놈은 바보다. 너는 요령을 잘 부려 돌아오라" 운운하는 반군적 언동을 했다.
조치: 관할서에서 검거, 송국(육군형법 위반)

장소: 강원
주소·성명: 본적 전라북도[47] 무주군 (이하 불상), 주소 부정(不定)·노동자 김 모
월일: [원문 공란]

45　원문은 '전리(田里)'이나 당시 마암면에 없는 행정구역명이다. 아래 판결문 등을 참조하여 '도전리(道田里)'로 수정했다.
46　배상호는 1심에서 보안법 위반으로 징역 1년 집행유예 2년을 선고받았으나, 검사가 공소하여 2심에서 징역 8개월을 처분받았다. 釜山地方法院統營支廳, 1940.6.4, 「1940年 刑公 제79호 判決: 裵相鎬」; 大邱覆審法院刑事第1部, 1940.7.2, 「1940年 刑控公 제146호 判決: 裵相鎬」; 朝鮮總督府高等法院檢事局 思想部, 1940.12, 「志願兵制度に關する不穩言動事件」, 『思想彙報』 25 참조.
47　원문은 '전라남도(全羅南道)'이나 무주군이 속한 '전라북도'로 수정했다.

언동의 개요: 음식점에서 마침 거기에 있던 조선인 수 명에게

- 사변의 장기화에 따라 전사하는 것은 일본군뿐으로, 이미 그 태반을 잃어서 일본에는 부녀자만 남겨져 있다.
- 근래 조선에서 지원병을 모집하는 것은 일본의 병력 부족을 보충하려는 것이다. 순박한 농촌 청년을 강제로 지원병으로 삼는 것이니 진실로 국가를 위해 지원하는 자는 한 사람도 없을 것이다.

등 반군적 언동을 한 후 만주 방면으로 도주했다.

조치: 미검거

장소: 강원
주소·성명: 주소 경상북도 대구부·한(韓) 모(45세)
월일: [1940년] 2월 20일
언동의 개요: 강원도 김화군(金化郡) 김화면 소재 여인숙에서 "조선인 지원병은 대부분 강제적으로 모집하는 것으로 필경 일본인 병력은 중국의 독전대(督戰隊)처럼 후방에서 감독하고 조선인 지원병을 제1선에 세우는 것이 목적이다. 제일 먼저 전사하는 것은 지원병일 것이다" 등 유언비어를 말했다.
조치: 미검거

장소: 경남
주소·성명: 경상남도 고성군 마암면(馬巖面) 도전리(道田里) 211·배상호(裵相鎬)
월일: [1940년] 2월 6일
언동의 개요: 친구 수 명에게 "광동(廣東)의 마을은 함락 후 모두 빈집이 되었다. 병사가 자동차, 오토바이 등을 주워 그것을 팔고 다닌다" 등의 유언비어를 말했다.
조치: 경찰 측이 검거, 송국[48] → 60쪽

---

[48] 앞의 주 46에 제시된 판결문에는 나오지 않는 혐의이다.

2) 불경 사건의 개요

(1) 불경 언동

월일: [1940년] 2월 14일

주소·성명: 함북 나진부(羅津府) 동원정(東元町) 187·기독교 목사 김무생(金武生, 43세)

개요: 함북 경흥군 경흥면 고성동(古城洞) 고성(古城)예배당 사경회(査經會)에 참석한 신도 약 50명에게 다음과 같이 불경한 언동을 하였다.

    1. 남녀·빈부를 막론하고 모두 신으로부터 육체와 혼을 받았기 때문에 어떤 사람이라고 해도, 가령 천황 폐하라고 해도 주님이 오라고 하시면 가지 않으면 안 된다.

    2. 국가의 법률은 천황이 정하는 것이므로 법률을 위반하면 제재받지 않으면 안 되는 것과 마찬가지로 신의 의지에 반하면 누구라도 신의 제재를 받아야 한다고 운운함

조치: 불경죄로 사건송치[49]

월일: [1940년] 2월 25일

주소·성명: 경기도 인천부 용운정(龍雲町) 144·음식점 이영(李英)의 집 작부(酌婦) 한차광(韓且光)

개요: 접객 중 만취하여 일어난 말싸움을 경찰관이 제지하자, 이에 다음과 같은 불경 언사를 말했다.

    1. 나는 천황 폐하의 첩이다.
    2. 천황 폐하는 나의 아버지이다.
    3. 나는 천황 폐하와 함께 사진을 찍은 적이 있다.

조치: 4월 23일 관할서에서 사건송치

---

[49] 김무생은 불경죄로 1940년 4월 2일 청진지방법원에서 불경죄로 징역 6개월을 처분받았다. 검사가 공소하였으나 경성복심법원에서 징역 6개월 형이 확정되었다. 京城覆審法院刑事第一部, 1945.5.28, 「1940년 刑控 第150號 判決」; 국가기록원, 〈독립운동 관련판결문〉의 '형사사건부' 참조.

월일: [1940년] 3월 10일, 3월 17일
주소·성명: 경기 소원군(小原郡) 남면(南面) 제곡리(提谷里)⁵⁰·미국 감리파 기독교 목사 이익모(李益模)
개요: 교회당에서 전도 보급 강연 중 신도 약 100명에게 다음과 같은 언사를 했다.
"예수는 천주(天主)로 세계에서 가장 위대하다. 천황 폐하보다 위대한 분이시다."
조치: 3월 28일 관할서에 검거, 사건송치

(2) 불경 투서

월일: [1940년] 5월 6일
수신처⁵¹ **및 수신자:** 천황 폐하
주소·성명: 황해도 벽성군(碧城郡) 월녹면(月綠面) 요주(要注)⁵²·최재남(崔在南, 70세)
개요: 위 사람은 정신이상자로 진정하는 버릇(陳情癖)이 있다. 자칭 엄농교(嚴濃敎, 다른 신자는 없음)를 맹신하여 "엄농교에 의지해 기도하면 비가 내리고 농민은 하늘의 혜택을 받게 될 것이다"라는 인쇄문을 천황 폐하 앞으로 발송했다.
조치: 5월 18일 관할서에서 동행하여 취조했는데 용의점이 없어, 위 사람의 장남에게 신병을 인도하고 엄중히 감시하게 함.

월일: [1940년] 6월 5일
수신처 및 수신자: 조선총독부 미나미 지로(南次郞)⁵³ 총독 각하
개요: 평남 중화읍(中和邑) 시장 동(東)음식점 김명달(金明達) 명의로 '본인은 국수당(國粹黨)이 아니지만, 이렇게 창씨(創氏)하면 허가됩니까, 안 됩니까?'라며 다음과 같은 불경

---

50 이상 경기도에 속한 행정구역명이나 일치하는 곳이 없다. 수원군(水原郡) 향남면(鄕南面) 제암리(提岩里)인 것 같다.
51 원문은 '발송처(發送先)'이나 맥락상 '수신처'가 맞다. 이하 3건 모두 발송처를 수신처로 번역했다.
52 '요주'는 '요주의(要注意)'의 약자이다. 일제강점기 경찰은 특정 인물 또는 단체를 대상으로 일정 기간 주기적으로 감시하였는데, 1935년경 크게 '요시찰(要視察)'과 '요주의(要注意)'로 분류하였으며, 당시 경찰이 보기에 전자가 후자보다 '과격'한 층으로 간주된다. 장신, 2003, 「일제하의 요시찰과 『倭政時代人物史料』」, 『역사문제연구』 11, 148~149쪽.
53 원문은 '南次孫'이나 당시 총독명 '미나미 지로(南次郞)'으로 고쳐 번역했다. 다만 낮춰 부르는 의미로 '孫'을 썼을 수도 있다.

한 자구(字句)를 끝에 적어 나열한 것을 투서했다.

    1. 천황족을 모두 죽일 사내(天皇族皆殺郎)

    2. 천황 머리를 자를 사내(天皇頭切郎)

    3. 쇼와를 죽일 사내(昭和亡太郎)

    4. 야마토족을 멸망시킬 사내(大和族亡太郎)

    5. 조선 민족을 흥하게 할 사내(朝鮮族興太郎)

    6. 일본족을 모두 멸망시킬 사내(日本族皆滅郎)

조치: 헌병과 경찰이 협력, 범인 수사 중

월일: [1940년] 4월 22일
수신처 및 수신자: 조선 궁성(宮城) 내 천황 폐하 앞
주소·성명: 황해도 재령군(載寧郡) 재령읍(載寧邑) 고산리(孤山里) 115·농업 김유근(金裕根)
개요: 위 사람은 정신병자인데, 4월 22일 재령 우편국 내 공중 대기실에서 다음과 같이 번역되는 불경한 글을 관제엽서에 써서 우송했다.

    좌기(左記)

    인생을 이렇게 저렇게 [어떻게든] 살아내고 있는 것을 축하드립니다. 예수는 죽었습니다. 안심하십시오. 교회를 축하해 주십시오. 교회입니다. 교회를 기대합니다. 편지를 한 차례[도] 올리지 못한 죄는 죽음으로도 면하지 못합니다. 허망한 인생으로서 이제야 드디어 천상계를 알게 되는 동기(動機)를 얻었습니다. (중략) 금전, 재화, 직업도 얻도록 해주십시오.

조치: 5월 23일 검거, 취조 결과 6월 15일 불기소 의견에 부쳐 사건송치함과 더불어 친아버지(實父)에게 보호감시 방법을 시달하고 석방함.

(3) 불경 낙서

월일: [1940년] 6월 10일

장소: 경성역발 인천행 17 열차 3번째 차량 3등 열차

행위자 주소·성명: 경기도 인천부 금곡정(金谷町) 15·대동상업 1년생 이인제(李仁濟, 14)

내용: "하루빨리 천황을 죽이고 싶다"라고 불경하게 낙서함.

조치: 6월 28일 범인 검거, 7월 5일 사건송치[54].

---

[54] 京畿道警察部長, 1940.6.29, 「不穩落書發見ニ關スル件」[京城地方法院檢事局 思想係, 1940, 『(昭和十四年)思想ニ關スル情報』에 수록]; 京畿道警察部長, 1940.7.6, 「不敬落書事件檢擧ニ關スル件」[京城地方法院檢事局 思想係, 앞의 자료, 1940에 수록] 참조. 이 자료에 따르면 경찰은 이인제[이인재(李仁宰) 또는 이완녕(李完寧)]가 '범죄 사실이 명백하지만, 형사책임을 질 나이에 이르지 않아 불기소 의견'으로 사건을 송치했다.

Ⅱ

조선총독부 경무국 보안과 자료

1. 『치안상황』 26-47, 1937. 9 ~ 1938. 10

1) 「경계 단속 사항」, 『치안상황』 26, 1937. 9. 14

(1) 경기도 일제 검색(檢索)

경기도에서는 시국의 중대화와 더불어 불량분자의 잠입, 혹은 밀모(密謀) 등을 적발, 방지할 목적으로 9월 14일 오전 4시를 기해 전도에 걸쳐 의심이 가는 곳을 일제히 검색한 결과, 용의자 26명을 검속, 취조 중이다.

(2) 부산 중국 영사관에 대한 투서 사건

9월 7일 부산 중국 영사관 앞으로 시국에 격분한 자구(字句)를 나열한 다음과 같은 투서가 우송된 일이 있었는데, 중국 영사관 영사 진조간(陳祖侃)은 시국상 신변에 위험을 느껴 다음 날인 8일 경남지사를 방문해 신변 보호를 요청했다. 지사와 경찰부장은 이러한 때에 경찰 당국의 보호를 절대적으로 신뢰하고 어떠한 기우(杞憂)도 품지 말도록 회답하고 더불어 시국상 영사관원 등의 경찰에 대한 이해를 촉구한바 영사도 이를 납득하고 퇴거했다.

기(記)

(전문 생략) 지금 국민정부의 비인도적이고 인의(仁義)를 어그러뜨리는, 인류 역사상 지금껏 상상할 수 없는 귀축(鬼畜) 행위임을 여러 사람이 깊이 자각하는 바일 것이다. (중략) 이에 반해 너희가 용케 건전하고 얼마나 행복한지 삼가 생각하라. 그것은 바로 성스러운 천황의 성덕·위광·인자함 때문이다. (중략) 황은(皇恩)의 무한무변(無限無邊)함을 감사히 받들고 폭악한 중징기(衆懲旗)[1]를 내리고 목욕재계하여 빛나는 일장기를 게양하는 영광을 추구하라. (하략)

1937년 9월 7일

---

[1] 원문 '중징(衆懲)'은 의미 불명이나, 한자를 음독하면 'しゅうちょう', 즉 '추장(酋長)'의 뜻이다. 뒤의 일장기와 대를 이루어 당시 중화민국 국기를 낮춰 부른 것 같다.

(3) 불온 문서 부착[貼布]

주소: 함경북도 성진군(城津郡) 학남면(鶴南面) 일신동(日新洞) 131
성명: 노동 박재용(朴載龍, 33세)
내용: 9월 9일 오후 7시경, 함북 성진군 학남면 일신동 어업조합 서기 이동호(李東鎬) 집 판자벽(板壁)에 다음과 같은 불온 문서가 붙어 있는 것을 발견하고 범인 수색에 노력한 결과, 앞서 기록한 박재용의 소행임이 판명되어 체포하여 취조 중임.

기(記)

중일전쟁 후에 다시 러시아와 일본 양국에서 개전(開戰)하면 조선을 위해 노력한다.
제군들, 1937년을 기억하는가.

    우리 조선과 러시아가 함께 동거(同棲)하자.
    제군들도 생각했던 대로 조선도 희망이 있다.
    러시아와 일본 양국 ……
    러시아와 조선이 동맹국이 되어 전쟁하면 ……
    다시 독일공화국처럼 하자. 조선은 일본의 속국이므로 독립을 요구하지 않으면 안 된다.
    조선 독립 만세 만세.
    이 문제는 자세히 생각하지 않으면 안 된다.

(4) 국방헌금 사기

주소: 경상북도 경산군(慶山郡) 경산면 사정동(士亭洞)[2]
성명: 구장(區長) 강주술(姜柱述, 41세)
내용: 위 사람은 사변 발생 이래로 관할[면] 면장의 명에 의해 해당 마을(洞) 사람들에게 국방헌금을 모아 정리하던바, 그중 13인분인 3엔 40전을 착복한 것으로 판명되어, 관할 경찰서에 신병을 구속, 취조 중임. → 105쪽

---

2   원문은 '토정동(土亭洞)'이나 당시 경산면에 없는 동명이다. 가장 유사한 '사정동(士亭洞)'으로 고쳤다.

(5) 시국 표방(標榜) 사기 미수

주소: 8월 31일경 경성부 혜화정(惠化町) 74
성명: 육군과학연구소 지도 방독면독가스방구(防具)신청소 조선방호연구순방대(巡防隊)
내용: 손동준(孫東俊) 34세가량, 이요섭(李耍燮) 31세가량으로 자칭하는 자들로 대구부 내를 돌아다니며 주로 조선인 상점을 두루 방문하여, "시국이 긴박한 때 언제 적의 공습이 있을지 예측하기 어려우므로 일반 가정에서도 이에 방호(防護)하기 위해 반드시 방독구(防毒具)를 구입하여 준비해 둘 필요가 있다. 우리 연구소에서는 이번에 희생적으로 특별히 원가(原價)에 제공하니 신청하는 동시에 대금[代價]의 반값을 수령하고 건넬 것이다"라고 칭하며 권유하였으나, 희망자가 없자 떠나가 버렸다. 이들은 이러한 종류의 수단으로 착수금 사취(詐取)를 기도하고 있는 자로 보이므로 수배 중→135쪽

(6) 불온 언동 및 유언[비어]

① 유언[비어] 처벌

전라남도 제주도 거주 초덕수(肖德水, 21세)는 다음과 같이 유언비어를 말하였으므로 구류 15일에 처함.

"지금 일본은 병력 부족으로 안덕면(安德面) 사계리(沙溪里)에서 병력을 모집 중이다."

② 자칭 단군교도(檀君敎徒)의 불온 언동
주소: 충청남도 논산군(論山郡) 두마면(豆摩面) 신도안(新都內)[3]
성명: 단군교 신자 박 모 씨(65세)
내용: 위 사람은 8월 10일 정오 무렵 충남[4] 아산군(牙山郡) 배방면(排芳面) 갈매리(葛梅里) 구장(區長) 현응국(玄應國) 집에 와서 소지하고 있던 소책자를 꺼내 다음과 같은 불온 언동을 한 사실이 있다. 소재를 수색 중이다.

---

[3] 원문은 '신도문(新都門)'이나 계룡산 인근 종교 취락지인 '신도내(新都內)', 즉 신도안의 오자(誤字)로 판단하여 수정했다.
[4] 원문은 '충북'이나 아산군이 속한 '충청남도'로 수정했다.

"현재 일본과 중국이 강고하게 대립하며 싸우고 있지만 가까운 [시일] 내에 지치고 말 것이다. 이러한 때에 단군교는 용이하게 일본과 중국을 제압하고 조선의 독립을 꾀할 수 있다. 지금 단군[교]에 입교하지 않으면 장래 생명을 보호받지 못할 뿐만 아니라, 가령 도움을 받는다고 해도 참봉(參奉) 자리를 얻을 수 없을 것이다. 나는 덕을 베풀기 위해 돌아다니는 자로 결코 입교를 권유하는 자는 아니지만, 가까운 장래에는 지금의 내 말을 믿어 입교하지 않은 것을 후회할 시기가 도래할 것이라고 운운"

③ 기독교도의 서당에서 불온 언동
주소: 목포부 창평정(昌平町)
성명: 김용근(金容根, 21세)
내용: 위 사람은 7월 중순 무렵 전라남도 영광군(靈光郡) 염산면(鹽山面) 야월리(野月里) 서당의 아동에게 다음과 같은 불온 언동을 하였으므로, 현재 취조 중이다.
"중일전쟁이 발발했는데, 중국에 대해서는 영국·미국 각국이 동정적으로 지원하고 있으므로 일본군의 패전은 명백하다. 또 제군들은 정신을 가다듬고 기독교를 믿으면 가까운 장래에는 조선이 반드시 독립할 것이다."[5] → 78, 118, 299, 319쪽

④ 선박 목수의 불온 언동
주소: 함북 성진군(城津郡) 성진읍 본정(本町) 118
성명: 선박목수 오우치 후미오(大內文雄, 28세)
내용: 8월 31일 오후 8시경 함북 성진읍 본정 26 소재 중국인음식점 장희강(張禧江) 집에서 음주한 후 마침 마주친 중국인 5명에게 "너희들은 중일전쟁을 모르느냐, 빨리 본국으로 돌아가라, 돌아가지 않으면 죽여버릴 테다"라고 불온한 언사를 했으므로, 구류 15일에 처했다.

---

[5] 김용근은 1937년 10월 14일 광주지방법원 목포지청에서 보안법과 육군형법 위반으로 징역 6개월을 선고받았다. 光州地方法院木浦支廳, 1937.10.14, 刑公 951호 「判決: 金容根」.

⑤ 군사에 관한 유언비어(造言)

주소: 함흥부(咸興府) 군영통(軍營通) 2정목(丁目)

성명: 천리교(天理敎) 집담소(集談所) 주임 요도가와 하다기치(淀川甚吉, 44세)

내용: 위 사람은 9월 1일 오후 2시경 이태형(李泰亨)이라는 자에게 "일소(日蘇) 관계가 점점 불온해지고 있다. 오늘 아침 함흥 보병 제74연대에 동원령이 내려졌다"라고 말했고, 이씨가 이를 다른 사람에게 전파하여 군사에 관한 유언비어를 말한 것으로 판명되었으므로, 함흥 헌병대에서 두 명을 취조한 후 9월 6일 기소유예 의견을 부쳐 사건만 송치했다.

⑥ 군사에 관한 유언비어(造言)

본적·주소: 강원도 원주군(原州郡) 흥업면(興業面) 흥업리·경성부 관철정(貫鐵町) 225

성명: 무직 강현상(姜顯相, 21세)

내용: 8월 16일 본적지에 있는 정수원(鄭洙源) 집에서 정수원의 처에게 "중국 병사가 상당히 강하기 때문에 일본이 패전하면 중국 병사는 조선인 남자를 모두 죽이고 그 아내를 첩으로 삼는다고 한다. 그렇게 되면 당신은 어떻게 할 것인가?"라고 유언비어를 말했다. 또 경성으로 이주할 때 본적지 마을 사람 수 명에게 "나는 이번에 징병되어 지금 막 출정하는 참이다"라고 군사에 관한 유언비어를 말한 사실이 있다. 관할 원주서(原州署)에서는 기소 의견을 붙여 송치했다.[6] → 284, 308쪽

2) 「경계 단속 사항」, 『치안상황』 27, 1937.9.17

(1) 불온 벽보(貼紙)

전남 영광군(靈光郡) 영광읍 내 도로 위 전봇대 3곳에 9월 14일 오전 7시 30분경 다음과 같은 불온 전단을 붙인 것을 발견하고 극력(極力) 조사 중이다.

---

[6] 江原道警察部, 『(昭和十三年度) 治安狀況』, 流 4쪽 참조. 강현상의 발화 장소와 상대방이 『치안상황』 제26보에선 정수원의 집, 정수원의 처인데, 『사상휘보』 제14호는 강순금(姜順今) 집, 이기주(李基宙, 여성)이다. 강원도 경찰부의 『치안상황』에는 구체적인 장소는 나오지 않으며 상대방은 정수원의 처 이기주(李基宙)이다.

1. 용지: 대정제지권지(大正製紙卷紙)
2. 기재문: 우리 동방 약소 민족 옹호
3. 먹[墨]: 먹물을 사용하였고 달필(達筆)임.

(2) 불온 언동

주소: 황해도 안악군(安岳郡) 안곡면(安谷面) 장월리(長月里) 431
성명: 곡물상 이환수(李煥秀, 29세)
내용: 위 사람은 8월 29일 진남포(鎭南浦)와 저도(猪島)를 오가는 나룻배에 탄 약 15명에게 다음과 같은 불온 언동을 하였으므로 9월 9일 구류 3일에 처함.
"만주사변은 국부적인 사변이었으므로 간단히 정리되었지만, 지금 사변은 전 중국에 걸쳐 있고, 특히 염석산(閻錫山)[7]의 부하 중에는 다수 조선인이 참가하고 있어 중국·조선 대(對) 일본의 전쟁이 되면 좀처럼 간단하게는 진행되지 않을 것이다" 운운함.

주소: 전남 광산군(光山郡) 하남면(河南面) 장덕리(長德里)
성명: 이경재(李庚宰, 30세)
내용: 위 사람은 속칭 '노조키[요지경]'로 불리는 유희(遊戱) 영업자인데, 관객을 유인할 수단으로 "여러분, 세계 유람을 하러 오십시오. 우리나라 조선 삼천리강산도 실려 있습니다. 이왕(李王)도 한 번 영면(永眠)하면 그걸로 끝입니다. 죽으면 볼 수 없습니다. 중국과 전쟁에서 조선인이 모두 죽어갑니다" 등 불온 언사를 발설하였으므로 취조한 후, 나주서(羅州署)에서 구류 5일에 처했다.

주소: 평북 영변군(寧邊郡) 이하 불상
성명: 양승요(梁承堯, 72세가량)
내용: 위 사람은 이번 달 2일 평북 창성군(昌城郡) 동창면(東倉面) 대유동(大楡洞) 차경섭

---

[7] 산서성(山西省)을 근거로 한 중국 군벌 정치가로 항일전쟁기 제2전구(戰區) 사령장관을 맡아 서북 지역에서 일본군과 싸웠다.

(車京涉) 집에 와서 잡담 중에 "이번 중일전쟁과 관련해 평양 방면에서는 만 15세 이상 학교 생도는 전부 학교에 수용되어 얼마 지나지 않아 전장으로 보내진다고 한다"라고 운운했다는 정보가 있다. 이 사람은 여러 곳을 돌며 이러한 유언비어를 유포한 것으로 보이므로 수배 중이다.

주소: 전북 무주군(茂朱郡) 이하 불상
성명: 장신구[小間物] 행상인 조선인 여성 성명 불상(36세가량)
내용: 위 사람은 8월 30일 경남 거창읍(居昌邑) 거창동[8] 김용운(金龍雲) 집에서 다음과 같은 불온 언동을 농(弄)하고 사라졌음을 관할서에서 탐지하고 현재 소재 수색 중이다. "나는 5년 전부터 중국 산동성(山東省)에 온 가족이 이주했는데, 남편은 의용군(義勇軍)에 선발되어 동포를 지키기 위해 남경(南京)으로 갔고 우리 가족 4명은 8월 17일에 모두 피난 나왔다. 중국인은 상당히 잔인하여 사람을 죽이는 일 등을 조선에서 닭이나 개를 죽이는 정도로 생각하고 있다. 중국에서는 매일 일본과 중국 병사가 서로 전쟁하는데 중국 병력의 수가 많음에도 불구하고 사상자는 일본 병사가 많다고 들었다"라고 운운

주소: 경상북도 성주군(星州郡) 가천면(伽泉面) 창천동(倉泉洞),
성명: 면(面)협의회원 대금업 미시마 미키오(三島幹雄, 42세)
내용: 위 사람은 다년간 경찰관으로서 경상북도 내에서 근무했고, 1928년(昭和 3) 퇴직과 더불어 이후 앞에 제시한 주소지에서 금전 대부업을 경영해 오던 자이다. 애국기(愛國機) 경북호(慶北號) 헌금에 관해 "호세(戶稅)가 높으니 헌금은 할 수 없다. 나는 훈(勳) 8등 보유자로 이미 국가에 대한 의무는 다했다"라고 하며 헌금을 거절했다. 또 8월 25일 성주군 사후원연맹 부회장, 가천면장과 창천금융조합 이사 이상만(李相萬) 3명이 미시마를 방문하여 시국상 솔선해서 군사 후원에 진력해 주길 바란다는 취지로 간청하자, "나는 일본인이다. 너희들 '요보'[조선인의 비칭(卑稱)]에게 듣지 않아도 알고 있다. 국방헌금은 후쿠

---

8 거창동은 거창읍에 없는 행정구역명이다. 원문의 '거창읍 거창동'은 '거창군(郡) 거창읍(邑)'의 오기인 것 같다.

니치(福日)신문사[9]에 냈으니(진위 불명) 추가로 낼 필요는 없다"라고 운운하며 불손한 언사를 했다. 이에 이상만이 그 모욕적인 언사를 힐문하자 미시마는 이상만의 옷깃을 거머쥐고 폭행하려 하는 것을 동행한 2명이 제지해 없던 일로 한 사실이 있다. 이상만은 조만간 폭행과 명예훼손으로 고소할 뜻임을 말하였다.

3) 「경계 단속 사항」, 『치안상황』 28, 1937.9.21

(1) 중일전쟁 발생 이후 9월 10일까지 기간에 시국 관계 경계 단속 사고는 다음과 같음.

종류 건수별 월별	불온 언동, 유언[비어] 처벌				중국인 관계 분쟁					중국인 관계 분쟁 처벌					시국 관계 범죄 처벌				
	건수	인원			건수	인원				건수	인원				건수	인원			
		日	鮮	中	계		日	鮮	中	계		日	鮮	中	계		日	鮮	中	계
7월	40		41		41	166	10	313	188	511	16	1	35	2	38	5		7		7
8월	120	1	120	1	122	365	13	622	420	1,055	49	2	75	2	79	12		17		17
9월 상순	20		20		20	34	2	59	38	99	4	1	10		11	5		5		5
합계	180	1	181	1	183	565	25	994	646	1,665	69	4	120	4	128	22		29		29

(2) 불온 언동

주소: 경남 밀양군(密陽郡) 산내면(山內面) 가재리(加載里)[10]

성명: 붓(毛筆) 행상 안순근(安順根, 62세)

내용: 위 사람은 8월 7일 동래읍(東萊邑) 노상(路上)에서 불온 언사를 하여 검거 취조 중(『치안상황』 제18보의 '경계 사고' 참조)인데, 취한 나머지 기억이 없다고 극력 부인하고 있다. 하지만 각 관계 증인의 증언으로 죄증(罪證)이 충분하다고 보이므로 육군형법(유언

---

9   1877년에 창간되어 후쿠오카현(福岡県)을 중심으로 규슈(九州) 일원에 발행 판매되었던 《福岡日日新聞》의 약칭이다.
10 산내면에 없는 행정구역명이다. 발음상 가장 유사한 이명으로 '가인리(佳人里)'가 있다.

비어) 및 보안법 위반으로 9월 15일 신병(身柄)을 송국했다. → 278, 296, 318쪽

주소: 원산부 북촌동(北村洞) 97
성명: 포목상, 중국인 루준륜(婁遵崙, 29세)
내용: 위 사람은 8월 19일 함남 안변군(安邊郡) 신모면(新茅面) 방면에 수금 때문에 돌아다니던 중 시국 관계상 대략 다음과 같은 유언비어를 말하였던 사실이 판명되었으므로 9월 6일 구류 10일에 처했다.

> 가. 이번 중일전쟁은 적어도 5~6년은 해결을 보지 못할 것이다. 현재 중국군은 결사적으로 국가를 위해 분투하고 있고 최후에는 우리 중국이 승리할 것이다. 따라서 조선에 머물러 살 필요가 없다.
>
> 나. 이번 전쟁은 오래 끄는 만큼 중국에 유리하게 전개된다. 일본 신문은 한창 중국이 대패할 것처럼 보도하고 있지만, 사실은 반대의 의미로 해석해야 할 것이다.

(3) 방호단(防護團) 연습에 동반된 사고

대구부 방호단(防護團)은 결성 이후 맹훈련을 계속하여 단원 규율 및 기타 제 방면의 교육훈련을 철저히 했다. 9월 3일과 7일 두 차례에 걸쳐 대구부 및 인접 각 면(面)에 걸쳐 등화관제(燈火管制)하에서 방호 연습을 실시하였다. 시국상 단원의 의지와 기개로 긴장된 상태였고 부민도 이에 호응하여 대체로 양호한 성적을 거두었는데, 고의로 방호단의 작업을 방해한 2건(구류 10일)과 부주의로 인해 방호단원의 분개를 사서 당사자를 보호하기 위해 검속(檢束)한 경우 3건이 있었다.

(4) 시국을 이용한 부정행위

본적: 시가현(滋賀縣) 아이치군(愛知郡) 히가시오시타테무라(東押立村)
성명: 무직[無象][11] 오타 기치에몬(太田吉衛門, 30세)
내용: 위 사람은 9월 11일 함흥으로 와서 국방헌금을 할 목적으로 수채화를 판매하는 자

---

11 '무상(無象)'을 직역하면 '어중이떠중이(有象無象)', '별 볼 일 없는 이'를 뜻하지만, 문맥상 '무직(無職)'으로 해석할 수 있다.

로 칭하며 단책(短冊)¹²을 억지로 구매시켜 왔던 것이 발견되어 취조한바 국민이 애국심을 불태우고 있는 때에 편승해 과거에 본인이 재향군인이었던 것을 활용하여 국방헌금의 의지가 없지만, 시가 10전의 물건을 20전 이상으로 거의 강제적으로 강매해 온 것으로 판명되어서 인계하여 취조 중이다.

본적·주소: 충청남도 보령군(保寧郡) 미산면(嵋山面) 용수리(龍水里)·부정(不定)
성명: 골상감정(骨相鑑定) 이환생(李桓生, 37세)
내용: 이 사람은 9월 10일 함흥부(咸興府) 대화정(大和町) 3정목(丁目) 함흥호텔에 투숙, 14일 광고지 약 2천 매를 인쇄하여 부내(府內) 여러 곳에 붙였는데, 그 내용 중에 "수입을 국방헌금으로 함"이라는 내용의 기사가 있어 함흥서에서 위 사람을 불러 국방헌금의 정신은 아름답지만 업무상 시국을 표방하는 것은 온당하지 않다는 취지의 유시(諭示)를 하였다. 위 사람은 이를 납득하고 앞의 남은 광고지를 임의 제출하고 평소대로 일반 감정에 응하고 있다.

4) 「경계 단속 사항」, 『치안상황』 29, 1937.9.24

(1) 불온 언동
주소: 평안남도 중화군(中和郡) 간동면(看東面) 노년리(老年里)
성명: 장로파 노년리 교회 집사 윤도빈(尹道彬, 43세)
내용: 평남 중화군 동두면(東頭面) 용산리(龍山里) 천도교 법정(法正) 임예환(林禮煥)과 천도교 중화종리원(宗理院) 원장 박승근(朴承根)의 처 조상엽(曺相燁) 두 사람은 중앙 종리원의 지시에 따라 8월 25일 오후 1시경 중화군 간동면 노년리에서 시국에 관한 좌담적 강화를 시도하였다. 이에 대해 위의 윤도빈이 신사참배 반대의 이야기를 하였고, 또 천도교의 친일적 태도를 몹시 꾸짖는(痛罵) 등 불온 언동을 한 사실이 있어, 관할서에서 이를

---

12 글씨를 쓰거나 물건에 매다는 데 쓰는 직사각형의 폭이 좁은 종이를 말한다.

탐지하고 취조한 후 구류 20일에 처했다.

주소: 강원도 영월군(寧越郡)
성명: 영월감리교회 목사 "보요(普要)"[13] 박병화(朴炳華)
내용: 위 사람은 "일본 패배, 조선 독립" 등의 불온한 언사를 하였으므로 관할서에서 검속(檢束)해 취조 중인바(8월 24일 『치안상황』 제20보 참조) 최근 그 죄를 뉘우치고 있는 듯하나, 과거에 전임지였던 충북 음성에서 "해방(解放)"이라는 제목으로 조선 독립에 관한 불온한 설교를 하였던 사실도 있는 등 민족의식이 농후한 인물이므로, 8월 27일 구류 20일에 처했다. → 47쪽

주소: 목포부 창평정(昌平町) 1
성명: 서당교사, 기독교 신자 김용근(金容根, 21세)
내용: 위 사람은 시국에 관한 불온 언동을 하고 관할경찰서에 검속(檢束)되어 취조 중임은 기존에 보고(9월 14일 『치안상황』 제26보)된 바인데, 범죄 사실이 명확하다. 보안법 및 경찰범처벌규칙 위반으로 9월 20일 송국하였다. → 71, 118, 299, 319쪽

(2) 시국 표방 범죄

주소: 경상남도 창원군(昌原郡) 내서면(內西面)[14] 회성리(檜城里)
성명: 구자키 노보루(久崎登)
내용: 위 사람 집에서 9월 13일 정오 무렵 1명의 조선인이 찾아와 "이번 진주읍 동본원사(東本願寺)에서 출정 군인의 무운장구(武運長久)를 기원하기 위해 양초[蠟燭] 2만 개를 지방 유지들로부터 기증받고자 우리 43명이 각지로 나누어 파견되었다. 양초[蠟燭] 1자루 대금으로 51전을 기증받고자 한다"라고 청하였으므로 이에 20전을 주었는데, 이 사람

---

13 조선총독부 경찰의 요시찰 대상 중 '보통'을 말한다. 주로 민족주의자가 여기에 해당했다. 장신, 2023, 「해제」, 민족문제연구소 편, 『조선인요시찰인약명부』, 민족문제연구소, 12쪽.
14 원문은 '서면(西面)'이나 당시 창원군에 없는 행정구역명으로 회성리가 속한 '내서면'으로 고쳤다.

은 이 밖에 그 지역 일본인 5명에게 동일한 수단으로 51전씩의 기증을 받고 어느새인가 자취를 감춘 사실이 있다. 지금 극력 수사 중이다.

주소: 경성부(京城府) 종로(鐘路) 6정목(丁目) 216
성명: 황호연(黃鎬淵) 또는 황진연(黃晉淵)
내용: 위 사람이 이전부터 사이가 좋지 않았던 송창원(宋昌源), 임병표(林炳彪) 두 사람을 모함하고자 허위 투서를 했던 것은 이미 기존에 보고(『치안상황』 제23보)된 바인데, 그 후 취조 결과, 전적으로 개인적 감정에 의해 두 사람에게 형사 소추받게 하려는 저의에서 출발한 행위였음이 판명되었고, 시국상 엄벌을 요하는 것으로 인정되어 검사와 상의 후 무고죄로 9월 17일 검사국에 송치하였다. → 327쪽

주소: 충남 예산군(禮山郡) 예산면 예산리
성명: 흥행업 이만섭(李萬燮)
내용: 위 사람은 9월 9일 강원도 영월서로부터 '북지사변(北支事變, 중일전쟁) 특보' 외 4편의 영화 상영을 허가받은 후 영월군(寧越郡) 영월면 영흥리(永興里) 김수하(金守河)에게 시국 뉴스의 가치를 과대하게 부풀려 선전하고 영월, 제천, 충주 3곳의 흥행권을 150엔에 양도하였는데, 9월 14일 그중 100엔을 수령한 채 도주하였으므로 관할서에서 위 사람을 추적·체포한 후 취조 중이다.[15]

(3) 기타
① 중국인에 대한 폭행
주소: 경기도 진위군(振威郡) 팽성면(彭城面) 노성리(老成里) 181
성명: 조선인 농업 백락선(白樂善, 33세)
주소: 충청남도 아산군(牙山郡) 둔포면(屯浦面) 둔포리

---

[15] 이만섭은 이 시국관계 '사기 및 횡령' 건으로 1937년 10월 25일 경성지방법원 원주지청에서 징역 8개월, 집행유예 3년 판결을 받았다. 江原道警察部, 『昭和十三年度 治安狀況』, 流 6~7쪽.

성명: 중국인 잡화상 사문진(沙文進, 40세)
내용: 백락선은 9월 13일 오후 4시 무렵 만취해 사문진 집으로 가서 외상[掛賣] 대금액이 차이 나는 것을 구실로 논쟁하였고, 사문진을 구타하여 전치 1주간을 요하는 타박상을 가했던 사실이 있으므로 취조하였다. 사변 발생 이후 공포에 시달리고 있던 중국인 집에 가서 계속 외상을 강요하고 또 면회를 강청(强請)하는 등의 행위를 한 것이 판명되었으므로 14일에 구류 5일에 처했다.

② 등화관제에 관련된 조선인 청년의 액사(縊死)
주소: 경남 동래군(東萊郡) 정관면(鼎冠面)[16] 월평리(月坪里) 55
성명: 농업 정세동(鄭世東, 22세)
내용: 위 사람은 9월 4일 오전 10시경 자택 뒷산에서 목을 매어 죽은 것[縊死]을 [다른 사람이] 발견했다. 유서에 의하면, 사인(死因)은 9월 1일 오후 5시경부터 친구 몇 명과 모여 음주하고 종(鐘)을 치며 크게 떠들고 있던 것을 면 서기 이수홍(李壽弘)이 등화관제 훈련 중 근신하지 않는다며 주의시키자, 이에 분개하여 위 면 서기를 폭행하고 전치 1주간의 상해를 입혔다. 마을 사람들도 그의 불법을 강하게 비난하였으므로 자책에 시달리다가 목을 매어 죽은 것으로 판명되었다.

5) 「단속 사항」, 『치안상황』 30, 1937.9.28

(1) 불온 언동
주소: 부산부(釜山府) 초장정(草場町) 1정목(丁目)
성명: 주조업(酒造業) 양반 박근배(朴根培, 55세)
내용: 위 사람은 9월 13일 부산부 대정(大正)공원에서 조선인 12~13명에게 다음과 같은 군기(軍機)·정치에 관한 불온 언동을 하여 같은 지역 헌병대에 검거되어 취조받은 후 9월

---

16 원문은 '승관면(昇冠面)'이나 당시 동래군에 없는 행정구역명이다. 월평리가 속한 '정관면'으로 고쳤다.

12일에 육군형법 제99조 및 보안법 [위반]으로 송국되었다.

"한일병합 이후 조선인은 일본인을 위해 피를 빨리고 육체도 먹히고 뼈까지도 먹혔다."

"이번 전쟁에서는 증세(增稅)에 이어 증세로, 우리들의 생활은 점점 곤란해질 것이다."

"9월 12일의 전쟁으로 일본의 대장급 6명, 병 250명이 전사했다. 또 부산 재향군인은 400명 소집된 적이 있는데, 50세 이하 일본인은 전부 소집될 것이다. 중국에서 일본군의 전사자는 이제 수만 명에 달하고 있다."

"신문을 보면 일본군이 이기고 있는 듯하지만, 여전히 군대를 보내고 있는 것을 보면 일본은 지고 있다."

"지난번 잔교(棧橋)에서 인부가 200개 상자로 묶인 짐을 운반 중에 잘못해서 떨어뜨렸는데 놀랍게도 그것은 일본 병사의 잘린 머리(生首)였고 그 수가 200~300개나 되었다고 한다"라고 운운함.[17] → 297, 319쪽

주소: 전라북도 고창군(高敞郡) 고창면 읍내리(邑內里)

성명: 식량품 상인 장갑상(張甲商)

내용: 위 사람은 9월 16일 조선어로 다음과 같은 불온한 방송을 하였던 내용이 관할 경찰서 부대원에게 감지되었으므로 엄중히 그 출처를 추궁한바 본인이 만든 유언비어임이 판명되었으므로 현재 검속하여 취조 중이다.

"일본군은 연전연패하고 있고, 특히 육전대(陸戰隊)는 전멸 상태에 있다. 중국은 평소 계획대로 소련과 결합하여 일본을 궤멸시키기에 이를 것이다. 우리 조선 민족은 이번 기회를 놓치지 말고 독립운동에 매진해야 할 것이다"라고 운운함.

---

[17] 박근배는 1937년 10월 14일 부산지방법원에서 육군형법 위반으로 금고 4개월을 선고받았다. 그(피고인)와 검사 양측이 모두 항소하여 1937년 11월 16일 대구복심법원은 양측 항소를 기각했다. 다시 박근배가 상소했으나, 1938년 2월 24일 고등법원은 기각하고 금고 4개월 형을 확정했다. 大邱覆審法院刑事第一部, 1937.11.16, 「1937년 刑控公 제523호 判決: 朴根培」; 高等法院刑事部, 1938.2.24, 「1937년 刑上 제209호 判決: 朴根培」.

주소: 강원도 회양군(淮陽郡) 회양면 읍내리

성명: 잡화상 석임하(石臨河)

내용: 위 사람은 9월 14일 부근[에 거주하는] 마을 사람에게 "전쟁이 장기간에 걸쳐 [지속되면] 곤란해지는 것은 반도민(半島民)이다. 등화관제 연습을 위해 흑막(黑幕)을 만들라고 엄하게 시달되었다. 또 소방수 임명도 받은 강제적이고 두 번 세 번 연습하고 그 밖에 소집되어 상업 매매도 불가능하다. 사태가 오래 지속되면 현업(現業)을 그만두고 산촌으로 들어가 화전민이 되는 것이 가장 안전하다고 생각한다"라며 조심스럽지 않은(不謹愼) 말을 했으므로 2일간 검속되었다.[18]

본적·주소: 도치기현(栃木縣) 우쓰노미야시(宇都宮市) 하시다초(橋田町) 1494·인천부 욱정(旭町) 63 동향여관(東鄕旅館) 내

성명: 화가 니시키 요시마사(錦純正) 또는 니시키 하지메(錦一, 51세)

내용: 위 사람은 9월 11일 오후 0시 30분경 인천부 궁정(宮町)경찰관파출소에서 도치기현 사람의 주소와 성명 등을 물은 후 다음과 같은 유언비어를 말하였고, 또 거주지로 적어 놓은 여관에서도 같은 종류의 언동을 하였으므로 육군형법 제99조에 의해 송국하고자 취조 중이다.

"나는 대련시(大連市) 신농정(信濃町) 북신여관(北辰旅館)에 투숙할 때 대련에서 간호부 600명을 모집하는 중이었는데 북진여관에 숙박 중인 부인 손님 3명이 응모한 사실이 있었다. 이렇게 많은 수의 간호부를 필요로 하는 것은 전사자·사상자가 다수이기 때문일 것이다. 중국 북부의 일본군은 악전고투하며 겨우 이기고 있는 상태로 군부에서는 이에 대한 보도를 금하고 있으므로 민간에서는 진상을 알지 못하고 승전보를 기뻐하고 있다. 대련 부두에서 선내(船內)의 병사들은 육상에 있는 사람에게 담배[煙草] 1개비를 애걸하고, 제1선 병사들은 통조림 1개도 자유롭게 배급받지 못한다. 병사들은 마치 아귀(餓鬼)와 같

---

18 석임하는 불온 언동 외에도 1939년에 두 차례 '폭리취체령' 위반으로 경찰에게 유시(諭示)를 받았다. 江原道, 1939.30, 「經濟統制ニ關スル取締措置狀況報告」(江原道, 1939, 『(1938년 12월~1939년 6월) 經濟情報 一』에 수록); 江原道, 1939.8.11, 「經濟統制諸法令違反者諭示狀況報告(昭和14年度 7月分)」(江原道, 1939, 『(1939년 7월~12월) 經濟情報』에 수록).

은 역경에 처해 있다. 이처럼 군부의 처치가 좋지 않은 걸 보면 전비(戰費)의 부족을 보여주는 것이다. 이 사변이 3년 지속되면 일본은 재정적 파탄을 초래하여 재기불능이 될 것이다"라고 운운함. → 91, 286, 307쪽

주소: 전라남도 나주군(羅州郡) 영산포읍(榮山浦邑)
성명: 다카다(高田)상회 점원 김성윤(金性倫, 28세)
내용: 9월 15일 영산포 국방부인회가 제2차 위문금 모집을 위해 [가게에] 왔는데, [점원이] 주인을 대신해 모집원에게 "당신들은 위대한 권리를 부여받고 있다. 무엇을 위해 이러한 것을 해야 하는가, 그 돈은 어디에 사용하는가" 등 비꼬는 말투로 위문금 갹출을 거절하며 비국민적(非國民的) 언동을 했던 것을 탐지하고, 2일간 검속(檢束)한 후 요구한 대로 하겠다는 문서[請書]를 적게 하고 방면하였다.

(2) 유언비어

주소: 경북 문경군(聞慶郡) 문경면 하리(下里)
성명: 농업 김종선(金鐘善)
내용: 위 사람은 용무가 있어 출성(出城)한 후 돌아와 9월 18일 자택에서 문경면 하리 수곡정명(須谷正明) 외 3명에게 "경성에서는 각 은행을 비롯해 금융조합 모두 중일전쟁으로 신규 대출을 정지하고 예금 출금은 예금액의 5할로 제한하고 있다" 운운하는 유언비어를 유포한 것이 탐지되었다. 인치(引致)되어 취조받은 후, 엄중한 경고를 받고 석방되었다.

내용: 전라남도 영광군 영광지방에서 "약 2주 전(前) 무안군(務安郡) 하의도(荷衣島)에서 중국 군인으로 보이는 중국인 수 명이 상륙해 마을 사람들의 닭, 그 외에 식량을 강탈한 후 어디론가 사라졌다"라는 유언비어가 있어, 관할서에서 조사하여 유포자인 유용기(柳瑢基)를 인치(引致)해 취조한 후, 9월 17일 구류 10일에 처했다.

주소: 전라남도 무안군(務安郡) 흑산면(黑山面)
성명: 이정단(李正丹)

내용: 위 사람은 8월 18일부로 청도(靑島) 거주 친동생 이갑주(李甲周) 앞으로 "지금 흑산 면에서는 떠다니는 정어리 선박[鰮船] 등을 모집해 군대 수송용으로 징발하고 면내 보통학교 졸업생을 군인으로 모집해 보내는 중이다"라고 써서 사람들이 광혹(誑惑)하게 하려는 듯한 허위 내용을 알렸다. 또 9월 상순경 거주지 마을 사람들에게 앞과 같은 내용의 유언비어를 유포하였으므로 9월 21일 구류 10일에 처했다.

주소: 경북 영일군(迎日郡) 기계면(杞溪面) 현내동(縣內洞) 350
성명: 이공우(李公雨, 25세)
내용: 위 사람은 올해 1월 20일 후쿠오카현(福岡縣) 오쿠라(小倉)로 도항하여 그 지역의 도금 제2작업장(鋏力2場)[19]에 고용되어 취로(就勞) 중이었는데, 9월 7일 훌쩍 조선으로 돌아와, 9월 18일 친구 6명에게 "중일전쟁 때문에 일본 각 공장은 직공 대부분이 출정(出征)해서 작업 불능[상태]에 빠졌고, 계속해서 폐쇄되고 있다"라고 유언비어를 말하였으므로 관할서에서 구류 5일에 처했다.

(3) 중국인의 귀환[引揚]에 따른 공갈·갈취[取財]

주소: 황해도 송화군(松禾郡) 풍해면(豊海面) 성하리(城下里)
성명: 조선인 조선일보·서선(西鮮)일보 풍천(豊川)지국장 노진세(盧鎭世, 32세) 외 조선인 5명
주소: 황해도 송화군 풍해면 성하리
성명: 중국인 포목상 (형) 맹경안(孟慶安, 34세), (동생) 맹경검(孟慶檢, 30세)
내용: 중일전쟁 발생 이후 위 중국인 맹 형제는 경찰 관헌의 보호에 방심하여 배일적(排日的) 불온 언동을 하여 애국심에 불타는 일반주민들로부터 증오의 대상이 되었다. 이 지역에 거주하는 노진세는 맹 형제가 경찰 당국으로부터 퇴거를 종용받고 귀국 시 남은 상품을 그 지역 잡화상인 조선인 이응오(李應五)에게 위탁 판매하게 할 의도가 있음을 들어 알

---

19 '鋏力(브리크)'은 네덜란드어 blik(생철, 양철)를 음차한 단어로 얇은 철판에 주석(錫)을 도금한 것이다. 원문의 '鋏力2場'은 작업을 강조한 것으로 판단하여 '도금 제2작업장'으로 번역했다.

고, 해당 상품을 공갈 수단에 의해 횡령하려고 꾀하였다. 8월 13일 이후 부근 조선인 아이 혹은 부랑자를 시켜 일반 조선인들 사이에 중국을 배척하는 기운이 왕성해진 듯이 선전을 맹렬히 하여 공포심을 일으키고 맹[형제]에게는 자기의 지위·세력을 선전하여 보호해줄 것임을 약속한 다음, 8월 14일 자신이 믿는 친구 5명을 사주하여 폭행·협박하였다. 이로써 맹 형제의 공포심을 휘몰아 귀국을 결의하게 한 다음 보호의 보수(報酬)라고 칭하며 남아 있는 상품, 집기 약 700엔과 현금 100엔을 제공하게 했다. 관할서에서 관계자를 취조한 후 9월 11일 송국한바 9월 22일 노진세는 기소, 김문일(金紋一)은 기소중지, 오응두(吳應斗) 및 박세인(朴世仁) 두 사람은 불기소로 각각 검사 처분되었다. →116, 333쪽

(4) 시국 이용 사기
자칭: 대구부 삼립정(三笠町) 송(宋) 모 씨 28세가량
내용: 위 사람은 9월 17일 경북 봉화군(奉化郡) 내성면(乃城面) 문단리(文丹里) 황사흠(黃四欽)을 방문하여 "나는 경북 도지사로부터 황군의 무운장구(武運長久)를 기원하기 위해 경북 도내 일대를 순회하여 응분의 기부를 받고 올바른 인식을 선전해야 한다는 특명을 받고, 독지가(篤志家)로부터 상당한 기부금을 받아 왔다. 귀하도 대일본 제국 신민이라면 금액의 많고 적음을 불문하고 응분의 각출을 해주길 바란다"며 돈을 낼 것을 종용해 50전을 얻어 사라졌던 사실이 있다. 각지를 돌며 부정행위를 했던 것으로 판단되어 수사 중이다.

(5) 기타
① 중국인 허위 신고 사건
본적·주소: 중국 산동성 출생·함경북도 무산군(茂山郡) 삼사면(三社面) 창평리(蒼坪里)
성명: 만두가게 고용인 왕복증(王福增, 29세)
내용: 위 사람은 소지금을 절취당했다고 허위로 신고하고 원산서(元山署)에서 취조 중(『치안상황』 제27보)이던바, 죄상이 명료하므로 9월 7일 구류 29일에 처했다.

② 공립보통학교[公普校] 여교사 불온 통신
주소: 제주도 서귀(西歸)공립보통학교

성명: 교원(여) 조규의(曺圭宜)

내용: 제주도 거주자는 황군(皇軍) 위문을 위해 재향군인, 남녀 청년 단원, 면, 학교, 기타 유지(有志) 등이 일체가 되어 휴식소를 설치하고 다과를 제공하는 등 접대에 힘쓰고, 특히 서귀면(西歸面)에서는 장병 위안을 목적으로 이 지역 소학교와 보통학교의 각 여생도 무도회를 개최하는 등 참된 정성을 보여 왔다. 그런데 위 무도회 지도를 위촉받은 앞의 조규의는 본건에 관해 오사카시(大阪市)에 거주하는 김진문(金鎭紋) 앞으로 농후한 민족의식에 기반한 반(反)국가적 언사를 나열한 통신을 한 사실이 발각되어, 섬 당국에서는 위 사람을 면직에 부칠 의향인 듯하다.

③ 응소(應召) 불능자의 자살 미수

주소: 평양부(平壤府) 지방전매국 고원(雇員)

성명: 후비역(後備役) 육군보병 상등병 미야자키 시노부(宮崎 忍, 31세)

내용: 위 사람은 지난 7월 14일 충원소집[명령]을 받았음에도 올해 5월 검도로 인한 부상이 지속되어 치료 중인 관계로 응소 불능이 될 것을 탄식하며 계속 번뇌하였는데, 9월 21일 하숙집에서 "천황 폐하 만세", "황군 필승을 기대한다" 등을 종잇조각에 써서 남기고 가위로 자기 인후(咽喉)를 찔러 자살을 시도하였으나 급소를 비껴갔기에 목숨을 부지하였고, 지금 감시소에서 요양 중이다.

6) 「경계 단속 사항」, 『치안상황』 31, 1937.10.2

(1)

주소: 충청남도 부여군(扶餘郡) 부여면 구아리(舊衙里)

성명: 김순길(金順吉, 45세)

내용: 위 사람은 9월 21일 오후 7시경 친구 박창순(朴昌順)과 만취 상태로 같은 마을 중국인 잡화상 유원장(劉元章) 집에 들러 소주와 과자 등 합계 약 30전을 취식하고 대금을 내지 않은 채 가버렸다. 이를 청구하자, 김순길은 "30전 정도를 떼먹고 누가 도망가겠는가. 재촉

하는 건 경우가 없는 녀석이다. 너희들은 왜 귀국하지 않느냐. 모두 때려죽여 버릴 테다" 운운하며 성내어 소리 지르는 것을 관할서원이 발견하고 취조 후 구류 10일에 처했다.

(2)
내용: 관부(關釜)연락선 3등실 안에서 문남수(文南壽)라는 자가 다음과 같은 유언비어를 말하였으므로 9월 24일 구류 14일에 처했다.
"제주도 내 대정면(大靜面) 가파리(加波里)와 성산포(城山浦) 우도(牛島)를 군용지로 하여 군사시설을 짓고자 그 지역 주민에게 퇴거명령을 내려 지금 주민들은 동산·부동산 등을 버리고 다른 곳으로 이주하고 있다."

(3)
본적·주소·성명: 불상(不詳), 조선인 남성 53세가량
내용: 위 사람은 9월 5일 충남 청양군(靑陽郡) 정산면(定山面)[20] 광생리(光生里) 오병근(吳秉根) 집에 와서 오병근 외 2명에게 "일본은 전쟁에 패할 걱정은 없지만, 일본이 쇠미해지기 시작했으므로 조선이 독립할 것이다", "정감록(鄭鑑錄)에 '한양착근(漢陽着根) 계룡개화(鷄龍開花) 개산결실(介山結實)'이라고 있는 것은 한양에서 뿌리를 내리고, 공주 계룡산에서 꽃을 피우고, 전남 개산(介山)에서 열매를 맺는다는 뜻으로, 조선 독립 시에는 계룡산 또는 개산을 수도로 삼아야 할 것이다" 운운하고 어디론가 사라져 버린 사실이 있다. 소재를 수사 중이다.

(4)
본적·주소·성명: 불상, 조선빗 행상 조선인 남성 35세가량
내용: 위 사람은 9월 26일 경기도 강화읍(江華邑) 시장에서 중국에서 피난해 온 자의 얘기에 따르면, "중일전쟁은 1승 1패로 일본군의 사상자가 막대한 수에 달하고 쉽게 승패를 결정짓지 못하여 상당히 장기전이 될 모양인데, 만일 일본이 패배할 조짐이 있으면 조선

---
20 원문은 '완산면(完山面)'이나 청양군에 없는 행정구역명이다. 광생리가 속한 '정산면'으로 고쳤다.

은 즉시 중국군의 말굽[馬蹄]에 유린될 것이다" 운운하며 불온한 언설을 유포하였음을 탐지하고 소재를 수사 중이다.

(5) 시국을 이용해 부당한 이득을 꾀한 조선인의 처벌 (『치안상황』 제19보)
주소: 원산부(元山府) 신흥동(新興洞) 85
성명: 기계·건물 브로커업 이명상(李明尙, 38세)
내용: 위 사람은 8월 5일 해당 지역의 중국인 표선선(表宣先) 외 수 명이 귀환[引揚]에 즈음하여 외상값[賣掛金] 징수에 분주하던 틈을 이용해 부당 이득을 취하고자 책략하고 있던 것을 관할 원산서에서 검거하여 취조 중이다. 이 사람은 단순히 채무자에게 지불하도록 요구하였을 뿐으로 아직 수리(收利)한 사실이 없으므로 8월 23일 타이른 뒤 석방하였다. 또 앞서 언급한 중국인들은 시국상 핍박 때문에 채권을 포기하고 귀국하였다.

(6) 보안법 위반 사건
주소: 경상북도 예천군(醴泉郡) 상리면(上里面) 백석동(白石洞) 거주
성명: 김영석(金榮錫, 19세)
내용: 위 사람은 민족의식이 농후한 인물로 조선 농민의 피폐를 근본적으로 해결하기 위해서는 일본 통치에서 이탈하는 것 외에 없다고 하며, 조선 독립의 목적을 달성하기 위해 동지 김지(金智, 21세), 권순겸(權順謙, 23세), 최면복(崔勉福, 17세) 등과 누차 협의해 왔다. 지난번 군용기 경북호(慶北號) 헌납자금 출연에 반대했을 뿐만 아니라 국방헌금을 하려는 자에 대해서도 저지하거나 혹은 국기게양에 응하지 않고, 황군전승기원제에도 출석하지 않는 등의 행위를 하였다. 8월 29일 관할서에서 검거하여 취조한 결과, 사실이 판명되었으므로 보안법 위반으로 9월 20일 송국하였다.[21] → 115쪽

---

21 朝鮮總督府警務局, 1994, 『昭和12年 第73回 帝國議會說明資料』, 16-D쪽(朝鮮總督府 編, 『朝鮮總督府 帝國議會說明資料』 第1卷, 不二出版, 290쪽.

(7) 시국을 이용한 무고(誣告) 사건

주소: 전북 정읍군(井邑郡) 옹동면(瓮東面) 용호리(龍虎里)

성명: 상민(常民) 농업 김영동(金永同, 32세)

내용: 위 사람은 9월 12일 관할 주재소에 출두하여 권태현(權泰鉉, 33세)이라는 자가 자기 친동생인 김영기(金永基)에게 지난달 24일 정읍군 송월고개에서 시국에 대한 불온 언동을 하였던 사실이 있으므로 가장 무거운 처벌을 하길 원한다고 신고하였다. 이에 관할서에서 관계자를 취조한바 김영동은 이전부터 사이가 나빴던 권태현을 모함한 것으로, 그가 기독교 계열 전주신흥학교(全州新興學校) 졸업생임을 계기로 삼아 시국에 대한 불온 언동을 하였다고 신고하면 즉시 처벌받을 것으로 추정하고 근거 없는 사실을 신고한 것으로 판명되었다. 김영동을 무고죄로 계속해서 취조 중이다. → 143, 157, 327쪽

(8) 시국 이용 사기

본적·주소: 전남 나주읍 과원동(果院洞)·경북 예천읍 백전동(柏田洞) 63

성명: 우점금(禹點金) 또는 우경춘(京春, 30세)

내용: 위 사람이 시국을 이용하여 군부에 헌금을 한다는 사기 수단에 의해 옛날 식기 등의 놋쇠류[眞鍮類]를 모으고 다니는 것을 발견해 취조 중(『치안상황』 제19보 참조)이었다. 8월 23일 기소 의견으로 송국한바 9월 2일 징역 1년 6월의 판결이 났고 [그는] 복죄(服罪)[22]하였다. 또한 본건 취조 결과, 김석봉(金錫奉)이라는 공범이 있음이 판명되어 엄중하게 수배 중이다.[23]

---

22 '복죄(服罪)'는 판결에 불복하여 재심을 신청하지 않고 죄를 순순히 인정하였다는 뜻이다.
23 高等法院檢事局思想部, 1938.9, 「時局關係の犯罪に關する調査」, 『思想彙報』 16, 57쪽 참조. 이 자료에 의하면 우경춘은 당시 30세의 생선 행상이었다.

7) 「불온 언동 단속」, 『치안상황』 32, 1937.10.8

(1) 학생의 근신하지 못한(不謹愼) 언동

경성부(京城府) 신당정(新堂町) 부근 소화공과학교(昭和工科學校) 학생 약 30명은 9월 24일 오후 8시 5분 경성역발 군용열차 환송 시 고의로 더 혼잡하게 하거나 엇박자의 군가를 불러 일반 환송자의 빈축을 사는 등 근신하지 못한 거동을 하였다. 인솔자 기하라(木原) 교사도 아무런 제지를 하는 모양새가 없었으므로 역 단속 경찰관이 일단 타이르고[說諭] 제지했으나, 시국상 다른 곳으로 영향을 미치는 바가 적지 않으므로 사후 이 학교 교장과 책임자 기하라 교사를 관할 본정서(本町署)로 호출해 엄중 주의를 주었고, 동시에 기하라 교사는 시말서(始末書)를 쓰게 했다.

(2) 시국 인식 오류에 기반한 자제의 등교 저지

주소: 강원도 정선군(旌善郡) 동면(東面) 백전리(栢田里)
성명: 송흥서(宋興瑞)의 아내 김주옥(金珠玉, 71세)
내용: 위 사람은 9월 1일 손자 송동수(宋東壽, 13세)가 등교하려고 하자, "학교에 가서 공부하면 커서 만주로 전쟁하러 가야 할 것이니 학교에 가지 마라"며 등교를 저지시키고 가정에서 그를 방임해 두었다. 이를 발견하여 사정을 조사하니 전적으로 무지한 데서 기인한 행위였음이 판명되어 계몽한 결과, 송동수는 9월 22일부터 등교했다.

(3) 시국 인식 오류로 서당 폐쇄

황해도 장연군(長淵郡) 장연면 칠남리(漆南里)에 있는 서당 일신사숙(日新私塾)은 기독교 북장로파로 이 학교 교사 강규홍(康奎弘)은 신사참배 반대론자이다. 그는 9월 26일 거주하는 마을에서 치러진 생업보국선서식(生業報國宣誓式)에서 동방요배(東方遙拜) 행사가 있음을 알고, 면 관리의 세 차례에 걸친 통지를 무시하고 참가하지 않았을 뿐만 아니라 사전에 아동에게 참가하지 말도록 지시한 결과 [서당 아동] 전원이 불참하였다.

관할서에서 당일 본인을 불러 간곡히 설득해 보았으나 교의(教義)에 대해 추호도 개선할 안색이 없이 방임하니 공안(公安)을 저해할 우려가 있으므로 이 사람을 검속(檢束) 처분했다.

한편 도학무(道學務) 당국에서도 실정을 조사한 결과, 해당 서당을 계속 존속시키는 것은 교육의 본 취지를 벗어나 유해하다고 인정하고 9월 29일 해당 서당의 폐쇄를 명하였다.

(4) 기타 불온 언동 및 유언[비어]

주소: 경북 문경군(聞慶郡) 문경면 마원리(馬院里)
성명: 정석암(鄭石巖, 30세)
내용: 위 사람은 9월 9일 "나의 사촌 아우[從弟]로 충북 괴산(槐山)에 거주하는 모 씨는 중일전쟁으로 지금 괴산경찰서에서 군사 교련을 받고 있다. 가까운 시일 내에 용산 방면으로 출동할 예정인데, 출동하면 조상의 성묘를 할 수 없으므로 3일간 휴가를 얻어 성묘하러 왔다" 운운하는 유언비어를 말한 사실이 있어, 관할 주재소원이 탐지하여 취조한 후 9월 26일 구류 5일에 처했다.

본적·주소: 도치기현(栃木縣) 우쓰노미야시(宇都宮市)·인천부 욱정(旭町) 동향여관(東鄕旅館) 내
성명: 화가 니시키 하지메(錦一) 또는 니시키 요시마사(錦純正, 51세)
내용: 위 사람은 9월 1일 불온 언동을 하였으므로 인천서에서 취조 중인바(『치안상황』 제30보) 죄상(罪狀)이 명백하므로, 육군형법 제99조 위반으로 기소 의견을 달아 9월 27일 경성지방법원 인천지청 검사국으로 송치하였다. →82, 286, 307쪽

주소: 전라남도 목포
성명: 이토 간타로(伊藤關太郎)[24]
내용: 위 사람은 "최근 시골의 금융조합 등에서는 금전 대출은 물론 어음할인도 해주지 않는 모양이므로, 각 금융기관 모두 개인의 예금 같은 것도 10월 이후는 출금을 보류할지 모른다" 운운하는 유언비어를 말하였으므로 관할 목포서에서 과료(科料) 5엔에 처하였다.

---

24 원문은 '伊藤關太'로 끝나나 뒤에 '郞' 자가 누락된 것 같다. 이토 간타로(伊藤關太郞)는 당시 목포 지역의 사업가였다. 국사편찬위원회, 『한국사데이터베이스-한국근현대인물자료』 참조(2022.12.14 검색).

주소: 경북 영일군(迎日郡) 신광면(神光面) 냉수리(冷水里)

성명: 상민(常民) 농업 최성낙(崔成洛, 62세)

내용: 위 사람은 자산 약 5,000엔을 가지고 있으면서도 무학사지(無學邪智)하여 평소 마을 사람들의 손가락질을 받아 왔다. 7월 28일 밤 거주하는 마을의 구장(區長) 외 십수 명이 집합해 황군위문금 모집에 관해 의논하고 있을 때, 이 사람은 타인의 찬성을 누르고 "청국과 일본이 마음대로 전쟁하는데 위문금을 내는 것은 불필요하다"라고 반복적으로 반대하였으므로, 일동 분개하여 그 마음가짐을 타일렀다. 그런데도 또 며칠간 앞에서 했던 말들을 반복하여 이를 저지하려 했던 사실이 있었다. 이를 탐지하고 조사 후 9월 22일 구류 29일에 처했다.

주소: 경기도 이천군(利川郡) 신둔면(新屯面) 도봉리(道峯里) 414

성명: 농업 양반 이문성(李文成, 48세)

내용: 위 사람은 9월 23일 조선 전체에 일제히 실시된 농촌어민보고선서식(農村漁民報告宣誓式) 당일 부락진흥회(部落振興會)에서 거식(擧式) 때 폐하의 만세를 봉창하려고 하자 "[천황 폐하] 만세는 왜 호창(呼唱)하는가? 한국독립 만세라고 호창(呼唱)해야지"라고 불온 언사를 하였고, 약간의 소란을 회장이 제지하여 별일 없이 식을 마친 사실이 있었다. 관할 이천서에서 취조한 결과, 위 사람은 성격이 완루(頑陋)하고 민족적 편견이 있으므로 일반 마을 사람에게 미칠 영향을 고려하여 구류 10일에 처했다. → 101쪽

8) 「일반 경계 단속」, 『치안상황』 32, 1937.10.8

(1) 불온 문서의 발견

① 9월 29일 경성부 연지정(蓮池町) 소재 경신(儆新)학교 교장 쿤스[Edwin W. Koons] 앞으로 다음과 같은 투서가 있었다고 신고되었는데, 조사해 보니 같은 달 20일에도 동일 필적으로 보이는 투서가 있었는데 쿤스가 파기한 것으로 판명되었다. 해당 문서의 괘지(罫紙)에는 붓으로 한자를 섞은 언문(諺文)으로 꼼꼼하게 달필로 기재했는데, 민족주의자 혹은 신사

불참배를 주장하는 기독교 관계자의 소행이 아닐까 추정되며 수사 중이다.

"(전문 생략) 선생, 전 세계 정복을 국책으로 삼아 실행에 착수한 저 일본은 천하 제일의 추요지(樞要地)인 조선과 중화민국의 병합에 착수했고, 지금은 국가총동원 거국일치로 중국 전토를 침략하기에 착수했다. (중략) 현재 중국의 항일전쟁은 자기 국토 방호만이 아니라 전 세계 보전을 위한 전쟁이며, 중국의 패배는 전 세계 전 지구가 일본의 영토가 되는 날이며, 중국의 멸망은 전 세계 인류가 모두 일본의 노예가 되어 일본 신사에 참배하는 날이다.

전 세계 인류여, 분기하라, 전 세계 전멸의 대환(大患)이 절박하다. 전 세계의 국가는 총동원을 시행해 전 세계를 위해 전쟁하는 중국을 실력으로 구출하라. 만약 그렇지 않다면 멸망 시일이 급박하다. 속히 분기하여 구호하라.

보라, 저 호전국(好戰國)은 전 세계를 정복하려고 한다. 문구(文句)를 큰 석비(石碑)에 커다랗게 각인하여 경성 각 요소(要所)에 건립해서 군민을 향해 노골적으로 전 세계 정복을 선동·격려하고 있다.

보라, 덕수궁 함녕전(咸寧殿) 후원(後園)에 건립된 석비문(石碑文)을. "감우초래(甘雨初來) 점만인(霑萬人)"의 문구는 일본이 처음으로 와서 한민족을 통치한다는 뜻이고, "함녕전상(咸寧殿上) 노화신(露華新)"[25]은 이태왕(李太王)이 일본의 손에 살해된다는 뜻이다. 그 후 이 태왕이 미국 대통령 윌슨이 주창하는 민족자결주의에 대찬성한바 봉투에 든 독약으로 독살되지 않았는가. (중략)

전 세계 열강국은 왕의공도(王義公道)에 순복하고 전 세계를 단합시켜 전 세계 인류를 학살하는 저 무서운 전쟁을 없애려 한다.

전 세계 인류 멸망 때에 직면한 이 중차대한 위기에 전 세계를 위해 전쟁하는 중국을

---

25 덕수궁 함녕전에서 고종이 벌인 이토 히로부미(伊藤博文)의 통감 퇴임 전별연 때 지어진 이토와 이완용 등의 합작 시 일부다. 본문에 인용된 첫 구(단비 처음 내려 만인을 적시니)는 이토 히로부미가, 둘째 구(함녕전 위에 이슬 빛이 새로워라)는 모리 오노리(森大來, 궁내부대신 비서관)가 지었다. 1935년 4월 덕수궁 함녕전 뒤뜰에 시비가 세워졌다가 광복 후 철거되었다. 시의 전문은 서울역사박물관이 소장한 '이완용 서 행서 칠절'에서 확인할 수 있다.
(https://museum.seoul.go.kr/www/relic/RelicView.do?mcsjgbnc=PS01003026001&mcseqno1=036939&mcseqno2=00000&cdLanguage=KOR 참조. 검색 2022.12.14).

실력으로 원조하자. 저 독사국(毒蛇國)을 방치하면 '호랑이 새끼를 키운 격[養虎의 患]'이 될 우려가 있지 않겠는가. 지금이라도 공격한다면 전 세계 인류는 전멸하지 않을 것이다. (중략)

[지금은] 동·서양인을 [나누거나] [피부색의] 황·백색을 따질 때가 아니다. 지금은 전 세계 인류가 한마음이 되어 세계를 위해 전쟁하는 중국을 실력으로 구호(救護)해야 할 것이다. 피와 눈물로 삼가 아뢰어 올리니, 분기하라."

② 10월 7일 오후 3시경 평북 의주읍(義州邑) 동부동(東部洞) 소재 우편함에 파트론지(紙)[착색된 광택지] 1겹짜리 봉투에 우표가 없는 채로 다음과 같은 불온 통신 2통을 봉하지 않은 채 투함한 자가 있었다. 집배원이 발견하고 즉시 관할 의주서에 제출했다. 지금 범인을 엄중히 찾고 있다.

제목: 민성(民聲) 기사 탐지 김○○ 주필 박○○ 의주읍 민성사(民聲社)
본문 요지:
(1) 일본의 보도기관인 신문지만으로는 세계의 대세가 분명하지 않기 때문에 의외의 피해를 볼 우려가 있으니 중국 방면에서 직접 견문한 사람의 이야기와 외국 신문에 의해 보도한다.
(2) 일본의 전승은 사실이지만, 반면 일본도 피해가 막대, 일본도 큰 두통(頭痛)
(3) 양민 학살은 연맹에 큰 문제이다. 일본 정복 방침을 연구한 외국에서 의용병을 보내 중국을 돕고 일본을 멸망시킬 맹수(猛獸)

(2) 군대 납입미(米)에 대한 부정행위

조선정미주식회사(朝鮮精米株式會社) 인천지점에서는 군용 현미(玄米)를 정백(精白)해서 8월 12일까지 조선군 육군창고에 납입을 완료했는데, 위 회사 매매담당 와카미야 요시마쓰(若宮芳松)가 정미(精米)할 때 계약에 내정(內定)이 없음을 기화(奇貨)로 정미 결과 나온 잉여미(剩餘米) 시가 1,600엔[상당하는 것]을 다른 곳에 매각해 그 대금을 횡령했다. 그 외에도 가격이 다른 두 종류의 현미 수량을 속여서 그 차액을 또 착복한 것이 판명되어, 헌병대에서 검거하여 횡령죄로 송국하였다.

(3) 시국을 이용한 부정 상인 검거

주소: 전라북도 임실군(任實郡) 임실면 이도리(二道里)

성명: 미곡상(米穀商) 진재관(晉在官, 41세)

주소: 전라북도 임실군 임실면 성아리(城衙里)

성명: 미곡상 김윤섭(金尹涉, 57세)

위 두 사람이 "지나사변으로 인해 군부가 다량의 곡류를 사들이고 있으므로 쌀·보리 등의 가격이 현저하게 등귀할 것이다" 등을 칭하고 그 가격을 부당하게 올려 거액의 이익을 탐한다는 등의 풍평(風評)이 있어 관할서에서 조사한 결과, 9월 26일 이후 시장 거래 가격에 어두운 마을 사람을 속여 부당한 이득을 취한 일이 판명되어 9월 30일 두 사람을 구류 20일에 처했고 일반상인에 대해서도 경고했다.

(4) 시국을 이용한 부정 승려 검거

주소: 경북 문경군 가은면(加恩面) 달천리(達川里)[26]

성명: 성암(聖岩) 덕삼(德三) 또는 황대운(黃大雲, 30세)

위 사람은 황군(皇軍) 무운장구(武運長久) 백일기도제를 실시해야 한다고 각지를 돌며 6엔 40전을 사취(詐取)한 것을 관할서에서 검거하여 취조 중인데(『치안상황』 제20보), 이미 피해 일부를 반환했고 또 참회의 뜻이 현저하므로 기소유예 의견을 달아 송국하였던바 9월 7일 기소유예로 처분했다.

(5) 경기도에서 불온 낙서 일제 조사

경기도에서는 9월 25일 제2회째 불온 낙서를 일제히 조사한바 다음과 같이 14건을 발견했는데, 그중에는 관공서와 학교 구내의 변소 등에도 있었다. 내용을 보면 단순히 못된 장난[惡戱]으로 간과하기는 어려운 것도 있다.

---

26 가은면에 없는 행정구역명이다.

〈불온 낙서 등 조사표(번역문)〉

장소: 경성역 3등대합실 대변소 문
기재 월일시·방법: 기재 월일 불상(不詳), 연필로 낙서
불온 낙서 등의 내용: 공산당 만세
조치: 즉시 역부(驛夫)에게 지우게 함.

장소: 경성부 마포정(麻浦町) 262 공동변소 대변소 내 측면 판자벽
기재 월일시·방법: 기재일시 불명, 감색 크레용으로 행서체, 필적 졸렬
불온 낙서 등의 내용: (번역문) 이번 중일전쟁의 장래를 본바 대부분 십중팔구는 중국이 득세할 것이다.
조치: 즉시 지우고, 낙서자 수사 중

장소: 영등포정(永登浦町) 조선삿포로맥주회사 직공용 변소 판자벽
기재 월일시·방법: 기재일시 불명, 연필로 낙서
불온 낙서 등의 내용: 우리 같은 조선인이 일본인 회사에서 일하므로 가능한 한 손해가 되도록 하라
조치: 즉시 공장 계원(係員)에게 지우게 함.

장소: 이천군(利川郡) 이천면 관고리(官庫里) 이천문묘(利川文廟) 풍영루(風泳樓) 위 대들보
기재 월일시·방법: 기재일시 불명, 연필로 기입
불온 낙서 등의 내용: 조선독립 만세, 한국독립 만세
조치: 즉시 관리자에게 지우게 함.

장소: 이천공립보통학교 제3학급 제2학년용 변소 내벽
기재 월일시·방법: 기재일시 불명, 백묵(白墨)으로 기입

불온 낙서 등의 내용: 대조선제국만세(大朝鮮帝國萬歲) (깃발 중앙에 푸른 동그라미)
조치: 즉시 관리자에게 지우게 하고 동시에 낙서자 수사 중

장소: 이천군 이천면 창전리(倉前里) 129 공동변소 안
기재 월일시·방법: 기재일시 불명(수년 경과한 것으로 보임), 연필로 낙서하여 명료하지 않음.
불온 낙서 등의 내용: 조선독립 만세(구 한국기)
조치: 출장소 책임자에게 주의를 준 다음, 즉시 말소하게 함

장소: 수원읍(水原邑) 궁정(宮町) 수원극장 분장실 전용 변소 안쪽 벽
기재 월일시·방법: 기재일시 불명, 연필로 낙서 (전부 언문[한글])
불온 낙서 등의 내용: 보라, 보라, 조선독립 만세. 조선을 독립, 조선을 일으켜 세우자. 이 우매한 사람들이여, 먹고 살면 그것이 우리가 할 일인가? 조선을 독립시키자.
조치: 즉시 지우게 하고, 낙서자를 수사하였으나 불명, 추가 수사 계속 중

장소: 여주군(驪州郡) 주내면(州內面) 상리(上里) 마암대(馬巖臺) 영월루 난간 하부 판자
기재 월일시·방법: 기재일시 불명, 연필로 낙서
불온 낙서 등의 내용: 조선은 조선인의 조선
조치: 즉시 지움.

장소: 인천(仁川) 경성지방법원 인천지청 구내 민중용 변소
기재 월일시·방법: 기재일시 불명, 연필로 낙서
불온 낙서 등의 내용: 1. 하느님도 부처님도 판사도 검사도 돈이 있느냐 여부에 따라 다르다. 2. 재판소는 자본주의
조치: 즉시 지움.

장소: 이천군(利川郡) 이천면 창전리(倉前里) 129 공동변소 안쪽 벽
기재 월일시·방법: 기재일시 불명, 연필로 낙서
불온 낙서 등의 내용: 이완용 식당, 이원용 식당
조치: 즉시 지움.

장소: 수원군(水原郡) 성호면(城湖面) 오산시장(烏山市場) 공용변소 안쪽 벽
기재 월일시·방법: 기재일시 불명, 연필로 낙서(전부 언문[한글])
불온 낙서 등의 내용: 보라, 오천만 동포여, 우리는 언제 독립할 것인가. 이 글을 보고 창(槍)을 확실히 쥐어라. 이 글은 조선왕 폐하가 쓰신 것이다.
조치: 즉시 지움.

장소: 부천군(富川郡) 부내면(富內面)[27] 대정리(大井里) 중국인 이수길(李樹吉) 집 돼지우리 벽
기재 월일시·방법: 일시 불상(不詳)
불온 낙서 등의 내용: "타도, 일본 제국주의"라고 쓰고 거기에 인형을 그려 그것을 짊어 메는 형태로 "진충보국(盡忠報國)"이라 기재함.
조치: 즉시 지움.

장소: 경성부(京城府) 죽첨정(竹添町, 다케조에초) 경찰관 파출소 뒤 공중변소 안쪽 벽
기재 월일시·방법: 기재일시 불명, 연필로 기입(최근 기재한 모양)
불온 낙서 등의 내용:
일본 패(敗), 대한조선 진군(進軍)
조선한국만세
이완용 한국변소 양식(洋食)
한국독립

---

27 원문은 '부천면(富川面)'이나 부천군에 없는 행정구역명이다. 대정리가 속한 '부내면'으로 고쳤다.

이완용 개새끼[犬の子]

윤덕영(尹德榮) 이완용 식당

조선총독 식당

누구라도 나를 계간(鷄姦)하고 싶은 자가 있다면 그 대신 너의 여자 자매를 데리고 죽첨정(竹添町) 파출소로 와라.

조치: 즉시 지움, 낙서자 내사 중

장소: 파주군(坡州郡) 임진면(臨津面) 문산리(汶山里) 75 공동변소 내 판자벽

기재 월일시·방법: 기재일시 불명하나 필적 등으로 보아 최근 낙서인 것으로 보임. 연필로 또박또박 기록

불온 낙서 등의 내용: 이곳에 나쁜 낙서를 하지 말고, 조선인이라면 조선인을 구원하는 연구를 하여 일본 녀석들을 쫓아냅시다.

조치: 발견과 동시에 사진을 찍어두고, 즉시 지움. 낙서자 엄중히 탐색 중

9) 「경계 단속 사항」, 『치안상황』 33, 1937.10.15

(1) 유언[비어]의 영향

① 대전에서 군대 숙영(宿營)에 관한 유언비어

대전부(大田府) 민간에서 "조만간 군대가 숙영할 것이다"라는 유언비어가 전파되고 있다. 내부 조사 결과, 부내 일부 식량·잡화 상인이 판매 정책상 단골 고객[得意]에게 '조만간 군대 숙영'을 운운하며 일용품 등귀를 암시했던 것으로 여겨지므로 대전서(大田署)에서는 대전상공회의소에 경고한바, 해당 상공회의소에서도 사안의 중요성을 감안하여 영업자들에게 주의서를 배포하고 일반 상인들의 반성·자제에 힘썼다.

② 청년훈련소생[靑訓生]²⁸의 훈련 기피
주소: 충청북도 영동군(永同郡) 영동면 계산리(稽山里)
성명: 영동군 소사(小使) 김동화(金東華, 18세)
내용: 위 사람은 중일전쟁 발생 이후 훈련에 응하지 않았으므로 교관이 그 이유를 묻자 "지금 다수의 군대가 북중국으로 계속 보내지고 있다. 일본의 병사가 전부 출동하면 청년훈련소생도 출정해야 할지 모르므로 퇴소(退所)해야 한다고 아버지가 권하였다"라고 답변했다. 오해하는 부분을 설유(說諭)하였으나 여전히 출석하지 않았다. 또 같은 훈련생 30명 중 현재 출석자가 불과 몇 명에 지나지 않는다. 다른 자도 청년훈련소생의 출정설에 공포를 느껴 결석하지 않을까 생각하여 영동경찰서에서 진상을 조사 중이다.

③
주소: 경상북도 봉화군(奉化郡) 춘양면(春陽面) 우구치리(宇口峙里)²⁹ 31
성명: 유창희(柳昌熙, 23세)
내용: 위 사람은 7월 15일 금정광산(金井鑛山) 갱도(坑道)에서 동료인 강술창(姜述昌)에게 "현재 중일전쟁으로 국가는 상당한 비용이 필요하므로 보험료 같은 것은 혹 국방비로 충당될는지도 알 길이 없다"라는 유언비어를 말하였으므로, 강술창은 이후 가입 중이던 간이보험료(簡易保險料)를 불입하지 않은 채 계속 지내왔던 것을 관할 주재소원이 탐지하고 계몽하였다. 동시에 유창희에 대해서는 엄중히 설득하였다.

(2) 불온 언동의 단속
주소: 경기도 이천군(利川郡) 신둔면(新屯面) 도봉리(道峯里) 414

---

28 청년훈련소는 1926년 일본에서 청년에 대한 국민적 훈련을 목적으로 설치되기 시작하였고, 조선에서도 1929년 「청년훈련소규정」(府令 89號)이 공포되어 전국적으로 설치되었다. 처음에는 일본인이 대상이었으나 1930년대 들어서면서 조선인도 입소하게 되었다. 소학교 또는 보통학교 과정을 마친 청년을 대상으로 국민교육, 직업교육, 군사교육이 이뤄졌는데, 중일전쟁 이후 군사교육이 강화되었다. 최원영, 1999, 「日帝末期(1937~45)의 青年動員政策 -青年團과 青年訓練所를 중심으로-」, 『한국민족운동사연구』 21; 장상언·김미향, 2017, 「일제강점기 청년훈련소 사회교육활동의 특질」, 『동북아문화연구』 50 참조.
29 원문은 '수구상리(手口峠里)'이나 춘양면에 없는 행정구역명이다. 춘양면에 속한 '우구치리'의 오자인 것 같다.

성명: 농업 양반 이문성(李文成, 48세)
내용: 9월 23일 농촌어민보고선서식(農村漁民報告宣誓式) 당일 거주하던 부락진흥회에서 거식(擧式) 때 폐하의 만세를 봉창하려고 하자 "[천황 폐하] 만세는 왜 호창(呼唱)하는가? 한국독립만세라고 호창(呼唱)해야 할 것이다"라고 불온 언사를 한 사실이 있으므로 관할 이천서에서 탐지하고 엄중히 취조한 다음 구류 10일에 처했다. →92쪽

주소: 함경남도 문천군(文川郡) [문천면] 옥평리(玉坪里)
성명: 김준정(金俊庭, 여, 28세)
내용: 위 사람은 다음과 같은 유언비어를 유포한 것이 판명되어, 9월 24일 과료(科料) 19엔에 처했다.
"이번 사변의 영향으로 중국인 중에는 상당한 식량난에 빠져 아사자가 계속 나오고 있는 모양인데, 현재 조선은 일본에 속해 있지만 중국과는 예부터 밀접한 관계를 맺어 왔으므로 이런 때에 조선인은 일본에 헌금하기보다도 중국에 동정(同情) 갹출을 해야 할 것이다."

주소: 전북 정읍군(井邑郡) 이하 불상
성명: 잡화 행상 조선인 임씨(林氏, 여, 40세)
내용: 이 사람은 9월 29일 경남 산청군(山淸郡) 금서면(今西面) 특리(特里)로 와서 부녀들에게 다음과 같은 말을 하고 사라진 일이 판명되어 수배 중이다.
"지금 총독부에서는 정읍에 있는 보천교(普天敎)의 본전(本殿)을 파괴하고 그 재목(材木)으로 경성에 절을 건설 중인데, 그 절의 건립이 끝날 즈음에는 이 세계는 전복되어 완전히 별천지로 변할 것이다. 지금의 중일전쟁도 보천교를 무리하게 해산시키려 했기 때문이다. 지금은 일본 관헌의 단속이 엄중함에 따라 일시적으로 보천교가 폐멸 현상을 보이지만, 앞으로 몇 년 지나지 않아 보천교는 크게 부흥 발전하여 세계를 다스리게 될 것이다. 운운"

주소: 충청남도 서산군(瑞山郡) 근흥면(近興面) 마금리(磨金里)
성명: 농업 송영덕(宋榮德, 60세)

내용: 위 사람은 9월 4일 친구 노영선(魯榮先) 집에서 제사에 참가한 수 명에게 "지금 일본과 중국이 전쟁 중인데, 일본 녀석들이 모두 죽고 중국인은 살지 않는다면 우리도 살 수 없다" 등 불온 언사를 하였다. 제사에 참가한 사람들이 그를 제지하고 충고하였지만, 그는 아무렇지 않게 "나는 말하려는 것은 죽어도 말하는 사람이다. 누구에게 거리낄 게 있겠는가"라며 오히려 반박한 사실이 있었다. 관할 서산서(瑞山署)에서 이를 탐지하고, 9월 23일 그를 조사한 후에 보안법 위반으로 기소 의견을 부쳐 10월 4일 서산지청 검사 앞으로 송치하였다.[30] → 115, 324쪽

본적·주소: 산동성(山東省), 제성현(諸城縣)·함북 길주군(吉州郡) 길주읍(吉州邑) 영기동(營基洞)
성명: 음식점 정진수(鄭眞修, 41세)
본적·주소: 안동성(安東省) 안동현 청룡가(靑龍街) 순산호동(順山湖洞)·길주읍 영기동
성명: 농업 유가록(劉嘉祿, 23세)
본적·주소: 안동성(安東省) 안동현 황토탄(黃土坦)·길주읍 영기동
성명: 쓰카노(塚野)집 요리인 간명매(干命梅, 26세)
본적·주소: 황해도 장연군(長淵郡) 백령면(白翎面) 진촌리(鎭村里)·길주읍 영기동
성명: 도키와(常盤)식당 집 요리인 유건호(柳建浩, 20세)
본적·주소: 청진부(淸津府) 상반정(常盤町) 9·길주읍 영기동
성명: 기쿠스이(菊水)여관집 요리인 원춘길(元春吉)[원문에 연령 미기재]
내용: 위 5명 중 정진수, 유가록 두 사람은 9월 16일 오후 8시경 간명매에게 "지금의 중일전쟁은 이곳에서는 일본군이 대승하고 있는 듯이 전해지지만, 본국[중국]의 라디오 방송에 의하면 일본군이 매일 패배하고 있다고 한다. 중국이 이기면 일본인은 물론 일본인의 집에서 일하고 있는 중국인도 모두 죽이고, 또 조선인도 젊은 사람은 전부 살해되어 버릴 것이므로 너희도 즉시 일본인 집에서 나와라. 운운"하며 협박하였으므로 간명매는 분개

---

[30] 송영덕은 1937년 10월 15일 공주지방법원 서산지청에서 보안법 위반으로 징역 6개월을 선고받았다. 公州地方法院 瑞山支廳, 1937.10.15, 「1937年 刑公 第405號 判決: 宋榮德」.

하여 이전부터 알고 있던 앞에서 언급한 유건호와 원춘길에게 뜻을 알리고 도와줄 것을 청해 세 사람은 9월 18일 오후 8시 반경 정진수와 유가록의 집을 습격하고 두 명을 구타·폭행한 사실이 있었다. 관할 길주서에서 [이를] 탐지하고 21일 정진수·유가록·간명매 3인 모두 구류 29일에 처했고, 조선인 유건호와 원춘길 두 사람은 엄중하게 타이르고 석방하였다.

주소: 원산부(元山府) 중리(中里) 1동
성명: 기생검번(妓生檢番) 서기 주순덕(朱順德, 21세)
내용: 위 사람은 유언비어를 유포하고 8월 29일 원산 헌병분대에 검거(『치안상황』 제24보)되어 송국된바, 9월 30일 육군형법 제99조 위반으로 금고 8개월의 판결을 받았다.

→ 288, 310쪽

성명: 경성부 휘문고보교생(徽文高普校生) 곽복록(郭福綠, 17세)[31]
내용: 위 사람은 함북 성진읍(城津邑)에 거주하는 친아버지 앞으로 다음과 같은 통신을 보내었다. "(前略) 학교는 오전 중에만 학업을 하고 오후에는 항상 군인 환송·환영에 허비하고 있어 공부할 여유가 없다. 이 때문에 학생들 사이에 상당한 동요 분위기가 있다. 언제 어떤 문제가 야기될지 알기 어려우므로 일단 고향으로 돌아가고 싶다."

(3) 시국 표방 범죄

주소: 경기도 수원군(水原郡) 이하 불상(不詳)
성명: 수원농장 외판원[外交員] 김재환(金在煥, 31세가량)
내용: 위 사람은 8월 27일 충청남도 아산군(牙山郡) 염치면(鹽峙面) 석정리(石亭里) 심석쇄(沈奭鎖) 집에 와서 시국을 언급하며 지방민을 속여 농기구[農具] 당기(唐箕)[32] 1대에

---

31 곽복록(1922~2011)은 이후 일본 조치(上智)대학교 독어독문학과에서 수학하였고 해방 이후 서울대에 편입하여 1948년 독어독문과를 졸업했다. 1955년 미국 시카고대에서 독문학 석사, 1960년 독일 뷔르츠부르크대에서 문학박사 학위를 받았다. 성균관대, 서울대, 서강대 등에서 강의했다.
32 풍력 분급기의 일종으로 곡물에 섞인 먼지나 초(屑), 왕겨 등을 풍력으로 선별하여 제거하는 농기구.

6엔인 것을 4엔의 염가로 해서 4대를 계약하고 수납금으로 합계 1엔 20전을 받아서 어디론가 사라진 사실이 있다. 관할 온양경찰서에서 조사한 결과 완전히 시국을 이용한 범죄행위임이 판명되어 수배 중이다.

본적·주소: 산동성(山東省) 미주부(茉州府) 윤가촌(尹家村)·전남 여수군(麗水郡) 여수읍 봉산리(鳳山里)
성명: 야채상 고명장(高鳴長, 45세)
내용: 위 사람은 10월 5일 자택 온돌에서 취침 중이던 오후 12시경 문밖에서 경찰이라는 자가 점화하라 명령하였고, 성명 불상인 자가 실내로 들어와 본인에게 성명, 연령, 가족상황, 조선에 온 연월일 등을 물은 후 가지고 있던 돈 전부를 내놓으라고 요구하였다. 미심쩍긴 했지만, 범인은 시국상 금전을 소지한 자는 곧바로 귀국시키고 소지금이 없는 자는 그대로 조선에 있게 할 방침이라고 하며 내놓으라고 압박하여 내놓은 현금 1엔 60전을 수령한 후 어디론가 도주한 사건이 있어 수사 중이다.

본적·주소: 후쿠오카현(福岡縣) 가스야군(粕谷郡) 아오야나기무라(靑柳村) 고타케(小竹)[33] 150·경성부(京城府) 북미창정(北米倉町) 119 팔천대관(八千代館)
성명: 무직 나카노 조사쿠(中野長作, 60세)
내용: 위 사람은 "해륙검난제(海陸劍難除) 신대부동어수(身代不動御守)"라고 불리는 나무로 만든 부적[守札]과 부동존(不動尊)[34]으로 불리는 종이로 만든 부적 각 1세트를 1전 6리꼴로 500매를 사들였다. 9월 28일 이후 경성부 내 각 가정을 방문하여 판매 후 잉여금은 시국 헌금으로 부내(府內) 서사헌정(西四軒町) 고야산 별원(高野山別院)[35]에 납입할 것이라고 시국을 표방하며, 1세트에 25전씩의 가격으로 약 50세트를 판매한 사실이 있다. 본

---

[33] 원문은 '靑柳村字小竹'이다. '오아자(大字)', '아자(字)'는 당시 일본 시정촌(市町村) 아래의 구획명으로 보통 마을 이름 앞에 붙는데, '오아자'가 '아자'의 상위 개념이다. 이 자료집에서 번역할 때 원문의 '오아자', '아자'는 생략하고 띄어쓰기만 하였다.
[34] 불교의 신앙대상의 하나인 부동명왕(不動明王)의 다른 명칭으로, 모든 번뇌와 악마를 굴복시키기 위해 분노한 모습을 하고 있다.
[35] 일본 고야산진언종(高野山眞言宗)의 사원으로 서사헌정(西四軒町), 지금의 장충동에 있었다.

정서(本町署)에서 탐지하고 10월 7일 검거하여 구류 7일에 처했다.

주소: 경상북도 경산군(慶山郡) 경산면 사정동(士亭洞)
성명: 구장(區長) 강주술(姜柱述)
내용: 위 사람은 면장의 명에 의해 마을 사람들에게서 모아 거둔 국방헌금 3엔 40전을 횡령한 의심이 있다(『치안상황』 제26보) 9월 13일 횡령 피의자로 관할 대전지방법원 검사국 앞으로 송치된바, 9월 30일 불기소 처분을 받았다. →69쪽

주소: 충청남도 천안군(天安郡) 광덕면(廣德面) 대평리(大平里)
성명: 전 조선일보 소정리(小井里)[36]분국 기자, 농업 양현석(梁玄錫) 또는 승욱(承旭, 30세)
내용: 위 사람은 천안군 광덕면 행정리(杏亭里) 사방공사(砂防工事) 인부로 취로 중이었는데, 8월 16일 해당 공사 인부 100명분의 국방헌금 13엔 50전의 헌금 처리 업무를 의뢰받았던 것을 기화로 헌금을 착복한 후 생활비나 다른 곳에 소비하고, 헌금자에게 날조한 수령증을 제시하여 9월 7일에야 위 소비금을 보전하였다. 천안경찰서에 기탁된 사실을 탐지하고 취조한 후 10월 6일 기소 의견을 부쳐 송국하였다. →334쪽

(4) 기타 시국 관계 사고
① 방호단원과 민중의 충돌
주소: 부산부(釜山府) 초량정(草梁町)
성명: 북부 제2방호단 공작반장 이삼용(李三龍, 35세)
내용: 위 사람은 10월 6일 단원 2명과 함께 방공훈련 중 오후 8시 40분경 초량정 260번지 구영만(具永萬) 집의 차광(遮光)이 불충분함에 주의를 준 것이 발단되어 논쟁 중에 비상관제(非常管制) 명령이 내려졌으므로 책임감에서 매우 흥분하여 위협적으로 구영만을 한두 차례 구타한바, 구영만이 격앙해 이삼용의 하복부를 차서 전치 10일의 상해를 입힌 사실이 있었다. 구영만의 신병을 구속하고 취조 중이다. →115쪽

---

[36] 당시 충청남도 연기군(燕岐郡) 전의면(全義面)에 속한 행정구역으로 생활권은 천안군에 속했다.

② 근신하지 않는 농촌진흥조합장

주소: 경북 안동군(安東郡) 풍산면(豊山面) 회곡동(檜谷洞) 600

성명: 제2농촌진흥조합장 김재호(金在鎬, 47세)

내용: 9월 22일 오후 7시경 같은 마을 사람 남녀 60여 명이 집합하여 다음 날인 23일에 실시될 보국일거식(報國日擧式)에 대한 준비 회의를 할 때, 먼저 황군(皇軍)의 무운장구(武運長久)를 위해 묵도해야 한다고 사회자가 전원을 기립시켰으나, 김재호만 이에 응하지 않은 사실이 있다. 또 다음 날인 23일 오전 7시 거행된 생업보국선서식(生業報國宣誓式)에도 참가하지 않았다. 농촌진흥조합장이면서 이러한 행사에 반대하는 태도를 계속 보이는 사실을 관할 안동서에서 탐지하고 9월 25일 검속(檢束) 처분하여 엄중히 설득하고 반성을 촉구한바 10월 3일에 이르러 간신히 과거의 근신하지 못한 행동을 사과하고 뉘우치는 뜻을 드러냈으므로 서약서를 쓰게 하고 석방하였다.

③ 조선인·중국인 노동자의 상해·치사 사건

본적·주소: 하북성(河北省) 만평현(萬平縣)·함남 단천군(端川郡) 수하면(水下面) 중평동(仲坪洞)

성명: 피해자 토공(土工) 윤해경(潤海慶, 50세)

본적·주소: 전남 장흥군(長興郡) 관산면(冠山面) 부평리(夫平里)·함남 단천군 수하면 중평동

성명: 가해자 본부(本府) 알선 인부 주흥규(周興圭, 20세)

내용: 위 사람들은 모두 함남 단천군 수하면 중평동 단풍선(端豊線) 공사 중평(仲坪)터널 공사 현장에 같이 일하던 자들로, 10월 9일 오후 4시경 터널 안에서 일하다가 말다툼을 시작으로 피해자 윤해경이 가해자 주흥규를 발로 차려 하자, 주흥규는 윤해경이 갖고 있던 광차(鑛車)용[37] 납작망치[刃止棒](직경 2치 5푼, 길이 4척쯤)를 빼앗아 피해자 윤해경의 뒤에서 오른쪽 머리와 어깨 부분을 4~5회 구타하였다. 이에 윤해경이 뇌진탕을 일으켜 그 자리에서 혼절(昏絶)하여 다음 날 10일 오전 1시 40분 사망했으므로 가해자를 체포

---

37 원문 'トロッコ'는 광차(鑛車)로 광산·토목 공사용의 소형 무개(無蓋) 화차를 말한다.

하여 취조 중이다.

⑤ 시국에 관련된 각 명예훼손 사건
주소: 황해도 옹진군(甕津郡) 마산면(馬山面) 온천리(溫泉里) 181
성명: 조선신문 옹진통신원 "요주(要注)" 야마시타 주이치(山下壽一, 53세)
내용: 위 사람은 8월 21일부로 조선신문지상 '역방송(逆放送)'란에 "옹진에서"라는 제목으로 옹진군 내 각 단체의 각종 헌금 모집에 대해 관계자를 비방하는 듯한 기사를 통신·게재했으므로(『치안상황』『제25보』 참조), 향군분회장(鄕軍分會長), 마산번영회장, 국방의회장(國防義會長), 마산면장 네 명의 대표가 마을 사람들의 참된 정성[赤誠]을 훼손시키는 것이라며 분격하여 이 사람과 조선신문 편집인 와다 시게기(和田重義)를 명예훼손죄로 고소하였다. 옹진서에서 취조 중인바 9월 27일 기소의견으로 해주지방법원 검사정에게 신병 불구속으로 사건을 송치하였다.

⑥ 열차 투석(投石) 사건
9월 26일 오후 7시 20분경 경부선 영동군(永同郡) 영동면 동정리(桐井里) 지역에서 마침 북진 중이던 군용 제71호 열차에 돌을 던져, 열차 내에 있던 출정 군인 사이토 고지(齋滕高治)에게 엄지손가락 크기의 경상(輕傷)을 입힌 자가 있었다. 관할 영동경찰서에서 수사한 결과, 본적이 충북 영동군 영동면 봉현리(烽峴里)[38]이고, 주소가 영동군 영동면 매천리(梅川里)인 손병돈(孫炳敦) 집 고용인 오건영(吳建英, 16세)을 범인으로 체포하여 취조 중으로, 송국할 예정이다. 동기는 시국 관계가 아닌 단순히 못된 장난[惡戲]에서 발생한 것으로 강하게 진술하고 있다.

---

[38] 원문은 '봉견리(烽見里)'이나 당시 영동면에 속한 '봉현리(烽峴里)'를 지칭하는 것 같다.

10) 「경계 단속 사항」, 『치안상황』 34, 1937.10.22

(1) 시국 관계 범죄의 경향

사변 발발 이후에서 9월 말까지 시국에 따른 경계 사고가 다음과 같은데, 조선인 대(對) 중국인 사이의 분쟁 등은 상당히 다수에 달하고, 그 원인 및 동기 중에는 중국인에 대한 반감 혹은 멸시관 등에 기반한 것이 상당히 많은데, 특별히 악질적인 것은 없고 다른 곳으로 파급되거나 사단이 확대되는 것 등은 없다.

또 각종 사고가 전반적으로 8월을 최고조로 해서 9월에 이르러 현저하게 감소하는 것은 중국인 관계 분쟁에서는 잔류자가 감소한 데 기인하여 자연적인 추세로 봐야 할 것이나, 기타 사고 감소의 원인은 민심 지도가 잘 되어 점차 안정되어 가고 있다고 봐야 할 것이다. 다만 시국이 장기간 계속됨에 따라 이것을 표방하여 이익을 탐하려 하는 비(非)국민적 부덕(不德) 행위가 다소 증가하는 경향이 있다는 점에는 주목해야 할 것이다.

⟨시국 관계 경계 사고표⟩

월별 \ 종류	불온 언동 또는 유언비어 처벌		중국인 관계 분쟁		중국인 관계 분쟁 처벌		시국 관계 범죄	
	건수	인원	건수	인원	건수	인원	건수	인원
7월	40	43	166	506	18	42	6	8
8월	78	85	266	659	44	59	20	23
9월	53	53	92	256	18	27	18	17
합계	171	181	524	1,421	80	128	44	47[39]

(1건은 수사 중)

(2) 불온 언동 단속

주소: 경상남도 통영군(統營郡) 산양면(山陽面) 당동리(堂洞里)

성명: 무직 구덕래(具德來) 또는 연규(然圭, 48세)

---

[39] 합산하면 '48'이나 원문 그대로 두었다.

내용: 위 사람은 10월 2일 경남 사천군(泗川郡) 사천면 정의동(貞義洞)에서 "사변 비용 중 1개월에 1천만 엔은 조선인이 부담한다", "일본인은 조선을 병합하고 조선인을 차별대우하고 있다" 등 시국에 대한 유언비어[造言] 및 민족의식을 앙양시키는 불온한 언동을 하였으므로 구류 29일에 처했다.

주소: 전라남도 제주도(濟州島)
성명: 부재근(夫在根)
내용: 위 사람은 다음과 같이 유언비어를 말하였으므로 10월 8일 과료(科料) 5엔에 처하였다.
"이번 사변에서 화북(禾北)[리里] 1구(區)의 백(白) 모 씨, 2구의 양(梁) 모 씨, 월평리(月坪里)의 강(姜) 모 씨를 군대에 뽑아 제1선에 보냈는데, 이 때문에 강씨 일족이 상당히 소동(騷動)한 사실이 있다"라고 운운함.

주소: 전라북도 고창군(高敞郡) 부안면(富安面) 검산리(劍山里)
성명: ■■■업 곽갑조(郭甲祚, 44세)
내용: 위 사람이 10월 8일 부안면 중흥리(中興里)에서 다음과 같은 불온한 언사를 한 사실이 있음을 탐지하고 신병을 구속하여 취조 중이다. "이번 중일전쟁에 의해 [조선에] 재류하는 중국인은 전부 조선에서 쫓겨날 것인데, 그다음은 일본인을 전부 추방해야 할 것이다."

주소: 충청북도 제천군(堤川郡) 백운면(白雲面) 애련리(愛連里)
성명: 농업 이배인(李培仁, 65세)
내용: 위 사람은 소위 양반으로 완미고루(頑迷固陋)한 자인데, 9월 30일 관할 주재소원이 가족 전원이 결발[結髮: 상투를 틀거나 쪽을 짐]한 이유를 물었던 것이 발단되어 다음과 같이 말하였다.
"우리는 전주 이씨, 즉 이 왕가의 직계로, 부친은 한일병합에 반대하여 만주로 이주했기 때문에 나도 동행했었는데, 지금도 마찬가지로 반대이다. 따라서 자손들을 학교에 입학시

키거나 단발하는 등의 일을 바라지 않는다."

"나는 타인과 복장을 달리하였기에 미움을 받거나 비웃음을 사는 것이 우려되어 시국강연회(時局講演會)에 출석하지 않는다."

"중일전쟁에서 일본이 이기든 중국이 이기든 나와 관계없다"라고 운운함.

주소: 전라북도 익산군(益山郡) 이리읍(裡里邑) 영정(榮町)
성명: 방호단원 가구상(家具商) 김병용(金炳用, 27세)
주소: 전라북도 익산군(益山郡) 이리읍(裡里邑) 영정(榮町)
성명: 방호단원 목공(木工) 김한철(金漢喆, 27세)
내용: 위 두 사람은 기독교 신자인데, 9월 23일 이리 방호단 결성식 종료 후 신사참배 시 최고의 경례를 하지 않은 것을 이리서에서 탐지하고 조사한바 "우리는 기독교 세례를 받았다. 국가와 공공단체를 위해서는 모든 힘껏 노력과 봉사를 아끼지 않으나, 신사에는 절대 참배할 수 없다"라며 편협한 종교 관념을 완강하게 유지하여 완고하게 그 의지를 뒤집으려 하지 않았다. 잘못되었음을 계몽한바 김한철은 10월 11일 일본 국민으로서 성심성의껏 신사에 참배할 뜻의 서약서를 제출하였으나, 김병용은 여전히 뜻을 번복하지 않고 있다.

주소: 함경북도 경성군(鏡城郡) 어랑면(漁郞面) 하우리(河隅里)
성명: 정석규(鄭錫珪, 45세)
내용: "나는 조선이 일본과 합병한 것에 대해 그다지 탐탁하지 않다. 또 현재 조선의 위정자에게도 불평을 느낀다. 조선이 지금까지 독립을 유지했다면 지금은 동양의 일대국(一大國)이 되어 있을지도 모른다. 일본은 병합 이후 방대한 자금을 투자해서 조선을 지금과 같이 일으켜 세웠지만, 이 때문에 민족의 독립 염원을 소멸시킬 수 없다"라고 운운함.

(3) 기타 범죄

주소: 경성부 견지정(堅志町) 68
성명: 기독교 감리회 간부 양주삼(梁柱三)·기독교 감리회 간부 신흥우(申興雨)·기독교

감리회 간부 윤치호(尹致昊)

내용: 위 사람들은 이번 중일전쟁에 대해 일반 민중보다 솔선해서 국방헌금을 하거나 혹은 시국 강연 등을 개최하는 등 후방[銃後]의 적성(赤誠)을 피력해 온 자인데, 이에 반감을 품은 자의 소행으로 보이는 다음과 같은 불온 통신이 이들 앞으로 우송되었음을 발견하고 발신자를 조사 중이다.

기(記)(요지)

"윤치호는 특히 주의해야 한다. 본심인지 위장인지 아닌지는 별개로 하더라도 상제(上帝)를 모시면서 왜 신사를 참배하고 침략자를 돕는가? 타국의 영토나 인명·재산을 몰수하는 왜족(倭族)을 정의로운 인류로 간주하고 있는데, 그것이 기독교의 정신인가? 또 황제의 사신(死神)은 우리 부모의 사신보다 더욱 위대한가? 또 상제보다 더 존귀하다고 인정되었는가? 너희들은 만인의 선각자로 자임하면서 자본주의의 주구[走狗: 앞잡이]가 돼 있다. 속히 주모자의 직분을 포기하라. 그리고 먹을 것이 없으면 중추원 참의(參議)가 되라. 그것이 양심과 직분상 지당하다고 생각한다. 더 말하려면 바다와 산처럼 많지만 여기까지만 하겠다. 조선 민족의 진정(眞情)을 고려하여 그만두어라."

주소: 함경남도 단천군(端川郡) 북두일면(北斗日面) 양천리(陽川里) 오봉촌(五峰村)
성명: 농업 허박돌(許朴乭)
주소: 함경남도 단천군 북두일면 양천리 서덕곡(西德谷)
성명: 농업 안학수(安學洙), 농업 김인용(金仁龍)
내용: 10월 10일 오후 10시경 허박돌 집에 3명의 괴한이 침입하여 "우리를 원조하기 위한 200엔을 내놓아라"라고 강요하였으므로 허박돌은 "현금이 없으므로 집에서 기르는 소를 주겠다"라고 답하자, "돈이 중요하냐, 생명이 중하냐"며 곤봉으로 구타·협박하고 현금 120엔을 제공하게 했다. 이어 안학수 집을 습격하여 "우리는 독립군으로 보다시피 심야에 돌아다니고 있는 것은 너희도 알고 있을 것이다. 500엔을 제공하라"고 강요하였으므로 집에서 기르는 소를 제공하겠다고 답하자, 앞에서 기록한 것과 마찬가지로 곤봉으로

협박하고 현금 40엔을 탈취한 후, "3일간 500엔을 준비해 두어야 할 것이다. 만주국에서 400명이 와서 무산군(茂山郡) 고두산(高頭山)(함북)에 있을 것이고, 그중 18명은 이곳으로 올 것이다"라고 발설했다. 또 앞에서 기록한 것과 마찬가지 방법으로 김인용으로부터 25엔을 강탈하고 어디론가 돌아가며 "만약 주재소에 신고하면 3일 안에 전 가족을 살해하겠다"라고 협박하고 사라졌다. 현재 엄중하게 수사 중이다. → 160쪽

주소: 오이타현(大分縣) 우사군(宇佐郡) 야나기가우라무라(柳ヶ浦村) 에스가(惠須賀)
성명: 무직 예비역보병 1등병 아키요시 구니히로(穐吉國廣, 34세)
내용: 위 사람은 8월 5일 함북열차 이동경찰관에게 취조를 받은바, 그는 야하타시(八幡市) 쿠로사키마치(黑崎町) 일본공업합자회사 현장감독으로 취로 중에 조선으로 건너가기를 동경했지만 여비가 궁핍해서 7월 28일 회사에 "사변에 즈음해 소집을 받았다"라고 허구의 사실을 말하고 회사와 동료에게서 퇴직금 또는 전별(餞別) 등[의 명목으로] 62엔을 받아 조선으로 건너왔다고 한다. 조회 결과 사취금(詐取金)을 변상하고 있고, 또 충원소집 하령(下令)에 의해 소재지 수사 중인 것으로 판명되었으므로 기소유예 의견을 부쳐 9월 28일 신병을 석방했다.

주소: 경성부(京城府) 하왕십리정(下往十里町)
성명: 여호와 경성부대 여호와 증인 이인원(李仁遠, 23세)
내용: 위 사람이 경성부 및 함남 지방을 배회하며 "시국 관계상 각 가구당 한 부씩 의무적으로 구입하는 방안을 정부에서 지령한 것이다" 혹은 "경찰서장의 지령이다" 등을 칭하며 "사악한 영국·미국을 해부(解剖)하는 신앙의 진정한 의의"와 "황금시대"라는 제목의 소책자(1부당 10전)를 일본인·조선인 각 집에 강매하는 중이라는 소문이 있어, 소재를 수사한 결과 원산서에서 그를 발견하고 10월 2일 구류 25일에 처했다.[40]

---

[40] 이인원은 1939년 '등대사(燈臺社) 사건'으로 검거되어 1942년 7월 14일 경성지방법원에서 치안유지법 위반으로 징역 2년을 선고받았다. 국가기록원, 〈독립운동 관련판결문〉의 '수형인명부'. 관련 자료로 京城地方法院, 1941.8.30, 「1940年 豫 第21,25,52,57號/1941年 豫 第28,29號 豫審終結決定: 文野泰雄 등 29인」; 京城地方法院刑事第2部, 1942.7.14, 「昭和16年 刑公 第2111~2114號; 文野泰雄 등 22인」; 국사편찬위원회 편, 2009, 『일제강점기 경성지방법

〈그림 1〉 1941년 서대문형무소에 수감된 이인원의 인물카드
출처: 국사편찬위원회, 일제감시대상인물카드 [ia_4152]

주소: 함경남도 함흥부(咸興府) 복부정(福富町)
성명: 진덕일(陳德一, 27세)
내용: 위 사람은 9월 25~29일까지 흥남읍(興南邑) 호남리(湖南里) 조선질소회사 사택을 개별 방문한 후 "국방헌금을 하시라"고 칭하며 사과, 깨(胡麻) 등을 시가의 몇 배 가격으로 반(半)강제로 팔아 8엔의 이득을 취했으나 그 전부를 음식비로 소비한 것이 판명되어, 흥남서에서 9월 30일 구류 10일에 처했다.

주소: 평안남도 평양부(平壤府) 앵정(櫻町)
성명: 송성용(宋成龍)
주소: 평안남도 평양부 경제정(鏡齊町)
성명: 송순신(宋瞬信)
내용: 위 두 사람은 도쿄(東京) 간다쿠(神田區) 사루가쿠초(猿樂町)에 본부가 있는 대일본국민공덕회(大日本國民公德會) 평양지부 출장원이다. 현재 폐하와 만주국 황제 폐하의 존

원 형사사건 기록 해제』, 190~204쪽 등이 있다.

영(尊影)을 배포하는 일에 종사 중이었는데, 지난 9월 22일 신의주부(新義州府) 내와 그 밖에서 만주국 사람 50명에게 "우리는 경찰에서 보내온 자다"라고 사칭하고 1부에 50전의 가격인 만주국 황제 폐하의 존영을 1엔에 판매하고, 사는 것을 거절하는 사람에게는 "경찰서에서 사상이 불온한 자로 단정하여 퇴거명령을 내릴 것이다"라고 협박하였다. 혹은 "국방헌금에 충당하기 위해 판매한다" 등으로 은근히 시국을 이용하여 권위로 압박하는 언동을 하여 부정 판매하였다. 관할 신의주서에서 탐지하고 조사한 후 9월 30일 구류 25일에 처했다.

주소: 전라남도 광주부 본정(本町) 5정목(丁目)
성명: 이길언(李吉彦) 또는 종남(種南, 42세)
내용: 위 사람은 대일본국민교육회(大日本國民教育會) 지방간사에 촉탁된 것을 기화로 해서 불법 이익을 얻고자 기획하였다. 천황·황후를 비롯하여 받드는 각 황족의 존영을 배포할 때 회인(會印)을 위조하고 지방유력자를 두루 방문하여 "지금 일본은 비상시로, 국민으로서 존영을 받들어 모시지(奉安) 않는 자는 비국민으로 경찰서장에게 고발해 엄벌해야 할 것이다"라고 공갈하고, 올해 5월 14일~6월 20일까지 1부에 30전의 것을 3엔 50전 내지 5엔이라 칭하고 신청금으로 합계 400여 엔을 사취(詐取)한 사실이 있다. 제주도서(濟州島署)에서 탐지하고 신병 구속 후 기소의견으로 송국한바 9월 30일 징역 1년 4개월의 판결이 났다.

주소: 충청남도 공주읍(公州邑) 금정(錦町)
성명: 여(女) 김옥순(金玉順, 21세)
내용: 위 사람은 올해 8월 공주군 내의 각지를 돌아다니며 "공주군 사곡면(寺谷面) 마곡사(麻谷寺) 소속 공주포교소에서는 일본의 전승(戰勝) 기도를 하고 있으므로 나에게 기도미(祈禱米)와 기타 금품을 모아주면 갖다주겠다"라고 속이는 말을 해서 이십여 가구로부터 현금, 밀(小麥), 쌀보리(裸麥) 등 합계 시가 약 2엔 55전을 편취(騙取)해서 자신의 생활에 소비한 일이 판명되어, 10월 8일 공주서에서 검거된 후 10월 16일 송국되었다. → 330쪽

(4) 시국 관계 사고 결과

①

주소: 부산부(釜山府) 초량정(草梁町)

성명: 제2방호단 공작(工作)반장 이삼용(李三龍, 35세)

내용: 위 사람은 10월 6일 방공 연습 중 논쟁하던 끝에 같은 마을 구영만(具永萬)이란 자에게 복부를 차여 치료 중인데(『치안상황』제33보), 방호단장 등의 중재로 가해자 구영만에게서 치료비를 받고 사죄받은 후 원만히 해결했다. →105쪽

② 보안법 위반 사건(『치안상황』제31보)

경북 예천(醴泉)경찰서에 검거된 김영석(金榮錫, 19세) 외 3명의 보안법 위반 사건은 9월 30일 대구지방법원 상주지청 검사[국]에서 모두 기소유예로 처분했다. →88쪽

③

주소: 충청남도 서산군(瑞山郡) 근흥면(近興面) 마금리(磨金里)

성명: 농업 송영덕(宋榮德, 60세)

내용: 위 사람은 9월 4일 마을 사람 수 명에게 시국에 대한 불온 언사를 하였고, 관할 서산서에서 취조 중이었던바(『치안상황』제33보), 10월 15일 공판 결과 징역 6개월의 판결이 났다. →101, 324쪽

④

주소: 경기도 파주군(坡州郡) 임진면(臨津面) 선유리(仙遊里)

성명: 이수산(李洙山, 31세)

내용: 위 사람은 8월 11일 경의선 일산역(一山驛)에서 열차에 돌을 던지거나 역 포인트를 전철(轉轍)시키는[41] 등 열차 운행을 방해한 사실로 검거되어 송국된 자이다. 10월 4일 경

---

41 포인트(point)는 철도에서 차량을 다른 선로로 옮길 수 있도록 선로가 갈리는 곳에 설치한 장치이다. 전철(轉轍)은 선로의 갈림길에서 궤도를 돌리는 것을 말한다.

성지방법원에서 징역 1년 과료 10엔의 판결이 났다.[42] →326쪽

⑤ 중국인 귀환[引揚]에 따른 공갈·갈취[取財] 판결
주소: 황해도 송화군 풍해면 성하리(城下里)
성명: 조선일보 풍해지국 국장 노진세(盧鎭世, 32세)
내용: 위 사람이 8월 13일 같은 주소지에 사는 중국인 맹경안(孟慶安) 형제를 위협해 공포심을 불러일으켜 금품 약 800엔을 제공하게 한 사건은 9월 30일 해주지방법원 지청에서 징역 10개월의 판결이 선고되었다. 그는 이에 불복하고 공소하여 10월 15일 경성복심법원에서 징역 6개월의 판결을 선고받았고 즉시 복죄(服罪)하였다. →84, 333쪽

11) 「경계 단속 사항」, 『치안상황』 35, 1937.10.29

(1) 불온 언동 단속
주소: 황해도 수안군(遂安郡) 수안면 용담리(龍潭里)
성명: 일일노동자 한국윤(韓國潤, 29세)
내용: 위 사람은 10월 18일 마을 사람 수 명에게 다음과 같은 유언비어를 말했음이 탐지되어 검거하여 취조 중인데, 육군형법 제99조 위반으로 가까운 시일 내에 송국될 전망이다.
"이번 사변에서 전사한 일본 병사의 잘린 머리(生首)를 2개 열차에 싣고 돌아갔다고 하는데, 그때 제사 비용(祭典費)은 일반인에게서 모은 돈일 것이다. 또 신문에서는 일본군의 승리만 보도하고 있는데, 사실은 일본군이 대부분 당하고 있는 듯하다. 그 증거로는 만주사변 당시에는 방공감시소도 없었고 조금도 소란스럽지 않았는데 이번에는 방공감시소를 설치하고 심하게 소란을 떨고 있는 것을 봐도 알 수 있다"라고 운운함. →160, 295, 316쪽

---

42 京城西大門警察署長, 1937.8.2, 「列車妨害容疑朝鮮人檢擧ニ關スル件」[京城地方法院檢事局, 『(副本)思想ニ關スル情報』(2), 1937에 수록]. 이 자료에 의하면 열차운행 방해자는 이주산(李朱山)이고 그 일시는 1937년 7월 30일이다.

주소: 경상남도 울산군(蔚山郡) 온산면(溫山面) 산암리(山巖里)

성명: 일일 노자 김흥수(金興守, 35세)

내용: 위 사람은 10월 10일 군사에 관한 유언비어를 말하였으므로 검거하여 취조 중이다. "지난번 일본으로 도항한 여동생의 말에 따르면, 시즈오카시(靜岡市) 상공에 국적 불명의 비행기 1대가 날아와서 폭탄을 투하해서 시민이 다대한 손해를 입었다"라고 운운함.

→ 298, 319쪽

주소: 충청남도 장항항(長項港)

성명: 수축(修築)공사 인부 박석순(朴錫順, 27세)

내용: 위 사람은 10월 11일 본적지 보령군(保寧郡) 대천면(大川面) 화산리(花山里)로 귀성 중에 사실무근의 다음과 같은 언동을 하였음이 탐지되어 서천서(舒川署)에 체포되어 취조받는 중이다. 본건에 관해 다마이 세이시로(玉井政四郎)도 의외로 분개하며 명예훼손 고소를 제기하였으므로, 육군형법 위반과 명예훼손죄로 가까운 시일 내에 송국될 전망이다.

"장항(長項) 정미업[자] 다마이 세이시로(玉井政四郎)는 지금은 일류 자산가이지만, 러일전쟁 당시 소집영장을 받았으면서도 출정을 꺼려 어떤 조선인을 대신 전쟁으로 보냈는데, 그 조선인이 얼마 지나지 않아 전사(戰死)했기 때문에 다마이가 그 유족의 생활비를 지급해 왔다. 그런데 이번 사변으로 위 사실이 폭로되자 군부에서는 다마이를 징벌하기 위해 재차 동원[령]을 하달했는데, 다마이는 당황하여 어쩔 줄 몰라 하며[周章狼狽] 즉시 쌀 3만 석을 국가에 헌납했다. 이 때문에 이번 출정만은 면하였지만, 이로 인해 가세가 기울고 정미업도 뜻대로 되지 않는 상황에 빠졌다고 한다"라고 운운함.[43] → 151, 303, 320쪽

주소: 경기도 수원군 서신면(西新面) 매화리(梅花里)

성명: 농업 윤경식(尹敬植, 44세)

---

[43] 국가기록원, 〈독립운동 관련판결문〉의 '수형인명부'에 따르면, 박석순은 1937년 12월 8일일 전주지방법원 군산지청에서 육군형법 위반과 명예훼손으로 금고 4개월을 선고받았다.

내용: 위 사람은 간사한 지혜에 능하고 농후한 민족의식을 지닌 자인데, 중일전쟁에 대해 다음과 같은 불온 언동을 하였으므로, 검거하여 취조 중으로 가까운 시일 내에 육군형법 위반으로 송국할 예정이다.

"신문에서 연전연승하고 있는 듯이 선전하고 있지만, 사실은 거꾸로 일본군이 수많은 전사자를 내고 있다. 그 증거로는 매일 군대가 보내지고 있다는 것이다. 이것은 모두 그 보충을 위해서이다. 출정군인을 배웅하는 것은 무의미하다. 현재 일본군인은 전사자가 많아 그 결원 보충을 위해 가까운 시일 내에 너희들도 징집될 것이다. 지금 당국에서는 강제적 수단으로 청년단, 소방단 등을 조직하여 일본군대의 탄환을 제거하는 것과 마찬가지로 전선에 보낼 계획을 하고 있다. 이것을 모르면서 기뻐하고 있는 것은 스스로 죽음을 택하는 것과 마찬가지다."

주소: 목포부 창평정(昌平町)
성명: 전 개량서당(改良書堂) 교사 김용근(金容根, 21세)
내용: 위 사람은 서당 아동에게 군사에 관한 유언비어를 말하였고, 또 정치에 관한 불온 언사를 하여, 순진한 아동을 광혹(誑惑)시킨 자인데(『치안상황』 제26보), 10월 14일 목포 지청에서 징역 6개월의 판결을 받았다. → 71, 78, 299, 319쪽

주소: 전라남도 제주읍(濟州邑)
성명: 동아일보 지국장 "요주(要注)" 문종순(文鍾舜, 32세)
내용: 위 사람은 사변 발발 이후 읍 당국이 주최하는 국위선양, 국민정신 작흥, 무운장구 기원 등에 한 번도 참가하지 않았고, 또한 "작년 무렵부터 신사참배 문제를 중심으로 종교계 학교에서는 대파란이 일어나 폐교의 비운을 맞이한 학교도 있는데, 신사(神社)를 그렇게 중요시할 필요가 있을까?" 등의 은근히 신사를 우상시(偶像視)하는 듯한 발언을 했다. 신문 보도의 국방헌금 상황을 보면서 "세상에 돈 많은 사람도 상당히 많구나"라며 조소하였다.
제주읍 방호단(防護團) 조직 시에 역원 취임을 회피하고 또 신문에 섬 내에 시국 미담(美談), 미거(美擧) 등은 아직 한 번도 투고(投稿)한 사례가 없다. 그의 언동을 계속 감시 중이다.

주소: 부산부 동래 교동리(校洞里)

성명: 부산 나병원(癩病院) 서기 김기현(金冀鉉, 48세)

내용: 위 사람은 부산 나병원 원장 맥켄지[N·J·Mackenzie]와 함께 전라남도 여수(麗水)로 여행 시 "이번 중일전쟁에서 일본군의 침략적 행동에 대해 평화를 사랑하는 세계 각국은 비난하고 있음에도 불구하고 이탈리아만이 일본을 지지하는 것은 참으로 유감이다" 운운하는 불온 언동을 입 밖에 냈던 사실이 있다. 그의 언동에 대해 계속 주의 중이다.

주소: 전라북도 남원군 보절면(寶節面) 진기리(眞基里)

성명: 농업 김한면(金漢勉)의 아내 최성녀(崔姓女)

내용: 위 사람은 "당국에서 최근 조선인 청년단을 조직하고 치열하게 훈련하고 있다. 이것은 결국 전쟁에 참가시키려고 준비하는 것으로 보인다. 따라서 나의 장남 김명식(金明植)은 결코 청년단에 가입시키지 않겠다"라고 운운하였으므로 엄중히 경계하고 계몽하였다.

(2) 기타 경계 사항

①

주소: 전라남도 광주부(光州府) 명치정(明治町)

성명: 인쇄업 이병원(李炳元)의 장남 이안규(李安圭, 19세)

내용: 위 사람은 친누나 이은자(李恩子)와 함께 경성 여행 후 돌아오는 도중이었던 10월 18일 오후 11시를 넘긴 때에 전북 이리(裡里)역에 정차 중이었는데 마침 출정군인의 좌석 알선을 위해 해당 열차에 올라탄 이리소방조원(裡里消防組員)과 좌석 때문에 말다툼을 했다. 소방조원과 환송자들은 출정군인에게 좌석을 양보하지 않고 오히려 반감을 품은 듯한 것은 비국민적 태도라고 격앙하며 차내로 몰려들어 구타하려 하였다. 이에 경계 중이던 이리서원(裡里署員)이 제지하여 이안규를 보호하여 하차시켜 취조하려 하자, 친누나의 고통을 고려해 거부하면서 자기 잘못을 뉘우쳤지만, 흥분한 사방의 정세를 고려해 이리서에 보호검속하고 다음 날 아침 엄중히 설득 후 석방하였다.

② 시국 표방 사기

주소: 전라북도 금산군(錦山郡) 금산면 상옥리(上玉里)[44]
성명: 농업 한갑득(韓甲得, 21세)
내용: 위 사람은 신의주 부윤(府尹) 명의의 국방헌금대장을 작성하고 10월 4일 신의주부 진사정(眞砂町)에 거주하는 중국인 면포상(綿布商) 곽상복(郭祥復) 외 11가구로부터 30전에서 1엔 사이 합계 8엔 50전을 편취(騙取)했다. 신의주서에서 탐지하고 검거하여 취조 중이다.[45]

③ 보안법 위반

주소: 함경북도 성진군(城津郡) 학남면(鶴南面) 일신리(日新里)
성명: 노동 박영식(朴英植, 33세)
내용: 위 사람은 9월 7일 마을 사람이 일본의 전승(戰勝)을 희망하는 취지로 말하는 것에 대해 야유적 언동을 보였고, 또 같은 날 자택에서 흰 종이에 청색 잉크 펜으로 "조선독립만세" 등의 불온한 자구(字句)를 기재한 전단 1장을 작성하여 같은 날 오후 8시경 거주하는 동네 이동현(李東鉉) 판자벽에 붙였다. 경찰이 탐지하고 9월 9일 성진서원(城津署員)이 검거하여 취조한 후 16일 보안법 위반으로 송국하였다. → 324쪽

④ 불온 낙서

10월 20일 부산극장 계단 아래 변소에 다음과 같은 반전적(反戰的) 문구가 낙서되어 있는 것을 해당 극장 청소 인부가 발견하여 헌병대에 신고하였는데, 현장에 가서 검사 후 즉시 지우고 현재 헌병과 경찰이 협력하에 범인을 수사 중이다.

"무엇을 위해 전쟁하는가. 인류애를 외치면서 우리는 전쟁의 기동(湧起) 원인을 구명(窮命)[46]하기에 고심한다. 꽃핌(榮)이 있는 생명의 존속을 생각하면 감정의 충돌도 살피지 않을

---

44 원문은 '산옥리(山玉里)'이나 당시 금산면에 없는 행정구역명이다. 가장 유사한 '상옥리'로 고쳤다.
45 한갑득은 1937년 10월 22일 신의주지방법원에서 징역 6개월, 2년간 집행유예 처분을 받았다. 高等法院檢事局思想部, 1938.9, 「時局關係の犯罪に關する調査」, 『思想彙報』 제16호, 55쪽.
46 원문상으로는 '궁명(窮命)'이지만 문맥상 동음이의어인 '구명(究明)'의 의미로 사용한 것으로 추측됨.

수 없다. 영토적 야심, 민족적으로 다른 여러 종(數種)의 쟁투는 현실에서 추악한 살육을 반복하게 한다."

⑤ 용의 중국인 취조
본적·주소: 중국 산동성·전라북도 정주읍(井州邑) 시기리(市基里)
성명: 옷감 상점 점원 중화상회 서기 추입문(鄒立文, 27세)
내용: 위 사람은 10월 11일 정주읍 요리점 사이토 하쓰에(齋藤初枝) 집에 포목 대금을 청구하러 가서 잡담 중에 이번 사변에 대해 언급하게 되자 불만 [섞인] 언동을 입 밖에 냈는데, "정읍군에서 응소(應召)자는 몇 명 있는가"라고 집요하게 물었고, 모른다고 답하자, 그는 "정읍에서 약 30명, 신태인(新泰仁)·천원(川原)·화호(禾湖) 등에서 20명, 합계 약 50명 정도일 것이다"라고 혼잣말하면서 물러간 사실이 있다. 위 사람은 이전부터 외첩(外諜) 용의자였으므로 관할 정읍서에서 엄중히 취조 중이다.

⑥ 시국 표방 협박문 사건 검거(『치안상황』제23보)
주소: 충청남도 아산군(牙山郡) 도고면(道高面) 도산리(道山里)
성명: 면협의회원 김영기(金永起, 41세)
내용: 위 사람 앞으로 '국방헌금 3천 엔을 천안국방의회(天安國防議會)에 제출하라'는 협박문을 우송한 자가 있어 수사한 결과, 범인은 충남 아산군 배방면(排芳面) 북수리(北水里) 73 농업 강구섭(姜龜燮, 76세)임이 판명되었다. 관할 온양서에서 취조한바 강구섭은 김영기에게 사적인 원한을 풀려고 김영기가 아직 국방헌금을 내지 않고 있는 것을 계기로 앞의 행위를 한 것이다. 피의자는 이미 노령에 달했고 또 앞의 잘못을 뉘우쳐 개전의 의지가 현저하므로 9월 30일 기소유예 의견으로 1건 서류만 송치한바, 10월 5일 같은 처분이 있었다. → 328쪽

12) 「경계 단속 사항」, 『치안상황』 36, 1937. 11. 5

(1) 불온 격문(檄文) 부착

① 10월 30일 함흥부(咸興府) 내 만세교 다리에 편지 종이에 청색 잉크 펜으로 앞머리에 "조선 전역으로 이주해 온 중국 노동자, 농민을 친애하지 않으면 안 된다. 학중(虐中) 반대, 상해(上海) 당원(黨員) 백(白)"이라고 쓰인, 중국공산당을 근간으로 하여 반제(反帝), 반전(反戰)주의와 조선독립혁명을 선동하는 등을 내용으로 하는 언문(諺文)이 섞인 한문의 불온 격문 1장이 붙은 것을 함흥서원(咸興署員)이 발견하고 압수하였다. 현재 범인을 엄중히 탐색 중이다.

② 11월 4일 정오 무렵 청진부(淸津府) 내 수성교(輸城橋) 북쪽 200미터의 수방단(水防團) 창고에 다음과 같은 내용의 불온 격문(파트론지 봉투를 절개한 후 뒷면에 연필로 씀) 3장과 부근의 전주(電柱) 등의 5장을 압정 핀으로 붙인 것을 발견하고 현재 엄중히 수사 중이다.

　一. 제국주의를 추방
　一. 부농지주(富農地主)를 파면
　一. 생사운동(生死運動)을 지원
　一. 노농소련(勞農蘇聯)을 건설

(2) 협박문 우송

성명: 경성부(京城府) 태평통(太平通) 조선일보사 주필 서춘(徐椿)

내용: 위 사람 앞으로 10월 8일 원산부(元山府) 중리(中里) 백목파조(白木波助) 명의로 관제엽서에 "너희들 비열한 위선자여, 너희들은 오직 방응모(方應模)[47]의 반쪽[片身]으로서 그 가장(假裝) 행렬에서 이탈하지 않으면 가까운 시일 내에 총검 세례를 받을 각오를 해야 할 것이다" 운운하는 내용이 기재된 협박문을 우송해 온 자가 있었다. 위 협박문은 즉시 경성헌병분대원이 압수해 갔다. 당사자인 서춘은 본건에 대해 다음과 같이 말하였다.

47　해당 시기 조선일보 사장이었다.

"종래 본사의 필치(筆致)에 대해 왕왕 이런 종류의 협박문이나 투서가 온 것을 봤지만 개의치 않고 파기해 왔는데, 최근 시국에 대한 인식 강화의 본지(本紙) 필치에 대해 일부 잔존하는 민족주의자로부터 협박문이 있을 것으로 예상하였던바 관변(官邊)의 경계에 따라 뜻밖에 그 그림자를 감추고 있던 자가 있다. 우리는 시국의 추이를 솔직하게 보도하고 위정 당국의 방침을 지지하는 것이 당연한 역할이므로 이 또한 하등 신경 쓸 필요가 없다."

(3) 불온 언동

주소·성명:

함경남도 북청군(北靑郡) 덕성면(德城面) 수서리(水西里) 이영구(李榮九)

함경남도 원산부 용동(龍洞) 이극모(李極模)

함경남도 원산부 신흥동(新興洞) 유진호(柳晉浩)

함경남도 원산부 상동(上洞) 송국도(宋國道)

내용: 위 사람들은 다음과 같은 불온 언동을 하였으므로 원산헌병대에서 검거하여 취조한 후, 10월 23일 육군형법 제99조 위반자로 송국하였다.

"상해전(上海戰)에서 폭탄을 적재한 중국 비행기가 상해의 일본 조계지 일본 호텔 상공으로 날아오는 것에 대해 해상에서 일본 군함이 그 비행기를 격추시켰기 때문에 호텔에 피난 중이던 일본인 500명이 사망했다.

중국 공군은 독일 및 기타 각국 사람들이 교육하고 있고 기술 역시 우수하여 폭탄 투하 후 구불구불(曲折) 상승하는데, 일본 비행기는 구식으로 폭탄 투하 후 수직으로 상승하기 때문에 추락하기 쉽다. 조선인 중 머리가 좋은 자는 전부 중국군 장교가 되어 활동하고 있으므로 이번 전쟁은 일본이 승리하기 어려울 것이다.

중국군은 일본군이 돌격하는 길에 폭탄을 매장해 두는 등 전술이 뛰어나므로 일본군은 전멸할 것이다." → 290, 313쪽

주소: 경상남도 통영군(統營郡) 원양면(遠梁面) 동항리(東港里)

성명: 어업 오카무라 후사키치(岡村房吉, 51세)

내용: 위 사람은 본인이 소유한 선박용 발동기를 매각하기 위해 약 20일간 후쿠오카현(福

岡縣)과 야마구치현(山口縣)을 여행하고 10월 24일 돌아와, 주소지의 마을 사람들에게 다음과 같은 유언비어를 유포하였음이 탐지되어 지금 관할 통영서에서 취조 중이다.

"10월 10일 전후 동원(動員) 시 시모노세키(下關市) 시내의 유수(有數) 여관 주인의 아들이 응소를 기피하여 본인 소유의 별장 안에서 목을 매어 죽었다고 하는데, 군 당국에서는 일반인에게 훈계[戒飾]하기 위해 그 시체를 매장하지 않고 그대로 둔 일이 있었다. 비(非)국민의 시체를 구경하려는 자가 매일 몰려와서 당국은 그것을 단속하는 데 몰두하고 있다."

주소: 충청남도 논산군(論山郡) 상월면(上月面) 지경리(地境里)
성명: 농업 상월진흥단원 박창서(朴昶緒) 20세
내용: 위 사람은 군 말먹이용 보리[大麥]를 사들일 때 같은 지역 부인들로부터 "대금은 과연 차이 없이 교부하는 것인가"라는 질문을 받고 "보리는 남김없이 갖고 가는 것이 필정(必定)이고 대금은 교부되지 않는다" 운운하며 허언(虛言)함으로써 미혹시킨 사실이 있다. 관할 주재소원이 탐지하고 취조한 결과, 스스럼없이 친한 사이[昵懇者]여서 실없는 말[戱談]을 한 것이고 그저 앞의 잘못을 뉘우치고 있다. 이 사람은 평소 특별한 악의가 없었던 것으로 인정되지만 구류 5일에 처했다.

주소: 함경남도 혜산읍 요동리(要洞里)
성명: 이학구(李學九)
내용: 위 사람은 "혜산읍 강구리(江口里)에서 물에 들어가 자살했던 이 지역 영림서(營林署) 벌목감시소원 나가타 다케시(長田武)는 출정을 위해 소집된 것이 싫어 자살했다"라며 사실을 왜곡하여 유포시켰으므로 호인(好仁)경찰서에서 취조 중이다. → 292, 312쪽

본적·주소: 전라남도 담양군 담양읍 임정(林町)·불명
성명: 무직 임란석(林蘭錫, 33세)
내용: 위 사람은 10월 27일 오전 0시경 정읍군(井邑郡) 고부면(古阜面) 고부리를 배회하던 중 경계 중이던 관할 주재소원에게 검문받은바, 의심스러운 점이 있었다. 주재소에서

그의 행동을 취조해 보니, "천황 폐하가 무엇인가? 이 사마(李樣)를 모르는가? 모르는 자는 순사 옷을 벗어라. 이 사마는 이왕 전하를 칭한다. 너희 순사는 앞으로 대사건(大事件)이 일어날 것을 모르는가?" 등 불온한 언동을 하였으므로 신병을 구속하고, 정신 이상 증상이 나타난 것으로 보여 신원 조회와 더불어 정읍서에서 취조 중이다.

본적·주소: 경상남도 창원군 진북면(鎭北面) 이하 불상(不詳)
성명: 종이류 원료상(紙類原料商) 조희(趙禧, 57세)
내용: 위 사람은 10월 18일경 진주군(晉州郡) 미천면(美川面) 오방리(梧坊里)에서 다음과 같이 불온 언동을 하고 사라졌으므로 현재 소재를 수사 중이다.
"일본인은 우리 조선인에게 미신을 타파하도록 강조하지만, 실제로 일본에서는 군대 동원 시 반드시 길일(先勝日)에 실시하고 있다. 이번 달 8일도 14일도 길일에 해당한다는 등의 미신을 답습하고 있다. 다가오는 26일이 '선승일'에 해당한다. 그러므로 종래에 없던 대동원[령]이 내려져 일본인은 전부 출정해 버려라. 남는 것은 오직 우리 조선인만이다. 우리가 [너희들] 머리 위로 올라갈 때가 올 것이다" 운운.

본적·주소: 경성부 청엽정(靑葉町) 3정목(丁目) 59번지·경성부 강기정(岡崎町) 84번지
성명: 무직 오수현(吳壽睍, 47세)
내용: 이 사람은 10월 20일 응소자 입대 때문에 혼잡한 보병 제78연대 영문(營門) 앞에서 지인 최흥산(崔興山) 외 4~5명에게 다음과 같은 불온 언동을 한 것을 경계 중이던 용산서원이 발견하고 검속하여 취조하고 있는데, 가까운 시일 내에 송국할 전망이다.
"47~48세의 군인이 입영하는데, 이번 전쟁에서는 어지간히 실패했나 보다."
"어느 나라든 전쟁에서 실패하지 않으면 늙은이를 소집하는 법은 없다."
"이번 전쟁에서는 일본인과 조선인이 상당히 많이 살해된 듯하다." → 129, 287, 309쪽

(4) 시국 이용 사기
본적·주소: 충청남도 아산군 신창면(新昌面) 황산리(黃山里)·부정(不定)
성명: 무직 중산희삼랑(中山熙三郎, 나카야마 기사부로) 또는 남준희(南俊熙, 26세)

내용: 위 사람은 시국을 표방하며 불법 이득을 취할 계획을 하고, 경성부 방호단 제복을 대여받아 고물상으로부터 재향군인 휘장을 구입해 그것을 패용하고 오른쪽 머리 부분에 붕대를 감고 전승자인 듯이 가장하였다. 10월 20일 경성부 서린정(瑞麟町) 환미옥(丸美屋, 오뎅집)에 가서 주인과 손님이었던 김병구(金炳龜) 등에게 "나는 조선인이지만 이번 중일전쟁을 위해 출정했고, 오른쪽 귀에 총탄을 맞아 중상을 입어 후송되었는데, 드디어 전부 나았으므로 가까운 시일 중에 재차 출정할 것이다"라고 기망(欺罔)하고 술과 밥의 향응을 받았다. 또 김병구를 따라 종로 1정목(丁目) 음식점인 정애기(鄭愛奇) 집에 가서 마찬가지의 향응을 받고, 김병구가 술 취한 틈을 타 그의 스프링 코트(가격 50엔)를 훔쳐 곧바로 전당포에 맡겼다. 그 외에도 출정하기까지 자동차와 숙박비용이라고 칭하며 모르는 조선인 조(趙) 모 씨로부터 5엔을 편취하고, 게다가 이들을 [계속] 잘못 믿게 하려고 헌병대, 사단사령부 등에 유인하는 등 시국을 표방한 불법행위를 계속했다. 10월 22일 검거되어 현재 본정서(本町署)에서 취조 중이다. → 330쪽

본적·주소: 히로시마현(廣島縣) 가모군(加茂郡) 요시토미무라(吉富村) 843-2 · 부정(不定)
성명: 승려 성오(惺悟) 또는 경산무(景山茂, 25세)
내용: 위 사람은 경성부에서 운영하는 화장장(火葬場) 홍제원(弘濟院) 승려이다. 경성부 내 신정(新町) 문명루(文明樓) 창기와 가까워진 것이 반복되어 결국 사원에서 도주하여 경성부 내 황금정(黃金町) 중도여관(中島旅館, 나카지마 료칸)에 투숙하다가, 다다음 날인 21일 숙박 대금 미지급인 채로 도주하였다. 같은 날 군모(軍帽) 1개를 휴대하고 경성부 내 장곡천정(長谷川町) 히젠야 여관(備前屋旅館)에 가서 "나는 예비 소위인데 이번에 소집을 받고 조선으로 건너와 보병 제78연대 와타나베(渡邊) 대위와 만나기로 약속하고 군장(軍裝)을 정리하여 10월 25일 현지로 갈 예정이다"라고 속인 후 투숙 중 2번에 걸쳐 자동차로 경성부 내 욱정(旭町) 요리집 기라구(幾羅具)에 가서 히젠야 여관(備前屋旅館) 투숙객으로 칭하며 합계 52엔 42전의 유흥을 하였다. 숙소로 돌아온 24일 오후 10시경 숙박료 28엔 남짓을 지불하지 않은 채 도주하였다. 또 같은 날 경성부 내 고시정(古市町) 하야시야(林屋) 호텔에 투숙하고 또 숙박료 2엔을 지불하지 않은 채로 도주하여, 10월 25일 오후 9시경 앞서 언급한 문명루에 들른 것을 본정서원(本町署員)이 체포하여 현재 취조 중이다.

본적·주소: 경남 고성군(固城郡) 하이면(下二面) 와룡리(臥龍里)·부정(不定)
성명: 무직 영해(泳海) 또는 김점수(金點守, 17세)
내용: 위 사람은 불교 학생임을 가장하고 출정군인의 무운장구(武運長久) 기원제 거행 때 양초 대금 희사(喜捨)를 청한다며 일본인 집에 방문하여 금전을 편취하며 진주읍을 떠돌아다니던 중 검거되었다(『치안상황』 제20보) 경찰범처벌규칙에 의해 구류 10일에 처했다. 그 후에도 이 사람은 9월 13일 경남 창원군 내서면을 돌아다니며 일본인 집을 방문해 앞에 기록한 것과 마찬가지 수단으로 금전을 편취하고, 9월 말부터 10월 5일까지 마산부 내에서 일본인 집 13곳에서 합계 10엔 23전을 편취하였다. 이것이 발각되어, 10월 9일 마산서원(馬山署員)에게 검거, 10월 26일 기소의견으로 송국되었다.[48] → 156, 333쪽

(5) 열차 방해 사건

10월 23일 오후 11시 15분경 경의선 의령(懿寧) 터널 입구 철도선로 안쪽에 세로 6촌, 가로 5촌 크기의 돌이 방치되었음을 경비병이 발견했다는 신고가 경성부 서대문서 대현(大峴)주재소에 들어와 수사한 결과,

주소: 경성부 아현정 채훈천(蔡勳天, 14세)
성명: 우제기(愚濟紀, 20세)

이자들의 소행으로 판명되어 10월 26일 위 두 명을 체포하고 서대문서에서 취조 중이다.

(6) 애국소년단의 강매

주소: 충청북도 청주군 부용면(芙蓉面) 부강리(芙江里)
성명: 부강오대(芙江五垈)진흥회 야학부 강사 애국소년단 단장 오연항(吳淵恒)
내용: 위 사람은 10월 1일 충청남도 조치원(鳥致院)에 가서 애국소년단원 5~6명에게 액자, 편지지, 기타 학용품 행상을 시켰고, 그 순이익금 1엔 57전을 황군(皇軍) 위문금으로 조치원서에 기탁하여 일반인이 그 아름다운 행위를 칭찬했다. 또 같은 달 24일 조치원에 와서 같은 방법으로 1엔 18전을 기탁했다. 그런데 그 후 조사한 바에 따르면 이들은 수개

---

[48] 〈時局을 利用해서 金品詐取한 少年 馬山署에서 逮捕嚴調〉,《매일신보》, 1937.10.13, 4면 참조.

월에 걸쳐 조치원에 와서 국방헌금이라는 미명 아래 집요하게 행상하고 있다고 하며, 최초에는 시민들도 그 행위에 감동하여 필요 유무를 막론하고 사주려고 힘썼으나, 반복됨에 따라 상당히 귀찮아하는 상황이다.

13) 「경계 단속 사항」, 『치안상황』 37, 1937.11.12

(1) 불온 언동

주소: 평안남도 안주군(安州郡) 안주읍 거주 "특요(特要)"[49]
성명: 김정련(金精鍊)
주소: 평안남도 안주군(安州郡) 안주읍 거주 "보요(普要)"
성명: 김병규(金秉圭)
내용: 위 두 사람은 표면적으로는 친일적 어투로 말하지만, 여전히 국방헌금 및 기타 측면에서 볼 때 적성(赤誠)을 드러내는 것이 없다. 특히 김병규는 수십만 엔의 자산이 있지만 국방헌금에 관해 "국가는 필요에 따라 적절히 증세(增稅)해야 할 것이나 국방헌금 같은 것은 그 필요성을 인정하지 못하겠다"라고 운운했다는 풍문이 있다. 언동을 내사(內査) 중이다.

주소: 전라남도 나주군 영산포(榮山浦) 이창리(二倉里)
성명: 강주현(姜周鉉) 33세
내용: 위 사람은 10월 23일에 다음과 같은 불온 언동을 하였으므로 관할 나주서에서 구류 7일에 처했다.
"중일전쟁[日支事變]이 무엇인가? 우리가 알 바 아니다. 사변이 확대되어 아무리 일본의 군대가 출정해도 중국에게 격멸되어 전사하고 있지 않은가? 일본이 잘난 듯이 말해도 무의미하다"라고 운운함.

---

[49] 조선총독부 경찰의 요시찰 대상 중 '특요'는 특별 요시찰 대상으로 주로 사회주의자가 여기에 해당했다. 장신, 2023, 「해제」, 민족문제연구소 편, 『조선인요시찰인약명부』, 민족문제연구소, 12쪽.

주소: 전라남도 진도군(珍島郡) 고군면(古郡面)⁵⁰ 고성리(古城里)
성명: 김형채(金亨彩, 21세)
내용: 위 사람은 10월 25일 광주-목포 간 열차 안에서 다음과 같은 불온 언사를 말하였으므로 진도서에 검거되어 현재 취조 중이다.

"이번 사변 때 진도에서 고사포(高射砲) 2대를 헌납했는데, 이것은 가난한 백성들에게서 강제로 돈을 내게 한 것으로 심하게 무리한 것이다. 게다가 면화 판매 시 얼마씩인가 할당하여 그것을 위문이나 헌금 등으로 하게 하여 가난한 백성들을 괴롭히고 있다"라고 운운함.

주소: 황해도 재령읍(載寧邑) 국화리(菊花里)
성명: 기독교 장로 송종만(宋鍾萬, 53세)
내용: 위 사람은 10월 23일 오후 8시 20분부터 충청북도 괴산군(槐山郡) 연풍면(延豊面) 행촌리(杏村里)에 있는 교회에서 전도 이야기[講話] 중에 다음과 같이 시국을 풍자한 불온한 언사를 말하였으므로 관할 괴산서에서 엄중히 취조한 후 구류 5일에 처했다.

"말세에 이르면 서로 타인을 죽이고, 나라와 나라 사이에는 교전하며, 흉년이 되고, 지진이 일어나 우주의 공기가 없어진다. 하늘은 말린 종이와 같이 한쪽 면이 말리고 태양 빛은 검게 되고 달빛은 붉게 된다. 별은 떨어지고 이 세상은 멸망한다. 그때는 기독교 신자가 아닌 자는 멸망하고 신자만이 영생하고 안락한 세상을 만들 수 있으므로, 일반인들도 하루라도 빨리 기독교를 믿어야 할 것이다"라고 운운함.

주소: 경성부 강기정(岡崎町) 84번지
성명: 토지중개업 오수현(吳壽晛) 47세
내용: 이 사람은 10월 20일 용산 보병 제78연대 정문 앞에서 불온 언동을 하여 관할 용산경찰서에 검거되었던바(『치안상황』 제36보), 취조한 결과 11월 5일 육군형법 위반으로 송국하였다. → 125, 287, 309쪽

---

50 원문은 '고도면(古都面)'이나 당시 진도군에 없는 행정구역명이다. 고성리가 속한 '고군면(古郡面)'으로 고쳤다.

(2) 유언비어

① 경상남도 울산 지방에 다음과 같은 유언비어가 있다. 관할서에서 극력 그 출처에 대해 내사(內查)한 결과, 울산군 온산면 김정훈(金正勳)이라는 자가 유포시킨 것으로 판명되어 구류 5일에 처했다. "중국 파견 군대에 공급하고자 군·면 직원들이 각 민가에서 이불을 징발하고 있다"라고 운운함.

②
주소: 황해도 수안군(遂安郡) 성동면(城洞面) 재동리(齋東里)
성명: 농업 김대섭(金大燮) 21세
내용: 위 사람은 다음과 같은 유언비어를 말하였으므로 10월 19일 관할 수안경찰서에서 검거, 구류 20일에 처했다. "정부에서 전비(戰費) 조달을 위해 우리 국민의 수입 중 생활비의 잔여분을 모두 강제적으로 국방헌금으로 몰수하려는 추세이다"라고 운운함.

③
주소: 황해도 서흥군(瑞興郡) 구포면(九圃面) 구정리(九井里)
성명: 농업 정원규(鄭元奎, 19세)
내용: 이 사람은 10월 19일 부락민에게 다음과 같은 유언비어를 말하여, 즉시 관할 수안경찰서원에서 검거하여 구류 20일에 처했다. "사변 이래 철도 연선(沿線)에 [사는] 마을 사람들은 군용 말먹이의 꼴을 베는 것을 곤혹스러워하고 있다. 또 수안군 성동면 좌도리(佐桃里)의 자산가 김영렬(金永烈)은 전부터 수안금융조합에 다액을 예금해 두었는데, 이번 사변 때 전부 국방헌금으로 몰수되었다"라고 운운함.

(3) 기타
①
주소: 평양부 신양리(新陽里)
성명: 박원석(朴元錫, 32세), 박영도(朴永道, 35세)
내용: 평양부 신양리 대일본국민공덕회 서선(西鮮)지부장인 김호철(金鎬喆)은 10월

24일 고베시(神戶市) 혼다 우야미(本田敬)라는 자로부터 "북중국 전체 전황(戰況) 대전(大展) 파노라마 도(圖)", "육해공군 전체 전선(戰線)" 등의 표제가 있는 조악한 회화 2종 1,000부를 송부(送付)받아[1부에 3전, 매가(賣價) 10전] 그것을 1부에 5전씩 앞에서 언급한 2명에게 양도했다. 이 두 사람은 담합하여 방호단원의 복장을 착용하고 다음과 같은 언사로 부근의 75집에 강매[押賣]했던 것으로 판명되어 관할 평양서에서 두 사람을 구류 10일에 처했다. 김호철에 대해서는 [앞으로] 절대 강매[押賣]하지 않겠다는 뜻의 문서[講書]를 제출하게 했다.

"우리는 방호단원으로 국방헌금에 충당하기 위해 이 그림을 파는 사람들이다. 이 물건은 경찰의 양해도 있고, 의무적으로 사야 한다. 또 온돌 아궁이 4개가 갖춰진 집에서는 4장이 필요할 것이다"라고 운운함.

②

주소: 전라남도 제주도 대정면(大靜面) 일과리(日果里)
성명: 상민(常民) 농업 강태용(姜太龍, 49세)
내용: 위 사람이 10월 28일 교토시(京都市) 시모교쿠(下京區) 기야마치도오리(木屋町通) 시오미상회에 사는 그의 서자(庶子) 강응국(姜應國) 앞으로 "모슬포(摹瑟浦)에는 비행장이 있어서 해군항공대에 대한 위문품으로 대맥(大麥)·채소[蔬菜]·고구마[甘藷] 등을 각 집에서 징수하게 되었다. 자작농 이외의 사람은 거주할 수 없다"라고 기재한 통신을 투함(投函)한 것이 발견되었다. 이는 사실무근으로 육군형법 위반으로 현재 신병을 구속하여 취조 중이다.

③

주소: 전라남도 나주군 세지면(細枝面) 대산리(大山里)
성명: 농업 이재호(李在浩, 20세)
내용: 이 사람은 10월 21일 경기도 부천군 소래면(蘇萊面) 안현리(鞍峴里) 이백순(李白淳)이 발신[수신자 이름은 이재호의 아버지 이명규(李明奎)]한, 다음에 기록한 역문과 같은 불온한 통신문을 소지하고 있었다. 나주서원이 발견하여 취조하니 수신자 등은 사상적

으로 용의자가 아니지만 발신자의 신원을 조사 중이다.

"(전략) 어두운 천지의 가운데 사도(死道)를 기다리고 있는 우리 동포의 환경을 생각할 때 일필(一筆)로 기록하는 것조차 마음이 괴롭다. 시국상 경계 중이기도 하고 모든 면의 상황을 알 도리도 없지만, 경성 인천 간 시내 유력자의 집은 날로 빈집이 증가하고 우리 같은 무산자는 경성 인천 간 선두에서 살아갈 수 없다. 비명만 있을 뿐이다. 그 지역의 형세는 어떠한가? (후략)"

④ 연초(煙草) 선전 광고에 대한 단속

충청남도 보령군 대천면 대천리 소재 대천연초판매소에서 연초 "가치도키[かちどき:이길 때]"를 선전할 때 다음과 같이 "연초를 피고 싶어 하는 병사들, 드디어 풀잎을 피우는구나"라는 자구(字句)를 넣은 광고를 게시할 준비 중이라는 것을 발견, 관할서에서는 시국상 타당하지 않다고 판단하고 다른 방법에 의하도록 주의를 주고 철회시켰다

연초를 갖고 싶은 병사들, 드디어 풀잎을 피우는구나 위문함에 연초는 총후(銃後)의 의무 가치도키[かちどき:이길 때]를 이용해 주세요

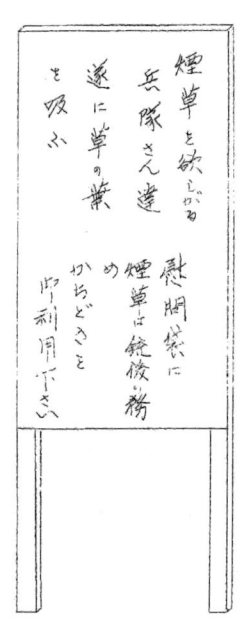

14) 「경계 단속 사항」, 『치안상황』 38, 1937. 11. 19

(1) 영국총영사관에 대한 협박문

10월 11일부터 전후 3회에 걸쳐 영국총영사관 앞으로 영국에 대일(對日) 태도를 힐문하고 속히 태도를 고쳐 안팎으로 천명(闡明)하라는, 동일인의 소행으로 보이는 투서가 있었다. 그 밖에 동 영사관 앞으로 협박의 의미를 적은 투서 수 통이 배달되었다는 소문도 있어 배영적(排英的) 열기가 고양됨과 더불어 앞으로의 추이를 주시 중이다.

(2) 불온 언동의 단속

본적·주소: 황해도 봉산군(鳳山郡) 사리원읍(沙里院邑) 서리(西里) 317·도쿄시(東京市) 도시마쿠(豊島區) 조우시가야초(雜司ヶ谷町) 5-677
성명: 사이토(齋滕) 집 도쿄시 고원(雇員) [경시청 특요(特要) 을호(乙號)] 이제익(李濟益)
내용: 위 사람은 8월 24일 자로 이전부터 친교가 있던 고향 마을의 정형선(鄭亨善)이란 자에게 반전적(反戰的) 입장에서 군(軍)에 관한 유언비어 낭설을 기재한 통신문을 우송한 사실을 관할서에서 탐지하고 거주지 관할 메지로(目白)경찰서에 통보하였다. 그 결과 해당 서에서 취조한 후, 11월 8일 육군형법 제99조 위반으로 송국하였다는 뜻을 통보받았다.

본적·주소: 평안남도 이하 불상(不詳)·불상(不詳)
성명: 학교 교원 정(鄭) 모 씨(35세)
내용: 위 사람은 10월 10일 오후 5시 37분 개성역을 출발하는 열차 안에서 옆 좌석 승객에게 다음과 같은 불온 언사를 하였던 사실이 있다. 개성서원(開城署員)이 탐지하여 현재 수배 중이다.

"일본도 드디어 경제적 고통을 느끼고 있는 것으로 보인다. 지금까지는 사변이 몇 년 지속되더라도 거국일치에 의해 경제적으로 아무런 지장이 없다고 호언장담해 왔지만, [자원 및 영토에] 제한이 있는 소국(小國)의 경제는 여러 측면에서 봐도 막다른 지경에 이르렀다. 그 증거로 표면을 미명으로 꾸며 높은 이율을 조건으로 국채를 팔고 있지 않은가.

이것은 일본 경제의 파탄을 말해 주는 증거일 것이다. 운운"

주소: 충남 예산군(禮山郡) 고덕면(古德面) 상몽리(上夢里) 140
성명: 양반 농업 이계한(李啓漢, 50세)
내용: 위 사람은 23세 때부터 18년간 보통학교 교원을 한 자인데, 10월 5일 거주하는 마을의 유기원(柳冀元) 집에서 구장 외 1명이 같이 한 자리에서 구장이 "중국은 잠자는 호랑이이긴커녕 잠자는 돼지다. 운운"이라는 말을 듣고 분개하며 "중국이 잠자는 돼지라면 일본은 잠자는 개보다 못하다. 중국의 장개석은 세계에서도 유명한 인물이다. 이번 사변에서 중국이 진다면 운이 나빠서 지는 것이다. 일본 정치는 사기적 정치이므로 거기에 속아서 지는 것이다. 신문에 연전연승 운운하지만 5할 정도 줄여서 봐야 한다"라고 불온 언동을 하였다. 또 10월 8일 같은 마을 구장이 군용 말먹이 갹출 모집에 관해 이계한에게 "당신도 응분(應分) 신청해 주길 바란다"라고 말을 건네자 "뭐라고? 정부에서 [대가로] 돈 같은 걸 주겠는가? 정부에서는 보리만이 아니라 가을에 벼[籾]가 나오면 벼까지도 가져가겠지"라고 정치에 관해 불온 언사를 했다. 또 10월 10일 고덕면 서기와 같은 마을 구장이 제1회 말먹이 대맥(大麥) 제출 신청서를 받는 취지를 전달하자 피의자는 "국민은 먹을 것이 없어지고 있다. 생활 안전이 보장되고 나서야 국민의 의무를 다할 수 있지 않은가. 자신의 생활에 불안을 느끼면서까지 국민의 의무를 다할 필요는 없을 것이다. 소·돼지에게 줄 사료 때문에 3두(斗) 이상은 내놓을 수 없다. 물론 징발령이 나오면 밭이든 가옥이든 팔아서라도 내겠다. 운운"하며 상당한 자산을 가지고 있음에도 불구하고 사사건건 비국민적 언동을 하였고, 아무런 반성의 기미가 없었다. 이에 관할서에서 취조한 결과, 죄상(罪狀)이 명료하므로 11월 10일 기소 의견으로 송치했다.[51]

→ 141, 310쪽

---

[51] 이계한은 1심에서 조언비어(육군형법 제99조 위반)와 보안법 위반으로 금고 6개월 집행유예 2년, 2심에서 육군형법 제99조 위반으로 금고 3개월, 보안법 위반은 무죄를 선고받았다. 公州地方法院洪城支廳, 1938.1.13, 「1937년 刑公 제610호 判決: 李啓漢」; 京城覆審法院, 1938.4.11, 「1938년 刑控 제52호 判決: 李啓漢」.

(3) 기타 단속 사항

주소: 경성부 견지정(堅志町) 59

성명: 조선방호(防護)연구소 대표자 이요섭(李要燮)

내용: 위 연구소는 방독모기장의 제조·판매를 목적으로 하여 조선 전국에 출장원 17명을 파견하고 예약 판매하며 이와 더불어 도쿄시(東京市) 고지마치쿠(麴町區) 소재의 소화화공주식회사(昭和化工株式會社) 제품 방독구(防毒具)를 통신 판매해 왔다. 10월 17일 출장원들을 파견할 때 의뢰문을 조선 전체 각 경찰서와 방호단, 조선일보 및 동아일보의 두 지국장 앞으로 발송했는데, 위 의뢰장에는 군부의 양해가 전혀 없었음에도 신용을 얻을 수단으로 제20사단 사령부의 양해 운운이라는 자구(字句)를 사용하였다. 따라서 경성헌병대에서 11월 1일 대표자를 부대에 호출하여 위 사실을 지적하고 영리를 위해 군부를 이용하려 하는 것은 이치에 맞지 않는다고 하며, 그 잘못된 마음가짐에 대해 유시(諭示)한 후 해당 자구의 삭제를 명하고, 또 앞으로 이러한 행위를 반복하지 않을 것을 서약하게 했다. → 70쪽

주소: 개성부 남본정(南本町) 210

성명: 유석종(劉奭鍾, 30세)

내용: 위 사람은 작년 9월부터 개성부 사회계 고원으로 봉직 중인데, 올해 1월경부터 유흥비가 곤궁해서 개성부청(開城府廳) 애국부인회와 적십자사의 사무를 맡게 된 것을 기화(奇貨)로

　　　一. 800엔　　　애국부인회에 대한 기부금
　　　一. 134엔　　　애국부인회 입회금
　　　一. 182엔　　　적십자사 신청금[申込金]

합계 1,116엔을 소비하고, 이것이 발각될 것을 우려하여 10월 초순 몰래 소재를 감췄다. 이 사실을 개성서에서 탐지하고 11월 6일 황해도 옹진군(甕津郡) 마산면(馬山面) 개평리(開坪里)에 사는 친척 노복현(盧福鉉) 집에 잠복 중이던 그를 체포하여 현재 취조 중인데, 가까운 시일 내에 기소 송국할 예정이다.

주소: 전남 곡성군(谷城郡) 삼기면(三岐面) 원등리(院登里)[52] 314
성명: 기독교 남장로파 원등리 교회 집사 잡화상 박영태(朴永泰, 41세)
내용: 위 사람은 9월 18일 자택에서 관할 삼기(三岐)주재소원 2명에게 조선어로 불온 언사를 하였으므로 곡성경찰서에서 즉시 위 사람의 신병을 구속하고 취조한 후, 10월 11일 불경죄 피의자로 송치한바, 11월 12일 징역 8개월(2년간 형 집행유예)의 판결을 선고받았다.
내용: "기독교계 학교에 대해 신사참배를 강요함에 폐교도 어쩔 수 없는 일이다. 바른 것을 믿는 사안에 대해서는 부모를 거스르더라도 국가를 거스르더라도 용감히 포기하지 않을 것이다. 우리 인류는 그리스도에 의해 창조되었고, 그리스도에 의해 지배를 받아야 하는 존재이다. 그러므로 그리스도께서 경찰관이 되라고 명하시면 경찰관이 된다. 천황 폐하도 역시 그리스도의 명에 의한 자로, 폐하 스스로 천황의 자리를 바라셔도 그리스도께서 명하지 않으면 즉위할 수 없다. 그리스도는 세계를 지배하고 천황 폐하도 그리스도가 지배한다. 그리스도가 상위에 존재하는 자이다. 운운."[53]

15) 「경계 단속 사항」, 『치안상황』 39, 1937.11.26

(1) 불온 언동 단속
주소: 전라남도 제주도 대정면(大靜面) 무릉리(武陵里)
성명: 노동 송희경(宋喜京, 33세)
내용: 위 사람은 1923년(大正 12) 3월부터 오사카(大阪)로 도항해 살수부(撒水夫)[54]로 일하다가 10월 22일 고향으로 돌아왔는데, 같은 날 오전 9시 편 배가 모슬포(摹瑟浦)에 입항할 때 갑판에서 다수의 선객(船客)에게 다음과 같이 군사상의 기밀[軍機]에 관한 유언

---

52 원문은 '院登里'이나 '院燈里'로 바로잡았다.
53 光州地方法院刑事部, 1937.11.12, 「刑公合第58號 判決: 朴永泰」 참조.
54 물 실은 차를 끌고 다니며 큰길이나 그 밖의 곳에 물을 뿌리는 일을 업(業)으로 하는 사람이다.

비어를 말하였으므로 관할서에서 신병을 구속한 후 육군형법 위반으로 취조 중이다.

내용: "모슬포에는 비행장이 있기 때문에 가파도(加波島)·마라도(馬羅島)에 다수의 포대(砲臺)를 건설했다. 이 비밀을 덮기 위해 모든 선박은 가파도 외곽으로 회항(廻航)하는 것이다. 운운" → 144, 299, 321쪽

주소: 전남 제주도 안덕면(安德面) 창천리(倉川里) 177
성명: 박원석(朴願石, 22세)
내용: 위 사람은 부락민에게 "말먹이와 군량미로 제주도에서 1만 5천 석을 징발했고, 또 식량으로 모슬포 연병장에서만 하루에 소 두 마리 통조림(牛二頭罐詰)으로 나가는 양이 하루당 1,700마리(頭)이다. 운운"하는 유언비어를 말하였다. 또 앞에 기록한 것과 같이 사실무근의 사실을 청진부 파정(巴町) 5번지에 거주하는 박원석의 형수인 황하목(黃河目) 앞으로 허보(虛報)한 사실이 있다. 11월 10일 이자를 검거하여 구류 20일에 처했다.

(2) 불온 낙서의 단속

10월 30일부터 11월 5일까지 경상북도 내에서 일제히 불온 낙서 검색 단속을 실시한바 직접적으로 사변에 관계된 것은 없지만, 조선독립운동을 언급한 것이 4건, 기타 불온하다고 보이는 것이 8건 발견되었다. 전자 중에는 민족주의자 또는 상당한 의식 분자의 행위로 보이는 것이 있어 현재 관계 각서에서 각각 수사 중이다.

(3) 시국 표방 강도 사건

주소: 함경남도 단천군(端川郡) 광천면(廣泉面) 용잠리(龍岑里) 장방동(長防洞) 185
성명: 피해자 광산업 홍태현(洪泰賢, 46세)
내용: 11월 15일 오후 9시 30분경 위 사람 집 정문을 밀어 열고 1명의 괴한이 침입해, 피해자의 침실로 들어가 "우리는 만주국 장백현(長白縣) 강임(康臨)에 거주하는 김일성(金日成)의 일파로, 4명 중 2명은 당장 주재소로 향하고 2명은 이 집으로 왔는데, [우리가] 모두 조사한 후에 왔으니 돈 200엔과 100문[匁]을 제공하라"고 강요했다. 피해자가 소지금이 없다고 답하자 "만약 돈을 내놓지 않으면 독가스를 뿌려 살해할 것이다"라고 협박하고

피해자로부터 현금 75엔과 은지금(銀地金) 80문[匁](시가 18엔 50전 정도)을 제공받고 도주하였던 사건이 있었다. 현재 범인을 수사, 수배 중이다.

(4) 군용 양말 제조 공장 직공의 동요

개성부 소재 양말[靴下] 제조공장 주식회사 송도실업장(松都實業場)에서는 지난번 군부로부터 군대용 양말 5만 켤레 주문을 받고 전체 직공 92명을 독촉해서 납입을 서두르고 있었는데, 11월 11일 급료 지불 시 마무리 작업을 하는 여공 중에서 공임(工賃)이 싸다는 이유로 동요의 조짐이 있었다. 관할 개성서에서 취조해 보니, 회사에서는 한 타(一打)[55]에 1엔 42전 5리 [가격으로] 청부(請負)받는데, 그것을 공임(工賃) 5전에, 실값[絲代] 1엔 30전 및 기타 잡비를 공제하면 거의 이익이 없음이 판명되었으므로 시급히 해결 방법을 강구하도록 지시해 두었다. 이에 회사 측에서는 12일 아침 모든 직공을 공장 안에 집합시켜 회사 간부가 내부 사정을 잘 밝히고 이번 기회에 총후(銃後) 국민으로서 가령 수입이 감소하는 일이 있더라도 국민적 봉사에 노력하고 이를 인내하지 않으면 안 된다는 취지를 상세히 설명한바, 앞서 서술한 여공을 비롯한 전 직공이 모두 애절한 마음으로 경거망동했음을 사죄하고 한 타(一打)에 5전의 임금인 것에 대해서는 앞으로 절대 불만을 말하지 않을 것을 서약하고 원만히 해결하였다. 업무 시작 시간에서 불과 20~30분 후에는 평소대로 업무를 시작하였는데, 회사 측에서는 직공 측의 태도를 고맙게 여겨 위 양말 제조에 한해 자발적으로 한 타에 5리의 임금 인상을 단행하였다.

(5) 기타

본적·주소: 경상북도 군위군(軍威郡) 효령면(孝令面) 노행동(老杏洞)·오사카부(大阪府) 사카이시(堺市) 고요초(向陽町)

성명: 사공윤(司空潤) 또는 공용(空龍, 27세)

내용: 위 사람은 앞에 제시한 이전 거주지에서 올해 9월 3일 친어머니 사망으로 귀향하여 체재 중인데, 10월 6일 관할 군위서에 사카이(堺)청년단의 명의로 다음과 같은 투서가 있

---

55 '타(打)'는 물건 열두 개를 한 단위로 세는 말이다.

었다. 관할서에서 사공윤을 불러들여 취조했으나 증거가 없었고 어쩌면 그에게 사적인 원한을 가진 자의 악희(惡戱)가 아닐까로 생각하고 조회한바, 해당 투서는 경상북도 군위군(軍威郡) 산성면(山城面)[56] 삼산동(三山洞), 사카이시(堺市) 고요초(向陽町) 257 이천의(李川儀)의 집, 단추[釦] 직공 김대광(金大光, 25세)의 소행이었다. 김대광은 사공윤의 아내에게 마음을 품고 누차 말을 걸었으나 거절당한 것에 원한을 품고, 남편인 사공윤을 모함에 빠뜨릴 계획으로 투서를 시도하였던 것으로 판명되었다. 김대광은 무고죄로 현재 사카이 서(署)에서 신병을 구속하여 취조 중이다.

(투서 내용)
현 주소 오사카부(大阪府) 사카이시(堺市) 고요초(向陽町)에 있는 오하마(大濱)라는 자는 최근 조선으로 돌아갔는데, 이 사람은 이전에 군부대가 학교에 숙영(宿營)하고 중국으로 출발하기 전 부대의 음식물에 약을 넣어 모두 죽이려 했지만, 병사나 국방부인 등이 있었기 때문에 들어가지 못했다. 그 약은 야나기 다리 밑에 버렸다고 한다. 운운

본적·주소: 야마구치현(山口縣) 도요우라군(豊浦郡) 간다손(神田村) 도쿠추(特中) 1600·경상북도 영일군(迎日郡) 포항읍(浦項邑) 포항동
성명: 마쓰무라 쓰네이치(松村常市) 소유 발동기선(發動機船) 제23 오토구마루(大德丸) 선장(船長) 이소무라 도쿠타로(磯村德太郎, 26세)
내용: 위 사람은 11월 7일 오전 7시경 위의 고용주 마쓰무라 쓰네이치에게 "일본에서 [내가] 이번 해군에 소집되어 11월 9일 구레 진대[吳鎭]로 입대해야 한다는 뜻의 전보가 있었다"라고 알렸기 때문에 마쓰무라는 그것을 믿고 곧바로 읍사무소, 경찰서, 기타 각 단체 등에 통지하고 환송 준비를 진행했던바, 그 언동에 의심스러운 점이 있어 관할서에서 추궁하여 취조해 보니, 최근 일신상의 사정으로 귀향을 결의하였으나 마침 어기상(漁期上) 어가(漁家)의 수확 시기로 이때 휴가를 내는 것은 고용주에게 미안한 일이므로 [군대에]

---
56 원문은 '정성면(正城面)'이나 군위군에 없는 지명이다. 삼산동이 속한 '산성면'으로 고쳤다.

소집되었다고 말하면 고용주도 휴가를 내줄 것으로 가볍게 생각한 데서 소집되었다는 식으로 알렸던 것으로 판명되었다. 하지만 시국상 개인적 사정에서 그러한 불근신(不謹愼)한 언동을 한 것은 상당히 경계하고 고쳐야 할 필요가 있는 것으로 판단되어 11월 8일 구류 29일에 처했다.

16) 「경계 단속 사항」, 『치안상황』 40, 1937.12.3

(1) 불온 언동

① 천리교(天理敎) 신자의 미신적 유언비어

전라남도 화순군(和順郡) 청풍면(淸豊面) 차리(車里) 천리교 신자들 사이에 다음과 같은 유언비어가 있음을 관할서원이 탐지하고 유포자 박남수(朴南修)에게 엄중히 경고하였다.

"천리교 교조의 가르침에 따르면 개종[후] 100년 사이에 세상을 다시 세워야 할 것이고, 세상은 큰 동란(動亂)에 빠질 것이다. 올해가 마침 100년째로 중일전쟁이 발발했고 일본은 이 때문에 일시에 먹으려 해도 먹을 것이 없는 비참한 상태가 되었다. 세상을 다시 세워 완성하면 명랑한 사회가 현세에 출현할 것인데, 지금의 정도로는 아직 재정립이 불가능하다. 앞으로 더욱 많은 곤란에 봉착할 것이다"라고 운운함.

②

주소: 충청북도 음성군(陰城郡) 음성면 읍내리(邑內里)
성명: 농업 한탐용(韓探用, 43세)
내용: 위 사람은 10월 23일 음성경찰서에서 경찰범처벌규칙 위반에 의해 과료 1엔에 처해졌는데, 관할서원에게 아래와 같이 발언하였다. 이에 취조하니, 이전의 행동은 사려 없이 한 일시적 격분의 결과인 것이 판명되었으므로 교유(敎諭)한 후 앞으로 [이런 일이 없도록] 경계하겠다는 문서[講書]를 받았다.

"경찰에서는 가능한 위반자를 다수 적발하여 벌금 과료에 처하고 해당 금액으로 사변비(事變費)의 일부에 충당하는 것이므로 나도 과료 1엔 정도는 국방헌금을 한 셈 치고 납부하면 되니 아무렇지도 않다"라고 운운함.

③
주소: 전라남도 목포부(木浦府) 죽교리(竹橋里) 262
성명: 포목 행상 채금임(蔡今任, 여) 또는 복순(福順, 50세)
주소: 전라남도 영암군(靈巖郡) 시종면(始終面) 신학리(新鶴里)
성명: 무직 박소아(朴小兒, 여, 62세)
내용: 채금임은 11월 3일 박소아로부터 다음과 같이 군사에 관한 유언비어를 듣고, 그것을 다른 곳에 유포한 것을 관할 영암서에서 탐지했다. 검거하여 취조한 후, 육군형법 제99조 위반으로 11월 25일 두 사람 모두 기소 의견에 부쳐 신병(身柄)을 장흥지청 검사에게 송치하였다.
"일본으로 도항 중의 영암군 도포면(都浦面) 봉호리(鳳湖里) 박원명(朴元明)의 장남 박상규(朴祥圭)는 이번 중일전쟁 시 당국으로부터 군인으로 출정하도록 명 받았으나 그 명에 반대하였기 때문에 즉시 사형에 처해 재가 되어 귀향했다."[57] → 147, 299, 320쪽

④ 보안법 위반자의 석방 운동
주소: 충청남도 예산군(禮山郡) 고덕면(古德面) 상몽리(上夢里)
성명: 양반 농업 이계환(李啓渙, 50세)
내용: 위 사람은 불온하고 비국민적 언동을 하여 관할서에 검거되어 11월 10일 송국되었다(『치안상황』 제38보) 이 사람의 인척인 같은 지역 유기원(柳冀元) 외 4명이 그의 석방 운동을 도모해 본인의 소작인 등에게 연서(連署)·날인을 받아서 진정서를 작성해 11월 15일 홍성(洪城)지청 검사분국을 방문해 검사에게 석방해 주도록 진정했는데, 검사가 [이러한 행동은] 위 사건에 관해 하등의 참고가 되지 않는다고 하여 반려된 사실이 있다. 관할서에서 관계자를 불러 엄중히 설유(說諭)하였다. → 134, 310쪽

---

[57] 두 사람은 광주지방법원 장흥지청에서 육군형법 위반으로 각각 금고 6개월 집행유예 3년을 선고받았다. 光州地方法院長興支廳, 1937.11.30, 「1937年 刑 제1144, 1145호 判決: 蔡今任, 朴小兒」.

(2) 조선인·중국인 충돌 사건

국적·주소: 중국 산동성 창읍(昌邑) 성내(城內)·경성부 강기정(岡崎町) 84

성명: 중국빵집 서유상(徐有常)

본적·주소: 경기도 진위군(振威郡) 오성면(梧城面) 양양리(梁楊里)[58]·경성부 청엽정(靑葉町) 2-134

성명: 철공소 직공 이준응(李俊應) 외 2명

내용: 위의 이준응 외 2명의 조선인은 11월 9일 오후 9시 30분 중국인 서유상이 빵값 3전의 외상을 거절당하자 분개하여 "너희들은 아직 귀국하지 않는가?" 하고 떠들었다. 이준응은 서유상의 왼쪽 머리 부분을 구타하고 그 외에 2명도 가담하여 해당 업소 앞 유리를 파괴하였다. 또 서유상을 약 8정(丁)[59] 떨어진 지점까지 따라가며 구타한 후 도주한 사실이 있었다. 관할서에서 위 사람 모두에게 과료 7엔에 처했다.

(3) 학교 학생의 전사자 유족 모욕 사건

경상북도 경산군(慶山郡) 하양면(河陽面) 금락동(琴樂洞) 가와이 다아키(川井田晃)는 이번 사변에 출정해서 10월 29일 평정(平定) 부근 전투에서 전사하였다. 그의 친동생 가와이 다준(川井田淳)이 재학 중이던 대구상업학교에서 11월 5일 담임교사 지도로 가와이 다준을 중심으로 2학년 일동이 형의 전사를 칭송하고 묵도하며 전사자의 명복을 빌었다. 그런데 같은 날 휴식 시간 중 동급생 정운석(鄭雲碩)은 가와이 다준에게 "너희 형은 명예로운 전사가 아니고, 어떤 공을 세운 것도 없이 개죽음한 것이다"라고 모욕적 언동을 하였다. 또 그 후에 몇 차례에 걸쳐 마찬가지의 모욕을 했던 사실을 알게 된 해당 지역 국방의회 회장과 향군분회장은 전사자에 대한 모욕은 황군을 모욕하는 것과 다름이 아니라며 분개하여 협의한 후, 11월 8일 두 명의 회장이 학교를 방문하여 학교장에게 위 사정을 설명한 후 반성을 촉구한 바가 있었다.

학교 측에서도 크게 송구해하며 사과의 뜻을 표함과 동시에 정운석을 무기정학 처분에

---

58   당시 오성면에는 없는 행정구역명이다.
59   '丁'은 거리 단위 '町'을 의미하며, 1정이 약 109미터이다.

부쳤는데, 정운석은 평상시 소행이 불량하여서 일반 학생에게는 아무런 영향을 끼치지 않았다.

(4) 시국 이용 무고 사건 판결
주소: 전라북도 정읍군 옹동면(瓮東面) 용호리(龍虎里)
성명: 농업 (형) 김영동(金永同, 32세), 농업 (동생) 김영기(金永奇, 28세)
내용: 위 두 사람은 평소 견원지간이던 같은 지역 권태석(權泰錫)을 모함에 빠뜨리고자 획책하여 마치 권태석이 시국에 관한 악질적인 유언비어를 말한 것처럼 사실을 날조하여 관할 주재소에 무고(誣告)하였으므로, 위 형제를 무고죄로 취조한 후(『치안상황』 제31보) 10월 5일 신병을 전주지방법원 정읍지청 검사국으로 송치하였다. 11월 18일 김영동은 징역 8개월, 김영기는 징역 6개월 3년간 집행유예를 판결받았는데, 김영동은 즉시 공소(控所)하였다. →89, 157, 327쪽

17) 「경계 단속 사항」, 『치안상황』 41, 1937.12.10

(1) 조선인과 중국인의 분쟁
가해자: 경성부 청엽정(靑葉町) 2정목(丁目) 음식점 고용인 이영동(李英同, 21세) 외 2명
피해자: 경성부 청엽정(靑葉町) 1정목(丁目) 중국빵 제조 손여남(孫汝南, 36세) 외 2명
내용: 위 가해자들은 11월 20일 오전 2시경 짐차[荷車] 각 1대씩을 어딘가에서 끌고 와서 피해자의 점포 입구에 옆으로 세워 두었고 또 그 출입을 방해하는 듯한 행위를 했다. 이에 관할 용산서에서 가해자를 불러 취조한 결과, 조선에서 체재하는 중국인이 시국에 대한 불안에 내몰리고 있는 때에 편승해서 야유적으로 앞에 기술한 것과 같은 악희(惡戲)를 했음을 자백했으므로 각각 과료(科料) 5엔에 처했고, 앞으로는 이런 일이 없도록 엄중히 경고했다.

(2) 불온 언동

주소: 부산부 초장정(草場町)

성명: 양복상 하시모토 히사타로(橋本久太郎)

내용: 위 사람은 12월 1일 마산부에서 다음과 같이 유언비어를 말하였으므로 마침 그 자리에 있던 마산헌병분견대원에게 검거되어 지금 취조 중이다.

"부산대교 위에서 술에 취한 조선인이 자고 있었는데, 오토바이가 지나가면서 타고 있던 사람이 비키라고 말해도 그 사람이 비키지 않고 반항해서 그 자리에서 군인이 취한 사람을 [칼로] 베었다", "부산 잔교(棧橋)의 통행[交通]이 금지되었을 때 병사의 제지에도 말을 듣지 않고 통과하려 하다가 결국 뒤에서 [칼에] 찔려 죽었다", "청년단이 남쪽 해변의 군마(軍馬) 계류장(繫留場)에서 말 안장, 군모, 기타 손에 잡히는 대로 도둑질해서 앞으로는 발견되는 대로 때려죽이라는 명령이 내려졌다고 한다."

주소: 경북 칠곡군(漆谷郡) 동명면(東明面) 금암동(錦岩洞)

성명: 이종민(李鍾玟, 23세)

내용: 위 사람은 12월 4일 주소지에서 친구 4명과 회식하고 같은 날 오후 7시경 도로상에서 미치광이 같은 행동을 하는 것을 우연히 지나가던 칠곡군 교화주사(敎化主事) 정기옥(鄭奇玉)이 발견하고 "현재 비상시임을 분별해야 하는 그대 청년들이 이처럼 광기 난무하는 것은 심히 잘못된 자세 아닌가?"라고 설득하고 저지하려 하였다. 이종민은 분연(憤然)하여 "당신은 현재 비상시라고 말하는데 비상시국은 우리 조선인에게 무슨 관계가 있는가?"라고 도리어 반박하는 언동을 하였다. 따라서 교화주사도 사태가 도리어 커질 우려가 있어 그대로 방치했다. 관할서에서 이를 탐지하여서 즉시 이종민을 연행하여 취조하니, 이 사람은 평소 행동거지가 나빠 마을 사람들에게 빈축을 샀던 인물이고 또 위 사실이 명료하므로 구류 5일에 처했다.

주소: 제주도 대정면(大靜面) 무릉리(武陵里)

성명: 살수부(撒水夫) 송희경(宋喜京, 33세)

내용: 위 사람은 오사카(大阪)에서 고향으로 돌아오는 도중 10월 22일 편 배 위에서 군사

에 관한 유언비어를 말해 관할서에 검거되어 송국되었던바(『치안상황』제39보), 같은 달 26일 제주지청에서 금고 2월, 집행유예 3년의 판결을 받았다. → 136, 299, 321쪽

(3) 기타

① 전사자의 장례 행례(葬列)에 대한 불근신(不謹慎) 행위

12월 3일 전남 여수읍에서는 같은 지역에서 소집되어 전사한 보병 상등병 가나야마 다케시게(金山武重)의 읍장(邑葬)을 집행했다. 장례 행렬이 자택에서부터 장례식장(齋場)까지 향하는 도중 같은 읍 동정(東町) 축음기 레코드 판매업을 하는 김홍기(金洪基) 집 앞 가까이 이르자 갑자기 그 가게 앞에서 고성으로 축음기를 틀어 엄숙한 분위기를 흩트리는 듯한 행동을 하였다. 관할서원이 즉시 소리가 나오는 것을 정지시키라고 명하고 그 자리에 있던 점원 3명을 검속(檢束)해서 현재 취조 중이다.

②
주소: 경남 의령군(宜寧郡) 용덕면(龍德面) 정동리(井洞里) 683
성명: 상민(常民) 농업 이원식(李元植, 38세)
주소: 경남 의령군 용덕면 죽전리(竹田里) 184
성명: 상민(常民) 농업 김해도(金海道, 39세)
내용: 위 두 사람은 11월 4일 군에 납입해야 할 보리(大麥) 66석의 운반을 위탁받은 것을 기회로 운반 도중 보리 약 5되[升]를 몰래 훔치고 [대신] 흙모래[土砂]를 혼합한 보리 4되와 돌덩어리를 채워 넣어 수령자인 군농회 기수를 기만하려 한 것이 발각되었다. 취조한 후 사건을 관할 검사에게 송치한바, 11월 27일 기소유예 처분을 내렸다.

③《生長の家》애독자라고 판단되는 용의(容疑) 위문문(慰問文) 제출

11월 12일 연령 30세 전후의 일본인 부인 한 명이 경상남도 마산부청을 찾아와 다음과 같은 문언(文言)을 기입한 세로 가로 1척(尺) 2촌(寸)의 인견포(人絹布) 15장 한 보따리를 제출하며 "출정군인에게 위문으로 교부하는 일"을 신청하고 사라졌다. 내사해 본바 서명 인물에게 해당하는 자가 없고 가짜 이름임이 판명되어 마산서에서 계속 조사 중이다.

(원문대로 베낌)

부르심에 응하는[應召] 것이란 무아(無我)가 되어 또 마음 가는 대로 맡겨 생도 없고 죽음도 없는 것이다.

다 드린 목숨은 나의 목숨이 아니라 공공의 대어명(大御命)이다.

전사(戰死)를 기대하지 말고 생환(生還)을 기대하라.

필승생환(必勝生還)

폐하의 적자(赤子)의 목숨은 정의를 향하는 바이니 반드시 보호될 것이다.

육체는 무(無)이고, 공(空)이다. 공(空:하늘)으로는 탄환은 맞지 않는다.

《生長の家》잡지 애독자(誌友) 요시카와 후지에(吉川不二枝)

18) 「경계 사항」, 『치안상황』 42, 1937.12.17

(1) 불온 언동의 단속

본적·주소: 전라남도 곡성군(谷城郡) 옥과면(玉果面) 옥과리·시모노세키시(下關市) 히코시마(彦島) 니시야마초(西山町)

성명: 와다 아사오(和田朝男) 집 고용인 조원작(趙元拘, 28세)

내용: 위 사람은 11월 27일 위 주소지에서 고향으로 돌아가던 도중 열차 안에서 같이 탑승한 승객에게 다음과 같은 불온한 유언비어를 말하였음이 관할 곡성서에 [탐지되어] 검거되었고, 육군형법 위반으로 검속하여 취조 중이다.

"조선인도 4~5년 후에는 군대에 가야 할 것이다. 내년에는 중국 출정 중인 일본군이 다수 살해될 것이므로 조선인도 군대에 징발된다고 한다. 또 일본인 여성 2~3명이 일본 재류 중국인에게 매수되어 일본군의 말 먹이에 독약을 섞어 군마 약 300필을 죽였기 때문에, 여성 1명은 경찰에 잡혀 갔고 다른 사람은 행방불명이 되었다고 한다. 운운" → 160쪽

본적·주소: 중국 산동성 등주(登州府) 모평현(牟平縣) 출생·평안북도 초산군(楚山郡) 초산면 성서동(城西洞) 172

성명: 잡화상 복승양행(複勝洋行) 점원 간영반(干永泮, 29세)
내용: 위 사람은 올해 9월 13일 측근자에게 "일본 측 라디오방송에 따르면 일본 비행기가 중국 비행기 다수를 격파했다고 언급하는데, 우리나라[중국] 라디오 방송에 의하면 그것과는 전혀 반대이다" 운운하는 말을 흘렸다. 초산헌병대에서 검거하여 취조한 후 육군형법 제99조 위반자로 송국하였다. 11월 6일 초산지청에서 무죄 판결이 났고, 검사가 공소한 결과, 11월 30일 평양복심법원에서 금고 3개월의 판결이 났다. 피고는 곧바로 상고했다고 한다. → 294, 316쪽

본적·주소: 전라남도 영암군 도포면(都浦面) 수산리(水山里)·목포부 죽교리(竹橋里) 262
성명: 채금임(蔡今任, 여) 또는 복순(福順, 50세)
주소: 부정(不定)
성명: 박소아(朴小兒, 여, 63세)
내용: 위 두 사람에 대한 육군형법 위반 사건은(『치안상황』 제40보) 11월 30일에 광주지방법원 장흥지청에서 둘 다 금고 6개월, 집행유예 3년의 판결이 났다. → 141, 299, 320쪽

(2) 불온 낙서의 단속

① 전라남도에서 11월 21일 도내(道內) 일제 단속을 실시한 결과 직접적으로 사변에 관한 것은 없지만, 조선 독립에 관한 것이 6건, 기타 8건이 발견되었다. 주로 다음과 같이 기재되어 있었고, 그 대부분이 지나사변 전에 낙서한 것으로 보인다. 현재 관련 서(署)에서 각각 수사 중이다.

- 광주부 광산정(光山町) 학동(鶴洞) 간이 학교 변소
    "만국 노동자여, 단결하라.
    무산(無産) 동포들이여, 때를 기다려라. 무산자는 유산자"
- 영암군(靈巖郡) 영암면 춘양리(春陽里)[60] 제암(祭闇) 영은문(永恩門) 안쪽 벽
    "언젠가 소멸하리라, 일본국

---

[60] 원문은 '봉양리(奉陽里)'이나 영암면에 없는 행정구역명이다. 가장 유사한 '춘양리(春陽里)'로 고쳤다.

　　　　　만호(萬戶) 장안(長安)은 태평(可泰平)하리라"
- 영암군 영암면 교동리(校洞里) 공자묘(孔子廟)
　　"조선을 움직이게 하자"(번역)
- 나주군(羅州郡) 남평역(南平驛) 공중변소
　　"조선 대한 동립(同立)[61] 만세"
- 장성군(長城郡) 장성역 구내 공동변소
　　장성군 전(全) 조선 동립(同立) 만세
　　여러분, 장성 부자 놈들과 일본 놈들은 빨리 죽이지 않으면 안 됩니다.(번역)
　　공산주의를 [시행]합시다.(번역)
　　일본 일시(一時) 망국(亡國)

② 12월 7일 오후 2시경 부산역 3등 대합실 공동변소 내부 판자벽에 다음과 같이 연필로 쓴 낙서를 그 지역 수상서원(水上署員)이 발견하였는데, 해당 낙서는 그 자구(字句)로 볼 때 반군(反軍) 반전(反戰) 사상 소유자의 소행으로 판단되므로 엄중히 수사 중이다.

기(記)
"일본의 야욕은 강하다. 타인의 나라를 취하고, 군부는 전쟁을 걸어 국가든 뭐든 ○○그런 말을 하려면 은급(恩給)을 사절하고 나서 말하라. 1,200엔 이상은 받으면 안 된다. 우리의 오래된 부산 땅을 떠나라"

(3) 만동묘(萬東廟) 비밀 제전(祭典) 집행 사건

충북 괴산군(槐山郡) 청천면(靑川面) 화양리(華陽里) 소재 만동묘(萬東廟)는 명나라의 신종(神宗) 현황제(顯皇帝)와 의종(毅宗) 열황제(烈皇帝)의 두 혼령을 제사하는데, 본 묘의 제사를 허용하면 명나라를 숭상하고 일본을 멸시하는[崇明·侮日] 관념을 양성하고 민족의식을

---

[61] 원문은 '동립(同立)'이지만 독립(獨立)의 오기(誤記)로 추정된다. 다만 낙서 원문의 오기인지 옮겨 적은 자료의 오기인지 알 수 없지만, 아래 다른 장소에도 '同立'이라 쓰인 것으로 볼 때 후자일 가능성이 높다.

유발할 우려가 있다. 1918년(大正 7) 6월 이후 사당의 제사 및 묘옥(廟屋)의 수리를 금해 왔는데, 올해 10월 16일 오후 11시 50분경 유생(儒生) 한우동(韓右東) 이하 14명이 모여 몰래 제전(祭典)을 집행한 사실이 있음을 탐지하고 관할 괴산서에서 관계자를 검속하여 취조한 결과, 완미(頑迷)한 유생들이 과거를 그리워하며 몰래 금지를 어기고 제전을 집행한 사실이 판명되었다. 이에 경찰서장이 현하 시국과 숭명 사상의 오류를 설명하고 타이른바, [이들은] 그 잘못을 깨닫고 앞으로는 절대 이러한 행위를 하지 않을 것이며 또 자발적으로 단발(斷髮)을 실행한다고 약속하는 서약서를 제출하였다. 또 도지사가 약 2시간에 걸쳐 내선(內鮮) 관계의 역사적 고찰, 시국에 대한 국민의 각오에 대해 설득, 훈시한 후 석방하였다. 그들은 이 조치에 감동하고 태도를 바꾸어 잘못을 후회하고 뉘우쳐 사당의 제사에 사용한 신위(神位), 제구(祭具), 편액(扁額) 등을 자발적으로 소각 처분함과 동시에 제사를 위해 조직된 존화모임[尊華楔]을 해산하고 갖고 있던 재산 300엔을 12월 20일 국방기재비(國防機材費)로 헌납하기에 이르렀다. 본건 검거로 완미한 유생에 대한 계몽 면에서 다대(多大)한 효과를 거두었다.

(4) 기타

① 시국 표방 사기

12월 9일 오후 2시경 전라북도 임실군(任實郡) 둔남면(屯南面) 오수리(獒樹里) 정미업 마쓰다 시게이치로(松田重一郎) 집에 연령 18세 정도의 조선인 청년 1명이 찾아와서 "나는 전주 불교학교 학생인데, 이번 달 중순 무렵 전주 본원사(本願寺)에서 출정 군인의 무운장구와 일가(一家)의 안전을 위한 대법요(大法要)를 여는데, 그 선향(線香) 비용으로 1엔 1전씩 희사받고자 교장 이하 50명이 지금 이 지역 역에 도착했다. 아무쪼록 희사해 주시기를 바란다"라고 운운하여 해당 집 외 세 가구로부터 합계 4엔을 사취한 후 자취를 감추었으므로, 현재 수사 중이다.

② 전사자의 장례 행렬(葬列)에 대한 불근신(不謹愼) 행위

주소: 전남 여수읍 본정(本町)

성명: 점원 송병구(宋秉九, 20세), 무직 김기석(金基錫, 18세)

내용: 12월 3일 고(故) 보병 상등병 가나야마 다케시게(金山武重)의 여수 읍장(邑葬) 행

렬이 해당 읍 동정(東町) 악기점 김홍기(金洪基) 집 앞을 지나갈 때, 앞에 기록한 두 사람은 시국 노래인 〈아아, 결사대〉 레코드를 전기축음기로 갑자기 연주해 엄숙한 장례 행렬(葬列)을 방해하는 듯한 행위를 하였다(『치안상황』 제41보) 장례 행렬 참여자 중에는 아무리 군가(軍歌)라고 해도 이런 행위는 불근신(不謹愼) 중에서도 너무 심하다며 분개한 자도 있었다. 취조한 결과 특별히 악의가 있어서 한 행동이었다고 인정하기는 어렵지만, 마을 전체가 정숙하게 조문의 뜻을 표하는 때에 고의로 이러한 행위를 하여 장의(葬儀)의 엄숙을 방해한 것은 도리에 맞지 않은 것이므로 송병구에게 25일, 김기석에게는 15일의 구류 처분을 내렸다.

③ 채무를 면하려는 가짜 애국 행위

주소: 충북 영동군(永同郡) 황간면(黃澗面) 사부리(沙夫里)[62]

성명: 농업 박래일(朴來一, 53세)

내용: 위 사람은 아내를 동반하여 11월 28일 관할 주재소에 출두해 "우리는 일일 노동으로 생활하는 자인데, 극빈하여 장남의 수업료는 면제 받아왔고, 내년에는 보통학교를 졸업하게 된다. 국은(國恩)에 깊이 감사하고 있다. 시국상 나라의 재화[國帑]가 출비(出費)가 많을 때 무료 통학은 이제 생각하기 어렵다. 헌금할 자산은 없지만 장남을 퇴학시켜 우리 3명이 북중국으로 가서 세탁·취사를 해서라도 국은에 보답하고 싶다"라고 하며 50전을 병사 위문금으로 제출했다. 언동이 다소 의심스러운 점이 있어 이들 [행동의] 원인과 동기에 대해 내사(內査)해 본바, 위 사람은 1929년 무렵 차용했던 현금과 곡물의 원리 합계 약 70엔을 쉽게 갚을 수 없는 채권자이다. 빚 독촉을 계속 받아왔으므로 경찰관의 환심을 사서 채무 지불을 유리하게 유도하려는 저의에서 이와 같은 행위를 한 것으로 판명되어, 그 바르지 못한 마음가짐을 엄중히 경고하였다.

---

[62] 사부리는 황간면이 아니라 당시 황금면(黃金面)에 속했다.

19) 「경계 사항」, 『치안상황』 43, 1937. 12. 24

주소: 충청남도 서천군(舒川郡) 마동면(馬東面) 장항리(長項里) 장항항(長項港)
성명: 수축(修築)공사 인부 박석순(朴錫順)
내용: 위 사람은 [위] 주소지에 거주하는 다마이(玉井) 모 씨가 소집 [영장]을 받았으나 정미(精米) 3만 석을 군부에 납입하고 소집을 면했다는 유언비어를 유포하였으므로 검거(『치안상황』 제35보)하여 조사한 후, 관할 서천서에서 육군형법 위반 및 명예훼손죄로 기소 의견을 부쳐 10월 28일 군산검사국으로 송치했는데, 12월 8일 금고 4개월(미결구류 30일 통산)의 판결이 났고, 복죄(服罪)하였다. → 117, 303, 320쪽

주소: 강원도 평창군(平昌郡) 대화면(大和面) 하안미리(下安味里) 127
성명: 여인숙 영업 송사언(宋士彥, 43세)
내용: 위 사람은 8월 19일 자택에서 시국 및 정치에 관해 불온 언사를 하였으므로 관할 경찰서에서 검거하여 취조한바(8월 31일 『치안상황』 제22보), 9월 30일 경성지방법원 검사국으로 송치하였다. 11월 6일 금고 10개월의 판결을 언도받고 복죄하였다.

→ 285, 307쪽

주소: 전라남도 영광군 법성면(法聖面) 진내리(鎭內里)
성명: 무직 김오순(金五順) 또는 옥순(玉順), 금향(錦香, 29세)
내용: 위 사람은 11월 16일 오후 3시경 다음과 같이 군부에 관한 유언비어를 유포하였으므로 관할 경찰서에서 검거하여 취조한 후, 육군형법 제99조 위반으로 11월 26일 광주지방법원 목포지청 검사분국에 송치하였다. 12월 9일 금고 6개월 2년간 집행유예의 판결이 언도되었다.

"신문에서 일본군의 대승만을 전하고 깃발 행렬 등을 하고 있지만, 진실은 일본군이 지고 있으므로 다음 전승을 기원하는 의미에서 그런 행위를 계속하고 있는 것이다. 일본의 패전 사실은 명료하다. 일본이 패전하더라도 우리 조선인은 중국인과 마찬가지일 수 있으므

로 하등의 영향이 없다" 운운함.[63] →301, 361쪽

본적·주소: 오카야마현(岡山縣) 가와카미군(川上郡) 오가무라(大賀村) 가미오다케(上大竹)·전남 광양군(光陽郡) 진상면(津上面) 섬거리(蟾居里)
성명: 가타야마 진페이(片山仁平) 집 농업 가타야마 쓰요시(片山毅, 20세)
내용: 위 사람은 12월 12일 정오 여수 입항 연락선으로 일본에서 건너왔는데, 질병 요양 겸 수렵(狩獵)을 위해 숙부인 가타야마 진페이(片山仁平) 집으로 간다고 칭하며 엽총(獵銃) 이입 허가증의 교부 수속을 하려 했다. 언동이 애매할 뿐만 아니라 몸수색 결과 화약 2포를 복부에 은닉하고 있고, 얼핏 보아 조선인 같아 보이는 부분도 있는 등 의심스러운 점이 있으므로 현재 검속하여 취조 중이다.

주소: 전라북도 임실군 강진면(江津面) 갈담리(葛潭里)
성명: 농업 김기수(金基守, 42세)
내용: 전라북도 임실군에서 사들인 군마용 보리(大麥)를 임실군 강진면사무소에서 포장할 때 위 사람을 인부(人夫)로 고용한바, 그는 10월 26일 정오 무렵 감시자의 [감시가 소홀한] 틈을 엿보아 보리 5되를 몰래 훔쳤다. 관할서에서 탐지하여 취조하니, 장품[贓品]은 자택에 은닉해 둔 것을 발견했다. 범죄 사실이 명료하지만 이 사람은 생활이 곤란하여 잠시 허튼 생각을 한 것에 기인한 행위로 뉘우치는 마음이 현저하므로 장품을 회수하고 기소유예 의견을 부쳐 서류만 전주지방법원 검사국으로 송치했다.

---

[63] 광주지방법원목포지청, 1937.12.9, 「1937년 刑公 제 1130호 判決: 金五順」 참조.

20) 「경계 단속 사항」, 『치안상황』 44, 1938. 1. 8

(1) 불온 언동 및 유언비어

①

주소: 신의주부 본정(本町)

성명: 국경운수주식회사(國境運輸株式會社) 사무원 김해룡(金海龍, 25세)

내용: 위 사람은 위에 기입한 회사에서 근무 중이던 11월 8일 업무횡령 및 도박죄에 의해 신의주경찰서에서 불구속 취조 중이었다. 마침 10월 28일 신의주부에서 개최된 상해 함락 축하 제등행렬에서 동료 정지환(鄭之煥)이 이번 행사에 참가하지 않겠느냐 하니, "이런 행사에 참가할 필요가 있는가" 하고 비난하는 말을 퍼부었고 정지환이 소지하고 있던 제등(提燈)을 빼앗아 차버리고 파괴하였으며 다른 동료에게 "일본이 지면 재미있는 결과가 될 것이다. 사실은 현장에 가서 보지 않으면 과연 어느 쪽이 이겼는지 알게 뭐냐" 등의 불온 언동을 하였던 것이 발각되었다. 이에 해당 관할서에서 11월 29일 유죄 의견을 부쳐 신의주지방법원으로 송치한바, 12월 10일 신의주지방법원에서 징역 8개월(업무횡령죄와 병합 처분)을 선고했다. → 294, 350쪽

②

본적·주소: 전남 제주도 제주읍·오사카시(大阪市) 히가시쿠(東區) 히가시이타초(東板町) 495

성명: 침구사(鍼灸師) 안병국(安丙國, 25세)

내용: 위 사람은 11월 1일 귀향하여, 같은 달 22일 대전서 형사와 면담에서 "오사카에서는 중일전쟁 때문에 소집받은 자가 응소하지 않았기 때문에 경찰이나 헌병대가 몇 번이나 설득해도 결국 듣지 않았으므로 헌병대에 총살되거나, 혹자는 소집[명령]을 받았으나 그것을 꺼려 목매달아 자살한 자도 있다" 운운하는 유언비어를 말하였으므로 12월 23일 육군형법 위반으로 송국하였다.

③ 목사의 불온 행동

황해도 재령군(載寧郡) 서호면(西湖面) 재천리(財泉里) 북장로파 기독교 교회에서는 12월 11일 헌당식(獻堂式)을 거행할 때 관할 주재소의 종용으로 교회에 모인 모두에게 국기에 대해 경례하도록 했다. 그런데 사회자인 재령읍 서부교회 목사 임택권(林澤權)은 이것을 저지하였으므로 그 자리에 배석해서 감독하고 있던 경찰관에게서 주의를 받자, 임 목사는 도리어 "국기는 사물이므로 거기에 경례하는 것은 우상에게 허례(虛禮)하는 것이므로 기독교도로서는 절대 할 수 없다"라며 완미(頑迷)하게 주장하였다. 또 참가한 교회 사람들을 선동하여 국기에 대한 경례를 거부하도록 했으므로 이를 계기로 집회를 금지하고 해산시켰다.

또 당일 오후 1시부터 재령서(載寧署)에서 개최된 종교관계자 좌담회에서 이 사람을 간곡히 설득하고 반성할 기회를 준바, ■■■■ 실시한 국기게양식과 동방요배(東方遙拜) ■■■■ 충분한 취지를 설명했다. 그런데도 위 사람은 의연히 국기에 대한 경례를 거부하고 또 동방요배는 더욱 심하게 거부하는 태도를 보여서 엄중하게 그 잘못된 마음가짐에 대해 설득했으나 반항적 언동을 하였다. 이에 치안을 흐트러뜨릴 우려가 있으므로 신병을 검속하여 현재 취조 중이다.

④

본적·주소: 경남 동래군(東萊郡) 정관면(鼎冠面) 매학리(梅鶴里)·오이타현(大分縣) 시모게군(下毛郡) 신쇼무라(新昭村) 이마즈(今津) 이재연(李才連) 집

성명: 일일 노동자 김차근(金次根, 42세)

내용: 위 사람은 8월 25일 오후 11시경 오이타현 시모게군 조스이무라(如水村) 이득방(李得方)의 돌아가신 어머니 3년째 기일(忌日)에 조선인 김윤학(金允學) 외 19명이 모여 향응을 받는 석상에서 조선어로 사변에 관한 대화를 하고 있었다. 이때 같이 있던 참석자들에게 "이번 사변에서는 일본이 패하고 중국이 이기는 편이 좋다. 중국이 이기면 어느 강국이 원조해서 조선이라는 새로운 나라가 생긴다. 가령 일본이 지면 우리 조선인이 살해되어도 그것은 일시적 희생이다. 조선이 독립하면 생존한 사람들이나 그 자손을 위해서 좋은 것이다. 조선인은 조선인의 정신을 잊으면 안 된다"라고 민족의식을 선동하는 불온 언사를

하였다. 또 같은 해 9월 25일 오후 1시경 현 주소지에서 이재연 외 1명에게 "전쟁은 좀처럼 정리되지 않는다. 중국[땅]은 안쪽으로 300리나 있고, 게다가 다른 국가가 무기를 보내 원조해 주고 있다. 일본 신문에 쓰인 것은 신용할 수 없다. 그것은 모두 거짓이다. 어느 신문에도 사실을 기록하지 않고 있다. 일본 신문은 일본이 이기고 있는 듯이 기록하고 있는데 사실은 모른다"라고 유언비어를 말했다. 관할서에서 취조한 후, 12월 17일 자로 육군형법 위반 피의자로 유죄 의견에 부쳐 1건 기록만을 관할검사국으로 송치했다고 보고되었다.

(2) 불온 낙서

부산부 대정(大正)공원 공동변소 안쪽 판자벽에 다음과 같이 연필로 쓴 낙서가 있어 즉시 삭제한 후 범인을 수사 중이다.

① 부산에 있는 우리 조선인들은 ■■ 열심을 다해 일본 놈들을 모두 죽이고 우리 조선인이 잘 살자(諺文)

② 지금은 우리 조선이 일본의 나라로 되어 있지만, 결국에는 일본이 우리 조선의 것이 될 것이다. 주저 말고 ■■하라.(諺文)

답: 서로, 바보 녀석들. 쓸데없는 소리 지껄이지 마라. 이놈아, 우리 조선이 일본 때문에 이렇게 안전하게 목숨을 구하고 있잖아.

답: 너는 조선인 아니냐?

우리 조선 독립 만세.

(3) 중국인의 외국환[爲替] 관리법 위반

주소·성명:

원산부 춘일정(春日町) 53 면포상 덕태원(德泰源) 집 지배인 축계원(祝桂源, 37세),

점원 공경의(孔慶義, 28세),

원산부 북촌동(北村洞) 97 점원 루준륜(婁遵崙, 29세),

인천부 미생정(彌生町) 35 숙박업 및 해산물 상(商) 조적훈(曹積勳, 44세) 외 6명

내용: 위 사람 중 공경의는 1937년(昭和 12) 8월 13일경 원산에서 인천으로 와서 조적훈 집에서 체재하며 인천부 내 본정(本町) 4정목(丁目) 소재 홍콩·상해은행 대리점인 미국

경영 타운센트 상회에 누차 출입하는 것 외에도 의심스러운 행동이 있었다. 9월 21일 관할 인천서에서 임의동행하여 취조해 보니, 이 사람들은 사변 발발 이후 제국으로부터 국외 송금 시 외국환 관리법에 의거한 절차를 이행해야 하는 것을 모두 알고 있으면서도 본국으로 귀환을 준비하기 위해 고의로 여러 명의 성명과 인감을 사용했다. 즉 모두 다른 사람으로 송금하는 것처럼 꾸며 송금 외국환 취급 은행을 속여 탈법 행위에 의해 본국으로 3만 9,624엔 77전을 송금한 사실이 판명되었다. 이후 취조 중인바 12월 8일 외국환 관리법 위반으로 앞에 기록한 중국인 4명을 기소하고, 기타 중국인 6명은 체포하지 못한 상태이므로 기소중지 의견을 부쳐 신병 불구속으로 송국하였다. → 159쪽

(4) 기타[64]

① 군용 말먹이 절취(竊取)

주소: 경남 합천군(陜川郡) 덕곡면(德谷面) 율지리(栗旨里)

성명: 상민(常民) 농업 이찬이(李瓚伊, 47세), 상민(常民) 농업 곽곤이(郭坤伊, 30세)

내용: 위 두 사람은 지난해 섣달 12월 7일 면내에서 사들인 군용 말먹이 보리[大麥] 2,013가마니 포장에 [인부로] 고용되었던 것을 기화로, 같은 날 밤 오후 10시경 각자 1가마니씩(시가 9엔 20전)을 훔쳐 자택에 은닉해 둔 것을 다음 날 면 서기가 수량을 조사한 결과 발각되어 피해품을 회수하였다. 관할 합천서에서 탐지하여 취조해 보니 위 사람들은 군용 말먹이임을 모르고 절취하였으나 모두 뉘우치는 뜻이 현저하므로 12월 16일 기소유예 의견을 부쳐 1건 기록만을 송국하였다.

② 시국 표방 사기 범인

자칭 본적: 경남 고성군(固城郡) 하이면(下二面) 와룡리(臥龍里) 185

이전 주소: 경남 통영군(統營郡) 원량면(遠梁面) 동항리(東港里)

주소: 전남 곡성군(谷城郡) 화면(火面) 연화리(蓮花里)

성명: 김영복(金永福) 집 김자유(金滋有) 장남 김점수(金點守, 17세)

---

[64] 원문에는 아래 항목들을 포괄하는 항목명이 누락되어 임의로 붙였다.

내용: 위 사람은 12월 7일 이후 22일까지 그동안 전북과 전남 각 지역에서 '나는 벌교(筏橋) 송명학교(松明學校) 학생인데, 이번 광주 동본원사(東本願寺)에서 관세음보살 제전(祭典)을 거행하기로 되었다. 그때 제등(提燈)에 점등하고 출정 군인의 무운장구(武運長久)를 기원하고 아울러 가내(家內)의 안녕을 기도하기 위해 양초 대금의 기부를 모집 중이므로 희사를 청한다'는 취지로 말하고 일본인 17가옥에서 합계 10엔 35전을 사취하였으므로 현재 전남 담양서에 구속하여 취조 중이다. →127, 333쪽

③ 시국 표방 범죄 처분 결과
주소: 전라북도 정읍군(井邑郡) 옹동면(甕東面) 용호리(龍虎里)
성명: 농업 김영동(金永同, 32세)
내용: 위 사람은 11월 18일 전주지방법원 정읍지청에서 무고죄로 징역 8개월 판결을 선고받고 공소 중인바(『치안상황』 제40보), 대구복심법원에서 12월 15일 징역 8개월 3년간 집행유예의 판결을 선고받아 즉일 석방되었다. →89, 142쪽

21) 「경계 단속 사항」, 『치안상황』 45, 1938.1.14

(1) 불온 언동
주소: 전라북도 무주군 무풍면(茂豊面) 지성리(池城里)
성명: 김종철(金宗喆, 40세)
내용: 위 사람은 12월 5일 채무 지불을 연기할 수단으로 다음과 같은 유언비어를 유포하였으므로, 관할 경찰서에서 검거하여 취조한 후 육군형법 위반 피의자로 유죄 의견을 부쳐 12월 21일 전주지방법원 검사국 앞으로 송치한바, 12월 27일 기소유예 처분을 받았다.
"현재 일본군은 만주국 내에서 퇴각하고 병력 증원이 필요하여 소방조원(消防組員)을 징발한다고 하여 무풍면 금원리(金員里)[65]는 간이 소방조원도 가까운 시일에 김천(金泉)에

---
65 당시 무풍면에 없는 이(里) 명이다.

서 맹훈련을 받는다고 하는 분위기로 국방헌금도 불가능하니 사적 채무는 문제도 되지 않는다"라고 운운함. → 304, 363쪽

(2) 시국을 이용한 범죄

① 시국 표방 사기 사건

주소: 전라북도 순창군(淳昌郡) 쌍치면(雙置面) 금평리(金坪里)

성명: 농업 김기석(金基錫) 20세, 공병옥(孔炳玉, 22세)

내용: 위의 김기석은 잡화행상에 종사하던 중 180엔의 우편저금을 했는데, 공병옥이 김기석에게 "지금 일본은 사변으로 막대한 전비를 소비하고 또 체신 사무가 번망(繁忙)하기 때문에 일반 사람의 저금 인출은 불가능하므로, 만약 [저금을] 찾을 의지가 있다면 마침 내가 전남 담양우편소 사무원 중에 아는 사람이 있으므로 저금통장을 의탁해 주길 바란다"라고 시국을 이용하여 허위 사실을 말하고 해당 통장을 편취하여 함남으로 이주했던 사실이 있었다. 관할 서원(署員)이 탐지하여 남원검사분국으로 사건을 송치하였다.

② 연극단의 부정행위

주소: 평북 선천읍(宣川邑) 천남동(川南洞)

성명: 신파극단 대표 이찬규(李燦奎)

내용: 위 극단은 전국 조선 각지를 돌며 영업하는데 지난해 섣달 12월 28일부터 전남 완도(莞島)에서 3일간 흥업을 했다. 그런데 마지막 날 단원 1명이 국방헌금의 의지가 전혀 없음에도 불구하고 입장권에 "국방헌금"이라고 기재한 후 각 집을 방문하여 [입장권] 95장을 판매해 부정 수익을 도모했던 사실이 판명되었으므로, 관할서에서 과료 10엔에 처했다.

③ 외국환 관리법 위반자 처분 결과

작년 9월 21일 인천경찰서에 검거된 중국인 축계원(祝桂源) 외 10명의 외국환 관리법 위반 범행(『치안상황』제44보)은 12월 28일 다음과 같이 판결이 언도되었다.

송치 월일	송치 의견	처분 결과			
		처분 월일	처분 상황	성명	연령
12.8	기소	12.28	벌금 1만 엔 / 환형 유치(換刑 留置) 250일	축계원(祝桂源)	37세
			벌금 7천 엔 / 환형 유치 175일	공경의(孔慶義)	28세
			벌금 3천 엔 / 환형 유치 75일	루준륜(婁遵崙)	29세
			벌금 5천 엔 / 환형 유치 125일	조적훈(曹積勳)	44세

그 밖에도 기소중지 6명, 범죄혐의 없음 1명. → 155쪽

(3) 시국 관계 변사자(變死者)

충청남도 부여군사연맹에서 군용 진면(眞綿: 누에고치로 만든 풀솜)을 만들던 중 12월 26일 오후 6시 30분경 작업에 종사하던 부여군(扶餘郡) 임천면(林川面) 군사리(郡司里) 이태순(李泰淳) 차녀 이임순(李壬順, 17세)이 잘못하여 의복에 불이 붙어 큰 화상을 입었고 즉시 강경읍(江景邑) 호남병원에 수용되어 치료받았는데, 같은 달 29일 오후 7시 결국 사망하였다.[66] 이에 군사후원연맹은 업무관계를 고려하여 조위(弔慰)에 만전을 기하도록 협의하고, 31일 군사후원연맹 주최로 임천보통학교에서 관민 유지 130명이 모여 불교식으로 성대한 고별식을 거행하였다. 이에 관해 일반 부민들 사이에서는 "조선에서는 미혼인 부녀자가 사망하면 지극히 내밀히 송장(送葬)하는 것이 관례인데, 이번 이임순의 장의(葬儀)를 이렇게 성대하게 거행하는 것은 오로지 그녀의 죽음이 시국과 관계된 희생이었기 때문이다. 일본 제국의 고마운 인정(仁政)에서 그렇게 된 것으로 이렇게 성대한 장의를 보니, 본인은 물론 유족도 바라는 바일 것이다. 우리도 언젠가 죽을 것이라면 이렇게 봉사적(奉仕的)이고 멋진 죽음을 선택하고 싶다. 참으로 죽어서 영화(榮華)가 있다고 할만하다" 운운하며 감격했다.

---

[66] 〈慰問品製造中 燒死한 壬順孃 一般에 義金募集〉,《每日申報》1938.1.26, 2면; 〈慘死實習生に弔慰金を贈る〉,《朝鮮新聞》, 1938.8.1, 3면.

22) 「경계 사항」, 『치안상황』 47, 1938. 2. 23

(1) 불온 언동
주소: 전라남도 곡성군 옥과면(玉果面) 옥과리 42
성명: 조원작(趙元抅, 28세)
내용: 위 사람은 육군형법 위반 피의사건(유언비어)에 관련되어 있었는데(『치안상황』 제42보), 그 후 광주지방법원에서 심리 중이던바, 2월 2일 금고 4개월의 판결이 언도되어 즉일 복죄(服罪)하였다. → 146쪽

주소: 황해도 수안군 수안면 용담리(龍潭里)
성명: 일일 노동자 한국윤(韓國潤, 30세)
내용: 위 사람은 작년 10월 18일 군사에 관한 유언비어를 발설해, 관할서에서 취조 중이던바(『치안상황』 제35보), 10월 5일 신병이 구속되어 서흥(瑞興)지청으로 송국되었다. 11월 2일 금고 4개월 2년간 집행유예 판결을 받았으나, 검사가 공소한 결과, 11월 16일 평양복심법원에서 금고 3월을 선고받고 복죄(服罪) 중이다. → 116, 295, 316쪽

(2) 기타 사고
① 시국 표방 강도 범인 검거

1937년(昭和 12) 10월 10일 오후 11시경 함경남도 단천군 북두일면(北斗日面) 양천리(陽川里)의 허박돌(許朴乭) 집 외에 두 집에 시국 표방 강도가 침입하여 합계 185엔을 강탈하고 도주하였다(『치안상황』 제34보) 그 후 수사한 결과 올해 1월 12일 새벽녘에 관할 대신(大新)주재소원이 함경북도 성진군(城津郡) 학서면(鶴西面) 덕인동(德仁洞)[67]에 잠복 중에 아래 피의자 3명을 체포하고 나머지 1명은 현재 지명 수배 중이다.
주소·성명: 함경북도 성진군 학서면 덕인동 농업 김을용(金乙龍, 42세),
　　　　　　함경북도 성진군 학서면 덕인동 농업 오봉남(吳鳳男, 27세),

67　원문은 '덕산동(德山洞)'이나 학서면에 없는 동명이다. 아래를 참조하여 '덕인동'으로 고쳤다.

함경북도 성진군 학서면 덕인동 농업 이금동(李金童, 22세) →111쪽

② 불온 투서

1월 17일 경성부 본정(本町) 경찰서장 앞으로 경성부 상왕십리 강태순(姜泰淳) 집 홍원명(洪元明)의 명의로 사변에 관해 일본의 패전을 희망하는 듯한 투서가 있었다. 해당 서에서 즉시 발신인에 대해 조사하였는데, 이 사람의 필적과 다르며 의심스러운 점이 없었다. 계속 수사한 결과 앞서 언급한 홍원명이 전에 위에 적힌 주소의 강태순 집에서 고용되었었는데, 작년 말 임시고용인으로 같이 있던 김재수(金在洙, 22세)와 논쟁하였고 김재수는 즉시 해고되어 행방불명되었던 사실이 있었다. 혹시 김재수가 홍원명을 원망하여 홍원명을 모함할 목적으로 이러한 투서를 한 것이 아닐까 추정하여 현재 소재지를 파악 중이다.

③

주소: 전라북도 부안군(扶安郡) 줄포면(茁浦面) 줄포리 729
성명: 식량품 상인 조동원(趙東元, 23세)
내용: 위 사람은 1월 2일 오전 1시경 대전부 대흥정(大興町) 카페 낙원(樂園)에서 술을 마시던 중 여급(女給) 2명에게 "나는 만주에서 반전(反戰) 동지를 획득하기 위해 조선으로 왔는데, 동지들은 현재 200명 정도 만주와 조선의 각지 요소에 잠복 중이다. 동지중에는 여성 50명 정도가 있다. 그대들도 가입하면 어떤가? 운운"하며 불온 언동을 하였다. 관할 대전서에서 검거하여 취조한 결과, 다른 사기죄 및 보안법 위반, 관직 사칭의 범죄 사실도 발견되어 대전지청 검사에게 송치하였다. →343쪽

④

주소: 경남 김해군 진례면(進禮面) 신월리(新月里) 78
성명: 무직 송재자(宋在子) 또는 성조(聖祚, 32세)
내용: 위 사람은 1월 19일부터 같은 달 23일까지 경남 진주군(晉州郡) 대곡면(大谷面)과 미천면(美川面)을 돌아다니면서 "나는 이번 국방헌금 모집을 위해 군청에서 출장 나온 자이다"라고 칭하고 대곡면 유곡리(楡谷里) 박재수(朴在守) 외 2명에게 90전, 그 밖에 16명

에게 3엔 50전, 합계 4엔 45전을 사취(詐取)하였다. 1월 23일 진주서에서 검거하여 취조한 결과, 범죄 사실이 명료하므로 가까운 시일 내에 송국할 것이다.

⑤ 시국 표방 엿[飴] 행상인 배회

2월 2일 오후 2시경 함경남도 정평군(定平郡) 정평면 홍성리(興城里) 김용택(金用宅) 집에 오남읍(興南邑)에 사는 자라고 칭하는 33세 정도의 조선인 남성 1명이 방문하여 "나는 정부로부터 허가를 받아 엿 장사를 하는데, 이번 중일전쟁에서 군수공업용으로 고철류(古鐵類)를 모아 정부에 헌납하고자 수집 중인데, 가정마다 식사용 수저 1개를 제출해서 엿과 교환하지 않으면 당국의 처벌을 받을 것이다"라고 시국을 이용해 강요하여 위 가족들은 이 말을 믿고 수저 1개와 엿을 교환하였다. 이러한 종류의 수단으로 부정 이득을 계속 꾀하는 자가 있는 것으로 보여 수사 중이다.

23) 「경계 사항」, 『치안상황』, 1938.6.10

(이 『치안상황』은 올해 2월 23일부 제47보 이후의 상황을 수록한 것이다)

(1) 불온 언동, 유언비어

불온 언동, 유언비어는 당국이 부단히 단속하고 일반 민중이 시국을 철저히 인식함에 따라 사변 당초에 비해 현저히 감소하는 경향을 보이지만, 여전히 불온 언동을 하거나 혹은 유언비어를 유포하여 양민(良民)을 미혹시키는 자가 끊이지 않으므로 민중 계몽과 불온 언동, 유언비어의 절멸을 기하기 위해 엄중히 단속 중이다. 최근 주된 유언비어 및 처벌 상황, 사변 후 올해 5월 말까지 불온 언동과 유언비어 처벌표, 시국관계 범죄표는 다음과 같다.

①
주소: 불상(不詳)
성명: 조선인 남성, 60세가량
내용: 위 사람은 충북 청양군(青陽郡) 운곡면(雲谷面) 위라리(位羅里)에서 숙박업을 하는

김현제(金顯濟) 집에 들러 "올해는 한일합병 후 29년째로 내년은 30년에 해당한다. 한일병합은 30년 한정으로 병자정축년(丙子丁丑年, 1936~1937)에 뭔가 사변이 있으면 조선은 독립할 것이다. 이번 1~2년[내]에 사변이 없다면, 백 년 후가 아니면 조선은 독립할 전망이 없는데, 정축년[丁丑年, 1937년(昭和 12)]에 지나사변이 발생했으므로 한일병합도 앞으로 어떻게 전개될지 흥미로운 문제이다" 운운하며 불온 언사를 발설한 사실을 듣고 현재 이 사람을 엄중히 찾고 있다.

② 전남 광양(光陽郡) 옥룡면(玉龍面) 지방에서는 "지나사변 관계로 성냥[가격]이 폭등하였기 때문에 정부에서는 4월 1일부터 앞으로 3개월간 성냥 사용에 제한을 가하게 될 것이라고 하는데, 생활상 불편이 많아질 것이다" 운운하는 유언비어가 있어서, 지금 그 출처를 수사함과 동시에 부민들의 계몽을 위해 노력 중이다.

③ 전남 광양군 골약면(骨若面) 지방에서는 "경남 하동(河東)에서 들은 바에 의하면, 경남·전북 양쪽 지역의 보통학교 졸업생으로 연령 16세에서 26세까지의 청소년 120명을 총독부에서 모집해 훈련한 후 지구전(持久戰)에 충당하기 위해 일본으로 도항시킨다고 한다"라는 유언비어가 있다. 지원병제도 실시에 상상을 더하여 전파한 것인 듯하며, 현재 계몽 중이다.

④
주소: 대련시(大連市) 천왕사구(天王寺區) 남하굴(南河堀)
성명: 인왕신사(仁王神社) 봉찬회(奉贊會) 상무이사 야마다 시치헤이(山田七平) 60세가량
내용: 위 사람은 상해에서 오는 도중 선박 안에서 알게 된 대련조선인민회평의원 최창선(崔昌善, 요리업)에게 "지난번 궁내성에서는 지금 만주국 황제는 북경 신정부에, 이왕 전하는 만주국 장관에 임명한다고 하는 설이 대두했던 적이 있다. 이와 같다면 만주는 명실공히 조선의 연장이 되고, 따라서 조선인은 자유롭게 만주 출입이 가능하고, 낙천지(樂天地)를 구할 수 있을 것이다" 운운하며 누설한 사실이 있다. 이를 탐지한 인천서원이 사실무근의 이와 같은 언동을 하지 않도록 엄중히 훈계해 두었다.

⑤ 경북 경주군(慶州郡) 외동면(外東面) 지방에서는 "사변 발생 이후 당국은 면화(棉花)의 소비 절약에 힘껏 노력하고 한편으로 그 재배를 장려하고 있다. 가까운 시일 내에 점점 적극화하면 현재 각 농가가 소유한 목면직기(木綿織機)를 수거해야 하고, 만약 이에 응하지 않으면 기계 1대에 50엔 내지 100엔의 세금을 부과한다는데, 농가로서는 중대 문제이다" 운운하는 유언비어가 있었다. 사실무근이므로 계몽함과 더불어 [유언비어의] 출처를 탐색 중이다.

⑥

주소: 강원도 횡성군(橫城郡) 이하 불상(不詳)
성명: 붓[筆] 행상 정(鄭) 모 씨(55세)
내용: 위 사람은 현재 삼척군 원덕면(遠德面) 풍곡리(豊谷里) [거주] 농업 [종사자인] 민병극(閔丙極) 집으로 가서 "중일전쟁 개전 이후 신문이 보도하는 바를 보면, 언제나 ■■부대는 일거에 거만(巨萬)의 적을 격멸하거나 또는 적은 사망자 몇 만을 남기고 ■■방면으로 궤주(潰走)했다. 우리 군은 한 사람의 사망자도 없이 불과 부상자 몇 명이 나왔을 뿐이며 또는 ■■를 점령했다 등의 기사뿐이다. 과연 사실이 다르지 않다고 한다면, 중국이 지금까지 장기 항전을 할 리가 없다. 예전부터 영웅은 중국에 살고 있다고 말하는데, 지금 장개석은 전 세계에 칭송되는 대영웅으로 중일 개전 결과는 반드시 승산이 있다고 예측하고 항전을 계속하는 것이다. 그러므로 우리가 함부로 신문 기사를 신용하고 중국을 일본보다 약하게 보는 것은 인식 부족이다" 운운하는 불온 언동을 했다는 소문이 있었으므로 현재 엄중히 수색 중이다.

⑦

주소: 충남 논산군 이하 불상
성명: 모필(毛筆) 행상 성명 불상
내용: "중국이 의뢰해 영국·미국·소련 등에서 비행기 수만 대를 보내 일본군을 계속 폭격하고 있으므로, 조선과 일본에도 내습(來襲)할 것은 분명하다. 우리는 지금 당장 산간으로 피난해야 할 것이다. 또 영국·미국·소련 등이 중국을 원조하면 일본의 패전은 반드시 정해진 것이다"라는 불온 언동을 했던 사실을 얻어듣고 현재 소재지를 수사 중이다.

⑧ 전남 무안군(務安郡) 각 방면에서 "이번에 모집하는 애국저금은 국가가 장기전의 전비(戰費)에 사용하기 위해 장려하는 저금으로, 그 결과 돌려받는 것이 가능할지 아닐지 의문스럽다" 운운하는 유언비어가 있어 현재 계몽 중이다.

(2) 불온 언동 및 유언비어 처벌표(3월~4월 중)

도별(道別): 전남
불온 언동 또는 유언비어 요지: 2월 26일 국민정신총동원 주간 생업보국 시에 거주하는 마을의 부민들이 땔감을 채취해 이것을 팔아 국방헌금을 하고자 실시하였는데, 다음 날 27일이 되니 어제 땔감을 채취했기 때문에 저녁밥 취사를 할 수 없던 자가 있었다고 하는 사실 무근의 폭언을 하여 해당 마을 실행조합장을 사직시키려는 등 생업보국을 방해한 자이다.
검거 월일, 형벌: 3월 9일, 검속(檢束)
서명(署名): 진도(珍島)
성명: 허원일(許元日)

도별(道別): 경북
불온 언동 또는 유언비어 요지: 이웃 부민들에게 "일본은 전쟁에는 강하지만 현재 세계 각국으로부터 질시받고 있어 전적으로 고립무원의 입장이다. 경제적으로 혜택받지 않았으므로 장기전에는 약하다"라고 말하였다. 그 밖에 "일본과 조선에는 전투력이 약한 노년병 또는 어린 병사만 남아 있어서 이번에 조선인을 군인으로 모집해 보충하려고 기도하고 있다"라는 터무니없는 불온 언동을 하였다.
검거 월일, 형벌: 3월 2일, 구류 15일
서명(署名): 상주(尙州)
성명: 차응섭(車應燮)

도별(道別): 경북
불온 언동 또는 유언비어 요지: 최근 15세 이상의 미혼인 부녀자는 모두 중일전쟁 전선으로 보내져 군대의 취사 등에 사역하게 된다는 취지가 김천서(金泉署) 앞 게시판에 광고되어 있는 것을 전날 산견(散見)했는데, "자기 누이도 15세인데 다행히도 친척 중에 경부(警部)인 숙부가 있었기 때문에 만주로 가는 것을 면할 수 있었다"라고 칭하며 김천군 부항면(釜項面) 조두성(趙斗星)의 차녀(次女)를 이번 기회에 자신과 결혼시켜야 할 것이라며 정교 관계를 맺었고 그 외에도 금전을 편취(騙取)하였다.

검거 월일, 형벌: 3월 9일, 징역 1년 6월
서명(署名): 김천(金泉)
성명: 박팔갑(朴八甲)

도별(道別): 경북
불온 언동 또는 유언비어 요지: 현재 거주지인 [칠곡군] 칠곡군(漆谷面) 매천동(梅川洞)에서는 17세 이상의 자녀를 조사하고 있는데, 그 목적은 부상병에게 아가씨의 피를 수혈하기 위해 강제적으로 중국으로 수송할 취지이다. 딸이 있는 자는 모두 낭패(狼狽)인 상황으로 배우자 물색에 분주하다고 한다.

검거 월일, 형벌: 3월 16일, 구속, 취조 중
서명(署名): 대구
성명: 도대근(都大根), 최대용(崔大龍)

도별(道別): 경북
불온 언동 또는 유언비어 요지: 자택에서 친구와 좌담 중에 대구연대 병사는 행군 중이라도 한번 공습을 경험하자 군율이 흐트러져 과수원 등에 침입해 마음대로 훔치거나 먹어버리는 일이 많아졌는데, 상대가 군인이기 때문에 전혀 어찌할 수 없다고 한다.

검거 월일, 형벌: 3월 24일, 구류 29일
서명(署名): 포항
성명: 노석술(盧石述)

도별(道別): 경북
불온 언동 또는 유언비어 요지: 부락민이 명예로운 전사자를 칭찬하는 것을 들어 알게 되

자 "뭐가 명예로운 전사(戰死)인가, 죽은 자만 불쌍하지 않은가?" 운운하며 반전(反戰)사상을 환기할 우려가 있는 발언을 했고, 추가로 불온하면서 동정적인 언사를 하였다.

검거 월일, 형벌: 3월 28일, 구속, 취조 중

서명(署名): 경주

성명: 김두오(金斗五)

도별(道別): 황해

불온 언동 또는 유언비어 요지: 청진 나남의 수비대는 [많은 수가] 전사해서 지금 몇 명도 남지 않았다. 일본 무기는 중국 무기보다 [질이] 떨어져서 일본 병력 다수가 전사했고, 일본인 여성이 과잉이므로 조선으로 계속 보내지고 있다. 일본병 전사자의 목을 베어 군부로 보내면 상금을 받을 수 있다는 등의 불온한 유언비어를 말하였다.

검거 월일, 형벌: 3월 17일, 4월 16일 금고 6월

서명(署名): 곡산(谷山)

성명: 표이배(表利培)

도별(道別): 평북

불온 언동 또는 유언비어 요지: 찾아온 손님에게 "3월 10일 평양에 적의 비행기가 내습해 폭탄을 투하하거나 독가스를 살포하는 등의 행위를 하여 평양은 혼란 와중이다. 운운"하는 유언비어를 발설하였다.

검거 월일, 형벌: 3월 19일, 3월 31일 기소

서명(署名): 강계(江界)

성명: 김영관(金泳琯)

도별(道別): 함북

불온 언동 또는 유언비어 요지: 경흥군(慶興郡) 상하면(上下面)에 여행 중이던 친어머니 앞으로 "올해 4월 1일부터 일소(日蘇) 전쟁이 개시되어 경흥(慶興) 대안(對岸)과 금당촌(金塘村) 구사평(九沙坪) 아오지(阿吾地) 부근이 전쟁의 제1 중심지가 되었다"라는 편지를 각

각 1통씩 부쳤다.

검거 월일, 형벌: 3월 3일, 과료 각 5엔

서명(署名): 삼장(三長)

성명: 박봉준(朴鳳俊), 박복옥(朴福玉)

도별(道別): 경북

불온 언동 또는 유언비어 요지: 의성군(義城郡) 봉성면(鳳城面)[68] 부락민에게 "이번에 조선 내의 미혼 부녀와 과부는 군대의 취사를 해야 하므로 강제로 수송된다. 이미 모 지역에서는 화물 자동차 2대로 보내졌고, 현재 관청에서 수송자의 조사를 계속하고 있으므로 조만간 이 지역에도 조사가 있을 것이다. 운운"이라 퍼뜨렸다.

검거 월일, 형벌: 4월 3일, 구류 15일

서명(署名): 의성(義城)

성명: 박치학(朴致鶴)

도별(道別): 경북

불온 언동 또는 유언비어 요지: 대구부 남성정(南城町) 음식점에서 "이번 중일전쟁은 중국이 어디까지나 장기 항전을 한다면 일본은 경제적으로 불리해 결국 질 것이다. 운운"하는 말을 퍼뜨렸다.

검거 월일, 형벌: 4월 9일, 5월 3일 송국(送局)

서명(署名): 대구

성명: 우수암(禹壽巖)[69]

도별(道別): 경북

불온 언동 또는 유언비어 요지: 청송군 진보면(眞寶面)에서 옷감 행상 중 "현재 의성 방면

---

[68] 당시 의성군에 없는 면명이다. 가장 유사한 지명으로 봉양면(鳳陽面)이 있었다.
[69] 국가기록원, 〈독립운동 관련판결문〉의 '수형인명부'와 '형사사건부'에 의하면 우수암은 1938년 5월 14일 대구지방법원에서 육·해군형법 위반으로 금고 4개월의 판결을 받았다.

에서는 15~17세 정도의 아가씨를 국가가 강제로 연행하여 피를 뽑아 군인이나 군마(軍馬)에게 마시게 한다. 운운"하는 말을 퍼뜨렸다. 그 외에도 "의성에서는 어떤 아가씨가 징발을 꺼려 목을 매어 죽은 사건이 있었는데, 경찰은 그녀를 부민들이 눈치채지 못하도록 몰래 매장했다. 운운"하는 말을 지껄였다.

검거 월일, 형벌: 4월 24일, 구류 14일

서명(署名): 청송(靑松)

성명: (여) 우남이(禹南伊)

도별(道別): 경남

불온 언동 또는 유언비어 요지: 일본에서는 재향군인들은 언제 동원령이 하달될지 모른다. 출정하면 생사는 예측할 수 없게 되니, 출정 전에 실컷 취해야 한다며 자산을 탕진하는 자도 있다. 또 출정을 기피하여 자살하는 자들도 있다. 자살자에 대해서는 군인이 해서는 안 될 일로 육군성이 가족에게 장식(葬式)을 하지 못하게 한다. 자살 현장에 사체를 방기하게 하는 등 당국은 이들의 단속을 가장 엄중히 하고 있다고 하는 유언비어를 유포하였다.

검거 월일, 형벌: 4월 1일, 취조 중

서명(署名): 하동(河東)

성명: 정재성(鄭在成) → 356쪽

도별(道別): 강원

불온 언동 또는 유언비어 요지: 태극교(太極敎)라는 불온한 유사종교를 제창하고 중일전쟁에 관해 "결국에는 일본이 패전할 것이며, 조선 독립은 3~4년 후가 될 것이다" 혹은 "조선이 전쟁터가 되어 민중이 멸망할 것"이라고 운운하며 정치, 군사에 관한 불온한 유언비어를 유포하면서 분주히 교도(敎徒) 권유를 하고 있다.

검거 월일, 형벌: 4월 20일, 취조 중

서명(署名): 화천(華川)

성명: 임일봉(林一奉)[70]

---

70 임일봉은 경성지방법원에서 1940년 5월 31일 육군형법 위반, 보안법 위반으로 징역 1년 6개월의 처분을 받았다. 京

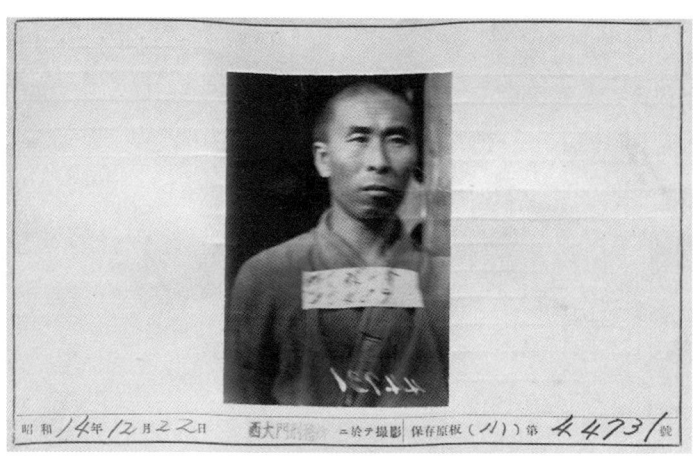

〈그림 3〉 1939년 서대문형무소에 수감된 임일봉의 인물카드
출처: 국사편찬위원회, 일제감시대상인물카드 [ia_4546]

〈불온 언동 및 유언비어 처벌표〉

도별＼월별	7월	8월	9월	10월	11월	12월	1월	2월	3월	4월	5월	합계
경기도	3/3	8/10	2/2	3/3	-	-	1/1	1/1	-	-	1/1	19/21
충청북도	1/1	6/6	-	-	1/2	-	-	-	-	-	-	8/9
충청남도	6/7	7/7	3/3	4/4	3/3	-	1/1	-	-	-	-	24/25
전라북도	2/2	5/5	1/1	-	1/1	-	-	-	-	-	-	9/9
전라남도	4/4	13/13	16/16	12/12	6/6	1/1	-	-	1/1	-	-	53/53
경상북도	1/1	13/13	4/4	4/4	-	1/1	-	-	5/6	3/3	3/5	34/37
경상남도	2/2	6/6	3/3	5/5	1/1	1/1	-	2/2	-	2/2	1/5	23/27
황해도	7/7	2/2	1/1	2/2	1/1	-	1/1	1/1	-	-	-	15/15
평안남도	7/8	3/3	1/1	-	-	-	-	-	-	-	-	11/12
평안북도	5/6	1/1	2/2	-	-	2/2	-	1/1	1/1	-	1/1	13/14
강원도	1/1	11/12	12/12	-	-	-	3/5	-	-	1/1	-	28/31
함경남도	-	3/4	3/3	4/6	2/2	1/1	1/1	1/1	-	-	-	15/18
함경북도	1/1	1/1	5/6	-	-	-	-	-	1/2	-	1/1	9/11
합계	40/43	79/83	53/54	34/36	15/16	6/6	6/8	6/6	9/11	6/6	7/13	261/282

※ 비고: 왼쪽 숫자는 건수, 오른쪽 숫자는 인원을 의미함.

城地方法院, 1940.5.31, 「1939년 刑公 제2023호 判決: 林一奉 등 6인」 본문의 교명은 '대극교(大極敎)'이나 판결문에 따라 '태극교'로 고쳤다.

〈기타 시국관계 범죄표〉

월별 도별	7월	8월	9월	10월	11월	12월	1월	2월	3월	4월	5월	합계
경기도	-	3/3	1/1	6/6	-	1/1	-	-	-	-	-	11/11
충청북도	-	-	1/1	-	-	-	-	-	-	-	-	1/1
충청남도	2/2	1/4	4/4	1/1	-	-	1/1	-	-	-	-	9/12
전라북도	-	2/2	2/4	1/1	1/1	1/1	-	-	-	-	-	7/9
전라남도	1/1	1/1	-	-	-	4/4	-	1/1	-	-	1/1	8/8
경상북도	-	2/2	-	-	-	2/2	-	-	-	1/1	1/1	6/6
경상남도	-	2/2	-	1/1	-	1/2	1/1	2/3	-	-	-	7/9
황해도	1/1	-	-	-	-	-	-	-	-	-	-	1/1
평안남도	3/6	4/4	3/5	-	2/26	-	-	-	-	2/4	-	14/45
평안북도	-	-	1/2	3/3	-	-	-	-	-	-	-	4/5
강원도	1/1	2/2	3/3	-	-	-	-	-	-	-	1/2	7/8
함경남도	-	-	4/4	1/1	-	-	-	-	-	-	-	5/5
함경북도	-	-	2/2	-	-	-	-	-	-	-	-	2/2
합계	8/11	17/20	21/26	13/13	5/29	7/8	2/2	3/4	-	3/5	3/4	82/122

※ 비고: 왼쪽 숫자는 건수, 오른쪽 숫자는 인원을 의미함.

24) 「불온 언동 및 유언비어의 상황」, 『치안상황』 1938.8.5

[이 『치안상황』은 전보(前報) 이후의 상황을 수록한 것이다.]

불온 언동, 유언비어에 관해서는 계속해서 엄중히 단속 중인 바이다. 최근에 이르러 "당국은 전장으로 이송할 목적으로 조선 내 각지에서 미혼 부녀자를 징집하고 있다", 또 "근래 성행하는 저금을 계속 장려하고 있는 것은 군사비 부족 때문에 인민의 저금으로 이를 보충하려 하기 때문이다", 혹은 "전쟁 종료 후에 나쁜 질병이 유행하는 재해(災害)를 입을 것"이라고 운운하는 등의 유언비어가 계속 유포되고 있어 엄중히 단속 중이다.

또 올해 5, 6월 중에 불온 언동, 유언비어 처벌 상황은 별표(別表)와 같다.

(1) 불온 언동 및 유언비어 처벌표(5월 중)

도별(道別): 경기

불온 언동 또는 유언비어 요지: "일본이 아무리 강적이라고 하더라도 세계전쟁에는 버틸 수 없을 것이다. 조선독립도 지금이야말로 가능할 것이다" 운운하며 타인의 명의를 사용하여 통신한 자이다. (상대방을 모함하여 해를 입히려고 감행한 것으로 판명됨)

검거 월일, 형벌: 5월 25일, 경찰범처벌규칙 위반, 구류 29일

서명(署名): 경성 동대문

성명: 한흥표(韓興杓)[71]

도별(道別): 경북

불온 언동 또는 유언비어 요지: 수 명과 대화 중에 그중 한 사람이 "일본군은 실로 강하다. 이미 중국의 태반을 정벌했다고 한다"라고 말하자, 이 사람은 정면으로 그에게 반대하며 "뭐가 일본군이 그렇게 강한가? 남경을 함락시켰다고 기뻐하고 있지만, 그것은 전적으로 거짓이다. 조선 민중을 기만하려고 하는 것이다" 운운하며 불온한 언사를 발설한 자이다.

검거 월일, 형벌: 5월 5일, 5월 16일 육군형법 위반으로 송국(送局)

서명(署名): 문경(聞慶)

성명: 박시약(朴時若)

도별(道別): 경북

불온 언동 또는 유언비어 요지: 대구고등여학교에서 친구에게 "후쿠오카에서 반인반우(머리는 소, 몸은 사람)가 태어났는데 생후 얼마 지나지 않아 사망했지만, 사망 시 중일전쟁은 올해 7월 승패가 결정되지만 그 후에는 악병이 유행할 것이므로 이를 예방하기 위해서는 이 얘기를 들은 날로부터 3일 이내에 팥을 넣어 지은 밥[赤飯]에 조미료를 추가하지 말고 두부와 함께 먹어야 한다" 운운하며 퍼뜨렸다.

---

71 京城東大門警察署長, 1938.5.31, 「不穩通信發見ニ關スル件」; 京畿道警察部長, 1938.6.2, 「不穩通信發送者檢擧ニ關スル件」[이상 京城地方法院檢事局, 1938, 『(昭和十三年) 思想ニ關スル情報』(9)에 수록] 참조. 원문에 표기된 성명은 '韓興抐'이나 앞의 자료들에 의거에 '韓興杓'로 고쳤다. 또 이 자료들에는 이명으로 '興錫'도 제시되었다.

검거 월일, 형벌: 5월 23일, 엄중 계고(戒告)
서명(署名): 대구
성명: 나스 가에(那須加江)

도별(道別): 경북
불온 언동 또는 유언비어 요지: 하단에 기입한 자들은 자택과 그 밖의 장소에서 전후 수차례에 걸쳐 다수의 사람에게 "중일전쟁에 출정한 일본 병사는 상당히 피로하여 활발히 전쟁할 수 없었는데, 원기 회복책으로 조선인 아가씨 중 16세 이상의 사람을 강제적으로 징발하여 전장으로 수송해 기계로 피를 뽑아 병사들의 팔에 주사하고, 더불어 탄환을 피하려고 여성의 입에 기계를 주입해 월경 피를 취해 그것을 군복에 바르기 위해 징발하고 있다. 이미 어떤 지방에서는 아가씨 18명이 징발되었다" 운운하며 퍼뜨렸다.
검거 월일, 형벌: 5월 18일, 5월 21일 육군형법 위반으로 송국
서명(署名): 대구
성명: 박춘(朴春), 정옥분(鄭玉粉), 임막랑(林莫郎) (모두 여성) (임막랑은 뉘우치는 빛이 뚜렷하므로 기소유예 의견으로 송국함)[72]

도별(道別): 경북
불온 언동 또는 유언비어 요지: 이 사람은 영일군(迎日郡) 기계면(杞溪面) 미현동(美峴洞) 외 1곳에서 다수의 사람에게 "14세 이상 처녀는 모두 만주와 중국 방면의 전장으로 보내져 출정군인의 취사와 세탁을 돕고, 또 군인의 위안(慰安)을 해야 하며, 또 해당 처녀의 혈액을 군인에게 수혈한다" 운운하는 유언비어를 말하였다.
검거 월일, 형벌: 5월 27일, 경찰범처벌규칙에 의해 구류 10일에 처함
서명(署名): 포항
성명: 김원수(金元壽) (여)

---

[72] 정옥분은 대구지방법원 1심과 대구복심법원 2심에서 육군형법 위반으로 금고 3개월의 처분을 받았다. 大丘地方法院, 1938.6.10, 「1938년 刑公 제1100호 判決: 鄭玉分」; 大邱覆審法院, 1938.6.27, 「1938년 刑控 제227호 判決: 鄭玉分」. 국가기록원, 〈독립운동 관련판결문〉의 '형사사건부'에 의하면 박춘은 기소유예 처분을 받았다.

도별(道別): 경남

불온 언동 또는 유언비어 요지: "이번 사변에 출정한 군인의 위안(慰安)을 위해 16세 이상 20세까지의 처녀와 16세 이상 30세까지의 과부를 강제적으로 사냥하듯 모아 전장으로 보내 낮에는 취사와 세탁 노동에 복역하게 하고, 야간에는 군인과 성적 관계를 하게 한다. 그러므로 이런 부녀자가 있는 자는 빨리 처치할 필요가 있다"라고 운운함.

검거 월일, 형벌: 5월 24일, 금고 4월, 기소유예(박금이, 김삼득)

서명(署名): 밀양

성명: 장인식(張仁植) (여), 박금이(朴金伊) (여), 장봉학(張鳳鶴), 강성옥(姜性玉), 김삼득(金三得) → 357쪽

도별(道別): 평북

불온 언동 또는 유언비어 요지:

1. 낮에도 밤에도 라디오나 신문은 일본군 점령 점령하며 보도하는데, 현지를 보지 않는 한 과연 사실일지 모르겠다.
2. 뉴스에는 허보(虛報)도 있다. 현지를 보지 않는 한 과연 상해가 함락되었는지 어떤지 모르겠다.
3. 이번 전쟁에서 일본 비행기가 다수 추락해 손해가 커서 현금 유통이 나빠졌고 세금은 오른다. 운운

등 전후 세 차례에 걸쳐 군사에 관한 유언비어를 유포한 자이다.

검거 월일, 형벌: 5월 30일, 검거 취조 중

서명(署名): 신의주

본적·주소: 평안북도 신의주부 노송정(老松町) 6·평안북도 신의주부 약죽정(若竹町) 6-2

성명·연령: 중개업[周旋業] 이방협(李芳洽) 48세 → 350쪽

도별(道別): 함북

불온 언동 또는 유언비어 요지: 여인숙에서 마침 만난 사복 근무 중이던 경찰관에게 "우리 조선인은 국방헌금을 할 필요가 없다. 이번 사변의 정황도 신문에서는 모두 일본군만

유리한 것처럼 등재하고 있는데, 중국인이라고 하더라도 모든 것이 부패한 마음만 있는 사람들은 아닐 것이므로 일본인만 이길 리가 없다. 신문 보도는 믿을 수 없다. 일본 놈들도 언제가 위험에 노출되지 않을 리 없다. 그 이유는 현재 일본군에서 사용 중인 병기는 고(故) 이토 히로부미(伊藤博文)가 러시아의 병기를 모방해 제조한 것이므로, 이 점에서 보면 일본이 불리하고, 러시아와 개전하기라도 하면 매우 위험하다" 운운하며 반군(反軍) 내지는 민족적 불온 언동을 하였다.

검거 월일, 형벌: 5월 6일, 육군형법 위반으로 기소의견을 부쳐 5월 16일 송국

서명(署名): 연사(延社)

성명: 서진규(徐鎭奎) → 345쪽

(2) 불온 언동 및 유언비어 처벌표(6월 중)

도별(道別): 경북

불온 언동 또는 유언비어 요지: 영일군(迎日郡) 곡강면(曲江面) 조도동(鳥島洞)에서 부락 수 명에게 "조선인 처녀 17~18세인 자를 강제적으로 모집해 만주 방면으로 보내고, 그 피를 착취해 전상병(戰傷兵)에게 수혈한다" 운운하는 말을 퍼뜨렸다.

검거 월일, 형벌: 6월 8일, 경찰범처벌규칙에 의거 구류 20일에 처함.

서명(署名): 포항

성명: 박진형(朴鎭瑩)

도별(道別): 경북

불온 언동 또는 유언비어 요지: 영천군 신녕면 화서동에서 부락민 수 명에게 "최근 당국에서 농번기임에도 불구하고 가마니 제조를 적극적으로 독려하고 상당히 고가로 무제한 사들이는데, 이것은 전부 중국으로 보내진다. 지난번 장개석이 황군을 수공(水攻)하고자 황하(黃河) 제방(堤防)을 무너뜨렸는데, 황군이 이것을 막기 위해 급히 대량의 가마니가 필요했기 때문이다. 차후 가마니 가격은 크게 폭등할 것이다" 운운하는 말을 한 자이다.

검거 월일, 형벌: 6월 18일, 엄중 계고(戒告)

서명(署名): 영천(永川)

성명: 박기봉(朴基鳳)

도별(道別): 경북
불온 언동 또는 유언비어 요지: 상주군(尙州郡) 화서면(化西面) 하삼리(下杉里)[73]에서 부락민 수 명에게 "도회지에서는 경찰관이 15세 이상의 아가씨를 강제적으로 잡아 전장으로 보내 군인에게 그녀들의 피를 마시게 하고 있다고 하므로 딸을 가진 부모의 심적 고통은 정말로 안쓰럽고 가엾다" 운운하며 발설한 자이다.
검거 월일, 형벌: 6월 21일, 현재 취조 중
서명(署名): 상주
성명: 지수동(池守東)

도별(道別): 경북
불온 언동 또는 유언비어 요지: 봉화군(奉化郡) 내성면(乃城面) 도촌리(都村里)에서 부락 농민 수 명에게 "요새가 일본으로 도항하기에 최적의 좋은 기회라고 생각한다. 왜냐하면 이미 일본인 대부분은 중일전쟁으로 출정했기 때문에 아내들은 독신 또는 과부로 하루하루 살아가고 있을 텐데 [그중에는] 상당한 자산을 가진 자도 있을 것이므로 이럴 때 일본으로 가서 그들을 아내로 맞이하면 일생 아무런 걱정 없이 생활할 수 있다. 이런 얘기는 농담이 아니라 논리적으로 생각해 봐도 수긍할 수 있다. 지금 일본으로 가면 돈벌이는 자유롭다" 운운하며 발설한 자이다.
검거 월일, 형벌: 6월 29일, 경찰범처벌규칙에 따라 구류 15일에 처함
서명(署名): 봉화(奉化)
성명: 이원섭(李元燮)

도별(道別): 경남
불온 언동 또는 유언비어 요지: "어젯밤 영국 비행기 수 대가 도쿄, 오사카, 고베 지방으로

---

[73] 화서면에 없는 이명이다. 가장 유사한 이명으로 하송리(下松里)가 있다.

날아와 폭탄을 투하하고 다수의 건조물을 폭파하여 수십 명의 사상자를 내고 곧바로 자국으로 귀환했다" 운운함.

검거 월일, 형벌: 6월 3일, 6월 15일 기소의견으로 송국 중

서명(署名): 북(北)부산

성명: 권만근(權萬根)[74] → 355쪽

도별(道別): 강원

불온 언동 또는 유언비어 요지: 박월선(朴月仙)은 1938년(昭和 13) 6월 16일 오후 7시경 삼척군(三陟郡) 삼척면 읍상리(邑上里)에서 같은 마을 김필수(金弼洙) 외 1명에게 "이번 전쟁에서 일본인이 전부 죽었다고 말하는데 아직 일본인이 남아 있지 않은가?" 운운하며 듣는 사람들을 광혹(誑惑)시키는 유언비어를 유포하였다.

검거 월일, 형벌: 6월 18일, 경찰범처벌규칙 위반(7월 4일), 구류 10일

서명(署名): 삼척

본적·주소: 경성부 황금정(黃金町) 2-3 · 삼척군 삼척면 읍상리(邑上里)

성명·연령: 박월선(朴月仙) 20세 (여)

도별(道別): 강원

불온 언동 또는 유언비어 요지: 조금석(趙金石)은 1938년 5월 19일 오후 5시 50분경 고성군(高城郡) 내 현내역(縣內驛)을 통과하는 동해북부선(東海北部線)[75] 하행열차 안에서 고성(高城)소학교 통학 아동 수 명에게 "중일전쟁의 목적은 제국의 영토적 야심이다" 운운하여 듣는 사람들을 광혹[誑惑: 미혹]시키는 유언비어를 유포하였다.

검거 월일, 형벌: 6월 4일, 검속, 취조 중

서명(署名): 고성

---

74 국가기록원, 〈독립운동 관련판결문〉의 '수형인명부'에 의하면 권만근의 본적·주소는 경상북도 경산군 하양면 금락동이다.

75 원문은 '동해화부선(東海化部線)'이나 당시 없는 철도노선이다. 현내역이 통과하는 '동해북부선'으로 고쳤다.

본적·주소: 통천군(通川郡) 고저면(庫底面) 신월리(新月里)·통천군 고저면 하고저리(下庫底里) 144
성명·연령: 조금석(趙金石) 26세 → 370쪽

도별(道別): 함남
불온 언동 또는 유언비어 요지: 지금 누군가 놋쇠[眞鍮]로 만든 식기를 징발하기 위해 오면 숨겨야 할 것이다.
검거 월일, 형벌: 6월 12일, 경찰범처벌규칙 제1조 제21호, 구류 20일
서명(署名): 이원(利原)
본적·주소: 이원군(利原郡) 남면(南面) 포진리(浦津里) 양증섬(梁曾暹), 이원군 남면 창흥리(昌興里)
성명: 김오월(金五月) (여)

도별(道別): 함북
불온 언동 또는 유언비어 요지: "사변에 수반하여 철(鐵) 종류가 부족해진 때이니 이번에 경찰에서 놋쇠로 만든 식기류를 거둬간다고 하므로 신속히 매각하는 것이 득책일 것이다" 운운하는 불온 언동을 하여 마을 사람을 속이고 또 해당 식기를 싼값에 사 모은 자이다.
검거 월일, 형벌: 6월 30일, 검속(檢束)
서명(署名): 길주(吉州)
성명: 김순덕(金順德)

도별(道別): 함북
불온 언동 또는 유언비어 요지: 시국상 놋쇠로 만든 식기는 관에서 무상으로 징발한다고 하는 내용의 유언비어를 유포하고 마을 사람을 속이고 그것을 싼값에 사 모아 부정한 이익을 도모한 자이다.
검거 월일, 형벌: 6월 11일, 육해군형법 위반으로 6월 29일 송국

서명(署名): 성진(城津)

성명: 장상권(張尙權), 이병봉(李丙奉)

25) 「불온 언동 및 유언비어의 상황」, 『치안상황』 1938.10.15

[이 『치안상황』은 전보(1938년 8월 5일 자) 이후의 상황을 수록한 것이다.]

불온 언동 및 유언비어에 관해서는 계속해서 엄중히 단속 중으로, 그 건수도 점차 감소하고 있는데, 올해 7월에 발생한 장고봉(張鼓峰) 사건은 일반 민중에게 큰 충동을 주어 다음 표와 같이 7~8월 두 달 동안 각종 유언비어가 갑자기 증가하였다. 위 사건은 이미 해결되어 민심이 안정되었으므로 그 증가도 일시적 현상에 불과한 것으로 볼 수 있을 것이다.

전편 보고[前報] 이후에 불온 언동 및 유언비어의 내용과 처벌 상황은 별표와 같다.

〈불온 언동 및 유언비어 처벌표〉 1937년 7월~1938년 8월

월별\도별	7월	8월	9월	10월	11월	12월	1월	2월	3월	4월	5월	6월	7월	8월	합계
경기도	3/3	8/10	2/2	3/3	-	-	1/1	11/11	-	-	1/1	-	1/1	2/2	22/24
충청북도	1/1	6/6	-	-	1/2	-	-	-	-	-	-	-	1/1	-	9/10
충청남도	6/7	7/7	3/3	4/4	3/3	-	1/1	-	-	-	-	-	-	2/2	26/27
전라북도	2/2	5/5	1/1	-	1/1	-	-	-	-	-	-	-	-	4/6	13/15
전라남도	4/4	13/13	16/16	12/12	6/6	1/1	-	-	1/1	-	-	-	1/1	1/2	55/56
경상북도	1/1	13/13	4/4	4/4	-	1/1	-	-	5/6	3/3	4/6	4/4	6/6	1/1	46/49
경상남도	2/2	6/6	3/3	5/5	1/1	1/1	-	2/2	-	2/2	1/5	1/1	-	2/2	26/30
황해도	7/7	2/2	1/1	2/2	-	-	-	1/1	1/1	-	-	-	1/1	4/4	20/20
평안남도	7/8	3/3	1/1	-	-	-	-	-	-	-	-	-	-	2/3	13/15
평안북도	5/6	1/1	2/2	-	-	2/2	-	1/1	-	-	5/5	-	3/3	-	16/17
강원도	1/1	11/12	12/12	-	-	-	3/5	-	-	1/1	-	2/2	1/1	11/13	42/47
함경남도	-	3/4	3/3	4/6	2/2	1/1	1/1	1/1	-	-	-	1/2	1/1	10/12	27/33
함경북도	1/1	1/1	5/6	-	-	-	-	1/2	-	1/1	2/3	6/8	2/2	-	19/24
합계	40/43	79/83	53/54	34/36	15/16	6/6	6/8	6/6	9/11	6/6	8/14	10/12	21/23	41/49	334/367

※ 비고: 왼쪽 숫자는 건수, 오른쪽 숫자는 인원을 의미함.

(1) 불온 언동 및 유언비어 처벌표(7월)

도별(道別): 경기

불온 언동 또는 유언비어 요지: 당국에서 장려 중인 저금은 그 전부를 전비(戰費)에 충당하여 우리 개인의 저금이 되지 않는다. 운운

검거 월일, 형벌: 7월 27일, 구류 5일

서명(署名): 경성 서대문서

성명: 김세길(金世吉)

도별(道別): 충북

불온 언동 또는 유언비어 요지: 최근 신문에서 일소(日蘇) 관계가 험악해지고 있다고 말하는데, 만약 일소가 개전(開戰)을 하게 되면 모두 죽을 것이다. 운운

검거 월일, 형벌: 7월 27일, 경범(警犯) 구류 20일

서명(署名): 충주서

성명: 최순길(崔順吉)

도별(道別): 전남

불온 언동 또는 유언비어 요지: 6월 19일 함평군(咸平郡) 대동면(大洞面) 향교리(鄕校里) 박정규(朴正奎) 아내의 병으로 점쟁이를 불렀을 때, 같은 마을의 이재윤(李載允)의 아내 김안순(金安順) 외 2명에게 "지금 관청에서는 40세 이하의 과부와 처녀를 모집해서 전장으로 보내고 취사를 시키고, 또 병사의 위안을 제공하는 것 외에 처녀는 그 가죽을 벗기고 기름을 짜서 비행기에 사용한다고 한다"라는 유언비어를 말하였다.

검거 월일, 형벌: 7월 6일, 육군형법 위반에 의거 송국 중

서명(署名): 함평서

성명: 한소사(韓小史)[76] → 361쪽

---

[76] 한소사는 금고 4개월을 선고받았다. 光州地方法院木浦支廳, 1938.7.29, 「1938년 刑公 제733호 判決: 韓小史」.

도별(道別): 경북

불온 언동 또는 유언비어 요지: 위 사람은 청도군(清道郡) 대성면(大城面) 상동(上洞)에 [거주하는] 서순길(徐順吉) 외 수 명에게 "최근 일본에 있는 조선인은 중국인과 마찬가지로 취급받아 조선인 전부를 일본에서 퇴출시킨다. 왜냐하면 재만(在滿)조선인이 중국과 밀통하여 일본의 군사 기밀을 중국에 첩보한 것을 이번에 일본군이 알았고, 조선인은 중국인과 마찬가지로 방심할 수 없다고 하여 전부 일본에서 퇴출시키고 있다고 한다. 일본에서는 조선인 노동자에게 3~4일마다 기부금을 모집해 군부에 헌금하는데, 만약 이에 응하지 않는 자는 상당히 허대(虛待)[77]를 받는다" 운운함.

검거 월일, 형벌: 7월 20일, 경찰범처벌규칙에 의거 구류 10일

서명(署名): 청도서(清道署)

성명: 석윤호(石允好)

도별(道別): 경북

불온 언동 또는 유언비어 요지: 문경군(聞慶郡) 문경면 하리(下里)에서 거주하는 동네 친구인 전장수(全長守)에게 "조선인의 일본 도항은 단속이 엄중할 뿐만 아니라 증명서가 있어야 하는 데 비해 일본인의 조선 도항은 자유로워 아무런 제한이 없다. 동일한 국민이면서 게다가 근래에 내선일체를 외치고 있는 오늘날 이런 불합리한 것은 신속히 전부 폐지되어야 할 것이다", "지금 사변에서 일본인, 중국인 양쪽을 불문하고 다수의 전사자가 발생하는데, 그 반면 일본 도항도 용이해졌고 또 우리의 생활을 호전(好轉)시키는 것이기도 하다" 운운함.

검거 월일, 형벌: 7월 16일, 8월 1일 금고 6개월

서명(署名): 문경서

성명: 안춘식(安春植)

---

77 원문 그대로 표기했으나 학대(虐待)를 잘못 표기한 것 같다.

도별(道別): 경북

불온 언동 또는 유언비어 요지: 이 사람은 영천군(榮川郡) 영천읍 문외동(門外洞)에서 마을 사람 수 명에게 "조선인 가정에서 사용 중인 놋쇠로 만든 식기를 군대에서 몰수하게 될 것이다", "근래 활발히 저축을 장려하고 있는데, 이 저금은 만주 방면에서 사용될 것이다", "일본과 중국 양국이 전쟁 중인데, 약한 국가에는 가세(加勢)하는 나라가 생겨 언제 평화로워질지 예측되지 않고, 결국 '예수 그리스도'의 힘에 의해 해결될 것이다" 운운함.

검거 월일, 형벌: 7월 19일, 8월 20일 불기소

서명(署名): 영천서

성명: 김영조(金永祚)[78]

도별(道別): 경북

불온 언동 또는 유언비어 요지: 영주군 풍기면(豊基面) 금계동(金鷄洞) 정진원(丁進源)에게 "중일전쟁은 시작된 이후 1년이 되었다. 일본은 연전연승하여 이미 중국의 반 정도를 점령하고 있다. 또 이전에는 만주국도 점령하였다. 장개석은 혼자 전쟁하고 있는데, 일본은 [모든] 국민이 일치하여 싸우고 있으므로 결국 어느 쪽이 이겼는지 모르겠다. 대구 방면에서는 등화관제로 방비하고 있다. 다음 날 신문에는 규슈(九州), 대만(臺灣)에서는 다른 나라의 비행기가 날아온 사실이 있다. 이런 때는 도회지 부근에 살기 불안하므로 집을 빌려 달라" 운운하며 말을 건넸다.

검거 월일, 형벌: 7월 15일, 8월 19일 금고 4개월

서명(署名): 영주서

성명: 한연수(韓延壽)[79]

---

[78] 국가기록원, 〈독립운동 관련판결문〉의 '형사사건부'에 의하면 김영조는 1938년 8월 4일 대구지방법원 검사국에서 '범죄혐의 없음'으로 불기소 처분을 받았다.

[79] 국가기록원, 〈독립운동 관련판결문〉의 '형사사건부'에 의하면 한연수의 본적·주소는 경상북도 군위군 의흥면 연계동이고 죄명은 육군형법 위반이다.

도별(道別): 경북

불온 언동 또는 유언비어 요지: 이 사람은 경주군 감포읍(甘浦邑) 감포리의 출정군인 요네타니 요시오(米谷義雄)의 집[留守宅]에 가서 그 사람의 아내인 요네타니 치요코(米谷千代子)에게 "나는 신을 믿으므로 신의 말씀을 알 수 있는 자이다. 그대 남편의 안부를 신에게 물어볼 수 있다"라고 하며 그 집의 가미다나(神棚, 신주단지 모시는 곳)에 절하며 잠시 기도한 후 "안타깝지만 이 댁 남편은 이미 명예로운 전사를 했다"라고 운운하였으므로 요네타니 치요코도 6월 26일 밤에 하늘에 제사하는[天祭] 꿈을 꾼 것을 상기하여 그 내용을 답하자 다시 "바로 그것이다. 남편의 기일[命日]로 신을 믿어야 할 것이다"라고 부언한 자이다.

검거 월일, 형벌: 7월 1일, 8월 19일 금고 3개월

서명(署名): 경주서

성명: 마스다 슈코(增田シュウ子)

도별(道別): 경북

불온 언동 또는 유언비어 요지: 군위군(軍威郡) 산성면(山城面) 삼산동(三山洞)의 임현내(林縣內) 외 수 명에게 "이번에 군대의 취사를 시키려고 15세 이상 처녀를 만주로 보낸다고 하므로 귀댁의 자식이나 딸을 결혼시키는 것이 어떤가?" 운운함.

검거 월일, 형벌: 7월 23일, 8월 5일 육군형법 위반으로 송국

서명(署名): 군위서

성명: 배옥연(裵玉蓮) (여)

도별(道別): 황해

불온 언동 또는 유언비어 요지: 약 10일 전 외국 비행기 1대가 겸이포읍(兼二浦邑) 상공에 날아와 폭탄을 투하했으나, 다행히도 강 속에 떨어져 아무런 피해가 없었어도 마을 사람들은 극도로 공포심을 느끼고 있다. 운운

검거 월일, 형벌: 7월 23일, 9월 3일 금고 4개월

서명(署名): 황주서(黃州署)

성명: 한호식(韓好植) → 352쪽

도별(道別): 평북

불온 언동 또는 유언비어 요지: 7월 10일부터 같은 달 26일까지 평안북도 구성군(龜城郡) 서산면(西山面)[80] 평지동(坪地洞) 허윤광(許允光) 외 몇 명에게 "지금 당국에서 장려하고 있는 강제저금은 몇 년까지 계속될지 불명확할 뿐만 아니라 가령 저금이라고 해도 1955(昭和 30)년 이후가 아니면 어떤 사정이 있어도 되찾을 수 없다"라고 발설함으로써 보험 권유를 유리하게 한 자이다.

검거 월일, 형벌: 7월 26일, 경범(警犯) 구류 15일

서명(署名): 구성서

성명: 정덕보(鄭德輔)

도별(道別): 평북

불온 언동 또는 유언비어 요지: 7월 12일 정덕보(鄭德輔)에게서 의무 저금을 되찾는 시기를 질문받았을 때 "일반 공채와 마찬가지로 1955년 3월 1일 이후가 아니면 돌려받을 수 없다"라고 상상적 유언비어를 말하였다.

검거 월일, 형벌: 7월 26일, 경범(警犯) 구류 5일

서명(署名): 구성서

성명: 원자형(元子亨)

도별(道別): 평북

불온 언동 또는 유언비어 요지: "일본은 전쟁을 위해 보험 및 저금은 소비하고 또 이번 보국 저금은 사변 후 1년이 지나지 않으면 돌려받을 수 없다" 운운함.

검거 월일, 형벌: 7월 25일, 설유(說諭)

서명(署名): 후창(厚昌)서

성명: 전원숙(田園熟)

---

80 원문은 사산면(四山面)이나 구성군에 없는 면명이다. 평지동이 속한 서산면으로 고쳤다.

도별(道別): 강원

불온 언동 또는 유언비어 요지: 이 사람은 1938년 7월 4일 관할구역인 삼척군(三陟郡) 원덕면(遠德面) 기곡리(杞谷里) 김연태(金鍊泰) 집에 와서 김연태에게 중일전쟁에 관해 "정부는 중일전쟁의 중대성을 감안해서 전비(戰備) 확장을 목적으로 국민에게 출생신고서, 사망신고서에 각각 신고서 제출 요금으로 1건당 15엔을 징수하고 그 자금을 군부로 융통하기로 결정하고 울진 방면에서는 실행 중이다" 운운함.

검거 월일, 형벌: 7월 18일, 7월 28일 경찰범처벌규칙위반으로 구류 20일에 처함.

서명(署名): 삼척서

성명: 전경술(田敬術)[81]

도별(道別): 함남

불온 언동 또는 유언비어 요지: 잡화 행상 중 "조선인의 놋쇠로 만든 식기는 탄환 제작을 위해 조만간 경찰에서 징발해 갈 것이므로 신속히 매각하는 것이 득책이다"라는 유언비어를 말하고, 네 집에서 놋쇠 식기 9개를 싼 가격으로 매수한 자이다.

검거 월일, 형벌: 7월 31일, 8월 18일 육군형법 위반으로 기소 의견을 부쳐 송국

서명(署名): 혜산서(惠山署)

성명: 성창근(成昌根) → 372쪽

도별(道別): 함북

불온 언동 또는 유언비어 요지: 7월 18일 노동 동료인 박포명(朴布明) 외 1명에게

1. "지금 많은 수의 일본군이 조선인 복장으로 변장하고 송봉(松峰) 부근에 와 있는데, 이는 지난번 하류(下流)의 고산(高山)에 일본인 1명과 조선인 2명이 올라왔을 때 그중 일본인이 소련군에게 총살당했기 때문이다."
2. "총살당한 현장에서는 소련군이 많은 기계 등을 배치하고 있었으므로 반드시 큰일이 일어날 것임이 틀림없다."

---

[81] 江原道警察部, 1938.12, 『(昭和十三年度)治安狀況』, 流11 참조.

3. "이곳에서는 자위단원(自衛團員)도 총을 차고 있는 듯하다" 운운하는 허보(虛報)를 유포하였다.

검거 월일, 형벌: 7월 20일, 경범(警犯) 구류 20일

서명(署名): 경흥서(慶興署)

성명: 김병구(金炳九)

도별(道別): 함북

불온 언동 또는 유언비어 요지: 청진부(淸津府) 내 포항동(浦項洞) 유의몽(劉議夢) 집에 있을 때 마침 같이 있던 6명에게 "일소(日蘇) 개전은 반드시 이뤄질 것인데, 일본은 재정적으로 전쟁 비용이 부족한 점이 있으므로 결국 패배할 것임이 틀림없다. 따라서 청진부민과 같은 경우는 그 대부분은 사멸할 것이다"라고 운운함.

검거 월일, 형벌: 7월 27일, 취조 중

서명(署名): 청진서

성명: 김양심(金良心) → 377쪽

도별(道別): 함북

불온 언동 또는 유언비어 요지: 가타야마는 한경봉과 김공삼에게

1. 전쟁이 일어날지도 모르는데, 전쟁이 일어나더라도 일본군은 적국 영토 내로 진입하여 싸울 것이므로 이곳까지는 걱정이 없지만, 문제는 비행기다.
2. 일본 헌병이 살해되었다.
3. 일본 군대가 조선인 복장으로 변장해서 와 있다.
4. 소련이 국경에 비행기와 전차를 대량으로 배치하고 있는 모양이다

라고 유포하였다. 한경봉은 또 1, 4의 사항을 김공삼에게 유포하였고, 김공삼은 또 4의 사항의 성명을 모르는 조선인 노동자에게 유포하였다.

검거 월일, 형벌: 7월 20일, 경찰범처벌규칙 위반, 가타야마와 한경봉은 각각 구류 20일, 김공삼은 구류 15일

서명(署名): 경흥서(慶興署)

성명: 가타야마 유오(片山猶雄), 한경봉(韓敬鳳), 김공삼(金孔三)

도별(道別): 함북

불온 언동 또는 유언비어 요지:

1. 만주 건국에 관해 그 주권은 일본에 있는 듯이 말했다.
2. 경원, 아오지 방면으로 일본 군대가 모여 있는 정황과 조만간 중일소(中日蘇) 전쟁을 개시하게 되면 국경 지대에 있는 주민들의 생명이 위험해질 듯한 언동을 하였다.
3. 일본군인을 가리키며 "저놈들"이라는 모욕적인 말을 하였을 뿐만 아니라 제국 군인이 조선인 옷을 입고 있다는 등 터무니없는 언동을 하였다.

검거 월일, 형벌: 7월 20일, 8월 25일 금고 4개월

서명(署名): 종성서(鍾城署)

성명: 안일수(安一守) → 348쪽

도별(道別): 함북

불온 언동 또는 유언비어 요지: "성진(城津) 지방에서는 자위단원이 각 집을 방문하여 놋쇠로 만든 식기를 무상 징발하고 있으므로 이참에 신속히 매각하는 것이 득책으로 보인다" 운운하는 유언비어를 유포하여 마을 사람들을 속여 식기를 싼값에 매수하여 부정한 이익을 취하였다.

검거 월일, 형벌: 7월 4일, 7월 28일 금고 4개월

서명(署名): 길주서(吉州署)

성명: 이검공(李劍公)

도별(道別): 함북

불온 언동 또는 유언비어 요지: 7월 18일 마을 두 사람에게 "국경에서 일본 헌병이 소련 병사에게 살해되어 일본은 소련과 전쟁을 할 것이다. 일본이 중국, 소련 두 나라와 전쟁하는 것은 힘든 것이다. 회암동(灰巖洞)에서 온 군대 병력도 이번 전쟁에 참여하는 것이다" 운운 또 그 외에 6월 11일 일본 나이로 20세인 자가 신체검사 시행 통지를 받은 것에 대해 마

을 두 사람에게 "지금 일본은 병력이 부족해서 우리를 병사로 삼으려고 해서 신체검사를 하는 듯하다"라고 운운함.

검거 월일, 형벌: 7월 24일, 육군형법 위반 8월 29일 송국

서명(署名): 경흥서(慶興署)

성명: 이시형(李時炯) → 378쪽

(2) 불온 언동 및 유언비어 처벌표(8월)

도별(道別): 경기

불온 언동 또는 유언비어 요지: 소련군 70만이 장고봉을 점거하고 일본에 대해 도전 중이지만, 일본은 중일전쟁이 장기화하면서 무기 및 기타 물자가 부족하기 때문에 소련과 화협(和協)하고자 교섭 중이다. 앞으로 소련군이 공격하고 일본군이 이것을 막을 수 없을 때는 즉시 조선을 떠나 망명해야 할 것이다. 운운

검거 월일, 형벌: 8월 18일, 육군형법 위반(기소됨)

서명(署名): 가평서(加平署)

성명: 황규영(黃圭榮)[82] → 364쪽

도별(道別): 경기

불온 언동 또는 유언비어 요지: 소련군 70만이 압록강을 건너 조선으로 내습 중임에 따라 부락민이 불안을 느끼고 청년들은 계속 동요하고 있다. 18세 이상 30세 이하의 청년은 근로보국단을 조직했는데, 결국 단원을 전장으로 보내게 될 것이다. 운운

검거 월일, 형벌: 8월 18일, 육군형법 위반(기소됨)

서명(署名): 가평서(加平署)

성명: 강신화(姜信和)[83] → 365쪽

---

[82] 京畿道警察部長, 1938.8.22, 「造言蜚語者檢擧ニ關スル件」; 京畿道警察部長, 1938.8.29, 「造言蜚語者檢擧ニ關スル件」 [이상 京城地方法院檢事局, 1938, 『(昭和十三年) 思想ニ關スル情報』(10)에 수록]

[83] 위의 자료에 따르면 강신화는 경기도 양주군(楊州郡) 화도면(和道面) 면사무소에서 애국저금 장려를 위해 열린 마석우리(磨石隅里) 동회(洞會)에 참석했다 돌아오는 길에 산성농촌진흥회장(山城農村振興會長) 황규영에게서 들은 얘기를

도별(道別): 충남

불온 언동 또는 유언비어 요지: 이 사람은 지난 7월 30일 관할구역인 서산군(瑞山郡) 운산면(雲山面) 안호리(安好里)에서 놋쇠 그릇을 매수할 때 무학문맹인 부녀자들에게 "음력 7월 20일(양력 8월 15일)에는 면사무소에서 부서진 놋그릇이나 철류(鐵類)를 사들이러 온다고 하므로 그 전에 우리 행상의 사발과 교환하는 것은 어떤가?" 운운하며 허구의 사실을 전하였다.

검거 월일, 형벌: 8월 16일, 경찰범처벌규칙 위반, 구류 20일

서명(署名): 서산서

성명: 안흥식(安興植)

도별(道別): 충남

불온 언동 또는 유언비어 요지: 이 사람은 지난 8월 16일 지원병 훈련소생 이성봉(李聖鳳)의 어머니 황씨에게 "경성에서 최근에 이 지역으로 이주해 온 자의 말에 따르면, 귀하의 아들 이성봉과 만났는데 식사도 제대로 하지 못하고 또 밤에도 좋은 휴식이 불가능하다고 곤란해하고 있다는 뜻을 발설하고 있다고 하므로, 돈이라도 송금하도록 해라"라고 사실무근의 허보(虛報)를 전했다.

검거 월일, 형벌: 8월 31일, 경찰범처벌규칙 위반, 구류 5일

서명(署名): 온양서(溫陽署)

성명: 이(李) 씨 (여)

도별(道別): 전북

불온 언동 또는 유언비어 요지: 6월 30일 군산부(群山府) 본정(本町) 1정목 28의 미곡상(米穀商) 와카오 시게오(若尾重雄, 42세) 점포에서 이 사람에게 "중일전쟁은 장기화로 접어들었는데, 중국은 토지가 넓고 제3국으로부터 차관을 해서 무기 구입 등도 가능해서 계속 전쟁할 수 있지만, 일본은 무력(武力) 측면에서 독일과 함께 세계 최강국이더라도 영토

이웃에게 전했다.

가 좁고 경제적으로 돌파구가 없는 막힌 상황으로 최후에는 질 것이다. 운운"하는 유언비어를 말하였다.

검거 월일, 형벌: 8월 3일, 송국(送局) 중, 육군형법 및 보안법 위반
서명(署名): 군산서
성명: 정은종(鄭殷鍾)[84]

도별(道別): 전북
불온 언동 또는 유언비어 요지: 이 사람은 8월 16일 오후 8시경 임실군(任實郡) 강진면(江津面) 옥정리(玉井里) 박태주(朴太周) 집에서 같은 마을 사람 송춘호(宋春浩) 외 수 명에게, 남원 방면에서는 최근 한여름임에도 불구하고 혼인이 빈번하게 이루어지고 있는데, 이는 중일전쟁으로 인해 군부가 적당한 처녀들을 징발하여 계속 전장으로 보내니 이를 면하기 위해서이다. 처녀를 둔 부형(父兄)은 상당히 우려하고 있다.
거주하는 마을에서는 35세 미만의 남녀를 집합시켜 달밤[月夜]을 이용해 훈련을 시키고 있는데, 이는 일본이 패전할 경우 전투원으로 삼기 위해서라고 운운하며 전파하였다.

검거 월일, 형벌: 8월 24일, 취조 중
서명(署名): 임실서
성명: 김분이(金粉伊, 여)

도별(道別): 전북
불온 언동 또는 유언비어 요지: 8월 1일부터 거주하는 마을 소학교에서 하계 과외 강습회를 개최하였다. 장녀 박세모(朴世謨)가 부모에게 승낙을 얻지 않고 수강을 결심하려 하자, 그것을 단념시킬 목적으로 8월 2일 오후 1시경 같은 마을의 황희남(黃熙南) 집에서 그 사람의 아내인 박성녀(朴姓女)의 면전에서 박세모에게 "■■■ ■■하는 것은 좋지만, 훗날 성적이 좋은 자들을 전장으로 보내 병사의 취사나 세탁, 기타 잡무에 사용하는 것을 모

---

84 국가기록원, 〈독립운동 관련판결문〉의 '수형인명부'에 의하면 정은종은 1938년 9월 15일 전주지방법원 군산지청에서 육군형법과 보안법 위반으로 징역 6개월을 선고받았다.

르는가?"라고 함부로 말했다. 이 외에 다음 날 같은 마을의 이기선(李基先)의 어머니 임성녀(林姓女)에게 같은 내용의 언동을 한 자이다.

검거 월일, 형벌: 8월 10일, 8월 12일 경찰범처벌규칙 위반, 구류 15일

서명(署名): 정읍서(井邑署)

성명: 박순경(朴順京)의 아내 이성녀(李姓女)

도별(道別): 전북

불온 언동 또는 유언비어 요지: 정읍군(井邑郡) 북면(北面) 남산리(南山里) 곽일봉(郭日鳳)의 장녀 애사(愛巳, 15세)를 다른 곳에 맡기고자 유순옥(柳淳玉) 집에 갔는데, 이미 다른 곳에 고용 중이었으므로 불만을 품고 곽일봉의 아내인 김순례(金順禮)에게 "너는 세상이 소란스러워진 것을 모르느냐, 이런 시절에 딸을 일본인 집에 보내서 어쩌자는 것인가. 지금 만주 방면 군대의 취사나 세탁, 기타 잡역에 사용하기 위해서 조선인 처녀나 과부, 요리집, 음식점 고용 여성 등을 모집하고 있지 않느냐?"라며 타인을 광혹(誑惑)시킬 만한 유언비어를 말하였다.

검거 월일, 형벌: 8월 20일, 8월 24일 경찰범처벌규칙 위반, 구류 15일

서명(署名): 정읍서

성명: 신동규(申東圭)의 아내 유순옥(柳淳玉)

도별(道別): 전남

불온 언동 또는 유언비어 요지: 전북 장수에서는 최근 경찰관이 어떤 세 딸이 있는 집에 가서 그녀들을 연행하고자 딸 3명에게 밖으로 나오라고 했는데, 그중 2명은 밖으로 나와서 강에 뛰어들어 자살했고, 다른 1명은 경찰관이 그녀의 손에 펌프[ポンプ]를 대자 그녀는 해골이 되었다.

검거 월일, 형벌: 8월 23일, 8월 23일 경찰범처벌규칙 위반. 강(姜)은 구류 29일, 정(鄭)은 구류 10일

서명(署名): 곡성서(谷城署)

성명: 강성녀(姜姓女), 정소척아지(鄭小斥阿只)

도별(道別): 경북

불온 언동 또는 유언비어 요지: 김천군(金泉郡) 증산면(甑山面) 수도리(修道里) 산중에서 촌간 도로 개착 공사에 출역(出役)한 인부 이우성(李愚星) 외 20여 명에게 "중일전쟁이 한창일 때 갑자기 러시아의 도전 행위에 의해 일러 간 전쟁이 발발했고, 일본군은 함경남도까지 퇴각하고 약 1만 명의 사상자를 내었을 뿐만 아니라 러시아 국경에는 전기장치 철조망이 깔렸으므로 일본군은 한 걸음도 접근할 수 없다" 운운하며 말했다.

검거 월일, 형벌: 8월 20일, 9월 2일 육군형법 위반으로 송국

서명(署名): 김천서

성명: 이재홍(李在鴻)[85] → 386쪽

도별(道別): 경남

불온 언동 또는 유언비어 요지: 거주하는 마을 내에서 납량중(納凉中) 부민들에게 "8월 6일 적의 비행기가 동래읍으로 날아와서 폭탄을 투하했다" 운운하는 유언비어를 유포하였다.

검거 월일, 형벌: 8월 9일, 8월 18일 기소의견에 부쳐 송국중

서명(署名): 산청서(山淸署)

성명: 노지옥(盧址玉)

도별(道別): 경남

불온 언동 또는 유언비어 요지: 주소지인 진해 읍내에서 목수 작업 중이던 친구에게 "어젯밤 오후 11시경 진해읍(鎭海邑) 연작정(連雀町) 조일루(朝日樓) 지점(支店) 앞에서 보니 적의 비행기가 상공에 높게 내습(來襲)해 온 것을 진해 요항부(要港部)에서 발견하고 대포를 발사했기 때문에 어느샌가 도망가서 위치를 알 수 없게 되었다. 운운"하는 유언비어를 유포하였다.

---

[85] 이재홍은 대구지방법원 김천지청에서 육군형법 위반으로 금고 1년을 선고받았다. 大邱地方法院金泉支廳, 1938.9.12, 「1938년 刑公 제437호 判決: 李在鴻」.

검거 월일, 형벌: 8월 10일, 8월 19일 기소의견으로 송국 중

서명(署名): 진해서

성명: 오카다 도쿠이치(岡田德一)

도별(道別): 황해

불온 언동 또는 유언비어 요지: 이 사람은 7월 7일 소주(蘇州)로부터 귀향한 자인데, 친구 수 명에게 다음과 같이 유언비어를 말하였다.

"현재 소주 부근에서는 1만 명의 황군이 방비하고 있는데, 그 부근의 중국군은 배일사상이 농후하기 때문에 15~30세까지 중국인은 전부 황군을 계속 학살하고 있다" 운운함.

검거 월일, 형벌: 8월 2일, 9월 3일 금고 4개월

서명(署名): 겸이포서(兼二浦署)

성명: 홍선기(洪善琦)

도별(道別): 황해

불온 언동 또는 유언비어 요지: 저금조합 조직석상에서 면 서기의 설명에 대해 "저금을 돌려준다고 말하는데 거짓말이다. 그런 저금은 관둬라" 운운하는 언동을 하였다.

검거 월일, 형벌: 8월 12일, 8월 15일 경찰범처벌규칙 위반 과료 19엔

서명(署名): 해주서(海州署)

성명: 정영복(鄭永福)

도별(道別): 황해

불온 언동 또는 유언비어 요지: 저금 조직을 위해 방문한 구장(區長) 등에게 "일본인이 지금 전쟁하고 있는데, 돈은 조선인이 내고 있다. 조선인은 별장(別將)에게 온 역마(驛馬)와 같은 존재로, 은상(恩賞)은 별장(別將)의 것이고 역마(驛馬)에게는 아무런 소득이 없다"라고 불온 언동을 하였다.

검거 월일, 형벌: 8월 5일, 육군형법 위반으로 취조 중

서명(署名): 재령서(載寧署)

성명: 김준석(金俊錫) → 384쪽

도별(道別): 황해
불온 언동 또는 유언비어 요지: "현재 러시아 군대가 조선에서 50리인 만주국 내에서 와서 각 지역에 폭탄을 투하한다고 말하는데, 머지않아 이 지역으로도 올 터이므로 언제 죽을지도 모른다. 러시아 병사가 10여 명씩 강간할 때는 죽을 것이니 술 비용쯤은 아끼지 마라" 운운함.
검거 월일, 형벌: 8월 22일, 육군형법 위반으로 송국
서명(署名): 신계서(新溪署)
성명: 현창복(玄昌福) → 384쪽

도별(道別): 평남
불온 언동 또는 유언비어 요지: "우편소, 금융조합의 저금은 전비(戰備) 부족 때문에 대장성(大藏省)에서 끌어가 전비로 소비하고 훗날 되돌려 주지 못할 자금이다" 운운함.
검거 월일, 형벌: 8월 11일, 경찰범처벌규칙 위반, 구류 10일
서명(署名): 양덕서(陽德署)
성명: 이찬성(李贊成)

도별(道別): 평남
불온 언동 또는 유언비어 요지: 여상정(呂尙正), 주성덕(朱成德) 두 사람은 만두를 사러 온 시숙자(柿淑子)에게 균전(鈞錢) 5전(1전 5장)을 건넸는데, 그중 1장이 만주국 동화(銅貨)가 섞여 있었으므로 교환을 요청하자 "앞으로 일본의 돈은 전부 없어진다. 만주국 돈이 통용될 듯하다" 운운하는 유언비어를 말하였다.
검거 월일, 형벌: 8월 22일, 경찰범처벌규칙 위반, 구류 15일
서명(署名): 대동서(大同署)
성명: 여상정(呂尙正), 주성덕(朱成德)

도별(道別): 강원

불온 언동 또는 유언비어 요지: "장개석의 아내 송미령은 9개의 묘술(妙術)을 부릴 수 있는 자로 장개석을 곳곳으로 옮기며 숨기고 있으므로 일본군이 아무리 서둘러봐도 도저히 소기의 효과를 얻을 수는 없다"라고 운운함.

검거 월일, 형벌: 8월 29일, 경찰범처벌규칙 위반, 구류 20일

서명(署名): 통천서(通川署)

성명: 송덕삼(宋德三)

도별(道別): 강원

불온 언동 또는 유언비어 요지: 중국은 면적이 넓고 인구가 4억이며 물산이 풍부한데, 일본은 이번에 이기고는 있지만 결국 일본이 패전한다. 일본이 패전하면 조선이 독립한다. 물산의 풍부함은 독립을 유지하기에 충분하여 지금과 같은 일본의 압박에서 벗어나 안락한 생활을 영위할 수 있을 것이다. 일본은 중일전쟁에서 장기전에 지쳐 있으므로 러시아, 중국 양쪽 국가를 상대로 전쟁하게 되면 반드시 패전한다고 운운함.

검거 월일, 형벌: 8월 23일, 취조 중

서명(署名): 고성서(高城署)

성명: 백우암(白又岩)

도별(道別): 강원

불온 언동 또는 유언비어 요지: 삼척군(三陟郡) 상장면(上長面) 장주리(長州里)[86]에서 여자근로보국대원이 출정병에게 증정할 천인침(千人針)[87] 제작을 의뢰하기 위해 방문한 것에 대해 "일본인은 조선의 토지를 빼앗아 생혈(生血)을 빨고 있는데도 불구하고 이번에는 또 중국을 빼앗으려 하고 있지 않은가? 이런 놈들이 무사히 개선하여 돌아오기를 기도할

---

86 당시 상장면에 없는 이명이다. 가장 유사한 이명으로 장성리(長省里)가 있다.
87 출정 병사의 무운을 빌어 천 명의 여자가 한 땀씩, 붉은 실로 천에 매듭을 놓아서 보낸 배두렁이 따위를 말한다. 일본어 음으로 '센닌바리'라 한다.

필요는 없다"라며 불온 언동을 하였다.

검거 월일, 형벌: 8월 19일, 취조 중

서명(署名): 삼척서

성명: 양등원(梁等元)

도별(道別): 강원

불온 언동 또는 유언비어 요지: 이현겸(李炫謙)이 남군칠(南君七)에게 "평해(平海) 출신으로 일본 재류자인 김원수(金元守)는 일본에서 재정적으로 성공해 수천 엔의 우편저금을 하고 있는데, 이번에 귀향하고자 예금의 출금을 청구했지만, 시국 관계상 돌려주는 것을 거절당해 귀향이 불가능해졌다"라고 유포하였다.

검거 월일, 형벌: 8월 16일, 경찰범처벌규칙 위반 과료 각 10엔

서명(署名): 울진서(蔚珍署)

성명: 이현겸(李炫謙), 남군칠(南君七), 박치광(朴致光)[88]

도별(道別): 강원

불온 언동 또는 유언비어 요지: 7월 15일 오후 6시 무렵 울진군(蔚珍郡) 기성면(箕城面) 척산리(尺山里) 황도석(黃道奭) 집에서 박해용(朴海龍), 황명칠(黃明七) 등에게 "일소(日蘇) 개전이 되면 소련이 이길지도 모른다. 러시아는 비행기도 신식이 다수 있고 기계화부대도 충실한 상태며 경제력이 우세하므로, 일본이 질지도 모른다" 운운함.

검거 월일, 형벌: 8월 19일, 육군형법 위반으로 송국

서명(署名): 울진서

성명: 곽종규(郭鍾奎)[89] → 353쪽

---

[88] 남군칠은 이현겸에게 들은 얘기를 박치광에게 전했고, 박치광은 이를 마을 사람 수 명에게 다시 퍼뜨렸다. 江原道警察部, 1938.12,『昭和十三年度治安狀況』, 流3 참조.

[89] 곽종규는 육군형법 위반으로 금고 4개월 처분을 받았다. 大邱地方法院 盈德支廳, 1938.8.31,「1938년 刑公 제397호 判決: 郭鍾奎」.

도별(道別): 강원

불온 언동 또는 유언비어 요지: 최근 단발(斷髮)한 자가 많은데, 전쟁이든 식물이든 뭐든지 세상에 있는 것에는 하늘이 정한 배치[定配]가 있어서 그렇게 정해진 것이다. 총독이나 지사나 우리도 같은 인간이지 않은가? 총독이 단발을 보급, 장려한다고 해서 유리한 것은 아무것도 없다. 이런 바보 같은 얘기는 없다고 운운함.

검거 월일, 형벌: 8월 7일, 8월 27일 경찰범처벌규칙 위반, 구류 25일

서명(署名): 횡성서(橫城署)

성명: 김태제(金泰濟)

도별(道別): 강원

불온 언동 또는 유언비어 요지: 근로보국대원이 국방헌금을 했다고 해서 무슨 도움이 되겠는가 운운함.

검거 월일, 형벌: 8월 28일, 취조 중

서명(署名): 횡성서(橫城署)

성명: 김석순(金錫順)

도별(道別): 강원

불온 언동 또는 유언비어 요지: 8월 13일 오후 1시경 화천군(華川郡) 간동면(看東面) 구만리(九萬里)의 음식점 정석중(鄭錫重) 집에서 마을 주민 김병렬(金炳烈) 외 3명에게 "내가 거주하는 마을에서 서당 교사 김명석(金命石), 재봉회사 주임 서기연(徐基連)은 동원으로 군대에 소집되었지만 이를 기피하여 어디론가 도주했다"라고 유언비어를 말했다.

검거 월일, 형벌: 8월 13일, 8월 30일 경찰범처벌규칙 위반, 구류 25일

서명(署名): 화천서(華川署)

성명: 최봉준(崔鳳俊)

도별(道別): 강원

불온 언동 또는 유언비어 요지: 8월 12일 화남(華南)소학교 숙직실에서 위 학교 학생 이

영진(李永振) 외 5명에게 "경성에서 지금 훈련을 받고 있는 지원병 중 훈련의 가혹함을 견디지 못하고 도망간 자가 2명 있다. 체포되는 때는 사형에 처할 것이라고 한다" 운운하는 유언비어를 말하였다.

검거 월일, 형벌: 8월 13일, 취조 중

서명(署名): 화천서(華川署)

성명: 오갑환(吳甲煥)[90]

도별(道別): 강원

불온 언동 또는 유언비어 요지: 1938년 8월 7일 오후 1시경 이천군(伊川郡) 이천면 남좌리(南佐里) 고광건(高光建) 집에서 고광건 외 3명에게 "일소(日蘇) 관계가 긴박한 상황이 됨에 따라 나는 신변의 위협을 느껴 북조선 방면에서부터 곡산(谷山)으로 피난 중인 자인데, 러시아는 현재 조선을 일본과 별개인 듯 생각하고 조선이 일본의 편을 드는 것을 못마땅히 보고 있다. 일본을 처단하기 전에 러시아는 나남에 폭탄을 투하하여 조선 민족을 다수 사상(死傷)시키려 하는 상태인데, 러시아는 조선인을 매우 미워하고 조선인을 모두 죽이려 하는 모양이다"라는 유언비어를 말하였다.

검거 월일, 형벌: 8월 7일, 8월 16일 육군형법 위반으로 송국

서명(署名): 이천서

성명: 엄운엽(嚴雲燁) → 364쪽

도별(道別): 강원

불온 언동 또는 유언비어 요지: 7월 10일 울진읍(蔚珍邑) 장범숙(張范塾) 집에서 "경성 방면에서는, 장개석은 30년간 전쟁을 준비해 왔는데 일본은 10년간의 준비로 싸우고 있고, 이 때문에 고철(古鐵)이나 놋쇠 부스러기[眞鍮屑] 등도 사 모아서 군수품을 만들려고 한다는 얘기를 들었다" 운운하는 유언비어를 말하였다.

검거 월일, 형벌: 8월 7일, 8월 18일 석방

---

90   당시 오갑환은 화남소학교 소사였다. 江原道警察部, 1938.12, 『(昭和十三年度)治安狀況』, 流2 참조.

서명(署名): 울진서

성명: 장현태(張鉉泰)

도별(道別): 함남

불온 언동 또는 유언비어 요지: 친구 4명에게 "일본은 중일전쟁이 장기전에 돌입한 현재, 추가로 소련과 전단(戰端)을 여는 것은 무모하며 패전을 피할 수 없을 것이다", 또 "이번 조선에서 실시된 지원병제도는 박춘금(朴春琴) 대의사(代議士)[91]의 이름을 파는 수단으로 이용되어 실시되는 것으로, 조선인으로서는 한 명도 희망하는 자가 없다. 이번 지원병을 지원하는 자는 조선 청년으로서 자각이 없는 자로, 마치 일본군의 개(犬)와 같은 놈이다"라는 불온 언동을 하였다.

검거 월일, 형벌: 8월 1일, 취조 중

서명(署名): 신갈파서(新乫坡署)

성명: 한정걸(韓廷傑)

도별(道別): 함남

불온 언동 또는 유언비어 요지: 엿 행상 중에 "조선인의 놋쇠 식기는 조만간 당국에서 몰수할 터이므로 속히 매각하거나 교환하는 것이 득책이다"라고 말해 놋쇠 식기를 싼 가격에 매입하거나 교환한 자이다.

검거 월일, 형벌: 8월 4일, 육군형법 위반으로 송국

서명(署名): 신흥서(新興署)

성명: 권성렬(權聖烈), 조태현(曹太鉉)

도별(道別): 함남

불온 언동 또는 유언비어 요지: 거주지 마을 주민에게 "나는 올해 특히 악운(惡運)으로,

---

[91] 당시 일본 중의원(衆議院)의원의 속칭이다. 박춘금은 1937년 5월 제20회 일본 중의원의원 선거에 출마해 당선된 뒤, 동년 8월 일본 제국의회에서 '조선의 지원병제도 시행에 관한 청원'을 거론했다. 친일인명사전편찬위원회, 2009, 『친일인명사전(인명편 2)』, 민족문제연구소, 141쪽.

지난달 아이와 아버지를 잃었고, 이번에는 또 웅기(雄基)에서 소련 공군의 폭탄에 의해 그 지역 거주 중이던 숙부 김주현(金周鉉)의 일가 9명이 전부 폭사(爆死)했다는 내용의 전보가 어제 왔다"라고 허위의 유언비어를 말하였다.

검거 월일, 형벌: 8월 5일, 취조 중

서명(署名): 이원서(利原署)

성명: 김약용(金若用)[92] → 345쪽

도별(道別): 함남

불온 언동 또는 유언비어 요지: "오늘 소련 비행기가 날아와 함북 성진, 청진 방면을 폭격하였으므로 오늘 밤은 전등을 켜서는 안 된다", "8월 2일 오후 6시 혜산역을 출발하는 열차가 정각보다 약 5분 늦게 발차하였던 것은 역시 요새 소련 비행기가 함북 청진 방면을 폭격했던 것과 관계있을 것이다" 운운

검거 월일, 형벌: 8월 6일, 8월 15일 신병 석방

서명(署名): 호인서(好仁署)

성명: 김하연(金河蓮) → 371쪽

도별(道別): 함남

불온 언동 또는 유언비어 요지: 후추(胡椒) 행상 중에 "러시아는 최근 문화 발전이 현저하다. 화차(貨車)와 같은 것도 일본의 화차는 200가마니부터는 적재할 수 없는데, 러시아의 화차는 400가마니까지 적재할 수 있다. 또 속력도 빠르다. 이렇듯 문화 정도가 일본에 비할 바가 아니다. 만일 일소(日蘇) 개전이 되면 일본의 승리는 기대하기 어렵다" 운운하며 불온 언동을 하였다.

검거 월일, 형벌: 8월 6일, 취조 중

서명(署名): 영흥서(永興署)

---

92 京城覆審法院, 1938.9.16, 「1938年 刑控 제381호 判決: 金若用」에 따르면 김약용은 1938년 8월 30일 함흥지방법원 북청지청에서 육군형법 위반으로 금고 4개월의 선고를 받았고, 이에 불복하여 공소했으나 1938년 9월 16일 경성복심법원에서 기각됐다. 이외 국가기록원, 〈독립운동 관련 판결문〉의 '집행원부'와 '형사사건부' 참조.

성명: 서기수(徐基守) → 372쪽

도별(道別): 함남
불온 언동 또는 유언비어 요지: 일만소(日滿蘇) 국경을 순회하고 돌아온 후 "현재 만주 소련 국경지방은 늪과 못[沼澤]이 많아 황군이 진격하기에 불리하다. 그러나 소련이 어느 방향으로 진격하느냐에 따라 어떤 사태에 직면하게 될지 예측하기 어렵다. 지금은 황군이 진격하지 않고 결빙기(結氷期)를 기다려 결전할 예정이다", "아오지(阿吾地)는 황군의 근거지로 현재 많은 군대가 주둔 중이다. 이 지역에 있는 우리 거래처 상인은 언제 전쟁이 시작될지 몰라 물품 매수를 자제하고 있다. 아오지 상공에는 적의 비행기가 날아왔다"라고 말했다.
검거 월일, 형벌: 8월 11일, 8월 18일 기소유예 의견으로 사건만 송치
서명(署名): 호인서(好仁署)
성명: 니시후지 다케시로(西藤武四郞) → 372쪽

도별(道別): 함남
불온 언동 또는 유언비어 요지: 만주국 목단강(牡丹江)에서 본적지로 돌아온 후 "지난번 (시일 불명) 혼춘(琿春)행 일본 군용열차가 소련 비행기 때문에 폭격되어 전멸했다. 그것으로 추론해 보면 이번에 본격적으로 개전하면 일본군의 승리는 가능성이 없다"라고 유언비어를 말하였다.
검거 월일, 형벌: 8월 12일, 취조 중
서명(署名): 이원서(利原署)
성명: 김양순(金良順) → 370쪽

도별(道別): 함남
불온 언동 또는 유언비어 요지: "근래 풍산(豐山), 갑산군(甲山郡) 방면에서는 경찰관과 면 직원이 협력해 각 가정에서 놋쇠 식기를 징수하고 있다는 소문이 무성하므로, 이곳 삼수군(三水郡) 방면에서도 조만간 놋쇠로 만든 식기를 징수할 것이다. 징수된 식기는 군

(軍)에서 소총의 탄약을 제조하는 데 사용될 것이다" 운운함.

검거 월일, 형벌: 8월 15일, 8월 23일 경찰범처벌규칙 위반, 구류 10일

서명(署名): 호인서(好仁署)

성명: 고병일(高秉日)

도별(道別): 함남

불온 언동 또는 유언비어 요지: 재봉침(裁縫針) 행상 중에 "함북 성진군(城津郡) 학중면(鶴中面)[93] 송하리(松下里)에서는 각 관공서가 협력하여 면내 각 가정에서 매월 70전을 저금하도록 권유하고 있다는데, 그것은 현재 일본이 중일전쟁 때문에 식량이 부족해져서 저금을 전장으로 보내 식량을 매입하려는 것이다"라는 유언비어를 말하였다.

검거 월일, 형벌: 8월 15일, 8월 30일 육군형법 위반으로 송국

서명(署名): 삼수서(三水署)

성명: 강영기(姜榮基) → 371쪽

도별(道別): 함남

불온 언동 또는 유언비어 요지: 김행진(金行珍)은 성진(城津) 방면에서 고향에 돌아온 후 이흥락(李興洛)에게 "성진에서는 관청이 놋쇠로 만든 식기를 징수하고 있다고 하므로, 조선인들은 해당 식기를 매각하거나 자기(磁器)와 교환하고 있다"라는 유언비어를 말하였다. 이흥락은 같은 면 대흥리(大興里)[94]의 이운봉(李運逢)에게 마찬가지의 유언비어를 말했다.

검거 월일, 형벌: 8월 20일, 취조 중

서명(署名): 단천서(端川署)

성명: 이흥락(李興洛), 김행진(金行珍)

---

93 원문은 '城津郡鶴中西松下里'이나 '西'는 '面'을 잘못 기재한 것 같다.
94 당시 단천군에 대흥리는 두 곳으로 각각 단천면과 북두일면(北斗日面)에 속했다.

도별(道別): 함북

불온 언동 또는 유언비어 요지: "어대진(漁大津) 방호단(防護團) 간부 모임 석상에서 장고봉 사건에 관해 함북 건착어업조합(巾着漁業組合) 건착선(巾着船)[95] 20척이 방공 감시에 걸린 일이 있었는데, 위 건착선 20척이 징발되었다"라는 유언비어를 말하였다.

검거 월일, 형벌: 8월 5일, 해군형법 8월 30일 불기소

서명(署名): 어대진서

성명: 문영섭(文永燮) → 376쪽

도별(道別): 함북

불온 언동 또는 유언비어 요지: 8월 2일 명천역(明川驛) 앞에서 철도 종업원 2명에게 "어젯밤 소련 비행기가 나진과 나진 부근의 철도를 폭격했기 때문에 그 수리를 해야 해서 다수의 철도 종업원이 해당 방면으로 출장하게 되었을 것이다"라고 운운하며 마치 나진부내 요소 및 그 외 다른 지역이 공중 폭격을 받은 것처럼 유언비어를 말하였다.

검거 월일, 형벌: 8월 10일, 8월 27일 경찰범처벌규칙 위반, 구류 10일

서명(署名): 명천서

성명: 조양남(趙陽南)

---

[95] 건착망(巾着網)으로 고기를 잡는 배이다. 건착망은 고기잡이 그물의 하나로, 띠 모양의 큰 그물로 고기를 둘러싸고 줄을 잡아당기면 고기가 빠져나가지 못하게 된다. 고등어, 다랑어, 정어리 따위를 잡는 데 쓴다.

2. 『고등외사월보』 1-12, 1939.7~1940.7

1) 「시국범죄의 경향」, 『고등외사월보』 1, 1939.7

이번 미증유의 중대 시국에서 일반 민중의 시국인식은 양호하여 치안상 특별히 우려할 경향은 보이지 않는다. 따라서 시국에 관한 범죄도 사변 발생 당초 민심의 불안 동요가 심각했던 당시에 비해 현저히 감소하고 있는데, 그렇다고 하더라도 현재 일부에서는 별표와 같이 시국에 따른 특수범죄가 계속 발생하고 있다. 그리고 그중 다수를 점하는 유언비어와 불온 언동의 내용은 대부분 있어서는 안 될 저급한 것으로, 냉정한 판단력으로 보면 일고의 가치도 없는 것이 많긴 하다. 하지만 민도(民度)가 저급한 산간벽지에서는 이와 같은 유언비어가 예상 외의 반향을 가져오는 부분도 있고, 특히 국제정세 변동 등으로 민심이 불안하고 동요하는 시기에는 그 반향이 한층 커지는 부분이 있어, 저급하고 경미한 요언(妖言)이라고 하더라도 경시할 수 없는 법이다. 엄중한 단속을 가하면서 더불어 한편 민중들에게 시국을 바르게 인식하게 하고 이러한 유언비어에 미혹되지 않을 소지를 배양시키는 것이 더욱 필요함을 통감하고, 시변(時變) 이후 당국은 적극적으로 시국 인식 운동에 노력해 오고 있다. 또한 사변에 수반하여 정치경제상의 제 문제 혹은 전황 등을 이용하여 순박한 민중 혹은 출정한 군인 유가족 등을 기만하고 사리사욕을 탐하거나, 또는 민심을 지도해야 할 지위에 있으면서 그 지위를 역이용하여 국방헌금 및 기타 재원을 횡령하여 사적으로 소비하는 것과 같은 매우 악질의 범죄도 있다.

또한 사변 당초에는 재류중국인에 대한 반감에 의해 각종 분쟁 혹은 박해 등의 사건이 일시 급격히 증가하는 경향을 보였으므로 기왕의 불행한 사태의 발발 등에 비추어 볼 때 특별히 세심한 주의를 기울여 이에 대한 지도와 단속을 하고 있다. 그런데 최근에는 재류중국인은 모두 신정권의 슬하에서 방공, 친일·만(親日·滿)을 계속 표방하고 있으므로 대적국인(對敵國人) 관념이 점차 불식되어, 일본인·조선인 대(對) 중국인의 분쟁도 두드러지게 감소하고 있다. 하지만 여전히 일부 불량도배 중에 일부러 중국인에게 모멸적 태도로 대하고 혹은 공갈적 태도로써 사리(私利)를 탐하는 것과 같은 악랄한 행위를 하는 자가 여전히 끊이지 않는다.

 이상 시국 관계 특수범죄는 그 내용에서는 특히 중대성을 갖는 것은 없다고 하더라도, 국민일치, 총후(銃後)보국에 매진해야 할 때 시국을 분별하지 못하는 듯한 범행을 감행하는 것은 그 성질이 지극히 비난받아야 할 사항으로, 엄중한 단속을 가하여 자타 경계하고 각성하도록 힘써야 할 것이다.

 올해 1월에서 6월까지 동안에 시국관계 범죄는 별표와 같다.

(1) 불온 언동 유언비어 처벌표

① 1월

도명(道名): 경북

불온 언동 또는 유언비어 요지: 선산군(善山郡) 구미면(龜尾面) 원평동(元坪洞) 배영경(裵永慶) 집에서 열린 신년 연회 자리에서 권재호(權在鎬)가 수 명에게[96] "소련 만주 국경지대 부근에 주둔하고 있는 일본군대는 각종 고생을 매우 심하게 하고 있고 전사자의 뇌를 꺼내 '튀김(덴푸라)'을 만들어 먹고 있다", "국경지대에 있는 일본군은 절대 권력을 쥐고 그들 마음대로 휘둘러 많은 사람의 목숨을 멋대로 한다" 운운하는 언설을 유포하였다.

검거 월일, 형벌: 1월 18일, 2월 6일 육군형법 위반으로 송국(送局), 3월 8일 금고 4개월, 당일 복죄(服罪)함.

서명: 선산서(善山署)

씨명: 권재호(權在鎬)[97] → 409쪽

도명(道名): 강원(江原)

불온 언동 또는 유언비어 요지: 1938년 8월 25일 울진군(蔚珍郡) 울진면 봉평리(鳳坪里) 농민 안순천(安順天) 집에서 안순천에게 보험을 권유하면서 "보국저금(報國貯金) 장려는 사변을 위해서이고, 사변이 계속되는 한 되돌려 받을 수 없는 것은 물론 일본이 전쟁에서

---

96 원문은 '권재호(權在鎬) 외 수 명에게'이나 문맥상 권재호가 말한 자이다.
97 大邱地方法院 金泉支廳, 1939.3.8, 「1939年 刑公 제46호 判決: 權在鎬」.

진다면 전혀 받을 수 없게 될지도 모른다. 보국저금 대신 생명보험에 가입하는 것이 적책(適策)이다" 운운하는 언동을 하였다.

검거 월일, 형벌: 1월 20일 취조 중, 2월 3일 육군형법 위반, 영덕(盈德)지청검사분국 불기소

서명: 울진서(蔚珍署)

씨명: 노원달(盧元達)

도명(道名): 강원(江原)

불온 언동 또는 유언비어 요지: 1938년 9월 17일 저녁, 삼척군(三陟郡) 소달면(所達面) 전두리(田頭里) 방면 농민 이맹대(李孟大) 집에서 이맹대 외 2명에게 "최근 관청에서 미혼인 아가씨를 찾아내 그 몸에서 기름을 짜내 비행기 연료로 사용한다고 하는데, 아가씨 징발을 면하기 위해 각지에서 결혼식을 올리기도 한다는 이야기가 들리는데, 나도 그런 결혼식에 참가해서 술과 음식의 향응을 받았다" 운운하며 군사에 관한 유언비어를 말하였다.

검거 월일, 형벌: 1월 13일, 2월 25일 금고 4개월, 당일 복죄함.

서명: 삼척서(三陟署)

씨명: 김순대(金順大)

② 2월

도명(道名): 경기(京畿)

불온 언동 또는 유언비어 요지: 결혼 전 여자를 만주로 보내 피를 뽑고 기름을 짜기 위해 관청에서 각지에 걸쳐 미혼 여성을 조사하는 중인데, 이미 충북 단양군(丹陽郡) 영춘(永春)에서는 미혼 여성 1명당 70엔을 부모에게 지불하고 트럭에 싣고 만주로 보냈다.

검거 월일, 형벌: 2월 15일, 경찰범처벌규칙 위반, 구류 7일

서명: 제천서(堤川署)

씨명: (여) 김순덕(金順德) 60세

도명(道名): 충남(忠南)

불온 언동 또는 유언비어 요지: 담배인 '가치도키'를 '마코'와 동일한 재료로 제조하고 [가격은] '마코'보다 4전 높은 가격으로 판매하여 그 이익을 국비로 충당했다는 유언비어를 발설했다.

검거 월일, 형벌: 2월 24일, 경찰범처벌규칙 위반, 구류 15일

서명: 대전서(大田署)

씨명: 차석만(車錫萬) 22세

도명(道名): 경남(慶南)

불온 언동 또는 유언비어 요지: 지금까지 전쟁은 중국 1개국이어서 이겼지만 최근에는 중국에 대해 서양 여러 나라의 원조가 있고 특히 러시아의 적극적인 원조가 있어서 일본은 패전에 가까우며, 적국 비행기 몇십 만대가 출몰하여 폭탄을 떨어뜨리면 조선도 위험하지 않겠는가 운운하는 언동을 하였다.

검거 월일, 형벌: 2월 2일, 2월 28일 육군형법 위반, 금고 4개월

서명: 진주서(晉州署)

씨명: 주화실(朱花實)

도명(道名): 평남(平南)

불온 언동 또는 유언비어 요지: 쓰루다 마사키치(鶴田正吉)라는 자에게 장남이 출생한 것을 축하하는 뜻을 표하고자 1938년 12월 26일 관제엽서에 "황태자가 출생하셨다고 하니 만세, 만세. 비상시국에 잘한 일이다. 벌써 두 아이의 부모구나, 멋진 신년 정월을 기쁘게 맞이하세요. 황후 폐하에게도 인사 전해 주세요. 할머님은 건강하시지요. 소식 전해 주세요"라고 쓰루다 마사키치의 장남을 황태자에, 그의 아내를 황후 폐하에 비유하여 황실의 존엄을 모독한 불경한 행위를 한 것이다.

검거 월일, 형벌: 2월 15일, 3월 2일 기소유예

서명: 평양서(平壤署)

씨명: 쓰루다 사다히라(鶴田定平) 32세

도명(道名): 강원(江原)

불온 언동 또는 유언비어 요지: 도쿄시(東京市) 아라카와구(荒川區) 거주 중에 일시 조선으로 돌아와 2월 21일 정오 무렵 삼척군 삼척읍 사직리(史直里) 이원주(李原州) 집에서 삼척읍(三陟邑) 남양리(南陽里) 정도권(鄭道權)에게 "자제를 지원병으로 보내는 부형은 바보다. 러시아 비행기는 세계 제일이다. 도쿄를 폭파하면 과연 일본이 버텨 막을 수 있을지 의문이다. 일본은 병기가 현저하게 부족하여 겨우 전쟁하는 중이다. 운운"하며 군사에 관한 유언비어를 말하였다.

검거 월일, 형벌: 2월 22일 (취조 중), 3월 29일 육해군형법 위반, 금고 4개월, 당일 복죄함.

서명: 삼척서

씨명: 김동신(金東信)

도명(道名): 함남(咸南)

불온 언동 또는 유언비어 요지: 사변을 위해 마필(馬匹) 소유자는 말과 함께 징발되어 만주로 수송되고 있어서, 우리 지방에서도 언제 징발될지 모르므로 마필 소유자는 매우 위험하다고 하는 유언비어를 유포하고, 마필 시가 80엔 정도를 67엔에 구입했다.

검거 월일, 형벌: 2월 3일 육군형법 위반, 공갈 사건으로 취조 중, 3월 17일 송국(送局), 3월 28일 서복길(徐福吉) 기소유예, 서복용(徐福用) 징역 6개월.

서명: 풍산(豊山)

씨명: 서복길(徐福吉), 서복용(徐福用) → 405쪽

도명(道名): 황해(黃海)

불온 언동 또는 유언비어 요지: 1938년 7월 무렵부터 1939년 1월 무렵까지 수차례에 걸쳐 본인이 경영하며 가르치는 서당 학생 10여 명에게 "이번 중일전쟁에서 일본군의 손해는 중국군보다 큼에도 불구하고 신문에서는 일본군의 손해를 축소해 보도하고 사실과 다른 것도 많으므로 신문 기사를 믿으면 안 될 것이다. 장개석(蔣介石)은 계획적으로 한구(漢口)를 포기한 것으로 패전의 결과가 아니다. 일본군은 그의 책략에 빠져 오지에서 추격받으면 전멸하게 될 것이다"라고 군사에 관한 유언비어를 말하였다.

검거 월일, 형벌: 2월 27일, 3월 24일 송국, 4월 4일 기소, 예심을 청구함.
서명: 연백(延白)
씨명: 김정배(金廷培), 67세 → 408쪽

도명(道名): 황해
불온 언동 또는 유언비어 요지: 보험을 권유하면서 "이번 사변은 10년 혹은 20년 지속될지도 모르므로, 정부에서 [추진하는] 간이생명보험, 보국저금 등은 절대 돌려받지 못할 것이다. 그러므로 출금에 제한이 없는 가타쿠라(片倉)생명보험에 가입하라"고 하며 시국을 역이용한 군사에 관한 유언비어를 말하였다.
검거 월일, 형벌: 2월 20일, 3월 5일 송국, 5월 23일 징역 6개월(평양복심법원 판결)
서명: 수안(遂安)
씨명: 한기동(韓基東)

③ 3월
도명(道名): 경북(慶北)
불온 언동 또는 유언비어 요지: 도쿄(東京) 모 비행기 공장에서는 하루에 수십 대라고 하며 비행기를 제작하고 있는데, 최근에는 인부가 부족하여 사변 발생 후 약 3천 명의 직공을 늘렸고, 해당 공장에서는 지하 창고를 만들어 무진장으로 비행기를 숨겨두고 있고, 버튼 하나만 누르면 바로 비행기가 비행할 장치가 있고, 또 요코하마 및 기타 중요 항에는 지하에 대포를 설치해 두어 적함이 가까이 오면 수중에서 발포되어 바로 폭파시킨다더라고 운운하며 군사에 관한 유언비어를 유포하였다.
검거 월일, 형벌: 3월 23일, 4월 13일 육군형법 위반, 기소유예 의견으로 송국
서명: 고령서(高靈)
씨명: 정문출(鄭文出) → 418쪽

도명(道名): 경북(慶北)
불온 언동 또는 유언비어 요지: 청도군(淸道郡) 대성면(大城面) 고수동(高樹洞) 김정구(金

正具) 집에서 김정구 외 몇 명에게 "1937년 7월 일본에서 북중국 방면으로 몇십만의 병력을 수송할 때 일시 부산에 상륙하였으므로, 당시 부산부 내에는 창기, 기생이 크게 부족해져, 부산부 내 모 조선인 기생은 하룻밤에 군인 30명 이상에게 매춘하여서 그 때문에 즉사했던 사실이 있다"라고 유언비어를 유포하였다.

검거 월일, 형벌: 3월 23일 경찰범처벌규칙 위반, 구류 7일
서명: 청도(淸道)
씨명: 하석양(夏錫揚)

도명(道名): 함북(咸北)
불온 언동 또는 유언비어 요지: 신북청(新北靑)에서 일본군은 탄환이 부족한 상태여서 주민들의 놋쇠[眞鍮] 식기를 모으고 있다고 운운하는 유언비어를 유포하였다.
검거 월일, 형벌: 3월 7일, 3월 21일 육군형법 위반으로 4월 5일 기소유예
서명: 북청(北靑)
씨명: 김복선(金福先)

④ 4월

도명(道名): 경기(京畿)
불온 언동 또는 유언비어 요지: 시국저금(時局貯金)은 거치기간이 만료된 후에도 자유로운 출금이 허가되지 않을 것이므로 저금보다도 보험에 가입하는 것이 유리하다고 운운하는 유언비어를 유포하였다.
검거 월일, 형벌: 4월 14일, 5월 29일 무혐의 불기소
서명: 장연서(長淵署)
씨명: 진명환(陳明煥)

도명(道名): 경기(京畿)
불온 언동 또는 유언비어 요지: 철도공사 노동 일에 근로보국단원을 계속 사용하고 있는데, 이것은 중일전쟁의 제일선에 보내 참전시키려는 것이다. 현재 중국은 유럽 열강의 장개

석 지원 정책에 의해 중국과 열강이 힘을 합쳐 우리 군을 공격 중이다. 그렇다면 우리 군의 패전은 기정사실로, 거기에 참전하는 단원도 열 명 중 한 명은 살아 돌아오기가 매우 어려울 것이라고 운운하는 유언비어를 유포하였다.

검거 월일, 형벌: 4월 8일, 5월 15일 육군형법 위반, 금고 6개월

서명: 파주서(坡州署)

씨명: 정중규(鄭重奎)[98]→403쪽

도명(道名): 경기(京畿)

불온 언동 또는 유언비어 요지:

1. 본인은 일본군의 통역으로 종군하여 북중국 제일선에서 활약했는데, 일본군은 중국군의 포로를 모아 참살하는 등 매우 참혹하였다. 현재 일본군의 점령지는 우리 국토의 몇 배에 이르며 그 이상 전선을 확대하면 결국 패배할 것이다. 소련의 중국 원조 결과는 예측하기 어렵지만, 장고봉 사건 당시 소련군으로부터 몇 차례에 걸쳐 공중 포격을 받았으면서도 우리 군이 공세(攻勢)로 나서지 않았던 것은 한참 중일전쟁 중이던 때여서 경제상의 파탄을 피하고자 한 것이다.

2. 중국 측의 세균전술로 우리 군은 콜레라에 걸려 사망한 자도 많다. 또 일본군은 전선(前線)에 서기를 꺼리는데, 그것은 다수의 희생자가 나오는 것을 두려워하기 때문이다.

등의 유언비어를 유포하였다.

검거 월일, 형벌: 4월 12일, 7월 5일 경성지방법원에서 금고 8개월

서명: 도경찰부(道警察部)

씨명: 김관섭(金觀燮)[99]→411쪽

---

[98] 京畿道警察部長, 1939.4.6, 「靑年團長ノ造言蜚語ニ關スル件」[京地檢事想部, 1939, 『(昭和十四年)思想ニ關スル情報(道警察部長)』에 수록]; 京城地方法院, 1939.5.15, 「1939년 刑公 제578호 判決: 鄭重奎」.

[99] 김관섭은 1심 판결에 불복하고 공소했으나 경성복심법원에서 기각되었다. 京城覆審法院, 1939.8.8, 「1939년 刑控 제291호 判決: 鄭重奎」 관련 자료로 京畿道警察部長, 1939.5.5, 「造言蜚語者檢擧ニ關スル件」[京地檢事想部, 『(昭和十四年)思想ニ關スル情報(道警察部長)』에 수록] 등이 있다.

도명(道名): 충북(忠北)

불온 언동 또는 유언비어 요지: 열차 안에서 "전쟁[터]에 가 있는 일본인 놈들은 전부 전사(戰死)해 버려라" 운운하는 유언비어를 말한 자이다.

검거 월일, 형벌: 4월 24일 사건 심리 중

서명: 충주(忠州)

씨명: 변호사 심상필(沈相弼) → 413쪽

도명(道名): 전남(全南)

불온 언동 또는 유언비어 요지: 1939년 3월 19일 마을 거주민 8명에게 지난번 장고봉 사건 시에 흥남(興南) 조선질소비료회사(朝鮮窒素肥料會社)의 종업원이 한꺼번에 대거 소집되었는데, 그 이후 제대 시에는 회사에서 열차를 통3째로 빌려 마중 나갔던 일이 있다는 군사에 관한 유언비어를 말하였다.

검거 월일, 형벌: 4월 20일, 5월 2일 송국, 5월 24일 기소유예[순천지청검사분국(順天支廳檢事分局)]

서명: 여수(麗水)

씨명: 이도수(李道洙)

도명(道名): 전남(全南)

불온 언동 또는 유언비어 요지: 1939년 3월 19일 마을 거주민에게 "조선질소비료회사 흥남공장의 종업원이 장고봉 사건 때 약 천 명 이상 소집되었다"라고 군사에 관련된 유언비어를 말하였다.

검거 월일, 형벌: 4월 20일, 5월 24일 기소유예(순천검사분국)

서명: 여수(麗水)

씨명: 계수생(桂秀生)

도명(道名): 강원(江原)

불온 언동 또는 유언비어 요지: 1939년 4월 중순 마을 거주민에게 "사변 이후 지방 농민이 곤궁해졌는데 이것은 전적으로 일본이 중국을 공략한 결과이다. 일본이 전쟁하지 않았다면 농민이 곤궁해지는 일은 없었다 운운"하며 불온 언동을 하였다.

검거 월일, 형벌: 4월 25일 취조 중, 5월 19일 육군형법 위반으로 송국, 6월 3일 무혐의 [철원지청검사분국(鐵原支廳檢事分局)]

서명: 회양(淮陽)

씨명: 장진석(張晉錫) → 430쪽

⑤ 5월

도명(道名): 경기(京畿)

불온 언동 또는 유언비어 요지: 유복한 가정에서 자란 지원병이 훈련소 입소 중, 친아버지가 제 아들이 전장터로 출정하는 것을 두려워하여 퇴소를 조건으로 당국에 많은 기부 의사를 표시했으나 받아들여지지 않았고, 그 지원병은 군규(軍規) 위반으로 엄벌에 처해졌다고 운운하는 유언비어를 말하였다.

검거 월일, 형벌: 5월 16일 (1) 무혐의 불기소 (2) 기소유예

서명: 파주서(坡州署)

씨명: (1) 윤한구(尹漢求) (2) 우광수(禹鑛壽)

도명(道名): 함남(咸南)

불온 언동 또는 유언비어 요지: "일본은 중일전쟁 때문에 탄환의 재료가 되는 놋쇠(眞鍮)가 부족해졌고, 이 때문에 면사무소와 주재소의 사람들이 각 집을 돌며 식기를 시가의 반값 정도로 강제적으로 매점하고 있다. 운운하는 유언비어를 말하였다.

검거 월일, 형벌: 5월 19일, 6월 9일 송국

서명: 영흥서(永興署)

씨명: 김학길(金學吉)

도명(道名): 함남(咸南)

불온 언동 또는 유언비어 요지:

1. 현재 중일전쟁은 일본이 대승하고 있는 것처럼 보도되고 있지만, 결국에는 일본이 패전하고 그에 따라 가까운 장래에 조선은 독립할 것이다.
2. 일본이 패전하면 국채는 반환되지 않기 때문에 국채 등을 사서는 안 된다.

등의 유언비어를 유포하였다.

검거 월일, 형벌: 5월 1일, 6월 24일 함흥지방법원 육군형법 위반, 보안법 위반, 징역 8개월

서명: 신흥서(新興署)

씨명: 박인섭(朴麟燮)

⑥ 6월

도명(道名): 전북(全北)

불온 언동 또는 유언비어 요지: 각지에 조직된 근로보국대의 대원은 소집되어 전쟁터로 출동시킬 것이 분명하다고 운운하는 유언비어를 말하였다.

검거 월일, 형벌: 6월 8일, 6월 15일 경찰범처벌규칙 위반, 구류 15일

서명: 무주서(茂朱署)

씨명: 박창근(朴昌根)

도명(道名): 전남(全南)

불온 언동 또는 유언비어 요지: 최기동(崔己同)은 5월 20일 오후 8시 무렵 같은 마을의 정종태(鄭鐘太)에게 군사상 비밀사항인 제주도 비행장의 소재를 알려준 후 "1938년 여름 무렵 조선인 여자 1명이 구경을 위해 제주도 비행장에 들어갔을 때 주둔병에게 총살되었다"라고 군사에 관한 유언비어를 말하였고,

정종태는 5월 28일 마쓰모토 겐시치(松本源七)에게 최기동으로부터 들어 알게 된 앞에 기술한 사항을 그대로 누설하였고,

마쓰모토 겐시치는 정종태에게 군사상 비밀사항인 앞에 기술한 비행장의 소재를 물어 이를 탐지하였다.

검거 월일, 형벌: 6월 1일 군기보호법·육해군형법 위반으로 7월 4일 송국

서명: 제주도서(濟州島署)

씨명: (1) 최기동(崔己同) (2) 정종태(鄭鐘太) (3) 마쓰모토 겐시치(松本源七)

도명(道名): 황해(黃海)
불온 언동 또는 유언비어 요지: 20년 전 들어 알게 된 정감록(鄭鑑錄) 기사가 세간의 이야기와 합치되는 부분도 있다고 사료되어, 1939년 6월 29일 오후 5시 무렵 자택에서 같은 마을 공동 욕장(浴場) 파수꾼 김정순(金鼎淳)과 정감록 주석에 있는 중일전쟁을 언급하며 "[정감록에는] 중국과 일본이 전쟁한다면 [일본이] 이긴다고 되어 있지만, 현재 러시아가 중국에 가세하고 있으므로 [결국에] 일본은 패전한다"라고 군사에 관한 유언비어를 말하였다.
검거 월일, 형벌: 6월 29일 취조 중, 7월 13일 송국
서명: 옹진서(甕津署)
씨명: 정규홍(鄭圭鴻)

도명(道名): 황해(黃海)
불온 언동 또는 유언비어 요지: 5월 31일 해주부 북욱정(北旭町)의 이한민(李漢珉)과 잡담하던 중 이한민이 일본 군인은 전사할 때 천황 폐하 만세를 봉창한다는 취지로 말하자,
1. 자네는 전장터에 나가봤는가, 해주역에서 출정하는 군인을 보면 모두가 눈물을 흘리며 출발하지 않는가 하고 반대했고,
2. 유럽전쟁이 발발하면 독일과 이탈리아는 패전한다. 일본은 중국을 즉시 정복할 예정이겠지만, 중국도 쉽게 일본에 지지 않는다.
3. 만주사변 시 장학량(張學良)은 20만 군대와 영토를 잃으면서 중국으로 가서 배일운동을 계속하고 있다. 일본에 항복했다면 만주국 황제가 되었을지도 모른다. 중국으로 가서 배일운동을 하고 있는 것은 대단하다고 하는 불온 언동을 하였다.
검거 월일, 형벌: 6월 1일, 6월 11일 육군형법 위반, 금고 6개월
서명: 해주서(海州署)
씨명: 김태현(金泰鉉)

(2) 기타 시국관계 범죄표

① 1월

도명(道名): 경북(慶北)

범죄의 개요: 칠곡군(漆谷郡) 인동면(仁同面) 금전동(金田洞) 유재길(劉載吉)과 유경흥(劉慶興) 두 사람이 사상 사건에 연루되어 현재 왜관서(倭館署)에서 검거, 취조 중인 것을 들어 알고 있었던 것을 기화로 하여 순사로 가장하여 이들 가족을 찾아가, 시국상 35~40엔의 국방헌금을 하면 석방될 것이라고 기망하고 금품을 편취하려고 하여 그 범행에 착수 중, 칠곡군 인동면 금전동 김교영(金敎永) 외 수명의 청년들에게 감지되어 결국 그 목적을 달성하지 못하였다.

검거 월일, 형벌: 1월 9일, 1월 31일 징역 6개월

서명: 왜관서(倭館署)

씨명: 박기식(朴基植)

도명(道名): 경남(慶南)

범죄의 개요: 피의자 3명은 경북 경주(慶州) 거주자인데, 공모한 다음 여비 조달을 목적으로 도청 농무과 직원 혹은 세무서원이라고 관명을 사칭하고 또 시국을 운운하며 울산군(蔚山郡) 웅촌면(熊村面) 초촌면(椒村里) 농민 여자 김아지(金阿只) 외 몇 집에 대해 면화 혹은 밀조주(密造酒) 검사를 행하여 위반 행위자 3명에게서 금 20엔을 편취하였다.

검거 월일, 형벌: 1월 12일 기소의견 송국 중(1월 23일), 1월 27일 부산지방법원 검사국에서 기소유예

서명: 울산서(蔚山署)

씨명: 마에다 노부유키(前田延幸), 김희태(金熙泰), 양만호(梁萬浩)

도명(道名): 경남(慶南)

범죄의 개요: 피의자 정인학(鄭寅學)은 총후(銃後) 국민의 시국인식 철저와 적성(赤誠) 피력이 계속되고 있는 기회를 이용해 울산군청원으로 사칭하여 현재 출정 중인 장병 중에는 혹독한 추위로 동사자가 속출하고 있으므로 본부에서는 일반 민중으로부터 기부금

을 모집해 의류를 구입하고 그것을 일선 장병에게 송부하고 싶다는 취지의 유언비어를 유포하였고, 가족 1인당 5전 또는 10전을 할당하여 75가구로부터 금 30엔 85전을 편취하고 주색(酒色)에 소비하였다.

검거 월일, 형벌: 1월 13일 취조 중, 3월 8일 공인(公印)위조 사기죄, 징역 1년

서명: 울산서(蔚山署)

씨명: 정종학(鄭宗學)

② 2월

도명(道名): 경북(慶北)

범죄의 개요: 구장(區長)이라는 지위를 이용하여 소재 마을 사람들에게 교부해야 할 군용 말먹이 건초(乾草) 대금 5엔 89전, 같은 대금 8엔 60전, 합계 14엔 89전을 2회에 걸쳐 횡령하고, 면 당국의 알선으로 동민에게 대여한 비료 대금에 대한 차용증서를 위조 행사하여 803엔 80전을 편취하였다. 그 밖의 2건의 사문서위조 행사, 사기횡령을 하였다.

검거 월일, 형벌: 2월 1일, 2월 12일 송국, 2월 22일 기소 공판 회부, 3월 9일 징역 1년 6월

서명: 청도(靑道)

씨명: 예두용(芮斗龍)

도명(道名): 경북(慶北)

범죄의 개요: 김소웅(金小熊)이 기계에 끼여 오른쪽 팔 관절부 이하가 절단된 것을 이용하여 공모한 다음 언뜻 보기에 상이군인인 것처럼 꾸민 복장을 하고 경주군 읍내 20호를 돌며 "우리는 만주사변 혹은 중일전쟁에 출정하여 한쪽 팔을 잃은 상이군인인데, 동정하는 마음으로 약을 사주길 바란다"라고 속이고 전승환(戰勝丸), 군용고(軍用膏), 훈공단(勳功丹) 등을 파는 부정한 매약 행상을 하였다. 구입할 의사가 없는 마을 사람 20여 명에게 약을 팔아 35엔을 사게 한 것을 비롯해 재산상 불법의 이익을 얻었다.

검거 월일, 형벌: 2월 10일, 2월 28일 송국, 사기죄, 기소 의견, 3월 25일 각 징역 6개월, 2년의 형 집행유예

서명: 경주(慶州)

씨명: 김소웅(金小熊), 박영조(朴永祚)

도명(道名): 경북
범죄의 개요: 면 서기 권업계(勸業係)의 지위에 있는 것을 이용하여 1938년 7월 이후 수차례에 걸쳐 마을 사람에게 교부해야 할 군용 생돈(生豚) 대금 627엔 26전, 군용 말먹이 대금 130엔을 소비·횡령하고, 그 밖에 1937년 1월부터 올해 1월까지 본인이 취급하던 가마니 짜는 기계, 자운영(紫雲英) 비료 대금 1,021엔을 횡령하였다.
검거 월일, 형벌: 2월 15일, 3월 6일 업무횡령죄로 송국, 3월 16일 기소, 4월 28일 징역 1년 6개월
서명: 청도(靑道)
씨명: 김광길(金光吉)

③ 4월

도명(道名): 평남(平南)
범죄의 개요: 구장의 직위를 이용하여 1939년 1월 무렵부터 3월 중순 무렵까지 금융조합에 저금해야 할 애국저금조합원에게서 모금한 금 54엔 15전을 수차례에 걸쳐 소비·횡령하였다.
검거 월일, 형벌: 4월 22일, 5월 15일 예심 청구
서명: 용강(龍岡)
씨명: 김병섭(金炳燮)

④ 5월

도명(道名): 경기(京畿)
범죄의 개요: 인천부(仁川府) 율목정(栗木町) 김우식(金雨植) 외 27명에게 "이번에 율목정 애국부인회 단장이 황군 상병(傷兵) 위문에 가게 되었으므로 여비를 보조해 주길 바란다"라고 속여, 위 사람들로부터 금 10엔 30전을 편취하였다.
검거 월일, 형벌: 5월 2일, 6월 9일 징역 1년, 인천지청 언도, 당일 복죄함.

서명: 인천서(仁川署)

씨명: 안시영(安時泳)

도명(道名): 함북(咸北)

범죄의 개요: 고물상 영업허가를 갖고 있는 듯이 가장하여 공모한 후 놋그릇 식기를 마을 사람에게서 매수할 때 "조만간 경찰에서 강제적으로 무상 징수할 것이므로 서둘러 매각하는 것이 득책이다"라고 시국과 관련지어 거짓말을 하고, 놋그릇 식기 19근(斤) 남짓을 본인이 팔고 있는 도기류와 저렴한 가격으로 교환하여 불법의 이익을 득하였다.

검거 월일, 형벌: 3월 20일 , 5월 18일 고물상영업취체규칙 위반, 벌금 50엔

서명: 연사서(延社署)

씨명: 이청송(李靑松), 석성천(石成天)

2) 「시국범죄의 경향」, 『고등외사월보』 3, 1939.9

시국 범죄의 대부분을 차지하는 것은 여전히 불온 언동 유언비어로, 7~8월의 상황은 별표대로인데, 이것은 대개 무지(無智)에 기인한 것, 시국 인식의 불철저함에 기반한 것, 상략(商略)에 이용하려는 것 등으로 나뉜다. 특히 총후(銃後) 민심을 교란하려는 듯한 것까지 의도했다고는 인정하기는 어려워도 사변과 가뭄피해 또는 물가등귀 등과 관련한 유언비어 등은 이러한 무지 중에 잠재하는 민심의 동향을 엿볼 수 있으므로 주의를 요하는 점으로, 시국 인식의 철저와 이러한 언동의 단속에 한층 더 노력을 기울여야 할 것이다.

(1) 불온 언동 및 유언비어 처벌표

① 7월

도명(道名): 충남(忠南)

불온 언동 또는 유언비어 요지: 오늘[1939년 6월 24일]부터 며칠 동안 적의 비행기가 와서 조선 내 중요도시를 폭격할 터인데, 이곳 온양온천도 그 난을 피하기 어려울 것이므로

빨리 피난을 준비하라. 나도 오늘 밤부터 산중으로 피난 할 것이다.

검거 월일, 형벌: 7월 3일, 경찰범처벌규칙 위반, 구류 5일

서명: 온양서(溫陽署)

씨명: 안세홍(安世洪) 57세

도명(道名): 충남(忠南)

불온 언동 또는 유언비어 요지:

1. 일본, 독일, 이탈리아는 정신적 항전이고, 영국·미국·프랑스·소련은 물질적 건설이므로 상대는 호적수다. 그러나 정신적 항전은 단기간이고 물질적 건설은 장기간이다. 싸우면 반드시 단기간이 진다.
2. 소련은 과거에 멋진 국가로 결코 타국을 침범하지 않았다. 오히려 일본이 타국을 침략하였다.

검거 월일, 형벌: 6월 16일, 대전예심 계속(繫屬) 중

서명: 강경서(江景署)

씨명: 서호선(徐好善), 일명 도쿠야마 젠이치(德山善一) → 432쪽

도명(道名): 전북(全北)

불온 언동 또는 유언비어 요지: 1939년 1월 중순 무렵 "총후(銃後) 저축은 언제 받을 수 있을지 예측하기 어렵다 운운"이라고 기록된 인쇄물 약 1천 장을 작성하여, 그것을 정읍군(井邑郡) 태인면(泰仁面) 궁사리(弓四里) 윤진진(尹眞鎭) 외 500명에게 배포하였고, 그 밖에 1월 하순부터 6월 말일경까지 윤진진 외 약 170명에게 앞에서 기록한 것과 같은 유의 말을 유포하였고, 생명보험 가입을 권유했다.

검거 월일, 형벌: 7월 19일, 경찰범처벌규칙 위반, 구류 20일

서명: 김제서(金堤署)

씨명: 온동준(溫東俊, 28세)

도명(道名): 전북(全北)

불온 언동 또는 유언비어 요지: 1939년 6월 1일 오후 3시 무렵, 친구와 잡담 중에 "현재 이렇듯 한발(旱魃)이 지속되는 이유는 중일전쟁 때문에 매일 같이 많은 병력이 전사하고 그 유령이 공중을 방황해서 바람 부는 방향이 바뀌어 남쪽으로 오지 않게 된 데 있다" 운운하며 군사와 관련한 유언비어를 말하였다.

검거 월일, 형벌: 6월 4일, 8월 8일 육군형법 위반죄, 금고 4개월

서명: 정읍서(井邑署)

씨명: 중국인 강옥재(姜玉財)[100] → 420쪽

도명(道名): 전남(全南)

불온 언동 또는 유언비어 요지: 1939년 5월 초순 날짜는 미상, 여수군(麗水郡) 서정(西町) 요품(療品)공동조합사무소에서 동조합 이사 김만옥(金萬玉) 외 1명에게 "나는 여수읍 삼산면(三山面) 만도(萬島)를 여행하는 도중에 만도 서쪽 해상에서 일본 군함 4척을 보았다. 그 군함은 적 비행기 방어를 목적으로 해상 경계 중으로, 하룻밤에 드는 비용만으로도 상당히 큰 액수를 웃돌 것이다"라고 말했다. 그 밖에 여수서에 근무하는 한재용(韓在容) 순사에게도 같은 내용의 군사에 관한 유언비어를 말하였다.

검거 월일, 형벌: 7월 12일, 8월 2일 기소유예 의견 송국

서명: 여수서(麗水署)

씨명: 이무영(李武榮)

도명(道名): 경북(慶北)

불온 언동 또는 유언비어 요지: 이문환(李文煥)은 제4 피의자 이종주(李宗周) 외 7명에게 "러시아의 비행기가 봉천(奉天)으로 날아가 시내를 폭격했다 운운"이라고 했다.

(2) 백남상(白南商)은 예천군(醴川郡) 개포면(開浦面) 입암리(立巖里) 이석면(李錫冕) 집

---

[100] 강옥재는 1심에서 육군형법 위반으로 금고 4개월, 집행유예 2년을 선고받았으나, 검사가 공소하여 2심에서 금고 4개월에 처분되었다. 전주지방법원 정읍지청, 1939.7.3, 「1939년 刑公 제411호 判決: 姜玉財」; 대구복심법원, 1939.7.28, 「1939년 刑控公 제224호 判決: 姜玉財」, 원문의 8월 8일은 오자일 가능성이 크다.

에서 제3 피의자 유종우(柳宗佑) 외 몇 명에게 "만주 국경에는 서양의 비행기가 습격하러 왔는데, 일본군이 거기에 응전하지 못하고 6만 명 중 2명을 남기고 전부 죽었다. 그리고 추락한 비행기의 비행사는 서양인인가 러시아인이었다" 운운했다.

이종주, 유종우는 예천군 개포면 입암리 마을 사람 몇 명에게 "공기처럼 푸르고 소리 없는 외국의 비행기가 봉천 부근에 날아와서 폭격하고 있으므로 민중이 두려워 이산(離散)하려는 것을 우리 황군이 안정시켰다" 운운하며 각각 유언비어를 말하였다.

검거 월일, 형벌: 7월, 7월 31일 모두 육군형법 위반으로 (1) 불기소, (2)(3)(4)는 기소 의견으로 송국, 8월 18일 (1) 불기소, (2) 금고 4개월, (3) 금고 4개월 2년간 집행유예, (4)는 (3)과 동일

서명: 예천서(醴川署)

씨명: (1) 이문환 (2) 백남상 (3) 유종우 (4) 이종주

도명(道名): 경북(慶北)

불온 언동 또는 유언비어 요지: 마을 사람 몇 명에게 중일전쟁이 발발하여 상당히 끌어오고 있는데, 일본은 연전연승하지만 구(舊)전술인 화력전으로 중국은 황하(黃河)를 결궤(決潰)하는 듯이 근대적 수력전으로 대항하고 있다. 따라서 최후의 승리는 중국이며, 또 중국 비행기가 조선에 날아와 폭탄을 떨어뜨려 인간은 전멸할 것이다. 다만 동학교(東學敎) 신자는 절대 이러한 난을 면할 수 있으므로 안심이라고 운운하는 유언비어를 말하면서 동학교 입교를 권유하였다.

검거 월일, 형벌: 4월 22일, 7월 3일 송국, 8월 9일 육군형법 위반, 징역 8개월

서명: 영천서(榮川署)

씨명: 이임태(李林泰)[101] → 417쪽

도명(道名): 평북(平北)

불온 언동 또는 유언비어 요지: 보국저금(報國貯金)은 몇십 년 계속될지 예측하기 어려운

---

[101] 국가기록원, 〈독립운동 관련 판결문〉의 '집행원부'와 '형사사건부'에 의하면 이임태는 금고 8개월에 처분되었다.

반면, 생명보험에 가입하면 보험료[掛金]만은 보국저금 할당액(割當額)[102]에서 공제되고, 또 3년 후에는 이자가 배당되고, 또 불시에 필요할 때는 차입(借入) 등도 가능할 뿐만 아니라 만일 불행한 일이 생길 시에는 유족에게 계약 금액을 지급하게 되는 등 특전이 있다고 감언이설을 하여 생명보험에 가입할 자력이 없는 빈곤자를 가입시켰다.

검거 월일, 형벌: 6월 12일 훈계 처분
서명: 자성서(慈城署)
씨명: 이갑득(李甲得), 전원근(田元根)

② 8월

도명(道名): 경기(京畿)
불온 언동 또는 유언비어 요지: 만주와 소련 국경지대에서 우리나라의 전승 신문 보도는 민심의 동요를 막으려는 역(逆)선전에 불과하다. 우리나라는 소련에 비해 인적으로 물적으로 모두 풍부하지 않아 결국 위태에 처할 것이다.
검거 월일, 형벌: 8월 10일 사건 계속 중
서명: 파주서(坡州署)
씨명: 장창윤(張昌潤), 박범광(朴凡光)[103] → 52, 428쪽

도명(道名): 경기(京畿)
불온 언동 또는 유언비어 요지: 근로보국(勤勞報國)에 출역한 자는 절대 집으로 돌아오지 못한다. 만약 몰래 도주하려 하면 파수꾼에게 맞아 죽을 것이다.
검거 월일, 형벌: 8월 28일 경찰범처벌규칙 위반, 구류 25일
서명: 용산서(龍山署)
씨명: 백용산(白龍山)

---

102 원문은 '제당액(制當額)'이나 '할당액(割當額)'의 오자인 것 같다.
103 장창윤과 박범광은 1939년 10월 6일 경성지방법원에서 육군형법 제99조 위반으로 금고 8개월을 선고받았다. 경성지방법원, 1939.10.6, 「1939년 刑公 제1367호 判決: 朴凡光 張昌潤」.

도명(道名): 경기(京畿)

불온 언동 또는 유언비어 요지: 올해의 한발(旱魃)은 앞으로 7년가량 계속되고, 조선의 청년은 모두 전쟁에 가고, 이후에는 노인이나 어린아이만이 남는데, 게다가 천재(天災)로 인해 생명을 빼앗기게 될 것이므로, 기독교를 믿으면 재난을 면할 것이다.

검거 월일, 형벌: 8월 8일 경찰범처벌규칙 위반, 구류 15일

서명: 광주서(廣州署)

씨명: 윤씨(尹氏)

도명(道名): 경기(京畿)

불온 언동 또는 유언비어 요지:

1. 내란을 일으켜 면내(面內) 소학교를 두들겨 부수면 좋겠다.
2. 중일전쟁은 일본이 지면 좋겠다.
3. 조선이 만주를 점령해 독립하고 일본에 내란이 일어나면 좋겠다.
4. 내가 궁성(宮城)과 맞싸워 조선이 독립하고 또 임금이 되면 좋겠다.
5. 최근 신문 지상에 일본군이 점령했다는 기사가 없는 것을 보니 일본이 계속 지고 있는 것은 아닌가.

검거 월일, 형벌: 8월 12일 사건 계속 중

서명: 안성서(安城署)

씨명: 김영배(金永培) → 53, 429쪽

도명(道名): 경기(京畿)

불온 언동 또는 유언비어 요지: 올해는 40년 전 신축(辛丑)년 가뭄 때와 같은 흉작이다. 전란이 그치지 않아 큰 가뭄이 계속되고 미곡 가격이 등귀하며 각지에 도적 떼가 들끓으니, 인심이 날로 악화할 것이다.

검거 월일, 형벌: 8월 14일 경찰범처벌규칙 위반, 구류 10일

서명: 개성서(開城署)

씨명: 박태양(朴泰陽)

도명(道名): 전남(全南)

불온 언동 또는 유언비어 요지: 전남 여수군 소라면(召羅面) 내에서 8월 5일부터 8월 9일까지 일본으로 갈 노동자를 모집할 때 "지금 정부는 오사카부(大阪府) 하에 육군화약공장을 건설하기로 하여, 이 공장에 사역할 노동자 1만 명을 조선 전국에서 모집하는 것이다"라고 군사에 관한 유언비어를 말하였고, 16명을 모집하여 그중 3명에게서 수수료 명목으로 15엔을 속여 취하였다.

검거 월일, 형벌: 8월 24일 취조 중

서명: 여수서(麗水署)

씨명: 남홍술(南洪述), 황주성(黃柱性)[104] → 461쪽

도명(道名): 황해(黃海)

불온 언동 또는 유언비어 요지: 신문에 보도되는 바에 따르면 제3국인 영국·미국·프랑스, 소련 여러 나라들이 계속 장개석 원조 정책을 채택하여 사변은 장기간 지속되고 결국 일본은 경제력에서 져서 패전하지 않겠는가. 신문에는 현재 일본군의 연승을 보도하고 있지만, 후방 국민의 사기에 영향을 미칠 것을 우려하여 일본군이 패전한 경우라도 그 사실을 은폐하고 승리하고 있는 것으로 보도하므로, 신문 보도는 반드시 신용할 수는 없다.

검거 월일, 형벌: 8월 7일, 금고 6개월

서명: 연백서(延白署)

씨명: 유연표(劉演杓)

도명(道名): 함북(咸北)

불온 언동 또는 유언비어 요지: 장고봉 사건 무렵, 일본 군대 2천 명 정도가 열차로 아오지역(阿吾地驛)[105]에 와서 하차 때, 소련 비행기의 폭격을 받아 일본군은 전멸했다.

---

[104] 두 사람은 1939년 12월 26일 광주지방법원 순천지청에서 육군형법 위반으로 금고 6개월, 집행유예 3년을 선고받았다. 광주지방법원 순천지청, 1939.12.26, 「1939년 刑公 제949호 判決: 南洪述, 黃柱性」.

[105] 원문은 '아고지(阿古地)'이나 장고봉 인근에 없는 지명, 역명이다. '아오지(阿吾地)'로 고쳤다.

검거 월일, 형벌: 8월 10일 취조 중
서명: [원문 공란]
씨명: 김이남(金二南)

(2) 기타 시국[106]관계 범죄표

① 7월

도명(道名): 충남(忠南)
범죄의 개요: 아산군농회(牙山郡農會) 기수(技手)로 신창(新昌) 주재소에 근무 중, 1938년 8월 17일 신창면 점양리(占梁里) 윤승두(尹乘斗) 외 210명으로부터 군용 건초 1,800관, 대금 92엔 12전을 수령할 때, 구장(區長)의 인감을 부정으로 사용하여 수령증을 위조하였고, 그 외에 건초 1관 5전 2리 8모인데 4전으로 사칭하여 차액 23엔 12전을 편취했다. 또 본인이 점유하고 보관 중인 건초 대금 57엔 52전을 소비 횡령하였다.
검거 월일, 형벌: 7월 6일, 7월 15일 기소 의견 신병 송국
서명: 온양서(溫陽署)
씨명: 박영화(朴英和) 23세

3) 「시국범죄의 경향」, 『고등외사월보』 4, 1939. 10

최근 불온 언동·유언비어와 기타 검거 상황은 다음 표와 같은데, 불온 언동·유언비어는 모두 황당무계한 뜬소문으로 두드러지게 악질적인 것은 없으나, 사변이 장기화되면서 이러한 무지한 언동 중에 염전적(厭戰的) 또는 사변의 전망에 기우(杞憂)를 내포하는 듯한 것도 있는 점이 민심의 동향 시찰 및 선도상 주의를 요하는 점이다.

기타 시국 범죄는 모두 시국을 재료로 삼아 금품을 사취하거나 횡령하는 자못 악질의 범죄로, 이러한 것은 피해 금액은 미미하더라도 민심에 미치는 악영향은 예측하기 어려우므

---

106 원문은 '사국(事局)'이나 문맥에 맞게 '시국(時局)'으로 고쳤다. 이하 이런 경우는 별도로 표시하지 않고 수정하였다.

로 철저한 단속을 요한다.

(1) 불온 언동 및 유언비어 처벌표(9월)

도명(道名): 경기(京畿)

불온 언동 또는 유언비어 요지: 중일전쟁 발발 이후 인민은 고생을 강요받고 세금은 가중되고 있다 운운하며 불온 언동을 하였다.

검거 월일, 형벌: 9월 8일 경찰범처벌규칙 위반, 구류 10일

서명: 종로서(鐘路署)

씨명: 곽운규(郭云奎)

도명(道名): 경기(京畿)

불온 언동 또는 유언비어 요지: 남경(南京) 소재 황군위안소(皇軍慰安所) 창기가 되어 올해 8월 중순 조선으로 돌아왔는데, 8월 28일 경성부(京城府) 서대문정(西大門町) 2정목(丁目) 121번지 서만규(徐萬奎) 집에서 "제1선의 창기는 군인과 더불어 전쟁에 참가하므로, 실제로 위험하다면 어떠한 일이 있어도 앞으로는 황군위안소 창기는 되지 않을 것이다"라고 군사에 관한 유언비어를 말하였다.

검거 월일, 형벌: 9월 11일 경찰범처벌규칙 위반, 구류 7일

서명: 종로서(鐘路署)

씨명: (여) 신순재(申順在)

도명(道名): 경기(京畿)

불온 언동 또는 유언비어 요지: 신문 기사 중 "노몬한 상공에서 소련 비행기 401대 추락"이라 한 것은 침소봉대인 허위 보도로 신문 보도는 전부 믿기는 부족하다고 군사에 관한 유언비어를 말하였다.

검거 월일, 형벌: 8월 15일 취조 중

서명: 개성서(開城署)

씨명: 구본건(具本建) → 431쪽

도명(道名): 경기(京畿)

불온 언동 또는 유언비어 요지: 전날 천둥번개가 쳤던 것은 일본이 패전 멸망하고 동시에 조선이 독립할 것을 나타내는 것이다. 본인은 한산(韓山) 이씨이므로 왕위에 취임할 자로, 도읍을 충청도 계룡산(鷄龍山)으로 정할 예정이라고 불온 언동을 하였다.

검거 월일, 형벌: 7월 18일 취조 중

서명: 양평서(楊平署)

씨명: 이정식(李定植)

도명(道名): 경기(京畿)

불온 언동 또는 유언비어 요지: 조선은 현재 일본의 영토가 되었지만 원래 중국의 속국으로 지금도 조선인은 중국의 속국이기를 희망하고 있다. 앞으로 사변은 중국과 일본의 전쟁임에도 불구하고 조선인에게 애국운동을 하라든가, 국방헌금을 하라든가 하고 말하는 것에는 반대하며, 중일전쟁에 조선인은 아무런 관계가 없고 또 사변은 결국 중국이 승리할 것이고, 조선은 일본 제국의 굴레에서 이탈해 예전처럼 중국의 속국이 될 것이라고 군사와 관련된 불온 언동을 하였다.

검거 월일, 형벌: 9월 11일

서명: 경기도 경찰부

씨명: 유영설(劉永渫),[107] 정호찬(鄭鎬瓚) → 430쪽

도명(道名): 충북(忠北)

불온 언동 또는 유언비어 요지: 일본은 물자의 결핍으로 패전이 당연하며, 현재 일본이 연전연승한다는 취지의 신문 보도는 사실에서 그렇지 않다. 신문은 침소봉대로 보도하고 있다.

---

[107] 원문은 '첩(諜)'이나 다음 판결문에 의거해 '설(渫)'로 고쳤다. 유영설은 1939년 12월 1일 경성지방법원에서 사기, 육해군형법 위반, 보안법 위반으로 징역 1년을 선고받았다. 경성지방법원, 1939.12.1,「1939년 刑公 제1620호 판결: 劉永渫」. 형사사건 기록도 남아 있다. 국사편찬위원회 편, 2009,『일제강점기 경성지방법원 형사사건 기록 해제』, 국사편찬위원회, 31~33쪽.

검거 월일, 형벌: 9월 30일 취조 중
서명: 충주서(忠州署)
씨명: 중국인 정문화(丁文華) → 434쪽

도명(道名): 충남(忠南)
불온 언동 또는 유언비어 요지: 일본의 어느 자산가 중 한 사람의 아들이 소집에 응하지 않아 군부에서 사유를 조사한바 그 아버지는 돈이라면 얼마든지 낼 터이니 자식을 전쟁터로 보내지 말아 달라고 간청하자, 군부에서는 화를 내며 두 사람을 불러 아버지의 면전에서 아들을 참살해 버렸다 운운하며 군사에 관한 유언비어를 말하였다.
검거 월일, 형벌: 9월 2일, 10월 12일 기소유예
서명: 서산서(瑞山署)
씨명: 이석기(李錫璣)

도명(道名): 강원(江原)
불온 언동 또는 유언비어 요지: 친구 두 명과 잡담 중 "동방요배(東方遙拜)를 하느니 내 고추에 절을 하는 편이 낫겠다"라며 불경한 언동을 하였다.
검거 월일: 9월 23일
서명: 강릉서(江陵署)
씨명: 이학신(李學信) → 53쪽

(2) 기타 시국관계 범죄표(9월)

도명(道名): 충남(忠南)
범죄의 개황: 1939년 9월 6, 7일 이틀 동안 충남 아산군 도고면(道高面) 기곡리(基谷里) 고씨 외 25명에게, 본인은 선당역전(仙掌驛) 앞 국방부인회 회원으로 이번에 관할 면장의 양해를 얻어 국방헌금을 모집하게 되었으므로, 합당한 금품을 제공받고자 한다고 사칭하고 1가구당 쌀보리(裸麥) 5홉~1되 5홉, 합계 2두 5되 8홉, 시가 9엔 30전을 편취하였다.
검거 월일, 형벌: 9월 8일, 9월 25일 사기죄, 기소유예

서명: 온양서(溫陽署)
씨명: (여) 전순례(田順禮)

도명(道名): 경북(慶北)
범죄의 개황: 1935년(昭和 10) 9월부터 1938년 9월까지 구장 재직 중에 같은 마을 사람 박윤륵(朴允玏) 외 55명에게 지불해야 할 군용말먹이 보리 대금 420엔 36전을 김천군(金泉郡) 남면(南面) 기수(技手) 권중각(權重珏)에게서 수령해 보관하던 중, 제멋대로 금 146엔 58전을 본인의 빚 변제에 소비 횡령하였다.
검거 월일, 형벌: 9월 7일, 9월 15일 횡령죄, 기소 의견으로 송국
서명: 김천서(金泉署)
씨명: 배재춘(裵在春)

도명(道名): 경남(慶南)
범죄의 개황: 경남 동래군(東萊郡) 동래읍(東萊邑) 정삼준(鄭三準) 외 1명에게, 본인은 동래군청원으로 군용말먹이 공출을 독려 중인데, 올해는 한발(旱魃) 관계상 씨황소(種牡牛)를 제출받게 되었으므로 공출받고자 한다고 기망하고 이를 매각하여 만주로 도망할 계획이었는데, 마을 사람에게 의심받아 그 목적을 달성하지 못하고 도주하였다.
검거 월일, 형벌: 9월 1일 소재 수색 중
서명: 동래서(東萊署)
씨명: 황덕찬(黃德贊)

도명(道名): 경남(慶南)
범죄의 개황: 전에 군청 임시 고원(雇員) 경력이 있었던 것을 이용해서 경남 함안군(咸安郡) 가야면(伽倻面) 주계조(朱戒祚) 외 7명에게, 본인은 함안군청원이라 사칭하고, 경상남도에서 함안군 외 7개 군에서 1가구당 8전씩 국방헌금을 모집하게 되었고 이 헌금을 하는 사람은 신문에 등재되게 된다고 기망하고, 그들로부터 금 68전을 국방헌금 명목으로 편취한 것을 비롯하여, 그 밖에 2곳에서 같은 수법으로 금전을 편취하려 했으나 미수에

그쳤다.

검거 월일, 형벌: 9월 5일, 9월 21일 징역 1년 2년간 형 집행유예

서명: 함안서(咸安署)

씨명: 윤상효(尹尙孝)

4) 「시국범죄의 경향」, 『고등외사월보』 6, 1939.12, 1940.1

11월 12월 중 시국범죄는 다음 표와 같이 불온 언동·유언비어 11월 중 5건, 12월 중 2건으로 두드러지게 악질적인 것은 없다. 또 1939년 중 시국관계 사고·범죄 제표(諸表)는 별표대로다.

(1) 불온 언동 및 유언비어 처벌표(11월)

도명(道名): 전남(全南)

불온 언동 또는 유언비어 요지: 11월 7일 오후 11시 무렵 목포-제주도 간 정기선 대서환(大西丸) 선실(船室)에서 "1935년(昭和 10) 11월 무렵 무안군(務安郡)의 도서지(島嶼地)에서 항주만(杭州灣)의 적 앞에 상륙해야 할 군함 수백 척이 대기하고 있었기 때문에 섬 간 교통이 차단되었고 주민은 식량이 궁핍해졌다" 운운하며 군사상 비밀을 누설, 유언비어를 말하였다.

검거 월일, 형벌: 11월 8일, 12월 19일 기소 의견 송국

서명: 제주서(濟州署)

씨명: 최을동(崔乙同) → 473쪽

도명(道名): 전남(全南)

불온 언동 또는 유언비어 요지: 다음과 같이 군사에 관한 유언비어를 말하였다.

1. 황군이 중국 비행기 수십 대를 격추했다는 신문 보도가 있는데, 사실은 그 반수(半數)이다.

2. 일본인은 조선을 빼앗은 뒤 만주를 취하고 또 중국을 침략하고 있다. 이번 사변을 동양 평화를 위한 성전(聖戰)이라고 칭하며 이를 구실로 하고 있는데, 사실은 일본이 영토를 확장할 야심이 있기 때문이다.

검거 월일, 형벌: 11월 7일 취조 중

서명: 순천서(順天署)

씨명: 김채섭(金彩燮)[108] → 472쪽

도명(道名): 평남(平南)

불온 언동 또는 유언비어 요지: 11월 14일 오후 2시 무렵 평남 유림회(儒林會)가 놋그릇 식기를 회원에게 헌납하게 하여 수집 중인 것을 목격하고 국가에서 수집 중인 것으로 오인하고, "국가에서 놋그릇 식기를 기부시켜 모으고 있다. 운운"하며 말을 지어내 유포시켰다.

검거 월일, 형벌: 11월 21일, 구류 3일

서명: 평양서(平壤署)

씨명: (여) 유동학(柳東鶴)

도명(道名): 강원(江原)

불온 언동 또는 유언비어 요지: 관청에서 보국저금(報國貯金)을 장려해 수년 후에 되돌려 받을 수 있다고 말하지만 거짓이다. 생활에 여유가 없는 자는 빚지게 될 것이고 생활을 감당할 수 없게 될 것이라고 유언비어를 말하였다.

검거 월일, 형벌: 10월 31일 경찰범처벌규칙 위반, 구류 7일

서명: 삼척서(三陟署)

씨명: 김종수(金鐘壽)

---

108 원문은 '변(變)'이나 판결문(이 자료집 470쪽)에 의거해 '섭(燮)'으로 고쳤다.

도명(道名): 함북(咸北)

불온 언동 또는 유언비어 요지: 일본군에서 만주와 소련 국경에 진지를 구축하고 비행장 등 군사시설 마련에 서두르고 있는데, 해당 공사에 근로 중인 러시아인과 중국인은 준공 후 군기누설 방지를 위해 총살한다. 또 백계(白系) 러시아인을 소련으로 몰래 보내 군기를 탐지하도록 노력하고 있다 운운하여 군사에 관한 유언비어를 말하였다.

검거 월일, 형벌: 9월 4일 취조 중

서명: 길주서(吉州署)

씨명: 최대(崔垈) → 458쪽

(2) 불온 언동 및 유언비어 처벌표(12월)

도명(道名): 충남(忠南)

불온 언동 또는 유언비어 요지: 1937년 음력 4월 무렵, 전북 순창군(淳昌郡) 복흥면(福興面) 상송리(上松里) 이장환(李章煥)에게, 일본과 중국 간 전쟁은 이미 피할 수 없는 것으로 전쟁은 일본이 패전하고 조선은 독립을 보게 될 것이다. 정감록(鄭鑑錄)에도 기재되어 있다고 말했다. 그 후 1938년 이장환이 신문 보도에서 일본군이 계속 전승하고 있다고 하는데 정감록이 적중하지 않았음을 말하자 현재 상황으로써 단정하는 것은 성급한 판단이고 최후에는 반드시 중국이 승리를 거둘 것이라는 불온한 언동을 하였다.

검거 월일, 형벌: 1939년 12월 1일, 12월 21일 금고 6월

서명: 정읍서(井邑署)

씨명: 이완식(李完植)[109] → 461쪽

도명(道名): 경남(慶南)

불온 언동 또는 유언비어 요지: 1939년 12월 10일 오후 9시 무렵 마산부(馬山府) 표정(俵町) 이발업 김종덕(金鐘德) 집에 있던 8명에게 육군특별지원병 문제에 관해 "조선에는 조국이 있다. 조선은 몇천 년이라고 하는 역사를 가진 국가인데 일본을 위해 특별지원병이

---

[109] 全州地方法院井邑支廳, 1939.12.21, 「1939년 刑公 제621호 判決: 李完植」 참조.

되어 전쟁에 가는 것 등은 전혀 조국을 모르는 자이다. 어떤 이유가 있어서 일본의 군인이 될 필요가 있는가. 나는 어디까지나 일본 군인이 되는 것은 반대다"라고 불온한 언동을 하였다.

검거 월일, 형벌: 12월 19일 취조 중
서명: 마산서(馬山署)
씨명: 이태권(李泰權)[110] → 470쪽

(3) 시국관계 사고 표(1939년)

구분 도명	불온 언동·유언비어 처벌		중국인관계 분쟁		중국인관계 분쟁 처벌		기타 시국범죄	
	건수	인원	건수	인원	건수	인원	건수	인원
경기도	16	19	14	47	2	2	1	1
충청북도	3	3	-	-	-	-	2	2
충청남도	6	6	5	17	-	-	1	1
전라북도	3	3	4	9	1	1	1	1
전라남도	7	10	2	11	1	1	-	-
경상북도	4	8	1	2	-	-	5	5
경상남도	2	2	-	-	-	-	4	6
황해도	5	5	-	-	-	-	1	1
평안남도	3	3	2	5	-	-	1	1
평안북도	1	2	3	15	-	-	1	1
강원도	6	6	1	3	-	-	-	-
함경남도	4	5	4	12	1	1	-	-
함경북도	2	2[111]	-	-	-	-	1	2
합계	62	74	36	121	5	5	18	21

---

110 釜山地方法院馬山支廳, 1940.3.12, 「1940년 刑公 제51호 判決: 李泰權」 참조.
111 원문은 '3'이나 아래 '불온 언동 및 유언비어 처벌표'를 보면 해당 항목은 2이다. 2일 때 합계의 수치가 맞다.

(4) 불온 언동 및 유언비어 처벌표(1939년)

월별 도명	1월	2월	3월	4월	5월	6월	7월	8월	9월	10월	11월	12월	합계
경기도	-	-	-	3	1	-	-	5	5	2	-	-	16
	-	-	-	3	2	-	-	6	6	2	-	-	19
충청북도	-	1	-	1	-	-	-	-	1	-	-	-	3
	-	1	-	1	-	-	-	-	1	-	-	-	3
충청남도	-	1	-	-	-	-	2	-	1	1	-	1	6
	-	1	-	-	-	-	2	-	1	1	-	1	6
전라북도	-	-	-	-	-	1	2	-	-	-	-	-	3
	-	-	-	-	-	1	2	-	-	-	-	-	3
전라남도	-	-	-	2	-	1	1	1	-	-	2	-	7
	-	-	-	2	-	3	1	2	-	-	2	-	10
경상북도	1	-	1	-	-	-	2	-	-	-	-	-	4
	1	-	2	-	-	-	5	-	-	-	-	-	8
경상남도	-	1	-	-	-	-	-	-	-	-	-	1	2
	-	1	-	-	-	-	-	-	-	-	-	1	2
황해도	-	2	-	-	-	2	-	1	-	-	-	-	5
	-	2	-	-	-	2	-	1	-	-	-	-	5
평안남도	-	1	-	-	-	-	-	-	-	1	1	-	3
	-	1	-	-	-	-	-	-	-	1	1	-	3
평안북도	-	-	-	-	-	-	1	-	-	-	-	-	1
	-	-	-	-	-	-	2	-	-	-	-	-	2
강원도	2	1	-	1	-	-	-	-	1	-	1	-	6
	2	1	-	1	-	-	-	-	1	-	1	-	6
함경남도	-	1	1	-	2	-	-	-	-	-	-	-	4
	-	2	1	-	2	-	-	-	-	-	-	-	5
함경북도	-	-	-	-	-	-	1	-	-	-	1	-	2
	-	-	-	-	-	-	1	-	-	-	1	-	2
합계	3	8	2	7	3	4	8	8	8	4	3	2	62
	3	9	3	7	4	6	12	10	9	4	5	2	74

※비고: 표에서 (각 항목당) 상단은 건수(件數), 하단은 인원(人員)

(5) 중국인 관계 분쟁표(1939년)

도명 \ 월별	1월	2월	3월	4월	5월	6월	7월	8월	9월	10월	11월	12월	합계
경기도	1	1	-	3	1	-	2	2	1	-	1	2	14
	2	4	-	9	2	-	7	7	5	-	2	9	47
충청북도	-	-	-	-	-	-	-	-	-	-	-	-	-
	-	-	-	-	-	-	-	-	-	-	-	-	-
충청남도	1	-	1	-	1	-	-	-	1	-	-	1	5
	3	-	4	-	2	-	-	-	2	-	-	6	17
전라북도	-	-	2	-	-	-	-	-	1	1	-	-	4
	-	-	4	-	-	-	-	-	2	3	-	-	9
전라남도	-	-	-	-	-	-	-	-	-	2	-	-	2
	-	-	-	-	-	-	-	-	-	11	-	-	11
경상북도	1	-	-	-	-	-	-	-	-	-	-	-	1
	2	-	-	-	-	-	-	-	-	-	-	-	2
경상남도	-	-	-	-	-	-	-	-	-	-	-	-	-
	-	-	-	-	-	-	-	-	-	-	-	-	-
황해도	-	-	-	-	-	-	-	-	-	-	-	-	-
	-	-	-	-	-	-	-	-	-	-	-	-	-
평안남도	-	-	1	1	-	-	-	-	-	-	-	-	2
	-	-	2	3	-	-	-	-	-	-	-	-	5
평안북도	-	-	-	2	-	-	-	-	1	-	-	-	3
	-	-	-	11	-	-	-	-	4	-	-	-	15
강원도	-	-	-	1	-	-	-	-	-	-	-	-	1
	-	-	-	3	-	-	-	-	-	-	-	-	3
함경남도	-	-	-	1	-	-	-	-	2	1	-	-	4
	-	-	-	2	-	-	-	-	7	3	-	-	12
함경북도	-	-	-	-	-	-	-	-	-	-	-	-	-
	-	-	-	-	-	-	-	-	-	-	-	-	-
합계	3	1	4	8	2	-	2	4	5	3	1	3	36
	7	4	10	28	4	-	7	14	16	14	2	15	121

※비고: 표에서 (각 항목당) 상단은 건수(件數), 하단은 인원(人員)

(6) 중국인 관계 처벌표(1939년)

도명\월별	1월	2월	3월	4월	5월	6월	7월	8월	9월	10월	11월	12월	합계
경기도	-	-	-	-	-	-	1	-	-	-	1	-	2
	-	-	-	-	-	-	1	-	-	-	1	-	2
충청북도	-	-	-	-	-	-	-	-	-	-	-	-	-
	-	-	-	-	-	-	-	-	-	-	-	-	-
충청남도	-	-	-	-	-	-	-	-	-	-	-	-	-
	-	-	-	-	-	-	-	-	-	-	-	-	-
전라북도	-	-	-	-	-	-	-	-	1	-	-	-	1
	-	-	-	-	-	-	-	-	1	-	-	-	1
전라남도	-	-	-	-	-	1	-	-	-	-	-	-	1
	-	-	-	-	-	1	-	-	-	-	-	-	1
경상북도	-	-	-	-	-	-	-	-	-	-	-	-	-
	-	-	-	-	-	-	-	-	-	-	-	-	-
경상남도	-	-	-	-	-	-	-	-	-	-	-	-	-
	-	-	-	-	-	-	-	-	-	-	-	-	-
황해도	-	-	-	-	-	-	-	-	-	-	-	-	-
	-	-	-	-	-	-	-	-	-	-	-	-	-
평안남도	-	-	-	-	-	-	-	-	-	-	-	-	-
	-	-	-	-	-	-	-	-	-	-	-	-	-
평안북도	-	-	-	-	-	-	-	-	-	-	-	-	-
	-	-	-	-	-	-	-	-	-	-	-	-	-
강원도	-	-	-	-	-	-	-	-	-	-	-	-	-
	-	-	-	-	-	-	-	-	-	-	-	-	-
함경남도	-	-	-	-	-	1	-	-	-	-	-	-	1
	-	-	-	-	-	1	-	-	-	-	-	-	1
함경북도	-	-	-	-	-	-	-	-	-	-	-	-	-
	-	-	-	-	-	-	-	-	-	-	-	-	-
합계	-	-	-	-	-	2	1	-	1	-	1	-	5
	-	-	-	-	-	2	1	-	1	-	1	-	5

※**비고**: 표에서 (각 항목당) 상단은 건수(件數), 하단은 인원(人員)

(7) 기타 시국관계 범죄표(1939년)

도명\월별	1월	2월	3월	4월	5월	6월	7월	8월	9월	10월	11월	12월	합계
경기도	-	-	-	-	1	-	-	-	-	-	-	-	1
	-	-	-	-	1	-	-	-	-	-	-	-	1
충청북도	-	-	-	-	-	-	-	-	-	2	-	-	2
	-	-	-	-	-	-	-	-	-	2	-	-	2
충청남도	-	-	-	-	-	-	1	-	-	-	-	-	1
	-	-	-	-	-	-	1	-	-	-	-	-	1
전라북도	-	-	-	-	-	-	1	-	-	-	-	-	1
	-	-	-	-	-	-	1	-	-	-	-	-	1
전라남도	-	-	-	-	-	-	-	-	-	-	-	-	-
	-	-	-	-	-	-	-	-	-	-	-	-	-
경상북도	1	3	-	-	-	-	-	-	1	-	-	-	5
	1	3	-	-	-	-	-	-	1	-	-	-	5
경상남도	2	-	-	-	-	-	-	-	2	-	-	-	4
	4	-	-	-	-	-	-	-	2	-	-	-	6
황해도	-	-	-	-	-	-	-	-	-	1	-	-	1
	-	-	-	-	-	-	-	-	-	1	-	-	1
평안남도	-	-	-	-	-	-	-	-	-	-	1	-	1
	-	-	-	-	-	-	-	-	-	-	1	-	1
평안북도	-	-	-	1	-	-	-	-	-	-	-	-	1
	-	-	-	1	-	-	-	-	-	-	-	-	1
강원도	-	-	-	-	-	-	-	-	-	-	-	-	-
	-	-	-	-	-	-	-	-	-	-	-	-	-
함경남도	-	-	-	-	-	-	-	-	-	-	-	-	-
	-	-	-	-	-	-	-	-	-	-	-	-	-
함경북도	-	-	-	-	1	-	-	-	-	-	-	-	1
	-	-	-	-	2	-	-	-	-	-	-	-	2
합계	3	3	-	1	2	-	2	-	3	4	-	-	18
	5	3	-	1	3	-	2	-	3	4	-	-	21

※비고: 표에서 (각 항목당) 상단은 건수(件數), 하단은 인원(人員)

5) 「시국범죄의 경향」, 『고등외사월보』 8, 1940. 3

시국에 관한 불온 언동·유언비어의 처벌 건수는 다음의 표와 같이 올해 1, 2월 중 각 3건, 기타 시국관계 범죄는 1월 중에는 없고 2월 중 3건으로, 종전에 비해 특별히 증가하는 경향은 없다. 그러나 유언비어 중 적 비행기 80기 경성 공습 운운과 같이 근거 없는 사실을 날조하여 유포하고 다시 이를 일본으로 통신(通信)하려 한 사안과 같은 것은 상당히 악질적인 것으로, 민중에 미칠 영향을 감안하여 이와 같은 유언비어는 엄중히 단속할 필요가 있는 것으로 인정된다.

(1) 불온 언동 및 유언비어 처벌표(1940년 1월분)

도명(道名): 전남(全南)
불온 언동 또는 유언비어 요지: 1940년 1월 17일 오후 4시 무렵 전남 영광읍(靈光邑) 읍내 김녕후(金寧厚) 집에서 모여 있던 김녕후 외 수 명에게 "옛말에 시화년풍(時和年豐)[112] 또는 군내에 살인이 3건 발생하면 그해는 풍년이 아니라고 했다. 그런데 지금은 동양 서양 할 것 없이 사변이 발생하여 수만의 영령(英靈)을 잃어가고 있으므로 사변이 종식되지 않는 한 풍년은 가망이 없다" 운운하며 유언비어를 말하였다.
검거 월일, 형벌: 1월 22일, 경찰범처벌규칙 위반, 구류 20일
서명: 영광서(靈光署)
씨명: 김태환(金台煥) 57세

도명(道名): 경남(慶南)
불온 언동 또는 유언비어 요지: "세계 전쟁과 악병(惡病)의 유행으로 세계 인류는 전부 죽고 천지가 동전(動轉)하여 새로운 세계가 출현한다. 이 신천지에서 생환하고자 하는 자는 부적을 지니면 재액을 면한다. 또 신천지에는 성냥이 없으므로 부싯돌을 준비하고 가재(家財)는 매각해서 현금으로 바꿔두어야 할 것이다" 운운하며 유언비어를 말하였다.

---

112 뜻이 통하지 않으나 원문 그대로 두었다.

검거 월일, 형벌: 1월 20일, 경찰범처벌규칙 위반, 구류 5일
서명: 부산서(釜山署)
씨명: 최봉조(崔奉祚) 42세

도명(道名): 평남(平南)
불온 언동 또는 유언비어 요지: 1939년 9월 (날짜 불상) 김관빈(金官彬)은 거주하는 마을 이일주(李日疇)에게 "최근 적 비행기 80여 대가 인천에서부터 와서 경성을 공습, 세 곳을 폭격하고 수 명을 다치게 했기 때문에 부상자는 현재 입원해 치료 중이다"라는 근거 없는 사실을 말했다.
이일주는 다시 친구인 히로시마현(廣島縣) 구레시(吳市) 사립 고분중학(興文中學) 2학년생 김기석(金基錫)에게 통신했다.
검거 월일, 형벌: 1월 12일, 2월 17일 기소 의견, 신병 송국
서명: 선교서(船橋署)
씨명: 김관빈(金官彬) 42세, 이일주(李日疇) 20세 → 467쪽

(2) 불온 언동 및 유언비어 처벌표(1940년 2월분)

도명(道名): 충북(忠北)
불온 언동 또는 유언비어 요지: 1940년(昭和 15) 2월 21일 충북 옥천군(沃川郡) 군북면(北面)[113] 이백리(二栢里) 여인숙 이일문(李日文) 집에서 잡담하던 중, 중일전쟁에 관해 "다른 회사는 몰라도 내가 관계된 군산일선인촌회사(群山日鮮燐寸會社)가 제조하는 성냥은 만주, 북중국 방면으로 수출되고 게다가 주로 군부용으로 조달되고 있다. 과거의 전법은 패전하여 퇴각할 때 자기 군수품을 소각했는데, 혹은 지금도 옛 병법을 사용할지도 모르겠지만, 위 회사 사원이 발설하는 바에 의하면, 성냥이 군부에 계속 다량 납입되고 있으므로 회사 사람 중에는 의구심을 품는 자가 많다 운운"하는, 암묵적으로 황군의 패전을 암시하는 듯한 유언비어를 말하였다.

---

[113] 원문은 '北面'이나 당시 옥천군에 없는 면명으로 이백리가 속한 '군북면'으로 고쳤다.

검거 월일, 형벌: 2월 24일, 3월 1일 기소 의견 신병 송국

서명: 옥천서(沃川署)

씨명: 조정묵(曺禎黙) 52세

도명(道名): 충북(忠北)

불온 언동 또는 유언비어 요지: 1940년 2월 16일 자택에 놀러 온 소학교 아동 3명에게 "지금 학교에서 곤궁한 아동에게 배급하고 있는 점심을 먹는 사람은 특별지원병으로 채용되는 거다" 운운하며 당국이 지원병 강제 수단으로 식량을 배급하고 있는 듯한 유언비어를 말하였다.

검거 월일, 형벌: 2월 28일, 불구속 취조 중

서명: 괴산서(槐山署)

씨명: 김상봉(金相鳳) 40세

도명(道名): 충남(忠南)

불온 언동 또는 유언비어 요지: 1940년 2월 8일 오후 4시 라디오 뉴스에서 "최근 항일 장개석 정권 측의 적 비행기가 우리 국토 공습을 기도하여 소동을 일으키려는 모양이다"라는 보도를 들어 알게 되자 "적 비행기가 규슈(九州) 방면을 공습했다고 한다" 운운하는 등의 유언비어를 말하였다.

검거 월일, 형벌: 2월 9일, 2월 26일 송국

서명: 대전헌병분대

씨명: 이시다 시게노리(石田茂則) 35세

　　　김재덕(金財德) 20세

　　　박병은(朴炳殷) 29세

(3) 기타 시국관계 범죄표(1940년 2월분)

도명(道名): 경기(京畿)

범죄의 개요: 정부에서 내년도부터 은화, 동화를 강제로 매수하려고 계획 중인데, 메이지

(明治) 초기 제조했던 은화, 동화는 이럴 때 매각하는 것이 득책이라고 칭하며, 1871년(明治 4) 주조한 50전 은화를 52전에 매수했다.

검거 월일, 형벌: 2월 5일, 경찰범처벌규칙 위반, 구류 20일

서명: 인천서(仁川署)

씨명: 이춘봉(李春奉)

도명(道名): 충북(忠北)

범죄의 개요: 조선에 있는 형제자매로부터 전별(餞別) 금전을 거두고자 육군기병 중위 군복을 빌려 입고, 이번에 자신은 군부 인쇄 사무에 소집되어 북중국 낭자관(娘子關)[114]으로 출정 중이라고 사칭하고, 또 별도로 제20사단 사령부 부속 육군기병 중위의 명함을 사용하여 충북 충주읍(忠州邑) 성광(星光)여관에 투숙하였다.

검거 월일, 형벌: 2월 16일, 경찰범처벌규칙 위반, 숙박거주규칙 위반, 구류 20일

서명: 충주서(忠州署)

씨명: 히라이 마사나(平井正名)

도명(道名): 평남(平南)

범죄의 개요: 1940년 1월 28일 거주하는 마을의 이용택(李龍澤) 집에 침입하여 "나는 만주국으로부터 지원병 모집을 위해 온 자인데, 이 집에 있는 청년을 지원시켜라, 그렇지 않으려면 대신 몸값으로 5천 엔을 내라"며 공갈 협박의 압박성 문답을 한 끝에 금 18엔을 강탈해 도주하였다.

검거 월일, 형벌: 2월 4일 취조 중

서명: [원문상 누락]

씨명: 원대일(元大日, 31세)

---

[114] 중국 하북성(河北省) 석가장(石家莊)의 서쪽 태항산맥(太行山脈) 중에 있는 요충지이다.

6) 「시국범죄의 경향」, 『고등외사월보』 12, 1940. 7

(1) 불온 언동 및 유언비어 처벌표
① 3월

도명(道名): 경북(慶北)

불온 언동 또는 유언비어 요지: 전남지방은 최근 과부세(寡婦稅)를 걷고 있는데, 왜냐하면 현재 인적자원이 부족할 때 과부를 이대로 두면 아이들이 태어나지 않아 국가의 손해가 되고 아이들이 많이 태어나면 전쟁에 많이 보낼 수 있기 때문이다. 따라서 과부는 속히 재혼하도록 권하는 것이라고 운운하는 유언비어를 말하였다.

검거 월일, 형벌: 3월 13일, 구류 5일

서명: 청송(靑松)

씨명: 황승창(黃昇昌)

도명(道名): 경북(慶北)

불온 언동 또는 유언비어 요지: 1940년 2월 10일 이시쿠라 요시오(石倉良雄)의 입영 축하연에 초대되어 그 자리에서 입영자인 이시쿠라에게 "군대 가서 죽는 놈은 바보이니까 너는 가더라도 요령껏 하고 돌아와"라고 군의 사기를 저해하는 불온 언동을 하였다.

검거 월일, 형벌: 3월 23일 기소 의견으로 신병 구속 송국

서명: 울릉도(鬱陵島)

씨명: 다카바타 겐타로(高畑權太郎)

도명(道名): 경남(慶南)

불온 언동 또는 유언비어 요지: 이번에 정부에서는 각지 주민으로부터 놋쇠 식기류와 남는 이불 담요류 등을 공용으로 징수하여 군부로 납입하기로 결정했다고 해서, 일반 마을 사람은 그것을 싼 가격에 매각하거나 변소나 땅속 등에 숨겨두는 중이라고 운운하며 유언비어를 말하였다.

검거 월일, 형벌: 3월 26일, 구류 29일

서명: 부산(釜山)

씨명: 김헌선(金憲善)

도명(道名): 강원(江原)

불온 언동 또는 유언비어 요지: 카페에서 술을 마시던 중 여급(女給)이 국어[일본어]에 능한 것을 자랑하자 너는 일본인인가 조선인인가를 물었고, "나는 반도인이다"라고 대답하니, "나는 반도인이 아니라 조선인이다. 나는 죽을 때 천황 폐하 만세는 부르지 않고 이왕전하 만세를 외치고 죽을 심산이다"라고 민족적 불온 언동을 하였다.

검거 월일, 형벌: 3월 2일, 3월 31일 훈계방면

서명: 춘천(春川)

씨명: 박재범(朴在範)

도명(道名): 강원(江原)

불온 언동 또는 유언비어 요지: 함북지방의 지원병은 자발적으로 지원하는 자가 없고 당국의 강제적 권유에 의한 것이다. 또 고(故) 이인석(李仁錫) 상등병에게 금치훈장(金鵄勳章)을 수여한 것은 지원병 모집을 유리하게 이끌기 위한 것이다. 일본인 병력은 부적을 몸에 지니고 있어 전사자가 적지만, 특별지원병은 부적이 없어 전사자가 많은 것이라고 운운하며 불온 언동을 하였다.

검거 월일, 형벌: 3월 2일, 4월 20일 금고 6개월

서명: 춘천(春川)

씨명: 김문수(金文壽)

도명(道名): 강원(江原)

불온 언동 또는 유언비어 요지: 3월 2일 경북 영덕(盈德)경찰서에 근무하는 노도술(盧道術) 순사와 전화로 통신하고 있을 때 누가 먼저랄 것 없이 말다툼이 났는데 악담과 욕설 끝에 조선어로 "이놈 개자식, 조선 밥을 먹고 일본인의 똥을 싸는구나, 왜 일본인의 똥을 싸냐, 조선인이면 조선어로 말해" 하며 민족의식이 농후한 불온 언동을 하였다.

검거 월일, 형벌: 3월 30일, 4월 7일 훈계방면
서명: 울진(蔚珍)
씨명: 한금석(韓金石)

② 4월
도명(道名): 경기(京畿)
불온 언동 또는 유언비어 요지: 지원병은 필요한 훈련을 받고 출정하는데, 일단 출정하면 전사를 피할 수 없다. 본인은 물론 가족도 불쌍하다.
검거 월일, 형벌: 4월 8일, 금고 6개월
서명: 파주서(坡州署)
씨명: 박학수(朴學洙)[115]

도명(道名): 충북(忠北)
불온 언동 또는 유언비어 요지: 창씨는 총독정치인 내선일체의 구실 하에 이루어지는 것으로 장래 조선이 독립하면 현재 창정(創定)한 일본식 씨(氏)를 구성(舊姓)으로 개정하게 될 것인데 불필요하게 번거로움을 요하지 않은가. 현재 조선에서는 참정권이 없음은 물론 의무교육도 병역의무도 없다. 씨만 일본식으로 만들어 정한들 결국 형식적 내선일체가 아닌가 운운하며 불온 언동을 하였다.
검거 월일, 형벌: 4월 9일, 4월 19일 기소 의견 송국
서명: 충주서(忠州署)
씨명: 김한규(金漢奎)

도명(道名): 전북(全北)
불온 언동 또는 유언비어 요지: 사망한 김형열(金亨烈)이란 자에게서 북두칠성을 모시는

---

[115] 坡州警察署長, 1940.4.11, 「朝鮮特別支援兵訓練所生徒募集ニ對スル造言蜚語罪ニ關スル件」. [地檢 思想係, 1940, 『(昭和十五年)思想ニ關スル情報(12)』에 수록] 등 참조.

칠성교(七星敎, 邪敎)의 포교를 받아 그것을 맹신하고

1. 1939년 10월 15일 무렵 신주식(申周植)에게 이번 중일전쟁에서 일본이 이기고 있다고 하는데, 일본은 병력수가 적고 최근에는 일본이 패전하여 곤란한 상황에 마주하고 있다. 그러나 그 칠성교를 열심히 믿으면 행복해진다.
2. 1939년 11월 초순, 위 사람에게 중국 병사는 일본군의 9배 이상 죽었다고 신문상에 보도되고 있는데, 사실은 도리어 일본 병사가 더 많이 죽었다고 생각한다.

운운하며 언동을 하였다.

검거 월일, 형벌: 4월 10일, 5월 22일 기소 의견 송국

서명: 광주서(光州署)

씨명: 김기운(金基云) → 479쪽

도명(道名): 강원(江原)

불온 언동 또는 유언비어 요지: 1940년 2월 초순 무렵 결혼을 중매할 때, 최근 특별지원병 지원자가 상당히 있지만 지원자 중에 시집가는 자는 없을 것이다. 본인은 마을의 지원병 적격자에 대해 이러한 취지를 얘기해서 극력 지원을 회피하도록 하고 있다고 운운하며 불온 언동을 하였다.

검거 월일, 형벌: 4월 9일, 구류 5일

서명: 철원서(鐵原署)

씨명: 양두홍(梁斗弘)

③ 5월

도명(道名): 경기(京畿)

불온 언동 또는 유언비어 요지: 일본 정부는 전쟁에서 지더라도, 조선을 빼앗기더라도 일본만 지키면 된다고 말하고 있다고 운운하며 불온 언동을 하였다.

검거 월일, 형벌: 5월 30일, 6월 18일 기소 의견 송국

서명: 안성서(安城署)

씨명: 오진영(吳晉泳) → 475쪽

도명(道名): 충남(忠南)

불온 언동 또는 유언비어 요지: 교토(京都) 혹은 시골에서 육군의 재향군인이 이번 사변에 응소했는데 얼마 지나지 않아 소집이 해제되어 고향으로 돌아갔으나 재차 소집을 받게 되자, 해당 군인은 이를 기피하여 도주했고 가족 역시 이를 은닉하고 기일까지 응소하지 않았다. 이로 인해 수일 후 수사하기 위해 온 헌병에게 자택에 잠복하고 있던 것이 발견되어 그 자리에서 참살되었다고 운운하며 유언비어를 말하였다.

검거 월일, 형벌: 5월 2일, 5월 18일 금고 8개월 2년간 형 집행유예

서명: 공주서(公州署)

씨명: 여급(女給) 박숙제(朴淑濟) → 465쪽

도명(道名): 충남(忠南)

불온 언동 또는 유언비어 요지: 5월 13일 대전부(大田府) 내 다방 박한규(朴漢奎) 집에서 일본군이 중국인 부락을 점령했을 때는 각종 물품·가축 등을 약탈하고 중국인 미녀를 안고 잤다고 운운하는 유언비어를 말하였다.

검거 월일, 형벌: 5월 13일, 6월 7일 송국

서명: 대전서(大田署)

씨명: 양기석(梁基錫) → 476쪽

도명(道名): 함남(咸南)

불온 언동 또는 유언비어 요지: 현재 신문은 반 이상 허언(虛言)으로, 장개석이 바로 항복해 화평(和平)이 실현될 듯했지만 좀처럼 그렇지 않았다. 일본은 십 년간 전쟁 준비를 했다고 하는데, 장개석은 20년 전쟁을 준비했으므로 [일본이 원하는 평화는] 조속히 실현될 수 없다. 현재 중국에서 일본군 세력이 미치는 곳은 점령지역만이고 다른 곳에는 미치지 않는다. 일본이 부족한 면(綿)을 점령지역 내 중국인에게 재배하도록 강요하고 있지만, 중국인은 전혀 받아들이지 않는다. 현재 장개석 지원 국가인 영국·미국·소련에 대해서도 쉽게 항복하지 않을 것이라고 운운하며 시국에 관해 불온 언동을 하였다.

검거 월일, 형벌: 5월 27일, 6월 10일 기소 의견으로 신병 구속 송국

서명: 하갈서(下碣署)
씨명: 중국인 학춘해(郝春海)

④ 6월

도명(道名): 평북(平北)
불온 언동 또는 유언비어 요지: 경찰이 이불을 일제 조사하여 현재 사용하고 있는 것 이외 나머지는 전부 걷어간다고 운운하는 유언비어를 말하였다.
검거 월일, 형벌: 6월 6일, 과료(科料) 5엔
서명: 철산서(鐵山署)
씨명: 한송화(韓松花)

도명(道名): 함남(咸南)
불온 언동 또는 유언비어 요지:
1. 등화관제(燈火管制)를 해도 적의 폭탄이 떨어지면 도시의 소재(所在)는 판명되기 때문에 어둡게 해도 아무런 도움이 되지 않는다. 이것이 거짓말이라고 생각되면 독일의 히틀러에게 물어봐도 좋다.
2. 적 비행기 기관총은 수냉식(水冷式)으로 총구(銃口)에서 불이 나오지 않지만, 일본의 기관총은 구식이므로 총구에서 불이 나와 그 소재가 적에게 발견되는데, 중국 병력이므로 이걸로 된다고 운운하는 [불온] 언동을 하였다.

검거 월일, 형벌: 6월 6일, 6월 27일 기소유예 의견으로 송국
서명: 원산서(元山署)
씨명: 쓰루다 다케키치(鶴田丈吉)

(2) 기타 시국관계 범죄표

① 3월

도명(道名): 함남(咸南)

범죄의 개요: 함남 헌병대 부속 헌병이라고 사칭하여 출정 군인 가족인 흥남읍(興南邑) 유정리(柳亭里) 조선질소회사원 모리시타 아사오(森下淺夫)를 찾아가, 그에게 이번에 정부에서는 기원 2600년 기념으로 출정 군인 1인당 금 1,148엔 10전을 지급하는데 이에 1,000엔을 수령하고 나머지 금 148엔 10전은 국방헌금으로 하시길 바란다고 속여, 액면가 1,148엔 10전을 위조한 위조어음과 교환하고, 나머지 금 148엔 10전을 위 사람에게서 편취하였다.

검거 월일, 형벌: 3월 16일, 5월 10일 징역 5년

서명: 흥남(興南)

씨명: 최기호(崔基鎬)

② 5월

도명(道名): 경남(慶南)

범죄의 개요: 이 사람은 정신 이상 증상을 보였는데 최근에는 증상이 양호해져 무위도식 중이다가, 5월 15일 이후 부산부(釜山府) 내 각소에 게시판 및 기타에 "일본군은 알아라" 등 그밖에 의미가 불명한 용의문(容疑文)을 종잇조각이나 천 조각에 묵서(墨書)하여 부착, 배포하였다.

검거 월일, 형벌: 5월 24일, 정신병자이므로 책임자에게 인도함.

서명: 북부산서(北釜山署)

씨명: 이영■(李永■)

③ 6월

도명(道名): 충남(忠南)

범죄의 개요: 1940년 4월 초순부터 6월 14일까지 강원도 원주군(原州郡), 영월군(寧越郡) 및 충북 제천군(堤川郡) 방면을 벙어리[啞]로 가장하여 "나는 제1회 특별지원병으로

출정 중 적탄에 맞아 부상하였다" 또는 "내가 모집하는 국방헌금은 당국이 허가한 것으로 그 7할은 경찰서를 통해 헌금하는 것이다"라고 필담으로써 사칭하고, 마을 사람들로부터 현금 백 수십 엔을 편취하였다.

검거 월일, 형벌: 6월 14일 취조 중

서명: 영월서(寧越署)

씨명: 김종현(金鐘賢)

3. 『제79회 제국의회 설명자료』, 1941.12

1) 유언비어[116] 등 단속 상황표(1941년 10월)[117]

월별 도명	1월	2월	3월	4월	5월	6월	7월	8월	9월	10월	합계
경기도	-	4	4	-	2	9	11	14	4	6	45
충청북도	-	-	-	1	-	7	6	7	3	3	20
충청남도	3	2	4	2	2	3	8	5	5	2	37
전라북도	1	-	2	2	2	6	19	14	9	5	60
전라남도	-	1	4	-	3	7	30	21	6	6	78
경상북도	1	1	-	1	3	3	10	12	13	8	52
경상남도	-	3	6	4	10	13	17	53	26	17	149
황해도	-		1		12	23	17	15	25	38	131
평안남도	1	1			2	10	17	22	17	7	77
평안북도		2		2		2	1	6	6	6	25
강원도	1	2	2	4	1	3	6	5	4	2	30
함경남도		4	1	2	2	8	26	24	5	1	73
함경북도		1	1	-	2	3	6	11	3	-	29
계	7	21	25	18	42	97	174	209	129	101	806
전년도 계	3	3	5		6	5	6	1	3 11월 6	5 12월 8	50

---

116 원문은 '造流言蜚語'로 '조언'과 '유언'을 구분하고 있다. 둘 다 '근거 없는 말'을 뜻하고 있는데, 전자는 꾸며낸 행위[造]를, 후자는 그 말이 퍼지는 현상[流]을 강조한 용어이다. 이 자료집에서는 둘다 '유언비어'로 번역했다. 정병욱·김연옥 편역, 2021, 『유언비어(1)-아시아태평양전쟁 발발과 '불온 언동'』, 동북아역사재단, 34쪽.

117 자료에 제시된 합계와 세부 항목 합계의 수치가 맞지 않은 경우도 있으나 원문 그대로 두었다.

2) 거듭되는 유언비어 발췌

일시: 7월
장소: 경성지방
내역(內譯): 일본은 독일과 협력해서 소련을 공격할 것이고, 일소개전(日蘇開戰)이 눈앞에 다가오고 있다. 여름방학의 조기 실시는 이를 위한 피난 행위이다.

일시: 7월
장소: 경성지방
내역: 미국은 이미 빙도(氷島)를 점령하는 등 참전 전야(前夜)인 느낌이 있다. 일미전(日米戰)은 필연적이다. 일미 개전과 동시에 경성은 공습을 받을 것이다. 학생의 귀성은 이에 대한 피난 행위이다.

일시: 7월
장소: 경성지방
내역: 일소개전(日蘇開戰)은 날로 가까워지고 있다. 모든 객실·화물차[客貨車]는 군용 열차로 사용되므로 여객 운송의 곤란을 예상하여 학생을 빨리 귀성시키려는 것이다.

일시: 7월
장소: 경남
내역: 정부에서 이번에 개인의 저금을 거둬들여 전쟁 비용으로 충당하려 한다고 하므로, 많은 금액을 저금한 사람 중에는 그것을 인출 해 자택에 은닉하려는 자가 있다 운운함.

일시: 7월
장소: 함남
내역: 조선에서는 독신 청년층에게 호소하여 반강제적으로 지원병 또는 청년훈련소, 청년단 등에 응모하도록 하여 만주, 중국 방면으로 보내 중국을 개척하고자 계획하고 있다.

기혼자는 중국에 보내지 않는다.

일시: 7월
장소: 경성
내역: 소련 비행기가 오면 경성은 전멸한다.

일시: 7월
장소: 인천
내역: 군 당국에서는 가까운 시일에 해외 전선에 군마(軍馬) 3만 필을 수송하기 위해 그것을 수용할 마계장(馬繋場)을 인천부(仁川府) 내에 건설 중이다.

일시: 7월
장소: 경성
내역: 긴박한 정세 아래에서 지난번에 상당수의 응소자(應召者)가 있었는데, 군 당국에서는 군수품 수송으로 편안한 날이 없는 모양으로 이번 달 중 추가로 2회에 걸쳐 응소를 행한다고 한다.

일시: 7월
장소: 경기
내역: 시국은 날로 긴박해져도 올해 중에는 별일 없이 지나갈 것으로 방비(防備)에 열심인데, 청일전쟁, 러일전쟁은 모두 1894년, 1895년(明治 27, 明治 28[118])으로 이러한 예로 볼 때 내년 1942년(昭和 17)이 가장 위험하다.

---

[118] 문맥상 일본 연호 연도가 '칠(七) 끝나는 해에 큰 전쟁이 일어난다'라는 뜻인 것 같다. 러일전쟁은 1904년(明治 37)에 일어났으나, 원문대로 두었다.

일시: 7월
장소: 경성
내역: 최근 나진(羅津) 방면에서는 사태가 긴박해지면서 그 지역 주민들은 가구(家具)를 정리한 뒤 시가지에서 20~30리 떨어진 오지로 속속 피난 중으로 상당히 긴장하고 있다.

일시: 7월
장소: 경성부 내
내역: 경성부 내 조선인 청년층 사이에는 일본인의 토지 및 가옥을 매수하면 나라를 다시 사 올 수 있고, 일본인 부녀자를 농락하면 일본인에 대해 복수하는 것이라고 발설하는 자가 많다는 얘기가 있다.

일시: 7월
장소: 경성부 내
내역: 전장에서는 전사자의 처치에 대해, 전사자의 머리를 잘라 소금에 절여 백목(白木) 상자에 넣어 유족에게 보내고, 또 전사자의 유류품은 전부 병사들이 취해 자신의 가족에게 보낸다고 한다 운운함.

일시: 7월
장소: 경성 방면
내역: 방공연습에서 군(軍)의 비행기에서 실탄을 투하하여 실전과 같이 연습할 예정인데, 그렇게 하면 그 피해가 심대할 것이다.

일시: 7월
장소: 함북
내역: 함경남북도 일대 도회지 부근의 광산에서는 광주(鑛主)로부터 광구(鑛區) 2구씩을 제공하게 하여 방공호로 사용하는 것으로 결정했다고 하는데, 함북지방 주민들은 더욱 긴장하고 있다. 최근 남선(南鮮) 경찰관의 대부분이 국경지방 응원차 함경남북도 국경지대

로 전송(轉送)되고 있다고 한다.

일시: 7월
장소: 부내(府內) 조선인
내역: 최근 부내 군인이 줄어든 것은 국경 방면으로 다수를 이동시켰기 때문이다. 지금 전쟁이 시작될 것임이 틀림없다. 국경에서는 이미 시작되어 공중전은 상당히 하고 있다고 한다.

일시: 7월
장소: 경성부 내
내역: 독소전(獨蘇戰)의 교착상태에 대한 하나의 원인으로 전해 들은 바에 의하면, 소련 측에서 자국제(自國製) 혹은 미국제에 의한 무미 무취 무색의 투명하고 강렬한 독가스를 사용해 그 피해가 심한 것에 기인한다고 한다. 그리고 해당 독가스는 한 번 피부에 닿으면 피부 조직을 파괴해 출혈이 심해 결국 죽음에 이르는 것으로, 그 해독제는 아직 세계 어느 나라에서도 발견하지 못했다고 한다. 일소전(日蘇戰)이 개전될 경우 반드시 그 독가스 전법을 사용할 것이다. 우리 군 수뇌부에서는 극력 연구 중인데, [이것이] 개전이 급속히 진행되지 않고 있는 원인이라고 한다 운운함.

일시: 8월 10일
장소: 황해도 금천군(金川郡) 구이면(口耳面) 덕안리(德安里) 의천동(義川洞) 우차부(牛車夫) 허남풍(許南豊) 집
내역: 자칭 경기도 장단군(長湍郡) 대남면(大南面) 일촌리(一村里) 일촌동(一村洞)에 거주하는 성명 불상의 사람이 저녁 식사를 하면서 다음과 같은 언동을 퍼트렸다.
"너도 알고 있듯이 나는 청진(淸津)으로 가서 요리집의 요리사를 했는데, 최근 일소전(日蘇戰)에 의해 일본군이 패해서 청진까지 퇴각해 왔으므로 부내(府內)에서는 큰일이 난 것 같은 상황이 되었으므로 나는 도망쳐 왔다 운운"
조치: 담당 주재소에서 연락원이 발견, 범인 수사 중

일시: 8월

장소: 충남 서천군(舒川郡) 한산면(韓山面) 지현리(芝峴里)

내역: 틀니업[入齒業]을 하는 김문소홍(金聞素弘, 가네몬 모토히로)은 최근 다음과 같은 유언비어를 발설했다.

1. 최근 일본에서는 젊은 여성을 중국인에게 시집보내는 것을 장려, 아니 강제하고 있는데, 그것은 필경 중국을 동화(同化)시키고자 하는 목적이다. 또 동시에 汪[精衛] 정부의 배신을 경계할 책략일 것이다.
2. 일본의 어떤 지방에서는 응소(應召), 전사(戰死) 등으로 1명의 청년도 없고, 노인·어린아이·부녀자뿐으로 농업도 불가능하므로 조선인 청년을 모집해서 농부로 삼고 있는데, 조선인은 매우 환영받아 즉시 일본인 부인들로부터 결혼 신청을 받고 있다고 한다. 현재 일본에서는 남자 1명당 여자 8명의 비율이라고 하므로 조선도 장래에는 젊은 남자는 모두 전쟁터로 보내져 일본과 마찬가지 상황이 될 것이다.

일시: 8월

장소: 경상남북도

내역: 조선방직주식회사 부산공장 인사계에서 7월 20일부터 29일까지 경북 김천(金泉), 영주(榮州) 방면에서 여공 모집을 했는데, "부산에서는 매일 군대가 상륙해 가까운 시일 내에 대전쟁이 시작될 것이다. 중국과 대치하여 영국·미국·소련을 상대하면 부산도 반드시 폭격될 위험이 있으므로 부산에 가지 않는 것이 좋다"라는 유언비어가 유포되어, 한 명의 응모자도 없다.

일시: 8월

장소: 강원도 철원군 마장면(馬場面) 밀암리(密岩里)

내역: 기독교 속장(屬長)이자 농업에 종사하는 변평옥(邊平玉) 즉 원변성정(原邊成正, 하라베 시게마사, 28세)은 마장면 공립국민학교 훈도(訓導) 中宣士■[119] 안등문윤(安藤門

---

[119] 국사편찬위원회, 『한국사데이터베이스-직원록자료』에 따르면 1941년 강원도 石橋國民學校의 훈도로 仲里宣士, 安藤

允, 안도 몬진) 외 수 명에게 "최근 경성부 내에서는 정회(町會) 지시에 따라 소련의 폭격을 두려워하여 시민 중 14세 미만인 자와 16세 이상인 자들은 시골의 친척이나 지인을 의지해 피난 중이다. 14세 이상 16세 미만인 자는 어떠한 경우에라도 다른 곳으로 이동이 허가되지 않고 각자 속한 곳에서 활동해야 한다. 정회(町會)에서 계속 지도하고 있는데 경성에 거주하는 나와 친척도 가까운 시일에 이곳 마장면으로 이주하려고 피난 중이다"라는 허위 사실을 유포했다.[120]

일시: 8월
장소: 평남
내역: 지난번 실시된 방공연습에 의탁해서 다음과 같은 유언비어가 유포되었다. "방공 연습 기간 중을 이용해 조선인이 단결해 일본인을 살해한다."
조치: 엄중히 대처함과 더불어 그 출처를 규명 중

일시: 8월
장소: 경남
내역: 지금 차례차례 부대를 수송하는 것은 북선(北鮮) 지방에 발발한 폭동을 진압하기 위해서이다.

일시: 8월
장소: 경남
내역: 이번에 대부대를 수송하는 것은 조선에 대한 군정(軍政) 준비일 것이다.

門允 등이 있었다.
120 변평옥은 국가기록원, 〈독립운동 관련 판결문〉의 '형사사건부'에 의하면 '안녕질서에 대한 죄'로 1심에서 벌금 50원 노역 기간 50일에 처분되었다.

일시: 8월
장소: 경기
내역: 최근 경성, 평양에서는 공습을 당해 인심이 혹란하고 전전긍긍하고 있다. 전화(戰火)는 점차 확대되고 있다.

일시: 8월
장소: 경성부 내
내역: 예부터 조선에서는 '부불근(富不近)'이라는 경구(警句)가 있다. 즉, 부호에게 접근하거나 또는 부호 가문에 들어가면 화(禍)가 있을 것이라는 의미인데, 최근 경성부 내에서는 '부불근(富不近)'이 '부불근(府不近)'으로 전파되어 민심을 상당히 자극하고 있다. '부불근(府不近)'이란 지금 대전쟁이 일어나 부(府), 즉 도회지는 공습을 당할 것이고, 경성과 같은 대도시는 가장 위험하므로 미리 피난하라는 듯한 예언 식의 유언비어로 무지한 민중 사이에서 그것을 맹신하는 자가 있다.
조치: 민심의 계몽 및 범인 수사 중

3) 불온 언동 등 단속 상황표[1941년(昭和 16) 10월][121]

월별 도명	1월	2월	3월	4월	5월	6월	7월	8월	9월	10월	합계
경기도	1	5	1	-	1	7	6	13	2	1	37
충청북도	-	1	1	-	-	-	-	4	2	1	9
충청남도	3	5	1	2	1	9	2	3	7	3	38
전라북도	-	4	3	1	1	3	4	7	6	7	36
전라남도	-	2	6	1	-	5	12	11	5	9	51

---

[121] 자료에 제시된 합계와 세부 항목 합계의 수치가 맞지 않는 경우도 있으나 원문 그대로 두었다.

											합계		
경상북도	-	-	1	-	-	1	8	13	26	5	54		
경상남도	2	8	13	6	6	16	47	54	18	31	201		
황해도	-	2	1	-	-	20	29	54	77	134	324		
평안남도	-	2	3	-	-	3	7	19	8	5	47		
평안북도	-	2	2	-	-	1	4	5	4	-	18		
강원도	1	-	8	8	3	1	1	7	5	2	36		
함경남도	-	-	-	-	-	1	4	21	9	7	42		
함경북도	-	5	4	-	-	3	5	-	1	-	18		
합계	7	34	44	18	12	70	129	211	170	205	901		
전년도 합계	1	-	2	1	1	2	-	-	6	6	11월	12월	총합
		-					-	-			3	9	31

4) 거듭되는 불온 언동 발훼

일시: 7월 23일

장소: 함경선 고원-전탄(高原-箭灘)역 사이의 열차 안

범인: 경성부 숭인정(崇仁町) 김순복(金順福)

내용: 위 사람은 상업상의 일로 북선(北鮮) 방면을 여행하고 경성으로 돌아가던 도중, 열차 안에서 옆자리에 있던 함흥부 대화정(大和町) 청수신호(淸水信好, 시미즈 노부요시)에게 다음과 같이 불온 언동을 하였다.

"점점 철도 화물 수송이 군사방면의 화물을 주(主)로 삼고, 일반상품의 운반을 종(從)으로 삼게 되었다. 그 때문에 일반 사람들은 일용품 특히 식량품 배급이 원활해지지 않게 되어 생활상 상당히 곤란이 반드시 초래될 것이므로 나는 경성으로 돌아간 후에 철도국을 상대로 해서 소송할 의향이다"라고 운운함.

조치: 함남 이동경찰에게 탐지되어 신병을 원산서(元山署)로 인계하고 엄중 취조 중

일시: 7월 12일

장소: 경남 함양군(咸陽郡) 지곡면(池谷面) 마산리(馬山里) 주류(酒類) 판매점 내

범인: 성명 불상

내용: 성명 및 연령 불명한 조선인 남자는 해당 가게에서 잠시 휴식 중에 "일본은 어전회의 결과 드디어 삼국동맹에 따른 조약에 기반해 독일 측에 참전하기로 내부적으로 정했다. 7월 초부터 일본에서는 50세까지의 남자를 강제적으로 징집하고 현재 계속 만주-소련 국경 방면으로 결집 중이다. 일본인 남자가 모두 죽을 때는 드디어 조선인 남자도 징집되어 전선으로 보내지게 될 것이다. 현재 중일전쟁에서 질리고 있는데, 이제 또 러시아와 전쟁하게 되면 도대체 언제가 되어야 원래의 평화로운 시대가 도래하겠는가? 일본이 전쟁으로 약해진 때야말로 우리 조선 민족이 일고(一考)를 요하는 때일 것이다" 운운하며 발설한 사실이 있다.

조치: 엄중히 수사 중

일시: 8월 5일

장소: 경북 성주군(星州郡) 용암(龍岩) 본치동(本置洞) 마을 앞

범인: 경북 성주군 용암 본치동 김성봉술(金城鳳術, 가네시로 호우쥬쓰)

내용: 위 사람은 마을 앞에서 농민 3명에게 "일본은 중국과 전쟁하고 아직 승부가 명확하지 않은 현재, 만약 영국·미국과 전쟁하면 분명히 질 것이다. 일본은 왕년에 청일, 러일전쟁에서 이겼지만, 당시는 상대국이 바보였기 때문이었고 지금은 상대가 다르다. 특히 우리 조선 민족은 일본이 이기더라도 기뻐할 아무런 이유가 없다. 일본은 약한 조선을 정복하여 오늘날까지 갖은 압박을 가하고 있는데, 조선에 인물이 없었기 때문에 업신여김을 당해 왔다. 언젠가 조선은 조선으로서 독립해야 한다. 또 중국은 예부터 강국이었지만 조선을 자신들이 다스리고 싶어 하는 야심이 없었다. 중국 민족도 조선 민족도 흐르고 있는 피는 같은 것이다" 운운하는 악질적인 유언비어를 유포했다.

조치: 구류 20일

일시: 7월 29일
장소: 길주(吉州)역 구내
범인: 함북 성진읍 고주파공장 직공 김택홍연(金澤洪淵, 29세) 외 2명
내용: 위 사람 외 2명은 길주역에서 열차를 기다리던 중 우연히 오전 10시경 도착한 군용열차에 승차 중인 군인이 각자 갖고 있던 캐러멜과 담배를 플랫폼에 있던 조선인 아이들에게 던져 주고 있던 것을 바라보면서 조선어로 다음과 같은 불온 언사를 발설했다.
"조선의 장아찌는 냄새가 심해 먹을 수가 없다는 등으로 말하는 놈들이 자신들은 먹지 않는 캐러멜과 담배를 던져 주고 있는데, 조선인을 바보로 여기는 것도 정도껏 해야 하지 않는가. 딱 '짱꼴라'[122] 군인과 같다" 운운함.
조치: 길주서(吉州署)에서 검거. 금고 6개월

일시: 7월 30일
장소: 경북 영주군(榮州郡) 단산면(丹山面) 서창리(西昌里)[123]
범인: 상동 농업 박병택(朴炳澤, 60세)
내용: 위 사람은 "군용 말먹이의 공출은 있는 대로 내놓으라고 말하면 나은데, 없는 것을 내놓으라고 말하므로 곤란하다. 현재 나라가 어려우니 백성이 곤궁한 것은 당연하지만, 일본도 너무 나서서는 곤란하다. 조선, 만주를 다 먹었으면 그것으로 좋지 않은가. 쓸데없이 중국까지 손을 뻗어서 도리어 고생하고 있다" 운운하는 언사를 발설했다.
조치: 보안법 위반으로 취조 중

일시: 8월 1일
장소: 전북 부안군(扶安郡) 백산면(白山面) 용계리(龍溪里) 시장 잡화상 강점동(姜點同) 집
범인: 성명 불상
내용: 성명 불상인 매약행상 조선인 남자(35세가량)는 다음과 같은 불온 언동을 했다.

---
122 원문은 'ちゃんころ'로 중국인에 대한 멸칭이다.
123 당시 단산면에 없는 이명이다.

"최근 일본 및 조선 내 각지에서 기차, 자동차, 선박 등의 검색이 심하게 행해지고 있는데 이것은 지금 일본이 제3국과 전쟁을 하려고 일본인에게 동원령을 내린바 이에 응하지 않고 도주한 자가 다수 있어서 그들을 찾기 위함이다."

조치: 엄중 수배 중

일시: 8월 9일
장소: 함북 길주군(吉州郡) 동해면(東海面) 용원동(龍原洞) 김범용(金凡龍) 집
범인: 함북 길주군 동해면 용원동 농업 암촌인묵(岩村仁黙, 이와무라 진모쿠)
내용: 위 사람은 거주하는 동네 김범용 집에서 음주 후 술에 취한 후 다음과 같은 불온 언동을 하였다.
1. 독일이 이겼다고 말하고 있는데, 마지막까지 지켜 봐라. 최후 승리는 소련일 것이다.
2. 일소(日蘇) 개전도 바로 코앞으로 다가오고 있다. 우리도 그때가 되면 칼을 잡고 원수(仇敵, 몰래 일본을 지칭)를 토벌하자.
3. 일본 제국이 무엇인가, 경찰이 무엇인가, 너희들의 목숨도 이제 며칠 남지 않았다. 너무 애쓰지 말라 운운.

조치: 길주서원(吉州署員)에게 검거, 징역 1년

일시: 8월 11일
장소: 경성부 관훈정(寬勳町) 8-1 백가남선(白家南善, 시로이케 난젠) 집
범인: 백가남선(白家南善)
내용: 경성부 경운정(慶雲町) 애국반(부녀자) 반원이 우천에도 불구하고 폐품 회수를 위해 위 사람 집에 이르자, 동인(同人)은 [애국반] 반원(班員)에게 "폐품은 지금 다른 애국반원이 회수했다. 또 회수하러 왔으니 이상하지 아니한가. 구걸처럼 몇 번씩이나 오면 참을 수 있겠는가. 우리 집에는 없으니 가라" 운운하며 화내고 소리쳤다.

조치: 관할 종로서에서 취조하고 계몽한 뒤 엄중히 타이름[說諭].

일시: 8월 13일
장소: 경남 성주군(星州郡) 대가면(大家面)
범인: 경남 거창군(居昌郡) 가북면(加北面) 이하 불상, 씨명 불상
내용: 위 사람은 성주군 대가면에서 마침 그 자리에 있던 마을 사람 수 명에게 "포플러나무는 미국에서 수입해 온 것으로, 망국(亡國)의 나무로 칭해진다. 그 이유는 포플러 낙엽이나 꽃이 우물 안에 떨어져 부패한 물을 먹으면 반드시 나병(癩病)이 되기 때문이다. 일본인은 조선에 포플러나무 심기를 장려했는데 조선의 망국을 목적한 것이다. 조선은 지금 일본의 지배를 받고 있지만 포플러나무 심기를 전면 폐지하지 않는 한 일본도 언젠가 수입처인 미국 때문에 망할 것이다" 운운하며 불온 언사를 발설했다.
조치: 수사 중

일시: 8월 16일
장소: 경성부 종로 3정목(丁目) 대륙극장 앞
범인: 국방복을 입은 하급관리 풍의 조선인 남자
내용: "이타가키(板垣) 대장(大將)이 조선군 사령관으로 부임했는데 위 대장은 조선의 사정에 어둡고 하등의 수완이 없으며 또 조선인의 신망을 전혀 받지 못했다. 따라서 조선에서 군대의 원수(元帥)는 할 수 없으며 또 시국이 급박하므로 조선 내에서 폭동이 일어나는 경우 이타가키 군사령관으로는 이를 진압할 만한 실력이 없기 때문이라는 말도 있으므로, 지난번 우리의 왕이신 이왕 은(垠) 전하가 조선군사령관으로 착임하셨다. 이 일에 대해서는 당국에서도 극비에 부치고 발표하지 않고 있으므로 일반적으로는 모르는데, 며칠 전부터 경계하는 헌병이 경비를 위해 시내를 왕래하고 있는 것을 직접 봤다. 우리 조선인들도 지금부터 ■■■■■ 될 것이며 이왕 은(垠) 전하가 장래 조선 통치의 최고 역할을 하시게 될 것도 의심할 여지가 없으므로 우리로서도 마음 든든해졌다" 운운함.
조치: 수사 중

일시: 7월 29일
장소: 강원도 정선군(旌善郡) 국민학교

범인: 경성부 입정정(笠井町) 경성흥아건문사(京城興亞建文社) 영화반 반원(班員) 한만석(韓萬錫)

내용: 위 사람은 위 초등학교에서 영사회(影寫會) 개최할 때 도(道) 추천에 관계된 영화를 전혀 영사하지 않고 불분명하고 막면(幕面) 손상이 많은 '우리의 일본' 2편, '뉴스' 3편을 상영했을 뿐이다. 이에 대한 설명으로

1. 현재 식량문제를 보면 미국은 1인당 빵 5개, 영국은 3개인데, 우리는 영국의 1인분을 5명이 먹어야 하는 상황으로 우리나라 식량문제는 영국과 미국에 비해 상당히 곤란하다.
2. 우리나라의 1년 미곡(米穀) 생산량은 6,300만 석으로 현재 500만 석이 부족해 그것을 외국에서 수입해야 하는 상황이다. 그 대금(代金)이 1억 5천만 엔의 큰 금액이므로 애석한 처지에 있다.
3. 주택 문제 역시 목재 부족 때문에 매년 수목(樹木)을 벌목하지만, 이 또한 계속 부족하여 외국에서 매년 수입하지 않으면 안 된다. 이 때문에 1억 5천만 엔이라는 거금을 외국에 지불해야 하는데, 우리나라의 쇠퇴는 무리가 아닌 일로 한심해야 할 것이다.

조치: 검사 기소[124]

일시: 8월 13일
장소: 경성부 평동정(平洞町)
범인: 경성부 촉탁 김자의신(金子義臣, 가네코 기신)[김성률(金聲律)]
내용: 경성 부윤(府尹)의 통수하에 방공훈련을 실시할 때 위 사람은 위 구역 애국반의 훈련 종료 후 일본인과 조선인 반원(班員)을 집합시켜 강평 중에 말하기를,
"제가 20년 전에 소학교 교원으로 봉직하던 당시에는 조선인 학생 800명, 일본인 학생 1명으로, 그때 일본인은 어느 쪽 언어를 배웠을지 상상해 보십시오. 오늘날의 성적은 지도자의 위치에 있는 일본인의 모습은 어떻습니까? 조선인은 현재 2천 4백만입니다. 거기

---

[124] 한만석은 국가기록원, 〈독립운동 관련 판결문〉의 '형사사건부'에 의하면 '안녕질서에 대한 죄'로 1심에서 금고 4개월 집행유예 2년을 선고받았다.

에 소수의 일본인이 조선어를 모르는 것이 나쁜지 조선인이 국어[일본어]를 모르는 것이 나쁜지 제 뭐라고 말씀드리지 않겠습니다만, 당신들이 마음에 손을 대고 잘 생각해 보시면 아시게 될 것입니다" 운운하는 불온 언동을 했다.

조치: 검사 기소[125]

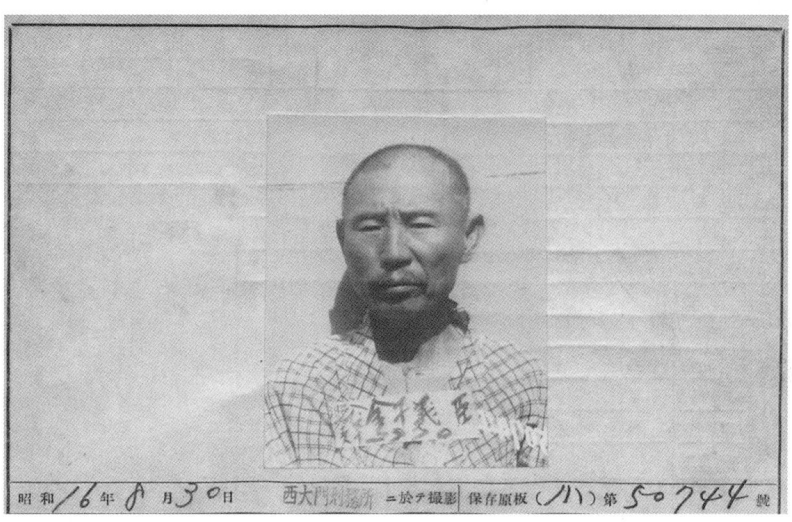

〈그림 4〉 1941년 서대문형무소에 수감된 김자의신의 인물카드
출처: 국사편찬위원회, 일제감시대상인물카드 [ia_0917]

5) 거듭되는 불온 투서 발췌

일시: 8월 6일

투서자: 익명

피(被)투서자: 이동명섭(伊東明燮, 이토 메이쇼)

내용: 경성부 견지정(堅志町) 68에 거주하는 이동치호(伊東致昊, 이토 치코)[윤치호(尹致

---

[125] 김자의신은 국가기록원, 〈독립운동 관련 판결문〉의 '형사사건부'에 의하면 1941년 12월 10일 1심에서 보안법 위반 등으로 징역 8개월을 선고받았다. 본명은 이 자료에 따른다.

톳)]의 아내 매응(梅鷹, [이토] 우메타카, 53세)은 8월 6일 놋쇠 식기(食器) 66점을 군부에 헌납했는데, 다음 날인 7일부 광화문국 소인이 찍힌 엽서에 다음과 같이 이동치호의 아내를 협박하는 민족적으로 불온한 투서를 한 자가 있었다.

"인물이 기묘(奇妙)하므로 한 번 안고 자고 싶다. 그러나 자칫 애국 늙은이 혈족이라도 될 경우 멸시받아 다른 요괴로 변신하는 등의 어떤 봉변이 일어날지도 모르는데, 너까지도 무슨 추태인가? 조용히 죽이면 될 것이다. 천지신명과 양심이 있을 것이다. 나도 과하다고 생각하므로 이렇게까지 하는 것이다. 뭐가 무엇인가? 무엇을 할 것 같다고 하는가? 말할 것 없다."

조치: 수사 중

일시: 8월 14일

투서자: 경성 반왜(反倭)주식회사 원전일랑(原田一郞, 하라다 이치로)

피(被)투서자: 경무국장

내용: 서대문우편국 소인에 원전일랑의 이름으로 다음과 같은 불온 투서를 한 자가 있었다.

"너희들은 이런 시국을 어떻게 수습할 생각인가. 하루라도 빨리 장개석에게 항복하고 조선을 독립시켜 우리 모든 동양 민족이 상호 원조하고 공존공화(共存共和)하는 것이 시국 수습의 요책(要策)이다. 과거 30년간 조선에 멸족 정책을 사용하여 착취만 해왔으므로 민력(民力)이 피폐해 국책 수행상 얼마나 지장이 있는가? 너희의 야심을 볼 때 너희가 망하기를 기도하고 너희들이 주는 것을 싫어한다." (이하 생략)

조치: 조사 중

일시: 8월 30일

투서자: 불명

피(被)투서자: 충남 논산 경찰서 경찰관 주재소

내용: 오늘 도착했다. 너희들, 특히 일본에서 태어난 사람들에게 성가시게 할 것이니 봐라. 나를 체포해 보아라. 여관에도 투숙하지 않는다. 단지 너희 한두 명으로는 안 될 것

이다. 지금 대구에서 도착했다. 나 한 사람, 또 10일 후에 한 사람이 온다. 조선독립단체.

조치: 엄중 수색 중

6) 불온 낙서 등 단속 상황표(1941년 10월)

도명＼월별	1월	2월	3월	4월	5월	6월	7월	8월	9월	10월	합계		
경기도	-	3	3	3	1	3	8	4	5	-	30		
충청북도	1	-	-	-	-	-	-	-	-	-	1		
충청남도	-	-	-	1	1	2	-	2	4	1	11		
전라북도	11	-	-	1	-	-	2	1	1	1	17		
전라남도	-	1	1	1	-	1	-	1	1	1	7		
경상북도	-	-	-	1	-	-	2	5	-	1	9		
경상남도	-	-	-	2	1	2	3	18	7	2	35		
황해도	7	1	-	1	-	1	4	3	15	3	35		
평안남도	-	-	-	-	-	8	1	6	7	6	28		
평안북도	-	-	-	-	-	4	3	2	3	2	14		
강원도	-	1	-	1	-	2	-	1	-	-	5		
함경남도	-	1	-	2	2	6	8	5	4	1	29		
함경북도	-	8	7	1	-	-	1	1	-	-	18		
합계	19	15	11	14	5	29	32	49	47	18	239		
전년도 합계	1	2	-	2	3	2	1	2	2	5	11월	12월	총합
											4	1	25

7) 거듭되는 불온 낙서 발췌

월일: 7월 23일
장소: 경성부 한강통(漢江通り) 철도국 경성공장 내 직공 변소
내용:
一. 개전(開戰)이 되면 조선인도 자 머리를 듭시다.
一. 일미전(日米戰)이 일어나면 조선 독립인가
一. 독소(獨蘇) 개전, 조선독립 만세
一. 보라 제군 청년이여 그리고 일어나라, 혈기가 흐르는 반도
조치: 범인 엄중히 수색 중

월일: 7월 24일
장소: 동(東)경성역 내 동쪽 변소 안
내용: 일본 망국, 일본 전쟁하면 일본 멸망, 대한독립
(해설) 반도인들이여, 조선 고대의 사상으로써 반일(反日) 정신을 지키고, 문명국 사람을 모범으로 삼아라. 이 개명(開明)하지 못한 놈들이여, 이놈들아.
(해설) 일본 정신을 따르지 말라, 반도 청년들이여.
조치: 범인 엄중히 수색 중

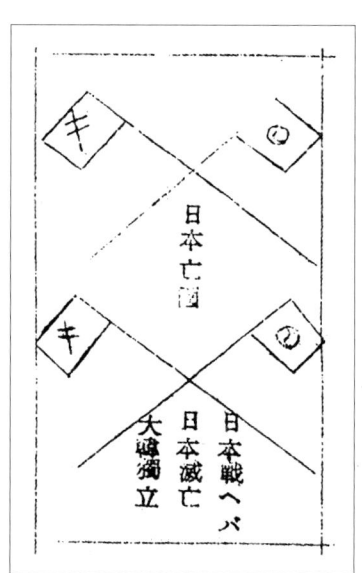

월일: 8월 11일
장소: 경성부 창신정(昌信町) 경전(京電) 승무원 대합실 변소
내용: "승무원 대우 개선, 스트라이크[파업]를 일으킬 것"
조치: 범인 엄중히 수색 중

월일: 8월 10일
장소: 영등포정 동양방적(東洋紡績)주식회사 경성공장 면회소 변소

내용: 1. 일본인을 모두 죽여라
  2. 동방(東紡) 여공 모집에 응모하여 와서 나쁜 일만 배웠다.
조치: 범인을 극력 수사 중

월일: 8월 10일
장소: 영등포 중앙주조(中央酒造)주식회사 경성공장 직공용 변소
내용: 백묵으로 "이완용은 누런 개자식[黃犬子]이다."
조치: 범인 수사 중

월일: 7월 23일
장소: 인천발 경성행 열차 변소 안
내용: 붉은 연필로 "전국의 일본인은 사형시켜라, 조선공산당원"
조치: 범인 수사 중

월일: 8월 22일
장소: 부산부 동부 목지도(牧之島) 조선중공업주식회사 제2계선(繫船) 안벽(岸壁) 동쪽 광장
내용: 일본은 졌다, 천황은 큰 바보. 두고 보자, 일본은 전부 싹 다 멈춰라. ⊗아메리카 스파이.
조치: 범인 엄중히 수사 중

월일: 8월 31일
장소: 충남 연기군(燕岐郡) 전의면(全義面) 소정리(小井里)역 공동변소
내용: 중국 이기고 일본 진다, 일본이 지면 조선은 행복하다.
조치: 범인 수사 중

Ⅲ 조선총독부 고등법원 검사국 자료

1.「시국관계 범죄에 관한 조사」,『사상휘보』13, 1937.12

중일전쟁이 발발하자 시국과 관련한 각종 범죄가 발생했다. 지금 11월 말일까지 당국에 보고된 각 지방법원 검사국에서 수리·처분한 이러한 종류의 범죄를 조사한 바를 제시하면 다음과 같다. 총 건수 40건, 총인원 49명이다. 먼저 수리한 검사국별로 그 건수와 인원을 살펴보면, 경성이 12건, 12명으로 가장 많고, 함흥이 8건, 15명, 부산이 5건, 5명, 대구가 3건 3명으로 그 뒤를 잇고 있다.

〈수리국별(受理局別) 건수 · 인원 조사〉

청명(聽名)	건수	인원
경성	12	12
공주	3	3
함흥	8	15
청진	2	2
평양	1	1
신의주	1	1
해주	2	3
대구	3	3
부산	5	5
광주	1	1
전주	2	3
합계	40	49

이를 범죄 양태별로 보면, 군사에 관한 유언비어를 한 자가 33명으로 대부분을 차지하고, 사기 행각을 한 자가 8명, 보안법 위반이 4명, 기타 순이다.

여기서 유언비어의 2~3가지 사례를 들어보자.

"이번 중일전쟁에서 일본군은 패전했기 때문에 47~48세의 노병(老兵)까지도 출정시키는 모양새인데, 어느 국가든 패전하지 않으면 노병을 소집하는 경우는 없다."
"이번 사변에서는 조선인도 차남 이하는 소집될 것이다. 따라서 나는 물론 당신들의 남편도 출정하는 것으로 결정될 것이다. 중국 병사들은 상당히 강하기 때문에 일본은 패전할지도 모르며, 그때 중국 병사는 조선 남자를 모두 죽이고 부녀자는 그들의 첩이 된다."
"신문 지상 보도와 사실이 서로 다르다. 일본은 패전하고 매일 출정 병사의 유골이 송환되고 있는 정황인데 일본군은 이길 승산이 없으므로 출정 병사의 배웅 등은 무의미하다. 일본 군용 비행기 2척이 최근 출정 도상에 인천 부근에서 추락했다" 등

사기의 예를 들어보자.

"26세의 조선인 남성·일반 민중이 출정하는 군인·군속에 대해 열렬한 감사를 표하고 있는 것에 편승해, 마침 북중국으로 출정하는 자동차 운전자로 출정했는데 출정 중 유탄 때문에 부상해 송환되었으나 가까운 시일 내에 재차 출정할 듯이 가장하여 여러 음식점에서 무전취식(無錢取食)하였다."
"28세 일본인 남성·철도경비에 종사 중이던 재향군인인 것처럼 가장하여 무전취식하였다."
"30세 조선인 여성·일본군의 승리를 기도하기 위해 공주읍(公州邑) 욱정(旭町) 마곡사(麻谷寺) 포교소에서 기도료(祈禱料)를 모으기 위해 왔다고 사칭하고 금품을 편취하였다."
"34세 일본인 남성·이번 전쟁에 소집되어 출정하게 되었다고 사칭하고 고용주 등에게서 전별금(餞別金) 명의로 금품을 편취하였다" 등

시국을 이용한 무고(誣告) 사례를 들어보자.

"50세 조선인 남성·일찍이 반목해 오던 지인 모씨 등에게 형사 처분을 받게 할 목적으로 관제엽서에 이들은 이번 전쟁 시 소련·미국·영국은 중국과 공동으로 일본을 멸

망시킬 것이라는 사설(邪說)을 유포하고 있다는 취지와, 자신이 출정 병사를 배웅하러 갈 때 일본이 멸망할 것이라고 외쳐야 한다고 강요하고 구타했다는 취지의 허위 사실을 기재하여 그것을 경찰관서에 보냈다."

보안법 위반의 예를 들어보자.

"중국은 미국·소련의 원조를 얻어 일본을 토벌할 것이고, 이러한 좋은 기회를 놓치지 말고 우리는 조선의 독립을 도모해야 할 것이다."

시국을 이용한 절도 사례를 들어보자.

"28세 조선인 남성·내연녀 모 씨에게 일본은 패전하고 일본 정부는 군사비 부족으로 국민의 저금 전부를 징수한다고 하므로 너의 저금은 즉시 인출해 두는 것이 좋을 것이라고 말하고, 그녀가 그것을 믿고 돈을 인출하여 거주하는 집 온돌 마룻바닥에 은닉해 두자, 그가 그 집에 가서 그것을 몰래 훔쳐 도주하였다."

등과 같은 사례이다. 하단에 표로 게시하였다.

〈범죄 양태별 인원 조사〉

범죄 양태	인원
군사에 관한 유언비어	33
출정하는 군인·군속을 가장한 사기	5
정치에 관한 불온 언동을 하고 이로 인해 치안을 방해	4
시국을 이용한 무고(誣告)	3
귀환 중국인에 대한 공갈	2
군용 현미, 국방헌금 횡령	2
국방헌금 강요 협박	1

전승기원제 집행을 가장한 사기	1
군용 도시락 납입 시 대금 편취	1
철도경비 종사 중 재향군인을 가장한 사기	1
시국을 이용한 절도	1
계	54

※비고: 한 사람이 여러 건에 걸친 경우를 포함

또한 위 항목들에서 피의자 혹은 피고인이 일본인인지 아닌지, 연령은 몇 세 정도가 가장 많은지, 직업은 무엇이며, 주의자(主義者)인지 여부, 어떤 동기에서 감행하게 되었는지, 처분 결과는 어떠한지 등을 조사한 것을 게시하면 다음과 같다.

〈인종별 조사〉

인종별 \ 청명(聽名)	경성	공주	함흥	청진	평양	신의주	해주	대구	부산	광주	전주	합계
일본인	5	·	2	1	·	·	·	1	2	·	·	11
조선인	7	3(1)	13	1	1	·	3	2	3	1	3	37(1)
중화민국인	·	·	·	·	·	1	·	·	·	·	·	1
합계	12	3(1)	15	2	1	1	3	3	5	1	3	49(1)

※비고: 괄호 안의 숫자는 여성을 나타냄.

〈연령별 인원 조사〉

연령	인원
20세 미만	6
20세 이상 30세 미만	22
30세 이상 40세 미만	9
40세 이상 50세 미만	6
50세 이상	6
합계	49

〈직업별 인원 조사〉

직업별	인원	직업별	인원	직업별	인원
농업	8	교사	1	잡화상	1
노동	7	화가	1	음식점	1
점원	4	회사원	1	비계공[鳶職]	1
관공서 고용인	2	신문기자	1	뗏목 인부[筏夫]	1
일반 고용인	2	여관업	1	무직	9
직공(職工)	2	토지중개업	1	-	-
목공	2	자전거 수리업	1	-	-
행상	1	주조업(酒造業)	1	합계	49

〈사상 관계 유무별 조사〉

종류	인원
민족주의 신념을 가진 자	1
공산주의 신념을 가진 자	1
사상 관계가 없는 자	47
합계	49

〈범죄 동기별 조사〉

동기	인원	동기	인원	동기	인원
현학(衒學, 지식을 자랑함)	11	유언비어 맹신	3	본인을 위한 이익추구	1
생활난	8	연령적 호기심	2	민심 혹란	1
단순한 호기심	8	민족적 편견	2	일본 도항 곤란을 과대 유포	1
사생활상 원한	4	중국인 보호에 불만	2	사변에 대한 사생활 상 반감	1
의도하지 않은 실언	4	회사를 위한 이익 추구	1	합계	49

〈처분별 조사〉

처분	인원
기소유예	12
기소 중지	1
예심 청구[求豫審]	1
공판 청구[공판 청구]	35
합계	49

〈결과별 조사〉

결과	인원	결과	인원
금고 4월	4	징역 10월	1
금고 6월	2	징역 1년	1
징역 6월, 2년간 형 집행유예	1	징역 1년 및 과료 5엔	1
징역 6월, 3년간 형 집행유예	1	예심 계속 중	1
징역 6월	3	제1심 공판 계속 중	10
금고 8월	1	제2심 공판 계속 중	5
징역 8월	1	제3심 공판 계속 중	2
금고 10월	2	합계	36

2. 「지나사변(중일전쟁)에 관련된 시국 관계 사건」, 『사상휘보』 13, 1937.12

사실 개요: 1937년 8월 7일 경상남도 동래군(東萊郡) 동래읍 수안동(壽安洞)에서 동민 등 다수에게 중일전쟁에 출정한 일본군은 모두 전사했고, 또 중국은 미국·소련의 원조를 얻어 일본을 토벌할 것이다. 이 좋은 기회를 놓치지 말고 우리들은 조선의 독립을 도모해야 할 것이라는 취지로 크게 떠벌렸다.

1) 경과

처리 경과	연월일	청명(聽名)	인원
수리(受理)	1937년 9월 16일	동래경찰서	1명
처분	1937년 9월 22일	부산지방법원 검사국	공판 청구 1명
제1심 판결	1937년 9월 30일	부산지방법원	유죄 1명

2) 판결 결과

죄명	형명, 형량	판결구류 산입일수	형 집행 유예기간	직업	성명	연령
육군형법 및 보안법 위반	징역 1년	-	-	붓 행상	안순근 (安順根)	62세

3) 범죄 사실

피고인은 1937년 8월 7일 오후 경상남도 동래군 동래읍 수안동(壽安洞) 421번지 잡화상 황오율(黃五律) 집에서 동래군청 동측 도로변의 큰 나무 아래 대자리 평상 위에 앉아 있고, 목재로 된 긴 의자에 걸터앉아 듣고 있던 동래읍 수안동 248번지 이발업 김노득(金魯得, 27세), 수안동 409번지 사진업 최기홍(崔祈洪, 24세), 수안동 421번지 주류판매업 박돈영(朴敦瑛, 31세), 앞에서 언급한 황오율(32세)을 향해 대부분 일본어로, "현재 중일전쟁 때문에 일본에서는 다수의 병사들을 중국으로 출병시켜 싸우게 한 결과 일본군은 남김없이 사망하는 꼴이다. 엊그제도 부산에서부터 중국으로 향하던 일본군이 총대장, 중대장, 하사관 합쳐 3천 명 정도였는데도 모두 죽었다. 일본군의 사망자 총계는 지금 11,800명에 달한다. 일본에서는 현재 병력이 없어 곤란한 상황에 처해 있다. 올해는 청일전쟁이 끝난 지 딱 45년째에 해당하는데, 이번에 일본이 어떤 수단과 방법을 강구하더라도 지는 것은 당연하다. 그것은 '간지조선육갑(干支朝鮮六甲)'에 나와 있다. 나는 러시아전쟁 때 통역관으로 오랫동안 근무했고 또 전쟁에 출정해서 상당히 일했다. 현재 조선 13도 지도는 어느 곳이든 그릴 수 있다. 또 군사상 일이어도 잘 알고 있다. 현재 중국은 상당히 강해 일본 정도는 문제가 되지 않는다. 그러나 중국도 신중히 미국·러시아와 상담하고 있는바, 러시아도 일찍부터 일본에 원한을 가진 관계상 이번에 3국이 협력해서 일본을 토벌하게 된 것이다. 우리 조선인은 이번 기회를 잘 살펴 조선이 독립하는 방법을 강구해야 한다. 재작년 부산에서는 조선인 40명 정도를 조선어 통역을 위해 모집해서 중국으로 보냈는데, 그들은 오직 돈을 벌기 위해서였고 생명에 위협이 있을 때는 모두 돌아왔다. 어찌 되었든 조선인은 현재의 정세를 보고 이대로 독립하지 않으면 여러 고통이 많아 생활해 나갈 수 없게 될 것이다. 지금 젊은 사람들은 이 기회에 돈을 벌 방법이 뭐라도 있으면 그 장소는 따지지 않는다"라고 말하였다.

1937년 7월 7일 북중국 루거우차우(蘆溝橋)에서 발발하여 지금도 계속되는 중일전쟁에 대해 군사에 관한 유언비어를 말하였고 정치에 관한 불온한 언론(言論)으로 치안을 방해하였다.

피고인은 1932년(昭和 7) 8월 31일 강릉지청에서 사기절도죄로 징역 2년[은사(恩赦)에 의해 1년 8월 20일로 변경됨]에 처했었다. 그 당시 그 형의 집행을 끝낸 것 외에도 그 이전에 징역 전과 4범인 자이다.

4) 법률적용

법률에 비춘 피고인의 판시(判示)

사변 때 군사에 관한 유언비어를 유포한 점은 육군형법 제2조 제99조에, 정치에 관해 불온한 언론(言論)을 하고 이로써 치안을 방해한 점은 광무(光武) 11년 법률 제2호 보안법 제7조에 각각 해당한다. 후자에 대해서는 조선형사령 제42조에 의해 형명(刑名)을 변경해야 한다. 위의 육군형법 위반, 보안법 위반은 1개 행위로 몇 개의 죄에 저촉되는 경우로서 형법 제54조 제1항 전단 제10조에 의거해 무거운 후자의 형을 따라야 할 것이다. 소정(所定)의 형 중 징역형을 선택하고 누범(累犯)인 관계상 형법 제56조, 제57조에 의거해 그 형에 법정의 가중을 하여 형기(刑期) 범위 내에서 피고인을 징역 1년에 처한다.

이에 주문(主文)과 같이 판결한다.

1937 9월 30일

부산지방법원
조선총독부 판사 시오타 우사부로(鹽田宇三郎) → 75, 296, 318쪽

3. 「유언비어 죄에 관한 조사」, 『사상휘보』 14, 1938. 3

작년 7월 중일전쟁 발발 이후 올해 1월 말일까지 조선 내에서 발생한 유언비어 죄에 관한 것으로, 올해 2월 25일까지 당국에 보고된 '검찰사무보고서'에 기초해 조사한 것이다.

먼저 그 발생 일시별로 살펴보면 별표와 같다. 전쟁 발발 다음 달인 작년 8월이 최다로 11건, 14명에 이르는데, 그 후 10월에 9건, 9명을 최고로 하여 점점 감소했고, 12월에는 불과 2건, 2명이 되었고, 올해 1월에는 전무(全無)했다. 이에 의거해 보면 군대 등 수송이 가장 활발했으며 황군이 아직 결정적 승리를 떨치지 못하는 시기에 가장 많았고, 위 수송 등이 없어졌다. 게다가 상해, 남경 등이 함락되어 황군의 대승이 확고부동한 것이 됨에 따라 격감했던 것을 알 수 있다.

수리청(受理廳)별로 보면, 함흥, 광주 등이 각각 9건으로 가장 많고, 경성 8건, 부산 5건 등이 그다음이다. 유언비어를 한 자의 대부분은 조선인으로, 그 외에 일본인이 6명, 중국인이 3명이다. 성별로 보면, 남자 47명에 비해 여자 3명이다. 연령은 21세 이상 30세 미만까지 이른바 청년 계급이 단연 많았고, 게다가 노동자 계급으로 배우지 못한 자가 가장 많은 점이 눈에 띈다. 범죄 사실의 개요 처분 등은 별표와 같다.

1) 월별 범죄 발생 건수 및 인원 조사

월별	건수	인원	월별	건수	인원
1937년 7월	7	7	1937년 11월	7	9
1937년 8월	11	14	1937년 12월	2	2
1937년 9월	5	9	1938년 1월	-	-
1937년 10월	9	9	합계	41	50

2) 수리청(受理廳)별 조사

수리청	건수	인원	수리청	건수	인원
경성	8	8	해주	1	1
공주	1	1	대구	2	2
함흥	9	16	부산	5	5
청진	-	-	광주	9	11
평양	2	2	전주	2	2
신의주	2	2	합계	41	50

3) 남녀별 조사

성별	남	여	합계
인원	47	3	50

4) 인종별 조사

인종별	일본인	조선인	중국인	합계
인원	6	41	3	50

5) 연령별 조사

연령별	20세 이하	21세~30세	31세~40세	41세~50세	51세 이상	합계
인원	11	20	8	5	6	50

6) 직업별 조사

종류	인원	종류	인원
노동·인부	9	화공[畫師]	1
농업	6	회당(會堂) 목사	1
상업	6	전기치료사[電療師]	1
직공·목수	6	선원(船員)	1
일반고용인	5	주조업(酒造業)	1
회사원	2	여인숙업	1
상점원	2	토지중개업	1
관공서 고용인	1	무직	6
	합계		50

7) 학력별 조사

종류	무학(無學)	초등	중등	고등	불상(不詳)	합계
인원	7	3	1	1	38	50

8) 처분별(處分別) 조사

종류별	기소			불기소			합계
	공판 청구	예심 청구	소계	기소유예	기소중지	소계	
인원	39	1	40	10	-	10	50

9) 범죄 사실의 개요

본적·주거: 강원도 원주군(原州郡) 흥업면(興業面) 흥업리 453·경성부 본정(本町) 5정목(丁目) 50

직업·성명·연령: 카페 보이 강현상(姜顯相) 20세

수리 청명·처분 연월일·요지: 경성, 1937년 10월 20일 공판 청구, 1937년 11월 13일 금고 6월

범죄 일시 및 범죄 개요: 1937년 7월 16일

이번 중일전쟁은 조선인도 차남 이하는 모두 소집되어 출정하는 것으로 되면서 본인을 비롯해 당신의 남편도 출정하도록 결정되었다. 또한 중국 병사는 상당히 강하기 때문에 일본은 패전할지도 모른다. 그때 중국 병사는 조선인 남자를 죽이고 그 처는 모두 그들[중국 병사]의 첩이 될 것이다. → 72, 308쪽

본적·주거: 전라북도[1] 금산군(錦山郡) 남일면(南一面) 삼태리(三台里) 번지 불상·경성부 청엽정(靑葉町) 2정목(丁目) 71

직업·성명·연령: 용달회사 점원 최대식(崔大植) 24세

수리 청명·처분 연월일·요지: 경성, 1937년 8월 24일 기소유예

범죄 일시 및 범죄 개요: 1937년 7월 25일~7월 29일

1. 본인은 2~3일 동안 중국에 인부로 갈 터인데, 너희들도 군사령부로 가서 부탁하면 곧바로 중국으로 갈 수 있을 것이다.
2. 인부로 중국으로 가면 남자 인부는 하물(荷物) 운반 외에 사체(死體) 수습 등의 일을 하고, 여자는 밥 짓기를 한다.
3. 군사령부에서는 중국으로 갈 인부를 다수 모집하고 있고, 그 급여금은 집 정리비 및 여비로 200~300엔은 줄 것이다. → 321쪽

---

[1] 원문은 '전라남도'이나 금산군은 당시 전라북도에 속했다.

본적·주거: 도쿄시(東京市) 도시마구(豊島區) 닛포리(日暮里) 아사히초(旭町) 1초메(丁目) 10·경성부 고시정(古市町) 35

직업·성명·연령: 조선총독부 고원(雇員) 마쓰오카 다키오(松岡多喜夫) 28세

수리 청명·처분 연월일·요지: 경성, 1937년 8월 24일 기소유예

범죄 일시 및 범죄 개요: 1937년 8월 2일과 8월 4일

1. 이번 소집병 중 탈주한 자가 있다. 이는 [경성부] 명치정(明治町) 다키가와(瀧川) 총포점 아들이다.
2. 본인은 7~8명의 장교에게서 들어 알게 된 것으로, 이는 사실임이 틀림없을 것이다.

→321쪽

본적·주거: 함경남도 정평군(定平郡) 문산면(文山面) 중흥리(中興里) 번지 불상·경성부 숭인정(崇仁町) 61번지 109호

직업·성명·연령: 무직 한봉식(韓鳳植) 21세

수리 청명·처분 연월일·요지: 경성, 1937년 12월 24일 구예심, 1938년(昭和 13) 1월 31일 공판에 부침(치안유지법과 병합)

범죄 일시 및 범죄 개요: 1937년 8월 중순

이번 중일전쟁 발발 시 조선에서 등화관제(燈火管制)를 실시한 것은 중국군 비행기의 습격에 대비하기 위함이었다. 시국의 진전에 따라 러시아는 중국을 응원하고 일본과 전쟁을 개시하게 될 것이다. 이렇게 되면 세계에서 제일 우수하다고 칭해지는 러시아 비행기가 블라디보스토크 방면에서 조선 안으로 날아와 조선의 중요 도시와 공장지대, 특히 홍남질소회사에 폭탄을 투하할 것이다. 우리 고향은 이 회사와 인접해 있으므로 그 피해를 입어 우리의 목숨도 위험에 처하게 될 것이다. 따라서 우리는 극력 일본과 중국, 일본과 소련의 개전에 반대해야 하는 것이다. →337쪽

본적·주거: 강원도 평창군(平昌郡) 대화면(大和面) 하안미리(下安味里) 1457·강원도 평창군 대화면 하안미리 1118

직업·성명·연령: 여인숙업 송사언(宋士彦) 43세

수리 청명·처분 연월일·요지: 경성, 1937년 10월 5일 공판 청구, 1937년 11월 6일 금고 10월(보안법과 병합)

범죄 일시 및 범죄 개요: 1937년 8월 19일

조선인에게는 현재 천황이 없으므로 이번 중일전쟁에서 중국이 이기면 본인은 중국으로 귀화할 것이다. 일본은 오래전부터 마음속 깊이 조선과 만주를 점령하고 또 중국 영토를 탈취(奪取)하기 위해 중일전쟁을 일으킨 것이다. → 151, 307쪽

본적·주거: 경기도 수원군(水原郡) 서신면(西新面) 매화리(梅花里) 361

직업·성명·연령: 농업 윤경의(尹敬誼) 44세

수리 청명·처분 연월일·요지: 경성, 1937년 11월 11일 공판 청구, 1937년 11월 27일 [제1심] 금고 10월, 1938년 2월 9일 [제2심] 금고 6월

범죄 일시 및 범죄 개요: 1937년 9월 3일

1. 신문지상에는 일본군이 연승하는 듯이 선전하고 있지만 사실은 중국군이 강하다. 일본군은 져서 많은 전사자를 내고, 매일 그 유골이 송환되고 있고 동시에 군인이 전쟁터로 보내지고 있어, 일본군이 이길 전망은 없다. 출정 군인의 배웅 등도 의미 없다.
2. 우리가 출정 군인을 배웅하는 것은 소용이 없다. 현재 일본 군대에서는 많은 전사자가 발생하고 있으므로 그 결원을 보충하기 위해 몰래 너희들도 끌어내려고 하는 것이다. 이 때문에 현재 관청에서 각지 청년단, 소년단, 소방조(消防組) 등 각종 단체를 무리하게 조직하고 있는데, 너희들을 끌어내려는 것은 일본군의 앞에 세워 총알받이와 같이 타인의 목숨을 대신하여 죽게 하는 것이다. 이런 것도 모르고 기뻐하며 출정 군인을 배웅하는 것과 같은 행위는 자신을 죽음으로 보내는 것과 같다. → 309쪽

본적·주거: 도치기현 우쓰노미야시(宇都宮市) 하시다초(橋田町) 1494·인천부 욱정(旭町) 63

직업·성명·연령: 화공[畫師] 니시키 하지메(錦一) 54세

수리 청명·처분 연월일·요지: 경성, 1937년 9월 30일 공판 청구, 1937년 10월 7일 금고 6월

범죄 일시 및 범죄 개요: 1937년 9월 11일

1. 본인은 9월 2일 대련시(大連市)에서 숙박 중에 모 통역관이 와서 동지(同地)에서 600명의 붕대를 감을 여자 인부를 모집하고 있었는데, 이로써 추측하건대 우리 군 전사상자(戰死傷者) 수가 수만 이상이 될 것이다. 만주사변 이후로는 중국 군대도 일치단결하여 강해져 과거의 '짱꼴라'가 아니며, 전술도 상당히 진보했기 때문에 황군은 고전(苦戰)을 계속하고 있고, 전사상자도 따라서 무수(無數)할 것이다.

2. 북중국 지방은 강우량이 많아 이쪽 방면에서 활동하는 군대는 진흙탕에 빠지면 그 깊이가 가슴까지 빠지고 탄환이 명중해 쓰러져 진흙을 먹어서 죽기도 한다. 또 탄환이 명중하더라도 진흙 속이어서 상처 부위가 판명되지 않아 부상자를 데리고 와 진흙을 씻어주고 수당을 지급하는 모양으로 실로 악전고투한다. 피아(彼我)가 비등비등한 실력이라면 겨우 이기는 상태인데, 이러한 사실은 우리 신문에는 보도되지 않는다. 군부는 고의로 이것의 게재를 금지하고 민간에서는 그 진실을 알지 못하고 헛되이 전승을 계속 기뻐하고 있다.

3. 대련(大連) 부두에서는 어용선(御用船)[2]이 안벽(岸壁)에 계류(繫留)되어 있지만 병사들은 하선이 허락되지 않기 때문에 담배가 부족해져 선내(船內)에서 손을 뻗어 몰래 육상에 있는 자들에게 담배를 갑판 위로 던져주면 그것을 받는다. 병사들은 담배 한 개비를 수 명이 돌려가며 피는 모양새로, 수송 중의 병사들도 제1선의 병사들도 이런 모양새로 부자유함을 계속 견뎌야 하는 상황이다. 군부의 처치는 실로 좋지 않은 상황이고, 이렇게까지 일본 정부의 전비(戰費)가 결핍된 처지에 있으며, 이번 사변이 3년간이나 계속된다면 일본은 재정 파탄을 초래해 재기 불가능해질 것이다. →82, 91, 307쪽

본적·주거: 경성부 청엽정(青葉町) 3정목(丁目) 59·경성부 강기정(岡崎町) 84

직업·성명·연령: 토지중개업 오수현(吳壽晛) 47세

수리 청명·처분 연월일·요지: 경성, 1937년(昭和 12) 11월 9일 공판 청구, 1937년 11월

---

2 어용선(御用船)은 '공용을 위해 쓰는 배'란 뜻으로 여기서는 전쟁 때 정부나 군대가 징발하여 군사 목적으로 사용하는 민간의 배를 의미한다.

17일 금고 3월

범죄 일시 및 범죄 개요: 1937년 10월 20일

이번 중일전쟁에서는 일본군이 패전하고 있기 때문에 47~48세가량의 노병(老兵)까지도 출정해야 하는 모양새이다. 어떤 나라에서도 패전하지 않으면 노병을 소집하는 일은 없다. → 125, 129, 309쪽

본적·주거: 경상북도 의성군(義城郡) 단밀면(丹密面) 주선동(注仙洞)³ 번지 불상, 부정
직업·성명·연령: 노동 황쇠불이(黃釗佛伊) 38세
수리 청명·처분 연월일·요지: 공주, 1937년 8월 19일 공판 청구, 1937년 8월 26일 징역 1년(보안법 위반 및 주거침입과 병합)
범죄 일시 및 범죄 개요: 1937년 7월 30일

1. 화차(貨車) 수송으로 어렵게 파견되었던 일본 병사들이 [죽어] 잘린 목[生首]이 되어 수십 차량의 급행열차로 송환되는 것을 목격했다.
2. 일본은 매일 20회에 걸쳐 군대를 수송하고, 한 회의 수송 병력수가 2천 명을 돌파하여 1개월이나 계속되고 있다. 그러나 중국은 서양 여러 나라와 러시아, 만주국의 원조를 받고 있으므로, 결국 일본이 중국에 대해 전쟁에서 이길 예상은 3 대 1의 비율일 것이다.
3. 일본군의 손해는 대략 20만 엔에 달하고 또 조선 안에 거주하는 중국인은 일본 정부에 거액의 금전을 내고 목숨을 빌고 있다.
4. 신문에 보도되는 바에 따르면 일본 중국 양군 전사자의 수는 중국군이 다수라고 하지만, 사실은 일본군이 다수다.⁴ → 310쪽

본적·주거: 원산부(元山府) 중리(中里) 4동 6·원산부 중리 1동 33
직업·성명·연령: 권번(券番) 서기 주순덕(朱淳德) 20세

---

3   원문은 '住'이나 실제 지역명에 쓰이는 한자 '注'로 고쳤다.
4   국가기록원, '수형인명부'에 따르면 황쇠불이 또는 황쇠이는 1937년 8월 12일 공주지방법원 대전지청에서 육군형법 위반, 보안법 위반, 주거침입, 절도의 죄로 징역 1년을 선고받았다.

수리 청명·처분 연월일·요지: 함흥, 1937년 9월 14일 공판 청구, 1937년 9월 30일 금고 8월

범죄 일시 및 범죄 개요: 1937년 8월 10일, 8월 18일
신문에서는 중국인만이 많은 사람이 죽었다든가, 각지에서 유리하다고 발표하고 일본의 병력은 죽었다는 것을 발표하지 않는데, 사실은 많은 사람이 죽고 있다. 대포나 철포 탄(彈)에 맞아서 죽지 않는 자가 있는가. 러시아가 중국에 가세할 때 일본은 당할 수 없다. 러시아가 전쟁에 개입하면 원산은 요새지대이므로 위험천만하다. →103, 310쪽

본적·주거: 구마모토현(熊本縣) 야쓰시로군(八代郡) 오타고마치(太田鄕町)·함경남도 함주군(咸州郡) 흥남읍(興南邑) 호남리(湖南里) 3구(區)

직업·성명·연령: 비계공[鳶工] 후쿠오카 히로쿠라(福岡博藏) 39세

수리 청명·처분 연월일·요지: 함흥, 1937년 10월 22일 기소유예

범죄 일시 및 범죄 개요: 1937년 8월 13일부터 수일간 "소학교 학생이 폭탄을 휴대하고 경성부 밖 신촌(新村) 부근 도로를 폭파하려다가 발각되어 헌병대에게 총살당했다고 한다."[라고 말했다]. →311쪽

본적·주거: 함경남도 단천군(端川郡) 남두일면(南斗日面) 이상리(梨上里) 곽성촌(郭城村) 156

직업·성명·연령: 농업 이지선(李枝先) 32세

수리 청명·처분 연월일·요지: 함흥, 1937년 11월 10일 공판 청구, 1937년 11월 18일 금고 4월

범죄 일시 및 범죄 개요: 1937년 8월 17일 본인이 최근 단천읍에 갔을 때 해당 읍 도로상에서 단천군수가 남두일면 공립보통학교장에게 현재 전국(戰局)은 일본군이 계속 패배하고 있는 것이 사실이지만, 사실의 진상을 일반에게 발표하면 인심이 동요하므로 표면상으로는 일본군이 계속 승리하고 있다는 취지로 선전하고 싶다고 의뢰하는 것을 들었다. →315쪽

본적·주거·직업·성명·연령:

    함경남도 북청군(北靑郡) 덕성면(德城面) 수서리(水西里) 545

    무직 이영구(李榮九) 24세

    평안남도 강동군(江東郡) 삼일면(三登面) 봉래리(鳳來里) 531·원산부 상동(上洞) 28

    목공 송국도(宋國道) 29세

    함경남도 북청군 덕성면 수서리 580·원산부(元山府) 용동(龍洞) 68

    구두상점원 이극모(李極模) 28세

    경성부 화원정(花園町) 222·원산부 신흥동(新興洞) 74

    구두공[靴工] 유진호(柳晉浩) 27세

수리 청명·처분 연월일·요지: 함흥, (이영구, 송국도) 1937년 11월 1일 공판 청구, 1937년 12월 8일 금고 6월 (이극모, 유진호), 1937년 11월 1일 기소유예

범죄 일시 및 범죄 개요: 1937년 8월 23일, 24일, 25일

1. 중국 비행기가 폭탄을 많이 싣고 상해의 일본 조계지에 있는 12층 건물의 일본 호텔 상공을 비행하는 것을 일본 군함이 고사포(高射砲)로 사격하자, 위 비행기는 일본 호텔 위로 추락해 일본인 피난민 약 500명이 죽었다.

2. 중국 비행기는 폭탄 투하 후 회전하면서 상승하지만, 일본은 비행술이 구식이어서 직선 상승[만 가능]하므로 고사포로 훼손되기 쉽다.

3. 중국 비행사는 현재 독일인이나 각국 사람들이 교관이 되어 교수하므로 비행기술이 우수하다.

4. 조선인 [중에] 머리가 좋은 자는 전부 중국군의 장교가 되어 활동하고 있으므로 이번 중일전쟁은 일본이 승리하기 어렵다.

5. 중국군은 일본군보다 전술상 우위에 있고 폭탄을 땅 속에 묻고 그 부근을 소수의 감시병을 두어 일본군이 그들을 향해 돌격을 시도하면 감시병을 퇴각시키고 일본군 돌격부대가 나타나기를 기다렸다가 도화선(導火線)에 점화하기 때문에 일본군은 전멸한다.

6. 러시아 비행기가 와서 폭탄을 투하하면 원산부 부민들은 전부 죽을 것이다. 본인은 시골로 피난할 계획이다. 신문에서는 일본군 전사자는 근소하고 중국군 전사자는 매우 많은 것처럼 보도하지만 [이것은] 거짓말이다. 러시아가 중국에 병기(兵器)를 보내고

배후에서 지도하므로 전쟁은 장기화할 것이고, 일본인은 성격이 급하므로 단기간의 전쟁에는 이기더라도 장기화하면 일본은 재정 곤란으로 이번 전쟁에서 이기기 어렵다.
7. 러시아 비행기는 러시아에서 일본까지 왕복이 가능하므로 러일전쟁처럼 일본이 이길 수는 없다. → 123, 313쪽

본적·주거·직업·성명·연령

강원도 양구군(楊口郡) 북면(北面) 월명리(月明里)·원산부 영정(榮町) 163
회사 소사(小使) 홍태민(洪台珉) 17세
평안남도 평원군(平原郡) 용호면(龍湖面) 운봉리(雲鳳里)·원산부 영정 166
노동 한영봉(韓永逢) 16세
함경남도 영흥군(永興郡) 진평면(鎭坪面) 용천리(龍川里) 257·원산부 영정 166
노동 김태선(金兌善) 19세
함경남도 덕원군(德源郡) 풍하면(豊下面) 법동리(法洞里)·원산부 영정 166
노동 김성준(金成俊) 16세
평안남도 평원군(平原郡) 양화면(兩花面)[5] 상송리(上松里) 559·원산부 영정 166
원산철도전기 고용인 박태식(朴泰湜) 17세

수리 청명·처분 연월일·요지: 함흥, 1937년 10월 26일 기소유예

범죄 일시 및 범죄 개요: 1937년 9월 13일, 9월 20일

1. 러시아와 일본이 전쟁하면 일본은 진다. 중국은 돈이 많아 러시아로부터 비행기를 대량 구입해 전쟁을 할 수 있기 때문에 일본이 질 것이라 생각한다.
2. 러시아와 일본은 사이가 좋지 않고, 러시아는 현재 중국을 돕고 있는데, 일본군이 확실히 이기기란 지극히 어렵다. 독일과 러시아는 예부터 사이가 좋지 않아 러시아가 병력을 중국으로 보내면 독일도 출병하여 일본을 도울 것이다. 만약 독일이 일본을 돕지 않는다면 일본은 중국에 이길 수 없다. → 311쪽

---

[5] 원문은 '남화면(南花面)'이나 당시 평원군에 없는 면명이다. 상송리가 속한 '양화면'으로 고쳤다.

본적·주거: 함경남도 삼수군(三水郡) 호인면(好仁面) 고거리(高巨里) 45

직업·성명·연령: 뗏목 인부(筏夫) 이학구(李學九) 36세

수리 청명·처분 연월일·요지: 함흥, 1937년 10월 29일 공판 청구, 1937년 11월 4일 금고 4월

범죄 일시 및 범죄 개요: 1937년 10월 6일

"10월 4일 사망한 모 일본인은 출정으로 소집된 것을 싫어해서 자살한 듯하다."

→ 124, 312쪽

본적·주거: 함경남도 홍원군(洪原郡) 보현면(普賢面) 용서리(龍西里) 96

직업·성명·연령: 전기치료사[電療師] 박용섭(朴龍燮) 19세

수리 청명·처분 연월일·요지: 함흥, 1937년 12월 24일 기소유예

범죄 일시 및 범죄 개요: 1937년 10월 10일

수일 전 중국 비행기 3대가 조선 내 중요 도시를 폭격할 목적으로 경성 방면을 향해 날아가던 도중 황해에서 경비 중이던 우리 일본 군함의 사격을 받아 그중 2대는 격침, 1대는 피했지만, 우리 일본군의 경비는 실로 이처럼 용감하여 완전하다. → 344쪽

본적·주거: 에히메현(愛媛縣) 이마바리시(今治市) 가미노키도오리(神ノ木通) 2초메(丁目) 번지 불상·함흥부(咸興府) 대화정(大和町) 3정목(丁目) 34

직업·성명·연령: 무직 이몬 기분(井門義文) 17세

수리 청명·처분 연월일·요지: 함흥, 1937년 10월 30일 공판 청구, 1937년 11월 20일 [제1심] 금고 6월 2년간 집행유예, 1938년 1월 31일 [제2심] 금고 6월 2년간 집행유예

범죄 일시 및 범죄 개요: 1937년 10월 10일, 12일

1. 본인은 오사카연대 육군소위로 이번에 블라디보스토크, 모스크바 등으로 가서 소련 내 군비 상황을 정탐하는 특별임무를 명받아 부임하던 도중에 있는 자로서, 함흥 보병연대, 헌병대와도 긴밀한 연락이 있었고, 위 연대도 비밀리에 출동하여서 잔류부대는 불과 200명 정도이다.
2. 일본 각 신문에는 이번의 남경(南京) 공습 시 일본 비행기가 3회에 걸쳐 17대가 사격

을 받아 추락하였다고 보도하지만, 사실은 40대이다. 황군 전사와 부상자 수도 실제의 1/2을 보도하고 있음에 불과하다. 이는 군부의 신문 기사 통제에 따른 것이다.
3. 일본에서는 지금 날아오를 수 있는 비행기가 약 1천 대이고, 이외 현재 조립 중이므로 실제 숫자는 불분명하다. →313쪽

본적·주거: 경기도 고양군(高陽郡) 지도면(知道面) 내곡리(內谷里)·함경남도 안변군(安邊郡) 안변면(安邊面) 학성리(鶴城里) 135
직업·성명·연령: 고인(雇人) 방태안(方泰安) 25세
수리 청명·처분 연월일·요지: 함흥, 1937년 10월 22일 공판 청구, 1937년 12월 15일 금고 8월
범죄 일시 및 범죄 개요: 1937년 10월 14일
일본군이 이기고 있다고 신문에 거짓을 기재하고 있다. 일본군이 중국군에 지고 도망하고 있는 상황은 신문에서는 기재되지 않고 있고 국민에게 안심을 주기 위해 본국의 승리만을 기재하고 있다. →312쪽

본적·주거: 중화민국 산동성(山東省) 일조현(日照縣) 대양촌(大陽村)·평안남도 대동군(大同郡) 용산면(龍山面) 대치령리(大馳嶺里)번지 불상
직업·성명·연령: 농업 남숙수(藍淑樹) 30세
수리 청명·처분 연월일·요지: 평양, 1938년 1월 7일 공판 청구
범죄 일시 및 범죄 개요: 1937년 7월 하순
중국군은 지금 공산군과 공동으로 각지에서 일본군에게 큰 손해를 입히고 있다. 전쟁은 중국군의 대승리이고, 일본의 신문 보도는 거짓 선전이다.[6] →349쪽

---

[6] 高等法院檢事局思想部, 1939.9, 「支那事變以降に於ける鮮內滿洲國人,中華民國人の時局關係犯罪に關する調査」, 『思想彙報』 제20호, 49쪽 참조. 이에 따르면 남숙수는 1938년 2월 26일 평양지방법원에서 금고 4개월을 선고받았다.

본적·주거: 평안남도 대동군(大同郡) 서천면(西川面) 동포리(東浦里) 442·평안남도 대동군 서천면 인흥리(仁興里) 24

직업·성명·연령: 무직 김명업(金明業) 26세

수리 청명·처분 연월일·요지: 평양, 1937년 9월 30일 공판 청구, 1937년 10월 11일 [제1심] 무죄 (절도와 병합하여 절도는 징역 1년), 1937년 10월 25일 [제2심] 무죄 (절도는 징역 1년 5년간 집행유예), 현재 상고 중(上告中)

범죄 일시 및 범죄 개요: 1937년 8월 6일

일본은 지금 중국과 교전 중인데, 지금 정황으로는 일본은 패전한다. 일본 정부는 군사비가 부족하기 때문에 국민의 저금 전부를 징발한다고 하므로 당신의 저금을 즉시 찾아둬야 할 것이다. → 315쪽

본적·주거: 평안북도 정주군(定州郡) 임포면(臨浦面) 염호동(濂湖洞) 567·신의주부(新義州府) 본정(本町) 5

직업·성명·연령: 회사원 김해룡(金海龍) 25세

수리 청명·처분 연월일·요지: 신의주, 1937년 12월 8일 공판 청구, 1937년 12월 10일 징역 8월, 벌금 20엔 (업무 횡령, 도박과 병합)

범죄 일시 및 범죄 개요: 1937년 8월 중순

신문에는 일본군의 연전연승으로 보도되고 있지만, 현장에 가서 실제 보면 과연 일본이 이길 것인지 중국이 이길 것인지 판명할 수 없다. → 153, 350쪽

본적·주거: 중화민국 산동성(山東省) 모평현(牟平縣) 남안촌(南案村)·평안북도 초산군(楚山郡) 초산면 성서동(城西洞) 171

직업·성명·연령: 잡화상 간영반(干永泮) 29세

수리 청명·처분 연월일·요지: 신의주, 1937년 10월 22일 공판 청구, 1937년 11월 6일 [제1심] 무죄, 1937년 11월 30일 [제2심] 금고 3월

범죄 일시 및 범죄 개요: 1937년 8월 15일, 8월 21일

1. 중국 중앙군은 어디까지나 일본과 일전(一戰)을 결의하고 총동원하여 전쟁 준비에 만

전을 기하였다. 또한 매일 수십 회 공습 폭격을 감행하고 도처에 승리를 확대하고 중앙군의 사명 달성을 위해 계속 노력하고 있다. 4억 중국 국민이 일치단결하면 두려운 것이 없을 것이다.

2. 중앙군이 담당하는 비행기는 일본군의 비행기 2대를 격추하고 일본의 전차 20대를 노획했다.

3. 전쟁에 관한 보도는 중국도 일본도 자신들의 나쁜 점, 불분명한 점은 감추고, 좋은 점, 유리한 점만을 보도하는데, 어떤 보도가 진실인지는 알 수 없다.[7] →147, 316쪽

본적·주거: 황해도 수안군(遂安郡) 수안면(遂安面) 창후리(倉後里) 번지 불상·황해도 수안군 수안면 용담리(龍潭里) 번지 불상

직업·성명·연령: 노동 한국윤(韓國潤) 29세

수리 청명·처분 연월일·요지: 해주, 1937년 10월 30일 공판 청구, 1937년 11월 4일 [제1심] 금고 4월, 1937년 11월 16일 [제2심] 금고 3월

범죄 일시 및 범죄 개요: 1937년 10월 8일

이번 전쟁에서 사망한 일본인들의 목을 기차 2대에 싣고 돌아와 그들의 제사를 거행한다고 한다. 앞서 만주사변 때는 방공 감시도 하지 않았고 터럭만큼의 소란도 없었는데, 이번에는 방공감시 등을 실시한다고 난리를 치고 있는 것을 보면 일본인 놈들도 만사 끝난 절망적인 상태인 것이다. →116, 160, 316쪽

본적·주거: 경상북도 경산군(慶山郡) 와촌면(瓦村面) 동강동(東江洞) 185

직업·성명·연령: 농업 조굉승(曺肱承) 44세

수리 청명·처분 연월일·요지: 대구, 1937년 8월 17일 공판 청구, 1937년 9월 2일 금고 4월

범죄 일시 및 범죄 개요: 1937년 7월 20일

---

7 高等法院檢事局思想部, 1939.9,「支那事變以降に於ける鮮內滿洲國人,中華民國人の時局關係犯罪に關する調査」,『思想彙報』제20호, 49~50쪽 참조.

현재 북중국에서는 중국군이 대승리를 계속 거두고 있는데, 중국군은 얼마 안 있어 조선으로 진격하여 올 것이다. →317쪽

본적·주거: 경상북도 달성군(達城郡) 달서면(達西面) 원대동(院垈洞) 1244·대구부 봉산정(鳳山町) 160
직업·성명·연령: 고물상 윤봉조(尹奉祚) 30세
수리 청명·처분 연월일·요지: 대구, 1937년 8월 17일 공판 청구, 1937년 9월 2일 [제1심] 금고 10월, 1937년 11월 30일 [제2심] 금고 10월
범죄 일시 및 범죄 개요: 1937년 7월 21일, 26일, 29일, 30일

1. 본인은 오랫동안 일본에서 거주한 관계로 일본 군대의 내용을 대략 알고 있는데, 중일전쟁 이후 부산에 상륙해 조선 땅을 디딘 일본 군대는 지극히 소수로 대부분은 해로(海路)로 청진(淸津)에 상륙해 만주로 건너가고 있다.
2. 일본은 소련·만주 국경지대와 북중국으로 출병하였기 때문에 일본 국내의 각 병영(兵營)이 비게 되었고, 40세 이상 21세 미만의 노인과 어린아이를 동원하여 적으나마 빈자리를 지키는 당번에 충당하고 있다.
3. 중국군은 상당히 조련되어 수차례 일본에 이겼고, 특히 영국 미국 등 각국의 원조가 있으므로 일본은 패전할 것이다. 만약 일본이 패전하면 조선인은 모두 죽임당할 것이다.
4. 중국 비행기는 소리 진동이 적고 최신식의 정예기이므로 언제 조선 상공을 습격할지 예측하기 어렵고, 어두운 밤에 폭격하면 대구 같은 경우는 한순간에 전멸할 것이다.

→317쪽

본적·주거: 부산부 수정정(水晶町) 번지 불상·부정(不定)
직업·성명·연령: 붓[筆] 행상 안순근(安順根) 62세
수리 청명·처분 연월일·요지: 부산, 1937년 9월 22일 공판 청구, 1937년 9월 30일 징역 1년 (보안법과 병합)
범죄 일시 및 범죄 개요: 1937년 8월 7일

현재 중일전쟁으로 일본에서는 다수의 병력이 중국으로 출정하여 맞서 싸운 결과, 일본

군은 남김없이 전사한 꼴이다. 엊그제 부산에 중국으로 향하는 일본군이 총대장 중대장 하사관 모두 합해 3천 명 정도였는데도 모두 죽었다. [일본군의 사망자] 총계는 지금 11,800명에 달한다. 일본에서는 현재 병력이 없어 곤란한 상황에 처해 있다. 올해는 청일전쟁이 끝난 지 딱 45년째에 해당하는데, 이번에 일본이 어떤 수단과 방법을 강구하더라도 지는 것은 당연하다. 그것은 '간지조선육갑(干支朝鮮六甲)'에 나타나 있다. 현재 중국은 상당히 강해 일본 정도는 문제가 되지 않는다. 게다가 중국도 신중하게 미국·러시아 등의 대국과 상담하고, 미국과 러시아도 일찍부터 일본에 원한을 갖고 있는 관계상 이번에 3국이 협력해서 일본을 토벌하게 된 것이다. →75, 278, 318쪽

본적·주거: 경상남도 울산군(蔚山郡) 대현면(大峴面) 여천리(呂川里), 부산부 초장정(草場町) 1정목(丁目) 2-9
직업·성명·연령: 주조업 박근배(朴根培) 55세
수리 청명·처분 연월일·요지: 부산, 1937년 9월 28일 공판 청구, 1937년 10월 14일 [제1심] 금고 4월, 1937년 11월 16일 [제2심] 금고 4월, 1938년 2월 24일 상고기각
범죄 일시 및 범죄 개요: 1937년 9월 상순, 9월 13일

1. 신문을 보면 일본군이 이기고 있는 듯하지만, 여전히 군함 수송을 하는 것을 보면 일본군은 상당히 당하고 있는 듯하다. 또 인부가 제2 잔교(棧橋)에서 상자 200개를 운반하던 중에 1개가 떨어졌는데 그 속에 일본 병사의 잘린 머리[生首]가 들어 있었다고 한다.
2. 9월 12일 전쟁에서 일본군의 부대장 6명, 병졸 250명이 소집되는 것으로 결정되어, 50세 이하인 자는 전부 소집되어야 할 것이다. 또 북중국에서 일본군의 전사자는 이제 수만 명에 달한다. →80, 319쪽

본적·주거: 오이타현(大分縣) 미나미아마베군(南海邊郡) 시모이리쓰손(下入津村) 니시노우라(西野浦) 번지 불상·부산부 영선정(瀛仙町) 1824
직업·성명·연령: 선박 목수[船大工] 도미모리 다사기치(富森太佐吉) 28세
수리 청명·처분 연월일·요지: 부산, 1937년 9월 24일 공판 청구, 1937년 10월 5일 [제1심] 금고 4월

범죄 일시 및 범죄 개요: 1937년 9월 10일

시모노세키(下關)에서는 말이 200필 살해되었다고 하는데, 그것은 중국 스파이가 300엔을 시모노세키 국방인지 애국인지 하는 부인회에 주고, 말에게 마시게 하는 물속에 독을 탔기 때문이라고 한다. 이 때문에 부인회 몇 명이 군대에 의해 살해됐다고 한다. → 319쪽

본적·주거: 경상남도 울산군(蔚山郡) 온산면(溫山面) 산암리(山岩里) 13
직업·성명·연령: 일일 노동 김흥수(金興守) 37세
수리 청명·처분 연월일·요지: 부산, 1937년 11월 5일 공판 청구, 1937년 11월 18일 [제1심] 금고 10월, 1937년 12월 14일 [제2심] 금고 6월

범죄 일시 및 범죄 개요: 1937년 10월 10일

일본은 현재 물정(物情)이 엄혹하다. 특히 지난번 시즈오카시(靜岡市) 상공에 국적 불명의 비행기가 날아와 폭탄을 투하해서 시즈오카시 가옥 다수가 불에 타서 없어지고 큰 손해를 입을 정도이므로 당분간 일본 도항은 곤란할 것이다. → 117, 319쪽

본적·주거: 이시카와현(石川縣) 노미군(能美郡) 고쿠후무라(國府村) 가와타(河田)·부산부 초장정(草場町) 2정목(丁目) 32
직업·성명·연령: 양복상 하시모토 규타로(橋本久太郎) 42세
수리 청명·처분 연월일·요지: 부산, 1937년 12월 17일 공판 청구, 1937년 12월 27일 금고 4월

범죄 일시 및 범죄 개요: 1937년 12월 1일

1. 술에 취한 조선인이 부산 대교에서 왕래를 방해했기 때문에 마침 통행 중이던 육군 군인이 제지했으나, 응하지 않아 위 군인에게 참수당하였다.

2. 조선인이 부산 잔교(棧橋)의 출입이 금지된 곳을 침입하려 했으므로, 육군 군인이 정지를 명하였으나, 응하지 않았으므로 위 군인에게 총검으로 둔부(臀部) 부분을 찔렸다.

3. 부산 남쪽 해안가 군마 계류장에서 누차 말안장(馬鞍)·철투구[鐵兜]·군모(軍帽) 등의 도난이 있었으므로, 이에 청년단은 총과 실탄을 건네받고 이상한 자를 발견할 시에는 사살해도 지장 없다는 명령을 받았다.

본적·주거: 전라남도 강진군(康津郡) 작천면(鵲川面) 현산리(峴山里) 1080·목포부 창평정(昌平町) 1

직업·성명·연령: 서당 임시교사 김용근(金容根) 21세

수리 청명·처분 연월일·요지: 광주, 1937년 9월 30일 공판 청구, 1937년 10월 14일 징역 6월 (보안법과 병합)

범죄 일시 및 범죄 개요: 1937년 7월 13일

중국은 러시아가 후원해 주고 있어서 중국이 이기고 일본이 질지도 모른다.

→ 71, 78, 118, 319쪽

본적·주거: 전라남도 제주도(濟州島) 대정면(大靜面) 무릉리(武陵里) 3182·오사카시(大阪市) 기타구(北區) 노사키초(野崎町) 11

직업·성명·연령: 살수부(撒水夫) 송희경(宋喜京) 33세

수리 청명·처분 연월일·요지: 광주, 1937년 11월 22일 공판 청구, 1937년 11월 26일 금고 2월, 2년간 집행유예

범죄 일시 및 범죄 개요: 1937년 10월 22일

중일전쟁 후 모슬포(摹瑟浦) 비행장은 지극히 중요한 장소가 되었으므로 그 부근은 물론 가덕도(加德島)·마라도(馬羅島)까지 대포를 설치해 방비하는 관계상 이런 비밀이 누설되지 않게 모든 선박은 가덕도 밖을 우회해 가야 하는 상황이 되었다. → 136, 144, 321쪽

본적·주거·직업·성명·연령:

　　전라남도 영암군(靈巖郡) 시종면(始終面) 신학리(新鶴里) 번지 불상

　　무직 박소아(朴小兒, 여) 63세

　　전라남도 영암 도포면(都浦面) 수산리(水山里) 번지 불상·목포부 죽통리(竹筒里) 262

　　포목 행상 채금임(蔡今任, 여) 50세

수리 청명·처분 연월일·요지: 광주, 1937년 11월 27일 공판 청구, 1937년 11월 30일 금고 6월 3년간 집행유예

범죄 일시 및 범죄 개요: 1937년 11월 3일

지금 일본에서는 중일전쟁으로 군인 출정에 대해 소요(騷擾)가 극심하다. 일본에 살고 있는 조선인 모씨는 군대 헌병[軍憲]에게서 군인으로 중국에 출정하라는 명을 받았으나 그 명령에 복종하지 않았기 때문에 즉시 살해되어 재[灰]가 되어 귀향했다.

→ 141, 147, 320쪽

본적·주거: 전라남도 제주도 한림면(翰林面) 청수리(淸水里) 3322·전라남도 제주도 안덕면(安德面) 사계리(沙溪里) 번지 불상

직업·성명·연령: 농업 강재규(姜在圭) 53세

수리 청명·처분 연월일·요지: 광주, 1937년 12월 16일 기소유예

범죄 일시 및 범죄 개요: 1937년 11월 9일

집 아래에서부터 사계리 서쪽 방면까지 일본인 병사들과 비행기 수십 대가 매일 굉음을 내고, 매일 밤 높은 언덕에 불을 피우고 (탐조등을 지칭), 7일 날인가 10일 날인가에 비행기가 화재를 일으켰고 그 폭파 소리가 진동하여 인심이 산란(散亂)되었다. 의외의 일이었기에 밤낮 한탄하지 않을 수 없었다. 풍문에 의하면 비행기 2~3대가 폭파로 소실되었다고 한다. → 362쪽

본적·주거: 전라남도 여수군(麗水郡) 화정면(華井面) 여자도(汝自島) 번지 불상

직업·성명·연령: 선어(鮮魚) 중매상 최봉안(崔奉安) 20세

수리 청명·처분 연월일·요지: 광주, 1937년 12월 28일 공판 청구, 1938년 1월 15일 금고 2월

범죄 일시 및 범죄 개요: 1937년 11월 10일

목포의 서남쪽 (가완촌) 섬에서는 무장한 경찰관이 감시하고 있어 배가 통과하려 하면 그 배를 불러 멈추게 하고 만약 이에 응하지 않으면 발포하여 배를 정지시키는데, 이렇게 정선(停船)된 선박들은 그 섬에서 130척이나 묶여서 20~30일씩 정박한다고 한다. 이 선박들의 승조원에게는 정선 기간 중 경찰관으로부터 1일 2식 백미(白米)를 받았다고 한다. 어선은 1간조(干潮, 大汐)에 1척으로 300~400엔씩 버는 편인데, 이번에 130척의 선박이 정선(停船)되어 2간조(干潮) 때 어업이 전혀 불가능해졌다고 하므로 수만 엔의 손해였다.

이 선박들도 어제 드디어 통항(通航)을 허가받고 목포로 귀항해 왔다. 또 진도(珍島) 부근은 중국에서 일본으로 통하는 요로(要路)에 해당하므로 진도 앞바다에는 군함이 58척이나 떠 있고 중국선이 오는 것을 감시하고 있다.[8] → 360쪽

본적·주거: 전라남도 여수군 삼일면(三日面) 월내리(月內里) 672·전라남도 여수군 여수읍 동정(東町) 855
직업·성명·연령: 선원 유점암(劉占岩) 20세
수리 청명·처분 연월일·요지: 광주, 1937년 12월 14일 공판 청구, 1937년 12월 17일 [제1심] 금고 4월, 1938년 1월 31일 [제2심] 금고 4월
범죄 일시 및 범죄 개요: 1937년 11월 11일, 12일

목포 부근 섬은 적함을 포위·공격하기에 편리하므로 중국을 상대하기에는 부족하더라도 장래 세계대전으로 치닫게 되면 해전에 가장 적합한 지역이어서 앞으로는 비행장의 신설도 보게 될 것이다. 해당 섬의 한쪽에는 군함인 듯한 것이, 다른 한쪽에는 순사가 승조한 선박이 각각 경계하고 범선(帆船)을 억류하여 수일간 식량을 급여, 보호한다. 어떤 날은 중국 선박을 발견하고 순사가 총을 들고 현장을 점검했는데, 40명의 승조원 중 선장 외에 상급 선원 3명은 일본인, 나머지는 만주·중국인으로 오사카항을 향해 항해 중이었던 것으로 판명되었으므로 석방하였다. 또 현지에서 억류에 응하지 않았던 선박 승조원은 경비원에게 총살된 자가 상당히 다수라는 소문이 있다.[9] → 361쪽

본적·주거: 충청남도 논산군(論山郡) 부적면(夫赤面) 안천리(顔川里)·전라남도 영광군 법성면(法聖面) 진내리(鎭內里) 번지 불상
직업·성명·연령: 무직 김오순(金五順, 여) 29세
수리 청명·처분 연월일·요지: 광주, 1937년 11월 29일 공판 청구, 1937년 12월 9일 [제1심] 금고 6월 2년간 집행유예

---

[8] 최봉안의 죄명은 해군형법 위반이었다. 광주지방법원, 1938.1.15, 「1937년 刑公 제1519號 判決: 崔奉安」 참조.
[9] 국가기록원, 〈독립운동 관련 판결문〉의 '수형인명부', '집행원부', '형사사건부' 참조.

범죄 일시 및 범죄 개요: 1937년 11월 16일

1. 일본에서는 일본군이 대승했다고 하여 깃발 행렬을 하였으나, 진실은 일본이 중국에게 패하고 있으므로 다음번 전투에서 일본이 승리하도록 기원하기 위해 깃발 행렬을 하는 것일 뿐이므로, 일본이 패전한 사실은 이웃집 모의 서적을 봐도 안다.
2. 우리 조선인들은 결코 중국인에게서 살해되는 일은 없다. 조선인은 중국인과 마음을 같이 하고 있으므로 일본군이 패전하더라도 아무런 영향이나 관계가 없다.

→ 151, 361쪽

본적·주거·직업·성명·연령:

전라남도 제주도(濟州島) 제주읍 삼도리(三徒里) 1203

목수 고계현(高癸賢) 36세

중화민국 산동성(山東省) 청주부(靑州府) 제기현(諸機縣)·전라남도 제주도 제주읍 삼도구 번지 불상

목수 장문통(張文通) 39세

수리 청명·처분 연월일·요지: 광주, 1938년 2월 15일 기소유예

범죄 일시 및 범죄 개요: 1937년 11월 25일, 11월 27일

1. 지난번 중국 비행기 6대가 제주도를 향해 날아가던 중 일본의 비행기가 [중국 비행기] 6대를 격퇴하고자 해상에서 공중전이 벌였다. 그 결과 중국군 비행기 3대가 격추되고 일본의 비행기는 추락했으며 남은 중국 비행기 3대는 도주했다.
2. 중국 비행기 3대가 도주했으므로 언제 비행기가 공중에 나타나 폭탄을 떨어뜨릴지 몰라 제주성 안에서는 걱정이므로 산으로 숨는 사람이 많다. → 362쪽

본적·주거: 전라남도 곡성군(谷城郡) 옥과면(玉果面) 옥과리 42, 시모노세키(下關) 히코시마(彦島) 니시야마초(西山町)

직업·성명·연령: 농업 고용인[顧人] 조원표(趙元杓) 28세

수리 청명·처분 연월일·요지: 광주, 1937년 12월 23일 공판 청구, 1938년 2월 2일 금고 4월

범죄 일시 및 범죄 개요: 1937년 11월 26일

1. 조선인도 4~5년이 지나면 군대에 갈 것이다. 내년이 되면 중국에 있는 일본군이 다수 죽을 것이므로 조선인도 병력으로 차출될 것이다.
2. ■■■■■■■[10]
3. 일본인 여성 2~3명이 이번 전쟁에서 일본에 중국인에게 매수되어 일본군의 말에게 독약을 먹어 죽이도록 부탁받아 말이 마시는 물에 독약을 넣어 군마 300여 마리를 규슈(九州) 방면에서 죽였다. 이 때문에 그 여자 중 1명은 경찰에 체포되었고, 1명은 행방불명, 1명은 어떻게 되었는지 모른다고 한다.
4. 일본에 있을 때 오구라(小倉) 방면에 야채를 팔러 갔을 때 수비대가 매립지에서 구보(驅步) 연습을 하는 것을 봤다. 일본군이 중국에 가서 구보가 중국인에 비해 못했기 때문에 중국인에게 다수 살해되었다고 한다. 그 때문에 미리 구보 연습을 시켜서 중국으로 보내려고 한다고 했다.
5. 일본 병사를 배에 태워 중국으로 보냈지만, 미처 상륙하지 못한 채 다수가 살해되거나 부상하거나 불구자가 되어 일본으로 돌려보내졌기 때문에, 추가로 다수의 일본군을 보내려 한다고 하는데, 앞서 상륙 전 살해된 자가 다수이므로 그 후로는 배로 갈 때 상당히 주의해서 보내고 있다고 한다.
6. 시모노세키(下關)나 모지(門司)는 바다가 좁아서 내가 있던 히코시마(彦島) 부근에 어용선(御用船)이 많이 있고 군함도 있어, 밤에는 전조등이 하늘을 비추고 있었다.

→359쪽

본적·주거: 충청남도 보령군(保寧郡) 대천면(大川面) 화산리(花山里) 번지 불상·충청남도 서천군(舒川郡) 마동면(馬東面) 산서리(山西里) 번지 불상

직업·성명·연령: 노동 박석순(朴錫淳) 27세

---

10 원본 상태가 불량하여 판독이 어렵다. 이 사건 판결문의 해당 부분은 다음과 같다. "러시아는 비행기를 중국에 보내어 중국을 돕고 있는 것 같다. 조선에서 러시아로 건너가는 큰 강이 있는데 지금 경성과 평양에 많은 일본 군대가 그 강이 얼기를 기다리고 있다. 강이 얼면 그 군대가 강을 건너 러시아를 공격한다고 한다." 광주지방법원, 1938.2.2, 「1938년 刑公 제1483호 判決: 趙元杓」 참조. 조원표의 죄명은 육군형법 위반이었다.

수리 청명·처분 연월일·요지: 전주, 1937년 10월 30일 공판 청구, 1937년 12월 8일 금고 4월(명예훼손과 병합)

범죄 일시 및 범죄 개요: 1937년 10월 10일, 10월 11일

1. 모 일본인은 노년의 상당한 자산가인데, 러일전쟁 때 육군 소집영장을 받았으나 출정을 꺼려 모 조선인에게 본인을 대신하여 응소(應召)하게 하였다. 그 조선인이 전사해서 해당 일본인은 그 조선인의 가족을 부양해 왔는데, 이번 중일전쟁에서 군부에 탐지되었다. 군부는 그 벌(罰)로 해당 일본인에게 "이번 사변에 출정하라, 그렇지 않으려면 현미 3천 가마니를 정부에 납부하라"고 명령했고, 그는 현미 3천 가마니 납부를 수용하고 응소를 면했다.
2. 모 일본인은 앞항과 마찬가지로 조선인을 병역 대리자로 세워 출정하게 한 것이 발각되어 군부로부터 다시금 이번 전쟁에 소집영장을 발부받아 낭패하여 정부에 백미 3만 석을 납부하고 응소를 면했다. → 117, 151, 320쪽

본적·주거: 경상북도 김천군(金泉郡) 구성면(龜城面) 구미리(九尾里) 번지 불상·전라북도 무주군(茂朱郡) 무풍면(茂豐面) 지성리(池城里) 번지 불상

직업·성명·연령: 농업 김종철(金宗喆) 40세

수리 청명·처분 연월일·요지: 전주, 1937년 12월 27일 기소유예

범죄 일시 및 범죄 개요: 1937년 12월 5일

큰일이다. 중일전쟁은 확대되고 일본은 재정 핍박으로 군량(軍糧) 부족과 한파로 인해 만주까지 철퇴하였다. → 157, 363쪽

4. 「지나사변(중일전쟁) 관계 범죄 조사」, 『사상휘보』 14, 1938.3

(본 범죄조사는 사변 발생 이후 1937년 12월 말까지 당국에 접수된 '검찰사무보고서'에 기초해 조사된 것임)

1) 중일전쟁 관계 범죄 조사표-지방법원 관내별, 1937년(昭和 12) 중

구별 관내별	수리		기소		불기소						기소 중에서			
					기소유예		기소중지		기타 불기소		2년 이하 징역, 금고		1년 이하 징역, 금고	
	건수	인원	건수	인원	건수	인원	건수	인원	건수	인원	건수	인원	건수	인원
경성	14	16	11	11	2	2	-	-	1	3	-	-	6	6
공주	6	6	5	5	1	1	-	-	-	-	-	-	3	3
함흥	9	17	6	7	2	8	-	-	1	2	-	-	2	2
청진	2	2	1	1	1	1	-	-	-	-	-	-	-	-
평양	3	13	3	12	-	-	-	1	-	-	-	-	-	-
신의주	3	6	3	3	-	-	-	-	-	3	-	-	1	1
해주	2	3	2	2	-	-	-	1	-	-	-	-	1	1
대구	5	5	3	3	1	1	-	-	1	2	-	-	1	1
부산	7	7	6	6	1	1	-	-	-	-	2	2	2	2
광주	4	5	3	4	-	-	-	-	1	1	-	-	3	4
전주	5	6	4	5	1	1	-	-	-	-	-	-	2	2
합계	60	86	47	59	9	15	-	2	4	10[11]	2	2	21	22

※ 비고 1. 이 표는 1937년 7월 사변 발생 이후 같은 해 12월 말까지 접수된 보고서에 기초해 조사된 것임.
    2. '기타 불기소' 중 광주 1건 1명은 '죄가 아님', 그 밖에는 전부 '혐의 없음'으로 불기소됨.

---

[11] 각 항목을 합하면 11이나 원문 그대로 두었다.

2) 중일전쟁 관계 범죄 조사표-죄명(罪名)별, 1937년 중

죄명	구별	수리		기소		불기소						기소 중에서			
						기소유예		기소중지		기타 불기소		2년 이하 징역, 금고		1년 이하 징역, 금고	
		건수	인원	건수	인원	건수	인원	건수	인원	건수	인원	건수	인원	건수	인원
형법범	외환(外患) 관계 죄	1	1	1	1	-	-	-	-	-	-	-	-	-	-
	범인 숨김 죄	-	4	-	4	-	-	-	-	-	-	-	-	-	-
	왕래 방해	2	2	2	2	-	-	-	-	-	-	1	1	1	1
	무고(誣告)	2	3	2	3	-	-	-	-	-	-	-	-	2	2
	협박	1	1	-	-	1	1	-	-	-	-	-	-	-	-
	강도	1	1	1	1	-	-	-	-	-	-	-	-	-	-
	절도	1	1	-	-	1	1	-	-	-	-	1	1	-	-
	사기	8	8	5	5	3	3	-	-	-	-	-	-	2	2
	공갈	2	3	2	2	-	-	-	1	-	-	-	-	2	2
	횡령	3	5	2	2	-	-	-	-	1	3	-	-	-	-
특수법범	육군형법 위반(99조)	31	40	25	27	4	10	-	-	2	3	-	-	12	13
	해군형법 위반(100조)	2	2	1	1	-	-	-	-	1	1	-	-	1	1
	군기보호법 위반	4	13	4	9	-	-	1	-	3	-	-	-	-	-
	보안법 위반	2	2	2	2	-	-	-	-	-	-	-	-	1	1
	합계	60	86	47	59	9	15	-	2	4	10	2	2	21	22

※ 비고 1. 이 표는 1937년 7월 사변 발생 이후 같은 해 12월 말까지 접수된 보고서에 기초해 조사된 것임.
    2. '기타 불기소' 중 해군형법 위반 1건 1명은 '죄가 아님', 그 밖에는 전부 '혐의 없음'으로 불기소됨.

3) 1937년 중 중일전쟁 관계 범죄 조사표('기소와 기소유예' 사건만 기재)

처분: 인천, 1937년 9월 30일 공판 청구, 1937년 10월 7일 금고 6월 확정
죄명: 육군형법 제99조 위반
피의자·피고인·직업·성명·연령: 화공[畵師] 니시키 하지메(錦一) 54세
범죄 사실 개요: 피고인은 1937년 9월 10일 대련(大連)에서 인천으로 입항한바 같은 달 11일 인천부 궁정(宮町)경찰관주재소에 가서 도치기현(栃木縣) 사람들의 주소 및 성명을 물은 후, 추가로 그곳에 있던 아리사와 주이치로(有澤忠一郎) 순사 외 5명에게, 또 인천부 욱정(旭町) 동향(東鄕)여관에서 그 여관 주인의 아내인 아카야마 아사(中山アサ)에게, 그리고 인천부 외곽 1개소에서, "1937년 9월 2일 대련시(大連市) 북진(北辰)여관에서 숙박 중이었는데, 나카시마(中島) 아무개라는 통역관이 와서 600명의 붕대를 감을 여자 인부를 모집하고 있었다. 그러한 상태로 추측하건대 전사상자(戰死傷者) 수가 수만 이상이 될 것이다. 만주사변 이후로는 중국 군대도 강해져 과거의 '짱꼴라'와 달리 전술도 상당히 진보했기 때문이다. 또 북중국 지방은 강우량이 매우 많고 늪지가 얕은 곳은 허리, 깊은 곳은 가슴까지 빠지고, 탄환이 명중해서 쓰러져 흙탕물을 마시고 죽은 사람도 있다. 실로 악전고투에서 겨우 승리하고 있는 상태일 것이다. 또한 대련 부두에서는 어용선(御用船)을 계류(繫留)시켜놨지만, 병사들은 하선이 허락되지 않기 때문에 담배 결핍으로 선내(船內)에서 손을 뻗어 육상에 있는 자들에게 담배를 몰래 부탁하는데, 실로 가엾기 짝이 없다. 기다리고 있다가 갑판 위로 던져주면 그것을 받는다. 병사들은 한 개비 담배를 수 명이 돌려가며 피는 모양새로 부자유함을 계속 견디고 있다. 군부의 처지는 불합리하다. 이렇게 되기까지 일본 정부는 전비(戰費)의 결핍을 알리지 않는데, 이런 상태로 전쟁이 2년 이상 계속된다면 일본은 재정 파탄이 초래될 것이다" 등을 언급하며 군사에 관한 유언비어를 말한 자이다. → 82, 91, 287쪽

처분: 경성, 1937년 10월 5일 공판 청구, 1937년 11월 6일 금고 10월 확정
죄명: 육군형법 제99조 위반, 보안법 위반
피의자·피고인·직업·성명·연령: 여인숙업 송사언(宋士彦) 43세

범죄 사실 개요: 1937년 8월 19일 강원도 평창군(平昌郡) 대화면(大和面) 자택에서 손님 1명에게 "조선인에게는 현재 천황이 없으므로 이번 중일전쟁에서 중국이 이기면 본인은 중국으로 귀화할 것이다. 일본은 조선과 만주를 점령하고 또 중국 영토를 탈취(奪取)하기 위해 중일전쟁을 일으킨 것으로, 우리가 가장 슬프고 또 미워해야 할 것은 이왕(李王)이다. 이왕이 인재를 등용하지 않았기 때문에 국가가 멸망했고 일본에게 탈취되었다. 그러므로 조선인이 일본 신민이라고 주장하는 자는 봉급생활자뿐이다. 그들은 봉급을 받아 생활의 안전을 보장받고 있어서 표면적으로는 일본 신민이라 칭하고 있지만, 이면에서는 그렇지 않다"라고 함부로 말함으로써 정치에 관한 불온 언동을 하였고 또 군사에 관한 유언비어를 말한 자이다. → 151, 285쪽

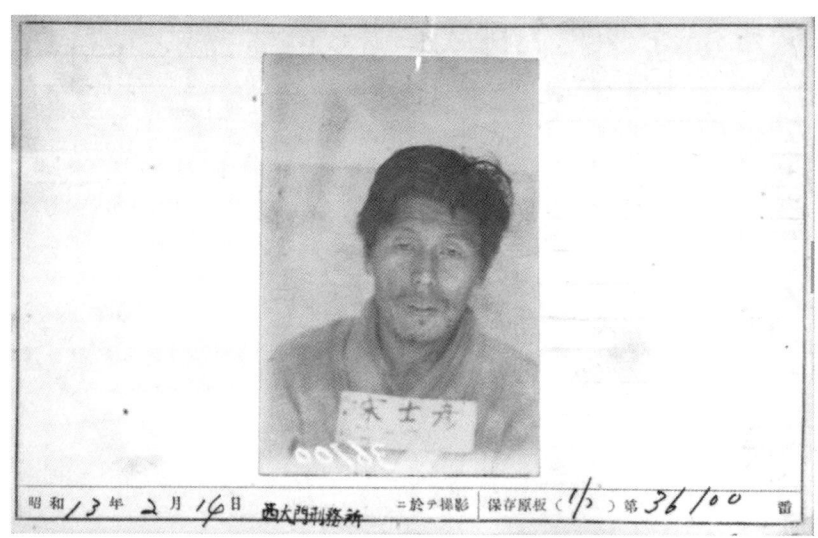

〈그림 6〉 1939년 서대문형무소에 수감된 송사언의 인물카드
출처: 국사편찬위원회, 일제감시대상인물카드 [ia_2682]

처분: 경성, 1937년 10월 20일 공판 청구, 1937년 11월 13일 금고 6월 확정
죄명: 육군형법 제99조 위반
피의자·피고인·직업·성명·연령: 카페 보이 강현상(姜顯相) 21세
범죄 사실 개요: 1937년 8월 16일 강원도 원주군 흥업면(興業面) 내 강순금(姜順今) 집에

서 우연히 그 집에 와 있던 이기주(李基宙, 여성)에게 "이번 중일전쟁에는 조선인도 차남 이하는 모두 소집되어 출정하는 것이 되면서 나를 비롯해 당신 남편도 출정하도록 결정되었다. 그리고 중국 병사는 상당히 강하기 때문에 일본은 패전할지도 모른다. 그때 중국 병사는 조선인 남자를 모두 죽이고 그 아내들은 모두 중국 병사들의 첩이 될 것이다"라고 말함으로써 지금 사변 정국에서 군사에 관한 유언비어를 말한 자이다. → 72, 284쪽

처분: 경성, 1937년 11월 9일 공판 청구, 1937년 11월 17일 금고 3월 확정
죄명: 육군형법 제99조 위반
피의자·피고인·직업·성명·연령: 토지 중개업 오수현(吳壽晛) 47세
범죄 사실 개요: 피고인은 자기 지인의 응소(應召) 배웅을 위해 1937년 10월 30일 경성 보병 제78연대 정문 부근에 도착했는데 마침 거기에 있던 지인 최흥산(崔興山) 외 2명을 만나자마자 "이번 중일전쟁에서는 일본군은 패전하고 있기 때문에 47~48세가량의 노병(老兵)까지도 출정해야 하는 모양이다. 어떤 나라에서도 패전하지 않으면 노병을 소집하는 일은 없다"라는 내용을 말함으로써 군사에 관한 유언비어를 말한 자이다.
→ 125, 129, 287쪽

처분: 수원, 1937년 11월 11일 공판 청구
죄명: 육군형법 제99조 위반
피의자·피고인·직업·성명·연령: 농업 윤경의(尹敬誼) 44세
범죄 사실 개요: 피고인은 1937년 9월 3일부터 같은 해 10월 상순경까지 3회에 걸쳐 경기도 수원군 서신면(西新面) 매화리(梅花里) 도로 위에서 수 명에게 "신문지상에는 일본군이 연승하고 있는 듯이 선전하지만, 사실은 중국군이 강하고 일본군은 져서 많은 전사자를 내고, 매일 그 유골이 송환되고 있다. 일본군이 이길 전망은 없고, 출정 군인의 배웅 등도 무의미하다. 일본군은 전사자·사상자가 많아 그 결원을 보충하기 위해 가까운 시일 내에 너희들도 징집되어 일본군의 전위(前衛)에서 총알받이와 같이 그들의 목숨을 대신해 죽는 사람이 될 것이다" 등과 기타 군사에 관한 유언비어를 말한 자이다. → 286쪽

처분: 대전, 1937년 8월 19일 공판 청구, 1937년 8월 26일 징역 1년 확정

죄명: 육군형법 위반(99조), 보안법 위반, 절도

피의자·피고인·직업·성명·연령: 노동 황쇠불이(黃釗佛伊) 38세

범죄 사실 개요: 1937년 7월 30일 대전역 앞 광장에서 십수 명에게 "화차(貨車)에 의해 수송되었던 일본 병사들이 [죽어] 잘린 목[生首]으로 수십 차량의 열차로 송환되는 것을 목격했다. 일본이 패전하더라도 조선에 대한 중국의 압박은 없을 것이다. 결국 조선은 일본으로부터 이탈하기에 이를 것이다" 등 군사에 관한 유언비어를 말했고, 또 정치에 관한 불온한 언동을 한 자이다. 그 외 절도 범죄 사실은 생략한다. →288쪽

처분: 홍성, 1937년 11월 19일 공판 청구

죄명: 육군형법 제99조 위반, 보안법 위반

피의자·피고인·직업·성명·연령: 농업 이계한(李啓漢) 50세

범죄 사실 개요: 피고인은 1937년 10월 5일부터 같은 달 10일까지 충남 예산군(禮山郡) 고덕면(古德面) 상몽리(上夢里) 자택 및 다른 곳에서 담화 중에 3회에 걸쳐 "중국이 잠자고 있는 돼지라면 일본은 잠자고 있는 개보다도 못하다. 장개석은 세계적으로도 유명한 인물로 이번 사변에서 중국이 진 것은 운이 나빴기 때문이다. 신문 지면에 연전연승 운운하며 기재되어 있지만, 5할 정도 빼고 보지 않으면 안 된다." 또 군용 말먹이 공출의 승낙을 요청받자 "정부가 금 등을 줄 것인가? 신용할 수 없다. 내 소·돼지에게 먹이는데 부족하다. 그처럼 말먹이로 내주는 것은 불가능하다. 정부는 보리[麥]뿐만 아니라 벼[籾]까지 가져갈 것이다"라는 말과 기타 군사에 관한 유언비어를 말했으며, 아울러 정치에 관한 불온한 언론을 한 자이다. →134, 141쪽

처분: 원산, 1937년 9월 14일 공판 청구, 1937년 9월 30일 금고 8월 확정

죄명: 육군형법 제99조 위반

피의자·피고인·직업·성명·연령: 원산(元山) 권번(券番) 서기 주순덕(朱淳德) 20세

범죄 사실 개요: 1937년 8월 10일 및 8월 18일 원산부 상리(上里) 1동 원산 권번(券番)에서 기생 수 명에게 "신문 및 호외(號外)에서는 중국인만이 많은 사람이 죽었다든지 각지에

서 유리하고 있다는 내용이 게재되고, 일본 병사가 죽었다는 것을 발표하지 않는데, 사실은 많은 사람이 죽고 있다. 대포나 철포 탄(彈)에 맞아서 죽지 않는 자가 있는가. 러시아가 중국에 가세하는 때는 일본이 당할 수 없다. 러시아가 전쟁에 개입하면 원산은 요새지대이므로 위험천만하다"라는 내용과 기타 군사에 관한 유언비어를 말한 자이다. → 103, 288쪽

처분: 함흥, 1937년 10월 3일 공판 청구
죄명: 육군형법 제99조 위반
피의자·피고인·직업·성명·연령: 연공(鳶工) 후쿠다 히로쿠라(福田博藏) 39세
범죄 사실 개요: 1937년 8월 13일부터 수일간에 걸쳐 함남 흥남 조선질소비료주식회사 사택 히로타 요시히토(廣田義人) 집과 그 밖의 몇 곳에서 수 명에게 "소학교 학생이 폭탄을 휴대하고 경성부 밖 신촌(新村) 부근 도로를 폭파하려다가 발각되어 총살당했다" 등의 말을 함으로써 군사에 관한 유언비어를 말한 자이다. → 289쪽

처분: 원산, 1937년 10월 26일 기소유예
죄명: 육군형법 제99조 위반
피의자·피고인·직업·성명·연령:
    회사 소사(小使) 홍태민(洪台珉) 17세
    노동 한영봉(韓永逢) 16세
    노동 김태선(金兌善) 19세
    노동 김성준(金成俊) 16세
    회사 고용인 박태식(朴泰湜) 17세

범죄 사실 개요: 피의자 홍태민은 1937년 9월 13일 원산부 영정(榮町) 조두하(趙斗何) 집에서 피의자 한영봉, 김태선, 김성준, 박태식 및 성명 불상자 수 명에게 "러시아와 일본이 전쟁하면 일본은 진다. 중국은 돈이 많아 러시아로부터 비행기를 대량 구입해 전쟁을 할 수 있기 때문에 일본이 질 것이라 생각한다"라고 말했다.

피의자 한영봉은 같은 장소에서 같은 내용의 말을 했고, 또 "독일과 러시아는 이전부터 사이가 좋지 않고, 러시아가 병력을 중국으로 보내면 독일도 출병하게 되어 일본을 도울 것

게 상해의 정황에 대해 말하기를,

1. 많은 폭탄을 탑재한 중국 비행기가 일본 조계지에 있는 12층 건물의 일본 호텔 상공을 비행하는 것을 일본 군함이 고사포(高射砲)로 사격했기 때문에 중국 비행기가 일본 호텔 위로 추락했고, 일본인 피난민 약 500명이 사망했다.
2. 중국 비행기는 폭탄 투하 후 회전하면서 상승했지만, 일본은 비행술이 구식이어서 직선 상승만 가능했기 때문에 저격당하기 쉬웠다. 중국 비행사는 독일인 또는 각국 사람들이 교관이 되어 교수하므로 기술이 우수하다.
3. 조선인 중에 머리가 좋은 자는 전부 중국군의 장교가 되어 활동하고 있으므로 일본은 쉽게 이길 수 없다.
4. 중국군은 일본군보다 전술이 우세하고 폭탄을 땅속에 묻어 두었으며, 일본군이 그들을 향해 돌격을 시도하면 도화선(導火線)에 점화하거나 편의대(便衣隊)[13]가 측면과 후면에서 폭탄을 투척하기 때문에 일본군은 전멸한다고 한다.

피고인 송국도는 1937년 8월 24일 원산부 상동(上洞) 한흥양화점(韓興洋靴店)에서 작업 중에 유진호, 임만석(林萬石)에게

1. "중국과 교전 중인데 그렇게 일해서 뭘 하려 하는가? 러시아의 비행기가 와서 폭탄을 투하하면 원산 사람들은 전부 죽지 않겠는가? 나는 시골로 피난할 작정이다"라고 말했다. 피의자 유진호가 앞서 언급한 이극모로부터 들어 알게 된 이영구의 유언비어를 상해에서 돌아온 자가 해 준 얘기라며 설명했는데, 피고인은
2. "신문에서는 일본군 전사자는 근소하고 중국군 전사자는 다수인 것처럼 보도하지만 거짓말이다. 러시아가 중국에 병기(兵器)를 보내주고 지도하므로 [일본은] 단기간 전쟁에선 이기더라도 장기화하면 재정 곤란으로 이기지 못한다"라고 말했다. 또한 원산부 내 3곳에서 10회에 걸쳐 수 명에게 앞서 언급한 내용과 기타 군사에 관한 유언비어를 말했다.

---

13 '편의(便衣)'란 활동하기 편한 일상복을 의미한다. '편의대(便衣隊)'는 일반 시민과 같은 사복을 입고 민간인으로 위장하여 활동하는 군인, 부대이다.

서 유리하고 있다는 내용이 게재되고, 일본 병사가 죽었다는 것을 발표하지 않는데, 사실은 많은 사람이 죽고 있다. 대포나 철포 탄(彈)에 맞아서 죽지 않는 자가 있는가. 러시아가 중국에 가세하는 때는 일본이 당할 수 없다. 러시아가 전쟁에 개입하면 원산은 요새지대이므로 위험천만하다"라는 내용과 기타 군사에 관한 유언비어를 말한 자이다. → 103, 288쪽

처분: 함흥, 1937년 10월 3일 공판 청구
죄명: 육군형법 제99조 위반
피의자·피고인·직업·성명·연령: 연공(鳶工) 후쿠다 히로쿠라(福田博藏) 39세
범죄 사실 개요: 1937년 8월 13일부터 수일간에 걸쳐 함남 흥남 조선질소비료주식회사 사택 히로타 요시히토(廣田義人) 집과 그 밖의 몇 곳에서 수 명에게 "소학교 학생이 폭탄을 휴대하고 경성부 밖 신촌(新村) 부근 도로를 폭파하려다가 발각되어 총살당했다" 등의 말을 함으로써 군사에 관한 유언비어를 말한 자이다. → 289쪽

처분: 원산, 1937년 10월 26일 기소유예
죄명: 육군형법 제99조 위반
피의자·피고인·직업·성명·연령:
    회사 소사(小使) 홍태민(洪台珉) 17세
    노동 한영봉(韓永逢) 16세
    노동 김태선(金兌善) 19세
    노동 김성준(金成俊) 16세
    회사 고용인 박태식(朴泰湜) 17세
범죄 사실 개요: 피의자 홍태민은 1937년 9월 13일 원산부 영정(榮町) 조두하(趙斗何) 집에서 피의자 한영봉, 김태선, 김성준, 박태식 및 성명 불상자 수 명에게 "러시아와 일본이 전쟁하면 일본은 진다. 중국은 돈이 많아 러시아로부터 비행기를 대량 구입해 전쟁을 할 수 있기 때문에 일본이 질 것이라 생각한다"라고 말했다.
피의자 한영봉은 같은 장소에서 같은 내용의 말을 했고, 또 "독일과 러시아는 이전부터 사이가 좋지 않고, 러시아가 병력을 중국으로 보내면 독일도 출병하게 되어 일본을 도울 것

이다. 독일이 일본을 돕지 않으면 [일본은 중국을] 이길 수 없다"라고 말했다.

피의자 김태선, 김성준, 박태식은 한영봉과 같은 장소에서 "독일이 일본을 돕지 않는다면 일본 돈도 없고 군대도 적어서 진다"라고 말했고 다시 피의자는 동월 20일 원산부 조선석유주식회사 공장 안 ■■에서 수 명에게 앞과 같은 뜻의 군사에 관한 유언비어를 말했다.

→ 291쪽

처분: 원산, 1937년 10월 22일 공판 청구
죄명: 육군형법 제99조 위반
피의자·피고인·직업·성명·연령: 고인(雇人) 방태안(方泰安) 25세
범죄 사실 개요: 피고인은 1937년 10월 14일 강원도 안변군(安邊郡) 안변면(安邊面) 학성리(鶴城里) 음식점 이봉춘(李逢春) 집에서 기거하며 고인(雇人) 동료인 임대원(林大源) 외 몇 명과 휴식 중에 임대원이 ■■소학생 신문을 열람하고 그 제1면에 삽입되어 있던 복주성(復州城) 점령 사진을 보면서 일본군이 중국군에 일격을 가하고 만세를 부르고 있다고 말하자, 피고인은 "일본군이 이기고 있는지 어떤지 ■■■■■[12]"라고 함부로 말했다. 임대원이 이에 대해 반박하자, [피고인은] "그렇다면 일본군이 져서 도망갈 때 상황은 어째서 신문에 내지 않는가. 어쨌든 신문에는 국민을 안심시키기 위해 자기 국가가 이긴 것만 쓰고, 진 것은 절대로 쓰지 않는 것이다" 등 기타 과장되고 장황하게 군사에 관한 유언비어를 말한 자이다. → 293쪽

처분: 북청(北靑), 1937년 10월 29일 공판 청구, 1937년 11월 4일 금고 4월 확정
죄명: 육군형법 제99조 위반
피의자·피고인·직업·성명·연령: 벌부(筏夫) 이학구(李學九) 36세
범죄 사실 개요: 피고인은 1937년 10월 6일 함남 삼수군(三水郡) 호인면(好仁面)에 있는 혜산(惠山) 영림서(營林署) ■■場에서 2명에게 "이번 달 4일 사망한 영림서 직원 나가타

---

[12] 인쇄 상태 불량으로 판독하기 어렵다. 앞의 내용과 이 자료집 294쪽을 참조하면 대강 '일본군이 이기고 있는지 어떤지 알 수 없다. 신문은 거짓을 쓰고 있다' 정도의 의미인 것 같다.

다케시(長田武)는 전쟁 때문에 소집된 것을 꺼려 자살한 것 같다"라는 허위 사실을 말함으로써 군사에 관한 유언비어를 말한 자이다. →124, 293쪽

처분: 함흥, 1937년 10월 30일 공판 청구, 1937년 11월 20일 금고 6월 2년간 집행유예, 검사공소(檢事控訴)

죄명: 육군형법 제99조 위반

피의자·피고인·직업·성명·연령: 무직 이몬 기분(井門義文) 17세

범죄 사실 개요: 피고인은 1937년 10월 10일에서 같은 달 12일까지 전후 8회에 걸쳐 함흥부 대화정(大和町) 상반(常盤)여관과 다른 곳에서 수 명에게

1. 나는 육군 소위인데, 이번에 조선을 경유해 블라디보스토크로 잠입, 모스크바에 가서 군비 상황을 정탐하라는 특별임무를 명 받았고 가는 도중이다.
2. 함흥부대에서도 몰래 출동해서 잔류부대는 불과 200명 정도이다.
3. 일본 각 신문에는 이번의 남경(南京) 공습 시 일본 비행기가 3회에 걸쳐 17대가 사격을 받아 추락했다고 보도되었으나, 40대가 사격을 받아 추락한 것이 사실이다. 아군의 전사자·사상자와 같은 것도 신문에서 보도된 것은 실제의 1/2이다. 이는 군부가 신문 기사를 통제하여 후방의 민심에 미치는 영향을 적게 하려는 방책(方策)이다.

등 기타 군부에 관한 유언비어를 말한 자이다. →292쪽

처분: 원산, 1937년 11월 1일 공판 청구[이영구, 송국도 해당], 기소유예[이극모, 유진호 해당]

죄명: 육군형법 제99조 위반, 해군형법 위반(100조)

피의자·피고인·직업·성명·연령: 무직 이영구(李榮九) 24세, 목공 송국도(宋國道) 29세, 구두상점원 이극모(李極模) 28세, 구두공(靴工) 유진호(柳晉浩) 27세

범죄 사실 개요: 피고인 이영구는 1937년 4월 상해(上海)로 건너가 공동조계지에서 셔츠가게 점원으로 고용되었는데, 중일전쟁 때문에 귀환할 것을 명받고 같은 해 8월 23일 상해에서 본적지인 함남 북청군(北青郡)으로 귀환하던 도중 원산부에 하차해 지인인 원산부 용동(龍洞)에 사는 이극모 집에서 1박을 했다. 그날 밤 그 집에서 이극모와 그 외 1명에

게 상해의 정황에 대해 말하기를,

1. 많은 폭탄을 탑재한 중국 비행기가 일본 조계지에 있는 12층 건물의 일본 호텔 상공을 비행하는 것을 일본 군함이 고사포(高射砲)로 사격했기 때문에 중국 비행기가 일본 호텔 위로 추락했고, 일본인 피난민 약 500명이 사망했다.
2. 중국 비행기는 폭탄 투하 후 회전하면서 상승했지만, 일본은 비행술이 구식이어서 직선 상승만 가능했기 때문에 저격당하기 쉬웠다. 중국 비행사는 독일인 또는 각국 사람들이 교관이 되어 교수하므로 기술이 우수하다.
3. 조선인 중에 머리가 좋은 자는 전부 중국군의 장교가 되어 활동하고 있으므로 일본은 쉽게 이길 수 없다.
4. 중국군은 일본군보다 전술이 우세하고 폭탄을 땅속에 묻어 두었으며, 일본군이 그들을 향해 돌격을 시도하면 도화선(導火線)에 점화하거나 편의대(便衣隊)[13]가 측면과 후면에서 폭탄을 투척하기 때문에 일본군은 전멸한다고 한다.

피고인 송국도는 1937년 8월 24일 원산부 상동(上洞) 한흥양화점(韓興洋靴店)에서 작업 중에 유진호, 임만석(林萬石)에게

1. "중국과 교전 중인데 그렇게 일해서 뭘 하려 하는가? 러시아의 비행기가 와서 폭탄을 투하하면 원산 사람들은 전부 죽지 않겠는가? 나는 시골로 피난할 작정이다"라고 말했다. 피의자 유진호가 앞서 언급한 이극모로부터 들어 알게 된 이영구의 유언비어를 상해에서 돌아온 자가 해 준 얘기라며 설명했는데, 피고인은
2. "신문에서는 일본군 전사자는 근소하고 중국군 전사자는 다수인 것처럼 보도하지만 거짓말이다. 러시아가 중국에 병기(兵器)를 보내주고 지도하므로 [일본은] 단기간 전쟁에선 이기더라도 장기화하면 재정 곤란으로 이기지 못한다"라고 말했다. 또한 원산부 내 3곳에서 10회에 걸쳐 수 명에게 앞서 언급한 내용과 기타 군사에 관한 유언비어를 말했다.

---

13 '편의(便衣)'란 활동하기 편한 일상복을 의미한다. '편의대(便衣隊)'는 일반 시민과 같은 사복을 입고 민간인으로 위장하여 활동하는 군인, 부대이다.

피의자 이극모는 앞서 이영구로부터 상해에서 돌아온 이야기를 듣고 그다음 날 8월 24일 한흥양화점 공장에서 유진호 외 1명에게 앞서 들어 알게 된 사항을 말했다. 피의자 유진호는 앞에 언급한 것처럼 이극모에게서 들어 알게 된 사항을 같은 날 추가로 송국도에게 말하였다.

이들은 모두 군사에 관한 유언비어를 말한 자이다. → 122, 291쪽

처분: 북청, 1937년 11월 10일 공판 청구
죄명: 육군형법 제99조 위반
피의자·피고인·직업·성명·연령: 농업 이지선(李枝先) 32세
범죄 사실 개요: 피고인은 1937년 8월 17일 함남 단천군(端川郡) 남두일면(南斗日面) 이상리(梨上里) 이지익(李枝益) 집 가옥 건축 공사장에서 김흥복(金興福) 외 1명에게 "내가 최근 단천읍에 갔을 때 해당 읍 도로상에서 단천군수가 남두일면 공립 보통학교장에게 현재 전국(戰局)은 일본군이 계속 패배하고 있는 것은 사실이지만, 사실의 진상을 일반에게 발표하면 인심이 동요하므로 표면상으로는 일본군이 계속 승리하고 있다는 취지로 선전하고 싶다고 의뢰하고 있는 것을 들었다"라고 허위 사실을 말함으로써 군사에 관한 유언비어를 말한 자이다. → 289쪽

처분: 평양, 1937년 9월 30일 공판 청구 [제1심] 1937년 10월 11일 무죄, 절도의 복역, 형량에 대해서 공소(控訴) [제2심] 1937년 11월 2일 [절도에 대해] 징역 1년, 5년간 집행유예, 검사 상고(上告)
죄명: 육군형법 제99조 위반, 절도
피의자·피고인·직업·성명·연령: 무직 김명업(金明業) 26세
범죄 사실 개요:

1. 1937년 6월 초순경 함경남도 함주군(咸州郡) 서호면(西湖面) 서호리 황■■(黃■■)의 내연의 처 집에서 그녀에게 "일본은 지금 중국과 교전 중인데, 일본 정부는 군사비가 부족해서 국민의 저금 전부를 징발한다고 하므로, 당신이 만약 저금이 있다면 즉시 찾아 둬야 할 것이다"라는 내용을 말함으로써 군사에 관한 유언비어를 발설한 자이다.

2. 이 말을 들은 그녀가 피고인의 말을 믿고 다음다음 날 577엔의 저금을 찾아 집 온돌 침상 밑에 숨겨 두자, 같은 달 10일 당사자가 없는 틈을 타 돈을 훔쳐 달아난 자이다.

→ 294쪽

처분: 초산(楚山), 1937년 10월 22일 공판 청구 [제1심] 1937년 11월 6일 무죄, 공소(控訴) [제2심] 1937년 11월 30일 금고 3월 확정

죄명: 육군형법 제99조 위반

피의자·피고인·직업·성명·연령: 잡화상 중국인 간영양(干永洋)[14] 29세

범죄 사실 개요: 피고인은 1937년 8월 15일부터 같은 달 21일까지 주소지인 평북 초산군 초산읍 내에서 [그 마을을] 방문한 초산헌병분대 직원과 초산 매일신보 지국장에게 "중국 중앙군은 전적으로 일본과 일전(一戰)을 결의하고 총동원을 실시해 만전을 기하고 있다. 매일 수십 회 공습 폭격을 감행하고 도처에서 승리를 얻고 있다. 사억만의 중국 국민이 일치단결하면 무서울 것도 없을 것이다. 또한 중앙군의 비행기는 일본군의 비행기 2대를 격추하였고 일본의 전차 20대를 획득했다" 등 기타 군사에 관한 유언비어를 말한 자이다.

→ 147, 294쪽

처분: 서흥(瑞興), 1937년 10월 30일 공판 청구, 1937년 11월 4일 금고 4월 2년간 집행유예, 공소(控訴)

죄명: 육군형법 제99조 위반

피의자·피고인·직업·성명·연령: 노동 한국윤(韓國潤) 29세

범죄 사실 개요: 피고인은 1937년 10월 8일 황해도 수안군(遂安郡) 수안면 용담리(龍潭里) 이기초(李基礎) 집에서 황종승(黃鍾承) 외 5명과 잡담 중 "이번 전쟁에서 사망한 일본인 놈들의 목을 기차 2대에 싣고 돌아와 그들의 제사를 거행한다고 한다. 앞서 만주사변 때는 방공 감시도 하지 않았고 터럭만큼의 소란도 없었는데, 이번에는 방공 감시 등을 실

---

14 이 자료집 147, 294쪽과 다음 자료에는 이름이 간영반(干永泮)으로 표기되었다. 高等法院檢事局思想部, 1939.9, 「支那事變以降に於ける鮮內滿洲國人,中華民國人の時局關係犯罪に關する調査」, 『思想彙報』 제20호, 49쪽.

시한다고 난리를 치고 있는 것을 보면 일본인 놈들도 만사 끝난 절망적 상태이다"라고 마치 일본군이 패전한 듯한 언사를 발설함으로써 군사에 관한 유언비어를 말한 자이다.

→ 116, 160, 295쪽

처분: 대구, 1937년 8월 17일 공판 청구, 1937년 9월 2일 금고 4월 확정
죄명: 육군형법 제99조 위반
피의자·피고인·직업·성명·연령: 농업 조굉승(曺肱承) 44세
범죄 사실 개요: 1937년 7월 20일 경상북도 경산군(慶山郡) 와촌면(瓦村面)에서 여인숙업을 하는 강조희(姜助憙) 집에 들렀을 때 우연히 그 집에서 술을 마시고 있던 3명에게 "현재 북중국에서 중국군이 일본군에 대해 승리를 계속 거두고 있다"라는 내용의 허위 사실을 고지(告知)함으로써 군사에 관한 유언비어를 말한 자이다. → 295쪽

처분: 대구, 1937년 8월 17일 공판 청구 [제1심] 1937년 9월 2일 금고 10월,
[제2심] 1937년 11월 30일 금고 10월 확정
죄명: 육군형법 제99조 위반
피의자·피고인·직업·성명·연령: 고물상 겸 자전거 수선업 윤봉조(尹奉祚) 29세
범죄 사실 개요: 1937년 7월 21일 대구부 내에 있는 자택으로 돌아가던 중 경상북도 달성군(達城郡) 달서면(達西面) 면사무소 앞 제방(堤坊)에 도달했을 때 우연히 납량(納凉)을 위해 모여 있던 십수 명에게 "중일전쟁 이후 부산에 상륙해 조선을 통과하는 일본 군대는 소수이고, 대다수는 쓰루가(敦賀)에서 청진(淸津)으로 상륙하고 있다. 중국 비행기가 일본의 마크를 부착하고 폭탄을 투하하기 때문에 일본 장병이 다수 전사하더라도 신문은 특별히 발표하지 않고, 또 중국군은 일본군의 수백 배 가까이, 특히 유력한 러시아·영국·미국의 후원이 있는데 일본은 독일·이탈리아 등의 후원이 있는 것 외에는 고립무원이므로 패전할 우려가 있다. 중국 비행기는 소리 진동이 없는 최신식 정예기이므로 언제 조선 상공을 습격할지 예측하기 어렵고, 어두운 밤에 폭탄을 투하한다면 대구와 같은 도시는 전멸할 것이다" 등과 기타, 그리고 같은 달 26~29일까지 2회에 걸쳐 대구부 봉산정(鳳山町) 자택 등에서 마침 합류한 수 명에게 『조선민보(朝鮮民報)』 호외(號外) 등을 손에 들고서

"이 기사에 따르면 일본군은 10명 사상한 것처럼 발표하고 있는데, 모두 거짓 보고로 진실은 400~500명 정도 전사했을 것이다" 등과 기타의 허위 사실을 불어넣음으로써 군사에 관한 유언비어를 말한 자이다. → 296쪽

처분: 부산, 1937년 9월 22일 공판 청구, 1937년 9월 30일 징역 1년 확정
죄명: 육군형법 제99조 위반, 보안법 위반
피의자·피고인·직업·성명·연령: 붓[筆] 행상 안순근(安順根) 62세
범죄 사실 개요: 1937년 8월 7일 경상남도 동래군(東萊郡) 동래읍(東萊邑) 도로 위에서 수 명에게 "중일전쟁 때문에 [일본은] 다수의 병력을 출병시켰으나 모두 남김없이 죽어버리고 말았다. 현재 중국은 상당히 강해 일본 정도는 문제가 되지 않는다. 그러나 중국도 신중을 기해 미국·러시아 등과 상담한 결과 3국이 협력해서 일본을 토벌하게 된 것이다. 우리 조선인들은 이 기회에 독립할 방법을 강구하지 않으면 안 된다" 등 군사에 관한 유언비어를 말했고 또 정치에 관해 불온한 언사를 한 자이다. → 75, 278, 296쪽

처분: 마산, 1937년 9월 24일 공판 청구, 1937년 10월 5일 금고 4월 확정
죄명: 육군형법 제99조 위반
피의자·피고인·직업·성명·연령: 선박 목수[船大工], 도미모리 다사기치(富森太佐吉) 28세
범죄 사실 개요: 1937년 9월 10일 마산부 본정(本町) 3정목(丁目) 나가모토(長本) 여관에서 여관 주인인 나가모토 지마(長本チマ) 외 1명에게 "시모노세키(下關)에서는 말이 200필 살해되었다고 하는데, 그것은 중국 스파이가 300엔을 시모노세키 국방인지 애국인지 하는 부인회에 주고 말이 마시는 물속에 독을 탔기 때문이다. 이 때문에 부인회 몇 명이 군대에서 살해됐다고 한다"라고 근거 없는 사실을 말함으로써 군사에 관한 유언비어를 말한 자이다. → 298쪽

처분: 부산, 1937년 9월 28일 공판 청구, [제1심] 1937년 10월 14일 금고 4월, [제2심] 1937년 11월 16일 금고 4월, 상고

죄명: 육군형법 제99조 위반

피의자·피고인·직업·성명·연령: 주조업 박근배(朴根培) 55세

범죄 사실 개요: 1937년 9월 상순 2회에 걸쳐 부산부 초장정(草場町) 자택과 공원 등에서 수 명에게 "신문을 보면 일본군이 이기고 있는 듯하지만, 여전히 군사 수송을 하는 것을 보면 일본은 지고 있다. 한일병합 이후 조선인은 일본인을 위해 ■■■■■■■■■ 9월 12일 전쟁에서 일본군의 대장급 6명, 병졸 250명이 전사했다" 등과 기타 군사에 관한 유언비어를 말했고 정치적 불온한 언사를 말한 자이다. →81, 320쪽

처분: 부산, 1937년 11월 5일 공판 청구

죄명: 육군형법 제99조 위반

피의자·피고인·직업·성명·연령: 일일노동 김흥수(金興守) 37세

범죄 사실 개요: 피고인은 1937년 10월 10일 경상남도 울산군(蔚山郡) 온산면(溫山面) 대정리(大亭里) 한선이(韓善伊) 집에서 그 자리에 함께 있었던 한■수(韓■洙)가 피고인에게 일본 도항 상황을 질문하자, 이에 대해 "일본은 현재 물정(物情)이 엄혹하다. 특히 지난번 시즈오카시(靜岡市) 상공에 국적 불명의 비행기가 날아와 폭탄을 투하했기 때문에 시즈오카시 가옥 다수가 불에 타서 없어지고 큰 손해를 입을 정도이므로 당분간 일본 도항은 곤란할 것이다"라는 내용으로 답함으로써 군사에 관한 유언비어를 말한 자이다.

→116, 320쪽

처분: 목포, 1937년 9월 30일 공판 청구, 1937년 10월 14일 징역 6월 확정

죄명: 육군형법 제99조 위반, 보안법 위반

피의자·피고인·직업·성명·연령: 서당교사 김용근(金容根) 22세

범죄 사실 개요: 1937년 7월 13일 목포부 창평정(昌平町) 서당에서 수 명에게 "중국은 러시아가 후원하고 있으므로 중국이 이기고 일본이 질지도 모른다. 또 중국이 이기면 조선이 독립할지도 모른다" 등 군사에 관한 유언비어를 하여 치안을 방해한 자이다.

피고는 이보다 앞선 1937년 6월 중순 무렵 창평정 서당에서 학생 38명에게 정치에 관한 불온한 언사를 하여 치안을 방해하였다. →71, 78, 118, 299쪽

처분: 장흥, 1937년 11월 27일 공판 청구, 1937년 11월 30일 피고 두 사람 모두 금고 6월, 3년간 집행유예 확정

죄명: 육군형법 제99조 위반

피의자·피고인·직업·성명·연령: 무직 박소아(朴小兒, 여) 63세, 포목 행상 채금임(蔡今任, 여) 50세

범죄 사실 개요: 피고 박소아는 1937년 11월 3일 전남 영암군(靈巖郡) 시종면(始終面) 신학리(新鶴里) 자택에서 그곳에 와 있던 채금임에게 "지금 일본에서는 중일전쟁으로 군인 출정에 대해 소요(騷擾)가 극심한데, 영암군(靈巖郡) 도포면(都浦面) 봉호리(鳳湖里) 박원명(朴元明)의 장남 박상규(朴祥奎)도 군인으로 출정을 명 받았으나 그 명령에 복종하지 않았기 때문에 즉시 총살당해 재[灰]가 되어 귀향했다"라는 내용을 말함으로써 군사에 관한 유언비어를 유포한 자이다.

피고인 채금임은 포목 행상으로 각지를 돌아다니던 자인데, 피고인 박소아로부터 위 내용의 유언비어를 들어 알게 되자, 같은 날 같은 마을 한정호(韓正浩) 집으로 가서 앞의 내용과 같은 취지의 사실을 말함으로써 유언비어를 유포한 자이다. → 141, 147, 299쪽

처분: 군산, 1937년 10월 30일 공판 청구

죄명: 육군형법 제99조 위반, 명예훼손

피의자·피고인·직업·성명·연령: 노동 박석순(朴錫淳) 27세

범죄 사실 개요: 피고인은 1937년 10월 10일 충청남도 보령군(保寧郡) 대천면(大川面) 화산리(花山里) 박인용(朴仁龍) 집에서 박영순(朴永淳)과 담화 중 그에게 "서천군(舒川郡) 마동면(馬東面) 장항(長項)에 거주하는 모 일본인은 노년의 상당한 자산가인데, 러일전쟁 때 출정을 꺼려 모 조선인에게 본인을 대신하여 응소하게 하였는데, 이번 전쟁에서 군부에 탐지되었다. 군부는 그 벌(罰)로 출정하거나 현미 3천 가마니를 정부에 납부하라고 명령했다. 현미 3천 가마니를 납부하고 응소를 면했다"라는 내용과 추가로 그다음 날인 11일 앞의 대천면(大川面)에 있는 음식점에서 보령서(保寧署) 순사와 다른 1명에게 자신의 집 근처 이웃집인 정미업자 다마이(玉井)가 백미 3만 석을 납부하고 응소를 면했다는 내용(앞 항목과 같은 내용)의 허위 사실을 말함으로써 군사에 관한 유언비어를 유포하

고, 또 공연(公然)히 사실을 적시(摘示)함으로써 타인의 명예를 훼손한 자이다.

→ 117, 151, 303쪽

처분: 경성, 1937년 8월 24일 기소유예

죄명: 육군형법 위반(99조)

피의자·피고인·직업·성명·연령: 용달회사 점원 최대식(崔大植) 24세

범죄 사실 개요: 1937년 7월 25일에서 같은 달 29일까지 경성부 삼판통(三坂通) ■츠와 세포소(洗布所) 내에서 다수의 사람에게 전후 3회에 걸쳐 "나는 2~3일 중 중국에 인부로 갈 터인데, 너희들도 군사령부로 가서 부탁하면 곧바로 갈 수 있을 것이다. 군사령부에서는 중국으로 갈 인부를 다수 모집하고 있고, 200~300엔은 받을 수 있을 것이다" 등 기타 군사에 관한 유언비어를 말한 자이다. → 284쪽

처분: 경성, 1937년 8월 24일 기소유예

죄명: 육군형법 제99조 위반

피의자·피고인·직업·성명·연령: 전 경무국 위생과 고원(雇員) 마쓰오카 다키오(松岡多喜夫) 28세

범죄 사실 개요: 1937년 8월 2일에서 8월 4일까지 자신의 근무처와 경성부 명치정(明治町) 마작구락부(麻雀俱樂部) 등에서 다수의 사람에게 수차례 "이번 소집병 중 탈주한 자가 있다. 그는 명치정(明治町) 다키가와(瀧川)총포점 아들이다. 내가 7~8명의 장교로부터 들어 알게 된 것이므로 틀림없을 것이다" 등 기타 군사에 관한 유언비어를 말한 자이다.

→ 285쪽

처분: 제주, 1937년 11월 22일 공판 청구, 1937년 11월 26일 금고 2월 2년간 집행유예 확정

죄명: 해군형법 위반(100조)

피의자·피고인·직업·성명·연령: 살수부(撒水夫) 송희경(宋喜京) 33세

범죄 사실 개요: 피고인은 1937년 10월 22일 오사카에서 오사카상선 가미요마루(神代丸)

를 타고 조선으로 돌아와 모슬포(摹瑟浦)로 입항하려 했을 때 위 배 갑판 위에서 같이 탔던 이동경찰관과 그 밖의 수 명의 승객에게 "중일전쟁 후 모슬포 비행장은 지극히 중요한 장소가 되었으므로 그 부근은 물론 가덕도(加德島)·마라도(馬羅道)까지 대포를 설치했기 때문에 선박이 가덕도·마라도 두 섬의 바깥으로 우회하지 않으면 안 되게 되었다"라는 내용을 말함으로써 군사에 관한 유언비어를 유포한 자이다. → 36, 144, 299쪽

처분: 평양, 1937년 9월 27일 예심 청구, 1937년 12월 2일 공판에 부침

죄명: 군기보호법 위반

피의자·피고인·직업·성명·연령:

　　　만■잔 주인(萬■棧主) 양운순(楊雲珣) 45세

　　　전 노동자 우두머리(元苦力頭) 양춘정(楊春亭) 31세

　　　목수 왕학정(王學政) 33세

　　　점원 평문학(平文學) 25세

　　　철공 이광화(李光華) 22세

　　　평양중화교회 통역 오송령(吳松齡) 31세

범죄 사실 개요: 양운순 외 6명은 1937년 7월 10일에서 같은 달 28일까지 평양부 내에서 십수 회에 걸쳐 평양 비행제6연대의 비행기 출동 상황 및 군부대 수송 상황 등을 탐지한 후 경성 중화민국 총영사에게 제보한 자이다. 본건의 공범으로 손전약(孫殿約) 외 3인은 범인 은닉죄로 예심을 청구했으나 면소(免訴)되었다.[15]

처분: 평양, 1937년 10월 13일 예심 청구

죄명: 군기보호법 위반

피의자·피고인·직업·성명·연령: 요리집 사용인(使用人) 양조태(楊兆泰) 30세

범죄 사실 개요: 피고인은 진남포(鎭南浦) 주재 중화민국 영사로부터 제국의 군사상 기밀

15　高等法院檢事局思想部, 1939.9,「支那事變以降に於ける鮮內滿洲國人,中華民國人の時局關係犯罪に關する調査」,『思想彙報』제20호, 47~48쪽 참조. 이에 따르면 오송령의 직업은 "중화상회 통역(中華商會 通譯)"이고, 만주국인 평문학을 제외하고 모두 중국인이다.

을 탐지·수집하라는 명을 받은 양운순(楊雲珣)의 의뢰를 받아 1937년 7월 15일 평양에서 위 상황을 탐지한 후,

1. 1937년 7월 16일 평양에서 일본 군대의 철도로 수송한 수는 불분명.
2. 평양에서 북중국 방면으로 출동한 비행기는 15대이지만, 그 행방 등은 불분명.

이라고 보고함으로써 제국의 군사상 기밀 사항을 다른 곳에 누설한 자이다.[16]

처분: 신의주, 1937년 11월 13일 공판 청구
죄명: 군기보호법 위반
피의자·피고인·직업·성명·연령: 중화상회 고용인 중국인 진방림(陳芳林) 32세
범죄 사실 개요: 피고인은 1937년 7월 하순경 신의주 중국 영사관의 소사(小使) 진복산(秦福山)과 공모(共謀)하여 중일전쟁을 위해 북중국으로 파견된 일본군의 수송 상황을 조사하고자 하여, 그 무렵 2회에 걸쳐 신의주부(新義州府) 녹정(綠町) 안동가도(安東街道) 철도 건널목 부근에서 군사상 비밀사항인 군용 열차의 차량 수와 수송 인마(人馬)·병기(兵器)의 수량과 종류 등을 조사·탐지한 후, 진복산이 신의주에 있는 중국 영사에게 보고하게 했고, 다시 같은 영사가 그 사항을 본국 외교부에 통보하도록 한 자이다.

처분: 신의주, 1937년 11월 19일 공판 청구
죄명: 군기보호법 위반
피의자·피고인·직업·성명·연령: 중국 영사관 고용인 진복산(秦福山) 25세
범죄 사실 개요: 1937년 7월 중순경 신의주에 있는 중국 영사 김조혜(金祖惠)로부터 일본 군대의 수송 정황을 조사해 보고하라는 명령을 받고 그 무렵부터 같은 달 하순까지 12회에 걸쳐 단독 또는 진방림(陳芳林)과 함께 신의주 녹정(綠町) 안동가도 등에서 통과하는 군용 열차에 대해 군사상 기밀 사항인 군용 열차의 차량 수와 수송 인마(人馬)·병기(兵器)의 수량과 종류 등을 몰래 조사·탐지한 후, 위 영사에게 보고하고, 다시 그것을 본국

---

16 앞의 자료(高等法院檢事局思想部, 1939.9) 48쪽 참조

외교부에 통보하도록 한 자이다.[17]

처분: 서산(瑞山), 1937년 10월 12일 공판 청구, 1937년 10월 15일 징역 6월 확정
죄명: 보안법 위반
피의자·피고인·직업·성명·연령: 농업 송영덕(宋榮德) 60세
범죄 사실 개요: 피고인은 1937년 9월 4일 충남 서산군(瑞山郡) 근흥면(近興面) 용신리(龍新里) 노영선(魯榮先) 집에서 향응을 받고 담화를 나누던 임하영(林夏永) 외 2명에게 "지금 일본과 중국이 교전 중인데, 일본 놈들이 모두 죽고 중국인이 살지 않으면 우리도 살아남을 수 없다"라고 말한 것에 대해, 임하영이 충고한바 피고인은 추가로 "나는 말해야 하는 것은 죽더라도 말하는 자이다. 누구든 꺼릴 것이 있을까 보냐" 등 마치 조선독립을 희망하고 중국이 승리하면 조선도 독립할 것이므로 일본의 패전을 희망하는 듯한 정치에 관한 언사를 발설한 자이다. → 102, 115쪽

처분: 성진(城津), 1937년 10월 26일 공판 청구
죄명: 보안법 위반
피의자·피고인·직업·성명·연령: 노동 박영식(朴英植) 33세
범죄 사실 개요: 피고인은 1937년 9월 7일 성진군(城津郡) 학남면(鶴南面) 일신동(日新洞)[18] 김원희(金遠熙) 점포 앞에서 김원희 및 같은 동네 거주자인 황종렬(黃鍾烈)과 얘기 나누던 중, 황종열이 현재 유럽에서는 러시아의 독일 및 이탈리아에 대한 관계가 악화하여 러시아가 중국에 대해 원조를 할 수 없으므로 일본이 대승리를 거두고 조속한 해결을 할 것이므로 우리는 안심이라고 말하자, 피고인은 "뭐라고? 일본이 중국에 대해 이기든 지든 우리에게 무슨 관계가 있는가? 너희들은 양부[義父]의 홍패(紅牌, 문과 급제서)를 받고 춤출 것인가"라고 말했다. 다시 같은 날 자택에서 갱지[白露紙]에 "급고(急告): 중일전

---

17 진방림, 진복산 건은 앞의 자료(高等法院檢事局思想部, 1939.9) 50쪽 참조.
18 원문은 '신동(新洞)'이나 당시 학남면에 없는 동리명으로, 앞에 '일(日)'이 빠진 것 같다. 이 자료집 120쪽은 '日新里'로 나와 있다.

쟁 이후에는 추가로 러시아와 일본이 대전(對戰)을 벌일 것이다. 러시아는 조선을 위해 노력한다."와 기타를 한문과 언문을 섞어 쓴 후 곧바로 일반 대중의 눈에 띄기 쉽게 도로 끝같은 마을의 이동호(李東鎬) 집 판자벽에 붙임으로써 정치에 관한 불온한 언동을 한 자이다. → 120쪽

처분: 경성, 1937년 10월 28일 공판 청구
죄명: 치안유지법 위반, 외환(外患)에 관한 죄
피의자·피고인·직업·성명·연령: 무직 정희동(鄭喜童) 26세

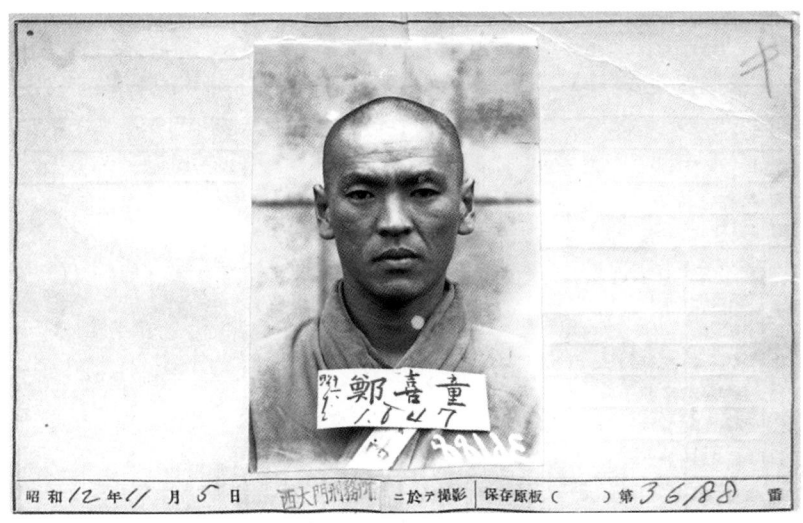

〈그림 7〉 1937년 서대문형무소에 수감된 정희동의 인물카드
출처: 국사편찬위원회, 일제감시대상인물카드 [ia_5040]

범죄 사실 개요: 피고인은 1933년(昭和 8) 12월경 중국 육군군관학교 낙양분교에 입학, 1935년 졸업하자마자 남경(南京)으로 가서 애국단에 가입하여 목적 수행을 위해 각종 활동을 해 온 자이다. 1937년 7월 중일전쟁이 발발하자 같은 해 8월 18일 상해(上海)에서 민족혁명당원 장락수(張樂洙)와 회합하여 애국단과 민족혁명당을 응원하는 적국 중국을 위해 조선 내에서 일본군의 군정(軍情), 특히 조선에서 출정 병력의 종류 및 군인 수를 탐지·수집해 그것을 중국군에게 알려줄 것을 협의했다. 다음 날인 8월 19일 피난민으로 위

장하고 상해에서 출발하여 같은 달 23일 조선으로 돌아왔다. 이에 의해 적국을 위해 염탐할 것을 음모함으로써 위 결사의 목적을 수행하기 위한 행위를 한 자이다.[19]

처분: 경성, 1937년 8월 23일 공판 청구, 1937년 10월 4일 징역 1년 과료(科料) 10엔 확정
죄명: 왕래방해 미수, 철도관리법 위반
피의자·피고인·직업·성명·연령: 엿 행상 이주산(李朱山) 31세
범죄 사실 개요: 1937년 7월 30일 2회에 걸쳐 경의선 경성역 기점 북쪽 17칸 지점 철로에 주먹 크기만 한 돌덩이 2개를 투척하고 마침 통과하려고 오던 열차에 명중시켜 파손시키려 하였다. 또 같은 날 경의선 일산역(一山驛) 구내에서 열차 통행을 방해할 목적으로 포인트를 전철(轉轍)시키려 한 자이다. 위 사람은 당시 본건 현장에서 군용 열차가 빈번히 왕래하는 것을 충분히 인식하고 있던 자로, 그 왕래를 방해하려는 위험한 생각을 가진 자이다. →115쪽

처분: 부산, 1937년 6월 13일 공판 청구, 1937년 8월 24일 징역 2년 확정
죄명: 기차왕래 위험, 절도
피의자·피고인·직업·성명·연령: 부랑자(浮浪者) 김한■(金漢■) 21세
범죄 사실 개요: 1937년 7월 24일 부산부 철도국 초량검차(草梁檢車) 구내에서 군용 열차 수십 대를 연결해 군대의 ■■ 북중국 방면으로 출발시키려고 대기하고 있었을 때, 그 열차의 앞부분 차량 옆에 설치해 두었던, 차량 제동 시 ■■공기에 의해 제동 압력으로써 직접 차륜이 회전할 때 레일 면과 접촉되는 부분[車輪踏面]에 접촉해 마찰하여 차량의 진행을 정지시키는 브레이크 장치의 위 돌출 부분[制輪子頭, brake head]으로 불리는, 다른 기계에 붙임으로써 차체(車體)로부터 이탈하지 않도록 고정하는 브레이크 연결 부분 못[制輪子楔]의 하단부를 주먹 크기만 한 돌로 두드려 그것을 끌어당겨 분리했다. 이것을 훔침으로써 그 브레이크[制輪子] 및 브레이크 연결 부분 못[制輪子 楔]이 철거되어 차량과

---

[19] 京畿道警察部長, 1937.10.30,「中國軍官學校卒業ノ愛國團員檢擧ニ關スル件」[京城地方法院檢事局, 1938,『(昭和十二年, 十三年) 思想ニ關スル情報』(8)에 수록] 참조.

그 선로를 파손하고 또 차량을 탈선하게 하였다. 이는 군용 열차의 전복(顚覆)을 일으킬 수 있으므로 기차 왕래상의 위험을 발생시킨 자이다.

처분: 경성, 1937년 9월 21일 공판 청구, 1937년 10월 16일 징역 6월 확정
죄명: 무고(誣告)
피의자·피고인·직업·성명·연령: 무직 황진연(黃晉淵) ■■세
범죄 사실 개요: 피고인은 경성부 홍파동(紅把洞) 송창원(宋昌源) 외 2명에게 형사처분을 받게 할 목적으로 관제엽서를 사용해

1. "송창원, 성만영(成萬永)은 이른바 정감록(鄭鑑錄)에 의거해 [말하기를] 이번에야말로 일본이 망할 때에 해당한다. 각국의 신용을 잃고 있으며 또한 미국·영국이 중국과 공동으로 일본을 망하게 하려 하고 있으므로 올해나 내년 중에는 반드시 망할 것이라는 횡설수설을 유포하고 있다"라는 내용과
2. "임병표(林炳彪)는 황군 배웅 시 만세를 부르고 있던 본인에게 '일본 망세(亡歲)'를 외치라고 강요하고 구타·폭행을 가한 사실이 있다."

라는 내용을 언급하며 사실이 아닌 것을 기재해 1937년 8월 28일 서대문 경찰서에 도달하게 한 자이다. → 79쪽

처분: 정읍, 1937년 10월 15일 공판 청구, 1937년 11월 8일 (김영동) 징역 8월, 공소(控訴)[20] (김영기) 징역 6월, 3년간 집행유예 확정
죄명: 무고(誣告)
피의자·피고인·직업·성명·연령:
  농업 김영동(金永同) 32세
  농업 김영기(金永寄) 29세
범죄 사실 개요: 피고인 김영동은 유력자로서 세력 쟁탈전 때문에, 피고인 김영기는 채무

---

[20] 김영동은 대구복심법원에서 1937년 12월 15일 징역 8개월 3년간 집행유예의 판결을 선고받았다. 이 자료집 157쪽 참조.

독촉 때문에, 두 사람 모두 전라북도 정읍군(井邑郡) 옹동면(瓮東面) 용호리(龍虎里) 권태현(權泰鋧)을 원망하고 있었는데, 두 사람이 공모한 후 권태현에게 형사상 처분을 받게 할 것을 기획했다. 피고인 김영동은 1937년 9월 12일 앞에서 언급한 옹동면에 있는 옹동공립보통학교 직원실에서 마침 그 직원실에 있던 옹동면 경찰관 주재소 순사 요시무라 스스무(吉村進)에게 구두로 전했다. "권태현은 지난 8월 24일 친동생인 김영기에게 현재 일본과 중국이 교전 중이지만 일본이 패하는 것은 필연적이다. 인구로 보더라도 일본은 7천만인데, 중국은 4억의 민중이 있을 뿐만 아니라, 일본군 비행기가 영국 비행기를 폭격하고 실제로 영국으로부터 항의를 받고 있다. 저런 대국(大國)에게서 반감을 산 때는 아무리 일본이더라도 결국은 망할 것은 명백하다. 우리 조선인은 이 절호의 기회를 이용해 독립을 기획하면 쉽게 그 목적을 달성할 수 있을 것이다. 현재 조선인에게는 그 기력이 없고 특히 너희 형 김영동 같은 경우는 일본인과 교제하며 친일파를 표방하고 있는데 그 마음가짐이 전적으로 잘못된 것이라는 언사를 했다"라는 내용으로, 마치 권태현이 군사에 관한 유언비어를 말하고 또 정치에 관한 불온 언동을 하여 치안을 방해한 자인 것처럼 허위 신고를 함으로써 그를 무고한 자이다. →89, 142, 155쪽

처분: 공주, 1937년 10월 15일 기소유예

죄명: 협박

피의자·피고인·직업·성명·연령: 농업 강구섭(姜龜燮) 76세

범죄 사실 개요: 피의자는 충남 아산군(牙山郡) 도고면(道高面) 도산리(道山里) 김영기(金永起)에 대한 피의자 장남의 채무 관계로 그에게 분개하고 있었다. 김영기가 이번 전쟁 때 아직 국방헌금 등의 헌금을 하지 않았음을 알고 이에 의탁해 그를 협박함으로써 울분을 해소하려 했다. 같은 해 8월 22일 자택에서 김영기 앞으로 천안읍(天安邑) 이억만(李億萬) 명의로 "나라의 대란(大亂), 군민(軍民)의 급무(急務)에 대해 한 번도 헌금하지 않은 것은 어찌 애석하지 않은가? 금전욕은 알고 생명은 알지 못하는 것인가? 우리는 국민을 위해 헌금 3천 엔을 [당신에게] 청구하므로 음력 7월 28일 3천 엔을 지참해 천안국방의회에 와야 할 것이다. 만약 이행하지 않을 때는 너희 가족에게 천난(天難)이 있을 것이다" 등을 서면에 적어 투함·우송하여 다음 날 24일 김영기에게 도달하여 보게 하여 이로써

그를 협박한 자이다. → 121쪽

처분: 전주, 1937년 11월 8일 징역 8년, 공소(控訴)
죄명: 강도, 검찰사무보고 미착(未着)
피의자·피고인·직업·성명·연령: 자동차 수선업 권현채(權玄采) 26세
범죄 사실 개요: 중일전쟁에 소집된 전북 익산군 여산면(礪山面) 여산리 이노우에 사카에(井上榮)가 집을 비웠다는 정보를 알고 빈집인 그 집 옷장에 있던 금품을 강탈하고자 기획했다. 1937년 10월 13일 그 집에 침입해 취침 중이던 이노우에의 아내 [이노우에] 희요코(喜代子, 22세)를 오른손에는 단도(短刀)로 비슷하게 꾸민 칼류를 들고 왼손에는 완구용 총인 듯 꾸며 "밖으로 나가면 죽인다. 돈을 내놔라" 등을 말하며 협박했다. 현금 26엔 35전을 주머니에 넣고, 크롬제[クロ―ム製] 체인이 부착된 손목시계 1개, 회중전등 1개를 강취(强取)한 자이다.

처분: 정읍, 1937년 11월 30일 기소유예
죄명: 절도(竊盜)
피의자·피고인·직업·성명·연령: 구장(區長) 최길홍(崔吉洪) 40세
범죄 사실 개요: 중일전쟁이 발발하자 전북 부안군(扶安郡) 상서면(上西面)에서도 출동한 군대에 군용 말먹이를 헌납하게 되었다. 같은 해 9월 2일부터 같은 달 11일까지 상서면 장동리(長東里) 김태환(金泰桓) 외 47명에게서 합계 2석(石) 3승(升)의 군용 말먹이용 보리를 모았는데, 같은 달 12일에 위 상서면사무소에 그중 1석 9승만 납부했고 나머지 1두(斗) 3승(升)[21]은 본인 집 종자(種子)로 쓸 목적으로 절취(竊取)한 자이다.

처분: 경성, 1937년 9월 24일 공판 청구, 1937년 11월 6일 징역 1년 확정
죄명: 사기

---

21 2석 3승에서 1석 9승을 제하면 나머지는 9두 4승이다(1석 = 10두 = 100승). 아마 납부한 양이 1석 9두일 가능성이 크다.

피의자·피고인·직업·성명·연령: 무직 우메타니 마사시(梅谷政) 28세
범죄 사실 개요: 피고인은 1937년 7월 19일부터 같은 해 8월 20일까지 중일전쟁 때문에 재향군인회 시흥(始興)분회장(分會長)의 명령으로 철도 경비에 종사해 온 자인데, 민중이 군부에 대해 호의를 가진 것에 편승해 위 경비일 종료 후에도 재향군인 제복을 입고 철도 경비에 종사하며 재향군인인 것처럼 가장하여 같은 해 8월 27일부터 9월 5일까지 경성부 대흥정(大興町) 음식점 장석환(張錫煥) 집과 그 외 몇 곳에서 합계 29엔 24전 상당의 술과 음식을 속여서 먹었고 기타 불법 이득을 취한 자이다.

처분: 경성, 1937년 11월 19일 공판 청구
죄명: 사기 및 사기미수, 횡령, 절도
피의자·피고인·직업·성명·연령: 무직 남준희(南俊熙) 26세
범죄 사실 개요: 피고인은 출정 군인·군속에 대해 국민이 열정적 응원과 감사의 마음이 점점 일어나는 시국을 이용해 범죄를 감행하고자 결의하고 방호단(防護團)에 입단해 항상 제복과 완장 등을 착용하고 고물상점에서 구한 재향군인 휘장을 패용했다. 또 술에 취해 넘어져 왼쪽 귀에 상처를 입은 것을 기화로 아주 작은 상처였음에도 불구하고 왼쪽 귀에서 머리 부분까지 붕대를 감고 1937년 10월 17일부터 같은 달 20일까지 수회에 걸쳐 경성부 의주통(義州通) 음식점인 정흥순(鄭興順) 집과 그 밖의 몇 곳에서 "나는 자동차 운전수로 북중국으로 출정 중에 유탄(流彈) 때문에 왼쪽 귀에 상처를 입고 이곳으로 귀환되었지만, 얼마 있으면 다시 출정할 예정이다. 본인은 조만간 군부로부터 지급을 받으면 곧바로 갚을 터이니 돈을 빌려주기 바란다"라는 등의 허위 사실을 말하고 합계 8엔 90전 상당의 술값과 현금 5엔을 받음으로써 불법 이득을 취한 자이다.
피고인에 대해서는 그 밖에 시국과 관계없는 사기 미수, 절도, 횡령 등의 사건이 있다.

→ 125쪽

처분: 공주, 1937년 10월 18일 공판 청구/1937년 10월 20일 징역 6월 확정
죄명: 사기
피의자·피고인·직업·성명·연령: 무직 김옥순(金玉順) 30세

범죄 사실 개요: 피고인은 1937년 음력 7월 초순경부터 같은 해 음력 8월 초순경까지 충남 공주군(公州郡) 주외면(州外面) 용당리(龍堂里) 이치장(李致長) 외 17가구를 방문하여 이치장 등의 가족에게 "지금 일본과 중국이 전쟁 중인 비상시국이므로 나는 공주읍 욱정(旭町) 마곡사(麻谷寺) 포교소에서 일본이 전쟁에서 이기도록 기도하기 위해 포교소로부터 기도료를 모으기 위해 온 자이다"라고 칭하며 기도료 명목으로 현금 20전과 2엔 50전 상당의 밀[小麥], 쌀보리[裸麥] 등을 편취한 자이다. → 114쪽

처분: 대구, 1937년 10월 29일 공판 청구
죄명: 사기 미수
피의자·피고인·직업·성명·연령: 역(驛) 도시락배달업[仕出業] 시바타 유지로(柴田友次郎) 44세
범죄 사실 개요: 피고인은 중일전쟁 때문에 일본에서부터 대구를 통과해 출동하는 군대에 지급할 도시락 납입 청부 계약을 그 공급 위원인 보병 제80연대 미야모토(宮本) 주계(主計) 소좌(少佐)와 체결하고, [도시락] 1개당 대금을 40전으로 정하고, 주식과 부식 품목의 메뉴를 미야모토 소좌에게 제공했다. 그런데 1937년 8월 25일 주식과 부식 품목의 내용·수량을 줄여서 [도시락] 1개당 20전 상당하는 것을 마치 위 계약 메뉴와 동일한 용량인 것을 납입한 것처럼 꾸며 그것을 믿게 하여 1,768개를 납입했고 각 1개당 40전꼴로 대금 707엔 20전을 청구하여 이를 편취한 자이다.

처분: 부산, 1937년 11월 18일 공판 청구, 1937년 12월 9일 징역 1년 6월 확정
죄명: 사기
피의자·피고인·직업·성명·연령: 무직 쓰지쿠라 세쓰오(土倉節夫) 37세
범죄 사실 개요: 피고인은 출정 군인을 가장하여 무전취식을 하고자 기획하고, 1937년 10월 28일부터 같은 달 30일까지 부산부 대창정(大倉町) 4정목(丁目) 음식점의 다메후사 리하치(爲房利八) 외 6명에게 "나는 치중병(輜重兵)으로 고이누마(鯉沼)부대에 속해 북중국 출정 도중인 자인데, 대금은 나중에 바로 가지고 올 것이다"라고 말하고 합계 4엔 28전에 상당하는 음식물을 제공받아 이를 편취한 자이다.

피고에게는 그 밖에 시국을 이용한 사기 사범이 있다.

처분: 웅기(雄基), 1937년 10월 4일 기소유예
죄명: 사기
피의자·피고인·직업·성명·연령: 무직 쓰루키치 구니히로(鶴吉國廣) 34세
범죄 사실 개요: 피의자는 후비역(後備役) 육군 보병 일등병으로 후쿠오카현(福岡縣) 야하타시(八幡市) 일본공업합자회사 현장감독으로 고용 중이던 자이다. 군적(軍籍)이 있던 것을 기화로 하여 중일전쟁을 이용해 전별(餞別) 명목하에 금전을 편취하고자 기획했다. 같은 해 7월 28일 일본공업합자회사 사무실에서 이번에 소집되어 즉시 출발해야 함을 말하고 응소자에 대한 위 합자회사 특별 전별금 등 합계 62엔을 받아 편취한 자이다.
피의자는 조선으로 건너와 웅기에서 행동이 수상한 자로 취조를 받자마자 곧바로 해당 범행을 자백했고 앞서 제시한 62엔을 피해자들에게 변상했으며 그 후 충원 소집되었다.

처분: 안동, 1937년 10월 30일 기소유예
죄명: 사기
피의자·피고인·직업·성명·연령: 시계 수선업 에구치 사다오(江口定雄) 26세
범죄 사실 개요: 피의자는 출장처에서 여비가 궁핍해진 결과 시국을 이용한 범죄를 감행할 것을 기도하고, 1937년 8월 26일과 27일 강원도 울진군(蔚珍郡) 울진면 신림리(新林里) 미야시타 사부로(宮下三郎) 집 외 1개소에서 "나는 대구 보병 제80연대에 입영하라는 소집 영장을 받고 그곳을 향해 가는 도중인데, 여비가 궁핍해져 난처한 상황이므로, 하룻밤 신세를 지고 싶다"라는 허위 사실의 말을 건넸고 상대방에게 그 내용을 오해해서 믿게 함으로써 그들의 집에서 각각 1박을 하고 음식 및 기타를 제공받고 불법 이익을 취한 자이다.[22]

처분: 마산, 1937년 11월 5일 기소유예

22　江原道警察部, 1938.12, 『(昭和十三年度)治安狀況』, 流6 참조.

죄명: 사기

피의자·피고인·직업·성명·연령: 무직 김점수(金點守) 17세

범죄 사실 개요: 피의자는 의식비(衣食費)가 궁핍해진 결과 시국을 이용하여 금전을 편취하고자 기획했다. 1937년 9월 12일 경남 창원군(昌原郡) 서면(西面) 회성리(檜城里) 히사사키 요시코(久崎ヨシ子) 집에서 그녀에게 "나는 진주의 불교학교 학생으로, 우리 학생 48명은 교장의 인솔로 이곳으로 왔는데, 이번 진주 동본원사(東本願寺)에서 출정 군인의 무운장구 기도제를 거행하기로 되었으므로 촛불 대금을 기부해 주길 바란다"라고 허위 사실을 말해서 그녀에게서 30전을 편취하였다. 추가로 같은 해 10월 초순경까지 전후 17회에 걸쳐 회성리 히라마쓰 나쓰(平松ナツ) 외 16명에게서 기부 명목으로 합계 9엔 93전을 징수해 편취한 자이다. →127, 156쪽

처분: 송화(松禾), 1937년 9월 22일 공판 청구, [김문일] 기소중지 [제1심] 1937년 9월 30일 징역 10월, 공소(控訴), [제2심] 1937년 10월 19일 징역 6월 확정

죄명: 공갈(恐喝)

피의자·피고인·직업·성명·연령:

    조선일보지국장 노진세(盧鎭世) 32세

    농업 김문일(金紋一) 52세

범죄 사실 개요: 황해도 송화군(松禾郡) 풍해면(豐海面)에 거주하는 중국인 맹경안(孟慶安)은 통주(通州)에서 일본인 학살 사건의 보복을 우려하여 신문 지국장으로서 또 전(前) 동면(同面) 청년단장이었던 피고인에게 그 보호를 부탁한 것을 기화로 하여, 김문일과 함께 1937년 8월 10일 맹경안에게 잡화류 및 가옥을 피고인 등에게 맡기고 조선일보 지국 간판을 걸도록 하라고 말했다. 시가 700엔 상당의 잡화류와 1,500엔 상당의 가옥 1채를 무료로 사용하는 계약서 1통과 현금 100엔을 내게 함으로써 공갈로 취득한 자이다. 그 밖에 업무횡령 사건과 병합하여 심리(審理) 중이다. →84, 116쪽

처분: 전주, 1937년 9월 20일 공판 청구, 1937년 9월 22일 징역 1년 확정

죄명: 공갈

피의자·피고인·직업·성명·연령: 무직 심귀덕(沈貴德) 21세

범죄 사실 개요: 피고인은 군산선(群山線) 오산역(五山驛)을 중심으로 하는 철도선로를 단속하는 사람처럼 가장하여 선로 통행자와 선로를 방해하는 행동을 한 자를 위협하여 금전을 갈취하고자 하였다. 1937년 7월 9일부터 같은 달 10일까지 각각 벌금 명목으로 합계 5엔 61전을 갈취한 자이다. 그 밖에 사기 사건과 병합하여 심리(審理) 중이다.

처분: 공주, 1937년 10월 14일 공판 청구
죄명: 횡령
피의자·피고인·직업·성명·연령: 농업 양현석(梁玄錫) 34세

범죄 사실 개요: 피고인은 1937년 8월 7일 충남 천안군(天安郡) 광덕면(廣德面) 사방(砂防) 공사에 인부로 취로 중이던 공사장 사무소에 집합한 인부 100명에게 "현재 제국 군대는 북중국에서 흉포한 중국군에 대해 응징을 가하고 있지만, 우리 조선에서 이러한 평화롭고 안락한 생활을 할 수 있는 것은 일본 제국과 밤낮 힘겹게 싸우고 있는 장병들 덕분이므로, 우리도 국가 국방을 위해 헌금을 하는 것이 어떠한가?"라고 말한바, 일동 이견 없이 찬성하였다. 같은 달 16일 합계 13엔 50전을 피고인이 헌금 처리 방법을 의뢰받아 보관 중이다가 횡령한 자이다. → 105쪽

처분: 인천, 1937년 11월 10일 공판 청구
죄명: 업무 횡령
피의자·피고인·직업·성명·연령: 회사원 와카미야 요시미쓰(若宮芳滿) 27세

범죄 사실 개요: 1937년 8월 2일 조선정미주식회사(朝鮮精米株式會社) 인천지점은 조선육군창고(朝鮮陸軍倉庫)에 대해, 이 창고가 북중국 방면으로 반출해야 할 군용 현미를 배아미(胚芽米)로 도정(搗精)하기 위한 도정 최저 수율[23]은 위 창고로부터 교부받은 군용 현

---

[23] 원문 '步上り' 또는 '步留り(ぶどまり)'는 원료나 소재의 투입량에 대해 실제로 얻어진 생산 수량의 비율을 말하며, 한국어로 수율(收率)로 번역할 수 있다. 본문에서 수율이 9할 5푼, 즉 95%라는 것은 현미 100을 도정해서 5를 깎아내고 95를 남긴다는 것이다. 수율 9할 6푼은 100에서 4를 깎아내고 96을 남긴다는 것이다. 요새와 달리 당시는 많이 도정할수록, 즉 수율이 낮을수록 품질이 높다고 여겼다.

미의 최저 9할 5푼으로 정해졌다. 그런데 그 무렵 위 지점에서 수율 성적을 조사하니 9할 6푼 이상이었으므로 군용 현미보다 품질이 열악하고 가격이 저렴한 현미를 섞어 도정함으로써 군용 현미를 횡령하고자 시도하였다.

1. 1937년 8월 6일 인천부 궁정동(宮町洞) 지점 제1공장에서 해당 공장 공장장 이타이 게이지(板井啓次)에게 지점장과 영업과장이 상담했는데, 군용 현미 도정에 관한 수율 성적이 양호하므로 그 일부를 현미 그대로 남길 수 있도록 적당히 조정하라고 명했다. 또 다음 날인 8월 7일 우에다 마사시치(上田正七)에게 합계 134석 4두, 4,233엔 60전 상당의 회사 소유 현미를 군에서 교부받은 현미와 섞는 일을 준비해야 할 것이라고 했다. 추가로 8월 8일 스스로 앞의 제1공장에 가서 이타이 게이지에게 앞서 제시한 반입에 관계된 회사 소유 현미를 군용 현미에 섞어 넣어 도정하게 하고, 같은 달 10일 군용 현미를 수령하자 그 대가로 그중 154석 4두, 가격 4,925엔 36전 상당을 해당 공장 내 산업 창고에 반입시키게 하여 이를 횡령했다.

2. 이어 같은 해 8월 18일 조선육군창고에 대해 도정 배아미를 납입할 때 최저 수율인 5천 석의 9할 5푼에 상당하는 4,750석을 넘기는 것을 마쳤는데, 추가로 남은 쌀이 있었으므로 위 육군창고로부터 파견되었던 군속 나카시마 신시로(中島甚四郎)에게 조치에 관해 지시해 줄 것을 요구했다. 그가 아무런 지시를 하지 않았음에도 불구하고 피고인은 이타이 게이지에게 정리에 관해 지점장과 영업과장의 양해가 있었다고 사칭하며 남은 쌀인 군용 배아미 25석 8두 9승 4홉, 가격 826엔여 남짓에 해당하는 것을 회사미로서 해당 지점 소매부(小賣部)에 인도시킴으로써 그것을 횡령한 자이다.

5. 「시국관계 범죄에 관한 조사」, 『사상휘보』 16, 1938. 9

[본 조사는 1938년 1월 이후 같은 해 8월 말까지 각 지방법원 검사정이 당국에 보고된 한 건에 기반함.]

1) 시국에 직접 관계된 사건

(1) 검사 처분 인원

청명 처분 죄명	경성 기소	경성 불기소	대전 기소	대전 불기소	함흥 기소	함흥 불기소	청진 기소	청진 불기소	평양 기소	평양 불기소	신의주 기소	신의주 불기소	해주 기소	해주 불기소	대구 기소	대구 불기소	부산 기소	부산 불기소	광주 기소	광주 불기소	전주 기소	전주 불기소	합계 기소	합계 불기소	총계
육군형법 제99조 위반	7	·	7	·	2	1	4	1	1	·	3	1	5	·	10 (2)	4 (2)	10 (1)	7 (2)	3 (1)	·	·	1	46 (4)	15 (4)	61 (8)
해군형법 100조 위반	·	·	·	·	·	1	·	·	·	·	·	·	·	·	·	·	1	·	2	4	·	·	3	5	8
육군형법 99조, 해군형법 100조 위반	1	·	·	·	1	·	·	·	1	·	·	·	·	·	·	·	·	·	·	·	·	·	2	1	3
육군형법 제74조 위반	·	·	·	·	·	·	·	·	·	·	·	·	·	·	·	·	1	·	·	·	·	·	1	·	1
군기보호법 위반	3	·	·	·	·	·	9 (1)	·	·	·	·	·	·	·	·	·	1	·	·	·	·	·	13 (1)	·	13 (1)
상해(傷害)	·	·	·	·	·	·	1	·	·	·	·	·	·	·	·	·	·	·	·	·	·	·	1	·	1
외환에 관한 죄	·	·	·	·	·	·	·	·	·	·	·	·	·	·	·	·	1	·	·	·	·	·	1	·	1
불경죄	·	·	·	·	·	·	·	·	·	·	·	·	·	·	·	·	·	·	1	·	·	·	·	1	1
합계	11	·	1	1	2	2	15 (1)	1	1	·	3	1	5	·	11 (2)	4 (2)	13 (1)	8	8	4	·	1	67 (5)	22 (4)	89 (9)

비고: 괄호안 숫자는 행당 칸의 인원수 중 여성의 수를 의미함.

(2) 피의자의 성명, 범죄 사실의 개요, 처분, 결과

관내(管內): 경성

피의자 성명·직업·연령: 한봉식(韓鳳植) 무직 21세

죄명: 육군형법 제99조 위반

범죄 사실의 개요: "조선에서 등화관제 실시는 중국 비행기의 내습(來襲)에 대비하기 위해서인데, 시국의 진전에 따라 러시아가 중국을 원조하고 일본과 개전을 시작하게 될 것이다. 그렇게 되면 러시아 비행기가 블라디보스토크에서 조선 내로 날아와 중요 도시 및 공장, 특히 흥남질소회사를 폭격할 것이다. 그렇게 되면 우리 생명도 위험에 빠질 것이다. 따라서 우리들은 극력 일·중, 일·러 개전에 반대하지 않을 수 없다" 운운하며 함부로 말하였다.

검사 처분, 재판 결과 및 그 연월일: 1937년 12월 24일 구예심, 1938년 1월 31일 공판에 부침, 1938년 3월 8일 징역 2년

비고: 치안유지법 위반의 사실과 함께 기소(起訴) → 285쪽

관내: 경성

피의자 성명·직업·연령: 정수백(鄭壽百) 무직 25세

죄명: 군기보호법 위반

범죄 사실의 개요: 나진항과 그 부근에서 군사상 비밀사항을 타인에게 누설하고, 나진항 수용력 및 기타 정보를 탐지하려 함.

검사 처분, 재판 결과 및 그 연월일: 1937년 12월 24일 예심 청구, 1938년 1월 31일 공판에 부침, 1938년 3월 8일 징역 3년

비고: 치안유지법 위반 사실과 함께 기소(起訴)

관내: 경성

피의자 성명·직업·연령: 이응규(李應奎) 잡지기자 34세

죄명: 군기보호법 위반

범죄 사실의 개요: 경성에 있는 소비에트연방 총영사관 서기관 이와노프의 위촉에 기반

해 조선 각지의 비행장 설비상황, 조선 잔류부대, 황군 수송 상황 및 기타 군의 비밀사항을 탐지하고, 첩보하려 하였다.

검사 처분, 재판 결과 및 그 연월일: 1938년 1월 24일 공판 청구, 1938년 2월 25일 징역 5년, 1938년 2월 26일 공소(控訴) 신청, 1938년 5월 9일 징역 5년, 1938년 5월 11일 상고 신청, 1938년 7월 18일 상고 기각

비고: 1933년(昭和 8) 4월 20일 조선공산주의자협의회 사건에 연루되어 대구지방법원에서 징역 4년에 처함.

관내: 경성
피의자 성명·직업·연령: 이송규(李松奎) 잡지기자 32세
죄명: 군기보호법 위반
범죄 사실의 개요: 경성에 있는 소비에트연방 총영사관 관원에게 첩보하기 위해 군 기밀사항에 속하는 경성을 통과하는 수송 황군의 상황을 탐지, 수집하려 하였다.
검사 처분, 재판 결과 및 그 연월일: 1938년 1월 24일 공판 청구, 1938년 2월 25일 징역 2년 6월
비고: 업무횡령 사실과 함께 기소

관내: 경성
피의자 성명·직업·연령: 공원회(孔元檜) 무직 32세
죄명: 육군형법 제99조, 해군형법 제100조, 치안유지법 위반
범죄 사실의 개요: 중일전쟁은 국민전선 대(對) 인민전선의 싸움으로 결국 세계대전으로 진전될 것이다. 중국은 국공합작에 의해 영국과 소련의 원조를 얻어 장기 항전할 것이므로 그사이 일본은 경제적으로 파탄하고 혁명의 발발을 피할 수 없을 것이다. 이 기회를 놓치지 말고 우리들은 일제히 일어나 조선독립운동에 매진해야 할 것이다. 운운하며 선동하였다.
검사 처분, 재판 결과 및 그 연월일: 1938년 4월 8일 예심 청구, 1938년 6월 22일 공판에

부침.[24]

비고: 사상범 전과 2범, 치안유지법 위반 사실과 함께 기소

〈그림 8〉 1938년 서대문형무소에 수감된 공원회의 인물카드
출처: 국사편찬위원회, 일제감시대상인물카드 [ia_0262]

관내: 경성

피의자 성명·직업·연령:

　　차남진(車南珍) 무직 24세

　　원대성(元大成) 무직 23세

죄명: 육군형법 제99조 위반

범죄 사실의 개요: "신문기사에 일본군 비행기가 상해 방면에서 다수의 중국군 비행기를 격퇴하거나 혹은 북중국 방면에서 일본 군대가 하루에 수십 회씩 강행군을 하여 각지에서 진지를 점령했다는 내용을 보도하고 있으나, 이것은 일본 정부가 국민의 애국심을 고취시키기 위해 과장한 허위 정보로, 중국의 배후에는 소비에트 러시아, 영국 등이 있어 원조를 받고 있으므로 필경 일본군은 패전에 이를 것이다"라고 운운하며 함부로 말하였다.

검사 처분, 재판 결과 및 그 연월일: 1938년 5월 20일 공판 청구, 1938년 7월 29일 징역

24　京城地方法院, 1938.6.22, 「1938년豫 제10호 豫審終結決定: 孔元檜 등 5인」 참조.

8월.

비고: 보안법 위반 사실과 함께 기소[25]

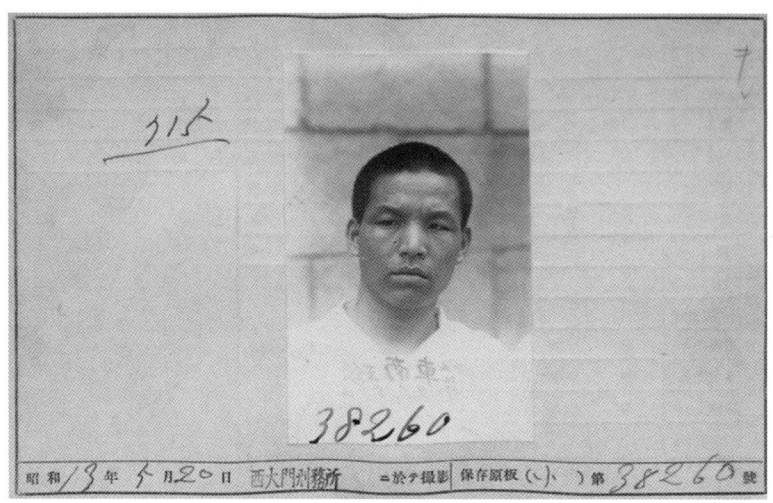
〈그림 9〉 1938년 서대문형무소에 수감된 차남진의 인물카드
출처: 국사편찬위원회, 일제감시대상인물카드 [ia_5308]

〈그림 10〉 1938년 서대문형무소에 수감된 원대성의 인물카드
출처: 국사편찬위원회, 일제감시대상인물카드 [ia_3246]

---

25 京畿道警察部長, 1937.7.8, 「基督教徒ノ保安法陸軍刑法等違反事件檢擧ニ關スル件」[京城地方法院檢事局, 1938, 『(昭和十三年) 思想ニ關スル情報』(10)에 수록] 등 참조.

관내: 경성

피의자 성명·직업·연령:

최웅진(崔雄鎭) 우물 굴착업 23세

이종필(李鍾弼) 주류 판매업 25세

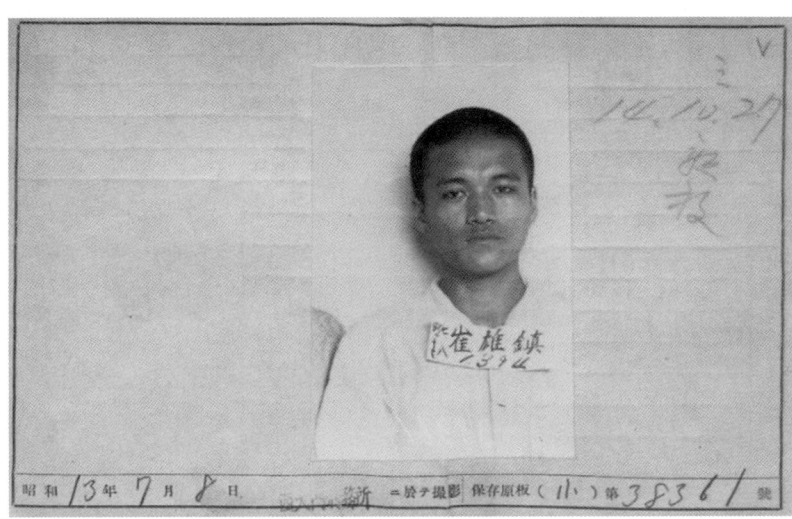
〈그림 11〉 1938년 서대문형무소에 수감된 최웅진의 인물카드
출처: 국사편찬위원회, 일제감시대상인물카드 [ia_5621]

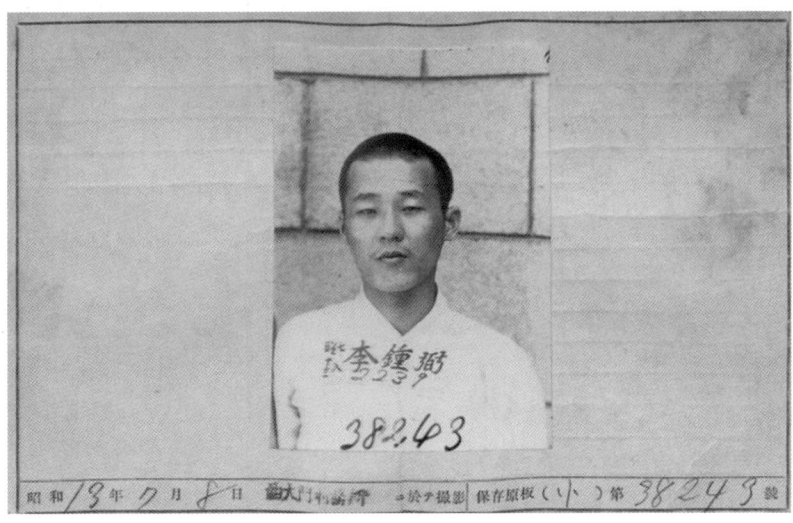
〈그림 12〉 1938년 서대문형무소에 수감된 이종필의 인물카드
출처: 국사편찬위원회, 일제감시대상인물카드 [ia_4284]

죄명: (두 사람 모두) 육군형법 제99조 위반

범죄 사실의 개요:

[최웅진] 중일전쟁은 일본·독일·이탈리아 대(對) 소련·영국·미국·프랑스의 세계전쟁으로 진전되었고, 그 결과 일본은 패전할 것이다. 특히 러시아에서는 현재 비행기 4천 대, 일본은 1,500대로 공중전에서 일본은 패전할 것이라고 운운하며 함부로 말했다.

[이종필] 이번 사변은 북지사변(北支事變)에서부터 중일전쟁으로 발전해 일본과 중국 전면적 충돌이 되었지만, 중일전쟁은 추가적으로 일소전쟁이 되었고, 결국 세계전쟁으로 진전될 것이다. 이렇게 되면 일본은 경제적으로 파탄을 불러와 패전에 이르게 될 것이라는 내용으로 함부로 말했다.

검사 처분, 재판 결과 및 그 연월일: 1938년 7월 8일 각각 예심 청구

비고: 치안유지법 위반 사실과 함께 기소[26]

관내: 경성(춘천지청)

피의자 성명·직업·연령: 신현칠(申鉉七) 서당 교사 29세

죄명: 육군형법 제99조 위반

범죄 사실의 개요: 정창수(鄭昌洙)라는 사람에 대한 사적 원한을 풀고자 하여, 그가 신문에서는 일본군의 연전연승으로 보도하고 있지만 일본은 태양이 동쪽에서 떠서 서쪽으로 지는 것처럼 서부 중국의 병력이 진출함에 따라 점차 전멸하게 되어 결국은 멸망할 것이라고 말한다는 취지의 말을 퍼트렸다.

검사 처분, 재판 결과 및 그 연월일: 1938년 4월 7일 공판 청구, 1938년 5월 6일 금고 6월, 같은 날 공소 신청, 1938년 6월 8일 금고 6월, 같은 날 상고 신청, 1938년 8월 22일 상고 기각[27]

---

26 京畿道警察部長, 1937.7.8, 「治安維持法竝陸軍刑法違反事件檢擧ニ關スル件」[京城地方法院檢事局, 1938, 『(昭和十三年) 思想ニ關スル情報』(10)에 수록]; 국사편찬위원회 편, 2008, 『일제강점기 사회·사상운동자료 해제 Ⅱ』, 305~307쪽. 앞의 형사사건 기록에 의하면 1939년 8월 22일 경성지방법원에서 이종필은 징역 2년 6개월, 최웅진은 징역 1년을 선고받았다.

27 京城覆審法院, 1938.6.8, 「1938년 刑控 제210호 判決: 申鉉七」; 高等法院, 1938.8.22, 「1938년 刑上 제94호 判決: 申鉉七」.

관내: 경성(원주지청)

피의자 성명·직업·연령: 이삼성(李三星) 새우절임[蝦漬] 행상(行商) 36세

죄명: 육군형법 제99조 위반

범죄 사실의 개요: 일본군이 중국에서 전쟁하는 것은 국가를 위한 것이 아니라 모두 일본 군인이 먹고 살기 힘들어져 생활상 여의치 않음으로 인해서이지 결코 국가를 위함이 아니다. 누가 자신의 이익이 안 되는 것에 생명을 걸면서까지 국가를 위해 싸우겠는가. 전부 자신의 삶을 위함에 다름 아니라고 운운하며 함부로 말했다.

검사 처분, 재판 결과 및 그 연월일: 1938년 7월 25일 공판 청구, 1938년 8월 6일 금고 4월

관내: 공주

피의자 성명·직업·연령: 안병국(安丙國) 침·뜸 치료사 26세

죄명: 육군형법 제99조, 해군형법 제100조 위반

범죄 사실의 개요: 오사카에서는 중일전쟁 때문에 소집을 받았지만 이에 응소하지 않고, 경찰과 헌병대에서 엄중히 설유(說諭)받았으나, 결국 받아들이지 않았기 때문에 총살되거나 혹은 소집을 기피하여 목매다는 자살을 시도한 자도 있다는 소문이 있다고 운운하며 함부로 말했다.

검사 처분, 재판 결과 및 그 연월일: 1938년 2월 9일 기소유예

관내: 공주

피의자 성명·직업·연령: 조동원(趙東元) 식료품상 23세

죄명: 육군형법 제99조 위반

범죄 사실의 개요: 카페 여급 등에게 [본인을 소개하기를] 만주에서부터 온 동지 5명과 함께 잠입해서 반전(反戰) 동지 획득을 위해 대전으로 온 자인데, 동지는 만주, 조선의 각 요지에 200명 정도 잠입해 있다. 그중에는 여자도 약 50명 있으므로 가입하라고 운운하며 함부로 말했다.

검사 처분, 재판 결과 및 그 연월일: 1938년 2월 17일 공판 청구, 1938년 2월 23일 징역

8월.

비고: 사기, 보안법 위반 등의 사실과 함께 기소 → 161쪽

관내: 함흥

피의자 성명·직업·연령: 박용섭(朴龍燮) 전기치료사[電療師] 19세

죄명: 해군형법 제100조 위반

범죄 사실의 개요: 중국 비행기 3대가 조선 내 중요 도시를 폭격하기 위해 경성 방면으로 날아오던 도중 황해를 경비 중이던 우리 일본 군함 때문에 [중국 비행기 중] 2대가 격침되었고, 1대는 소실되었다. 이처럼 우리 일본군의 경비가 실로 용감하고 완전한 것이라고 운운하며 퍼트렸다[吹聽].

검사 처분, 재판 결과 및 그 연월일: 1937년 12월 24일 기소유예 → 292쪽

관내: 함흥

피의자 성명·직업·연령: 전승진(全承鎭) 자동차 상점원 31세

죄명: 육군형법 제99조 위반

범죄 사실의 개요: 1938년 7월 21일 장고봉 사건을 언급하며 "소련 문제 때문에 일본 측에서도 군대가 출동해 있다" 운운하며 누설했다.

검사 처분, 재판 결과 및 그 연월일: 1938년 8월 9일 기소유예

관내: 함흥

피의자 성명·직업·연령: 장병선(張秉璇) 자동차 운전사 23일

죄명: 육군형법 제99조 위반

범죄 사실의 개요: 수분하(綏芬河)는 소련과 만주 국경에 있고, 수분하의 배후에 있는 산이 국경선으로, 일본군도 해당 국경선 지역에 철조망을 둘러쳐 다수의 만주인 노동자를 사용해 활발히 진지를 구축하고 있는데, 공사가 종료된 다음에는 군의 비밀이 폭로될 것을 우려하여 이 공사에 사용한 노동자들을 죽이고 말았다고 한다고 운운하며 떠들고 다녔다.

검사 처분, 재판 결과 및 그 연월일: 1938년 공판 청구

관내: 함흥

피의자 성명·직업·연령: 김약용(金若用) 어업 32세

죄명: 육군형법 제99조 위반

범죄 사실의 개요: 웅기에서 소련 공군의 폭탄에 의해 숙부 일가 9명이 전부 폭사했다는 내용의 전보가 왔다고 운운하며 퍼트렸다.

검사 처분, 재판 결과 및 그 연월일: 1938년 8월 24일 공판 청구 → 200쪽

관내: 청진

피의자 성명·직업·연령: 서진규(徐鎭奎) 노동 29세

죄명: 육군형법 제99조 위반

범죄 사실의 개요:

1. 자신은 돈이 있어도 국방헌금 따위는 할까보냐. 조선인이 국방헌금을 하는 것은 마음에 안 든다.
2. 신문에서는 매일같이 각지를 점령했다는 내용의 보도를 하고 있는데, 중국인도 쓸모없는 놈만 있는 것은 아니므로 일본만이 이기고 있겠는가? 1개소를 점령하고서는 10개소를 점령했다고 말하는 것이다. 남은 9개소는 거짓이다.
3. 언젠가 일본 놈들은 비참한 꼴을 당하게 될 것이다. 지금 일본군 기계는 이토 히로부미(伊藤博文)가 조선을 취하고 만주를 거쳐 러시아로 가 러시아의 기계를 날조했기 때문에 러시아와 전쟁을 하면 반드시 패전할 것이라고 운운하며 크게 떠벌렸다.

검사 처분, 재판 결과 및 그 연월일: 1938년 5월 22일 공판 청구, 1938년 6월 9일 금고 6월 → 175쪽

관내: 청진

피의자 성명·직업·연령:

    장덕헌(張德軒) 서당교사 52세

    범경전(范耕田) 무직 54세

    장(張)씨(여성) 무직 45세

　　　　장수신(張樹新) 잡화상 25세

죄명: 군기보호법 위반

범죄 사실의 개요: 공모한 후 청진, 나진 방면에서 제국 군사상 기밀사항을 탐지, 수집하기에 힘썼고, 추가로 부산, 나진을 경유해 소련과 만주 국경으로 파견된 황국의 병력 수를 탐지하고 적의 정보를 중국 본국에 첩보하고자 하였다.

검사 처분, 재판 결과 및 그 연월일: 1938년 6월 27일 각각 예심 청구

비고: 중국인[28]

관내: 청진

피의자 성명·직업·연령: 강익모(姜翊模) 목탄상(木炭商) 34세

죄명: 육군형법 제99조 위반

범죄 사실의 개요: 드디어 일·러 간 전쟁이 시작될 모양으로 헌병대에서는 현지로 가는 인부 40명 정도를 모집하고 있는데, 갈 자가 있겠느냐. 이번 전쟁은 앞서 만주의 전쟁과 달리 위험해서 가면 즉시 살해당할 것이므로 100명 중 1명도 갈 자가 있겠는가를 운운하며 크게 떠벌렸다.

검사 처분, 재판 결과 및 그 연월일: 1938년 7월 22일 공판 청구, 1938년 7월 29일 금고 6월, 같은 날 공소 신청, 1938년 8월 4일 공소 취하

관내: 청진

피의자 성명·직업·연령: 존 토마스 데이비슨(John Thomas Davidson) 영국 기선(汽船) 제아싯테호 2등 기관사 39세

죄명: 육군형법 제99조 위반

범죄 사실의 개요: 나진에 상륙해 음주하던 중

1. 나는 일본이 싫다. 일본은 앞으로 1년 정도 싸우면 망할 것이 확실하다. 장개석은 쉽게

28　高等法院檢事局思想部, 1939.9, 「支那事變以降に於ける鮮內滿洲國人,中華民國人の時局關係犯罪に關する調査」, 『思想彙報』 제20호, 1939.9, 47쪽 참조.

패하지 않을 것이다. 영국은 중국을 원조할 의무가 있다. 열국도 마찬가지이다.
2. 일본은 홀로 강해 봤자 소용이 없다. 외국 신문을 안 보기 때문이다. 가령 보더라도 나쁜 측면은 들어오기 전에 절취당한다.
3. 상해는 영국의 것이다. 해관(海關)은 접수되었다고 하는데 금액 지불은 영국에 대해서 하고 있지 않은 것인가 운운하며 크게 떠벌렸다.

검사 처분, 재판 결과 및 그 연월일: 1938년 7월 25일 기소유예
비고: 영국인

관내: 청진
피의자 성명·직업·연령: 김광득(金擴得) 양봉 행상 53세
죄명: 육군형법 제99조 위반
범죄 사실의 개요: 지금 청진 동해안 쪽에 경찰관이 놋 제품 식기류를 모으고 있는데, 대금(代金)도 주지 않는다고 한다. 또한 그렇게 모은 식기류는 총포탄을 만들어 중국으로 보낸다고 하므로 우리 집에도 수집하러 오면 곤란하므로 도망가야겠다고 운운하며 허구의 사실을 퍼트렸다.
검사 처분, 재판 결과 및 그 연월일: 1938년 8월 15일 공판 청구, 1938년 8월 22일 금고 6월

관내: 청진
피의자 성명·직업·연령: 스에히로 고로(末弘五郎) 회사원 45세
죄명: 상해(傷害)
범죄 사실의 개요: 응소 군인 6명에게 송별연에서 임금률[勞銀步合] 문제에 관해 문답하던 끝에 맥주병으로 그중 응소자 1명의 전두부(前頭部)를 구타해 전치 10일을 요하는 열상(裂傷)을 입혔다.
검사 처분, 재판 결과 및 그 연월일: 1938년 8월 6일 약식 기소(求略式)
비고: 피해자는 부상인 채로 정해진 대로 입대함.

관내: 청진

피의자 성명·직업·연령: 안일수(安一守) 회사 외판원 36세

죄명: 육군형법 제99조 위반

범죄 사실의 개요: 웅기에서부터 아오지에 도착하는 열차 안에 조선식 의복인 바지저고리를 착용한 사람이 다수 있었는데, 그들은 모두 일본 병력들로 경흥, 아오지 방면에서는 일본 놈들이 다수 집결한 것이었다. 또 국경지대에 소련 병력도 상당히 집결했다는 내용이므로, 일소(日蘇) 개전에 [결국] 이르게 될 것이다. 개전한다면 이들 주위 국경에 있는 사람들은 먼저 모두 목이 날아갈 것이라고 운운하며 크게 떠벌렸다.

검사 처분, 재판 결과 및 그 연월일: 1938년 8월 23일 공판 청구 →187쪽

관내: 청진(웅기지청)

피의자 성명·직업·연령: 이와나카 주타로(岩中重太郎) 선원(船員) 30세

죄명: 군기보호법 위반

범죄 사실의 개요: 출어(出漁) 중인 소련 어선에 나포되어 억류 중에 소련국 밀정이 되어, 그 무렵 우연히 알게 된 사항과 선원으로서 업무상 알게 된 군사상 비밀사항을 알렸다.

검사 처분, 재판 결과 및 그 연월일: 1938년 3월 22일 예심 청구, 1938년 6월 13일 공판에 부침.

관내: 청진(웅기지청)

피의자 성명·직업·연령: 박창실(朴昌實) 무직 27세

죄명: 군기보호법 위반

범죄 사실의 개요: 소련의 밀정으로서 나남, 청진, 웅기, 기타 지역에서 군사상 기밀 사항을 첩보하라는 지령을 받고, 함북 경흥군으로 잠입했는데, 그 목적을 달성하지 못했다.

검사 처분, 재판 결과 및 그 연월일: 1938년 6월 6일 공판 청구

관내: 청진(웅기지청)

피의자 성명·직업·연령: 이창문(李昌門) 자동차 운전수 31세

죄명: 군기보호법 위반

범죄 사실의 개요: 장고봉 사건 때문에 함북 경흥 방면으로 출동한 우리 군의 비밀사항인 군사에 관한 준비[兵備] 상황을 타인에게 누설하였다.

검사 처분, 재판 결과 및 그 연월일: 1938년 8월 10일 공판 청구, 1938년 8월 15일 징역 6월

관내: 청진(웅기지청)

피의자 성명·직업·연령:

　　김학손(金學孫) 농업 겸 노동 34세

　　강명돌(姜明突) 노동 38세

죄명: 군기보호법 위반

범죄 사실의 개요: 장고봉 사건 때문에 함북 경흥 방면으로 출동한 우리 군의 비밀사항인 병비(兵備) 상황을 타인에게 누설하였다.

검사 처분, 재판 결과 및 그 연월일: 1938년 8월 10일 각각 공판 청구, 1938년 8월 12일 각각 징역 6월

관내: 청진(성진지청)

피의자 성명·직업·연령: 이쇠공(李釗公) 고물상 38세

죄명: 육군형법 제99조, 해군형법 제100조 위반

범죄 사실의 개요: 중일전쟁 때문에 병기 부족이 심각한데, 그 원료 보충을 위해 놋쇠 제품을 사모아 경찰서에 납부하는 것으로 되었다고 운운하며 함부로 말했다.

검사 처분, 재판 결과 및 그 연월일: 1938년 7월 16일 공판 청구, 1938년 7월 28일 금고 4월

관내: 평양

피의자 성명·직업·연령: 남숙수(藍淑樹) 농업 30세

죄명: 육군형법 제99조 위반

범죄 사실의 개요:

1. 현재 일본은 중국과 전쟁 중이므로 중국인이 조선에 거주하는 것은 위험하다. 우리들은 빨리 귀국해야 한다.
2. 중국군은 현재 공산군과 공동으로 각지에서 일본군에 커다란 손해를 입히고 중군군이 대승리하고 있다. 일본 신문의 보도는 거짓 선전이라고 운운하며 크게 떠벌렸다.

검사 처분, 재판 결과 및 그 연월일: 1938년 1월 7일 공판 청구

비고: 중국인 → 293쪽

관내: 신의주
피의자 성명·직업·연령: 김해룡(金海龍) 회사원 25세
죄명: 육군형법 제99조 위반
범죄 사실의 개요:

1. 중일전쟁에서 일본이 패전하면 흥미로울 것이다.
2. 신문에서는 일본군이 대승리를 거두었다거나 혹은 남쪽 중국 방면을 폭격했다는 내용으로 보도하지만, 실제로는 [직접] 목격하지 않으면 알 수 없는 것이 아닌가. 운운하며 함부로 말했다.

검사 처분, 재판 결과 및 그 연월일: 1937년 12월 8일 공판 청구, 1937년 12월 10일 징역 8월, 벌금 20엔 (업무횡령, 도박과 병합)

비고: 업무횡령, 도박 사실과 함께 기소 → 153, 294쪽

관내: 신의주
피의자 성명·직업·연령: 이방흡(李芳治) 중개업[周旋業] 48세
죄명: 육군형법 제99조 위반
범죄 사실의 개요:

1. 라디오 뉴스는 일본군이 완전히 상해를 함락시켰다고, 신문에서는 일본군이 밤낮 각지를 점령하는 행보를 하고 있다고 보도하는데, 실제로 목격하지 않으면 진위는 불명하다.

2. 일본 비행기 수백 대가 폭격되어 막대한 손해를 입었기 때문에 세금도 높아졌고 집 값도 하락했으므로 소유하고 있는 가옥을 매각하는 것이 득책일 것이라고 운운하며 함부로 말했다.

검사 처분, 재판 결과 및 그 연월일: 1938년 6월 7일 공판 청구, 1938년 6월 22일 금고 4월, 1938년 6월 24일 공소 신청, 1938년 7월 5일 공소 취하 → 174쪽

관내: 신의주
피의자 성명·직업·연령: 유충록(兪忠祿) 메이지(明治)대학 전문부 학생 22세
죄명: 육군형법 제99조 위반
범죄 사실의 개요: [일본] 신문에서는 일본군의 연전연승을 보도하고 있지만, 중국 신문은 중국군이 연전연승하고 경성과 평양에서도 폭격한 듯이 보도하고 있다. 어느 쪽 신문도 전부 신용할 수 없다. 특히 부르조아 신문은 진실을 쓰지 않으므로 신용할 수 없다. 현지를 보지 않는 한 일본의 연전연승이 사실인지 아닌지를 알 수 없다고 운운하며 함부로 말했다.
검사 처분, 재판 결과 및 그 연월일: 1938년 7월 25일 공판 청구
비고: 치안유지법 위반 사실과 함께 기소

관내: 신의주(강계지청)
피의자 성명·직업·연령: 김영관(金泳琯) 목재상 32세
죄명: 육군형법 제99조 위반
범죄 사실의 개요: 평양은 적의 비행기 폭격을 받아 독가스 폭탄이 투하되었고 전쟁터처럼 된 곳이 있다고 운운하며 함부로 말했다.
검사 처분, 재판 결과 및 그 연월일: 1938년 4월 30일 기소유예

관내: 해주(서흥지청)
피의자 성명·직업·연령: 배의배(裵義培) 무직 26세
죄명: 육군형법 제99조 위반
범죄 사실의 개요:

1. 북조선에서 일본과 중국이 전쟁하고 있고 일본 병력이 다수 동사(凍死)했기 때문에 북간도 주민들이 출정해 농작물의 수확이 불가능하다.
2. 중국이 프랑스·소련의 원조를 얻었고, 일본은 대패하고 있음에도 불구하고, 일본은 대승하고 있는 듯이 선전하고 있다.
3. 앞으로 일본인은 50세까지, 조선인은 40세까지인 자 모두 전쟁터로 징집될 것이라는 이야기가 있다. 일본이 승리를 얻지 못하면 조선인은 모두 죽을 것이다.
4. 일본 병기(兵器)는 중국의 무기에 비해 뒤떨어지고, 일본군은 다수의 사상자를 내고 있으므로, 일본은 남자의 수가 감소해 남자 1사람당 여자 4인의 비율이 되고 있으므로 일본 여자를 조선으로 이송하고 있다.

등과 그 밖의 말을 2~3회 함부로 말하였다.

검사 처분, 재판 결과 및 그 연월일: 1938년 3월 26일 공판 청구, 1938년 4월 19일 금고 6월

관내: 해주(사리원지청)
피의자 성명·직업·연령: 오순형(吳舜炯) 기독교 목사 58세
죄명: 육군형법 제99조 위반
범죄 사실의 개요: '죄의 대가는 죽음'이라는 제목으로 연설하던 중, 이 세상에서 인류의 죽음은 다양하다. 작년 7월 중일전쟁 발발 이후 중국 병력 몇십 만, 일본병력 몇 만이라는 다수의 전사자를 내었다. 이렇듯 수많은 사람이 전쟁 때문에 죽는 것도 죄에 대한 하느님의 진노하심에 의해 벌이라고 운운하며 함부로 말했다.
검사 처분, 재판 결과 및 그 연월일: 1938년 3월 26일 공판 청구, 1938년 5월 24일 금고 6월, 2년간 형집행유예

관내: 해주(사리원지청)
피의자 성명·직업·연령:
　　　　한호식(韓好植) 농업 27세
　　　　김봉찬(金鳳贊) 농업 19세

죄명: 육군형법 제99조 위반

범죄 사실의 개요: 겸이포(兼二浦)에 중국 비행기가 날아와 폭탄을 투하하였으나 다행히 바다 속에 떨어져 큰 물결을 일으켰는데, 올해 7월 18일부터 3일간 실시되었던 방공(防空) 연습은 이 때문이라고 운운하며 각자 함부로 말하였다.

검사 처분, 재판 결과 및 그 연월일: 1938년 8월 17일 각각 공판 청구 → 183쪽

관내: 해주(사리원지청)

피의자 성명: 홍선기(洪善琦) 요리집 영업 33세

죄명: 육군형법 제99조 위반

범죄 사실의 개요: 산동성(山東省) 서주(徐州)는 청일전쟁 이후 배일사상이 맹렬한 지방으로, 현재 일본군 1만 명이 주재하고 있는데, 일본군은 15~30세까지의 중국인을 전부 학살했다고 운운하며 함부로 말했다.

검사 처분, 재판 결과 및 그 연월일: 1938년 8월 17일 공판 청구

관내: 대■(大■)

피의자 성명·직업·연령: 김종■(金種■) 무직 32세

죄명: 외환(外患)에 관한 죄

범죄 사실의 개요: 노구교 사건이 발발하자 장개석은 직계 중국 군의(軍醫) 상교(上校) 곽기원(郭琦元) 위촉에 기초해 상해의 일본군 경비 상황과 기타 군사상 기밀 사항을 탐지·수집해, 적국에 누설하고, 또한 [이하 원문 누락]

검사 처분, 재판 결과 및 그 연월일: 1938년 4월 12일 공판 청구, 1938년 6월 3일 징역 8년

비고: 치안유지법 위반 사실과 함께 [기소]

관내: 대구(영덕지청)

피의자 성명·직업·연령: 곽종규(郭鍾圭) 인부 감독 24세

죄명: 육군형법 제99조 위반

범죄 사실의 개요: 이 무렵 만주국 국경 방면에서 러시아 병력이 월경(越境)해 분쟁 중인데, 러시아는 신식 무기를 다수 가지고 있으므로, 일본과 전쟁하면 일본이 패할 것이라고 운운하며 함부로 말했다.
검사 처분, 재판 결과 및 그 연월일: 1938년 8월 27일 공판 청구 → 196쪽

관내: 부산
피의자 성명·직업·연령: 유문학(劉文學) 야채 행상 36세
죄명: 육군형법 제99조 위반
범죄 사실의 개요: 중국군 비행기 17대가 규슈(九州) 및 도쿄(東京)을 습격해 다수의 일본인이 사망했다고 운운하며 크게 떠벌렸다.
검사 처분, 재판 결과 및 그 연월일: 1938년 3월 25일 공판 청구, 1938년 4월 18일 금고 6월
비고: 중국인

관내: 부산
피의자 성명·직업·연령: 다시마 도시오(田島利夫) 무직 22세
죄명: 육군형법 제99조 위반
범죄 사실의 개요: 중일전쟁에서 일본의 행동은 평화·자유·정의·인도(人道)라는 미명 아래 숨겨진 자본가를 위한 제국주의적 침략행위이므로 이를 배격해야 한다고 함부로 말했다.
검사 처분, 재판 결과 및 그 연월일: 1938년 4월 2일 기소중지

관내: 부산
피의자 성명·직업·연령: 스에야스 아키라(末安彰) 농업 20세
죄명: 군기보호법 위반
범죄 사실의 개요: 군함 가가(加賀)호 승조 중 알게 된 군사상 기밀 사항에 속하는 지도를 타인에게 보여주고 누설하였고, 또 이것을 소련 영사관에 매각하려 했다.

검사 처분, 재판 결과 및 그 연월일: 1938년 6월 2일 예심 청구, 1938년 8월 25일 면소(免訴)

관내: 부산
피의자 성명·직업·연령: 권만근(權萬根) 엿 행상 44세
죄명: 육군형법 제99조 위반
범죄 사실의 개요: 지난밤 영국 비행기 수 대가 도쿄, 오사카, 고베 지방을 공습하고, 수십의 사상자를 내었고, 다수의 건축물이 파괴되었고, [비행기는] 전부 자국으로 돌아갔다고 운운하며 함부로 말했다.
검사 처분, 재판 결과 및 그 연월일: 1938년 6월 16일 공판 청구, 1938년 6월 25일 금고 8월
비고: 전과(前科) 4범 → 177쪽

관내: 부산
피의자 성명·직업·연령: 아베 모리마사(阿部守政) 조선철도국 토목수(土木手) 47세
죄명: 육군형법 초병(哨兵) 모독죄
범죄 사실의 개요: 신의주 경비대 진지(陣地) 부근에서 싸우고 있었는데, 이동 보초 중이던 초병(哨兵)에게 주의 들은 것에 대해 "뭐냐. 이곳은 도로이다. 도로에서 이야기를 하는 것이 무슨 지장이 있는가? 이 바보 녀석, 멍하게 서 있으면 무슨 도움이 되는가. 바보놈아" 운운하며 매도(罵倒)·모욕했다.
검사 처분, 재판 결과 및 그 연월일: 1938년 8월 4일 공판 청구

관내: 부산(마산지청)
피의자 성명·직업·연령: 하시모토 규타로(橋本久太郎) 양복상 42세
죄명: 육군형법 제99조 위반
범죄 사실의 개요:
1. 술에 취한 조선인 남자가 부산 대교에서 왕래를 방해하던 중 육군 군인으로부터 제지

당했으나 응하지 않아 참살되었다.
2. 부산 잔교(棧橋)의 출입 금지가 된 곳을 침입하려 한 조선인에게 정지를 명하였으나 응하지 않았으므로 육군 군인에게 총검으로 엉덩이[臀部]를 찔렸다.
3. 부산의 군마(軍馬) 계류장에서 누차 안장[軍鞍]과 기타의 도난이 있었으므로 청년단에게 총과 실탄을 주어 경비를 맡겼고, 이상한 자는 사살해도 지장 없다는 등의 낭설을 유포했다.

검사 처분, 재판 결과 및 그 연월일: 1937년 12월 17일 공판 청구, 1937년 12월 27일 금고 4월
비고: 전과(前科) 6범
관내: 부산
피의자 성명·직업·연령: 오카다 도쿠이치(岡田德一) 목수 27세
죄명: 해군형법 제100조 위반
범죄 사실의 개요: 어젯밤(1938년 8월 4일) 러시아 비행기가 진해 상공으로 날아와 진해 요항부의 대포에 격퇴되었다고 운운하며 함부로 말했다.
검사 처분, 재판 결과 및 그 연월일: 1938년 8월 24일 공판 청구

관내: 부산(진주지청)
피의자 성명·직업·연령: 정재성(鄭在成) 토목공사 노동자[土方], 52세
죄명: 육군형법 제99조 위반
범죄 사실의 개요: 일본에서 응소 군인들은 출정하며 살아서 돌아갈지 죽어서 돌아갈지 알 수 없으므로 있는 재산을 술 마시는데 쓰며 금전을 낭비하고 있다. 또 출정을 꺼려 도주하거나, 목을 매거나, 철도 자살을 하는 자도 있는데, 경찰 당국은 이들은 제국 신민이 아니라고 하며 그 장례식을 허가하지 않고, 부패한 채로 방치해 두어 가족에게도 압박을 계속 가하고 있다고 운운하며 함부로 말했다.
검사 처분, 재판 결과 및 그 연월일: 1938년 5월 18일 공판 청구, 1938년 6월 1일 금고 6월, 1938년 6월 2일 공소 신청, 1938년 6월 13일 공소 취하 → 169쪽

관내: 부산(진주지청)

피의자 성명·직업·연령: 이도책(李道責) 무직 64세

죄명: 불경죄

범죄 사실의 개요: 폐하는 마음대로 전국의 병력을 일으켜 중국 총통(總統)을 협박해 국가를 위한 것이었다고 하지만, 도리어 백성들에게 위해를 가하는 것이라고 운운한 내용을 기록하여 청원서를 작성했다.

검사 처분, 재판 결과 및 그 연월일: 1938년 7월 30일 공소권 없음(사망)

관내: 부산(밀양지청)

피의자 성명·직업·연령:

  장인식(張仁植, 여) 무직 52세

  장봉학(張鳳鶴) 무직 43세

  강성옥(姜性玉) 농업 62세

죄명: 육군형법 제99조 위반

범죄 사실의 개요: 출전 군인의 위안을 위해 16세 이상 20세까지의 처녀들과 16세 이상 30세까지의 과부를 강제적으로 전쟁터로 보내고, 낮에는 취사와 세탁의 업무를, 밤에는 군인과 성적 관계를 맺도록 한다고 하므로, 해당[되는 연령의] 부녀자가 있다면 속히 처치해야 할 것이라고 운운하며 함부로 말했다.

검사 처분, 재판 결과 및 그 연월일: 1938년 6월 13일 각각 공판 청구, 1938년 6월 24일 각각 금고 4월 → 173쪽

관내: 부산(밀양지청)

피의자 성명·직업·연령:

  박금이(朴金伊, 여) 무직 37세

  김삼득(金三得) 한지 제조업, 44세

죄명: 육군형법 제99조 위반

범죄 사실의 개요: 앞의 내용과 동일한 낭설을 각각 전달했다.

검사 처분, 재판 결과 및 그 연월일: 1938년 6월 13일 각각 기소유예 → 174쪽

관내: 부산(통영지청)
피의자 성명·직업·연령: 박명기(朴命其) 승려 42세
죄명: 육군형법 제99조 위반
범죄 사실의 개요: 중일전쟁으로 인해 다수의 조선인 부녀자가 사망하고 이에 대한 보충을 위해 조선 전국에 걸쳐 15세 이상 17세까지의 조선인 처녀를 한 곳당 15명씩 모집해 만주로 보내, 군복 제작 작업에 종사시키고 있다고 운운하며 함부로 말했다.
검사 처분, 재판 결과 및 그 연월일: 1938년 6월 30일 공판 청구 [29]

관내: 부산(통영지청)
피의자 성명·직업·연령:
    이윤일(李允一) 농업 59세
    윤금순(尹今順, 여) 무직 49세
죄명: 육군형법 제99조 위반
범죄 사실의 개요: 앞의 내용과 동일한 낭설을 각각 전달했다.
검사 처분, 재판 결과 및 그 연월일: 1938년 6월 30일 기소유예

관내: 부산(통영지청)
피의자 성명·직업·연령:
    박우준(朴又俊) 농업 70세
    장태영(張台永) 농업 59세
죄명: 육군형법 제99조 위반
범죄 사실의 개요: 조선인 과부와 처녀를 모집해 전쟁터로 보내고 군복 세탁 또는 취사 등

---

[29] 공판 결과 박명기는 금고 2개월의 처분을 받았다. 釜山地方法院統營支廳, 1938.7.30, 「1938年 刑公 제196호 判決: 朴命其」.

에 사용한다고 운운하며 함부로 말했다.

검사 처분, 재판 결과 및 그 연월일: 1938년 7월 4일 각각 기소유예

관내: 부산(거창지청)
피의자 성명·직업·연령: 이관우(李管雨) 일일 노동 29세
죄명: 육군형법 제99조 위반
범죄 사실의 개요: 면사무소의 명을 받아 군용 말먹이인 보리의 징수에 종사하는 구장(區長)에게 보리를 납부해도 그 대금(代金)을 받지 못하자, 대금지불이 있을 듯한 허언을 한 구장은 파면해버려라고 운운하며 크게 떠벌렸다.
검사 처분, 재판 결과 및 그 연월일: 1938년 8월 5일 공판 청구, 1938년 8월 12일 금고 2월

관내: 부산(순창지청)
피의자 성명·직업·연령: 노지옥(盧址玉) 농업 22세
죄명: 육군형법 제99조 위반
범죄 사실의 개요: 적 비행기가 동래(東萊)로 날아와서 폭탄을 투하했다고 운운하며 퍼트렸다.
검사 처분, 재판 결과 및 그 연월일: 1938년 8월 18일 공판 청구

관내: 광주
피의자 성명·직업·연령: 조원표(趙元杓) 농업 고용인 28세
죄명: 육군형법 제99조 위반
범죄 사실의 개요:
1. 조선인도 4~5년이 지나면 군대에 갈 것이다. 내년(1938년)에는 중국에서 일본군이 다수 죽임당할 것이므로 조선인도 병력으로 차출될 것이다.
2. 러시아는 비행기를 중국으로 보내 중국을 원조하고 있으므로 얼음이 얼면 일본군은 경성, 평양으로부터 러시아를 공격하게 될 것이다.

3. 일본인 여성 2~3명이 중국인에게 돈을 받고 일본군 말 300필을 독살시켰다.

4. [내가] 오구라(小倉) 방면에서 야채 행상을 할 때 봤는데, 일본 군인이 구족(駈足) 연습을 하고 있었다. 그것은 일본 군인들이 달리기를 잘못해서 중국 전쟁터에서 다수 살해되었기 때문이다.

5. 시모노세키(下關)나 모지(門司)는 바다가 좁기 때문에 다수의 어용선이 히코시마(彦島) 부근에 있었다.

등의 낭설을 유포하였다.

검사 처분, 재판 결과 및 그 연월일: 1937년 12월 23일 공판 청구, 1938년 2월 2일 금고 4월 → 302쪽

관내: 광주
피의자 성명·직업·연령: 최봉안(崔奉安) 선어(鮮魚)중매상 20세
죄명: 해군형법 제100조 위반
범죄 사실의 개요:

1. 목포의 서남쪽 가완촌 섬에서는 무장한 경찰관이 부근을 항행하는 선박을 강제로 멈추도록 명하고 있어, 이미 130척이나 되는 계선(繫船)이 30일 동안 정선(停船) 중이다.

2. 어선은 1간조(干潮)에 약 400엔의 수입을 거두는데, 130척이나 2간조(干潮) 동안 정선(停船)되었으므로 수만 엔의 손해를 입었다.

3. 진도(珍島) 부근은 중국에서 일본으로 통하는 요충지에 해당하는 관계상 일본 군함 58척이 떠 있다.

운운하며 크게 떠벌렸다.

검사 처분, 재판 결과 및 그 연월일: 1937년 12월 28일 공판 청구, 1938년 1월 15일 금고 2월 → 300쪽

관내: 광주
피의자 성명·직업·연령: 유소자(柳小者) 어부 29세
죄명: 해군형법 제100조 위반

범죄 사실의 개요: 각 섬에서는 일본 군함이 많이 운집해 있고 병력도 결집해 야영 연습 중으로 항상 비행기 2대가 상공을 감시하고 있다. 한편 다수의 경찰관이 부근을 항행하는 선박을 강제로 정선(停船)시켜 20일에 걸쳐 계선(繫船)해 두었다. 이들 선박에서는 어획물이 부패한 것이 많아 상당한 손해를 빚고 있다고 운운하며 함부로 말했다.
검사 처분, 재판 결과 및 그 연월일: 1938년 2월 14일 기소 중지

관내: 광주(목포지청)
피의자 성명·직업·연령: 김오순(金五順) 무직 29세
죄명: 육군형법 제99조 위반
범죄 사실의 개요: 일본에서는 일본군이 대승했다고 하여 깃발 행렬을 하고 있는데, 진실은 일본이 대패했기 때문에 다음번 전투의 승리 기원을 위한 행위이다. 우리 조선인들은 중국인과 마음을 같이 하고 있으므로 일본이 패전하더라도 중국인들로부터 살해되는 일은 없다. 따라서 일본의 패전은 우리에게는 아무런 관계가 없다고 운운하며 크게 떠벌렸다.
검사 처분, 재판 결과 및 그 연월일: 1937년 11월 29일 공판 청구, 1937년 12월 9일 금고 6월, 2년간 집행유예 → 151, 301쪽

관내: 광주(목포지청)
피의자 성명·직업·연령: 한소사(韓小史, 여) 일일 노동 50세
죄명: 육군형법 제99조 위반
범죄 사실의 개요: 40세 이하의 과부와 처녀를 모집해 전쟁터로 보내 취사(炊事)에 종사시키거나 혹은 병사들의 위안을 제공하는 등, 처녀들의 가죽을 벗겨 기름을 짜서 비행기에 사용한다고 운운하며 함부로 말했다.
검사 처분, 재판 결과 및 그 연월일: 1938년 7월 18일 공판 청구, 1938년 7월 29일 금고 4월 → 180쪽

관내: 광주(순천지청)
피의자 성명·직업·연령: 유점암(劉占岩) 선원(船員) 20세

죄명: 해군형법 제100조 위반

범죄 사실의 개요: 목포 부근 섬에서는 한쪽에는 군함 같은 것이, 다른 한쪽에는 경찰관이 승조한 선박으로 각각 경계하고 범선(帆船)을 억류하여 수일간 식량을 급여·보호하고 있다. 또 어느 날 중국 선박을 발견하고 검열했는데, 승조원 40명 중 선장 외에 상급 선원은 일본인, 나머지는 만주인으로 오사카를 향해 항행 중이었던 것으로 판명되었으므로 석방했는데, 억류에 응하지 않았던 선박 승조원 중 총살된 자가 다수 있다고 운운하며 함부로 말했다.

검사 처분, 재판 결과 및 그 연월일: 1937년 12월 9일 공판 청구, 1937년 12월 17일 금고 4월, 1937년 12월 18일 공소 신청, 1938년 1월 31일 금고 4월 → 301쪽

관내: 광주(제주지청)

피의자 성명·직업·연령: 강재규(姜在圭) 농업 53세

죄명: 해군형법 제100조 위반

범죄 사실의 개요: 오사카에 있는 셋째 딸에게 보내기를 "집에서부터 사계리(沙溪里) 서쪽 방면까지 일본인 병사들과 비행기 수십 대가 매일 굉음을 내고, 매일 밤 높은 언덕에 불을 피우고 (탐조등을 지칭), 7일 날인가 10일 날인가에 비행기가 화재를 일으켰고 그 폭파 소리가 진동하여 인심이 산란(散亂)되었다. 의외로 일이었기에 자탄(自嘆)하지 않을 수 없었다. 풍문에 의하면 비행기 2대가 소실(燒失)되었다고 했다 … 후략" 운운하며 통신했다.

검사 처분, 재판 결과 및 그 연월일: 1937년 12월 16일 기소유예 → 300쪽

관내: 광주(제주지청)

피의자 성명·직업·연령: 고계현(高癸賢) 목수 36세

죄명: 해군형법 제100조 위반

범죄 사실의 개요: 중국 비행기 6대가 제주도를 향해 날아가던 중 일본 비행기의 공격으로 인해 3대는 바다 속에 격침되었고 나머지 3대는 도주했다고 운운하며 전파했다.

검사 처분, 재판 결과 및 그 연월일: 1938년 2월 15일 기소유예 → 302쪽

관내: 광주(제주지청)

피의자 성명·직업·연령: 장문통(張文通) 목수 39세

죄명: 해군형법 제100조 위반

범죄 사실의 개요: 앞의 사실을 들어 알게 되자, 거기에 첨언해서 도주한 중국 비행기 3대가 언제 다시 나타나 공습할지 모른다. 제주성 안은 위험하므로 산으로 숨는 사람이 많다고 운운하며 전파했다.

검사 처분, 재판 결과 및 그 연월일: 1938년 2월 15일 기소유예

비고: 중국인 → 303쪽

관내: 전주

피의자 성명·직업·연령: 김종철(金宗喆) 농업 40세

죄명: 육군형법 제99조 위반

범죄 사실의 개요: 큰일이다. 중일전쟁은 확대되고 일본은 재정 핍박으로 군량미 부족과 한파로 인해 만주까지 철퇴했다고 운운하며 함부로 말했다.

검사 처분, 재판 결과 및 그 연월일: 1937년 12월 27일 기소유예 → 156, 305쪽

6. 「시국관계 범죄에 관한 조사」, 『사상휘보』 18, 1939. 3

[본 조사는 1938년 9월 이후 1939년 2월 9일까지 각 지방법원 검사정이 당국에 한 보고에 기초함.]

1) 시국에 직접 관계된 사건

(1) 검사 처분 인원 (생략)

(2) 피의자의 성명, 범죄 사실의 개요, 처분 결과

관내: 경성(철원지청)
피의자 성명·직업·연령: 엄운엽(嚴雲燁) 무직 55세
죄명: 육군형법 제99조 위반
범죄 사실의 개요: 이번 소련과 만주 국경 문제에 기인한 일소(日蘇) 양군의 충돌을 보면, 소련군은 내년에 조선에서 조선인 지원병제도가 실시되면 다수의 지원자가 있을 것이므로 심하게 조선인을 증오하게 ■■, 소련 내 거주하는 조선인은 이미 다수 살해되었고, 또 잔존자도 전부 살해될 것이라고 함부로 말했다.
검사 처분, 재판 결과 및 그 연월일: 1938년 8월 26일 공판 청구, 1938년 8월 27일 금고 6월 3년간 형 집행유예 → 198쪽

관내: 경성(철원지청)
피의자 성명·직업·연령: 황규영(黃圭榮) 농업 23세
죄명: 육군형법 제99조 위반
범죄 사실의 개요: 현재 두만강 건너편 장고봉(長鼓峰)을 소련군 70만이 점령하고 일본군에 대해 도전 중인데, 일본은 중일전쟁 때문에 재정적으로 곤핍하여 소련과 싸우기를 선호하지 않고 화협(和協)하고자 한다. 소련군에서 이것을 듣고 조선 안으로 침입해 오려 할 때 일본에서 이를 막을 병력이 없다면 조선은 모두 저들에 의해 멸망할는지도 모른다는

뜻을 함부로 말했다.

검사 처분, 재판 결과 및 그 연월일: 1938년 8월 31일 공판 청구, 1938년 10월 11일 금고 4월 → 188쪽

관내: 경성(철원지청)
피의자 성명·직업·연령: 강신화(姜信和) 농업 41세
죄명: 육군형법 제99조 위반
범죄 사실의 개요: 소련군 70만은 지금 압록강을 건너 조선으로 침입해 오게 되면 우리 부락의 청년들은 이에 불안을 느끼고 일을 포기할 모양새이다. 당국에서는 18세 이상 35세 이하의 사람으로 노동보국단을 조직하였으나 그들은 전쟁터로 보내기 위해서라는 내용을 함부로 말했다.
검사 처분, 재판 결과 및 그 연월일: 1938년 8월 31일 공판 청구, 1938년 10월 11일 금고 6월 → 188쪽

관내: 경성(인천지청)
피의자 성명·직업·연령: 장문유(張文有) 점원 22세
죄명: 해군형법 제100조 위반
범죄 사실의 개요: 한구(漢口) 부근 양자강 상류에서 일본의 대형 기선(汽船)과 부주(艀舟) 등 백 수십 척이 중국 비행기에 격파되어 침몰했다고 한다. 오늘 아침 한구(漢口) 방송국에서 방송된 내용이라며 함부로 말했다.
검사 처분, 재판 결과 및 그 연월일: 1938년 9월 17일 공판 청구, 1938년 9월 26일 금고 4월
비고: 중국인

관내: 경성(인천지청)
피의자 성명·직업·연령: 김종범(金鍾範) 승려 79세
죄명: 육군형법 제99조 위반

범죄 사실의 개요: 과거 중국의 주(周) 나라의 문공(文公)과 상(商) 나라의 걸왕(桀王)이 교전했을 때 상나라의 군대가 풍화륜(風火輪)이라는 것이 지금의 비행기 1대에 버금가는 것으로 주나라의 군대를 격파시킨 일이 있었다. 현재 일중(日中) 간 전쟁 중인데, 일본은 항상 패배하고 있다며 함부로 말했다.
검사 처분, 재판 결과 및 그 연월일: 1938년 9월 30일 기소유예

관내: 경성(인천지청)
피의자 성명·직업·연령: 최용열(崔龍烈) 양복 직공 23세
죄명: 육군형법 제99조 위반
범죄 사실의 개요: 만주국 장백산(長白山)에는 러시아 공산당원이 에워싸고 밤낮 구분 없이 책동하고 있으므로 일본군이 그곳을 공격해도 항상 연전연패하고, 현재는 그곳 공격을 단념하고 손모으고 방관하고 있는 모양새이다. 또한 목단강성(牡丹江省) 액하(掖河)에는 일본군이 주둔하고 있는데 병사들은 언제 전사할지도 모르므로 자포자기했고, 그 결과 대낮에 사람들이 다니는 거리에서 가정이 있는 자녀이든 화류계의 부녀이든 가리지 않고 포옹하거나 키스를 하는 등 군기를 흩트리고 있다는 말을 함부로 했다.
검사 처분, 재판 결과 및 그 연월일: 1938년 10월 12일 공판 청구, 1938년 11월 10일 징역 1년
비고: 절도죄와 병합 처분[30]

관내: 경성(인천지청)
피의자 성명·직업·연령: 정은교(鄭殷敎) 인부 41세
죄명: 육군형법 제99조 위반
범죄 사실의 개요: 일본은 무력전에서 중국에 대해 공세를 펼치고 있는 상황인데, 이번 전쟁이 장기화하면 일본은 반드시 패배할 것이다. 그 이유는 중국은 대국으로 인구는 물론

---

30 京畿道警察部長, 1938.10.7, 「造言蜚語並竊盜被疑事件檢擧ニ關スル件」[京城地方法院檢事局, 1938, 『昭和十三年）思想ニ關スル情報』(11)에 수록]. 최용열의 연령은 이 자료에 의한다.

모든 물자가 풍부한 데 반해, 일본은 소국이므로 가령 일본 병사 1명이 하루에 중국 병사 100명씩을 살상한다고 치더라도 10년 이상의 시일이 필요할 것이다. 또 중국에 대해서는 소련이 공공연하게 계속 원조하고 있다. 즉, 일본은 장래 재정적, 인적 자원의 결핍을 초래해 패전할 우려가 보이는 것이 명백하다. 또 일본이 패전하면 내란이 발발해 혁명으로 이행되고 일본은 소련처럼 공산주의제도 국가가 되어 노동자 사회가 실현될 것이라고 운운하며 함부로 말했다.

검사 처분, 재판 결과 및 그 연월일: 1938년 10월 24일 공판 청구, 1938년 10월 29일 금고 4월[31]

관내: 경성(원주지청)

피의자 성명·직업·연령:

　　　엄인섭(嚴仁燮) 농업 48세

　　　최씨(崔氏, 여) 농업 48세

　　　이수근(李壽根) 무직 64세

　　　임정삼(林正三) 농업 48세

죄명: 육군형법 제99조 위반

범죄 사실의 개요: 최근 당국에서 미혼인 처녀를 조선 내에서 조사한 후 일본군과 중국군이 교전하고 있는 전쟁터로 보내, 일본군에 [일손이] 부족한 취사에 종사시키거나 처녀의 구강(口腔)에 철관(鐵管) 같은 것을 넣어 혈액을 짜내 전쟁터로 보내 일본군에 결핍한 비행기 기름 같은 군수품으로 사용하고 있다. 현재 처녀를 조사 중이라고 들어 알게 되었다고 그것을 함부로 말했다.

검사 처분, 재판 결과 및 그 연월일:

1938년 10월 31일 공판 청구 및 기소유예[최씨], 1938년 11월 11일 금고 4월[엄인섭] 및

31　京畿道警察部長, 1938.10.25, 「保安法及陸軍刑法違反被疑事件檢擧ニ關スル件」 [京城地方法院檢事局, 1938, 『昭和十三年 思想ニ關スル情報』(11)에 수록] 등 참조.

금고 6월[이수근, 임정삼]³²

관내: 경성(원주지청)
피의자 성명·직업·연령: 이봉선(李鳳仙) 떡 판매 61세
죄명: 육군형법 제99조 위반
범죄 사실의 개요: 최근 당국에서 미혼인 처녀를 조사하여 처녀의 신체로부터 기름을 짜내 일본군과 중국군이 전쟁하고 있는 전쟁터로 보내 [일본군에] 결핍돼 가는 비행기 기름으로 사용한다는 내용을 함부로 말했다.
검사 처분, 재판 결과 및 그 연월일: 1938년 11월 10일 기소유예

관내: 경성
피의자 성명·직업·연령: 나카무라 게이에이(中村警衛) 시멘트 토관업(土管業) 24세
죄명: 육군형법 제99조 위반
범죄 사실의 개요: 전쟁터에 있는 황군 중에는 한 명의 병사가 중국 병사 70명을 물리치고 쓰러뜨린 용맹한 병사가 있지만, 한편에서는 일본 병사이면서 탄환이 날아오면 얼굴색이 변해 그것을 피하기 위해 고의로 변소로 가거나 다른 병사의 사타구니 사이로 목을 쑤셔 넣는 자도 있다는 내용을 함부로 말했다.
검사 처분, 재판 결과 및 그 연월일: 1938년 11월 17일 공판 청구, 1938년 11월 22일 금고 4월, 1년간 형 집행유예

관내: 대전
피의자 성명·직업·연령: 서병석(徐丙奭) 무직 56세
죄명: 육군형법 제99조, 해군형법 제100조, 보안법 위반
범죄 사실의 개요: 이번 전쟁에서 일본이 먼저 중국에 이기더라도 결국 일본은 러시아·

---

32 寧越警察署長, 1938.10.20, 「陸軍刑法違反事件檢擧ニ關スル件」[京城地方法院檢事局, 1938, 『(昭和十三年) 思想ニ關スル情報』(11)에 수록] 등 참조.

영국 등 제3국에 패해 일본인이 조선으로부터 도망할 것이 명백하다. 이렇듯 조선은 한국 시대와 같은 자유로운 국가가 되며 우리는 안락한 생활을 영위할 수 있다고 운운하며 함부로 말했다.

검사 처분, 재판 결과 및 그 연월일: 1938년 12월 9일 공판 청구

관내: 대전
피의자 성명·직업·연령:

　　　히로타니 준로(廣谷駿郎) 인부 감독 34세
　　　시마즈 오토코(島津男) 토목 기수(技手) 34세

죄명: 육군형법 제99조 위반
범죄 사실의 개요: 이번 중일전쟁은 노구교 부근에서 미리 50억 위엔의 은괴(銀塊)를 북중국 주둔군 사령관 다시로(田代) 장군과 중국 측의 밀약에 의해 중국 측에서 보관해 오던 것을 중국 측이 몰래 다른 곳으로 이전시키려 하던 것을 야간 연습 중이던 일본군이 그것을 발견하고 방지하고자 하였으므로 양군이 발포(發砲)한 것에 기인한 것이다. 다시로 장군은 책임을 지고자 할복하였는데 병사(病死)한 것으로 전해지고 있는 것은 잘못된 것이라고 운운하며 함부로 말했다.

검사 처분, 재판 결과 및 그 연월일: 1938년 12월 28일 공판 청구, 1939년 1월 24일 각각 무죄, 1939년 1월 26일 검사 공소

관내: 대전(강경지청)
피의자 성명·직업·연령: 이금순(李金順) 무직 33세
죄명: 육군형법 제99조 위반
범죄 사실의 개요: 젊은 여성을 모아 젖이나 피를 착취하고 그것을 중국 전쟁터로 보내고자 하며 나아가서는 만주로 몸을 팔게 하는 지경에 이를 것이라며 함부로 말했다.
검사 처분, 재판 결과 및 그 연월일: 1938년 12월 6일 공판 청구, 1938년 12월 27일 금고 3월 2년간 형 집행유예

관내: 함흥(북청지청)

피의자 성명·직업·연령: 김양순(金良淳) 무직 46세

죄명: 육군형법 제99조 위반

범죄 사실의 개요: 목단강(牡丹江) 부근에서 일본 군용열차가 습격받아 전복되었다고 함부로 말했다.

검사 처분, 재판 결과 및 그 연월일: 1938년 8월 29일 기소유예 → 201쪽

관내: 함흥(북청지청)

피의자 성명·직업·연령: 이유곤(李有坤) 요리인 48세

죄명: 육군형법 제99조 위반

범죄 사실의 개요: 신문에서는 일본이 계속 승리하고 있는 것처럼 기재되고 있지만, 사변의 결과는 더욱 예측하기 어렵다. 가령 장개석이 죽어도 중국에서는 위인이 다수 있으므로 한구(漢口)는 용이하게 함락되지 않고 전쟁은 장기화할 것이다. 중국군의 총(銃)은 일본군 것보다 크고 약 4~5배의 위력이 있다. 일본 군사는 이 총탄 때문에 죽는다고 운운하며 함부로 말했다.

검사 처분, 재판 결과 및 그 연월일: 1938년 8월 31일 기소유예

관내: 함흥(원산지청)

피의자 성명·직업·연령: 조금석(趙金石) 무직 27세

죄명: 육군형법 제99조 위반

범죄 사실의 개요: 열차 안에서 소학교 통학 아동에게 중일전쟁의 발발 원인을 질문하고 아동이 "동양 평화 확립을 위해"라고 대답하자, "너의 말은 틀렸다. 중일전쟁은 일본이 영토적 야심으로써 발발시킨 것이다" 운운하며 함부로 말했다.

검사 처분, 재판 결과 및 그 연월일: 1938년 9월 5일 공판 청구, 1938년 9월 30일 금고 6월, 1938년 10월 2일 공소 신청, 1938년 10월 16일 공소 취하 → 177쪽

관내: 함흥(원산지청)
피의자 성명·직업·연령: 주원일(朱元一) 선원[船乘] 43세
죄명: 육군형법 제99조 위반
범죄 사실의 개요: ■■■■■■■■■■■■■ 러시아는 세계에서 제일 강한 군대를 가진 나라로 ■■■■■■■■■■■ 러시아가 중국과 함께 해 준다면 일본군 ■■■■■■■■■■ 러시아의 군인이 장개석을 방문하고, 중국 군인만으로는 [전쟁에서] 지지만 러시아의 군인을 반분(半分)해 배치하면 일본군은 절대 이길 수 없을 것이라 말했다. 장개석은 그것을 거절했다고 하는데 그 이유를 알 수 없다고 운운하며 함부로 말했다.
검사 처분, 재판 결과 및 그 연월일: 1938년 5월 6일 공판 청구, 1938년 ■월 ■일 금고 6월

관내: 함흥(북청지청)
피의자 성명·직업·연령: 강영기(姜榮基) 승려 61세
죄명: 육군형법 제99조 위반
범죄 사실의 개요: 면(面)에서 매월 1가구당 70전의 저금을 독려시켜 왔는데, 그 목적은 현재 전쟁터에서는 식량 결핍으로 고심하고 있으므로 그 저금을 모아 전쟁터로 보내어 일본 군대의 식량 매입 자금으로 충당하고 있다고 운운하며 함부로 말했다.
검사 처분, 재판 결과 및 그 연월일: 1938년 9월 8일 공판 청구, 1938년 9월 15일 금고 4월, 1년간 형 집행유예 → 202쪽

관내: 함흥(북청지청)
피의자 성명·직업·연령: 김하연(金河蓮) 전공(電工) 23세
죄명: 육군형법 제99조 위반
범죄 사실의 개요: 혜산진(惠山鎭)역을 출발하는 열차가 5분간 지연되어 발차하는 것은 소련 비행기가 함북 각지 철도를 폭격한 결과일 것이라고 함부로 말했다.
검사 처분, 재판 결과 및 그 연월일: 1938년 9월 19일 기소유예 → 200쪽

관내: 함흥(북청지청)

피의자 성명·직업·연령:

요코미치 세토쿠(橫路政德) 피복 판매원 27세

니시후지 다케시로(西藤武四郎) 점원 23세

죄명: 육군형법 제99조 위반

범죄 사실의 개요: 아오지(阿吾地)는 장고봉에 인접한 지역으로 그 지역에는 다수의 병력이 주둔하며 경계 임무를 맡고 있다. 그 지역의 상점 중에서 우리와 거래를 하는 곳은 언제 전쟁이 발발할지 예측하기 어렵기 때문에 물건을 사들이는 것을 주저하고 있다. 현재 그 지역의 상공에는 국적 불명의 비행기가 약 1,000미터 고도를 유지하면 날아온다고 한다는 식으로 운운하며 함부로 말했다.

검사 처분, 재판 결과 및 그 연월일: 1938년 9월 19일 기소유예 → 201쪽

관내: 함흥(북청지청)

피의자 성명·직업·연령: 성창업(成昌業) 잡화 행상 24세

죄명: 육군형법 제99조 위반

범죄 사실의 개요: 가까운 시일 중에 경찰서에서 군대의 포탄 제조에 충당하기 위해 민간의 놋쇠 제품 식기류를 징발할 계획이므로 해당 식기류는 빨리 매각하는 것이 득책일 것이라는 내용을 함부로 말했다.

검사 처분, 재판 결과 및 그 연월일: 1938년 9월 19일 기소유예 → 185쪽

관내: 함흥

피의자 성명·직업·연령: 서기수(徐基守) 후추[胡椒] 행상 37세

죄명: 육군형법 제99조 위반

범죄 사실의 개요: 현재 러시아와 일본이 교전 중이지만 일본은 도저히 러시아에 이길 가망이 없다고 운운하며 함부로 말했다.

검사 처분, 재판 결과 및 그 연월일: 1938년 9월 22일 공판 청구, 1938년 9월 28일 금고 4월 2년간 형 집행유예 → 200쪽

관내: 함흥(북청지청)

피의자 성명·직업·연령: 왕수산(王秀山) 노동 39세

죄명: 육군형법 제99조 위반

범죄 사실의 개요: 서주(徐州)가 함락되었다는 것은 허위보도이다. 중국군은 일본군의 공격을 받으면 양민(良民)을 가장해 예봉을 피해 밤에 역습해 일본군을 섬멸시키는 것을 늘 하고 있다. 나의 본적지에서는 이러한 사례가 2~3번 있었다. 또한 일본은 소련과 전쟁을 개시했지만 이처럼 소련-중국 양 국가를 적으로 삼는 지경에 이르면 불리함을 면할 수 없다. 전쟁이 장기화하면 승리는 중국으로 돌아갈 것이라고 함부로 말했다.

검사 처분, 재판 결과 및 그 연월일: 1938년 10월 6일 기소유예

비고: 중국인[33]

관내: 함흥

피의자 성명·직업·연령: 정부억녀(鄭夫億女, 여) 무직 18세

죄명: 육군형법 제99조 위반

범죄 사실의 개요: 일본이 중국에 졌기 때문에 중국 비행기가 날아와서 불을 끈다(등화관제)고 함부로 말했다.

검사 처분, 재판 결과 및 그 연월일: 1938년 10월 12일 기소유예

관내: 함흥

피의자 성명·직업·연령: 김일선(金日善) 목수 52세

죄명: 군기보호법 위반, 육군형법 제99조 위반

범죄 사실의 개요: 나진부 창평동의 산에 넓은 범위에 땅고르기 공사를 해서 대포 기관총 등을 설치했는데, 현재는 외부로부터 발견되지 않도록 망으로 덮었다는 군사상의 비밀을 과실로 인해 누설했고 장고봉 사건에 관해

---

[33] 高等法院檢事局思想部, 1939.9, 「支那事變以降に於ける鮮內滿洲國人,中華民國人の時局關係犯罪に關する調查」, 『思想彙報』 제20호, 47쪽 참조.

1. 함경북도 경흥군 내에서 러시아는 비행기가 남행의 기차에 폭탄을 투하했고 그 폭탄이 기차 부근에 낙하했기 때문에 기차가 파손되었다.
2. 나진 방면의 철도 선로는 러시아 비행기에 의해 약 30개 소 정도 폭격되었으므로 선로가 파괴되어 열차가 통과할 수 없어져 여객은 상당히 곤란을 겪고 있다는 내용을 함부로 말했다.

검사 처분, 재판 결과 및 그 연월일: 1938년 10월 22일 공판 청구, 1938년 11월 11일 벌금 100엔, 금고 3월 2년간 형 집행유예

관내: 함흥(북청지청)
피의자 성명·직업·연령:
　　양삼자(梁三者) 농업 36세
　　원성녀(元姓女) 농업 47세
죄명: 육군형법 제99조 위반
범죄 사실의 개요: 일본군은 전쟁에 다량의 탄환을 소모하고 그에 대한 제조에 빼놓을 수 없는 놋쇠 원료의 결핍이 계속 초래되고 있으므로 가까운 시일 내에 놋쇠 제품 식기를 징발할 것이므로 해당 식기류는 속히 매각하는 것이 득책일 것이라는 내용을 함부로 말했다.

검사 처분, 재판 결과 및 그 연월일: 1938년 11월 7일 기소유예

관내: 함흥
피의자 성명·직업·연령:
　　임영실(林永實) 노동 30세
　　이재술(李在述) 잡화상 35세
　　한호연(韓鎬連) 사진 촬영 28세
죄명: 육군형법 제99조 위반
범죄 사실의 개요:
[임영실] 웅기 지방에서는 다수의 소련 비행기가 날아왔으나 그 지역에 숙영하는 일본의

군대가 비행기를 1대도 사용하지 않고 또 풀을 뒤집어쓰고 산에 숨어 있으면서 소련의 비행기에 대해 발포하려는 움직임도 없다는 내용을 함부로 말했다.

[이재술] 위의 임영실과 같은 내용을 함부로 말한 것 외에도 일소(日蘇) 개전이 되면 소련의 육군은 함흥까지 진공해 올 것이다. 특히 함흥은 흥남에 가까우므로 소련의 비행기도 날아올 것이고 상당히 위험해지더라도 경찰은 피난하는 것을 저지하고자 하여 우리 주민들은 자택에 있는 것 외에 다른 방도가 없다는 내용을 함부로 말했다.

[한호연] 제1선의 황군 장병들이 진격하면 중국인은 가재도구와 귀중품 등을 그대로 방치하고 도주하는 것이 다반사인데, 패잔병 소탕을 위해 이러한 중국인 민가의 수색을 할 때 책상 위에 널린 중국 지폐를 한 움큼 쥐고 노동자들에게 준 적이 있다는 내용을 함부로 말했다.

검사 처분, 재판 결과 및 그 연월일: 1938년 11월 25일 공판 청구, 1938년 12월 16일 임영실은 금고 4월, 이재술과 한호연은 금고 6월, 각각 2년간 형 집행유예

관내: 함흥(강릉지청)
피의자 성명·직업·연령: 김순대(金順大) 우차부(牛車夫) 58세
죄명: 육군형법 제99조, 해군형법 제100조 위반
범죄 사실의 개요: 최근 경찰관이 처녀를 수색해 일본으로 보내고 그 신체로부터 혈액을 착취해 그것을 전쟁터로 보내 전사한 병사의 신체에 주사하면 소생한다고 하여 처녀를 모집하고 있다는 내용을 함부로 말했다.
검사 처분, 재판 결과 및 그 연월일: 1938년 12월 26일 기소중지

관내: 함흥(강릉지청)
피의자 성명·직업·연령:

　　진장범(陳長範) 잡화상 22세
　　김필주(金弼周) 농업 61세
　　김영팔(金永八) 농업 17세
　　심백운(沈白雲) 농업 50세

박종득(朴宗得) 농업 20세

심씨(沈氏, 여) 농업 43세

심정봉(沈正鳳) 농업 26세

전재옥(全在玉, 여) 농업 28세

김명식(金明植) 엿 행상 58세

최원백(崔元伯) 농업 55세

박대봉(朴大鳳) 농업 20세

죄명: 육군형법 제99조, 해군형법 제100조 위반

범죄 사실의 개요: 최근 순사가 처녀를 조사하여 그들을 전쟁터로 수송하고 사살한 후 그 신체에서부터 기름을 착취해 비행기 및 기타 군용으로 제공하고 있다는 내용을 함부로 말했다.

검사 처분, 재판 결과 및 그 연월일: 1938년 12월 26일 진장범·김필주·김영팔·심백운·김명식·최원백 공판 청구, 박종득·심 씨·심정봉 기소유예, 전재옥·박대봉 기소 중지, 1938년 12월 28일 진장범·김필주·김영팔·심백운·김명식·최원백 금고 4월

관내: 함흥(강릉지청)

피의자 성명·직업·연령: 김철순(金喆順) 선교사 비서 겸 자동차 운전수 33세

죄명: 요새지대법, 군기보호법, 군기보호법 시행규칙 위반

범죄 사실의 개요: 원산부에 거주하는 미국인 여자 선교사 케이트 쿠퍼의 비서 겸 자동차 운전수였는데, 영흥만 요새사령관의 허가 없이 원산부 내 태반(太半)과 수륙 형상 등을 200회에 걸쳐 촬영하고 게이트 쿠퍼 집에서 복사했다.

검사 처분, 재판 결과 및 그 연월일: 1938년 9월 20일 공판 청구, 1938년 11월 7일 징역 8월, 1938년 11월 9일 공소 신청, 1938년 12월 2일 공소 취하

관내: 청진

피의자 성명·직업·연령: 문영섭(文泳燮) 점원 34세

죄명: 해군형법 제100조 위반

범죄 사실의 개요: 적 비행기 감시를 위해 무전기를 설치한 함북 건착선(巾着船) 20척이 징발되었는데 그중에는 [함경도] 어대진(漁大津) 내 그 지역인 2명의 선박도 포함되어 있었던 듯하다는 식의 근거 없는 사실을 날조하여 함부로 말했다.
검사 처분, 재판 결과 및 그 연월일: 1938년 8월 30일 기소유예 → 203쪽

관내: 청진
피의자 성명·직업·연령: 김양심(金良心) 농업 68세
죄명: 육군형법 제99조 위반
범죄 사실의 개요: 장고봉에는 러시아 군대나 비행기나 돼지 같은 자동차(전차)가 많이 오고 있다. 일본 군대도 다수 오고 있으므로 가까운 시일 내에 러일간 전쟁이 시작될 것임이 틀림없다. 만약 시작된다면 러시아가 일본보다도 땅도 넓고 인구도 많고 군비도 일본보다 완전할 뿐만 아니라 공산주의를 행해 국가가 상당히 부유하므로 양국이 싸우면 결국 일본이 질 것임이 틀림없다고 운운하며 함부로 말했다.
검사 처분, 재판 결과 및 그 연월일: 1938년 8월 31일 공판 청구, 1938년 9월 16일 금고 6월 → 186쪽

관내: 청진(웅기지청)
피의자 성명·직업·연령: 주희언(朱熙彦) 농업 50세
죄명: 육군형법 제99조 위반
범죄 사실의 개요: 전쟁터에 가 보라, 일본군은 소련군에 무참히 패해 병사들의 사체가 개 사체처럼 각지에 점재(點在)해 있다. 이렇듯 기댈 곳 없는 병사에게 무엇 때문에 국방헌금을 하는가? 나는 돈을 낼 필요가 없다. 홍의역사(洪儀驛舍)는 소련 비행기 폭탄 때문에 파괴되어 그 화재 속에 있었던 자들은 전부 사망했다. 기타 같은 취지의 내용을 함부로 말했다.
검사 처분, 재판 결과 및 그 연월일: 1938년 9월 9일 공판 청구, 1938년 9월 23일 금고 6월, 1938년 9월 26일 공소 신청, 1938년 10월 14일 공소 취하

관내: 청진

피의자 성명·직업·연령: 오노 노부미(小野信美) 무직 54세

죄명: 육군형법 제99조 위반, 불경죄

범죄 사실의 개요: 일본 비행기는 천황 폐하의 칙명이 없으면 출동할 수 없다고 장교로부터 들어왔던 병력들은 그런 줄 알고 장고봉에서 전쟁을 하고 있었는데 일본군에서는 비행기를 출동시키지 않았기 때문에 전사자가 많았던 모양이다. 전사자 중에는 '천황 폐하 바보천치'라고 외치며 죽은 병력들이 있다고 한다는 것을 병사 자신들이 들었다고 함부로 말해 천황의 존엄을 모독했다.

검사 처분, 재판 결과 및 그 연월일: 1938년 9월 16일 공판 청구, 1938년 10월 21일 징역 1년 → 45쪽

관내: 청진(웅기지청)

피의자 성명·직업·연령: 이시형(李時炯) 점원 20세

죄명: 육군형법 제99조 위반

범죄 사실의 개요: 현재 일본은 중국과 전쟁하고 있는데, 병력 수가 부족하므로 자신들을 군대로 보내고자 하여 신체검사를 하는 것이라고 운운하며 함부로 말했다.

검사 처분, 재판 결과 및 그 연월일: 1938년 9월 9일 공판 청구, 1938년 9월 23일 금고 6월 → 188쪽

관내: 청진(웅기지청)

피의자 성명·직업·연령: 박명수(朴明洙) 양복 직공 22세

죄명: 육군형법 제99조 위반

범죄 사실의 개요: 최근 일본인 마을은 매우 소란스럽지만 조선인 마을은 상당히 조용한 상태이다. 그럴지라도 일러(日露) 간 전쟁은 당장이라도 개시될 듯하다. 그렇게 되면 웅기는 러시아에 가장 가깝기 때문에 비행기가 매우 많이 날아와서 폭탄을 투하하면 웅기는 전멸한다. 너희들도 돈을 갖고 있다면 전부 마시고 먹거나 하고 죽어버리라며 함부로 말했다.

검사 처분, 재판 결과 및 그 연월일: 1938년 9월 21일 기소유예

관내: 청진(웅기지청)
피의자 성명·직업·연령: 한봉익(韓鳳翊) 농업 55세
죄명: 육군형법 제99조 위반
범죄 사실의 개요:
1. 장고봉 사건 정전협정 때는 양군 모두 80미터씩 후퇴하기로 되었지만 후퇴한 것은 일본군만으로 소련은 한 발도 물러서지 않았다. 현재 다수의 병력으로 군사시설을 만들고 있다.
2. 오는 9월 15일 일-만-소 3국 대표들이 추가로 장고봉에서 현지 조사를 하고 국경을 정하는데 그것이 순조롭게 이루어지지 않을 경우 큰 전쟁이 일어날 것이므로 우리는 다른 넓은 토지를 찾아 피난하고자 한다.
3. 전쟁터에서는 다수의 군인이 사망하고 피를 흘리고 있음에도 불구하고 부재중인 민가에 들어가 가재도구를 절취하고 도망가는 악덕인 자들도 있다. 이들은 대부분 군부에 고용된 우차(牛車) 끄는 인부들의 소행일 것이다.
4. 일본은 장고봉 사건에 대해 하등의 준비를 하지 않고 고사포도 상당히 지연되었기 때문에 적의 비행기에 의해 받은 피해는 [매우] 큰 모양이다.
5. 이번 전쟁에서는 대안(對岸) 방천정(防川頂)의 축우(畜牛) 약 200마리가 적 비행기 폭탄 때문에 죽었다. 해당 마을 부락 주민들은 현재 경흥(慶興)으로 피난 중인데 머지않아 혼춘(琿春)으로 이주한다고 한다.
6. 이번 전쟁에 의해 사망한 지방인 2명의 장례가 지난 9일 고성(古城)에서 거행되었다.
7. 세계의 문명 발달은 결국 인류를 살해하는 기계의 발명에 불과하다는 내용을 함부로 말했다.

검사 처분, 재판 결과 및 그 연월일: 1938년 9월 22일 기소유예

관내: 청진(웅기지청)
피의자 성명·직업·연령: 박봉을(朴鳳乙) 무직 22세

죄명: 육군형법 제99조 위반, 치안유지법 위반

범죄 사실의 개요: 중일전쟁은 중국의 장기 항전과 그 배후에서 활약하는 영국·프랑스·소련·미국 각국의 중국 원조에 의해 일본은 머지않아 재정적으로 파탄할 것이고 결국 일본군은 패배하고 중국이 승리하게 될 것임은 의심의 여지가 없다. 따라서 우리 조선의 무산 농민은 이번 전쟁을 이용해 조선 민족의 독립과 공산사회 실현을 위해 활동해야 한다는 내용을 권설(勸說)했다.

검사 처분, 재판 결과 및 그 연월일: 1938년 12월 2일 예심 청구

관내: 청진(웅기지청)

피의자 성명·직업·연령: 이찬욱(李燦旭) 미싱회사 판매원 21세

죄명: 군기보호법 위반

범죄 사실의 개요: 소련의 밀정으로 웅기 및 그 부근 일대에 걸쳐 일본군의 출동 유무, 주둔 병력 수, 병종(兵種), 그 군대의 동정(動靜), 기타 제반 군사상 비밀사항을 제보할 지령을 받고 함북 경흥군 하에 잠입했으나 그 목적을 달성하지 못했다.

검사 처분, 재판 결과 및 그 연월일: 1938년 12월 6일 공판 청구, 1939년 1월 25일 징역 3년, 1939년 1월 25일 공소 신청, 1939년 2월 17일 공소 취하[34]

관내: 청진(회령지청)

피의자 성명·직업·연령: 양의경(梁義京) 목수 28세

죄명: 육군형법 제99조 위반

범죄 사실의 개요: 양간평(洋間坪) 부근은 지금 한참 전쟁 중으로 모두 불안하게 생활하고 있다. 게다가 이번 수해(水害)로 백성들은 상당히 곤란에 처해 전쟁 지역으로 여행했다는 것을 경찰이 듣게 되면 매우 시끄러워지므로 타인에게는 말하지 않고 있다며 함부로 말했다.

검사 처분, 재판 결과 및 그 연월일: 1938년 12월 28일 기소중지

---

[34] 警務局保安課, 1938.8.5, 「鮮蘇國境方面に於ける治安の狀況」, 『治安狀況』, 12~13쪽 참조.

관내: 청진

피의자 성명·직업·연령: 유한규(柳漢奎) 농업 23세

죄명: 육군형법 제99조 위반

범죄 사실의 개요: 일본 중국 양측 전투에서 언제나 일본군 희생자는 근소한 수이고 적 사상자는 몇천 몇백인 듯 기재되어 있는데 이것은 일본군이 선전을 잘해서 그런 것으로, 사실은 그렇지 않다. 해당 기사는 이런 사항을 감안하고 보지 않으면 안 된다며 함부로 말했다.

검사 처분, 재판 결과 및 그 연월일: 1939년 1월 12일 공판 청구

관내: 청진

피의자 성명·직업·연령: 방금용(方金龍) 농업 25세

죄명: 군기보호법, 군기보호법 시행규칙 위반

범죄 사실의 개요: 측량, 촬영, 모사(模寫) 등을 금지하는 육군대신 소관의 회령비행장 안을 허가 없이 침입했다.

검사 처분, 재판 결과 및 그 연월일: 1938년 9월 8일 약식 기소, 1938년 9월 9일 벌금 50엔

관내: 평양

피의자 성명·직업·연령: 김중국(金仲國) 무직 57세

죄명: 육군형법 제99조 위반

범죄 사실의 개요: 이번 중일전쟁 때문에 일본 군인이 다수 전사했고 그 유족인 아내와 가족들은 먹을 것이 없어 이번에 3천 명의 부녀자가 조선으로 건너가 취로(就勞)하기로 되었다. 그중에 이미 숭인면(崇仁面)[35] 소재 광산에 약 50명 정도가 배치되어 각각 노동에 종사하고 있다며 함부로 말했다.

검사 처분, 재판 결과 및 그 연월일: 1938년 10월 13일 공판 청구, 1938년 11월 10일 금고 6월

---

[35] 평안남도 성천군(成川郡)의 숭인면을 말하는 것 같다. 당시 일본광업주식회사가 이곳에 광업권을 설정했다.

관내: 평양(진남포지청)

피의자 성명·직업·연령: 다나베 사스케(田邊佐助) 철물상[金物商] 76세

죄명: 육군형법 제99조 위반

범죄 사실의 개요: 일본은 현재 무력전에서 장개석에게 이기고 있지만, 공채를 발행하거나 혹은 철류(鐵類)의 배급을 통제하는 경제전에서는 전적으로 패배하고 있고, 장개석은 위인이라며 함부로 말했다.

검사 처분, 재판 결과 및 그 연월일: 1938년 11월 14일 기소유예

관내: 평양(진남포지청)

피의자 성명·직업·연령: 차한영(車翰永) 농업 29세

죄명: 육군형법 제99조 위반

범죄 사실의 개요: 보국저금은 중일전쟁의 전비로 사용되어 후일 돌려받을 수 없게 되는 국방헌금이라는 내용을 함부로 말했다.

검사 처분, 재판 결과 및 그 연월일: 1938년 11월 30일 기소유예

관내: 평양(안주지청)

피의자 성명·직업·연령: 박병■(朴炳■) 농업 20세

죄명: 육군형법 제99조 위반

범죄 사실의 개요: 중일전쟁은 점점 장기전으로 진입해 경제전이 되었다. 소련이 중국을 적극적으로 원조하고 영국·프랑스도 역시 중국을 원조하면 장래 일본 육군의 패전이 명백하다고 함부로 말했다.

검사 처분, 재판 결과 및 그 연월일: 1939년 1월 31일 공판 청구

비고: 보안법 위반 사실과 함께 기소

관내: 신의주(정주지청)

피의자 성명·직업·연령:

　　　오중은(吳重殷) 농업 41세

김한용(金漢龍) 농업 42세

정덕호(鄭德浩) 농업 27세

죄명: 육군형법 제99조 위반

범죄 사실의 개요: 북중국으로 가서 일본군의 허가를 받고 일본군 어용상인이 된 자가 일본군에 물품을 팔기보다 이익이 많은 중국군에 물품을 매각하고 있었는데, 일본군에게 그것이 발각되어 총살에 처했다는 내용을 함부로 말했다.

검사 처분, 재판 결과 및 그 연월일: 1938년 10월 8일 공판 청구, 1938년 10월 22일 오중은 금고 6월, 김한용 금고 5월, 정덕호 금고 4월, 1938년 10월 27일 오중은 공소 신청, 1938년 10월 24일 김한용·정덕호 공소 신청, 1938년 12월 6일 각각 원심대로 처형, 정덕호는 2년간 형 집행유예, 1938년 12월 12일 검사 상고(上告)[36]

관내: 신의주(정주지청)

피의자 성명·직업·연령: 강정용(康正龍) 농업 23세

죄명: 군기보호법 위반

범죄 사실의 개요: 중국인 보이 왕영학(王榮學)을 동반해 산서성(山西省) 개휴역(介休驛)에 머물러 있던 잠시 동안 우리 군대가 식량, 병기와 탄약 등 다수를 대대적으로 임분(臨汾)[37]으로 수송하기 시작했기 때문에 자신들이 언제 편승할 수 있는지 불분명하게 된 상황을 들어 알게 되자, 강정용은 그것을 왕영학에게 필담(筆談)하고 또 차현역(岔縣驛)에서 화차(貨車) 위에서 그 역 경비군 본부가 구축한 진지의 위치, 구성 상황, 그 부근을 모사(模寫)하였다.

검사 처분, 재판 결과 및 그 연월일: 1938년 11월 18일 공판 청구, 1938년 12월 16일 징역 6월

---

36 국가기록원,〈독립운동 관련 판결문〉의 '집행원부'에 의하면 1939년 3월 4일 고등법원에서 검사의 상고는 기각되었다.
37 중국 산서성(山西省) 남서부에 있는 도시.

관내: 해주(서흥지청)

피의자 성명·직업·연령: 현창복(玄昌福) 농업 41세

죄명: 육군형법 제99조 위반

범죄 사실의 개요:

1. 러시아 군대가 중국에서 와서는 조선으로부터 50리 [떨어진] 곳에서 왔다고 말하는데, 폭탄이 떨어지면 언제 죽을지 모른다. 술 정도도 마시지 않고 버티겠는가?
2. 러시아 군대는 폭탄을 투하한다고 말하는데 언제 죽을지 모른다면 러시아 군대가 10명씩 와서 강간하게 될지도 모른다고 운운하며 함부로 말했다.

검사 처분, 재판 결과 및 그 연월일: 1938년 9월 10일 공판 청구, 1938년 9월 27일 금고 4월 → 194쪽

관내: 해주(사리원지청)

피의자 성명·직업·연령: 유재봉(劉載鳳) 점원 25세

죄명: 육군형법 제99조 위반

범죄 사실의 개요: 실제로 황군이 중국 한구(漢口) 공격을 위해 20사단 병력 약 20만 명이 전사했다고 함부로 말했다.

검사 처분, 재판 결과 및 그 연월일: 1938년 9월 16일 공판 청구, 1938년 9월 30일 금고 6월 2년간 형 집행유예, 1938년 10월 3일 검사 공소, 1938년 10월 18일 금고 3월

관내: 해주(사리원지청)

피의자 성명·직업·연령: 김준석(金俊錫) 금전 대부업 4■세

죄명: 육군형법 제99조 위반

범죄 사실의 개요: '달리는 것은 작은 파발마이고, 먹는 것은 別將이 먹는다'라는 속담을 인용하며 일본군이 싸우는데 조선인에게 돈을 내게 하는 것은 어째서인가를 말하며 돈을 내더라도 고생하는 조선인은 아무런 소득이 없고 이익은 전부 전쟁하는 일본 군인이 취하는 듯하다는 취지로 함부로 말했다.

검사 처분, 재판 결과 및 그 연월일: 1938년 9월 25일 공판 청구, 1938년 10월 15일 금고

6월 3년간 형 집행유예, 1938년 10월 21일 검사 공소[38] → 193쪽

관내: 해주[송화(松禾)지청]
피의자 성명·직업·연령: 김규일(金圭一) 잡화상 33세
죄명: 육군형법 제99조, 해군형법 제100조 위반
범죄 사실의 개요: 일본은 지금 전쟁하고 있기 때문에 저금은 모두 빼앗아 전쟁터로 보내고 후일 돌려주지 않을 것이므로 이번 기회에 우편저금은 찾아두라고 함부로 말했다.
검사 처분, 재판 결과 및 그 연월일: 1938년 10월 27일 공판 청구, 1938년 11월 17일 금고 3월, 1938년 11월 17일 공소 신청, 1938년 11월 24일 공소 취하

관내: 해주(사리원지청)
피의자 성명: 백승학(白承學) 기독교 목사 52세
죄명: 육군형법 제99조 위반
범죄 사실의 개요: 일본 병사 3명이 중국인 방화범인을 손을 뒤로 묶어 총검으로 찌르고 타살하고 있는 [장면을 찍은] 큰 사진이 있었는데 두 눈이 빛나고 피가 튀며 생생한 모습의 중국인을 죽이는 현장은 너무나 참혹해 전율하지 않고서는 볼 수 없었다고 운운하며 함부로 말했다.
검사 처분, 재판 결과 및 그 연월일: 1938년 12월 15일 공판 청구, 1938년 12월 27일 금고 3월

관내: 대구
피의자 성명·직업·연령: 전재강(田在鋼) 무직 57세
죄명: 육군형법 제99조 위반, 불경죄 보안법 위반
범죄 사실의 개요: 지난번 일본 비행기가 저공(低空)으로 비행을 해서 이곳 지상을 통과

---

[38] 국가기록원, 〈독립운동 관련 판결문〉의 '집행원부'에 의하면 김준석은 1939년 7월 10일 고등법원에서 상고 기각의 처분을 받았다.

한 것에 대해 "조선 민족이 왜 만세를 불렀느냐, 무지한 민족은 아무리 모르더라도 저공비행에는 의미가 있는 법이다. 즉, 쇼와(昭和) 천황은 조선의 삼천만 민중을 일본의 칠천만 민중과 병합하여 1억으로 삼고, 추가로 중국 4억 민중을 빼앗아 5억으로 하려는 것인데, 지난번 통과한 비행기는 중국을 폭격하고 돌아가던 길에 그 위력을 조선 내 시골뜨기들에게 제시하고 위협하려 한 것이다"라며 함부로 말했다. 추가로 쇼와천황은 이 이순신보다 열등한 자라고 말해 천황에 대해 불경한 행위를 했다.

검사 처분, 재판 결과 및 그 연월일: 1938년 12월 27일 공판 청구, 1939년 1월 16일 징역 8월, 1939년 1월 16일 공소 신청, 1939년 2월 10일 공소 취하[39]

관내: 대구(김천지청)
피의자 성명·직업·연령: 이재홍(李在鴻) 노동 19세
죄명: 육군형법 제99조 위반
범죄 사실의 개요: 중일전쟁이 한참 중인데 갑자기 러시아의 도전 행위에 의해 일·러 간 전쟁이 발발했는데, 일본군은 이미 함경남도까지 퇴각했고 약 1만 명의 사망자를 배출했을 뿐만 아니라 러시아의 국경에서는 전기가 흐르는 철조망이 대거 설치되어 있어서 일본군은 한발자국도 가까이 갈 수 없었다며 함부로 말했다.
검사 처분, 재판 결과 및 그 연월일: 1938년 9월 6일 공판 청구, 1938년 9월 12일 금고 1년 → 192쪽

관내: 대구
피의자 성명·직업·연령: 사카모토 햐쿠마쓰(坂本百松) 카페 영업[40] 61세
죄명: 육군형법 제99조 위반
범죄 사실의 개요: 전쟁터에서 일본 병력 중에는 일본병 전사자의 유류품(遺留品)을 유출시키거나 또는 공산당에 관계하거나 혹은 적국의 스파이를 했던 자가 상당히 다수 있다.

---

39 대구지방법원, 1939.1.16, 「1938년 刑公 제2312호 判決: 田在鋼」 참조.
40 「商業及法人登記」, 『朝鮮總督府官報』 제3333호, 1938.2.28. 참조.

이들을 밧줄에 묶어 몇 개의 묶음으로 압착해 최근 모지(門司)로 송환한 사실이 있다. 또 밧줄에 묶어둔 사체도 있었다고 하는데, 이들은 공산당과 관련되거나 적국 스파이였던 자였던 일본 병사임이 틀림없다. 또 일본 병력 중에 전쟁터에서 강간 강탈을 한 자들도 상당히 다수 있었다고 하는데, 이들은 젊은 자들이어서 엄중히 처벌하지 않았다고 한다는 내용을 함부로 말했다.

검사 처분, 재판 결과 및 그 연월일: 1938년 10월 24일 공판 청구, 1938년 10월 29일 금고 4월, 1938년 11월 1일 검사 공소, 1938년 11월 22일 금고 6월

관내: 대구(상주지청)
피의자 성명·직업·연령: 권태욱(權泰旭) 농업 23세
죄명: 육군형법 제99조 위반
범죄 사실의 개요: 최근 다수의 조선 아가씨들을 모집해 만주국 방면으로 수송하고 있는데 이것은 이번 중일전쟁을 위해 출정하는 일본 군대 중 다수의 부상병이 발생했으므로 위 아가씨들의 발꿈치[踵]에서 피를 채취해 그것을 부상병의 의약품으로 사용한다고 하는 내용을 함부로 말했다.
검사 처분, 재판 결과 및 그 연월일: 1938년 12월 3일 공판 청구, 1938년 12월 6일 금고 4월

관내: 부산
피의자 성명·직업·연령: 황상록(黃尙錄) 양복 직공 24세
죄명: 주거침입, 절도
범죄 사실의 개요: 응소 군인의 군복 상의 포켓 안에 들어 있던 88엔을 훔쳤다.
검사 처분, 재판 결과 및 그 연월일: 1938년 9월 26일 공판 청구, 1938년 10월 6일 징역 2년 6월
비고: 전과 1범

관내: 부산

피의자 성명·직업·연령:

강대진(姜大振) 토목공사 노동자[토공] 32세

정종호(鄭鍾浩) 농업 26세

정성기(鄭聖基) 농업 22세

죄명: 육군형법 제99조 위반, 치안유지법 위반

범죄 사실의 개요: 조선의 공산화를 목적으로, 중국과 일본이 개전했는데 러시아와 영국이 중국을 원조하고 있으므로 일본이 아무리 과학적으로 우수한 지위에 있고 무력전에서 중국을 이기더라도 최후에는 경제전에 패해 국내에 동요를 일으킬 시기가 도래할 것이다. 그때야말로 우리 동지들이 일어서야 할 때라는 말을 함으로써 목적 사항의 실행을 선동했다.

검사 처분, 재판 결과 및 그 연월일: 1938년 9월 26일 예심 청구

관내: 부산

피의자 성명·직업·연령:

김봉준(金奉俊) 농업 34세

김상용(金相龍) 농업 24세

■■홍(■■弘) 일일 노동 ■9세

■용이(■龍伊) 농업 20세

죄명: 군기보호법, 군항요항규칙 위반

범죄 사실의 개요: 진해 요항부 사령관의 허가를 받지 않고 진해 요항부 제2구지역인 송도(松島) 소모도(小毛島)의 중간 해면에 침입해 해당 요항부의 특별허가를 얻지 [않고] ■■■■■■■■■■■■■■■■■■■■■

검사 처분, 재판 결과 및 그 연월일: 1938년 9월 29일 약식 기소

관내: 부산(진주지청)

피의자 성명·직업·연령: ■봉도 무직 54세

죄명: 육군형법 제99조 위반

범죄 사실의 개요: 청년단에 가입했는데 이번 전쟁에 소집될 우려가 있고, 만약 소집되면 살아서 돌아올 수 없으므로 청년단원을 사직했다고 함부로 말했다.

검사 처분, 재판 결과 및 그 연월일: 1938년 9월 10일 공판 청구, 1938년 10월 8일 금고 4월

관내: 부산

피의자 성명·직업·연령:

　　　손동원(孫同遠) 인부 18세

　　　주완정(朱亮正) 무직 17세

죄명: 절도

범죄 사실의 개요: 군마(軍馬) 계장(繫場)에서 말을 묶어 놓는 용도의 삼[麻]으로 만든 끈 6척을 절단하여 훔쳤다.

검사 처분, 재판 결과 및 그 연월일: 1938년 10월 21일 기소유예

관내: 광주(순천지청)

피의자 성명·직업·연령:

　　　정목남(鄭木南, 여) 농업, 24세

　　　고사우(高四友, 여) 농업, 43세

　　　정대아(鄭大兒, 여) 농업, 78세

　　　박소아기(朴小阿基, 여) 농업, 40세

　　　이영순(李永順, 여) 농업, 20세

　　　고대악이(高大岳伊, 여) 농업, 46세

죄명: 육군형법 제99조 위반

범죄 사실의 개요:

[정목남] 현재 우리나라는 중국과 전쟁 중인데, 군대에서는 최근 조선 내에서 12세 이상의 부녀자를 징집하여 중국 전쟁터로 보내 처녀의 피를 채취한다며 함부로 말했다.

[고사우] 위와 같은 내용을 전했다.

[정대아] 위와 같은 내용을 함부로 말했다.

[박소아기, 이영순, 고대악이] 위와 같은 내용을 전했다.

검사 처분, 재판 결과 및 그 연월일:

[정목남, 고사우] 1938년 9월 3일 공판 청구, 같은 날 각각 금고 4월, 3년간 형 집행유예

[정대아, 박소아기, 이영순, 고대악이] 1938년 9월 7일 공판 청구, 1938년 9월 13일 각각 금고 4월, 정대아·박소아기·이영순 각각 3년간 형 집행유예, 고대악이는 1938년 9월 14일 공소 신청, 1938년 10월 10일 금고 4월[41]

관내: 광주(순천지청)

피의자 성명·직업·연령:

      유점순(柳點順, 여) 농업 22세

      오달례(吳達禮, 여)[42] 농업 33세

      오옥남(吳玉男, 여) 농업 19세

죄명: 육군형법 제99조 위반

범죄 사실의 개요:

[유점순] 최근 아가씨를 모집해 중국 전쟁터로 보내 아가씨들의 신체에서 피를 착취해 일본군 비행기의 기름으로 한다는 말이 있다. 실제 어제도 구례 읍내에서 아가씨들을 자동차에 가득히 태우고 전쟁터로 보내는 것을 봤다며 함부로 말했다.

[오달례, 오옥남] 위와 같은 내용을 전했다.

검사 처분, 재판 결과 및 그 연월일: 1938년 9월 7일 공판 청구, 1938년 9월 13일 각각 금고 4월 3년간 형 집행유예

---

41 大丘覆審法院, 1938.10.10, 「1938년 刑控公 제 370호 판결: 高大岳伊」 참조.

42 원문의 이름을 판독하기 어려워 국가기록원, 〈독립운동 관련 판결문〉의 '집행원부'에 따랐다. 같은 사이트의 '형사사건부'는 오달희(吳達禧)로 판독되었다.

관내: 광주(목포지청)

피의자 성명·직업·연령:

김병도(金秉渡) 중개업 50세

정종채(鄭鍾彩) 생선 행상 51세

진덕찬(陳德贊) 기름 행상

죄명: 육군형법 제99조 위반

범죄 사실의 개요:

[김병도] 조선 내에 거주하는 중국인들은 일본 국민을 독살하려는 목적으로 수박[西瓜] 생산지 압해면(押海面)[43]과 기타 목포 지방으로 가서 야간에 몰래 수박에 독약을 주사해 왔다. 이것은 패전에 대한 복수라며 함부로 말했다.

[정종채] 조선 내 소녀를 전쟁터 방면으로 계속 수송하고 있다는 소문을 듣고 목포부 대성동(大成洞) 관내의 미혼 소녀들 약 50명이 올해 봄 무렵에서 여름에 걸쳐 결혼했다고 운운하며 함부로 말했다.

[진덕찬] 일본군은 17~18세의 소녀 혹은 과부들을 만주 또는 전쟁터로 강제적으로 수송해 일본 군인의 취사를 하게 하고 소녀와 과부들의 혈관에서 피를 채취하여 그것을 일본 부상병에게 수혈하고 있다며 함부로 말했다.

검사 처분, 재판 결과 및 그 연월일: 1938년 9월 13일 공판 청구, 1938년 11월 7일 금고 3월[44]

관내: 광주(목포지청)

피의자 성명·직업·연령:

조상금(趙相今, 여) 여공 20세

박장임(朴長任, 여) 생선 행상 40세

강복순(姜福順, 여) 농업 39세

43　당시 전라남도 무안군(務安郡)에 속한 면이다.
44　光州地方法院木浦支廳, 1938.11.7, 「1938년 刑公 제879호 判決: 金秉渡 陳德贊 鄭鍾彩」 참조.

죄명: 육군형법 제99조 위반

범죄 사실의 개요:

[조상금] 요즘 16세~22세 처녀와 과부 한 사람을 천 엔에 사들여 중국 전쟁터로 보내, 출정 중인 병사들의 혈액이 부족하므로 이 여성들의 생혈을 채취해 그 병사들에게 주사하고 있다며 함부로 말했다.

[박장임, 강복순] 위와 같은 내용을 전했다.

검사 처분, 재판 결과 및 그 연월일: 1938년 9월 14일 공판 청구, 1938년 10월 10일 각각 금고 4월[45]

관내: 광주

피의자 성명·직업·연령: 김금례(金今禮, 여) 무직 49세

죄명: 육군형법 제99조 위반

범죄 사실의 개요: 과부를 만주로 보내 ■■■내용을 함부로 말했다.

검사 처분, 재판 결과 및 그 연월일: 1938년 9월 16일 공판 청구, 1938년 9월 22일 금고 4월[46]

관내: 광주

피의자 성명·직업·연령: 김병하(金昞河) 농업 55세

죄명: 육군형법 제99조 위반

범죄 사실의 개요: 각지에서 15세 정도의 아가씨를 조사해서 전쟁터로 보내고 있다는 말이 있는데, 이번에 차츰 청년대, 일반대, 부인대 등을 조직해 갖가지 조사하고 있는 것을 보면 만약 이번 전쟁이 길어지면 결국 이러한 대원들을 중국 전쟁터로 보낼 것으로 생각

---

45 光州地方法院木浦支廳, 1938.10.8, 「1938년 刑公 제886호 判決: 趙相今 朴長任 姜福順」 참조.
46 光州地方法院, 1938.9.28, 「1938년 刑公 제1092호 判決: 金今禮」 참조. 판결문에 따르면 김금례는 대략 "과부를 연행해 청루(靑樓)에서 일하게 하고, 처녀를 연행해 그 피를 병사에게 물 대신 마시게 한다"라는 말을 했다.

된다고 운운하며 함부로 말했다.

검사 처분, 재판 결과 및 그 연월일: 1938년 9월 26일 공판 청구, 1938년 10월 7일 금고 6월[47]

관내: 광주

피의자 성명·직업·연령: 차운철(車雲哲) 무직 21세

죄명: 육군형법 제99조 위반

범죄 사실의 개요: 이번 한구전(漢口戰)만은 중국 군비 시설이 완벽하고 군대도 많고 또 러시아 및 기타 국가의 철저한 원조가 있었기 때문에 아직 함락으로 이르지 못하고 있다. 일본군 전사자는 속출하고 있으므로 승패 결과는 여전히 예측하기 어렵다. 현재 상황으로 봐서는 일본군은 상당히 약해져 있고 전사자가 속출하고 있으므로 패전할지도 모른다. 일본 내에서는 청년이 다수 출정해 전사하고 있으므로 젊은 과부나 아가씨들이 많이 남고 있는 상황으로 일본으로 도항하면 그 부녀자들과 얼마든지 결혼할 수 있으니 따로 돈을 소비하면서까지 결혼할 필요는 없다. 하지만 지금 당장 일본으로 도항하려 해도 도항증명서를 쉽게 얻을 수 없으므로 문제라고 운운하며 함부로 말했다.

검사 처분, 재판 결과 및 그 연월일: 1938년 9월 16일 공판 청구, 1938년 10월 7일 금고 8월[48]

관내: 광주

피의자 성명·직업·연령:
   이남호(李南浩) 야채상 25세
   나명주(羅明柱) 행상 22세
   강봉기(姜鳳基) 엿 제조업 41세

죄명: 육군형법 제99조 위반

---

47 光州地方法院, 1938.10.7, 「1938년 刑公 제1121호 判決: 金昞河」 참조.
48 光州地方法院, 1938.10.7, 「1938년 刑公 제1123호 判決: 車雲哲」 참조.

범죄 사실의 개요:

[이남호] 여공 4~5명이 이번에 모집되어 만주로 갔다. 그것은 전쟁터로 가서 군대의 세탁을 하거나 취사를 하기 위해 모집되어 간 것이라고 함부로 말했다.

[나명주] 16세 이상의 처녀를 전쟁터로 보내 취사하게 하거나 세탁을 시키고 있는데, 실제 4명이 모집되어 전쟁터로 보내진바, 여성을 전쟁터로 보내기 위해 호구조사를 실시하고 미혼인 처녀를 등록시킴으로써 집에 처녀가 있는 부모는 매우 걱정하고 있다고 함부로 말했다.

[강봉기] 위와 같은 내용을 전했다.

검사 처분, 재판 결과 및 그 연월일: 1938년 9월 29일 공판 청구, 1938년 10월 7일 이남호는 금고 3월, 나명주·강봉기는 각각 금고 4월[49]

관내: 광주 (■■■)

피의자 성명·직업·연령:

　　임자근이(林自斤伊, 여) 엿 행상 44세

　　송규여(宋圭女, 여) 무직 24세

죄명: 육군형법 제99조 위반

범죄 사실의 개요: 최근 각 주재소에서는 혼기에 있는 아가씨들의 성명·연령 등을 조사해 그것을 우리 육군이 출정해 있는 중국 전쟁터로 보내 병사들의 위문, 취사, 세탁물 수발 등에 사용하고자 한다는 내용을 함부로 말했다.

검사 처분, 재판 결과 및 그 연월일: 1938년 9월 30일 공판 청구, 1938년 10월 7일 각각 금고 4월[50]

관내: 광주

피의자 성명·직업·연령:

49　光州地方法院, 1938.10.7, 「1938년 刑公 제1128호 判決: 李南浩 羅明柱 姜鳳基」 참조.
50　光州地方法院, 1938.10.7, 「1938년 刑公 제1133호 判決: 林自斤伊 宋圭女」 참조.

정치보(鄭致寶, 여) 농업 43세

성순원(成順遠, 여) 농업 43세

■■七 소학교 소사(小使) 22세[51]

죄명: 육군형법 제99조 위반

범죄 사실의 개요: 앞 항목과 같은 내용의 사실 유무관계를 소학교 훈도(訓導)에게 질문했다.

검사 처분, 재판 결과 및 그 연월일: 1938년 9월 30일 기소유예

관내: 광주(장흥지청)

피의자 성명·직업·연령:

영막동(寧莫同, 여) 일일 노동 40세

송명심(宋明心, 여) 농업 43세

죄명: 육군형법 제99조 위반

범죄 사실의 개요: 황군(皇軍) 위문을 위해 12세 이상 40세 이하의 아가씨와 과부를 모집해 수송하기 위해 올해 농번기 이후에는 결혼하는 사람이 많아질 것이라는 점과 또 육군에서는 출정 병사 위문을 위해 여자를 징발해서 전쟁터로 보내고 있다는 내용을 함부로 말했다.

검사 처분, 재판 결과 및 그 연월일: 1938년 9월 29일 공판 청구, 1938년 10월 7일 각각 금고 4월 2년간 형 집행유예[52]

관내: 광주(■■■)

피의자 성명·직업·연령: 박봉옥(朴鳳玉, 여) 농업 28세

죄명: 육군형법 제99조 위반

---

51 두 피의자의 이름은 위의 판결문에 따른다.
52 光州地方法院長興支廳, 1938.10.7, 「1938년 刑公 제927호 判決: 寧莫同 宋明心」 참조. 원문에서 첫 번째 피의자의 이름은 판결문에 따랐다. 다만 국가기록원, 〈독립운동 관련 판결문〉의 '집행원부'에 의하면 그 이름은 '궁정막동(宮丁莫同)'이다.

범죄 사실의 개요: 어느 모처에서의 일인데, 일본 군인이 자신의 집을 방문해 왔는데, 최근에 일본 군인이 종종 도주하므로 수색하러 왔다는 것이었다. 이처럼 일본 군인이 도망하므로 병력이 부족해 근래에 조선 청년을 강제적으로 연행해 군인으로 삼고 있다며 함부로 말했다.

검사 처분, 재판 결과 및 그 연월일: 1938년 9월 26일 공판 청구, 금고 4월[53]

관내: 광주
피의자 성명·직업·연령:
　　　　김재순(金在順) 일일 노동 46세
　　　　오수환(吳洙煥) 농업 44세
죄명: 육군형법 제99조 위반
범죄 사실의 개요:
[김재순] 최근 중국에서는 일본군과 영국군이 전쟁을 시작해 영국군이 패전했다는 내용을 함부로 말했다.
[오수환] 위와 같은 내용을 전했다.
검사 처분, 재판 결과 및 그 연월일: 1938년 9월 27일 공판 청구, 1938년 10월 11일 각각 금고 3월[54]

관내: 광주
피의자 성명·직업·연령: 김용옥(金用沃) 농업 22세
죄명: 육군형법 제99조 위반, 치안유지법 위반
범죄 사실의 개요: 이번 중일전쟁도 요컨대 일본의 인구문제 해결책의 일단인 것이다. 우리는 일본과 중국 중 어디가 이기더라도 관계없다. 핵심은 ■■■ 조선을 독립시키는

53　光州地方法院, 1938.10.10, 「1938년 刑公 제1122호 判決: 朴鳳玉」 참조. 판결문에 따르면 박봉옥의 직업은 '일일 노동[日稼]'이다.
54　光州地方法院, 1938.10.11, 「1938년 刑公 제1122호 判決: 金在順, 吳洙煥」 참조. 두 번째 피의자의 이름은 판결문에 따른다.

것에 있다고 말함으로써 그 목적 사항의 실행을 선동했다.

검사 처분, 재판 결과 및 그 연월일: 1938년 ■월 ■일 공판 청구[55]

관내: 광주(장흥지청)
피의자 성명·직업·연령:

   한만옥(韓萬玉) 농업 32세
   이운선(李雲先) 농업 59세

죄명: 육군형법 제99조 위반
범죄 사실의 개요:
[한만옥] 나주 방면에서는 아가씨들을 중국에 있는 황군 위문을 위해 보내고자 모집 중이라고 함부로 말했다.
[이운선] 같은 내용을 전달하는 것 외에도 이미 14명의 아가씨가 중국으로 보내졌다고 함부로 말했다.

검사 처분, 재판 결과 및 그 연월일: 1938년 10월 18일 공판 청구, 1938년 10월 27일 한만옥은 금고 4월 2년간 형 집행유예, 이운선은 금고 6월 2년간 형 집행유예[56]

관내: 광주
피의자 성명·직업·연령:

   김금순(金今順) 옷감 행상 40세
   정심이(鄭心伊) 일일 고용 31세
   정금이(鄭今伊) 일일 고용 27세

죄명: 육군형법 제99조 위반
범죄 사실의 개요:

---

55 김용옥은 광주지방법원에서 1년 6개월을 선고받았다. 光州地方法院, 1939. 3.16, 「1938년 刑公 제1122호 判決: 金鍾晋, 金用沃」 참조.
56 光州地方法院長興支廳, 1938.10.27, 「1938년 刑公 제1122호 判決: 韓萬玉 李雲先」 참조.

[김금순] 시골에서는 아가씨·과부·노파를 모집해서 전쟁터로 보내 병력을 위한 세탁, 재봉, 취사를 하게 하거나 위안을 하게 할 것이라며 함부로 말했다.

[정심이] 위와 같은 내용을 전했다.

[정금이] 위와 같은 내용을 전했다.

검사 처분, 재판 결과 및 그 연월일: 1938년 10월 24일 공판 청구, 1938년 11월 12일 각각 금고 4월

관내: 광주(장흥지청)

피의자 성명·직업·연령:

　　　백■갑(白■甲) 농업 42세

　　　주장옥(朱長玉) 주류 판매 45세

　　　조남순(趙南順) 농업 56세

죄명: 육군형법 제99조 위반

범죄 사실의 개요:

[백■갑] 일본에서는 조선으로부터 미혼 여자를 징발해 중국으로 보내 중국인과 결혼시킴으로써 화합을 강구하고 있다고 하는데, 순천 지방에서는 이미 다수의 부녀자를 징발해 자동차 2대로 중국으로 보냈다며 함부로 말했다.

[주장옥] 위와 같은 내용을 전했다.

[조남순] 위와 같은 내용을 전했다.

검사 처분, 재판 결과 및 그 연월일: 1938년 10월 26일 공판 청구, 1938년 11월 10일 각각 금고 4월, 주장옥·조남순은 2년간 형 집행유예, 1938년 11월 10일 백■갑만 공소 신청, 1938년 11월 27일 공소 취하

관내: 광주(목포지청)

피의자 성명·직업·연령:

　　　박상중(朴尙仲) 농업 60세

　　　권대홍(權大洪) 농업 23세

죄명: 육군형법 제99조 위반

범죄 사실의 개요:

[박상중] 구장(區長) 집에 온 공문을 봤는데, 정부에서는 처녀나 과부를 조사해 만주 방면으로 보내는 것으로 하고 있다. 구장은 현재 그것을 조사 중인데, 이 부녀자들을 전쟁터로 보내 황군의 위문, 취사, 세탁, 재봉, 부상병 간호 등에 맡길 것이라며 함부로 말했다.

[권대홍] 위와 같은 내용을 전했다.

검사 처분, 재판 결과 및 그 연월일: 1938년 11월 21일 공판 청구, 1938년 12월 12일 각각 금고 4월

관내: 광주(목포지청)

피의자 성명·직업·연령: 권일영(權日永) 구장(區長) 54세

죄명: 육군형법 제99조 위반

범죄 사실의 개요: 앞의 사항과 같은 내용을 전했다.

검사 처분, 재판 결과 및 그 연월일: 1938년 11월 21일 기소유예

관내: 전주

피의자 성명·직업·연령: 전학순(全學順) 일일 노동 38세

죄명: 육군형법 제99조 위반

범죄 사실의 개요: 경찰서에서 양 모씨의 17~18세의 딸을 전쟁터로 연행하기 위해 조사하고 있음에 따라 해당 여성은 걱정한 나머지 3일간 음식을 섭취하지 못하고 계속 울기만 했다는 내용을 함부로 말했다.

검사 처분, 재판 결과 및 그 연월일: 1938년 9월 26일 공판 청구, 1938년 10월 5일 금고 4월[57]

---

[57] 全州地方法院, 1938.10.5, 「1938년 刑公 제 998호 判決: 全學順」 참조.

관내: 전주

피의자 성명·직업·연령: 가■균(賈■均) 빵 제조업 55세

죄명: 육군형법 제99조 위반

범죄 사실의 개요:

1. 이번 소집에 의해 수십 명의 군인이 출정하였으나 아무런 도움이 되지 못하자 즉시 사살되어 목이 날아가 상자 안에 들어갔다.
2. 일본군은 상해를 점령했다고 말하는데, 왜 왕래하기 좋은 해당 지역에 이주하지 않는가? 상해도 2개월 후에는 3인의 장군에 의해 탈환·통치될 것이다.
3. 일본의 군사에 관한 신문 기사는 모두 허위 정보로 신용할 수 없다며 함부로 말했다.

검사 처분, 재판 결과 및 그 연월일: 1938년 9월 27일 공판 청구, 1938년 10월 26일 금고 10월

관내: 전주(남원지청)

피의자 성명·직업·연령: 서신영(徐信榮) 농업 27세

죄명: 육군형법 제99조 위반

범죄 사실의 개요: 조선인 처녀를 다수 모집해 만주로 보내고 그들의 신체에서 기름을 짜내 그것으로 군용 비행기에 사용하고 있는 듯하다고 운운하며 함부로 말했다.

검사 처분, 재판 결과 및 그 연월일: 1938년 10월 8일 공판 청구, 1938년 10월 20일 금고 4월

관내: 전주(남원지청)

피의자 성명·직업·연령: 오금■(吳今■) 가쓰오부시 행상 35세

죄명: 육군형법 제99조 위반

범죄 사실의 개요: 사변이 장기화됨에 따라 조선에서 먼저 여자 생도를, 나중에는 일반인 아가씨를 만주로 보내 기름을 착취하고 있다고 한다는 내용을 함부로 말했다.

검사 처분, 재판 결과 및 그 연월일: 1938년 10월 8일 공판 청구, 1938년 10월 20일 금고 4월

관내: 전주(군산지청)

피의자 성명·직업·연령: 이송희(李送熙) 농업 42세

죄명: 육군형법 제99조 위반

범죄 사실의 개요: 일본에서부터 15~16세인 아가씨 1천 명을 징집해 전쟁터로 보냈는데, 또 부족함이 발생해 이번에는 추가로 조선에서부터 조선인 아가씨 약 3천 명을 징집해 전쟁터로 보낼 것이라고 하므로 지금 딸 가진 부모들은 서둘러 그 딸들을 시집보내는 편이 좋을 것이라고 운운하며 함부로 말했다.

검사 처분, 재판 결과 및 그 연월일: 1938년 11월 14일 공판 청구, 1938년 11월 20일 금고 4월

7. 「시국관계 범죄에 관한 조사」, 『사상휘보』 19, 1939. 9

[본 조사는 1939년 2월 10일 이후 4월 말일까지 각 지방법원 검사정이 당국에 한 보고에 기초함.]

1) 시국에 직접 관계된 사건

(1) 검사 처분 인원 (생략)

(2) 피의자의 성명, 범죄 사실의 개요, 처분 결과

관내: 경성 (수원)
피의자 성명·연령: 김철완(金鐵完) 26세
죄명: 육군형법 제99조 위반
범죄 사실의 개요: 장고봉 사건 때 매일 러시아국의 비행기 40~50대가 날아와서 폭탄을 투하했기 때문에 일본군에서 다수의 사상자가 발생했고, 그 사체(死體)는 조선인 청년에게 운반시켰고, 만약 이에 응하지 않으면 일본 군인이 총검으로 찔러 죽였으므로 해당 운반에 응하지 않을 수 없는 상태였다. 이 때문에 당시 웅기읍 사람들은 모두가 상업활동을 할 수 없었다며 함부로 말했다.
검사 처분, 재판 결과 및 그 연월일: 1939년 2월 28일 공판 청구

관내: 경성 (수원)
피의자 성명·연령: 사■■(沙■■) 33세
죄명: 육군형법 제99조 위반
범죄 사실의 개요: 현재 중국은 영국·프랑스·러시아로부터 각종 무기를 제공받고 위 3국의 원조를 받고 있고, 일본은 독일·이탈리아와 방공협정을 체결했으므로, 실로 세계대전이라고 할 것이다. 이렇게 가면 중국이 반드시 패전할 것이라고만 한정할 수 없다고 함부로 말했다.
검사 처분, 재판 결과 및 그 연월일: 1939년 2월 28일 기소유예

관내: 경성
피의자 성명·직업·연령: 정중규(鄭重奎) 농업 41세
죄명: 육군형법 제99조 위반
범죄 사실의 개요: 이번 군, 면에서 철도 공사에 청년단으로부터 단원 2명을 출역(出役)하고자 한다는 취지로 명 받았는데, 일본은 현재 중국과 전쟁으로 다량의 전사자를 내고 있고 병력도 부족하므로 출역(出役)을 명받은 조선 청년단원은 모두 중국 전쟁터로 보내져 총 조작법, 기타 교련을 받고 일본 병력과 함께 전투에 참가하게 될 터이다. 중국은 러시아와 더불어 일본을 공격할 것이므로 일본은 반드시 패전에 이르게 될 것으로, 출역(出役)한 조선청년단원은 일본 병사와 함께 사살되어, 고향으로 살아 돌아올 수 있는 사람은 10명 중 1명도 없을 것이라고 운운하며 함부로 말했다.
검사 처분, 재판 결과 및 그 연월일: 1939년 4월 19일 공판 청구 → 211쪽

관내: 경성
피의자 성명·직업·연령:
  민주식(閔州植) 영림국(營林局) 고원(雇員)
  최인식(崔仁植) 영림국 고원, 24세
죄명: 요새지대법(要塞地帶法) 위반
범죄 사실의 개요: 두 사람은 허가 없이 영흥만 요새지대 제3구 바깥 쪽 3,500칸(間) 이내 구역인 원산항 장덕도(長德島) 방파제, 등대, 제3구 이내의 갈마반도(葛麻半島) 군용 비행장 일대의 수륙(水陸) 형상을 촬영하였다.
검사 처분, 재판 결과 및 그 연월일: 1939년 3월 11일 공판 청구, 1939년 3월 28일 각 벌금 20엔

관내: 대전
피의자 성명·직업·연령:
  송구용(宋龜用) 농업 56세
  오석근(吳錫根) 농업 49세

엄영섭(嚴英燮) 농업 52세

우일모(禹一謨) 회사원 34세

전금순(全金淳) 염료상(染料商) 33세

죄명: 육군형법 제99조, 해군형법 제100조 위반

범죄 사실의 개요:

1. 송구용, 오석근, 엄영섭은 우일모, 전금순 등에게 일중전쟁 중인데 이번 전쟁은 반드시 소련이 중국을 원조해 일본과 전쟁을 개시하기에 이를 것이다. 그 결과 일본의 병력과 재력이 모두 피폐해지고 곤핍해져 결국 일본은 패전하고 일본 내에서는 혁명이 발발하게 될 것이라며 함부로 말했다.

2. 우일모는 송구용, 오석근, 엄영섭 등에게 이번에도 전사자의 유골이 귀환했는데, 그것에 의하면 상당히 다수의 전사자가 있었던 것이 명료하며, 전사자 전원의 유골을 일시에 귀환시킨 것은 국민들도 전사자가 너무 많은 것에 놀랄 것이므로 일부분 유골만을 귀환시키기로 한 것이라고 운운하며 함부로 말했다.

3. 전금순을 앞서 송구용 등으로부터 들어 알게 된 것을 다른 사람에게 전달했다.

검사 처분, 재판 결과 및 그 연월일: 1939년 4월 15일 예심 청구

비고: 치안유지법 위반 사실과 병합

관내: 함흥

피의자 성명·직업·연령:

황치근(黃治根) 농업 56세

황치옥(黃治玉) 마부(馬夫) 51세

강미■(姜美■, 여) 농업 45세

죄명: 육군형법 제99조 위반

범죄 사실의 개요: 일본은 중국과의 전쟁에서 병사가 부족하기 때문에 이를 보충하기 위해 중견청년강습회라는 미명 하에 조선인 청년을 모집해 군사교련을 실시하고 군인으로서 전쟁터로 보낼 계획이이라고 하므로, 위 강습회원은 강습이 종료한 후 전쟁터로 보내질 것에 틀림없으므로 참가를 보유해야 할 것이라고 함부로 말했다.

검사 처분, 재판 결과 및 그 연월일: 1939년 2월 28일 기소유예

관내: 함흥(강릉지청)
피의자 성명·직업·연령: 전동신(全東信) 고물상 50세
죄명: 육군형법 제99조, 해군형법 제100조 위반
범죄 사실의 개요:

1. 최근 조선인 지원병을 배출해 조선인의 체면을 다소간 세워주는 것은 사실이지만, 나에게 말하라고 한다면, 지원병을 보내는 부모형제는 바보라고 말할 것이다. 왜냐하면 지원병이라는 것은 이름뿐이고 실제로는 일본 병력의 심부름꾼과 마찬가지이기 때문이다.
2. 전 세계에서 러시아 비행기가 가장 우수한데, 40명 정도 탑승하는 비행기가 매일 일소(日蘇) 국경 부근을 비행하고 있다. 이런 비행기가 도쿄를 공습한다면 도쿄시의 폭격은 쉬울 것이므로, 도쿄에서는 각종 방공시설을 만들고 있는데, 이렇게 우수한 비행기를 과연 방비할 수 있을지 심히 의문스럽다.
3. 일본은 병기(兵器) 부족으로 인해 비행기로 러시아에 대항하는 것은 불가능해서 일본은 단지 병사가 생명을 아끼지 않는 정신에 의거해 일중 전쟁에서도 겨우 버티고 있는 상태이다.

검사 처분, 재판 결과 및 그 연월일: 1939년 3월 16일 공판 청구, 1939년 3월 29일 금고 4월

관내: 함흥(북청지청)
피의자 성명·직업·연령:

    서복용(徐福用) 농업 34세
    서복길(徐福吉) 농업 42세

죄명: 육군형법 제99조 위반
범죄 사실의 개요: 이번 사변으로 마필(馬匹)을 소유한 자는 말과 함께 왕성히 징발되고 있고, 만주 전쟁터로 보내지고 있다고 한다고 운운하며 함부로 말했다.

검사 처분, 재판 결과 및 그 연월일: 1939년 3월 28일 서복용 공판 청구, 서복길 기소유예, 1939년 4월 5일 징역 6월.[58]

비고: 사기죄와 병합 → 208쪽

관내: 함흥(원산지청)
피의자 성명·직업·연령: 고토오게 간지(小峠寬二) 간판 직공 36세
죄명: 요새지대법 위반
범죄 사실의 개요: 허가 없이 영흥만 요새지대 제3구 바깥쪽 3,500칸(間) 이내 구역인 원산부 내의 육지 형상을 모사(模寫)하였다.
검사 처분, 재판 결과 및 그 연월일: 1939년 3월 30일 공판 청구
비고: 사기죄와 병합

관내: 함흥(북청지청)
피의자 성명·직업·연령: 김복선(金福先) 두부 제조업 51세
죄명: 육군형법 제99조 위반
범죄 사실의 개요: 신북청(新北靑) 방면에서는 일본군의 탄환 결핍을 보충하기 위해 놋쇠로 만든 식기(食器)를 수집하고 있다며 함부로 말했다.
검사 처분, 재판 결과 및 그 연월일: 1939년 4월 5일 기소유예

관내: 청진
피의자 성명·직업·연령: 박아지(朴阿只, 여) 숙박소 종업원[女中] 35세
죄명: 군기보호법 위반
범죄 사실의 개요: 소련 밀정으로 제국 군사상 비밀사항인 용정(龍井) 비행장의 위치, 형상, 위 비행장에서의 일본군 비행기의 연습 상황, 나남에서의 제19사단 사령부 및 기타 위

---

[58] 국가기록원, 〈독립운동 관련 판결문〉의 '집행원부' '형사사건부'에 의하면 서복용은 불복하고 공소했으나 1939년 4월 18일 경성복심법원에서 기각되었다.

수(衛戍)부대의 위치·상황, 웅기 군마 보충부[대] 위치, 마필 수량 등을 포시예트의 게페우[59]부대에 제공했다.

검사 처분, 재판 결과 및 그 연월일: 1939년 3월 10일 예심 청구

관내: 청진
피의자 성명·직업·연령: 김■원(金■元) 어부 48세
죄명: 군기보호법 위반
범죄 사실의 개요: 소련의 밀정으로 조선 내 웅기(雄基), 서수라(西水羅) 방면에서 군사시설의 정황, 항만의 깊이, 기타 상황 등을 포시예트의 게페우부대에 제공했다.
검사 처분, 재판 결과 및 그 연월일: 1939년 3월 27일 예심 청구

관내: 청진
피의자 성명·직업·연령:
  유두현(俞斗鉉) 무직 68세
  강상익(姜相益) 노동 41세
  윤금동(尹金童) 노동 44세
  이유영(李裕永) 노동 67세

죄명: 군기보호법 위반, 절도

범죄 사실의 개요:

1. 유두현은 허가 없이 육군대신 소관 회령 비행장에 침입해 육군 소유의 폭탄 파편 합계 100여 개를 절취(竊取)했다.
2. 이유영은 같은 곳에 침입해 폭탄 파편 14개를 절취했다.
3. 윤금동, 강상익도 마찬가지로 같은 곳에 침입해 동일한 파편을 각각 17개씩 절취했다.

검사 처분, 재판 결과 및 그 연월일: 1939년 4월 21일 각각 공판 청구

---

[59] '게페우'는 Gosudarstvennoe Politicheskoe Upravlenie의 약어 GPU의 일본식 표기이다. 당시 비밀 정보 활동을 통해 반체제 인사를 색출, 제거하는 활동을 한 소련의 국가정치보안부를 말한다.

관내: 평양(안주지청)

피의자 성명·직업·연령: 박연양(朴連陽) 주류판매업 35세

죄명: 육군형법 제99조, 해군형법 제100조 위반

범죄 사실의 개요: 일본과 같은 걸식국(乞食國)은 아무리 세금을 모아도 효과가 없다. 중국 대국은 부유하고, 게다가 영국·프랑스·러시아와 같은 부자 나라가 후원해 주고 있기 때문에 일본은 5~6년 후에 전비(戰費) 결핍으로 패전에 이를 것이라고 함부로 말했다.

검사 처분, 재판 결과 및 그 연월일: 1939년 2월 22일 금고 10월

관내: 해주(海州)

피의자 성명·직업·연령: 이점득(李點得) 황해일보 사진부원 36세

죄명: 군기보호법 위반

범죄 사실의 개요: 조선군 사령관의 허가를 받지 않고 해발 122미터 높이에서 해주항 부근 수륙 지형을 촬영했다.

검사 처분, 재판 결과 및 그 연월일: 1939년 3월 29일 기소유예

관내: 해주

피의자 성명·직업: 한귀동(韓貴童) 보험회사 외판원[外交員]

죄명: 육군형법 제99조 위반

범죄 사실의 개요: 김 모씨라는 자가 [한귀동이] 사는 마을의 구장(區長)에게서 보국저금 또는 국방헌금 등의 실행 방법을 권유받은 것에 대해 중국과 일본과의 전쟁에 소비되는 보국저금 또는 국방헌금을 우리 조선인이 왜 실행해야 할 필요가 있느냐며 거절했기 때문에 결국 처벌되었는데, 위 사람은 사변 종식 후가 아니라면 석방되지 않을 것이라고 운운하며 함부로 말했다.

검사 처분, 재판 결과 및 그 연월일: 1939년 3월 16일 공판 청구

관내: 해주

피의자 성명·직업·연령: 김정배(金廷培) 서당 교사 67세

죄명: 육군형법 제99조 위반

범죄 사실의 개요: 일본군의 손해는 중국군의 손해보다 큼에도 불구하고 일본 신문은 그것을 거꾸로 보도하고 있다. 일본의 신문 기사는 허보(虛報)이므로 신뢰해서는 안 된다. 또한 한구(漢口) 함락은 장개석의 작전 계획에 기반한 것으로 중국군이 패전한 결과가 아니다. 따라서 일본군은 추가로 오지로 진격한다면 그때는 전멸을 보기에 이를 것이라고 운운하며 함부로 말했다.

검사 처분, 재판 결과 및 그 연월일: 1939년 4월 4일 예심 청구 → 208쪽

관내: 대구(김천지청)

피의자 성명·직업·연령: 권재호(權在鎬) 목사 35세

죄명: 육군형법 제99조 위반

범죄 사실의 개요: 소련과 만주 국경 지대 부근에 주둔하는 일본 군대는 상당한 고생을 맛보고 있고, 게다가 물자 결핍 때문에 인간의 ■■ 조차 ■■■로 먹고 있는 상태라고 운운하며 함부로 말했다.

검사 처분, 재판 결과 및 그 연월일: 1939년 2월 16일 공판 청구, 1939년 3월 8일 금고 4월 → 205쪽

관내: 대구(영덕지청)

피의자 성명·직업·연령: 황■학(黃■鶴) 집배원 30세

죄명: 육군형법 제99조 위반

범죄 사실의 개요: 수일 전 평해(平海) 우편소에서 숙직 사무원이 전화를 받았는데, 얼마 뒤 숙직실에 와서 지금 중국 비행기가 온다고 하는 전화가 왔는데, 오늘은 하늘도 흐리고 바람도 없으므로 비행기가 올지도 모른다고 운운하며 함부로 말했다.

검사 처분, 재판 결과 및 그 연월일: 1939년 1월 14일 기소유예

관내: 부산(진주지청)

피의자 성명·직업·연령: 주화실(朱花實) 농업 42세

죄명: 육군형법 제99조 위반

범죄 사실의 개요: 이전에는 중국 일국과 전쟁을 하는 것이므로 일본이 이겼지만, 지금은 서양 제국이 중국을 원조하고 있고 특히 러시아가 적극적으로 원조하고 있으므로 일본은 패전할 것이다. 또한 적국의 비행기는 수 십 만대가 있고, 그 비행기가 날아와서 폭탄을 투하하면 조선도 위험하다고 운운하며 함부로 말했다.

검사 처분, 재판 결과 및 그 연월일: 1939년 2월 20일 공판 청구, 1939년 2월 28일 금고 4월

관내: 광주

피의자 성명·직업·연령: 이■표(李■標) 무직 30세

죄명: 군기보호법 위반

범죄 사실의 개요: 지인 최봉기(崔鳳岐)로부터 제주도 사정의 설명을 요구받자, 일찍이 제주도 제주금융조합에 근무하던 때 알았던 제주도 대정면(大靜面) 상동리(上東里) 소재 제주도 비행장이 해군 군용비행장으로 군사상 비밀인 사항을 모두 알고 있었으므로 제주도 약도를 그려 위 비행장의 위치를 지시함으로써 군사상 비밀사항을 누설한 자이다.

검사 처분, 재판 결과 및 그 연월일: 1939년 2월 22일 기소유예

8. 「시국관계 범죄에 관한 조사」, 『사상휘보』 20, 1939. 9

[본 조사는 전호에 이어 1939년 5월 1일 이후 7월 말일까지 3개월간에 각 지방법원 검사정이 당국에 한 보고에 기초함.]

1) 시국에 직접 관계된 사건

(1) 검사 처분 건수 인원표(생략)

(2) 피의자의 성명, 범죄 사실의 개요, 처분 결과

관내: 경성

피의자 성명·직업·연령: 김관섭(金觀燮) 무직 24세

죄명: 육군형법 제99조 위반

범죄 사실의 개요: 본인은 일본군의 통역으로 장가구(張家口), 석가장(石家莊), 기타 북중국 제1선의 전쟁에 종군했는데, 일본군은 중국군 포로를 참살하는 것이 많고 참혹한 모습을 목격했다. 현재 일본이 점령한 구역은 일본 영토의 수 배에 달하는 지극히 광대한 것으로, 사변이 현재 상태로 해결된다면 일본의 승리가 될 것이지만, 그 이상 전쟁이 장기화되면 일본은 병력도 부족하고 경제적으로도 궁지에 몰려 결국은 패전할 것이다. 러시아는 현재 이미 중국군에 비행기나 무기 등을 제공하는 원조를 하고 있으므로 그 결과가 어떻게 될지 예측하기 어렵다. 지난번 장고봉 방면에서 일본군이 러시아 비행기에 폭격되어 다수의 희생자를 배출하면서도 공세로 나온 것은 현재 중일전쟁이 한참 진행중인 상황이기 때문이고, 게다가 러시아와 전쟁하면 경제적으로 궁지에 몰릴 것을 우려했기 때문이다. 현재 세계정세로 볼 때 중일전쟁의 결과는 일본·독일·이탈리아 대(對) 영국·미국·프랑스·러시아·중국의 세계대전이 될 것이고, 그 결과는 예측하기 어렵다.

본인은 일본군의 3등 통역으로 장가구(張家口), 석가장(石家莊), 기타 북중국 제1선의 전쟁에 종군했는데, 중국군이 물 속에 콜레라 균과 기타 세균을 투입시켰기 때문에 일본군 장병이 콜레라 및 기타 전염병에 걸려 사망한 자가 다수 있었다. 일본군 부대장들은 부하

중에 다수의 희생자가 나오는 것을 우려하여 최전선에 세워 공격하는 것을 기피하는 분위기가 있었다는 내용을 각각 함부로 말했다.

검사 처분, 재판 결과 및 그 연월일: 1939년 5월 18일 공판 청구, 1939년 7월 5일 금고 8월, 1939년 7월 7일 공소(控訴) 신청 → 211쪽

관내: 경성
피의자 성명·직업·연령: 우종■(禹鍾■) 농업 19세
죄명: 육군형법 제99조 위반
범죄 사실의 개요: 대구 혹은 경성에서 조선인 지원병 훈련소에 어떤 부호(富豪) 자제가 입소해 훈련받고 있었는데, 그 사람의 친아버지는 중일전쟁이 장기화하면 일본의 병력 부족으로 조선인 지원병도 전쟁터로 출정을 명받게 될 것으로 생각해 자식이 전쟁터로 출정하면 적의 탄환에 맞아 전사할 것을 우려하여 해당 훈련소를 방문해 두세 차례 소장에게 다액의 기부를 했기 때문에 그 대가로 자식을 퇴소하게 해 달라고 간청하였으나, 소장은 이에 응하지 않고 도리어 그 후 얼마 지나지 않아 그 자제를 총살시켰다는 내용을 함부로 말했다.

검사 처분, 재판 결과 및 그 연월일: 1939년 7월 4일 공판 청구

관내: 대구(강경지청)
피의자 성명·직업·연령: 임종래(林宗來) 농업 65세
죄명: 육군형법 제99조, 해군형법 제100조 위반
범죄 사실의 개요: 중일전쟁에 관해 일본군은 연전연승이라며 신문에 보도하고 있지만, 사실은 북경, 상해, 남경, 서주, 광동, 한구의 전투에서 장개석이 이들 전쟁터마다 지상 30丈[= 90미터] 높이의 공중에 동(銅) 철조망을 설치해 방위했기 때문에 일본 공군은 폭탄을 투하해도 모두 철조망으로 떨어져 불발로 끝나버렸기 때문에 그 공격에 지쳤던 일본군은 결국 철수했고, 이 때를 기회로 중국군이 발 빠르게 철조망을 제거하고 진지를 옮기자 그 전략에 편승한 일본군은 중국군이 패주(敗走)하는 것으로 판단하고 한꺼번에 수십 만 대군으로 다시 공습하였고, 일본군의 재차 습격을 예상하고 대기하고 있던 영국·미

국·소련·중국 4개국 공군이 포위 태세로 편성함으로써 급습 맹공격을 가했기 때문에, 중국군은 한 사람의 부상도 없었던 반면, 일본군은 수십 만이 일시에 전멸되었고 또 양자강 전투와 같은 경우는 외국 비행기의 급습에 의해 일본군은 비행기 500대와 군함 500여 척을 일시에 전멸시키게 되었다고 함부로 말했다.

검사 처분, 재판 결과 및 그 연월일: 1939년 5월 6일 공판 청구, 1939년 5월 9일 금고 8월

관내: 대구(충주지청)
피의자 성명·직업·연령: 심상필(沈相弼) 변호사 38세
죄명: 육군형법 제99조, 해군형법 제100조 위반
범죄 사실의 개요: 열차 안에서 승객이 출정 중인 일본 장병에 수고에 대해 담화를 나누고 있을 때 "뭐라고 하는 거냐. 일본 병력이 지금 중국 제1선에 출정해 있다. 일본의 병력은 한 놈도 남김없이 모두 죽임당해 버려라"라고 함부로 말했다.
검사 처분, 재판 결과 및 그 연월일: 1939년 5월 15일 공판 청구, 1939년 6월 29일 금고 6월, 공소 신청, 1939년 8월 8일 금고 6월, 상고 신청 → 212쪽

관내: 함흥
피의자 성명·직업·연령: 박인섭(朴麟燮) 잡화상 30세
죄명: 육군형법 제99조, 해군형법 제100조 위반, 보안법 위반
범죄 사실의 개요: 현재 일본이 연전연승하고 있다고 보도되고 있지만, 세계의 열강인 영국·미국·프랑스·소련 등 각국이 중국에 대해 군사 및 기타 제반의 원조를 계속 제공하고 있다. 또 일본은 일러전쟁 당시 미국에 다액의 부채를 빌렸고 그 이자만해도 매년 화물 자동차 5대에 순금을 실어 보내고 있는 상황이므로 머지않아 경제적으로도 파탄을 초래해 결국 패전할 것이다. 이에 따라 가까운 장래에 반드시 우리 조선도 독립할 것이라는 내용을 함부로 말해 치안을 방해하였다.
검사 처분, 재판 결과 및 그 연월일: 1939년 6월 14일 공판 청구, 1939년 6월 24일 징역 8월
비고: 보안법 위반죄와 병합 처분

관내: 함흥

피의자 성명·직업·연령: 김학길(金學吉) 엿 행상 40세

죄명: 육군형법 제99조 위반

범죄 사실의 개요: 일본은 중일전쟁 때문에 탄환의 재료가 되는 놋쇠가 결핍돼 왔고 최근 용흥강(龍興江) 강남 지방에서는 면사무소와 주재소 직원이 각 집을 돌며 놋쇠 식기를 각 집당 1~2개만을 남기고 다른 것은 전부 반값 정도의 가치만 치른 후 강제적으로 매점하고 있다고 하는데, 어떤 집 경우에는 지하에 숨겨 둔 것을 관청에 발견되어 녹슬었다고 하며 1/4 정도의 가격으로 사갔다는 내용으로 함부로 말했다.

검사 처분, 재판 결과 및 그 연월일: 1939년 6월 15일 공판 청구, 1939년 6월 23일 금고 6월

관내: 청진(웅기지청)

피의자 성명·직업·연령: 이창복(李昌福) 농업 38세

죄명: 육군형법 제99조 위반

범죄 사실의 개요: 송아지[犢] 매매 대금을 교섭하던 중 "이번에 저렴하더라도 매각해야 한다. 음력 정월이 지나면 소련에서 비행기가 날아와 일본 비행기도 출동하고 교전할 터이니, 지난번 장고봉 사건 때처럼 폭탄이 떨어지면 우리들은 살지 죽을지 모르는 경우일 것이다. 그렇게 되는 때는 소나 말을 갖고 있더라도 버리고 도망가지 않으면 안 되므로 지금 중에 싸더라도 매각하고 먹고 싶은 것을 먹고 마시고 싶은 것을 마시는 편이 나을 것이다" 운운하며 함부로 말했다.

검사 처분, 재판 결과 및 그 연월일: 1939년 5월 9일 공판 청구, 1939년 5월 15일 금고 6월

관내: 청진

피의자 성명·직업·연령: 허봉학(許鳳鶴) 무직 34세

죄명: 불경

범죄 사실의 개요: 성진(城津) 적읍(赤邑) 농민조합 재건준비회가 조선의 독립 및 기타 공

산화를 목적으로 하여 조직된 비밀결사인 정황을 알면서도 거기에 가입해 위 결사의 목적 달성을 위해 동지의 교양[함양]을 위해 원고를 모아 작성했는데, 그중 장고봉 사건이란 무엇인가라고 제목을 단 기사를 게재하여 일본국내는 우리들이 보고 들은 것과 조금도 다르지 않다. 천황제 일본은 이제는 물자난, 식량난, 인간 부족 등으로 실로 가없는 현상을 드러내고 있으므로, 일본의 천황은 자신의 생명이 지속되는 한 부대 자루[袋]를 짊어지고 외국에 걸식하러 출발하는 모양새이다. 하루의 생명밖에 없는 일본이 왜 일-러 충돌할 것이라든지 장고봉에 집중된 러시아의 세력을 후퇴시켰다라든가 운운하는가. 그것은 손으로 하늘을 찌르려 하는 것과 같은 것으로 어떤 효과가 있을 것인가. 나는 일본의 천황을 만난다면 애통[愁傷]의 인사말[60]을 할 것이라고 운운하며 천황의 존엄을 모독하는 불경한 행위를 했다.

검사 처분, 재판 결과 및 그 연월일: 1939년 5월 4일 예심 청구

비고: 치안유지법 위반의 죄와 병합

관내: 평양

피의자 성명·직업·연령:

장병재(張秉財) 음식점 영업 29세

송세요(宋世瑤) 연와(煉瓦) 조립공 40세

죄명: 육군형법 제99조 위반

범죄 사실의 개요:

1. 장병재는 "나는 이번 사변에서 중국 군인으로 산동성(山東省) 의주부(義州府) 전투에 참가해 적의 탄환 때문에 입었던 옷이 찢어졌지만 다행히 부상을 면했다"라며 허위를 전제로 한 후 "위 전투에서 첫 번째는 중국군의 대패로 돌아갔지만, 두 번째는 중군 양자군(娘子軍) 7천 명이 전투에 참가해 선전한 결과 일본군 2천 명을 포로로 삼고 양자군에서 전부 죽이려 기획했던 것을 러시아군이 제지했고 전쟁 이후 좋은 취급 방법이

---

[60] '愁傷'이 들어간 표현으로 문상이나 조문 때 쓰는 인사말로 'ご愁傷様です'가 있는데, '얼마나 애통하십니까' 또는 '삼가 고인의 명복을 빕니다'라는 뜻이다.

있다고 하여 [포로를 러시아에게] 넘겨줄 것을 요구했기 때문에 신속히 러시아군에게 넘기고, 일본군의 비행기가 무수히 폭탄을 투하했기 때문에 지방의 양민·부녀자 수 십만 명이 무참한 죽음을 맞이했다. 이에 더해 일본군대는 지방의 중국인 아가씨 19세 이상 18세 이하인 자를 강제로 징집해 강간했다"라며 함부로 말했다.

2. 송세요는 이번 가을 세계 각국이 일본을 상대로 대전쟁을 개시할 것이다. 결국 일본은 패전할 것임을 전제로 하면서, 이어 앞에서 기록한 장병재와 마찬가지의 내용을 함부로 말했다.

검사 처분, 재판 결과 및 그 연월일: 1939년 6월 20일 공판 청구, 1939년 7월 10일 각각 금고 6월

비고: 중국인

관내: 해주[서흥(瑞興)지청]

피의자 성명·직업·연령: 신용연(申龍淵) 무직 42세

죄명: 육군형법 제99조 위반, 주거침입·강도

범죄 사실의 개요: 본인은 구월산(九月山)에서부터 왔고 정부 기관에 [속한] 자인데, 현재 일본과 중국이 전쟁 중으로 러시아 및 영국이 중국을 원조하고 있기 때문에 일본에게 승산이 없다고 함부로 말했다. 이번 기회에 조선을 독립시키기 위해 기부금을 모집하러 왔는데 너희 집에는 토재 매각 대금 800엔이 있을 터이니 내놓으라고 협박하고 2엔을 강취(强取)했다.

검사 처분, 재판 결과 및 그 연월일: 1939년 5월 22일 예심 청구

관내: 해주(서흥지청)

피의자 성명·직업·연령: 김태현(金泰鉉) 무직 26세

죄명: 육군형법 제99조 위반

범죄 사실의 개요: 중일전쟁에 관해 논의 중에 서로 의견이 대립해 상대방이 일본의 병사는 전사하는 경우에 천황 폐하의 만세를 봉창한다는 내용으로 말한 것에 대해 [김태현은] "당신, 전쟁터에 가 봤는가? 해주역에서 출정군인은 출정나가는 것을 꺼려 눈물을 흘리면

서 출발하지 않는가?"라며 함부로 말했다.

검사 처분, 재판 결과 및 그 연월일: 1939년 7월 3일 공판 청구, 1939년 7월 11일 금고 6월

관내: 해주(서흥지청)
피의자 성명·직업·연령: 정규홍(鄭圭鴻) 농업 53세
죄명: 육군형법 제99조 위반
범죄 사실의 개요: 러시아는 중국에 가세하고 있으므로 일본은 이번 중일전쟁에서 패배할 것이다. 이에 더해 조선에서는 예부터 진세(辰歲)에 영웅이 출현한다는 전설이 있어 내년이 마침 진세에 해당되므로, 내년에 일본은 러시아에게 패배할 것이고 그 기회에 영웅이 출현해 조선은 독립하게 될 것이라고 함부로 말했다.

검사 처분, 재판 결과 및 그 연월일: 1939년 7월 22일 공판 청구, 1939년 7월 25일 금고 6월

관내: 대구(안동지청)
피의자 성명·직업·연령:
　　　김주희(金周熙) 무직 80세
　　　이임태(李林泰) 무직 42세
죄명: 육군형법 제99조 위반
범죄 사실의 개요:

1. 김주희는 현재 중일전쟁은 일본이 계속 승리하고 있다고 하더라도 올해 10월에는 일본은 패전한다. 중국 비행기가 조선 상공에 날아와 폭탄을 투하하고 조선인을 전멸시킬 것이다. 그 징조로는 이 세상에는 천지순환의 운세가 있다. 현재 그 운세가 수왕(水旺이란 무엇이든 물의 힘에 의지하는 것) 시대로, 일본군은 그 운세에 반(反)하는 화력전(火力戰), 즉 총포로써 전쟁을 하고 있는데, 중국은 그 운세를 달관해 장개석이 그 운세에 적합한 수력전, 즉 황하(黃河)를 결궤(決潰)시켜 수력으로써 전쟁을 하고 있으므로 중국이 반드시 승리할 것은 물론 중국군이 현세에서 다수의 전사자를 내고 있지만 그 운

세에 의해 후세에 인종의 씨를 뿌리는 것과 같다. 또한 종래 서양에 의해 약수(弱水란 물 위에 있는 모든 물체가 뜨지 않고 가라 앉는 물)가 현재 지중해를 통과해 일본을 향해 유입되고 있으므로 부도국(浮島國)인 일본은 장래에 가라앉게 될 것이라는 내용으로 함부로 말했다.

2. 이임태는 마찬가지의 내용을 전달했다.

검사 처분, 재판 결과 및 그 연월일: 1939년 7월 12일 이임태 공판 청구, 김주희 기소유예[61]

→ 222쪽

관내: 부산(거창지청)
피의자 성명·직업·연령: 정문출(鄭文出) 농업 34세
죄명: 육군형법 제99조 위반
범죄 사실의 개요: 도쿄의 모 비행장에서는 하루에 몇천 대의 비행기를 제작 중으로 최근에는 인부가 부족하기 때문에 사변 발생 이후 약 3천 명 정도의 직공을 증원해 열심히 제작하고 있고, 또 그 공장에서는 지하에 창고가 있는데 무진장 비행기를 저장해 두고 있어 버튼 한 번만 누르면 바로 날아갈 수 있는 장치를 두고 있다. 또 요코하마 등의 중요한 항에서는 지하에 대포를 설치해 두고 있고 외부에서는 볼 수 없지만 적의 함선 등이 접근해 오는 경우에는 포탄이 수중에서 발사되어 바로 파괴시키는 것이라는 내용을 함부로 말했다.
검사 처분, 재판 결과 및 그 연월일: 1939년 4월 28일 기소유예 → 209쪽

관내: 광주(순천지청)
피의자 성명·직업·연령:
　　　　이도수(李道洙) 기공(技工) 23세
　　　　계수생(桂秀生), 점원, 33세

---

[61] 이임태는 1939년 8월 9일 대구지점 안동지청에서 금고 8개월을 선고받았다. 김주희는 나이와 병 때문에 기소유예에 처분되었다. 高等法院檢事局思想部, 1940.3, 「思想犯罪から觀た最近의 朝鮮在來類似宗教」, 『思想彙報』 제22호, 25쪽.

죄명: 육군형법 제99조 위반

범죄 사실의 개요:

1. 이도수는 계수생 외 수 명에게 "장고봉 사건으로 응소·입대한 조선질소비료주식회사 흥남공장 종업원이 그 후 전쟁터로 끌려가 [이후] 제대(除隊)했을 때는 수가 많아서 조선질소비료회사에서 열차를 통으로 빌려 배웅하러 왔다"라고 함부로 말했다.
2. 계수생은 이도수 외 수 명에게 "장고봉 사건 발생 때 조선질소비료주식회사 흥남공장의 직공이 소집되어 전쟁터로 간 것은 한 번에 1천 명 이상이었다"라고 함부로 말했다.

검사 처분, 재판 결과 및 그 연월일: 1939년 5월 24일 각각 기소유예

관내: 광주(목포지청)

피의자 성명·직업·연령:

　　　서공영(徐公永) 농업 43세
　　　김낙두(金洛斗) 농업 49세
　　　문천흥(文天興) 농업 64세
　　　정병선(鄭秉善) 한문교사 50세
　　　서■만(徐■萬) 농업 46세
　　　심원택(沈元擇) 농업 44세
　　　정종희(鄭鍾熙) 농업 43세
　　　박형래(朴珩來) 농업 62세
　　　김종용(金宗用) 농업 42세
　　　나성채(羅性彩) 농업 58세
　　　정인용(鄭寅龍) 농업 53세
　　　윤덕신(尹德信) 농업 62세
　　　윤경옥(尹京玉) 농업 57세
　　　김창수(金昌洙) 농업 49세
　　　유전상(兪鑮常) 무직 61세
　　　반국현(潘國現) 농업 58세

황경도(黃敬道) 농업 65세

최동민(崔東珉) 농업 54세

김영봉(金永奉) 농업 70세

원용백(元容伯) 농업 70세

박영희(朴永希) 농업 64세

이윤기(李允琪) 농업 69세

임봉구(林鳳九) 불상(不詳)

죄명: 육군형법 제99조 위반

범죄 사실의 개요: 서공영 등은 유사종교 증산선도교(甑山仙道敎)의 보급을 도모하고자

1. 서공영은 "중일전쟁은 현재 차경석(車京錫)이 영대장군(靈大將軍)이 되어 일본군을 지휘하고 있으므로 대승을 펼치고 있고, 중국은 얼마후 망할 것이다. 일본은 러시아에게 망할 것이고 세계전쟁이 되더라도 경진년(庚辰年) 4월부터 이름없는 악병이 유행해 인류의 대부분이 사멸하고 증산(甑山)을 독실하게 믿는 자는 홀로 재액(災厄)을 면해 자연스럽게 증산의 세계가 출현할 것이다. 제주도는 영친왕 이은 전하가 다스리기에 이를 것이다"라는 정치에 관한 불온한 언론을 펴고 치안을 방해하였으며 또 이번 사변 시 군사에 관해 함부로 말했다.

2. 김낙두 이하 22명도 앞의 내용과 같은 취지의 불온한 언사를 하여 치안을 방해하고 또 군사에 관한 각종의 말을 함부로 했다.

검사 처분, 재판 결과 및 그 연월일: 1939년 6월 30일 서공영 이하 15명 예심 청구, 반국현 이하 7명 기소유예, 임봉구는 불기소(범죄 혐의 없음)

관내: 전주(정읍지청)

피의자 성명·직업·연령: 강옥재(姜玉財) 농업 52세

죄명: 육군형법 제99조 위반

범죄 사실의 개요: 현재 일본은 중국과 전쟁 중으로 매일 수천 명의 병력이 전사하고, 그 망령(亡靈)이 공중을 방황하고 있다는 내용을 함부로 말했다.

검사 처분, 재판 결과 및 그 연월일: 1939년 6월 26일 공판 청구, 1939년 7월 3일 금고

4월, 2년간 형 집행유예

비고: 중국인 → 221쪽

관내: 경성
피의자 성명·직업·연령: 오동렬(吳東烈) 시계상 31세
죄명: 군기보호법 위반
범죄 사실의 개요: 허가 없이 인천부 만석정(萬石町) 소재 월미도에서 피사체로부터 101미터 높이에 있는 월미도 전망대 위에서 소지하고 있던 사진기로 인천 내항(內港) 상황을 촬영했다.
검사 처분, 재판 결과 및 그 연월일: 1939년 6월 14일 약식 기소, 1939년 6월 20일 벌금 20엔

관내: 함흥
피의자 성명·직업·연령: 다키야마 이누이자와(瀧山乾澤) 회사 용원(傭員) 26세
죄명: 군기보호법 위반, 절도
범죄 사실의 개요: 조선질소화약주식회사에 고용되어 군수공업동원법에 기반해 육군대신의 관리에 속하는 위 회사 SU공장 수함계(收函係)에 근무중(위 공장은 육군비밀화약을 제조생산하는 공장), 공장의 설비, 작업상태, 제품, 화약원료 및 기타 모든 물건은 군사상 비밀에 속한다는 정황을 알면서 위 공장에서 군용 화약 원료로 사용되는 '헤키사메치렌테토라민'(통칭 우로토로빈)을 절취함으로써 군사상 비밀물건을 수집하였다.
위의 '우로토로빈'을 친구인 시가 사다오(志賀定夫)라는 자에게 보이면 위 공장에서 군용 화약의 원료로 사용하는 것인데, 임병[淋病:임질]에 매우 잘 듣는 묘약이라고 얘기했고, 또 유키나리 하루오(行成春雄)에게 앞서와 같은 취지로 얘기했고, 위 사실은 타인에게는 비밀로 해달라고 말했다. 이로써 업무상 알게 된 군사상 비밀을 타인에게 누설하였다.
검사 처분, 재판 결과 및 그 연월일: 1939년 5월 5일 불기소(죄가 되지 않음), 절도는 공판 청구

관내: 경성

피의자 성명·직업·연령: 이태교(李泰敎) 점원 18세

죄명: 요새지대법 위반

범죄 사실의 개요: 요새 사령관의 허가 없이 영흥만 요새지대 제3구의 바깥 쪽 3,500칸(間) 이내 구역인 함경남도 문천군(文川郡) 명구면(明龜面) 마산리(馬山里) 및 명구면 교양리(橋陽里)에서 수륙 형상을 배경으로 삼아 지인이 소지한 소형 사진기로 촬영하였다.

검사 처분, 재판 결과 및 그 연월일: 1939년 6월 30일 기소중지

관내: 경성

피의자 성명·직업·연령: 김춘렬(金春烈) 광업개발회사 사무원

죄명: 요새지대법 위반

범죄 사실의 개요: 앞 항목과 마찬가지로 요새 사령관의 허가 없이 영흥만 요새지대 제3구의 바깥 쪽 3,500칸(間) 이내 구역인 원산부 송도원(松濤園) 해수욕장 잔교(棧橋) 위에서 그곳 부근이 요새지대에 속함을 알고 있었음에도 불구하고 본인이 소유하고 있던 소형 사진기로 호도(虎島) 일대 수면(水面)을 배경으로 해서 지인을 촬영했다.

검사 처분, 재판 결과 및 그 연월일: 1939년 7월 7일 약식 기소, 1939년 7월 17일 벌금 20엔

관내: 함흥(원산지청)

피의자 성명·직업·연령:

  김광록(金光祿) 어업 36세

  석창용(石昌龍) 어업 39세

  박창수(朴昌壽) 어업 29세

  박승칠(朴承七) 어업 50세

  이종성(李鍾聲) 어업 41세

  하영수(河永守) 어업 41세

  박창오(朴昌五) 어업 28세

　　　　김상준(金相俊) 어업 18세
　　　　최돌이(崔乭伊) 어업 32세
　　　　최희진(崔熙鎭) 어업 23세
　　　　김진렬(金鎭烈) 어업 19세
　　　　이백용(李伯龍) 어업 23세
　　　　정덕윤(鄭德允) 어업 25세
　　　　최상화(崔相華) 어업 47세
　　　　박지문(朴芝文) 어업 47세
　　　　김기수(金基洙) 어업 52세
　　　　제영옥(諸英玉) 어업 56세
　　　　최영식(崔永植) 어업 31세

죄명: 요새지대법 위반

범죄 사실의 개요: 김광록은 석창용 이하 17명과 공모하여 영흥만 요새 사령관의 허가를 받지 않고 요새지대 제1구에 속하는 신도(薪島) 동북방 약 100미터 떨어진 해면에서 어업을 했다.

검사 처분, 재판 결과 및 그 연월일: 1939년 6월 27일 김광록은 약식 시고, 기타는 기소유예, 1939년 6월 27일 벌금 40엔

관내: 함흥(원산지청)

피의자 성명·직업·연령:

　　　　배상준(裵尙俊) 어업 38세
　　　　탁두환(卓斗煥) 어업 30세
　　　　강주식(姜周植) 어업 40세
　　　　박용순(朴龍順) 어업 49세
　　　　김성록(金成祿) 어업 47세
　　　　오낙원(吳洛元) 어업 42세
　　　　염상조(廉相祚) 어업 49세

이무술(李茂述) 어업 42세

김진오(金振吾) 어업 26세

이석구(李石九) 어업 46세

김종호(金鍾浩) 어업 25세

양만수(梁萬洙) 어업 41세

갈부근(葛富根) 어업 44세

신일문(申日文) 어업 46세

최천석(崔千石) 어업 48세

조선탁(趙善卓) 어업 32세

김용수(金龍洙) 어업 21세

박창봉(朴昌鳳) 어업 31세

이지수(李枝守) 어업 29세

김맹순(金孟順) 어업 32세

우용수(禹龍洙) 어업 31세

박인춘(朴麟春) 어업 52세

엄남춘(嚴南春) 어업 49세

김규오(金奎五) 어업 37세

죄명: 요새지대법 위반

범죄 사실의 개요: 배상준은 탁두환 외 22명과 공모하여 영흥만 요새 사령관의 허가를 받지 않고 요새지대 제1구에 속하는 신도(薪島) 동북방 약 100미터 떨어진 해면에서 어업을 했다.

검사 처분, 재판 결과 및 그 연월일: 1939년 6월 30일 배상준은 약식 기소, 기타는 기소유예, 1939년 7월 1일 벌금 40엔

관내: 청진
피의자 성명·직업·연령:

김두건(金斗建) 노동 36세

이병년(李丙年) 어부 51세

죄명: 군기보호법 위반

범죄 사실의 개요:

1. 김두건은 소련의 밀정이 되어 두만강 강안(江岸) 경찰관 주재소의 배치 상황, 서수라(西水羅) 및 만주국 내 양관평(洋館坪) 방면의 군대 배치 상황, 경흥군 내의 일본수비대, 헌병 주재소의 근황 등을 조사하고 그것을 연해주 포시예트로 가서 게페우(GPU)에게 제보했다.

2. 이병년은 소련의 밀정이 되어 요새지대 내인 나진항의 수륙 형상, 수심, 기타 시설의 상황, 육해군 병력의 상주 유무, 군함 출입 상황, 기타 청진 원산 웅기 등의 군사시설을 조사해 그것을 게페우에게 제보했다.

검사 처분, 재판 결과 및 그 연월일: 1939년 7월 8일 예심 청구

관내: 청진

피의자 성명·직업·연령: 박성의(朴盛義) 사진가 21세

죄명: 군기보호법 위반

범죄 사실의 개요: 허가 없이 만주국 간도성 도문가(圖們街) 남쪽 약 3킬로미터 일광산(日光山) 정상(해발 392미터)에서 육군대신이 촬영을 금지한 조선 내 일부 함경북도 온성군(穩城郡) 영충면(永忠面) 수구포동(水口浦洞) 부근의 육지(해발 120미터)의 형상을 촬영했다.

검사 처분, 재판 결과 및 그 연월일: 1939년 6월 23일 약식 기소, 1939년 6월 24일 벌금 50엔

관내: 부산

피의자 성명·직업·연령:

스즈키 고지(鈴木幸治) 보험 판매원 36세

스즈키 구마히라(鈴木熊平) 토지매매 소개업 63세

죄명: 군기보호법 위반, 요새지대법 위반

범죄 사실의 개요:
1. 스즈키 고지는 허가 없이 방공을 위해 건설된 부산부 문현리(門峴里)의 고사포(高射砲) 소재 위치 및 그 부근과 부산부 목지도(牧之島) 일부의 조감도를 수첩에 기입하고 기록했고, 또 대연리산(大淵里山) 약 300미터의 높은 곳에서 허가 없이 갖고 있던 소형 사진기를 사용해 4회에 걸쳐 부산부 용호리(龍湖里) 장자도(張子島) 포대 및 그 부근 일대의 수륙 형상을 촬영했다.
2. 스즈키 구마히라는 위의 스즈키 고지를 안내하며 그에게 위 포대 및 고사포의 소재 위치 등을 지시하며 우연한 연유로 알게 된 군사상의 비밀을 누설했다.

검사 처분, 재판 결과 및 그 연월일: 1939년 5월 25일 스즈키 고지는 약식 기소, 스즈키 구마히라는 기소유예, 1939년 5월 26일 벌금 100엔

관내: 부산
피의자 성명·직업·연령:
　　나카지마 노부쓰기(中島廷次) 요리점 회계[帳場][62] 40세
　　사사키 지로(佐々木二郎) 점원 26세
죄명: 요새지대법 위반
범죄 사실의 개요: 두 사람은 공모(共謀)한 후 부산부 용두산(龍頭山) 신사 경내에서 그곳이 요새지대인 것을 알면서 관할 요새사령관의 허가를 얻지 않고 수륙 형상을 배경으로 해서 촬영했다.
검사 처분, 재판 결과 및 그 연월일: 1939년 5월 16일 약식 기소, 1939년 5월 6일 벌금 20엔

관내: 부산
피의자 성명·직업·연령: 유쿠에 고주지(行方興十治) 만주국 농사시험장 촉탁 32세
죄명: 요새지대법 위반

---

[62] 원문은 '張帳'이나 '카운터'를 뜻하는 '帳場'의 오기(誤記)인 것 같다.

범죄 사실의 개요: 허가를 받지 않고 관부(關釜) 연락선 흥안환(興安丸) 갑판 위에서 요새지대 내에 해당하는 시모노세키시 히코지마(彦島) 부근의 수륙 형상을 배경으로 사진을 촬영했다.
검사 처분, 재판 결과 및 그 연월일: 1939년 5월 26일 시모노세키구(下關區)재판소 검사에게 이송

관내: 부산
피의자 성명·직업·연령: 도미노 지로(豊野次郎) 기관사 견습생 40세
죄명: 요새지대법 위반
범죄 사실의 개요: 허가를 받지 않고 관부(關釜) 연락선 덕수환(德壽丸) 갑판 위에서 요새지대인 시모노세키시 히코지마(彦島) 니시야마(西山) 등대 부근과 무쓰레지마(六連島)[63] 부근의 수륙 형상을 촬영했다.
검사 처분, 재판 결과 및 그 연월일: 1939년 5월 31일 약식 기소, 1939년 6월 1일 벌금 20엔

관내: 부산
피의자 성명·직업·연령: 고이데 다케노스케(小出武之助) 제과 판매원 21세
죄명: 요새지대법 위반
범죄 사실의 개요: 허가를 받지 않고 요새지대인 부산부 대창정(大倉町) 복병산(伏兵山) 정상에서 육지의 형상을 배경으로 해서 지인을 촬영했다.
검사 처분, 재판 결과 및 그 연월일: 1939년 7월 15일 약식 기소

---

63 시모노세키 서쪽 4킬로미터 지점에 위치한 섬이다.

9. 「시국관계 범죄에 관한 조사」, 『사상휘보』 21, 1939. 12

[본 조사는 전호에 이어 1939년 8월 1일 이후 10월 말까지 3개월간 각 지방법원 검사 정이 당국에 한 보고에 기초함.]

1) 시국에 직접 관계된 사건

(1) 검사 처분 건수 인원표(생략)

(2) 피의자의 성명, 범죄 사실의 개요, 처분 결과

관내: 경성

피의자 성명·직업·연령: 이정재(李定在) 노동 21세

죄명: 육군형법 제99조, 해군형법 제100조, 보안법 위반

범죄 사실의 개요:

1. 지난번 전광(電光: 번갯불)이 있었는데 그것은 천지의 조화(造化)로, 현재 일본과 중국, 러시아가 전쟁 중인데, 3년 후에는 일본이 패배하고 멸망하게 될 것을 의미하는 것이다.
2. "나는 한산(韓山) 이씨인데, 일본이 멸망하고 조선이 독립할 때에는 한산 이씨가 조선의 임금이 되어 수도를 충청도 계룡산으로 정할 것이다"라고 함부로 말했고, 또 정치에 관해 불온한 언사를 하여 치안을 방해했다.

검사 처분, 재판 결과 및 그 연월일: 1939년 8월 4일 공판 청구, 1939년 11월 16일 징역 6월

관내: 경성

피의자 성명·직업·연령:

　　박윤광(朴凡光) 농업 40세

　　장창윤(張昌潤) 무직 21세

죄명: 육군형법 제99조 위반

범죄 사실의 개요:

1. 박윤광은 '소련 비행기 53대가 노몬한 상공을 습격'이라는 기사를 보고 "이 기사는 아무리 생각해도 거짓으로 생각된다. 우리군의 비행기가 습격당하는 일이 없다고는 생각지 않지만, 신문에서는 전혀 발표하지 않는다. 그것은 만약 우리군에 불리한 것을 발표하면 민심의 동요를 불러올 것을 우려하여 이렇듯 언제든 소련군이 진 것처럼 발표하는 것이 아닌가. 장개석은 계속 전쟁에 져서 오지로 내몰리고 있는 듯이 또한 지금 전쟁을 계속하고 있는 실로 영웅인 우리 군은 중국 각지를 점령했다고 칭하지만, 우리나라의 실력으로 그 점령지역을 완전하게 유지하는 것은 곤란하므로, 이참에 전쟁을 중지하는 것이 좋겠다"라고 함부로 말했다.
2. 강창윤은 앞서 말한 내용과 동일한 취지로 함부로 말했고, 그 외에 "소련과 전쟁하면 우리 나라는 인구도 적고 물자도 풍부하지 않으므로 위기에 노출될 것이다. 이번에 조선인 지원병이 북중국으로 출정 중에 전사했다고 하는데, 앞으로는 조선인 지원병을 다수 채용해서 전쟁터로 파견하게 되지 않겠는가"라고 함부로 말했다.

검사 처분, 재판 결과 및 그 연월일: 1939년 8월 31일 공판 청구, 1939년 10월 6일 각각 금고 8월 → 52, 223쪽

관내: 경성

피의자 성명·직업·연령: 김영배(金永培) 농업 24세

죄명: 육군형법 제99조, 해군형법 제100조, 보안법 위반

범죄 사실의 개요: 최근 전쟁이 격해지고 있는 듯한데, 러시아가 중국을 원조하고 있기 때문에 일본은 패배할 것이다. 일본이 패배하면 조선이 독립하면 좋다. 조선이 독립하면 본인이 왕이 되어 돈을 마음대로 실컷 써보고 싶다고 함부로 말해 치안을 방해했다. 또한 이전에는 일본이 중국 각지를 점령했다고 말하는 이야기를 자주 들었는데, 최근에는 그런 이야기를 듣지 못하는 걸 봐서는 러시아가 중국을 돕고 있기 때문에 일본이 지고 있는 모양이다. 세계전쟁이 일어나더라도 모른다고 한다면 일본은 당연히 질 것이라고 함부로 말했다.

검사 처분, 재판 결과 및 그 연월일: 1939년 8월 31일 공판 청구, 1939년 11월 2일 징역 10월 → 53, 223쪽

관내: 경성(철원지청)
피의자 성명·직업·연령: 장진석(張晉錫) 전 면(面) 협의회 회원 65세
죄명: 육군형법 제99조, 해군형법 제100조, 보안법 위반
범죄 사실의 개요: 일본이 욕심이 있으니 중일전쟁이 일어난 것이다. 나라가 안정되고서야 비로서 백성도 안심할 수 있는데, 지금은 나라가 불안하니 백성도 안심할 수 없다. 전쟁 때문에 농민이 곤란해하고 있으니 빨리 전쟁이 정리되는 편이 좋다. 지금은 연전연승하고 있지만, 전쟁이 길어지면 연정연승이 계속될지 어떨지 의문이라고 운운하며 함부로 말했다.
검사 처분, 재판 결과 및 그 연월일: 1939년 8월 31일 공판 청구, 1939년 9월 15일 금고 8월, 3년간 형 집행유예, 1939년 9월 18일 공소 신청, 1939년 10월 19일 징역 3월[64]

→ 213쪽

관내: 경성(철원지청)
피의자 성명·직업·연령:
     유영설(劉永渫) 무직 43세
     정호찬(鄭鎬瓚) 무직 53세
죄명: 육군형법 제99조, 해군형법 제100조, 보안법 위반
범죄 사실의 개요: 유영설은 중일전쟁은 우리 조선인에게는 아무런 관계가 없고, 일본 대(對) 중국의 전쟁이므로 우리 조선인에게 국방헌금 등을 요구할 필요가 없다. 조선은 유사이래 중국의 속국으로 일본의 속국이었던 적이 없고, 이번 중일전쟁도 결국 중국이 승리할 것이고, 조선은 독립해 중국의 속국이 될 것이라고 함부로 말했다. 정호찬은 앞의 내용과 마찬가지의 취지로 함부로 말했다.

---

64 국가기록원, 〈독립운동 관련 판결문〉의 '집행원부'에 의하면 검사가 공소했다.

검사 처분, 재판 결과 및 그 연월일: 1939년 10월 6일 유영설 공판 청구, 정호찬 불기소(혐의 없음) → 228쪽

관내: 경성(철원지청)
피의자 성명·직업·연령: 구본건(具本建) 닭 행상 22세
죄명: 육군형법 제99조 위반
범죄 사실의 개요: 신문기사는 전적으로 없는 사실을 있는 것처럼, 혹은 작은 사실을 크게 보도한다. 실제 지금까지 사변이 계속되고 있지만 일본 비행기가 격추된 적은 한번도 보도되지 않았다. 신문기사는 허보(虛報)가 많으므로 믿기 어렵다고 운운하며 함부로 말했다.
검사 처분, 재판 결과 및 그 연월일: 1939년 10월 23일 공판 청구, 1939년 10월 31일 금고 6월[65] → 227쪽

관내: 경성
피의자 성명·직업·연령: 가와시마 마쓰키치(川島松吉) 전 철도건널목 간수(看手) 59세
죄명: 군기보호법 위반
범죄 사실의 개요: 철도 건널목을 지키고 있으면서 잡담하던 중 어제 4개 열차 123량(輛)의 군사 수송이 있었다는 내용을 말해 업무상 알게 된 군사상 비밀을 누설했다.
검사 처분, 재판 결과 및 그 연월일: 1939년 9월 21일 불기소(공소권 없음)

관내: 경성
피의자 성명·직업·연령: 박제채(朴濟彩) 무직 31세
죄명: 치안유지법 위반, 외환(外患)에 관한 죄
범죄 사실의 개요: 조선을 독립시키기 위해, 또한 사유재산제도를 부인하고 조선 및 일본 등에 무정부주의사회를 건설할 것을 목적으로 하여 조직된 결사 남화한인청년연맹(南華

---

65 판결문, 형사사건 기록 등이 남아 있다. 경성지방법원, 1939.10.31, 「1939년 刑公 제1696호 判決: 具本建」; 국사편찬위원회 편, 2009, 『일제강점기 경성지방법원 형사사건 기록 해제』, 국사편찬위원회, 33~34쪽; 京畿道警察部長, 1939.10.16, 「造言蜚語者檢擧ニ關スル件」[京城地方法院, 1939~1940, 『(昭和十四年)思想ニ關スル情報綴(4)』에 수록].

韓人靑年聯盟)에 그 사정을 알고 가입해, 위 연맹의 활동 자금 획득을 위해 바쁘게 뛰어다닌 것 외에도 민족주의자 김진호(金眞浩)와 회합하여 김진호로부터 중일전쟁 발발 후 상해·남경 등에 거주하는 본인과 같은 조선인 민족주의자·무정부주의자들이 대동단결하여 한인청년연맹을 결성했다. 해당 연맹은 장개석이 일본군의 활동 기밀 첩지와 친일 조선인의 암살을 목적으로 하여 상해로 밀파(密派)된 직계 간첩 및 테러단과 연락함으로써 카페에 출입하는 일본군 무관 및 일본군 특무기관으로 활동하고 있는 친일 중국인의 행동과 그들의 음주 유흥 중의 담화에 주의해 그들을 통해 일본군의 비밀을 탐지·통보받길 원한다는 간청을 받고, 그것을 승낙하고 적국인 중화민국을 위해 간첩 활동을 하려는 모의를 했다.

검사 처분, 재판 결과 및 그 연월일: 1939년 8월 24일 공판 청구, 1939년 9월 29일 징역 7년

비고: 강도 방조(幇助)죄와 병합

관내: 대전
피의자 성명·직업·연령:
　　　서최선(徐最善) 토목 청부업 36세
　　　서호선(徐好善) 토목 청부업 30세
죄명: 외환(外患)죄, 육군형법 제99조 위반
범죄 사실의 개요: 두 사람은 나남 육군 각 병영, 육군 관사 등의 배수구 복구 공사에 종사 중에 제19사단 경리부에서 빌린 19사단 각 연대, 사령부, 육군 병원, 육군 숙사 등의 각 배치도를 소지하고 있었는데, 자료 반환을 재촉받은 것을 기화(奇貨)로 서최선이 소지하고 있던 것을 은닉했고, 두 사람은 해당 배치도를 열람했던 것에 의거해 앞서 기록한 나남 소재의 병영 구조, 시설, 부대 수, 부대 인마(人馬)의 개략적 수를 알 수 있었던 것에서, 시국상 만약 적국의 손에 넘어가면 적국에게 군사상 이익을 줄 것이고, 또 제국의 군사상 이익을 저해하는 것이 될 것을 알면서 적국인 중국의 스파이에게 매각할 것을 모의·음모하였다. 또한 서호선은 소련이 장고봉을 자신들의 영토라고 생각하여 병사(兵舍)를 만들어 군사상 시설로 만들었던 것을, 일본 측에서 공격을 했고, 그것을 일본군 500명가량이 야습한

결과인 듯하며, 수 대(臺) 점령했는데, 소련의 비행기가 일본군을 공중에서 폭격했기 때문에 일본군은 전멸했다며 함부로 말했다.

서최선은 일본의 신문에는 일본군이 지더라도 졌다고 쓰지 않는다. 소련이 이겨도 이겼다고 쓰지 않는다며 함부로 말했다.

검사 처분, 재판 결과 및 그 연월일: 1939년 7월 31일 각각 예심 청구[66] → 220쪽

관내: 대전
피의자 성명·직업·연령: 유재혁(柳在赫) 잡화상 30세
죄명: 육군형법 제99조 위반
범죄 사실의 개요: 지원병제도에 대한 반감과 군수에 대한 울분을 해결할 목적으로, "민족도 모르고 동포도 모르는 최 군수여, 이런 망할 놈아, 너가 현재 군수로 밥을 먹고 있다고 해서 일본 놈들에게 아첨하고, 군수를 하고 있다고 해서 너의 민족도 모르고 동포도 모르는가? 이놈아 경성일보에 기재된 사실을 보라. 이놈, 이인석(李仁錫)을 너의 흉악한 계략으로 살해하기 위해, [일반인들에게] 군인이 되면 나이 드신 부모와 처자식을 공양하는데 걱정할 필요가 없다는 구실 하에 빈곤한 이 군[=이인석]을 전쟁터로 보내고 결국 전사하게 한 후, 너가 일본 놈들에게 잘 보이기 위해 경성일보에 그들과 같은 흉악한 말로 기재한 것인가?

조선 청년이 일본 놈들을 위해 전사했다고 해서 네게 무엇이 유익하며, 너의 마음은 왜 그렇게 기분이 좋은가? 너는 민족을 모르고 동포도 모르는 전적으로 무지몽매한 놈이 아닌가? 그런데도 이 군을 장렬(壯烈)하다고 칭하는가? 너가 만약 군청 밖으로 나오거나 혹은 어디론가 출장을 갈 때 내 눈에 띈다면 언제든 나의 칼로 죽을 것이므로 그렇게 알고, 즉시 군수를 사직하라" 운운하는 밀봉한 편지 1통을 써서 우송하여 군수를 협박했다. 또한 이번 사변 시 군사에 관해 앞에 기술한 내용과 같은 유언비어를 말했다.

검사 처분, 재판 결과 및 그 연월일: 1939년 9월 26일 예심 청구

---

66 두 사람 모두 외환죄, 육군형법 위반으로 1939년 12월 15일 대전지방법원에서 징역 1년 6개월을 선고받았고, 공소했으나 1940년 2월 16일 경성복심법원에서 기각되어 형이 확정되었다. 京城覆審法院, 1940.2.16,「1940年 刑控 제9호 判決: 徐最善, 徐好善」.

비고: 협박과 병합 → 50쪽

관내: 대전
피의자 성명·직업·연령: 이석■(李錫■) 소학교 교장 44세
죄명: 육군형법 제99조, 해군형법 제100조 위반
범죄 사실의 개요: 일본에서 어떤 부자에게 외동아들이 있었는데 그 외동아들에게 소집영장이 나왔고 그 기일이 되었으나 응소하지 않았으므로 군부에서 어떤 이유로 응소하지 않는지를 조사하러 왔는바, 그 부자는 금전이라면 얼마든지 낼 테니 아들을 전쟁터로 보내지 않게 해주기를 부탁했으므로 군부에서는 이에 분노하여 두 사람을 호출한 후 부모의 면전에서 아들을 참살했다는 내용을 함부로 말했다.
검사 처분, 재판 결과 및 그 연월일: 1939년 10월 12일 기소유예

관내: 대전(충주지청)
피의자 성명·직업·연령: 정문화(丁文華) 면포 잡화상 37세
죄명: 육군형법 제99조, 해군형법 제100조 위반
범죄 사실의 개요: 신문은 거짓이다. 신문에는 실제와 맞는 것은 나오지 않는다. 중국군이 패한 것은 바로 나오지만 일본군이 패한 것은 나오지 않는다. 일본군이 어디를 점령했다고 발표하는 것은 대부분 거짓이다. 실제로는 그렇지 않다고 운운하며 함부로 말했다.
검사 처분, 재판 결과 및 그 연월일: 1939년 10월 16일 공판 청구, 1939년 11월 16일 금고 4월 → 229쪽

관내: 대전(충주지청)
피의자 성명·직업·연령: 김종규(金鍾奎) 주류 판매업 33세
죄명: 군기보호법 위반, 요새지대법 위반
범죄 사실의 개요: 요새지대인 원산부 내에서 촬영 허가를 받은 자인지만 허가 구역 외의 요새지대인 함경남도 덕원군(德源郡) 현면(縣面) 신도(薪島) 및 갈마반도 부근의 수륙 형상을 촬영하여 11장 및 해당 면 소재의 해군대신이 금지한 해군 비행장과 그 부근 수륙

형상을 촬영한 9장을 각각 촬영했다.
검사 처분, 재판 결과 및 그 연월일: 1939년 8월 30일 약식 기소, 1939년 8월 30일 벌금 50엔

관내: 대전(충주지청)
피의자 성명·직업·연령: 이을봉(李乙鳳) 사진업 25세
죄명: 요새지대법 위반
범죄 사실의 개요: 허가를 받지 않고 영흥만 요새 지대 제3구의 경계선에서 바깥 쪽으로 3500間 이내의 지점인 함경남도 영흥군(永興郡) 억기면(憶岐面) 율산리(栗山里)에서 부근의 수륙 형상을 촬영했다.
검사 처분, 재판 결과 및 그 연월일: 1939년 10월 21일 약식 기소, 1939년 10월 31일 벌금 20엔

관내: 청진(웅기지청)
피의자 성명·직업·연령: 김의남(金義南) 노동 22세
죄명: 육군형법 제99조 위반
범죄 사실의 개요: 작년 장고봉 사건 때 일본 군대 2천 명이 아오지역에 하차했을 때 소련 비행기 때문에 폭격받아 전멸했던 적이 있다고 함부로 말했다.
검사 처분, 재판 결과 및 그 연월일: 1939년 9월 27일 공판 청구, 1939년 10월 4일 금고 4월, 2년간 형 집행유예

관내: 평양
피의자 성명·직업·연령:
    박원경(朴元敬) 사진업 33세
    박혜경(朴惠敬) 간호부 29세
죄명: 군기보호법 위반
범죄 사실의 개요:

1. 박원경은 러시아령 하바롭스크에서 소련 관헌의 요구에 의해 미리 알고 있던 평양 육군 비행장과 평양 병기 제조소의 위치를 명시한 지도와 부근 수륙 형상을 녹취(錄取)한 도면 등 3통을 녹취 작성하고 그것을 위 관헌에게 교부했다.
2. 박혜경은 박원경이 소련에 간 후 소련 관헌이 요구하는 제국의 군사상 비밀을 누설하게 된다는 것을 인식하면서도 그 사람에게 소련에 입국하는 법을 교사하여 범죄를 실행하게 했다.

검사 처분, 재판 결과 및 그 연월일: 1939년 9월 21일 박원경은 예심 청구, 박혜경은 불기소(범죄 혐의 없음)

관내: 평양
피의자 성명·직업·연령: 이원율(李元律) 인부 31세
죄명: 군기보호법 위반
범죄 사실의 개요: 출입금지 구역인 평양부 오촌리(鰲村里) 소재 비행 제6연대 비행장 안으로 허가 없이 침입하고, 그곳 지상에 있던 해당 부대 소유에 관련된 폭격 목표용의 백목면제포판(白木綿製布板) 3개 시가 합계 60엔에 상당한 것을 절취(竊取)했다.
검사 처분, 재판 결과 및 그 연월일: 1939년 10월 19일 공판 청구
비고: 절취(竊取)와 병합

관내: 신의주
피의자 성명·직업·연령: 김석낙(金錫洛) 무직 30세
죄명: 치안유지법 위반, 외환(外患)에 관한 죄
범죄 사실의 개요: 조선의 독립을 목적으로 하여 조직된 조선민족전선연맹에 가입했다. 이경산(李景山)에게서 해당 연맹 청년 분자로 조선의용군이라는 것을 조직하고, 중국군사위원회와 밀접한 연락하에 중국 군대에 이익을 제공하기 위해 일본군 포로를 취조하고 일본 군대에 대한 반전사상을 선전했다. 또 일본군을 패전으로 이끌고 결국 조선독립을 촉진하게 하기 위한 계획을 했고, 그 결성 초기에는 거기에 가입하고 싶다는 내용의 권유를 했고 그것을 수락하고 실행하는 것과 관련해 협의하고 더불어 적국인 중화민국에 군

사상 이익을 줄 것을 음모(陰謀)했다.
검사 처분, 재판 결과 및 그 연월일: 1939년 8월 31일 공판 청구

관내: 해주
피의자 성명·직업·연령: 유연표(劉演杓) 전 서당 교사 24세
죄명: 육군형법 제99조 위반
범죄 사실의 개요: 신문에서 보도하는 바에 따르면 제3국인 영국·미국·프랑스·소련의 여러 나라가 왕성하게 장개석을 원조하고 있음으로써 이번 중일전쟁은 장기간에 걸쳐 진행되면 일본은 결국 경제력에서 파탄이 나서 패전하는 상황에 이를 것이다. 또 신문상에서는 항상 일본군의 연승으로 보도하고 있지만 실제로는 그렇게 생각할 수 없다. 일본군이 패전하는 경우에도 그 사실을 은폐하고 승리를 보도하고 있어서 신문지 보도는 신용할 수 없다며 함부로 말했다.
검사 처분, 재판 결과 및 그 연월일: 1939년 8월 16일 공판 청구, 1939년 8월 22일 금고 6월

관내: 해주
피의자 성명·직업·연령: 안락생(安樂生) 무직 28세
죄명: 치안유지법 위반, 외환(外患)에 관한 죄
범죄 사실의 개요: 조선의 독립을 목적으로 하여 조직된 결사 애국단에 그 사정을 알고 가입했고 위 단체의 각종 목적 달성을 위한 행위를 했다. 중일전쟁이 발발하자 상해 방면으로 출동하여 작전 중이던 제국 군함 이즈모(出雲)을 수뢰(水雷)를 사용해 폭침·파손시키고자 계획했다.
검사 처분, 재판 결과 및 그 연월일: 1939년 8월 11일 공판 청구

관내: 대구(상주지청)
피의자 성명·직업·연령:
  유종우(柳宗佑) 약재상 54세

이종주(李宗周) 농업 44세

죄명: 육군형법 제99조 위반

범죄 사실의 개요: 유종우는 최근 청공색(青空色)이면서 무음향(無音響)인 외국 비행기 2대가 봉천 부근으로 날아와 다수의 폭탄을 투하했기 때문에 부근 주민들이 혼란 상태에 빠졌으나 일본 군대에 의해 안정을 찾았다는 내용을 함부로 말했다. 이종주는 위와 같은 내용을 전파했다.

검사 처분, 재판 결과 및 그 연월일: 1939년 8월 10일 공판 청구, 1939년 8월 16일 각각 금고 6월 2년간 형 집행유예

관내: 부산

피의자 성명·직업·연령: 권태숙(權泰淑) 땔감 나무·숯 판매[薪炭商] 48세

죄명: 육군형법 제99조, 보안법 위반

범죄 사실의 개요: 이번 중일전쟁으로 일본은 다수의 군대를 출병시켰으나 전부 전사했고 조선인도 보통학교 제3학년 이상인 자는 전부 소집을 받아 전사하게 되었는데, 미륵교도는 자제를 보통학교에 통학시키지 말고 미륵교를 열심히 신앙해야 한다는 내용을 함부로 말했다. 그 밖에 미륵교도를 획득하기 위해 정치에 관한 불온한 언동을 했고, 헌금 명목 하에 금품을 편취하고 교도들 선조의 유골을 개장(改葬)하게 하는 등의 범행을 저질렀다.

검사 처분, 재판 결과 및 그 연월일: 1939년 6월 8일 예심 청구

비고: 사기, 묘지·화장장·매장급화장취급규칙 위반과 병합

관내: 부산

피의자 성명·직업·연령: 이용수(李龍水) 무직 30세

죄명: 육군형법 제99조 위반

범죄 사실의 개요: 지금 일본에서 전쟁하는데 돈이 부족해져 조선에서 기부를 받아 자동차나 비행기와 같은 전쟁 도구를 사서 사용하고 있다. 만약 조선에서 기부를 하지 않으면 전쟁 도구를 살 수 없다. 지금 조선의 시골에서는 경찰이나 면사무소에서 무리하게 기부받고 있는데, 근래에 비가 내리지 않고 있는 상황에다가 무리한 기부를 시키므로 더욱 곤

란하다고 함부로 말했다.

검사 처분, 재판 결과 및 그 연월일: 1939년 7월 31일 공판 청구, 1939년 8월 9일 금고 4월

관내: 부산

피의자 성명·직업·연령: 김석호(金錫鎬) 대부업 회계[帳場係] 45세

죄명: 육군형법 제99조 위반

범죄 사실의 개요: 중국으로 가는 창기(娼妓)가 되면 매월 50~60명의 군인을 상대로 해야 하므로 몸이 망가진다. 만약 도망쳐 나오더라도 즉시 총검으로 살해된다. 지금 일본은 중국뿐만 아니라 러시아와도 대적해 전쟁하고 있으므로 이길 때도 있지만 때로는 1개 부대가 전멸하는 경우도 있으므로 중국으로 가는 것은 위험하다고 함부로 말했다.

검사 처분, 재판 결과 및 그 연월일: 1939년 8월 22일 공판 청구, 1939년 9월 16일 금고 4월

관내: 부산

피의자 성명·직업·연령: 아카마쓰 세이지(赤松政治) 간장 양조업 58세

죄명: 육군형법 제99조 위반

범죄 사실의 개요: 큰 소리로 말할 수는 없지만, 전쟁터에서는 아군도 상당히 피해를 입어 전멸한 중대도 있는 듯하다. 발표되지 않는 부대도 있는데, 내가 지난번 북중국을 여행할 때 특히 그런 느낌을 깊이 받았다. 또한 현재 중국 방면에서 일본군은 축성(築城) 공사 등에 사용한 자를 비밀을 누설하지 않게 하기 위해 죽여버린다는 내용을 함부로 말했다.

검사 처분, 재판 결과 및 그 연월일: 1939년 8월 22일 공판 청구, 1939년 9월 16일 금고 4월 2년간 형 집행유예

관내: 부산

피의자 성명·직업·연령: 강무홍(姜武洪) 점원 19세

죄명: 육군형법 제99조 위반

범죄 사실의 개요: 경성에 비행기가 날아와 중요한 지점 10개소에 각종 폭탄을 투하하였기 때문에 거리가 엉망진창이 되었다고 함부로 말했다.

검사 처분, 재판 결과 및 그 연월일: 1939년 10월 6일 공판 청구, 1939년 10월 10일 금고 4월

관내: 부산

피의자 성명·직업·연령:

   박인수(朴仁壽) 발동기 중개업 28세

   길용운(吉用雲) 향구사(香具師) 31세

   혼다 히가시이치로(本多東一郎) 점술사[易者] 28세

   노쿠라 마사나(能鞍政名) 향구사(香具師) 32세

죄명: 군기보호법, 요새지대법 위반

범죄 사실의 개요:

1. 길용운은 백계(白系) 러시아인 카사호노 마멧트가 봉천에서 조직한 소련의 스파이단에 사정을 알고 가입해 조선 내의 요새·요항·기타 국방을 위해 건설된 제반 방어 영조물(營造物) 시설 상황·기타 제반 군사상의 비밀사항을 탐지하고, 그것을 촬영하라는 지령을 받은 후 사진기 1대를 수령해 그 목적 달성을 위해 조선으로 들어갔다.

 허가를 받지 않은 채 진해 요항부의 영조물을 중심으로 하는 그 부근 일대와 진해만의 일부를 배경으로 하는 진해 읍내 시가지 전경(全景), 진행만의 전경의 각 형상을 촬영해 군사상 비밀사항을 수집했다.

2. 박인수는 위 봉천 스파이단에 사정을 알고 가입했고, 앞의 길용운과 공모하여 허가를 받지 않고 진해 제1구 요새지대인 부산 잔교(棧橋)를 중심으로 하는 부산항만 및 그 부근 항만의 각 수륙 형상을 촬영하고 군사상 비밀사항을 수집했다.

3. 혼다 히가시이치로는 위의 봉천 스파이단에 사정을 알고 가입했고, 함경남북도 및 전라남북도에서 군사상 비밀사항을 탐지·수집하려 했으나 그 목적을 달성하지 못했다.

4. 노쿠라 마사나는 위의 봉천 스파이단에 사정을 알고 가입했고, 강원도 및 마산부에서

군사상 비밀사항을 탐지·수집하고자 했으나 그 목적을 달성하지 못했다.

검사 처분, 재판 결과 및 그 연월일: 1939년 7월 13일 불기소(범죄 혐의 없음)

관내: 부산
피의자 성명·직업·연령: 이토 히사키치(伊藤久吉) 화선업(貨船業) 61세
죄명: 요새지대법 위반
범죄 사실의 개요: 허가를 받지 않고 진해만 요새지대 제1구 내인 부산부 목지도(牧之島) 동삼동(東三洞) 부락 동쪽 약 60칸(間)의 해안(海岸)에서 어획(漁獲)을 했다.
검사 처분, 재판 결과 및 그 연월일: 1939년 8월 24일 약식 기소, 1939년 8월 28일 벌금 20엔

관내: 부산
피의자 성명·직업·연령:
     최영환(崔永煥) 전기 기술원 25세
     바바 신조(馬場信三) 회사원 52세
     이영곤(李英坤) 회사원 23세
죄명: 군기보호법 위반, 요새지대법 위반
범죄 사실의 개요:
1. 최영환은 부산부 초량정에서 이영곤(李英坤)으로부터 들어 알게 된 군부에서 고용한 선박 2~3척씩 부산항으로 입항하는 사실을 3회에 걸쳐 우편엽서에 기재해 그것을 경성에 사는 마쓰모토 데이키치(松本貞吉)에게 우송·도달하게 하여 군사상 기밀을 누설했고, 또 허가를 받지 않고 부산부 초량 해안에서 요새 지대 내의 형상을 촬영했다.
2. 바바 신조는 위의 최영환에게 군이 징발한 간선(簡船)이 부산으로 입항한 사실을 2회에 걸쳐 말함으로써 군사상 비밀을 누설했다.
3. 이영곤은 앞의 최영환에게 군이 징발한 간선이 부산으로 입항한 사실을 3회에 걸쳐 말함으로써 군사상 비밀을 누설했다.

검사 처분, 재판 결과 및 그 연월일: 1939년 9월 12일 최영환 공판 청구, 바바 신조·이영

곧 기소유예

관내: 부산
피의자 성명·직업·연령: 마쓰모토 가네마쓰(松田金松) 기관(機關) 수리공 29세
죄명: 요새지대법 위반
범죄 사실의 개요: 허가를 받지 않고 진해 요항지대 내인 부산 세관 부근에서 부산부 내 복병산(伏兵山) 방면의 수륙 형상을 촬영했다.
검사 처분, 재판 결과 및 그 연월일: 1939년 9월 19일 약식 기소, 1939년 9월 19일 벌금 30엔

관내: 부산
피의자 성명·직업·연령: 김성률(金成律) 일일 노동 39세
죄명: 요새지대법 위반
범죄 사실의 개요: 허가를 받지 않고 진해만 요항지대 제1구 내인 부산부 동삼동 부락 방파제 남단 약 30칸(間) 장소에서 어획(漁獲)을 했다.
검사 처분, 재판 결과 및 그 연월일: 1939년 10월 19일 약식 기소, 1939년 10월 23일 벌금 20엔

관내: 부산
피의자 성명·직업·연령: 박석관(朴錫寬) 무직 44세
죄명: 보안법 위반
범죄 사실의 개요: 일장기에 소지품을 싸서 통행하고 있던 것을 울산경찰서 농소(農所)경찰관 주재소 박판수(朴判洙), 김윤길(金潤吉) 두 명의 순사에게 발견되어 엄중히 주의받은 것에 분개하여, 경주역 대합실에서 앞의 두 명의 순사 앞으로 우편 엽서에 "농소면 주재소의 조선인 순사에게 고함. 일반 백성은 모내기가 불가능해 곤란해하고 있는데, [순사는] 일이 없다고 길을 가는 사람을 잡아당겨서는 국기를 불경하게 [취급한다느니] 뭐라느니 언급하며 직권남용을 하는 너희들은 조선인일 것이다. 조선인의 국기는 태극기다. 일장기는

일본의 국기다. 알겠느냐? 37엔의 월급으로 본의 아니게 마음에 없는 말을 하고 거드름을 피우고 있는가? 가련한 사람이여. 그대들은 밥줄[飯網]에 끌려가고 있다"라는 내용을 기재했다. 다른 1장에는 울산읍 나가노구치 고조(長野口恒三) 앞으로 "조선인은 상당한 학식을 가지고 있는데도 불구하고 각 관공서에 채용되지 않는다. 때로 월 20엔이나 24엔의 싼 급료로 땀을 물처럼 흘리며 일하는데, 일본인은 동등 이하의 자격자여도 월급 80엔 이상이나 나와 놀고 있다. 일본인과 조선인의 차별대우도 심각하다. 이렇게 해서는 내선일체란 어디에 있는 것인가? 내선일체를 아무리 강조해도 무의미하다"라는 내용을 기재했고, 나가노구치 고조 등에게 우송·도달하게 했고, 정치에 관한 불온 행동을 함으로써 치안을 방해했다.

검사 처분, 재판 결과 및 그 연월일: 1939년 9월 18일 공판 청구, 1939년 10월 21일 징역 8월[67]

관내: 광주

피의자 성명·직업·연령:

      최기동(崔己同) 양복 재봉업 23세

      정중대(鄭鍾大) 어업조합 고원(雇員)

      마쓰모토 겐시치(松本源七) 어업 교사 52세

죄명: 군기보호법 위반, 해군형법 제100조 위반

범죄 사실의 개요:

1. 최기동은

① 제주도 대정면(大靜面) 하모리(下摹里) 부락 동쪽으로 통하는 시멘트 포장도로 위에서 정중대와 만나 정중대가 이런 멋진 도로를 만든 이유가 무엇인지를 묻자, 이전에 우연한 연유로 알고 있었던 대로 그것은 하모리 파지장(波止場)으로부터 동쪽 약 10정(町) 지점에 있는 해군 비행장으로 통하는 군수품 수송용 도로라는 내용을 설명함으로써 군사상 비밀사항을 누설했다.

---

67 高等法院檢事局思想部, 1940.6, 「昭和十四年度に於ける鮮內思想運動の概況」, 『思想彙報』 제23호, 54쪽 참조.

② 현재 비행장 내에는 다수의 병력이 주둔하고 있어 일반인의 출입을 엄격히 금지하고 경계중으로 연월일은 불명한데 조선인 부녀자 1명이 견학을 위해 비행장에 침입했는데 경계중이던 병사에게 발견되자 즉시 총살되었던 적이 있다고 함부로 말했다.

2. 정중대는

① 마쓰모토 겐시치에게서 제주도 비행장은 어디에 있는지를 질문받자, 앞의 최기동으로부터 들어 알게 된 대로 위 비행장은 자동차를 타고 대정면 하모리 부락 입구에 들어서면 볼 수 있다고 설명함으로써 군사상 비밀사항을 누설했다.

② 위에서 언급한 최기동 발언 ②에서 기록한 것과 마찬가지의 내용을 함부로 말했다.

마쓰모토 겐시치는 정중대에게 제주도 비행장 소재(所在)를 물었고, 앞에 기록한 것과 같은 설명을 받음으로써 군사상의 비밀사항을 탐지했다.

검사 처분, 재판 결과 및 그 연월일: 1939년 7월 31일 각각 기소유예

관내: 광주

피의자 성명·직업·연령: 이무영(李武榮) 고물상 51세

죄명: 해군형법 제100조 위반

범죄 사실의 개요: 본인은 지난번 여수군 삼산면(三山面) 초도(草島)에 다녀왔는데, 초도에서 남쪽 해상에서 일본 군함인 듯한 함선 4척이 떠 있는 것을 보았다. 그 군함은 아마도 적국 비행기의 습격을 방어하기 위해 경계하고 있는 것일 것이다. 하루 밤 비용만 해도 상당히 많은 액수를 차지할 것이다. 군함에 타고 있는 군인들은 위대하다. 부모나 처자식과 헤어져 국가를 위해 봉공하고 있다. 우리들은 이런 비상시국에 힘써 소비절약을 하지 않으면 안 된다고 운운하며 함부로 말했다.

검사 처분, 재판 결과 및 그 연월일: 1939년 8월 26일 기소유예

10. 「시국관계 범죄에 관한 조사」, 『사상휘보』 22, 1940.3

[본 조사는 전호에 이어 1939년 11월 1일 이후 12월 말일까지 2개월간 각 지방법원 검사 정이 당국에 한 보고에 기초함.]

1) 시국에 직접 관계된 사건

(1) 검사 처분 건수 인원표(생략)

(2) 피의자의 성명, 범죄 사실의 개요, 처분 결과

관내: 경성

피의자 성명·직업·연령: 권영기(權榮基) 해초류 행상 42세

죄명: 육군형법 제99조 위반

범죄 사실의 개요: 1939년 9월 중 3회에 걸쳐 경성부 영등포정 소재 동양방적주식회사 경성공장 면회실에서 박순향(朴順香) 외 4명에게 최근 만주에서는 대전쟁이 있어 그 지역으로 보내지는 군복을 제조하기 위해 안양역(安養驛) 앞에 양복공장을 설치해 여공을 모집 중인데, 위 공장은 여공의 임금도 매우 양호하다. 또한 만주에서는 전쟁 때문에 군인 및 기타 다수의 사람들이 사망해 일손 부족 상태가 지속되고 있으므로 지금 공장에 남는 인력이 있을 때는 여공들도 만주로 보내게 될 것이라며 함부로 말했다.

검사 처분, 재판 결과 및 그 연월일: 1939년 10월 31일 공판 청구, 1939년 12월 4일 징역 1년

비고: 영리(營利)유괴죄(誘拐罪)와 병합

관내: 대전

피의자 성명·직업·연령: 이익교(李益敎) 농업 52세

죄명: 육군형법 제99조, 해군형법 제100조 위반, 보안법 위반

범죄 사실의 개요:

1. 1939년 1월 초순경 충청남도 서산군 부석면 마용리(馬龍里) 자택에서 군용 가마니 직조 [작업] 독려를 위해 온 같은 마을 구장(區長) 이종건(李鍾建)에게, 군용 가마니를 짜게 하는 것 등은 민폐이다. 중일전쟁에서 중국이 이긴다면 그런 걱정도 없고 조선의 양반제도도 부활해 예전과 같이 행세할 수 있으므로 조선인을 위해서는 중국이 이기는 것이 더 좋은 상황이라는 내용을 함부로 말했다.
2. 1939년 1월 말 (날짜는 불분명) 자택에서 같은 마을 이정우(李貞雨) 외 1명에게 조선에서는 예부터 중국인을 오랑캐 민족이라고 말해 왔는데 오늘날에는 일본인을 오랑캐 민족이라고 칭해야 할 것이다. 중일전쟁의 결과, 일본이 지고 중국이 이기지 않으면 안 된다. 일본이 이기면 조선인은 세금 및 기타 명목으로 착취당해 살아갈 수가 없다며 함부로 말했다.
3. 추가로 1939년 3월 중순경 (날짜는 불분명) 자택 뒷간에서 보국저금 모집을 위해 온 같은 마을 저축조합장 김만권(金萬權)에게 예부터 대국인 중국을 정복할 수 있었던 국가는 없다. 중일전쟁 결과 중국이 지고 일본이 이기면 조선인은 세금 부채(負債)도 증가하고 각종 착취받아 점점 생활난에 빠지게 된다며 함부로 말했다. 이로써 치안을 방해했다.

검사 처분, 재판 결과 및 그 연월일: 1939년 11월 27일 공판 청구, 1939년 12월 8일 금고 8월, 1939년 12월 12일 피고인과 검사 공소 신청[68]

관내: 함흥
피의자 성명·직업·연령:

　　　　방용필(方龍弼) 전 원산철도기관구 난방수 23세
　　　　전태범(全台範) 노동 27세
　　　　유유록(劉柳綠) 전 철도기관구 조수 견습 24세
　　　　기익형(奇益衡) 전 철도기관구 조수 견습 24세
　　　　이영훈(李永勳) 노동 26세

---

[68] 이익교는 2심에서 징역 8개월을 판결받았다. 경성복심법원, 「1940년 刑控 제10호 判決: 李益教」, 1940.2.6 참조.

김여섭(金麗燮) 철공 30세

차재영(車載永) 전 철도기관구 조수 견습 24세

조응필(趙應弼) 철공 23세

이지영(李智永) 전 철도기관구 조수 견습 23세

김원섭(金元燮) 전 철도기관구 조수 견습 22세

김종순(金宗淳) 전 철도기관구 조수 견습 21세

남광유(南光裕) 전 철도기관구 조수 견습 21세

장원철(張元哲) 전 철도기관구 조수 견습 21세

고영찬(高泳贊) 전 철도기관구 조수 견습 20세

홍성유(洪性裕) 전 역무원[驛手][69] 26세

이재선(李載善) 전 원산검차구 청소원 24세

허온(許穩) 차장 31세

서만풍(徐萬豊) 전 원산기관구 기관 조수 견습 19세

김좌용(金佐龍) 전 역무원 25세

김성택(金星澤) 전 운전수 21세

최진태(崔進泰) 전 원산 습차구(拾車區) 청소원 22세

강형규(康炯奎) 점원 23세

채용돌(蔡龍突) 점원 28세

김지운(金知云) 전 선로원[線路手] 24세

장국빈(張國斌) 전 고용원[傭手] 31세

송별립(宋別立) 회조업(回漕業)[70] 28세

김국보(金國輔) 회조업 35세

최용달(崔容達) 보성전문학교 교수 35세

이강국(李康國) 회사원 35세

---

69 '驛手'는 철도역에서 화물 짐을 내리거나 운반 구내(構內) 청소 및 기타 잡무를 하는 사람을 말한다.
70 배로 물건을 실어 나르는 일을 하는 직업이다.

　　　　김재갑(金載甲) 무직 20세

　　　　이주하(李舟河) 무직 35세

　　　　김진성(金軫星) 노동 28세

죄명: 불온 문서임시취체령 위반

범죄 사실의 개요:

1. 방용필은 1936년(昭和 11) 11월 상순경 원산부 내에서 이주하 외 2명과 회합해 조선독립 및 공산화를 목적으로 적로(赤勞)조직준비 지도기관인 비밀결사를 조직했고 그 목적 달성을 위해 기관지 노동자신문의 발행 문제 등에 대해 협의하고, 1936년 11월 중순경부터 1938년 10월 상순경까지 전후 수십 회에 걸쳐 경성부 혹은 원산부 내에서 이주하, 전태범, 이영훈, 이강국, 최용달 등과 함께 집필하고, 김진성, 송별립, 김재갑 등은 이 무렵 원산부 용동, 기타 각 출판 아지트에서 앞서 언급한 노동신문(이하《新勞》로 칭함), 기타 10종의 출판물 모두에서 때로는 군질서를 문란하게 하거나 때로는 경제계를 확란시키거나 혹은 기타 인심을 혹란시켜 치안을 방해할 만한 사항을 게재하고 발행한 책임자의 성명과 주소는 허위로 기재하였으므로 적법한 신고서 등의 절차를 이행하지 않은 불온 문서를 출판·배포했다.

2. 전태범은 1936년 12월 중순경부터 1937년 7월 하순경까지 원산부 상동(上洞) (이하 상세 주소 불명)에서 앞의 방용필로부터 앞서 언급한 노동신문 및 기타 출판물을 수령해 1937년 1월 상순경부터 같은 해 7월 하순경까지 전후 7회에 걸쳐 원산부 상동 이영훈 집에서 그에게 노동신문을 배포·반포(頒布)하고, 또한 1938년(昭和 18) 3월 하순경 원산부 내에서 앞서 게재한 것과 마찬가지로 치안을 방해하는 기사를 집필하고, 그 무렵 그것을 노동신문에 게재·출판했다.

3. 유유록은 앞에서 언급한 시일과 장소에서 방용필로부터 노동신문 및 기타 불온 문서를 수령해, 1937년 12월 중순경부터 1938년 10월 상순경까지 전후 81회에 걸쳐 원산부 내에서 기익형, 이지영, 차재영, 김여섭, 김종순, 남광유, 이영훈, 고영찬 등에게 불온 문서를 각각 배포·반포(頒布)했다. 또 같은 해 2월 하순경 원산부 내에서 치안을 방해할 만한 기사를 집필해 그 무렵 그것을 노동신문 제17호에 게재·출판했다.

4. 기익형은 앞서 기록한 것과 마찬가지로 유유록으로부터 노동신문 및 기타 불온 문서를

수령해 그것을 차재영, 이지영, 김원섭, 김여섭에게 배포·반포했다.

5. 이영훈은 앞서 기록한 유유록, 혹은 방용필에게서 받은 불온 문서를 자택에서 장서림(張瑞琳) 외 3명에게 각각 배포·반포하고, 1938년 9월 중순경 원산부 내의 치안을 방해할 만한 사항을 집필했다. 그 무렵 그것을 노동신문에 게재·출판했다.

6. 김여섭은 앞에 언급한 유유록에게서 받은 노동신문을 같은 해 7월 하순경부터 같은 해 10월 상순경까지 전후 5회에 걸쳐 원산부 내에서 조응필에게 배포·반포했다.

7. 차재영은 1938년 7월 5일 원산부 양촌동(楊村洞) 자택에서 방용필과 회합하여 앞에서 언급한 결사와 동일한 목적을 가진 비밀결사 철우회(鐵友會)를 조직해 기관지《신호기(信號旗)》(앞에서 언급한 노동신문과 마찬가지로 불온 문서), 노동신문을 같은 해 8월 하순경부터 같은 해 9월 하순경까지 수회에 걸쳐 원산부 내에서 고영찬으로부터 수령했고, 그 무렵 그것을 전후 15회에 걸쳐 원산부 내에서 김원섭, 기익형, 방용필, 김종순, 허온, 장원철, 이지영, 이재선, 김지운, 김좌용 등에게 각각 배포·반포했다.

8. 조응필은 1938년 9월 하순경 원산부 내에서 방용필로부터 노동신문을 수령해 그것을 그 무렵 이학봉(李鶴鳳)에게 배포·반포했다.

9. 이지영은 1938년 4월 상순경 기익형에게서 수령한 노동신문을 그 무렵 원산부 내에서 김원섭에게 배포·반포했다.

10. 김원섭은 1938년 8월 하순경 앞에서 기록한 것과 같이 차재영으로부터 불온 문서《신호기》를 수령해 그 무렵 원산부 내에서 김지운, 이지영, 기익형, 한병의(韓柄義)에게 배포·반포했다.

11. 김종순은 앞에서 기록한 것처럼 차재영으로부터 수령한《신호기》를 수령해 그 무렵 원산부 내에서 장국빈, 유유록, 남광유에게 각각 배포·반포했다.

12. 남광유는 앞에 기록한 김종순으로부터 수령한《신호기》를 그 무렵 원산부 내에서 장국빈, 채용돌에게 각각 배포·반포했다.

13. 장원철은 1938년 8월 하순경에서 같은 해 9월 하순경까지 원산부 내에서 서만풍, 방용필과 함께 불온 문서《신호기》를 인쇄·출판했고, 그 무렵 서만풍, 이헌용(李憲用), 박명준(朴明俊)에게 각각 배포·반포했다.

14. 고영찬은 1938년 4월 상순경 방용필에게서 수령한 노동신문을 차재영 집에서 그에게

배포·반포했고, 그 외에 앞서 불온 문서《신호기》를 인쇄·출판했고, 그 무렵 차재영, 안광호(安光浩) 외 수십 명에게 각각 배포·반포했다.

15. 홍성유는 1938년 7월 중순경 원산부 내에서 주기섭(朱基燮)을 권유해 앞에서 언급한 철우회(鐵友會)에 가입시켰다.
16. 이재선은 1938년 8월 하순경부터 같은 해 9월 하순경까지 원산부 내에서 기익형 또는 차재영으로부터 수령한《신호기》를 김좌용, 최진태 외 10명에게 각각 배포·반포했다.
17. 허온은 1938년 8월 하순경 차재영으로부터 수령한《신호기》를 그 무렵 원산부 내에서 오의삼(吳義三)에게 각각 배포·반포했다.
18. 서만풍은 1938년 9월 하순 앞서 언급한 고영찬 집에서 그와 방용필 등과 함께《신호기》를 인쇄·출판했고, 그 무렵 앞에 언급한 차재영 집에서 전홍주(全洪柱)에게 배포·반포했다.
19. 김좌용은 1938년 8월 하순경부터 같은 해 9월 중순경까지 김성택 등 4명에게 배포·반포했다.
20. 김성택은 앞에 기록한 것처럼 김좌용으로부터 수령한《신호기》를 앞에 언급한 차재영 집에서 오복만(吳福萬) 외 2명에게 배포·반포했다.
21. 최진태는 1938년 9월 하순경 앞서 기록한 이재선으로부터 수령한《신호기》를 원산부 내에서 조병하(趙炳夏) 외 4명에게 배포·반포했다.
22. 강형규는 1938년 7월 초순경부터 원산부 내에서 차재영의 권유에 의해 철우회(鐵友會)에 사정을 알고 가입했다.
23. 채용돌은 1938년 8월 하순경부터 같은 해 9월 하순경까지 원산부 내에서 전춘식(田春植) 외 1명에게 앞서 언급한 김종순으로부터 수령한《신호기》를 배포·반포했다.
24. 김지운은 앞서 기록한 것처럼 김원섭, 차재영으로부터 수령한《신호기》를 그 무렵 원산부 내에서 임호봉(林浩奉) 외 1명에게 배포·반포했다.
25. 장국빈은 앞서 기록한 대로 김종순으로부터 수령한《신호기》를 그 무렵 원산부 내에서 박흥석(朴興錫)에게 배포·반포했다.
26. 송별립은 1937년 2월경부터 1938년 6월경까지 3회에 걸쳐 원산부 내에서 미농지(美

濃紙)[71] 약 5천 장을 구입해 때마다 그것을 이주하, 방용필 등에게 교부하고, 그들로부터 앞에서 기록한 것처럼 불온 문서를 출판·반포하게 했고, 기타 출판 비용, 아지트, 생계비를 제공했고, 1937년 7월 하순경 원산부 내에서 한종하와 함께 노동신문을 인쇄·출판했다.

27. 김국보는 1937년 5월 중순경 원산부 내에서 이주하로부터 의뢰받아 노동신문 출판용 등사용구를 49엔에 구입해 그것을 그 무렵 이주하에게 교부해 노동신문의 출판을 용이하게 했다.

28. 최용달은 1937년 7월 중순경부터 함경남도 안변군 석왕사(釋王寺)에서 이주하에게 김재갑을 동지로 삼아 소개하고 이후 김재갑에게 앞서 기록한 불온 문서의 비밀출판을 감행하게 했다. 또한 이강국과 연락하여 같은 해 12월 (날짜 불상) 경부터 1938년 7월 (날짜 불상) 경까지 경성부 등 내에서 이강국이 독일공산당원 안니로부터 몰래 송달받아 입수한 독일문헌을 조선어로 번역하거나 혹은 이강국이 독일 유학 당시 입수했던 조선공산당 행동요령 번역문 등 모두 치안을 방해할만한 사항을 내용으로 하는 것을 그 무렵 수차례에 걸쳐 원산부 내에서 박주하에게 교부·제공하고 그에게 노동신문 및 다른 곳에 게재·출판·반포하게 했다. 또한 1938년 9월 중순경 경성부 명륜정 이강국 집에서 그에게 그 이전 이주하로부터 수령했던 불온출판물을 사정을 알고 배포·반포했다.

29. 이강국은 최용달과 함께 앞서 기록한 것처럼 독일문헌을 조선어로 번역하거나 혹은 본인이 독일 유학 당시 입수했던 불온 문서를 최용달을 시켜 이주하에게 교부하게 하고, 그러한 원문이나 요지를 노동신문 및 다른 곳에 게재·출판·반포하게 했다. 또한 1938년 10월 (날짜 불상) 경 경성부 화동정 민병옥 집에서 그에게 최용달을 통해 이주하에게서 수령한 불온 문서를 배포·반포했다.

30. 김재갑은 1937년 8월 중순경부터 1938년 10월 중순경까지 전후 수 십 회에 걸쳐 원산부 내에서 노동신문 및 기타 불온 문서를 이주하의 제공에 관련된 등사용구를 사용

---

71 닥나무 껍질로 만든 썩 질기고 얇은 종이의 하나. 일본 기후현(岐阜縣) 미노(美濃) 지방의 특산물인 데서 생긴 명칭이다.

해 등사·인쇄하고, 그 무렵 전후 약 40회에 걸쳐 원산부 내에서 방용필에게 배포·반포했다.

31. 이주하는 1936년 12월 중순경부터 1938년 10월 상순경까지 전후 수 십 회에 걸쳐 경성부 혹은 원산부 내에서 방용필 등과 함께 불온 문서의 기사를 집필하거나 혹은 앞서 기록한 최용달, 이강국으로부터 입수한 불온 문서는 김재갑 등에게 원산부 내에서 등사·인쇄·출판하게 하여 1938년 7월 중순경 불온 문서를 원산부 내에서 최용달에게 배포·반포했다.

32. 김진성은 1936년 12월 중순경부터 1937년 3월 하순경까지 전후 약 6회에 걸쳐 원산부 내에서 노동신문을 등사·인쇄·출판하고, 그 무렵 원산부 내에서 방용필에게 배포·반포했다.

검사 처분, 재판 결과 및 그 연월일: 1939년 8월 31일 방용필 이하 30명 예심 청구, 이주하 이하 2명 기소중지

비고: 치안유지법 위반 및 출판법 위반죄와 병합[72]

관내: 함흥
피의자 성명·직업·연령: 최덕용(崔德龍) 전 선원(船員) 33세
죄명: 군기보호법 위반
범죄 사실의 개요: 1939년 9월 함남 흥남읍에서 남조선 방면으로 취직을 위해 발걸음을 옮겨 도보 중이던 같은 달 11일 오후 1시경 무허가 출입금지 구역 내인 함경남도 영흥군 호도면 소재 영흥만 요새지대 제1구 방어 영조물 시설 구역 내로 침입했다.
검사 처분, 재판 결과 및 그 연월일: 1939년 11월 7일 공판 청구

관내: 함흥
피의자 성명·직업·연령:

---

[72] 방용필 등은 1939년 함경남도 원산에서 조선민족해방통일전선과 적색노동조합원산좌익위원회를 결성해 중일전쟁의 후방을 교란한 혐의로 검거되었다. 형사사건 기록 등이 남아 있다. 국사편찬위원회 편, 2008, 『일제강점기 사회·사상운동자료 해제Ⅱ』, 352~383쪽.

　　　　한봉적(韓鳳適) 노동 31세

　　　　한병구(韓秉珣) 농업 34세

　　　　한주송(韓周松) 농업 26세

　　　　엄윤식(嚴允植) 회사원 28세

　　　　박종순(朴宗淳) 우차(牛車) 운반업 35세

　　　　황석주(黃錫柱) 건축청부 30세

　　　　박순구(朴淳九) 목수 39세

　　　　강승벽(姜承璧) 농업 35세

　　　　이복동(李福童) 노동 26세

　　　　신영용(申英龍) 갱부 25세가량

　　　　현호일(玄昊一) 갱부 40세가량

죄명: 육군형법 제99조 위반, 군기보호법 위반

범죄 사실의 개요:

1. 한봉적은 1937년 4월 초순 함경남도 정평군 귀림면(歸林面) 내동리(內洞里) 93번지의 자택에서 한병구 외 1명과 회합하고, 조선의 독립 및 공산화를 목적으로 한 정평농민조합을 조직하고, 지도기관인 결사를 조직하고, 그 목적 수행을 위해 각종 활동을 했는데, 같은 해 10월 초순 청진부 포항동 163번지 박종순 집에서 박종순과 엄윤식에게 조선 좌익이론을 설명·지도하고, 또 중일전쟁에 관해 중국에서는 소련을 비롯해 세계 각국의 원조를 받아 상당히 장기전을 예상하고 있고, 따라서 일본은 군사적으로나 경제적으로도 전쟁 지속이 불가능하다. 나아가서는 민심이 동요하여 군인의 전쟁의욕 상실 등으로 인해 일본의 패전은 필연적인 것으로, 중일전쟁을 통해 보더라도 일본의 정세는 민심이 동요하고, 이어 군비 및 기타 경제적 위기가 심각화해지고, 반전의식이 농후해 질 것이다. 이런 기회에 우리 계급 운동자는 일-만-지 노동자와 농민이 제휴하여 민족을 개방하고 반전반일투쟁을 전개해야 할 것이라고 운운하며 함부로 말했다.

2. 엄윤식은 1938년 9월 하순 청진부 신암동(新岩洞) 4동 ■■번지 자택에서 한병구에게 장고봉 사건은 군사적으로 봐도 일본의 약한 실태를 폭로하고 완전하게 일본이 패전했다. 이 사건을 통해 보면 소련의 기계화부대 특히 비행부대가 우수했다는 것이 명료

하게 보여졌다. 장고봉에서는 종래 2개의 봉우리가 있었는데 소련의 폭격으로 산의 원형이 완전히 무너져 민둥산이 되었다. 그 전술에서도 소련이 퇴각을 가장해 후퇴하고 일본이 점령하자 비행부대가 폭격했다. 일본은 막대한 손해를 입고 완전히 패전했음에도 불구하고 전승한 듯이 가장해 각지에서 전리품 전람회를 개최하고 있는데, 이것은 일본이 패전한 사실을 위장해 민심을 안정시키기 위한 기만정책이다. 때문에 전쟁의 참해(慘害)와 결부되어 물가가 등귀하고 세금이 증가하는 등 불평불만을 지적하고, 전쟁은 일반 대중에게는 손해로 이익이 없음을 선전하고 반전의식을 고양시키는 핵심이라고 함부로 말했다.

3. 한병구는 앞서 언급한 엄윤식으로부터 들어 알게 된 사실을 1938년 12월 초순 경 한양제 외 2명에게, 같은 달 중순 무렵 한주송에게 각각 전달했다.

4. 한주송은 앞서 기록한 대로 한병구로부터 전해들은 사실을 1938년 12월 중순 정평군 귀림면(歸林面) 내동리(內洞里) 청룡■(靑龍■)에서 한홍국에게, 1939년 2월 13일 정평군 문산면 원봉리 이구■(李龜■) 집에서 이심혁(李心赫)에게 각각 전달했다.

5. 박종순은 1938년 9월 하순 경 청진부 포항동의 자택에서 앞서 기록한 엄윤식에게 범죄사실과 동일한 취지를 한병구에게 함부로 말했고, 또 1939년 2월 하순 자택에서 황석주의 권유에 의해 황석주 등이 조선독립·공산화·군사상 비밀을 탐지 및 수집할 것을 목적으로 하여 조직한 결사전투적공산주의자동맹에 사정을 알고 가입했다.

6. 황석주, 박순구, 강승벽은 1939년 2월 하순 청진부 포항동 147번지 황석주 집에 집합해 인민전선운동방침에 입각해 조선의 독립과 공산화 및 군사상 비밀을 탐지·수집할 것을 목적으로 하는 결사전투적공산주의자동맹을 조직하고, 황석주는 앞서 기록한 대로 박종순을 획득하여 가입시켰다. 박순구는 1939년 4월 초순 함경북도 종성군 주을온면 직동 이복동 집에서 이복동을, 같은 달 하순 청진역 앞 도로상에서 신영용을 각각 획득하여 가입시켰다.

7. 이복동은 같은 해 4월 초순 앞서 기록한 대로 박순구의 권유에 의해 앞서 기록한 결사에 사정을 알고 가입했다.

8. 신영용은 앞서 기록한 시일과 장소에서 박순구로부터 권유받아 위 결사[조직]에 사정을 알고 가입했고, 그 무렵 종성군 주을탄갱에서 현호일을 획득해 해당 결사에 가입시켰다.

9. 현호일은 앞서 기록한 것과 같이 해당 결사[조직]에 사정을 알고 가입했다.

검사 처분, 재판 결과 및 그 연월일: 1939년 10월 26일 한봉적[73]이하 9명 예심 청구, 신영용 이하 2명 기소중지

비고: 치안유지법 위반과 병합

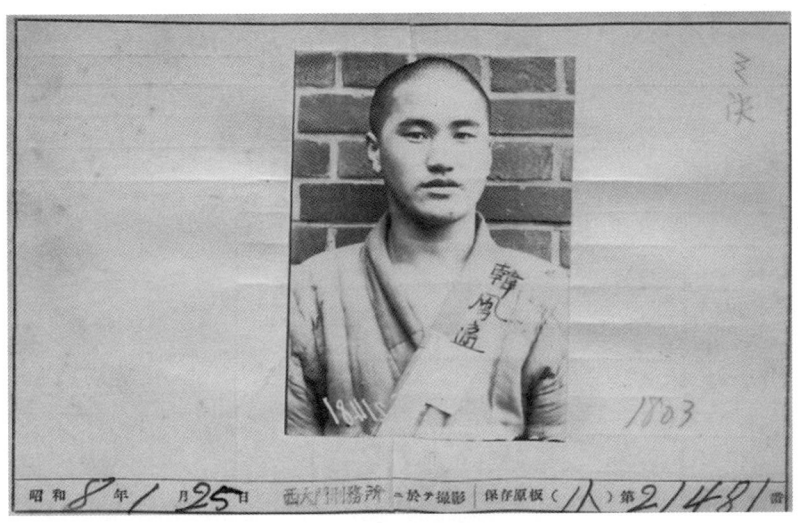

〈그림 13〉 1933년 서대문형무소에 수감되었던 한봉적의 인물카드
출처: 국사편찬위원회, 일제감시대상인물카드 [ia_5866]

관내: 함흥

피의자 성명·직업·연령: 정서복(鄭瑞福) 무직 44세

죄명: 육군형법 제99조 위반, 보안법 위반

범죄 사실의 개요: 1938년 3월경부터 같은 해 음력 9월경까지 강원도 통천군 임남면(臨南面) 다동리(茶洞里) 봉덕당(鳳德堂) 소재 수도장에서 유사종교 청림교(靑林敎)의 포교를 할 때, 김종순(金鍾淳) 외 수십 명에게 정감록의 예언을 인용하며 세상에는 다양한 재화(災禍)가 있는데, 1939년에는 조선 내에서 전란이 발발해 일대 수라장으로 변할 것

---

[73] 한봉적은 정평농민조합운동(定平農民組合運動) 관련으로 1933년 경성복심법원에서 징역 5년을 선고받은 적이 있다. 경성복심법원, 1933. 12. 14, 「1933년 刑控 제8·9·10호 判決: 元會極 등 41인」 참조.

이다. 그때 자신은 금강산에서 내려가 해당 전란을 평정하고 조선을 완전히 독립시키고 계룡산으로 수도를 옮겨 조선의 왕이 되어 군림할 것이다. 또한 그 전화(戰禍)를 면하고자 한다면 자신의 가르침에 따라 수도를 하고 자신의 술법(術法)에 의해 선정된 장소의 지하에 순금을 매몰시켜 둔 '기관(基關)'이라 불리는 것을 건설하고 거기에 피난하는 것 외에 다른 방도가 없다. 위 '기관' 안으로 피난하는 자는 조선 독립의 때에 사람들의 시조가 되고, 교주 아래 고위고관 자리에 취임하게 될 수 있다는 등의 황당무계한 언설을 함으로써 정치에 관한 불온한 언동을 하여 치안을 방해한 것 외에, 그에게 현재 일본은 중국에서 연전연승하고 있지만 가까운 시일내에 국력이 피폐해져 타국에 대항할 여유가 없고, 그때가 되면 침입하는 러시아 때문에 전멸할 것이고, 러시아는 조선 안으로 공격해 올 것이라고 함부로 말했다.

검사 처분, 재판 결과 및 그 연월일: 1939년 12월 9일 예심 청구[74]

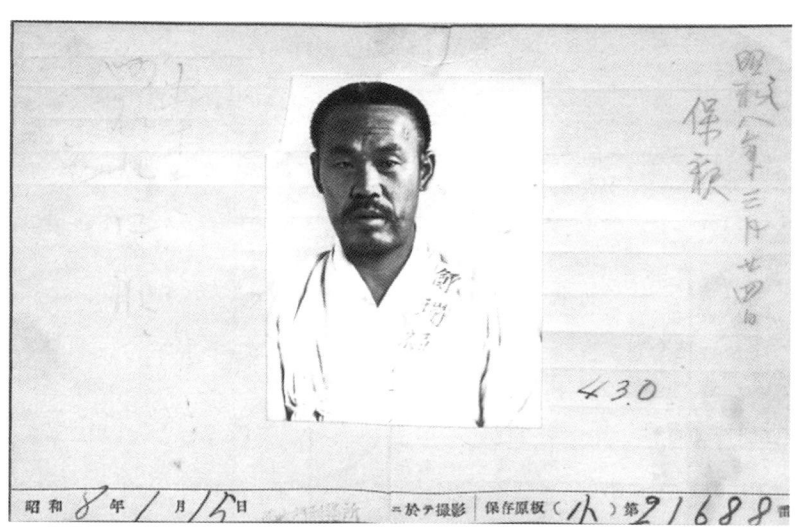

〈그림 14〉 1933년 서대문형무소에 수감되었던 정서복의 인물카드
출처: 국사편찬위원회, 일제감시대상인물카드 [ia_4890]

---

[74] 高等法院檢事局思想部, 1940.3, 「思想犯罪から觀た最近の朝鮮に於ける類似宗教」, 『思想彙報』 제22호, 27~28쪽 등 참조. 정서복은 1933년 청림교 사건으로 검거되어 예심 중에 병보석으로 풀려난 바 있다.

관내: 청진

피의자 성명·직업·연령:

최심용(崔沈龍) 무직 33세

김남섭(金南燮) 양계업 30세

김기준(金基俊) 무직 50세

김주빈(金柱彬) 생선행상 51세

죄명: 군기보호법 위반

범죄 사실의 개요:

1. 최심용은 소련의 스파이가 되어 1935년(昭和 10) 1월 26일경 몰래 조선으로 들어와 함경북도 길주군 합수(合水) 부근의 철도 부설 상황, 정거장 위치 등을 조사하고, 그것을 게페우(GPU) 대장에게 제보했다. 또 1936년 3월 초순 게페우 대장으로부터 조선으로 가서 이미 파견해 둔 부산부 초량정 김남섭(金南燮)에게 가서 그가 탐지·수집한 부산 요항지대 내의 항만 수심, 수륙 상황, 포대 보루 위치, 출입 선박 상황, 석유 창고 위치, 군대의 주둔 유무 등을 그곳에서 무선 전신으로 통신하라는 지명(指命)을 받고 즉시 연락원 김기준(金基俊)과 함께 조선 내부로 들어가 김남섭 집으로 가서 소형 무선 전신기를 그 무렵 허가 없이 김남섭 집에 설치하고 활동을 개시했다. 그런데 무선 전신은 실제처럼 잘 되지 않았으므로 최심용은 부산 항만 상황, 출입 선박 상황, 부두 창고에 군수품이 격납(格納)되어 있는 것, 부산발 열차의 편제·발착 상황 등을 조사한 후 같은 해 9월 9일 국경을 넘어 소련으로 들어갔다. 같은 달 14일 무렵 하바롭스크에 도착해 그 지역 게페우부대의 이와노프에게 제공하고, 그 후 추가로 1937년 1월 7일 조선으로 들어와 몰래 김남섭 집으로 가서 1938년 1월 25일 무렵 소련전에 대비해 일본군이 부산에 상륙했다는 내용의 무선통신을 했다. 이어 같은 해 5월 10일, 11일, 15일 심야에 3회에 걸쳐 무전기를 사용해 중일전쟁 출동 보병대의 군용열차 수를 통신했다.

2. 김남섭은 소련의 밀정(密偵)이 되어 1935년 무렵부터 부산부로 이주했다. 1938년 4월 초순 경까지 일본군 출동부대의 부산출입 상황 및 기타 부산항 부근에서 아군의 군사상의 비밀사항을 탐지·수집하는 반면, 허가 없이 최심용과 함께 1936년 4월 초순경부터 소지하고 있던 무선기를 자택에 설치해 자신이 탐지한 군사상 비밀사항을 최심용에

게 소련으로 무전해 통신하게 했다.
3. 김기준은 소련의 첩자가 되어 부산부에서 김남섭과 함께 아군의 군사상 비밀사항을 탐지·수집했고, 1936년 무렵부터 1937년 3월 초순까지 조선-소련을 왕복하며 소련 관헌과 김남섭, 최심용 사이를 연락하는 임무에 종사했다.
4. 김주빈은 김남섭, 최심용 등이 모두 소련의 첩자로 조선 내로 들어가 활동 중인 자라는 사정을 알면서도 1937년 5월경부터 1938년 1월 무렵까지 수차례에 걸쳐 조선과 소련 사이를 왕복하며 소련과의 연락에 종사했고, 최심용이 용이하게 무선통신할 수 있도록 방조했다.

검사 처분, 재판 결과 및 그 연월일: 1939년 11월 13일 최심용 공판 청구, 기타 기소중지
비고: 무선전신법 위반죄와 병합

관내: 청진(성진지청)
피의자 성명·직업·연령: 최대(崔垈) 방수직공(防水職工) 41세
죄명: 육군형법 제99조 위반
범죄 사실의 개요: 1939년 9월 4일 성진 발 경성행 열차가 함경선 주을역 부근을 통과하던 중 위 열차의 3등 객차에 타고 있던 김용석(金龍石)이라는 자에게

1. 지금 일본군은 만주-소련 국경 호림(虎林) 지방에 다수의 러시아인과 중국인을 사용해 진지와 비행장을 구축 중인데, 위 공사가 종료하면 군의 비밀누설을 방지하기 위해 해당 작업에 종사했던 사람들을 모두 총살하기로 되어 있다. 최근에도 약 10명의 중국인 노동자가 일본 군대에 총살되었다.
2. 최근 일본군은 백계(白系) 러시아인 10명을 몰래 하얼빈을 경유시켜 소련 내부로 보냈고, 소련 군용자동차 부분품을 입수하고자 꾀함으로써 소련 군용자동차의 성능 구조 등을 탐지하고자 노력 중이라는 내용을 각각 함부로 말했다.

검사 처분, 재판 결과 및 그 연월일: 1939년 11월 27일 공판 청구, 1939년 12월 15일 금고 8월 → 232쪽

관내: 해주(사리원지청)

피의자 성명·직업·연령: 우용제(禹龍濟) 생명보험회사 판매원 겸 농업 29세

죄명: 육군형법 제99조 위반

범죄 사실의 개요: 1939년 7월 28일 황해도 신천군 초리면 도명리 정시현(鄭時鉉) 집에서 그에게 보험을 권유했다. 그때 보국저금은 전부 이번 사변의 전비(戰費)로 소모되므로 후일 돌려받을 수 없게 된다는 내용과 추가로 같은 해 8월 5일 오후 1시 무렵 같은 마을에 사는 신치곤(申致坤) 집에서 그에게 앞에서와 같은 내용을 함부로 말했다.

검사 처분, 재판 결과 및 그 연월일: 1939년 11월 21일 공판 청구, 1939년 11월 29일 금고 3월, 1939년 12월 2일 피고인 공소 신청, 1939년 12월 15일 공소 취하

관내: 대구(안동지청)

피의자 성명·직업·연령:

　　　　남상필(南商弼) 무직 40세

　　　　남동주(南東洙) 농업 풍수사 29세

　　　　전상준(全象準) 농업 44세

　　　　최종수(崔鍾壽) 농업 23세

죄명: 육군형법 제99조 위반, 보안법 위반

범죄 사실의 개요:

1. 남상필은 1938년 음력 9월 중순 밤 경상북도 상주군 화북면 임곡리 장명환(張命煥) 집에서 남동수에게 정감록 내용을 설명한 후, 중일전쟁은 그 책에서 말하는 소위 삼재(三災)의 전조로, 장기전이 되면 일본군은 조선에서 패퇴할 것이고 조선 내부는 병란이 되고, 흉작, 악병의 삼재가 연이어 일어나 인민들이 대부분 사멸할 것이다. 그 기회에 편승해 정씨가 계룡산에서 등극해 조선은 독립하고 선도교(仙道敎)를 포교하게 될 것이다. 그 삼재를 피하기 위해서는 지금부터 선도교를 신봉하고 십승지(十勝地, 앞서 언급한 계룡산 부근)로 이주해야 한다는 식의 내용과 추가로 같은 해 음력 10월경 같은 장소에서 전상준에게 앞서의 내용과 같은 취지를 함부로 말했다.

2. 남동수는 1939년 5월 23일경 경상북도 의성군 다인면 달제동 장사곡(張舍谷) 집과 같

은 부락 가도에서 최종수에게 선도교에 입교하도록 권유할 때 남상필과 같은 취지로 함부로 말했다. 추가로 같은 해 7월 15일경 전상준과 함께 최종수에게 마찬가지로 권유했다.
3. 전상준은 남동수와 함께 최종수에게 앞서와 마찬가지로 권유했다.
4. 최종수는 1939년 8월 12일 경상북도 의성군 다인면 달제동 최태연(崔泰淵) 집에서 최태연 외 1명에게 앞서 기록한 것처럼 남동수에게 말한 내용과 같은 취지로 함부로 말했다.

이로써 각각 치안을 방해했다.

검사 처분, 재판 결과 및 그 연월일: 1939년 11월 19일 남상필·남동수 공판 청구,[75] 전상준·최종수 기소유예

관내: 대구(안동지청)
피의자 성명·직업·연령: 나정술(羅正述) 농업 41세
죄명: 육군형법 제99조 위반
범죄 사실의 개요: 1939년 9월 6일 경상북도 고령군 수면봉평동 음식점 장순이 집에서 당시 같은 곳에 마침 있던 김규제(金圭濟) 외 1명에게, 이번 전쟁에서 일본군이 러시아 병력 때문에 20만 몇백 몇십 명을 죽였다고 하는데, 일본은 큰일이다. 또 러시아가 소리가 나지 않는 비행기 30여 대를 조선 내부로 날려 보낸다고 하는데 폭탄을 떨어뜨리면 우리들은 모두 죽는 수밖에 없다는 내용을 함부로 말했다.
검사 처분, 재판 결과 및 그 연월일: 1939년 11월 17일 공판 청구, 1939년 12월 15일 금고 4월, 1939년 12월 16일 피고인 공소 신청, 1940년 1월 17일 금고 4월[76]

---

[75] 국가기록원, 〈독립운동 관련 판결문〉의 '형사사건부'와 '집행원부'에 따르면 남상필과 남동수는 1940년 4월 26일 대구지방법원 안동지청에서 징역 8개월을 선고받았다.
[76] 大邱地方法院安東支廳, 1939.12.15, 「1939년 刑公 제1546호 判決: 羅正述」; 大邱覆審法院, 1940.1.17, 「1939년 刑控 제424호 判決: 羅正述」 참조.

관내: 광주(순천지청)

피의자 성명·직업·연령:

　　남홍술(南洪述) 농업 44세

　　황주성(黃柱性) 농업 53세

죄명: 육군형법 제99조 위반

범죄 사실의 개요:

1. 남홍술은 1939년 8월 4일 전라남도 여수선 기차 안에서 같은 차량에 있던 황주성에게, 현재 일본 정부에서는 오사카부 내 육군화약공장을 건축 중으로 내년 3월경 준공을 예정하고 있다는데, 위 공사장에서 사용할 인부를 조선 각지에서 1만 명 이상 모집할 것이고, 그 공사장 현장 감독이 가까운 시일 내에 조선에 올 모양이라고 함부로 말했다.

2. 황주성은 같은 해 8월 5일부터 같은 달 10일까지 전후 8회에 걸쳐 전라남도 여수군 소라면 복산리 자택 등에서 김병훈(金炳勳) 외 29명에게 앞서와 같은 취지로 전파했다.

검사 처분, 재판 결과 및 그 연월일: 1939년 11월 20일 공판 청구, 1939년 12월 26일 각각 금고 6월 3년간 형 집행유예 → 225쪽

관내: 전주(정읍지청)

피의자 성명·직업·연령: 이완식(李完植) 무직 71세

죄명: 육군형법 제99조 위반

범죄 사실의 개요: 1938년 음력 10월 8일경 전라북도 순창군 복흥면 상송리 215번지 이장환(李章煥) 집에서 이장환과 그의 친동생 이창환(李昌煥) 두 사람과 잡담할 때 이창환이 이번 중일전쟁 발발 이후 일본군이 연승하고 있다는 사실을 지적했고, 이완식이 선전해 온 정감록 비결의 예언이 믿을 가치가 없는 낭설이 아니냐고 반문하자, 이완식은 위 두 사람에게, 전쟁의 승패는 최후를 보지 않으면 알 수 없고, 지금의 중일전쟁도 결국 정감록 예언처럼 최후에는 일본이 중국에게 패전해 멸망하게 될 것이라는 내용을 함부로 말했다.

검사 처분, 재판 결과 및 그 연월일: 1939년 12월 16일 공판 청구, 1939년 12월 21일 금고 6월, 1939년 12월 22일 피고인 공소 신청, 1940년 1월 9일 공소 취하 → 233쪽

11. 「시국관계 범죄에 관한 조사」, 『사상휘보』 23, 1940.6

[본 조사는 전호에 이어 본년(1940년) 1월 1일 이후 5월 말일까지 5개월간 각 지방법원 검사정이 당국에 한 보고에 기초함.]

1) 시국에 직접 관계된 사건

(1) 검사 처분 건수 인원표(생략)

(2) 피의자의 성명, 범죄 사실의 개요, 처분 결과

관내: 경성(춘천지청)

피의자 성명·직업·연령: 김문수(金文壽) 철도국 고원(雇員) 26세

죄명: 육군형법 제99조 위반

범죄 사실의 개요: 위 사람은 1940년 2월 10일 강원도 춘천군 서면 안보리 자동차 정류소에서 같은 마을 손범수(孫範壽) 외 수 명이 육군특별지원병 이인석(李仁錫) 상등병의 특훈을 상찬하고 있는 것을 듣고, 분개·참담해하는 태도를 보였다. 육군특별지원자인 손범수에게 "너도 이번 지원병에 응모했다고 하는데 그것은 구장, 면사무소, 주재소 등에서 강제적으로 권유하므로 지원했을 것이다. 현재는 조선 전국에 걸쳐 그런 모양새이므로 어쩔 수 없는데, 일본인 병사는 부적[神ノ守札]을 가지고 있어서 어쩌면 전사하지 않는지도 모르는데, 지원병은 출정하면 전부 전사하는 듯한데, 쏟아져 오는 탄환 속을 무사히 잠복할 수 있겠는가? 일단 출정하기로 했으니 살아돌아오기를 바랄 수밖에 없다. 내가 근무하고 있는 철도국에서도 5명이 출정해서 4명이 전사하고 말았으니 출정한 전원이 전사한 것이나 마찬가지이다. 당국은 지원병에게도 또 모집시에도 좋은 점만을 보이고 좋은 점만 들려주어 안심시키고 감격시키고 있는데 실제로는 사람이 부족하기 때문에 저런 방법으로 지원병을 모집하고 있다. 이인석 상등병에게 금치훈장(金鵄勳章)을 준 것도 이번 지원병 모집에 이용하기 위함으로, 이번에도 600명을 모집하기로 되었는데 실제로 무모한 이야기이다"라며 함부로 말했다.

검사 처분, 재판 결과 및 그 연월일: 1940년 4월 2일 공판 청구, 1940년 4월 9일 금고 6월

관내: 경성(춘천지청)
피의자 성명·직업·연령: 쓰즈키 시게루(續木 繁) 후쿠오카일일신문(福岡日日新聞社) 경성지국장 40세
죄명: 군기보호법 위반
범죄 사실의 개요: 본사로부터 종군기자 파견 상황상 신설 사단의 편성 등을 탐지하고 싶다는 명령을 받고 1939년 8월 16일 오전 10시경 경성부 용산 소재 보병 제78연대 보충대로 부임해 신설 사단 소속 연대본부 등에서 본사로부터 지시받은 취지를 알리고, 신설 사단의 여단장 및 연대장, 기타 간부의 성명과 출신지를 청취했다. 또 이어서 공병 제20연대 보충대, 기병 제28연대 보충대와 야포병 제26연대 보충대 영문(營門) 부근에서 각각 공무로 외출 중이던 병사들로부터 신설 연대 연대장의 관등성명 및 출신지 등을 청취함으로써, 같은 해 10월경 편성이 완료되었던 신설 제○○사단의 편성 내용을 알게 됨으로써 군사상 비밀을 탐지했다.

같은 달 17일경 지국 내에서 앞서 탐지한 내용과 관련된 신설사단의 편성 내용을 서면으로 적어 같은 날 그것을 항공우편에 부쳐 즉일 본사 조사부에 도달하게 했다. 조사부장 김생희조(金生喜造)에게 그 내용을 이해시킴으로써 자신이 탐지에 관계되었던 군사상 비밀을 타인에게 누설했다.

검사 처분, 재판 결과 및 그 연월일: 1940년 4월 6일 공판 청구, 1940년 5월 10일 징역 1년 2년간 형 집행유예

관내: 경성(춘천지청)
피의자 성명·직업·연령: 최희각(崔熙珏) 무직 20세
죄명: 군기보호법 위반
범죄 사실의 개요: 1939년 12월 20일 오후 7시 무렵 경성부 성북정 109번지 강씨 집에서 김상집(金翔集), 최위열(崔暐烈) 두 명과 본적지의 소식에 대해 잡담하던 끝에 두 사람에게 본적지인 함경남도 ○○군 ○○면에 육군 전용비행장이 신설되어 이미 완성했고 비행

장 내에는 비행기 격납고 및 기타 병사(兵舍) 등도 건설되어 있다. 앞으로 한층 더 확장될 전망이라는 내용과 이어 1940년 1월 7일 오후 7시경 미국인 선교사 앤더슨의 서기인 경성부 인사정(仁寺町) 117번지 김성관(金成寬)을 방문해 잡담 끝에 그 사람에게 앞서 기록한 것과 같은 내용을 말함으로써 우연한 연유로 알게 된 군사상의 비밀을 누설했다. 또한 생활비에 곤궁해진 결과 소련총영사관원의 간첩이 되어 활동할 시 다액의 보수를 얻었고 소련총영사를 면회하고 앞서 기록한 육군 전용비행장에 ■■■■■ 상세히 고지·누설함으로써 소련총영사의 신임을 넓히고 간첩으로서 다시 채용될 것을 기획해 동 총영사에게 면회하고자 같은 해 2월 1일 오전 11시 50분경 경성부 정동정(貞洞町) 15번지 소련총영사관으로 갔으나, 입관전 경찰관에게 검거되었다.

검사 처분, 재판 결과 및 그 연월일: 1940년 5월 9일 공판 청구[77]

관내: 경성
피의자 성명·직업·연령: 후지와라 시오(藤原志男) 점원 20세
죄명: 군기보호법 위반
범죄 사실의 개요: 점원으로서 오사카시 내에서 다수 군수품 공장에 출입한 관계상 그 소재를 알고 있었던 것을 기화로 하여 소련의 간첩이 되었다. 오사카시, 고베시 두 곳에서 육해군대신 소관 군수품공장으로 가서 그 생산능력 등을 조사했다. 또 오사카시가지를 높은 곳에서 촬영한 것을 소련에 누설하고자 기획하여 이에 대한 실행의 예비(豫備) [조치]로서 경성부 정동정(貞洞町) 15번지 소련총영사관으로 가서 영사를 면담한 후 자금 제공을 받고자 하여 해당 영사와 교섭할 때 촬영물을 제시했으므로 1939년 8월 30일 경성부 황금정 3정목 이로니(いろ二)여관에서 편지지에 오사카군사공장 조사 및 기타 6가지 항목에 대해 군사적으로 정탐한 것을 인수했다는 내용의 문서 1통을 작성하고 그것을 휴대해 소련총영사관 문 앞에 두었을 때 검거되었다.

검사 처분, 재판 결과 및 그 연월일: 1940년 1월 6일 공판 청구, 1940년 2월 5일 징역 2년

---

[77] 최희각은 1940년 5월 23일 경성지방법원에서 징역 4년을 선고받았다. 국사편찬위원회 편, 2009, 『일제강점기 경성지방법원 형사사건 기록 해제』, 43~44쪽.

비고: 업무 횡령죄와 병합

관내: 대전
피의자 성명·직업·연령: 박숙제(朴淑齊) 여급 18세
죄명: 육군형법 제99조 위반
범죄 사실의 개요: 1940년 2월 오후 1시 반경 충청남도 공주군 공주읍 본정(本町) 328번지 카페 '가치도키(かちどき)' 식당 홀에서 급식 중이던 방사욱(方思郁) 등에게 교토 부근 거주지에 육군 군인 한 사람이 이번 사변에 응소했는데 일단 소집해제가 되어 고향으로 돌아간 후 다시 소집을 받게 되자 그것을 피해 약 1주일간 어디론가 도주했다. 그 후 자택에 잠복해 가족들에게도 그것을 숨겼던 것을 수사 중이던 헌병에게 발견되었고, 그 헌병은 해당 군인의 목을 베었던 사실이 있다고 한다는 내용을 함부로 말했다.
검사 처분, 재판 결과 및 그 연월일: 1940년 5월 11일 공판 청구 → 247쪽

관내: 함흥
피의자 성명·직업·연령: 정하용(鄭河龍) 석유상[鑛油商] 점원 25세
죄명: 군기보호법 위반
범죄 사실의 개요: 1940년 3월 10일 오전 10시경 조선군 사령관의 허가를 받지 않고 경상북도 영일군 포항읍 포항동 서쪽 끝 약 50미터에 위치한 해발 약 200미터의 이름 없는 산 동쪽 약 180미터의 높이에서 소지했던 미놀타식 소형사진기를 사용해 포항읍과 영일만 일부를 촬영했다.
검사 처분, 재판 결과 및 그 연월일: 1940년 5월 7일 기소유예

관내: 청진
피의자 성명·직업·연령:
     김용운(金龍雲) 화장품상 36세
     박춘혁(朴春赫) 과일상 39세
     이수석(李壽石) 빙설상(氷雪商) 31세

안복금(安福金) 무직 27세

죄명: 군기보호법 위반

범죄 사실의 개요:

김용운, 박춘혁, 이수석은 1940년 4월 무렵 니콜라스 및 연추(煙秋)[78] 소련군 첩보부 등에서 조선에서 우리 일본 제국의 군사상 비밀사항을 탐지·수집하였다. 소련을 위해 첩보하라는 비밀 명령을 받고 이를 승낙하고 모두 소련군 첩보부의 첩보자로서 활동할 의도로 1936년 2월경부터 같은 해 12월 중순경까지 각각 조선 안으로 잠입했다. 1939년 8월 우리 헌병대에 체포되기에 이르기까지

① 원산, 나진 등에서 우리 수송동원 군대의 인원수 및 군용 열차 수

② 제20사단의 출동 유무

③ 원산 요새지대 내 명사(明砂) 10리의 군용 비행장의 위치 및 시설 상황

④ 나진 요새지대 내의 항만의 크기, 수심, 기타 군사시설 상황

⑤ 중일전쟁에서 출동부대의 인마(人馬) 수, 기타 상황

⑥ 원산항 부두의 크기, 수송 인원, 기타 항만 시설 상황

⑦ 장고봉 사건 시 나남헌병 1개 연대 출동 상황

⑧ 원산-웅기 간 일본군대 소재지 및 병과, 병력 수, 군용 비행기 기지, 일본 군함의 출입 상황

⑨ 나진 요새지대 내 포대 설립 계획

⑩ 회령 비행장 상황 및 경흥을 중심으로 하는 국경수비대 상황

등을 조사하고, 그때마다 그것을 연주 소련군 첩보부에 제보하고, 각각 군기를 누설하였다. 그 밖에 원산부 명석동(銘石洞) 박춘혁(朴春赫)의 자택에서 무전기를 설치하고 아군의 군사상 비밀을 누설하고자 하였다.

안복금은 박춘혁의 아내로 조선 내에 있으면서 남편인 박춘혁의 범죄에 가담했다.

검사 처분, 재판 결과 및 그 연월일: 1940년 12월 26일 예심 청구

비고: 치안유지법 및 무선전신법 위반과 병합

---

[78] 러시아 연해주에 있었던 대표적인 한인마을.

관내: 청진(웅기지청)

피의자 성명·직업·연령: 한석조(韓錫祚) 노동 29세

죄명: 국경취체법 위반

범죄 사실의 개요: 허가를 받지 않고 1939년 12월 24일 틀니 영업을 목적으로 출입 제한된 구역인 함경북도 경흥군 경흥면 오봉동(五峯洞)에 침입했다.

검사 처분, 재판 결과 및 그 연월일: 1940년 1월 31일 약식 기소, 1940년 1월 31일 벌금 150엔

비고: 입치(入齒)영업취체규칙 위반과 병합

관내: 청진(웅기지청)

피의자 성명·직업·연령: 강석봉(姜石峯) 노동 25세

죄명: 국경취체법 위반

범죄 사실의 개요: 허가를 받지 않고 1940년 2월 12일 취로(就勞)를 목적으로 출입 제한 구역인 함경북도 경흥군 경흥면 청학동(靑鶴洞)에 침입했다.

검사 처분, 재판 결과 및 그 연월일: 1940년 2월 29일 약식 기소, 같은 날 벌금 20엔

관내: 청진(웅기지청)

피의자 성명·직업·연령: 박달용(朴達龍) 노동 35세

죄명: 국경취체법 위반

범죄 사실의 개요: 허가를 받지 않고 1940년 2월 11일 취로(就勞)를 목적으로 출입 제한 구역인 함경북도 경흥군 경흥면 청학동(靑鶴洞)에 침입했다.

검사 처분, 재판 결과 및 그 연월일: 1940년 2월 29일 약식 기소, 같은 날 벌금 20엔

관내: 평양

피의자 성명·직업·연령:

    김관빈(金官彬) 농업 34세

    이월주(李月疇) 농업 19세

죄명: 육군형법 제99조, 해군형법 제100조 위반

범죄 사실의 개요: 김관빈은 1939년 8월 하순 평안남도 대동군 청용면 양합리(兩合里) 김창준(金昌俊) 집 뜰 앞에서 성명을 모르는 통행인 두 사람과 함께 휴식 중에 그중 한 명이 "최근 신문지상에서는 국적 불명의 비행기 약 70대가 인천을 지나 경성을 습격하고 폭탄 3개를 투하했기 때문에 수명의 부상자를 냈다고 한다"라고 사실무근의 풍설을 듣고 그것을 같은 해 9월 상순 앞에서 언급한 같은 마을의 자택에서 이월주에게 전했다.

이월주는 김관주로부터 앞에서 제시한 풍설을 들은 수일 뒤 같은 달 12일경 같은 마을 자택에서 친구인 히로시마현(廣島縣) 구레시(吳市) 사립(私立) 고분(興文)중학교 재학 중인 김기석(金基錫) 앞으로 보낸 서신 중에 "최근 적 비행기 70대 정도가 인천을 약탈하고 경성을 습격해 3개 소에 폭탄을 투하하고 모 지방으로 달아났는데 폭탄은 공지(空地)에 낙하했기 때문에 부상자가 적었다고 한다"라는 내용을 기재하고 그 무렵 그것을 친구에게 우송했다.

검사 처분, 재판 결과 및 그 연월일: 1940년 2월 26일 기소유예 → 240쪽

관내: 평양(진남포지청)

피의자 성명·직업·연령: 나가시마 미요지(永島美代治) 만주국 군대 기사(技士) 36세

죄명: 육군형법 제99조 위반

범죄 사실의 개요: 1940년 2월 12일 평안남도 용강군 해운면 온정리 여관 정양관(靜養館)에서 미야지마 데이이치(宮島貞一)에게 "이시이(石井)부대는 관동군에도 속하지 않고 대본영에 직속한 비밀부대로, 현재는 가모(加茂)부대로 위명(僞名)해 소재도 전적으로 비밀시되고 있다. 게다가 상공을 비행하는 것은 일본 비행기라도 저격해 떨어트리는 것을 흔히 하고 있다. 모스크 신문지상에 하얼빈을 지난 ○○킬로미터 지점에 가모부대가 있다는 기사가 게재된 것을 들었다"라는 내용과 헌병대의 불심 검문을 받자 "나는 일본군의 항공병 대위로 이시이부대는 관동군에도 속하지 않고 대본영에 직속한 비밀부대이다"라고 운운하며 함부로 말했다.

검사 처분, 재판 결과 및 그 연월일: 1940년 3월 15일 기소유예

비고: 관명(官名)사칭죄와 병합

관내: 평양(진남포지청)

피의자 성명·직업·연령: 김창백(金昌伯) 측량업 45세

죄명: 군기보호법 위반

범죄 사실의 개요: 평양 시내의 지도 작성을 기도하고 일찍이 절친한 사이였던 평양부 상수리(上需里) 12번지 사법서사 김승호(金承鎬)로부터 김승호가 소유한 조선총독부 내무국 토목과가 작성에 관여한 지도를 빌려 받았다. 해당 지도에는 현장에 표식 설치 표시를 했고 육군대신 소관의 평양비행장·군수공장인 평양병기제조소가 명시되어 있어 그것을 복사하기 위해서는 관할 부대장의 허가를 필요로 함에도 불구하고, 위 허가를 받지 않고 평양부 상수구리 204번지 자택에서 1939년 11월 3일부터 1940년 1월 4일까지 합계 20장 정도의 지도를 복사·인쇄·반포(頒布)했다.

검사 처분, 재판 결과 및 그 연월일: 1940년 2월 6일 약식 기소, 1940년 2월 11일 벌금 150엔

비고: 출판법 위반과 병합

관내: 신의주(강계지청)

피의자 성명·직업·연령:

    김명진(金明鎭) 노동 37세

    권택하(權澤河) 소학교 아동 16세

    유인호(柳仁鎬) 소학교 아동 12세

죄명: 육군형법 제99조 위반

범죄 사실의 개요:

1. 김명진은 1940년 1월 16일 오후 3시경 평안북도 강계군 문옥면 문흥동 주류판매업 임봉서(林鳳瑞) 집에서 임봉서의 장남 권택하와 잡담 중 권택하에게 "경찰서에 출입하지 않으면 위인이 될 수 없다"라고 칭하자, 권택하가 어떻게 하면 경찰서에 출입하게 될 수 있는지 질문하자 이에 대해 "이번 전쟁에서 일본이 진다, 일본이 쓰러졌다, 중국이 이겼다 등의 일본에 불리한 문구를 사람들의 눈에 띄는 몇 곳에 기입해 두고 발각되면 경찰서에 출입하게 될 것이므로 이를 실행해야 할 것"이라고 교사(敎唆)했다.

2. 권택하는 위 교사에 입각해 같은 해 같은 달 22일 오후 3시경 전동(前洞) 만포(滿浦) 시내를 왕래하면 빈번히 결빙되는 노면(路面)에 앞에서 기록한 취지의 문구를 새겼다.
3. 유인호는 위의 일시와 장소에서 권택하가 노면에 새긴 불온한 문구를 모방해서 '일본은 바보다'라는 문구를 새겼다.

검사 처분, 재판 결과 및 그 연월일: 1940년 2월 26일 김명진·권택하 공판 청구, 유인호 불기소(죄 없음), 1940년 3월 29일 김명진 금고 6월, 권택하 금고 4월 3년간 형 집행유예

관내: 부산 (마산지청)
피의자 성명·직업·연령: 이태권(李泰權) 무직 24세
죄명: 육군형법 제99조 위반
범죄 사실의 개요: 1939년 12월 10일 경남 마산부 표정(俵町) 문화이발점에서 "육군 특별지원병이 되지 않더라도 생활할 수 있음에도 불구하고 저렇게 지원하는 심경을 이해할 수 없다. 어떤 이유가 있어서 일본인이 출정하는 곳에 조선인이 지원하는 것인가? 조선인의 조국은 조선으로 수 천년의 역사를 가지고 있지 않은가? 그런데도 일본을 위해 어떤 이유가 있어서 지원까지 하고 전쟁에 나가는가? 이런 자들은 조국을 모르는 자이다. 조선총독부에서는 조선인에게 소학교 의무교육을 실시하고 20세가 되면 징병해서 끌어당길 모양인데, 나는 그런 일에는 반대한다. 조선인이 일본을 위해 군인이 되는 것은 의의가 없는 것이다"라고 함부로 말했다.
검사 처분, 재판 결과 및 그 연월일: 1940년 2월 27일 공판 청구, 1940년 3월 12일 징역 10월
비고: 보안법 위반과 병합 → 234쪽

관내: 부산
피의자 성명·직업·연령: 문십영(文十永) 일일 노동자 62세
죄명: 군기보호법 위반
범죄 사실의 개요: 1940년 3월 14일 오후 2시경 허가 없이 해군대신이 군사상 비밀보호를 위해 출입을 금지한 진해 해군항공대 구내에 침입해 해당 구내 임야에서 비쭈기나무

의 가지 하나를 절취(竊取)했다.

검사 처분, 재판 결과 및 그 연월일: 1940년 4월 10일 약식 기소, 1940년 4월 11일 벌금 30엔

비고: 삼림령 위반과 병합

관내: 부산

피의자 성명·직업·연령: 후지타 후사카즈(藤田房一) 고물상 39세

죄명: 요새지대법 위반

범죄 사실의 개요: 1940년 4월 28일 오전 11시경 부산부 본정 5정목 3번지 가시이(香椎)[79] 동상(銅像) 앞에서 허가를 받지 않고 가시이(香椎) 동상 부근에서부터 요새지 내인 부산부 내 복병산(伏兵山) 방면, 부산 제1·제2 잔교(棧橋) 부근으로부터 목지도(牧之島) 방면, 적기반도(赤崎半島) 방면의 각각 수륙 형상을 순차적으로 촬영했다.

검사 처분, 재판 결과 및 그 연월일: 1940년 5월 25일 약식 기소

관내: 부산

피의자 성명·직업·연령: 유완영(柳完永) 또는 유전선일(柳田善一) 목욕탕 잡역부 21세

죄명: 군기보호법 위반, 군항요항규칙 위반

범죄 사실의 개요: 1940년 4월 22일 오전 9시경 허가를 받지 않고 진해 요항부 경역 내인 경상남도 통영군 도산면 수월리 제1구 부락 입구 고개 (해발 약 103미터)에서 제2구 부락을 중심으로 하는 수륙 형상, 해당 마을 견암 고개(犬岩峠) (해발 약 210미터)에서 같은 마을 호혈(虎穴) 부락과 전면(前面)의 입강(入江)을 중심으로 하는 수륙 형상을 각각 촬영했다.

검사 처분, 재판 결과 및 그 연월일: 1940년 5월 28일 약식 기소

---

[79] 가시이 겐타로(香椎源太郎: 1867~1946, 후쿠오카현 출신, 일본인 사업가, 진해의 어장을 인수받아 수산업자로 대성공)를 지칭하는 것으로 추정된다.

관내: 부산

피의자 성명·직업·연령: 김봉줄(金奉茁) 악기 중개판매업 24세

죄명: 요새지대법 위반

범죄 사실의 개요: 요새지대인 부산부 내에서 요새사령관의 허가를 받지 않고,

1. 1939년 4월 (날짜는 불상) 무렵 부산부 범일정 전차정류소 종점 부근에서 도로의 형상
2. 그 무렵 부산부 좌천정 전차정류소 부근부터 통칭 고니시(小西) 성터[城址]의 산악 형상
3. 같은 해 5월 무렵 부산부 좌천정 번지 불상 수풀 근처 상점 부근에서 도로 및 산악 형상

그 밖에 3곳을 촬영했다.

검사 처분, 재판 결과 및 그 연월일: 1940년 1월 31일 약식 기소, 1940년 2월 13일 벌금 40엔

관내: 광주 (순천지청)

피의자 성명·직업·연령: 김채섭(金彩燮) 양약종상(洋藥種商) 37세

죄명: 육군형법 제99조, 해군형법 제100조 위반

범죄 사실의 개요: 1939년 7월 초순 (날짜 불상) 오후 8시경 전라남도 순천군 순천읍 매곡리 127번지 오노 신키치(小野信吉) 집에서 구니미쓰 고로(國光梧樓)에게 "중일전쟁이 성전(聖戰)이라고 하는 것은 구실이다. 일본은 앞서 조선을 취하고 만주를 취하고, 이번에는 또 중국을 취하고자 하여 떠벌리고 있는 것이다." 또 같은 달 20일 오후 11시경 앞에 기록한 곳과 같은 곳에서 오노 신키치에게 신문기사를 가리키면서 "이렇게 대대적으로 보도하고 있는데 이것은 거짓이다. 신문기사는 침소봉대하고 있으므로 실제 손해는 그 절반이다"라고 하였다.

검사 처분, 재판 결과 및 그 연월일: 1940년 월 일 공판 청구, 1940년 4월 12일 금고 4월 3년간 형 집행유예, 1940년 4월 15일 검사 공소, 1940년 5월 14일 금고 4월 벌금 20엔

비고: 약품급약품영업취체령 위반과 병합[80] → 232쪽

---

[80] 김채섭은 1심에서 육해군형법 위반, 약품급약품영업취체령 위반으로 금고 4개월 집행 유예 3년, 벌금 20원에 처했으나, 검사가 공소하여 2심에서 금고 4개월, 벌금 20원을 선고받았다. 광주지방법원 순천지청, 1940.4.12, 「1940년 刑公 제102호 판결: 金彩燮」; 대구복심법원, 1940.5.14, 「1940년 刑控公 제101호 판결: 金彩燮」.

관내: 광주(순천지청)

피의자 성명·직업·연령: 최종희(崔鍾熙) 농업 24세

죄명: 군기보호법 위반

범죄 사실의 개요: 1939년 12월 20일 오전 10시경 표고 약 100미터 남짓인 여수군 여수읍 동정(東町) 1451번지의 높은 곳에서 구(舊) 여수항 내 장군도(將軍島) 부근의 수륙 형상을 미놀타식 사진기로 촬영했다.

검사 처분, 재판 결과 및 그 연월일: 1940년 1월 30일 기소유예

관내: 광주(순천지청)

피의자 성명·직업·연령: 최을동(崔乙洞) 등사판매업소 점원 39세

죄명: 군기보호법 위반

범죄 사실의 개요: 1939년 11월 7일 오후 9시경 목포에서부터 제주도로 향하는 도중 정기선 대서환(大西丸) 내에서 제주도 대정면(大靜面) 하묘리(下摹里) 강영술(姜榮述) 외 1명에게 "1937년 가을 무렵 전남 무안군 도서지에서는 도서(島嶼) 간의 교통이 차단되어 수백 척의 군함이 부근해상에서 대기하고 있다. 이어 항주만 적전(敵前) 상륙을 감행한 것이 있어 해당 도서 지역 일대는 이러한 적전 상륙작전상 중요지점이다"라고 이야기했다. 일찍이 같은 해 2월 18일 무렵 무안군 도초면 부근의 선착장에서 대기중이던 성명 불상의 조선인 남자로부터 우연히 알게 된 군사상 비밀사항을 누설했다.

검사 처분, 재판 결과 및 그 연월일: 1940년 1월 10일 기소유예 → 231쪽

12. 「시국관계 범죄에 관한 조사」, 『사상휘보』 24, 1940.9

[본 조사는 전호에 이어 본년(1940년) 1월 1일 이후 5월 말일까지 5개월간 각 지방법원 검사정이 당국에 한 보고에 기초함.]

1) 시국에 직접 관계된 사건

(1) 검사 처분 건수 인원표(생략)

(2) 피의자의 성명, 범죄 사실의 개요, 처분 결과

관내: 경성
피의자 성명·직업·연령: 박학수(朴學洙) 무직 24세
죄명: 육군형법 제99조 위반
범죄 사실의 개요: 1940년 3월 31일 오후 4시경 경기도 파주군 조리면 죽원리 기독교 예배당 앞 뜰에서 같은 마을 송병기(宋秉基) 및 일본대학 예과생 이송현(李松賢) 두 사람과 잡담 중에 송병기가 지원병이 어떤 것인지를 질문한 것에 대해 "지원병은 교련을 실시해 전쟁터로 출정시키는 것인데 일단 출정하면 전사(戰死)를 면하기 어렵고 살아서 돌아올 전망이 없다. 당사자와 가족을 생각하면 가엾다. 운운"하며 함부로 말했다.
검사 처분, 재판 결과 및 그 연월일: 1940년 4월 24일 공판 청구, 1940년 6월 7일 금고 6월[81]

관내: 경성
피의자 성명·직업·연령: 김의한(金義漢) 러시아정교회 보제(輔祭) 46세
죄명: 군기보호법 위반

---

[81] 坡州警察署長, 1940.4.11, 「朝鮮特別支援兵訓練所生徒募集ニ対スル造言蜚語罪檢擧ニ關スル件」[地檢思想係, 1940, 『(昭和十五年) 思想ニ關スル情報』(12)에 수록] 등 참조.

범죄 사실의 개요: 소비에트 사회주의 공화국 소련 경성총영사관 통역 김동한이 조선에서의 군사상 비밀을 탐지·수집하는 자라는 사정을 알면서도 1935년(昭和 10) 3월경부터 1937년 5월경까지 경성부 내에서 경성상공회의소 발행에 관련된 경제월보 9책, 그 외에 조선총독부 철도국, 조선공업협회가 발행한 잡지, 회보 등을 입수해 그때마다 그것을 김동한에게 교부함으로써 군사상 비밀을 수집했다.
검사 처분, 재판 결과 및 그 연월일: 1940년 4월 30일 불기소(범죄 혐의 없음)

관내: 경성
피의자 성명·직업·연령: 안도신(安道新) 전기공(電工) 33세
죄명: 군기보호법 위반
범죄 사실의 개요: 경성부 목평도 조선 삼화전기토목공사주식회사(朝鮮三和電氣土木工事株式會社)의 전기공인바, 위 회사의 청부에 관계된 ○○육군통신소 전기설비공사를 담당하고 그 공사의 설계서를 업무상 보관 중이던 1940년 2월 19일에 해당 공사를 종료하고 돌아가던 같은 날 오후 7시경 위 설계서를 격납(格納)한 트럭을 나남역 개찰구 부근에 방치한 채 그곳을 이탈했기 때문에 해당 트럭을 타인에게 절취(竊取)시킴으로써 해당 설계서를 보게 했으므로 군사상 비밀사항인 ○○육군통신소의 시설 내용을 타인에게 누설했다.
검사 처분, 재판 결과 및 그 연월일: 1940년 6월 20일 약식 기소, 1940년 6월 29일 벌금 50엔[82]

관내: 경성(수원지청)
피의자 성명·직업·연령: 오진영(吳晉泳) 무직 38세
죄명: 육군형법 제99조 위반, 보안법 위반
범죄 사실의 개요: 이번 사변에서 중국어 통역으로 종군 중에 폐질환으로 조선으로 귀환

---

[82] 형사사건 기록이 남아 있다. 국사편찬위원회 편, 2009, 『일제강점기 경성지방법원 형사사건 기록 해제』, 268~2694쪽 참조. 이에 따르면 복자 처리된 통신소는 '康德'陸軍通信所이다.

했다. 1940년 5월 27일 정오 무렵 경기도 안성군 안성읍 서리 37번지 카페 고레나가 후요(是永フヨ) 집에서 유흥 중에 여급 고마쓰 히사코(小松久子) 외 2명에게 "일본은 지금 중국과 교전 중인데 만약 패전해서 적의 비행기가 조선까지 날아 와 폭탄을 투하하면 조선에 살고 있는 자들은 모두 죽을 것이다. 그렇게 되면 일본은 더욱 곤각(困却)해 질 것이다. 이곳 안성읍 같은 곳은 폭탄 1개로 모두 궤멸할 것이다. 정부는 싸움에 패할 경우 조선을 취할 수 있더라도 버리고 일본 내지만을 지킬 방침이다"라며 함부로 말했다.

검사 처분, 재판 결과 및 그 연월일: 1940년 6월 28일 공판 청구 → 246쪽

관내: 대전

피의자 성명·직업·연령: 양기석(梁基錫) 상업 26세

죄명: 육군형법 제99조, 해군형법 제100조 위반

범죄 사실의 개요: 중국 광동성(廣東省) 증성현(增城縣) 증성에서 식료품상을 운영하다가 조선으로 돌아가던 중 1940년 5월 13일 오후 0시를 넘긴 무렵 대전부 본정(本町) 1정목(丁目) 10번지 찻집 박한규(朴漢圭) 집에서 대전부 욱정(旭町) 송하용(宋河用) 외 6명에게,

1. 광동 방면에서 일본군이 중국인 부락을 점령했을 때 군인들은 중국 주민이 소지한 금품을 약탈했다. 운운
2. 일본군이 중국 포로를 죽였을 때 일본도(日本刀)로 모두 참수(斬首)되어 떨어져 있었다.
3. 일본병사들은 여유가 생기면 수류탄을 지참해 물고기를 잡는 데 사용하는 등 조금도 무기를 아끼지 않았다.
4. 일본 병사들이 중국인 부락을 점령했을 때는 군인이 중국 인민을 마음대로 껴안았다.

라는 내용을 함부로 말했다.

검사 처분, 재판 결과 및 그 연월일: 1940년 6월 17일 공판 청구[83] → 247쪽

---

[83] 양기석은 1940년 9월 4일 대전지방법원에서 금고 1년 집행유예 3년을 선고받았으나, 검사의 공소로 2심에서 금고 10개월에 처분됐다. 양기석이 상고했으나 3심에서 기각되었다. 국가기록원, 〈독립운동 관련 판결문〉의 '형사사건부'; 경성복심법원, 1940.10.29, 「1940년 刑控 제335호 判決: 梁基錫」; 고등법원, 1941.2.17, 「1940년 刑上 제120호 判決」 참조.

관내: 함흥

피의자 성명·직업·연령: 곽춘해(郭春海) 목수 31세

죄명: 육군형법 제99조, 해군형법 제100조 위반

범죄 사실의 개요: 1940년 5월 23일 오후 7시경 함경남도 장진군(長津郡) 신남면(新南面) 하갈우리(下碣隅里) 김기운(金基運) 집에서 위 사람의 조카 김경해(金京海)에게 "일본의 신문 보도에 따르면 장개석은 곧 일본에 항복하고 화평이 실현된다고 하는데, 좀처럼 그렇게 되지는 않을 것이다. 일본은 식량 및 기타 부분에서 10년간 전쟁을 계속 준비해 왔다고 하지만, 장개석은 20년간 준비해 왔기 때문에 조급하게 화평은 실현되지 않을 것이다. 일본 신문 기사는 반 이상은 거짓이므로 신용할 수 없다. 운운 장개석에게는 영국·미국·프랑스·소련 등의 원조국이 있으므로 그 국가에 대한 관계상에서 봐도 일본에 대해 항복할 수 없다"라고 함부로 말했다.

검사 처분, 재판 결과 및 그 연월일: 1940년 6월 13일 공판 청구, 1940년 6월 21일 금고 6월

비고: 중화민국인

관내: 함흥(북청지청)

피의자 성명·직업·연령: 최하환(崔夏煥) 무직 26세

죄명: 육군형법 제99조 위반

범죄 사실의 개요: 1940년 6월 22일 오후 10시경 함경남도 이원군(利原郡) 이원면 남문리(南門里) 이지협(李枝協) 집에서 그 사람 외 2명과 잡담하던 중 그들에게 "최근 일본은 소련 국경에서 지하도를 파서 소련 영토 내로 침입하려 하는데, 소련군이 일본군의 그 터널공사를 감지하고 중요 지점에 하룻밤 사이에 거대한 연와(煉瓦) 2층 건물을 만들어 경비했기 때문에 해당 공사는 중지할 수밖에 없게 되었다. 최근 일본은 혼춘강(琿春江)에서 고무제 선박이나 목선 혹은 발동기 선박을 다수 사용해 빈번하게 강의 상류와 하류를 오가고 있다. 국경 경비를 위해 지극히 분주히 움직이고 있다"라며 함부로 말했다.

검사 처분, 재판 결과 및 그 연월일: 1940년 7월 20일 기소유예

관내: 함흥 (원산)

피의자 성명·직업·연령: 오자키 야오마쓰(尾崎八百松) 어업 49세

죄명: 요새지대법 위반

범죄 사실의 개요: 허가를 받지 않고 1940년 6월 19일 오전 10시 30분경 영흥만 요새지대 제1구에 속하는 함경남도 덕원군 현면 신도리 북방 해면에서 망을 설치하고 어업을 하였다.

검사 처분, 재판 결과 및 그 연월일: 1940년 6월 27일 약식 기소, 1940년 6월 28일 벌금 40엔

관내: 청진 (웅기)

피의자 성명·직업·연령: 김재■(金在■) 용인(傭人) 24세

죄명: 국경취체법 위반

범죄 사실의 개요: 함경북도 경흥군 경흥면 및 노서면 안쪽 국경에서부터 12킬로미터 이내 지역은 함경북도 지사의 허가를 받은 자가 아니면 출입할 수 없음에도 불구하고 허가를 받지 않고 1940년 2월 8일 오전 7시 47분경 친아버지를 방문하기 위해 앞서 기록한 제한구역인 경흥군 경흥면 청학동에 침입했다.

검사 처분, 재판 결과 및 그 연월일: 1940년 2월 29일 약식 기소, 같은 날 벌금 20엔

관내: 청진 (웅기)

피의자 성명·직업·연령: 김동한(金東漢) 무직 19세

죄명: 국경취체법 위반

범죄 사실의 개요: 허가를 받지 않고 출입제한구역인 함경북도 경흥군 경흥면 청학동에서 경흥면 장로동, 하여평동을 통과해 경흥면 하삼동에 침입했다.

검사 처분, 재판 결과 및 그 연월일: 1940년 3월 27일 기소유예

관내: 부산

피의자 성명·직업·연령:

스에하라 모리히코(末原盛彦) 부산부 기사(技師) 47세

고바야시 게이이치(小林敬一) 전 부산부 공수(工手) 37세

오가사와라 히사쓰구(小笠原久次) 전 부산부 공수 41세

고바야시 다모쓰(小林 保) 부산부 기수(技手) 36세

이토 요시오(伊藤義雄) 전 부산부 기수 30세

죄명: 군기보호법 위반

범죄 사실의 개요:

1. 스에하라 모리히코(末原盛彦), 고바야시 게이이치(小林敬一), 오가사와라 히사쓰구(小笠原久次)는 공모한 후 허가를 받지 않고 1939년 3월 하순 부산부 토목과 항만계에서 진해만 요새사령부의 검열이 끝나고 조선총독부가 작성에 관계한 부산부 내 수륙 형상 및 시설물 상황을 조사한 부산시가지 계획 평면도(축척 15,000분의 1)를 유지(油紙) 1장에 복사했다. 그것을 부산항세 일람도로 표기하여 그것을 원도(原圖)로 1장을 작성한 후, 추가로 그 무렵 항만계실에서 위 부산항세 일람도 원도를 감광지(感光紙) 1장에 착색하여 그것을 복사했다.

2. 고바야시 다모쓰(小林 保)는 앞서 기록한 부산항세 일람도의 원도가 위와 같이 허가 없이 복사되었다는 것을 모두 알면서도 같은 해 9월 부산부 토목과 공무계실에서 이토 요시오(伊藤義雄)에게 교부했다.

3. 이토 요시오(伊藤義雄)는 같은 달 부산부 토목과 도시계획계실에서 고바야시 다모쓰로부터 교부받은 부산항세일람도의 원도를 감광지 2장에 착색하여 복사했다.

검사 처분, 재판 결과 및 그 연월일: 1940년 6월 28일 전부 기소유예

관내: 광주

피의자 성명·직업·연령: 김기운(金基云) 농업 33세

죄명: 육군형법 제99조, 해군형법 제100조 위반, 보안법 위반

범죄 사실의 개요: 타인에게서 북두칠성을 존신(尊信)하고 성심껏 기도하면 무병식재(無病息災)·행복한 생활을 누릴 수 있다고 가르침 받고 그것을 맹신해 온 자이다. 1939년 9월 초순 무렵 오후 2시경 광주부 천정(泉町) 36번지 신주식(申周植) 집 마루에서 그에게

"현대는 말세로 지금의 가뭄이 계속되고 먹을 것이 결핍되고 악병이 유행하고 인류는 모두 사멸하기에 이를 것이다. 이번 중일전쟁에서 일본군이 중국 전영토를 점령했다고 자랑하고 있지만 이번 가뭄과 악병으로 병사들도 종국에는 사멸할 것이고, 결국 일본이 패전에 이를 것이다. 그때에는 조선이 독립해 이왕전하가 조선에 돌아오셔서 황제가 되시고 학생·생도가 전부 군인이 될 것이다. 그리고 북두칠성 신자는 악병에 걸리는 일 없이 살아 남아 개국 공신이 되어 행운을 누릴 것이다."

"일본이 계속 중국병사들을 섬멸시키고 연전연승하고 있다고 선전하고 있지만 원래 일본 병사력은 적고 영토가 협소한 것에 반해, 중국인 인구도 많고 토지 또한 광대하여 몇십 배에 달한다. 도저히 일본이 적으로 삼을 상대가 아니므로 최후에는 일본이 패전하기에 이를 것이다"라고 함부로 말했다.

검사 처분, 재판 결과 및 그 연월일: 1940년 6월 1일 공판 청구, 1940년 6월 10일 징역 8월[84] → 246쪽

---

[84] 光州地方法院, 1940.6.10, 「1940년 刑公 제 772호 判決: 金基云」 참조.

13. 「시국관계 범죄에 관한 조사」, 『사상휘보』 25, 1940. 12

[본 조사는 전호에 이어 본년(1940년) 8월 1일 이후 11월 말일까지 4개월간 각 지방법원 검사정이 당국에 한 보고에 기초함.]

1) 시국에 직접 관계된 사건

(1) 검사 처분 건수 인원표(생략)

(2) 피의자의 성명, 범죄 사실의 개요, 처분 결과

관내: 경성

피의자 성명·직업·연령: 오우사카 사다이치(逢坂定一) 치과의사 28세

죄명: 군기보호법 위반

범죄 사실의 개요: 부산부에서 치과의 개업 중에 이번 사변에 응소했는데 올해 1월 소집 해제가 되어 다시 치과업무에 종사하던 자인 바, 응소전에 비해 영업 실적이 오르지 않고 점차 생활에 불안을 느끼게 이르러, 이를 타개할 방책을 밤낮 고민한 끝에 앞서 응소 중 진해요새사령부 관할 ○○포대의 위병근무에 복무했던 적이 있어 업무상·군사상 비밀사항을 알게 되었던 것을 기화로 그것을 외국을 위해 행동하는 자에게 누설해 다액의 보수를 얻고자 기획하였다. 1940년 7월 중순 자택에서 앞서 기록한 포대의 상세한 조감도 1장과 포대의 위치, 면적, 지형, 경비상태, 상륙지점, 보초위치 장소, 방법, 수비원칙, 전투부대명, 사진 촬영에 적합한 지점, 기타 조감도에 대한 매우 상세한 해설서 1통을 작성해, 같은 달 28일 이를 지참해 경성부 소련총영사관에 가서 위 총영사에게 그것을 팔 교섭을 하고자 총영사관으로 갔으나 출입 전 검거되었다.

검사 처분, 재판 결과 및 그 연월일: 1940년 9월 14일 예심 청구

비고: 일본인

관내: 경성(원주지청)

피의자 성명·직업·연령: 조병태(趙柄泰) 사진업 22세

죄명: 군기보호법 위반

범죄 사실의 개요: 1940년 5월 23일 허가를 받지 않고 강원도 울진군 울진면 죽변리 소재 죽변등대의 남방에 위치한 해발 28.1미터의 용추갑(龍湫岬) 정상에서 가지고 있던 사진기를 이용해 위 갑(岬) 부근 해면과 작은 섬을 배경으로 해서 친구를 촬영했다.

검사 처분, 재판 결과 및 그 연월일: 1940년 9월 30일 약식 기소, 1940년 10월 4일 벌금 50엔

관내: 대전

피의자 성명·직업·연령: 평산응모(平山應摸, 히라야마 오모)[최응모(崔應摸)] 한약 약재상 51세

죄명: 육군형법 제99조, 해군형법 제100조, 보안법 위반, 불경죄

범죄 사실의 개요: 1940년 4월 중순 (일자 불상) 충청남도 논산군 연산면 연산리 김영삼(金泳森) 집 점포에서 김영삼 외 2명에게 "일본은 조선을 삶아 먹을 듯이 병합하고 이번에는 중국을 불태워 죽여 먹을 듯이 침략해 가고 있다. 소를 밖에 묶어둔 것처럼 지금의

〈그림 15〉 1940년 서대문형무소에 수감된 최응모의 인물카드
출처: 국사편찬위원회, 일제감시대상인물카드 [ia_5642]

천황 폐하[今上陛下]의 정권을 조선으로부터 빼앗고 정감록에서 말하는 이른바 정씨가 왕으로 끌고 오지 않으면 안 된다"라며 함부로 말했다.

검사 처분, 재판 결과 및 그 연월일: 1940년 8월 29일 공판 청구, 1940년 9월 27일 징역 1년 6월, 피고인 공소[85]

관내: 대전
피의자 성명·직업·연령: 향원태환(香原泰煥, 고하라 다이칸)[조태환曺泰煥] 광산 고용인, 41세
죄명: 육군형법 제99조, 해군형법 제100조 위반
범죄 사실의 개요: 1940년 8월 18일 충청북도 충주군 소태면 복탄동 오복광산 합숙소에서 북천승 외 수 명과 음주하던 중 그에게 "일본 군대가 아무리 강하더라도 우리 조선인이 협력하지 않으면 이번 사변에서 질 것이다"라고 함부로 말했다.
검사 처분, 재판 결과 및 그 연월일: 1940년 9월 28일 공판 청구, 1940년 10월 16일 징역 1년 6월, 피고인 공소

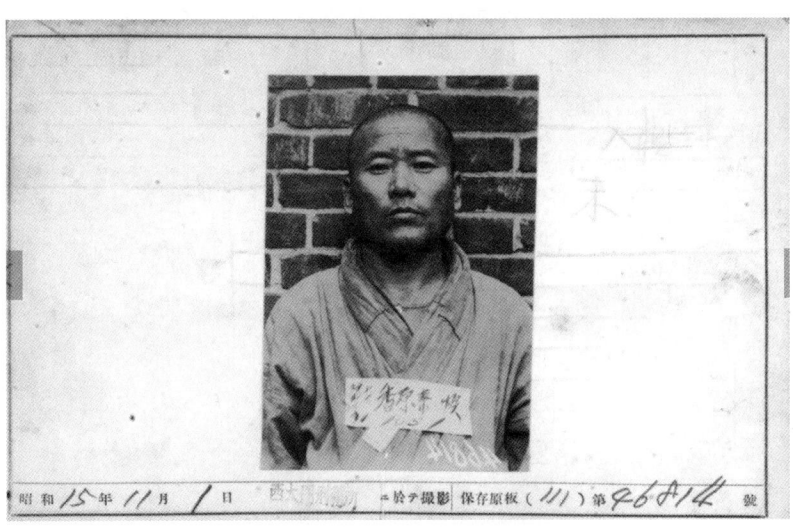

〈그림 16〉 1940년 서대문형무소에 수감된 조태환의 인물카드
출처: 국사편찬위원회, 일제감시대상인물카드 [ia_5986]

---

[85] 2심에서 피고인의 공소는 기각되었다. 京城覆審法院, 1940.11.19, 「1940년 刑控 제362호 判決: 平山應摸」 참조. 본명은 판결문에 의한다.

비고: 보안법 위반, 불경죄와 병합[86]

관내: 함흥
피의자 성명·직업·연령: 영원성호(永原誠瑚, 나가하라 세이코) 어업조합 서기 25세
죄명: 육군형법 제99조, 해군형법 제100조 위반
범죄 사실의 개요: 1940년 7월 8일 함경남도 홍원군 홍원면 학남리 신동진(申東鎭) 집 상방(上房)에서 친구인 안전임(安田稔, 야스다 미노루) 외 3명과 창씨 문제에 관해 잡담하던 중 그에게 "중일전쟁에서 다수의 전사자를 내었으므로 일본에서는 다수의 과부가 생겼고, 그 조치에 곤혹스러워하던 결과 그 방책으로 조선인에게 창씨하게 해 창씨한 자에게 일본인 과부를 재혼시킬 계획으로, 이번 창씨제도를 실시하기에 이른 것일 것이다"라고 함부로 말했다.
검사 처분, 재판 결과 및 그 연월일: 1940년 9월 16일 기소유예

관내: 함흥
피의자 성명·직업·연령: 김광덕태랑(金光德太郎, 가네미쓰 도쿠타로) 자동차 도매상 25세
죄명: 군기보호법, 요새지대법 위반
범죄 사실의 개요: 영흥만 요새사령관으로부터 원산부 내에서 사진촬영 허가를 받고 그 허가조건으로 광범위한 지형의 촬영은 금지되고, 또 해군대신 또는 요항부 사령관의 허가를 받지 않은 채

1. 1940년 5월 4일 3회에 걸쳐 친구를 촬영할 때 그 배경에 함경남도 ■■군 ■■반도 소재 해군비행장 및 영흥만 요새지대인 ○○반도 및 그 부근의 신도(薪島) 등 광범위하게 걸친 수륙의 형상[을 촬영했다].
2. 같은 달 11일 2회에 걸쳐 친구를 촬영할 때 그 배경에 위 신도 부근의 광범위한 수륙 형

---

[86] 피고인의 공소, 상고는 모두 기각되었다. 京城覆審法院, 1940.12.3, 「1940년 刑控 제393호 判決: 香原泰煥」; 高等法院, 1941.2.20, 「1940년 刑上 제125호 判決: 香原泰煥」 참조. 본명은 판결문에 의한다.

상을 촬영했다.

검사 처분, 재판 결과 및 그 연월일: 1940년 9월 16일 약식 기소

관내: 청진
피의자 성명·직업·연령: 히메누마 데이치로(姬沼貞次郞) 무직 24세
죄명: 병역법 위반
범죄 사실의 개요: 1938년 7월 30일 갑부(甲府)연대구 징병서에서 징병검사를 위해 요코하마시장으로부터 그 출원(出願)을 명 받았으나 당시 미야자키현(宮崎縣) 우스키군(臼杵郡) 모로즈카무라(諸塚村)에 거주하고 있었기에 징병검사에 출두해 수검할 수 없었는데, 같은 해 10월 말 경 위 거주지에서 본적지인 요코하마시 나카구(中區) 나카무라초(中村町)로 돌아왔으나 고의로 병역을 면하기 위해 도망할 것을 기획해, 1939년 2월 무렵 조선으로 건너가 청진부 심굴조(深堀組, 후카보리구미) 공사장에서 공사에 종사하고 있었는데, 갑부연대구에서는 1939년도 징병검사를 그 해 7월 18일 요코하마 일본해원회관에서 시행하기로 되었고, 그 소재(所在)에 대해 앞서 기록한 요코하마시 시장 또는 징병검사소 소관관서에 신고서를 내도록 되었기 때문에 검사 고지의 통보를 할 수 없게 되었을 뿐만 아니라 당시 검사 시행 시일 및 장소를 위 공사장에서 이미 지인으로부터 들어 알고 있었으므로 위 검사에 출두해야 했음에도 불구하고 위 공사장에 계속 잔류함으로써 병역을 면하기 위해 도망·잠적했다.

검사 처분, 재판 결과 및 그 연월일: 1939년 12월 23일 예심 청구, 1940년 5월 31일 징역 1년 6월
비고: 일본인, 사기[죄]와 병합

관내: 청진(웅기지청)
피의자 성명·직업·연령: 스기야마 쓰네지로(杉山常次郞) 치과의사 32세
죄명: 요새지대법 위반
범죄 사실의 개요: 요새사령관의 허가를 받지 않고 나진항 요새지대 제1구에 속하는 적도(赤島)의 지형 및 그 위치 등을 배경으로 삼아 어선(漁船)·인물 등을 소지하고 있던 사

진기로 촬영했다.
검사 처분, 재판 결과 및 그 연월일: 1940년 8월 13일 약식 기소, 같은 날 벌금 30엔
비고: 일본인

관내: 청진(웅기지청)
피의자 성명·직업·연령: 오국향(吳菊香) 양복 직인 22세
죄명: 국경취체법 위반
범죄 사실의 개요: 만주국에서 조선으로 돌아가기 위해 두만강을 헤엄쳐 건너 조선으로 들어간 후 함경북도 지사의 허가 없이 함경북도 경흥군(慶興郡) 경흥면과 경흥군 노서면(蘆西面) 태암동(台岩洞)에 침입했다.
검사 처분, 재판 결과 및 그 연월일: 1940년 7월 11일 공판 청구, 1940년 7월 17일 징역 2월

관내: 평양
피의자 성명·직업·연령: 이경모(李敬模) 무직 28세
죄명: 육군형법 제99조
범죄 사실의 개요: 1940년 7월 24일 오후 2시경 평양부 서축산(瑞築山)공원 무덕전(武德殿) 앞 광장에서 김연상(金演商) 외 7~8명에게

1. 장개석은 실로 위대한 사람이다. 만약 중일전쟁이 3년이나 늦어졌다면 일본은 장개석을 격파할 수 없게 되므로 일본은 연습 시 불법으로 공격해서 전쟁을 개시하고 장개석을 멸하고자 중일전쟁을 일으킨 것이다.
2. 장고봉 사건은 만약 일본이 저항했다면 일본은 즉시 멸망했을 것이다. 소련은 멋진 무기를 가지고 있지만, 일본의 무기는 유치하기 때문에 무저항주의를 취한 것이다. 그리고 일본의 일개 소위가 연대장을 향해 공격하고 싶다고 말하고 말한 바, 너가 진격해서 [먼저] 공격하고 싶다면 이 앞에서 할복하라고 말하며 질책했다고 하는데, 그만큼 일본의 국력이 쇠퇴한 것이다. 다행히 독일이 이면에서 문제가 커지지 않도록 원만히 해결해 준 것이다. 그 시기 신문에서는 일본의 희생자는 근소한 것처럼 발표했지만 실제로

는 그렇지 않다. 장고봉 산의 형세가 바뀔 정도로 수많은 희생자를 배출했다. 일본의 신문은 신용할 수 없다.

라고 함부로 말했다.

검사 처분, 재판 결과 및 그 연월일: 1940년 10월 31일 예심 청구

비고: 절도[죄]와 병합

관내: 평양

피의자 성명·직업·연령: A.E. 차드웰[87] 선교사 47세

죄명: 군기보호법, 육군형법 제99조 위반

범죄 사실의 개요: 평양부 창전리(倉田里) 26번지 소재 평양성공회 사제(司祭)가 되었는데

1. 군사상 비밀을 요하는 사항인 것을 인지하면서도 위 자택에서

 1) 1937년 10월 11일 평양헌병분대 2등헌병보 김이섭(金履燮)에게 "지난 토요일(10월 9일) 저녁 평양 ○○연대의 군인은 대부분 출정한다고 하는데, 몇 명 정도인가? 또 대신 입영하기도 하는가?"라고 작전 수송 및 군 동원 실시 내용을 질문했다.

 2) 1938년 봄 무렵 당시 평양역에서 출정 군대의 환영·환송을 한 한정숙(韓貞淑)에게 "병력이 얼마 정도 갔는가?"라고 하며 군용열차 수 및 수송 인마(人馬), 물건의 종류, 수량 등을 질문했고 이로써 군사상 비밀을 탐지하고자 했으나, 위 두 명이 알지 못했기에 대답하지 못해서 그 목적을 달성하지 못했다.

2. 앞에서 제시한 자택에서

 1) 1937년 히라이 시로(平井志朗)에게 "일본군은 현재 이기고 있을 테지만, 상당 부분 지고 있기도 하다. 전쟁이 길게 지속된다면 최후에는 질 것이다. 중국군은 항상 내전(內戰)으로 인해 실전 경험이 있고 군대 훈련도 이루어져 있지만, 일본은 만주사변 이후 실전에 참가하지 않은 상태이다."

 2) 같은 해 10월 11일 앞에서 제시한 김이섭에게 "일본은 전쟁에 대해 광인(狂人)처럼 실

---

[87] Arthur Earnest Chadwell(車愛德, 1892-1967)을 지칭하는 것으로 보인다.

로 무지한 나라이다. 일본은 전쟁에 의해 무엇을 얻으려 하는가?"

3) 1937년 겨울 무렵 최기환(崔基煥)에게 "일본의 병력들은 모두 좋아서 전쟁을 하고 있는 것이 아니다. 상관의 명령과 권력에 매여 응하지 않을 수 없어 출정한 병력이 많이 있다."

4) 1938년 3월 9일 평양헌병분대 통역 김병준(金 炳俊)에게 "일-소 국교문제는 악화되고 있다. 소련은 일본과 전쟁하는 것을 피하고 있는데, 일본은 가능한 한 이유를 마련해 전쟁을 할 것으로 생각한다"라고 전제하고,

① 중일전쟁은 4년 정도 걸릴 것으로 생각되는데, 그렇게 되면 일본은 반드시 패전한다.

② 일본국민은 모두 좋아서 전쟁하고 있는 것이 아니다. 내가 친구에게서 들은 얘기에 따르면 고베에서 일본 군인이 중국과 전쟁하는 것에 반대해 일본군인 동지가 서로 싸운 사실이 있었다고 한다. 때문에 중일전쟁이 4년이나 걸리면 ㅇ리본은 반드시 내란과 혁명이 일어날 것으로 생각된다.

5) 앞에서 제시한 최기환에게

① 1939년 9월경 "동아일보에서는 이번의 중일전쟁에서 일본군이 중국군의 비행기를 몇 대 추락시켰다며 어쨌든 일본군이 전승하고 있는 듯 보도하고 있는데, 사실인지 아닌지는 알 수 없다. 또 가령 그것이 사실이더라도 전쟁이 오래 걸릴 것으로 생각되므로 일시적 전승으로 일본군이 최후의 전승을 얻을 것이라고 말할 수는 없다."

② 1939년 10월경 (날짜 불상) "이번 동아일보에서는 일본이 이기고 있는 것처럼 보도하고 있지만 한 친구에게서 들은 바에 따르면 일본군은 북중국에서 패전하고 있다고 한다."

"친구로부터 들은 바에 의하면 남중국의 작전에서 일본군은 다수의 사상자를 내었다. 그 수는 사변 이후 총 사상자와 대체로 같다."

6) 앞에서 제시한 성공회 차부제(次副祭) 유두수(劉斗壽)에게

① 1940년 1월경 날짜 불상

"중국으로부터의 라디오뉴스에 따르면 이번 중일전쟁에서 중국군이 이기고 있는 듯이 방송하고, 일본의 신문에서는 그것과 반대로 일본군이 이기고 있는 듯이 보도하고 있는데 한 친구의 이야기에 따르면 역시 중국군이 이기고 있다고 한다."

② 1940년 6월 상순 날짜 불상 "지금의 신문(동아일보를 지칭)은 믿을 수가 없다. 일본은 독일이나 이탈리아와 방공협정을 체결하고 있는 관계상 모두 자국의 상황에 좋은 것만을 기재하고 있다."

7) 1940년 월일 불상 장림(長林)성공회 사제 황석희(黃奭熙)에게 "이쪽 신문은 일본이 연전연승하고 있는 듯이 기록하고 있지만, 외국 뉴스는 그렇지 않다. 일본도 대패한 것처럼 전하고 있다."며 함부로 말했다.

검사 처분, 재판 결과 및 그 연월일: 1940년 11월 6일 공판 청구

비고: 무선전신법 위반과 병합

관내: 대구(상주지청)

피의자 성명·직업·연령: 정영우(鄭永祐) 농업 51세

죄명: 육군형법 제99조, 해군형법 제100조 위반

범죄 사실의 개요: 1940년 1월 28일경 경상북도 예천군 보문면 신월동 이무출(李戊出) 집 거실에서 이무출 외 2명에게 "현세는 일본-중국 양국간 지속되는 전란, 작년의 가뭄에 의한 흉작, 또 악병·경질 유행 등으로 전사자, 아사자, 병사자가 속출하고 있다. 일본인은 원래 세계(일본, 조선, 중국을 지칭) 인류가 대부분 사망하고 이러한 현재의 난세(亂世)가 앞으로 2년이나 경과하면 멸망에 이를 것이다"라고 함부로 말했다.

검사 처분, 재판 결과 및 그 연월일: 1940년 8월 5일 공판 청구, 1940년 8월 29일 금고 4월 2년간 형 집행유예

관내: 대구(안동지청)

피의자 성명·직업·연령: 신정종근(新井宗根, 아라이 소네)[박종근朴宗根][88] 무직 18세

죄명: 육군형법 제99조, 해군형법 제100조 위반

범죄 사실의 개요: 1939년 12월경 경상북도 의성군 안계면 위양동(渭陽洞) 변재■정(卞在■) 집과 위양동의 동산(東山) 고지(高地) 등에서 수차례에 걸쳐 고성인구(高城仁求, 다

---

88 국사편찬위원회, 『한국사데이터베이스_일제감시대상인물카드』에 의한다.

카조 진큐) 외 수 명에게 "신문은 붓을 모아서[=보조를 맞춰서] 일본군의 연승[連捷]을 보도하고 있지만, 그것은 이른바 선전 전술로, 사실 일본군이 있는 곳에서도 희생자 수가 수 십 만에 달하는 것이 실상이다. 전쟁의 장기화에 수반하여 소련은 장개석 정부를 원조하는 책략을 쓰고 있다. 일본의 위기 도래는 필연적이다"라고 함부로 말했다.

검사 처분, 재판 결과 및 그 연월일: 1940년 10월 12일 공판 청구, 1940년 10월 31일 징역 2년

비고: 치안유지법 위반과 병합

〈그림 15〉 1941년 인천소년형무소에 수감된 박종근의 인물카드
출처: 국사편찬위원회, 일제감시대상인물카드 [ia_2265]

관내: 부산

피의자 성명·직업·연령: 대원춘무(大原春茂, 오오하라 슌모) 라디오 판매업 25세

죄명: 요새지대법 위반

범죄 사실의 개요: 요새사령관의 허가를 받지 않고 진해 요항지대인 경상남도 동래군 남면 중리(中里) 해운대 호텔 뒤 해안 부근과 해운대 동쪽 일대의 수륙 형상을 배경으로 삼아 친구를 소지하고 있던 사진기로 필름 4장에 촬영했다.

검사 처분, 재판 결과 및 그 연월일: 1940년 8월 30일 약식 기소, 1940년 8월 31일 벌금 50엔

관내: 부산

피의자 성명·직업·연령: 니시야마 요시오(西山良夫) 우편국 사무원 24세

죄명: 요새지대법 위반

범죄 사실의 개요: 요새사령관의 허가를 받지 않고 진해 요항지대인 경상남도 동래군(東萊郡) 남면(南面) 재송리(載松里) 수영(水營) 해수욕장에서 부근의 수륙 형상을 배경으로 삼아 친구를 필름 2장에 촬영했다.

검사 처분, 재판 결과 및 그 연월일: 1940년 9월 2일 약식 기소, 1940년 9월 3일 벌금 30엔

비고: 일본인

관내: 부산

피의자 성명·직업·연령: 스즈키 가쓰로(鈴木克郞) 나사상(羅紗商)[89] 26세

죄명: 요새지대법 위반

범죄 사실의 개요: 요새사령관의 허가를 받지 않고 진해 요항지대 제3구의 경계선에서 바깥 쪽 3,500칸(間) 이내의 구역인 부산부 남부민정 송도가도(松島街道)에서 서쪽 산을 배경으로 경상남도 동래군 남면 재송리(載松里) 수영(水營) 해수욕장에서 부근의 수륙 형상을 배경으로 삼아 친구를 필름 2장에 촬영했다.

검사 처분, 재판 결과 및 그 연월일: 1940년 11월 16일 약식 기소

비고: 일본인

관내: 부산(통영지청)

피의자 성명·직업·연령: 대산민청(大山珉淸, 오오야마 민세이) 농업 겸 어업 36세

죄명: 요새지대법 위반

범죄 사실의 개요: 요새사령관의 허가를 받지 않고 진해 요항지대 제1구 안쪽인 경상남도 통영군 장목면 유호리(柳湖里) 저도(猪島) 부근에서 어로(漁撈)를 했다.

---

[89] 방모(紡毛) 직물을 파는 상점을 의미한다.

검사 처분, 재판 결과 및 그 연월일: 1940년 9월 30일 약식 기소, 1940년 10월 2일 벌금 50엔

관내: 전주
피의자 성명·직업·연령:
  에구치 스에오(江口末南) 소목[持物大工] 29세
  노나카 게사(野中今朝) 소목 30세
죄명: 군기보호법 위반
범죄 사실의 개요: 두 사람은

1. 어용선에 관한 사항이 육군의 군사상 비밀에 속하는 것임을 숙지하면서도 1940년 2월 28일부터 같은 해 3월 23일까지 어용선 소광환(昭光丸) 외 3척이 군산항에 입항하는 것을 목격하고 군산 세관 지서 구내 물길안내인 조합 사무소 앞에서 빈 가마니 하역 작업 중이던 그 어용선이 몇 시 무렵 재입항하는지를 확인해 보고자 하여 그 선박 이름, 선적, 번호, 입항 월일을 소지하고 있던 수첩에 각각 녹취했다.
2. 군용 말먹이에 관한 사항이 군사상 비밀에 속하는 것임을 알면서도 1940년 3월 11일 오후 3시경 군산세관 지서 구내에서 같은 곳에 야적(野積)되어 있던 말먹이인 야건초(野乾草)의 수량을 계상하고 그것이 15더미인 것을 탐지하고, 해당 말먹이 전부를 하역하는데 몇 대의 어용선이 필요한지를 확인하고자 하였으므로 이로써 육군의 군사상 비밀사항을 각각 탐지했다.

검사 처분, 재판 결과 및 그 연월일: [에구치 스에오] 1940년 8월 31일 공판 청구, 1940년 9월 12일 징역 8월, 검사 공소, 1940년 10월 9일 징역 8월 [노나카 게사] 1940년 8월 31일 기소중지
비고: 일본인

Ⅳ

일본 내무성 경보국 자료

1. 『특고월보』, 1937.7~9

1) 「지나사변(중일전쟁)에 대한 재일'조선인의 동정(動靜)_ 유언비어」, 1937.7

교토부(京都府) 내에 조선인들 사이에서 "이번 중일전쟁에 관해 각 우편국의 저금이 전부 군사비로 사용되므로 조만간 인출 제한 혹은 정지가 될 것이다"라는 유언비어가 유포되어, 최근 교토부에 거주하는 조선인들이 인출하는 사례가 급증하는 듯한 모양이다. 유언비어의 출처에 대해 내부 정탐 중이다.

2) 「지나사변(중일전쟁)에 대한 재일조선인의 동정(動靜)_ 조선인·대만인의 불온 언동」, 1937.9

청·부·현(廳·府·縣)명: 도쿄(東京)
본적·주소: 경남 통영군(統營郡) 원량면(遠梁面) 서산리(西山里)·기타타마군(北多摩郡) 무사시노초(武藏野町) 기치조지(吉祥寺) 2168, '특요갑 아나키스트 계열(特要甲 アナ系)'[2],
직업·성명·연령: 무직 정찬진(鄭贊鎭) 33세
언동: 무사시노초 기치조지 거주하는 조선인 유지들 사이에서 국방헌금 모집에 대한 논의가 있었고, 모집[책임]을 일임받은 기치조지 351의 청소업 김용석(金容奭, 32세)이 정찬진(鄭贊鎭)에게 9월 5일에 헌금 권유를 하자, 정찬진은 "우리처럼 빈핍한 사람들에게

---

1 원문은 "내지재주(內地在住)"인데 '재일(在日)'로 번역했다. 이하 동일함.
2 일본 특고경찰(特高警察)의 요시찰 대상자 분류 방식이다. '특요(特要)'는 '그 사상 행동이 불온 과격하고 치안을 해칠 우려가 있어 특고경찰 상 특별히 시찰이 필요하다고 인정한 자'로, 크게 다음의 6가지로 구분된다. '特要共'(공산주의자) '特要社'(사회주의자) '特要無'(무정부주의) '特要他'(기타) '特要鮮'(조선인) '特要臺'(대만인). 이어 정도에 따라 '갑을병' 3종으로 나뉜다. 갑호(甲號)는 치안을 해칠 우려가 현저한 자, 을호(乙號)는 갑호에 비해 그 정도가 가벼운 자, 병호(丙號)는 기타의 자이다. 이상 장신, 2016, 「해제 조선·대만 특별요시찰인 약식명부」, 『해외의한국독립운동사료(XXXIX):日本篇(13) 조선·대만 특별요시찰인 약식명부』, 국가보훈처, 23쪽.

서 모으지 말고 돈을 쌓아놓고 사는 놈들로부터 거둬라, 충신 같은 얼굴을 하지 말라, 우리들은 과거에 일정 부분 희생했지만, 일본은 자민족을 위해 타민족과 싸우고 있는데, 우리 식민지 민족에게 무슨 관계가 있는가. 4~5년 전부터 너 같은 놈은 살려 두지 말았어야 했다"라고 외치며 김용석에게 폭행을 가했고, 추가로 같은 날 김용석이 자전거로 승차 통행 중이던 것을 끌어 내려 상해를 가했다.(경시청에 검거, 취조 중)

청·부·현(廳·府·縣)명: 도쿄
본적·주소: 대북주(臺北州) 의란군(宜蘭郡) 의란가(宜蘭街) 간문(艮門) 70-1·도쿄시(東京市) 시부야구(涉谷區) 온덴(穩田) 2초메(丁目) 63
직업·성명·연령: 도쿄의전(東京醫專) 4학년생 '특요' 오화령(吳和鈴) 34세
언동: 고향마을[鄕里]의 공학교 아동에게 교사가 이번 중일전쟁에 관한 작문을 부과한바, 어떤 아동이 "나는 현재 대만인인데, 선조들은 중국인이므로, 일본군이 대패하고 우리나라가 살아주면 좋겠다"라고 대답해서 큰 문제가 되었는데 … 그 원인은 대만에서 위정자의 시정이 좋지 못하기 때문이다. 고향인 의란(宜蘭)에서는 강제적으로 기부금을 모은 사례가 있다. 이러한 것은 전혀 중국 기부금 모집과 하등의 차이가 없다. 이러한 것은 중국의 일을 비웃을 상황도 못 된다. 요컨대 대만은 일본의 영유가 된 이후 40년간 우리는 아직 대만인으로서 이도 저도 아닌 어중간한 종족이 되었다. 결국 우리 대만인들은 중국인이 되든가 일본인이 되든가 결심하지 않으면 안 된다. 운운

청·부·현(廳·府·縣)명: 교토
본적·주소: 경남 고성군(固城郡) 고성면 서외동(西外洞)·교토시(京都市) 사쿄구(左京區) 다나카(田中) 다데하라초(蓼原町) 37
직업·성명·연령: 무직 오소금(吳小今) 33세
언동: 우리가 국방부인회에 입회해서 병사들을 배웅하러 간들 뭐가 달라지는가? 그럴 여유가 있다면 자갈이라도 주우러 가서 즐겁게 식사라도 하는 게 좋다. 저런 놈들이 전쟁에서 죽는다고 해서 우리와 무슨 관계가 있는가? 또 저런 곳에 [헤이안 신궁(平安神宮)을 지칭] 조선인이 모여 황군의 전승기원제를 하는 것은 무슨 짓인가? 운운

청·부·현(廳·府·縣)명: 교토
본적·주소: 교토시 히가시야마구(東山區) 시라카와스지(白川筋) 산조사가루(三條下) 유젠(友仙)수세업(水洗業) 이토 간이치(伊藤勘市) 집
성명·연령: 황태암(黃泰巖) 24세
언동: 9월 5일 동료와 중일전쟁에 대해 잡담하던 중 독일·이탈리아의 얘기를 할 때 황태암은 "일본도 천황을 폐지하고 독일[의 사례에서] 본 것처럼 하면 좋겠다~ 운운"이라는 불경한 언사를 말했다.

청·부·현(廳·府·縣)명: 군마(群馬)
본적·주소: 경남 울산군(蔚山郡) 상북면(上北面) 거리(巨里)·기류시(桐生市) 하마마쓰초(浜松町) 1초메(丁目)
직업·성명·연령: 기류(桐生)명랑회 간부 유병광(柳秉璜) 35세
언동: 현재 소련에 거주하고 있는 반도인을 이번에 20만 명 몽고로 내쫓기로 되었다. 조선인은 나라 없는 민족이라고는 해도 이 얼마나 무참한 것인가. 우리나라 정부는 조선인과 일본인의 결혼을 허락하지 않고 일본인과 조선인과의 구별을 명확히 해 두고 훗날 새로운 이민지로 보내 몽고의 사막으로 몰아넣을 방침일 것이다. 운운

청·부·현(廳·府·縣)명: 아오모리(靑森)
본적·주소: 충북 청주군(淸州郡) 강서면(江西面) 서촌리(西村里)·기타쓰가루군(北津輕郡) 고쇼가와라마치(五所川原町) 히라이초(平井町)
직업·성명·연령: 고물행상 신재순(申在淳) 27세
언동: 조만간 일본의 병력이 만주로 갈 터인데, 그렇게 되면 러시아와 전쟁이 일어날 것으로 보인다. 러시아도 지금은 상당히 강해졌으므로 일본이 질지도 모른다. 그때 일본이 돈을 지불할 것일까, 가라후토(樺太)를 돌려줄 것일까? 일본은 지금 생활에 곤란해서 돈이 없는데, 중국은 돈도 있고 군대도 일본을 모방해서 점점 강해지고 있기 때문에 일본이 질 것이다.

청·부·현(廳·府·縣)명: 오사카
본적·주소: 경북 영일군(迎日郡) 포항면(浦項面) 포항동·오사카시 스미요시구(住吉區) 산노초(山王町) 2-46
직업·성명·연령: 식료품 판매업 김익수(金益壽) 33세
언동: (1) 올해 8월 중순경 히라노(平野) 방면에서 소집령이 왔기 때문에 목을 매고 죽은 자가 있다. 운운 (2) 올해 9월 15일 노무라(野村)부대가 전멸했다. 중국은 [초반에 군인이 아닌] 백성을 마구 전선으로 보내서 약했지만, 후에 현역 중앙군이 왔으므로 강하다. 중국은 나라가 크기 때문에 장기간 전쟁을 하면 일본은 경제적으로 약하다. 오늘 신문에 따르면 오사카에서 전사자가 10명 정도 나왔다는데, 나는 이곳에 올 때까지 전사자의 장례식을 20번 정도 봤기 때문에 오사카시 전체에서 [전사자가] 100명 정도 나왔을 것이다 운운 (9월 30일 육군형법 제99조 및 해군형법 제100조 위반으로 송국)

청·부·현(廳·府·縣)명: 군마
본적·주소: 경남 밀양군(密陽郡) 상동면(上東面) 매화리(梅花里)·후쿠시마현(福島縣) 미나미아이즈군(南會津郡) 야하타무라(八幡村) 오쿠라(大倉)
직업·성명·연령: 토공(土工) 김갑이(金甲伊) 52세
언동: 후쿠시마 현 내에서는 다음과 같은 유언비어가 유포되고 있다.
"9월 10일 무렵 중국 비행기 2대가 야간에 오사카시 상공으로 날아온 것으로 봤고, 즉시 1대는 격추되었고 다른 1대는 어디론가 날아가 버린 일로 인해, 이 때문에 오사카 주변 사람들은 전쟁에 대해 공포심이 일고 있다."

청·부·현(廳·府·縣)명: 아이치(愛知)
본적·주소: 경남 고성군(固城郡) 회화면(會華面) 봉동리(鳳東里)·나고야시(名古屋市) 나카구(中區) 호리에초(堀江町) 5-7
직업·성명·연령: 토공(土工) 김범술(金範述) 29세
언동: 조선의 신문에 의하면 경상남도에서 조선독립 만세사건이 발생해 일본의 군대가 계속 파견되고 있다고 한다.(구류 29일)

청·부·현(廳·府·縣)명: 후쿠오카

본적·주소: 경남 하동군 북천면 사평리·후쿠오카시(福岡市) 하루요시(春吉) 61

직업·성명·연령: 자동차운전수 정경식(鄭景湜) 28세

언동:

1. 상해 전황은 일본군이 고전 중으로, 전사자의 수가 너무 많아 매일 화장(火葬)을 할 수 없어 4~5일이나 방치된다. 또 장교 병졸에 따라 화장 장소의 구별이 있다.
2. 상해에서 적진의 전면 상륙전에서 일본군이 5천 명 상륙했는데 약 2할인 천 명이 당했다.
3. 상해 강 속에는 중국 병사뿐만 아니라 일본 병사의 사체도 다수 있고 불결하다.
4. 상해에서 일본군은 고전하고 있으며, 일본 신문기사는 엉터리이다. 상해신문이 맞다.
5. 상해 전선에서 일본 병력은 식량이 부족해 야위고 있다.
6. 상해에서 일본 비행기가 하루에 7대씩이나 떨어진 적이 있다.
7. 중국은 인구가 많기 때문에 전쟁이 길게 이어지면 일본이 진다. 일본이 지면 가라후토(樺太), 대만, 조선은 적에게 넘기지 않으면 안 된다.
8. 중국 병력도 상당히 강하기 때문에 상해 지방으로 출정한 일본 병력은 살아 돌아오지 못한다고 생각해도 좋다.
9. 중국 병력의 병기·폭탄은 모두 외국에서 만든 것으로 일본 것보다 좋다.

(9월 28일 송국)

2. 『특고월보』, 1938.1~11

1) 「지나사변(중일전쟁)에 대한 재일조선인의 동정_ 사변에 관해 유언비어를 유포한 조선인 검거」, 1938.1

도쿄시(東京市) 조토구(城東區) 가메이도마치(龜戶町) 6-78지(地) 윤병환(尹炳煥) 집 라디오 부품제작공 조인제(趙仁濟, 24세)는 공산주의 운동에 참가한 전력이 있고 검거 후에도 여전히 공산주의적 사상을 청산하지 못해 그 움직임을 주시 중이었던 자인데, 중일전쟁 발생 이후 동료 김복식(金福植) 외 수 명에게 "이번 전쟁은 일본이 북중국을 뺏기 위해 한 것으로, 일본이 침략을 멈추지 않는 한 중국은 어디까지나 계속 저항할 것이다", "일본도 중국 1개국만 상대하면 이겼겠지만, 중국에는 러시아가 붙어 있고, 소련 군비는 우수하기 때문에 최후에는 일본이 진다. 그때 우리 조선인은 러시아에 붙지 않으면 안 된다. 그렇게 하면 러시아는 조선을 독립시켜 줄 것이다." 그 밖에 군의 행동에 관해 유언비어를 계속 유포했던 것을 경시청에서 검거하고, 이번 달 [1월] 25일 육군형법 제99조[3] 위반으로 송국(送局)했다.

2) 「재일조선인의 시국 관련 범죄」, 1938.4

청·부·현(廳·府·縣)명: 경시청(警視廳)
죄명(罪名): 육군형법 제99조
본적·주소: 경상북도 청도군(淸道郡) 각북면(角北面) 남산동(南山洞) 273·도쿄시(東京市) 시타야구(下谷區) 가나스기(金杉) 1-30 호사카 기요스케(保坂淸助) 집
직업·성명·연령: 고용인, 니혼대학(日本大學) 예과 1년 하마다 기유(浜田希雄) 또는 이치

---

3   원문은 "95조"이나 일본 '육군형법'에서 군사에 관한 유언비어(조언) 유포 조항은 "99조"이다.

조 후미유키(一條文行) 또는 김영은(金泳垠) 27세

범죄 개황: 위 사람은 공산주의적 경향이 농후하여 중일전쟁에 대해서도 작년 8월부터 올해 1월까지

1. 전쟁은 자본가의 이익을 위해 무산대중을 희생으로 삼는 것임.
2. 일본은 무력전에 이기고 있지만, 장기전에서는 패전하고, 자본주의사회는 붕괴하여 공산주의 사회의 실현은 필연적일 것임.
3. 전쟁은 물가 등귀를 초래하고 무산계급의 생활을 위협하고, 특히 조선인의 언론을 봉쇄하고 탄압하기에 이름.
4. 신문 보도는 엉터리임.

등 반군(反軍), 반전적(反戰的) 유언비어를 말했다.

결과: 4월 16일 도쿄형사지방재판소 검사국으로 송치함

청·부·현(廳·府·縣)명: 경시청
죄명: 육군형법 제99조
본적·주소: 경상북도 군위군(軍威郡) 효령면(孝令面) 노행동(老杏洞) 1035·도쿄시(東京市) 이타바시구(板橋區) 아라이초(新井町) 2-2129
직업·성명·연령: 조선동포 공원회(朝鮮同胞共援會) 회장, 대서업(代書業) 겸 고물상 아난 요시오(阿南吉雄) 또는 정상용(鄭相龍) 30세
범죄 개황: 이 사람은 민족의식이 매우 농후하여 조선민중을 해방시키는 것에 노력해야 한다는 의도 하에 [조선인을] 표기(標記) 단체에 가입시키고 있다. 지금 사변에 대해서도 "사변의 원인은 일본이 중국에 대한 대륙정책의 야망에서 나온 침략행위에 기인하고, 만약 일본이 승리를 얻으면 중국민중은 조선인과 마찬가지로 비참한 상태에 놓이기에 이를 것이다" 등으로 맹단(盲斷)했고, 모임 회합 석상에서 "일본인과 협력, 일본 정신의 발양을 위해 각 가정에서 국기를 게양하고, 출정 장병의 무운장구의 기원을 해야 할 것이다"라는 제안에 대해서도 절대 반대하고 국기게양일에도 국기를 게양한 적이 없을 뿐만 아니라,

1. 라디오, 신문지 등의 보도는 일본에 유리한 것만으로 엉터리임.
2. 금속물, 기타 물가 앙등하고 있는 것을 기회로 돈벌이하지 않을 수 없는 일임.

3. 일본은 최후에는 외교전에 패해 결국에 '파쇼'정치가 출현할 것은 필연적임.

4. 조선인에 대한 탄압은 조선인의 불평불만을 폭발시켜 독립운동으로 진출하게 하는 것은 필연적임.

등의 유언비어를 했다.

결과: 4월 11일 도쿄형사지방재판소 검사국으로 송치함.

청·부·현(廳·府·縣)명: 경시청

죄명(罪名): 육군형법 제99조

본적·주소: 경기도 이천군(利川郡) 유월면(六月面) 단월리(丹月里) 18·도쿄시(東京市) 세타가야구(世田谷區) 기타자와(北澤) 1-1, 113 세이센가쿠(靜仙閣) 아파트

직업·성명·연령: 무직 김학택(金鶴澤) 또는 김중환(金中煥) 26세

범죄 개황: 위 사람은 일찍이 공산주의 운동에 관계한 적이 있고, 또 민족의식이 농후한 자인데, 중일전쟁에 관해서

1. 중일전쟁은 만주사변의 연장으로 일본의 영토적 야심을 가진 침략 전쟁임.

2. 신문기사에서의 일본군 승리는 허위로, 사실은 패전하고 있음.

3. 일본측은 점차 불리해지고 있고, 결국 패전하고, 동시에 조선·대만이 독립운동을 일으킬 것임.

등의 유언비어를 말했다.

결과: 4월 19일 기소유예 처분됨.

청·부·현(廳·府·縣)명: 히로시마(廣島)

죄명(罪名): 사기

본적·주소: 전남 목포부 이하 불상(不詳)·부정(不定)

성명·연령: 이판석(李判石) 36세

범죄 개황(概況): 이 사람은 히로시마시(廣島市) 뎃포초(鐵砲町) 다나카 가요(田中カヨ) 집에서 후쿠오카현(福岡縣) 사람 노구치 미쓰오(野口光男)라고 거짓 이름을 쓰며 요리사로서 일하던 중, 올해 2월 상순 주인집 단골로부터 "내 동생이 소집되어 구레(吳)로 가야

하는데, 돈이 없어서 갈 수가 없으니 10엔 정도 빌려주지 않겠는가? 돌아오면 오늘 밤에라도 주인에게 빌려 갚겠다" 운운하며 사실무근의 일을 날조하여 10엔을 편취(騙取)했다.

결과: 취조 중

청·부·현(廳·府·縣)명: 야마구치(山口)
죄명(罪名): [원문 공란]
본적·주소: 경남 의령군(宜寧郡) 정곡면(正谷面) 인곡리(仁谷里)[4] 159·오쓰군(大津郡) 히시카이손(菱海村) 신베쓰묘(新別名) 1110
직업·성명·연령: 일일노동 이판실(李判實) 32세
범죄 개황: 이 사람은 올해 2월 6일 조선인단체 동화회(同和會) 총회석상에서 출정군인에게 위문봉투[慰問袋]를 발송하기 위한 헌금을 의뢰받자 "일본인이 중국인과 전쟁하는데 왜 조선인인 내가 헌금이나 위문봉투를 발송할 필요가 있는가?"라고 칭하며 이에 응하지 않을 뿐만 아니라 몰래 다른 조선인을 선동하는 듯한 언사를 말했다.

결과: 설유(說諭)

3) 「조선기독교도의 황대신궁(皇大神宮)에 대한 불경사건」, 1938.4

오사카부 내선협화회(內鮮協和會) 소네자키(曾根崎)[5] 경찰서 교풍회(矯風會)에서는 1936년 9월 설립된 이후로 회원의 정신 작흥(作興) 수단으로 국기게양, 어릉(御陵)신사참배, 신사경내청소를 삼아왔고, 작년 10월 9일 회원 세대주 간담회를 개최하고 협의한 결과, 회원 각 집에서 이세(伊勢)[에 있는] 황대신궁(皇大神宮) 대마(大麻)를 봉사(奉祀)하는 것으로 하고, 이번 달 17일 신상제(神嘗祭) 가절(佳節)을 점칠 때 모임 주관하에 대마(大麻)봉대식(奉戴式)을 거행하는 봉제사를 드렸다. 그런데

---

4   정곡면에 없는 이(里) 명이다.
5   오사카부(大阪府) 오사카시(大阪市) 기타구(北區)에 있던 지명이다.

본적·주소: 전라남도 나주군(羅州郡) 삼도면(三道面) 양동리(良洞里) 67·오사카시(大阪市) 기타쿠(北區) 야마자키초(山崎町) 18

직업·성명·연령:

　　　메리야스 직공 박기홍(朴基弘) 31세

　　　박기홍의 친어머니 나이순(羅伊順) 49세

이 사람들은 극단적인 기독교 신자들로, 특히 나이순은 전도사의 교화, 언문, 성서 등에 의해 우주의 삼라만상은 모두 하나님 예수 그리스도가 지으신 것으로, 그리스도 외의 신은 절대 존재하지 않고, 그리스도의 뜻대로 뭐든지 가능하며 이 땅과 하늘 아래 모든 것을 만든 분이므로, 전 세계 각국의 왕과 그 이외 모든 것은 그리스도의 명에 따라 그리스도의 뜻대로 작동해야 하는 자들로, 일본도 마찬가지로, 천황 폐하는 그리스도의 명에 의해 나라를 다스리고, 세상의 많은 사람들은 그리스도 이외의 신이 없음에도 불구하고 그것을 믿지 않는 것은 마귀에게 현혹되어 그 마귀에게 이끌리고 있는 것으로 이해하는 등 곡해하여 신격을 부정하고 천황은 그리스도의 의지에 의해 나라를 통치한다고 보는 등으로 판단해 왔다. 우연히 작년 10월 9일 소네자키 교풍회 세대주 간담회에 출석한 박기홍이 황대신궁의 대마 봉사는 기독교 신자라고 해도 지장이 없다는 것을 듣고 그것에 찬성하는 뜻을 표하며 그 사실을 [어머니] 나이순에게 말하자, 나이순은 박기홍과 그 아내 이신방(李新方)에게, 기독교 이외의 신은 절대로 존재하지 않고, 천황가 조상인 아마테라스 오미카미(天照大神)의 존재를 부정하고, 또 그것은 마귀라는 폭언을 했다. 교풍회 지도원 이기윤 외 3명에게도 마찬가지의 말을 했고 황대신궁(皇大神宮)의 존엄을 모독했다. 그러나 박기홍의 아내 이신방은 10월 17일 교풍회의 대마(大麻) 봉대식(奉戴式)에 참석했고, 대마(大麻), 신전(神殿), 제사용구를 가지고 집으로 돌아와 그것을 나이순에게 보이며 아마테라스 오미카미의 신격을 설명했는데, [나이순은] 그것을 믿지 않고 마찬가지의 폭언을 했고, 그 후로도 항상 같은 언동을 되풀이했다. 작년 12월 25일 이신방이 여자 아이를 출산 후 건강 회복이 좋지 않고, [나이순] 자신도 몸 상태가 좋지 않은 것은 자택에 황대신궁(皇大神宮) 즉 마귀를 불러들였기 때문이며 그 마귀의 행태라고 추단하고, 박기홍에게 이와 같은 내용을 말하며 그리스도를 신앙하도록 설득해, 결국 박기홍도 나이순의 말을 믿기에 이르렀다.

또한 나이순은 올해 1월 25일 조선의 가정에서 이물(異物)을 들이고 재앙이 있을 때, 자택

변소에 그 이물(異物)을 옮겨놓으면 재앙이 떠나간다는 미신에 따라 집에서 모시고 있는 황대신궁(皇大神宮)은 이물 마귀라고 칭하고 제사 도구와 함께 자택 변소 소변통 위 난간[鴨居] 구석으로 옮겨 신전을 가로로 방치해둠으로써 황대신궁(皇大神宮)의 존엄을 모독하는 불경한 행위를 한 것인데, 박기홍은 앞에서 기술한 것처럼 나이순의 말을 믿고 있었으므로 수일 후 변소 내에서 그 광경을 봤지만 아무런 적당한 조치를 취하지 않고 방치했던 것이다.

4) 「지나사변(중일전쟁)에 대한 재일조선인의 동정_ 육군형법 제99조 위반 피의(被疑) 사건」, 1938.7

현명(縣名): 사이타마(埼玉)
본적·주소: 경남 의령군(宜寧郡) 가례면(嘉禮面) 봉두리(鳳頭里) 35·미나미사이타마군(南埼玉郡) 몬마무라(百間村) 오아자(大字) 몬마(百間) 748
직업·성명·연령: 고물상 박희찬(朴熙瓚) 41세
범죄 개요:

1. 올해 3월 20일 무렵 일본인 수 명에게 "어느 쪽이 이기더라도 우리들에게는 관계가 없다", "일본은 지금 운이 좋아서 강하지만, 본가(本家, 중국)에 반항하기 때문에 결국에는 망하는 때가 온다"라고 함부로 말했다.
2. 올해 6월 19일경 일본인 소학교 훈도(訓導) 모 씨에게 "전쟁이 길어지면 일본이 생각하는 것처럼 되지 않을 것이다. … 중국은 일본의 몇백 배나 크기 때문에 길게 전쟁이 늘어진다면 결국 일본이 질 것이다" 운운하며 함부로 말했다.

조치: 7월 9일 [사이타마현] 고시가야구(越谷區) 재판소 검사국으로 송치함.

현명(縣名): 후쿠오카(福岡)
본적·주소: 경남 진주군(晉州郡) 집현면(集賢面) 지동리(地洞里) 226·야하타시(八幡市) 테쓰마치(鐵町) 1초메(丁目)
직업·성명·연령: 이발 도제(徒弟) 김석권(金錫權) 18세

범죄 개요: 1938년 5월 초순경 일본인 모 씨에게 "조선 지방은 토지가 매우 싸게 되어 있다. 그 원인은 중일전쟁 때문이고, 그것이 장기화되면서 일본이 경제적으로 궁지에 몰려, 어떻게 해보지 못하게 된 [것에 있을] 것이다. 그렇기 때문에 토지를 빨리 현금으로 바꿔 두는 것이 득책이라고 말하는 걸 보면, 지금은 매각하는 자가 많아졌기 때문에 토지 가격이 내려가고 있다" 운운하며 말했다.

조치: 7월 30일 고쿠라구(小倉區) 재판소 검사국에 1건 기록을 송치함.

5) 「지나사변(중일전쟁)에 대한 재일조선인의 동정_ 시국에 관한 범죄」, 1938.9

청·부·현(廳·府·縣)명: 경시청
죄명(罪名): 육군형법 제99조
본적·주소: 경기도 개성부(開城府) 남본정(南本町) 25·도쿄시(東京市) 우시고메구(牛込區) 쓰루마키초(鶴卷町) 112 유비칸(有美館) 숙소[止館], '선을(鮮乙)'[6]
직업·성명·연령: 구두 수선업 동명순(董明淳) 29세
범죄 개요: 8월 20일 일본인 모 씨에게 다음과 같은 유언비어를 말했다.

1. 서주(徐州) 함락 시 일본군이 모 여학교를 점령했을 때, 해당 학교 중국인 여학생에 대해 일본군인이 강간을 하고 있던 것을 외국 신문기자에게 사진 찍혔고, 그것을 신문에 게재하려한 것을 일본군에게 발견되어 압수되었다. 운운

2. 일본군 특히 육전대(陸戰隊)는 중국의 육군에 대해서는 벅차다[아니다]의 문제가 안될 정도로 약하고, 자신이 니혼대학(日本大學) 재학 당시의 친구가 부대장으로 출정해 부상해서 일본으로 후송되었던 자의 이야기에 따르면 중국군은 강하고 공포스럽다. 앞으로 전쟁에 나가는 것은 꺼려진다고 말했다. 운운

3. 중국 민중은 "중국의 진정한 적은 일본으로, 소비에트도 아니고 다른 외국도 아니다"라

---

[6] 일본 특고경찰의 특별요시찰 대상자 중 조선인으로 갑(甲)보다는 치안을 해칠 우려가 덜한 자인 을호(乙號)를 뜻한다. 앞의 주 2 참조.

고 모두 일치 자각하여 어떠한 곤란이 있더라도 싸워 적 일본에 대해 3년 정도 항전의 결의를 가지고 있다 운운

4. 귀하는 일본의 신문기사에 대해 과하게 충실하다. 운운

결과: 9월 17일 도쿄형사지방재판소 검사국으로 송치함.

청·부·현(廳·府·縣)명: 경시청
죄명(罪名): [원문 공란]
본적·주소: 경남 창원군 웅동면(熊東面) 소사리(所沙里) 52·도쿄시(東京市) 에바라구(荏原區) 가미신메이초(上神明町) 313 어강주(魚康柱) 집
직업·성명·연령: 조선해산물 도매상 보조 어용주(魚龍柱) 27세
범죄 개황: 1937년 10월~11월경 다음과 같이 반국가적 언동을 했다.

1. 중국군이 사용하는 체코 기관총은 매우 우수한 무기이므로 일본군도 이로 인해 상당히 고민하고 있고, 장개석은 독일의 히틀러, 이탈리아의 무솔리니도 이기고 세계적 영웅이 될 것이다.
2. 사변이 장기화되면 일본은 재정적으로 피폐해져 결국에는 패전하지 않겠는가.

결과: 설유(說諭) 후 석방

6) 「지나사변(중일전쟁)에 대한 재일조선인의 동정(動靜)_ 시국에 관한 범죄 및 불온 언동」, 1938.10

청·부·현(廳·府·縣): 경시청
죄명(罪名): 육군형법 제99조 위반
본적·주소: 전남 화순군(和順郡) 도곡면(道谷面) 죽청리(竹靑里) 406·도쿄시 간다구(神田區) 다초(多町) 2-2 도미오카 가즈오(富岡和夫) 집
직업·성명·연령: 주오(中央)대학 전문부 법과 2학년 마쓰다 긴지로(松田金次郞) 또는 양회향(梁會鄕) 27세

범죄 개황: 위 사람은 민족적, 공산적 의식이 농후하여 이번 사변 시에도 일본의 패전과 조선의 독립을 희망하며, 사변 발생 당초부터 지금까지 친구 및 다른 사람에게 다음과 같은 유언비어를 말했다.

1. 상해 전선에서 일본도 상당히 피해를 입고 있음에도 불구하고 일본 신문에서는 발표하지 않는데, 일본 신문은 엉터리이다.
2. 남경 함락 보도는 10일 전부터 가끔 이 기사를 게재하고 있는데, 과연 이번에도 함락시킨 것인지 뭔가 신뢰할 수 없다.
3. 일본군은 이번 사변에서 다수의 전사자·부상자가 나왔으므로, 병력 부족을 보충하기 위해 조선에서 지원병제도를 마련했는데, 큰 기대는 할 수 없다. 대만에서도 마찬가지로 지원병제도를 채용할 것이다.
4. 서주(徐州) 함락은 일본군이 공격한 결과 승리를 얻은 것처럼 보도하고 있지만, 그것은 중국군의 작전상 예정된 후퇴에 기인한 것이다.
5. 황하 대결궤(大決潰)에 의해 일본군의 손해가 막대한데도 이것은 발표하지 않는다.
6. 중국은 향후 어디까지나 장기항전을 위해 영·미·소 등 각국의 원조에 의지해 계속한다면, 일본은 경제적으로 극도로 곤궁해져 그 결과 패전할 지도 모른다.
7. 제1전선에서 일본의 병사는 반전적 사상을 가지고 있고 상관의 명령을 듣지 않고 '차렷'이라는 호령을 하면 병사 중에는 '시끄러워'라고 말하는 병사가 많이 있다고 한다.
8. 일본군은 중국 오지로 진격하면 진격할수록 후방 연락선이 따라오지 못하고 궁지에 몰려, 그 결과 어떻게 될지 모른다.

결과: 7월 23일 검거, 10월 12일 기소유예

청·부·현(廳·府·縣): 오사카
죄명(罪名): 육군형법 제99조 위반
본적·주소: 전남 제주도 대정면(大靜面) 보성리(保城里) 1632·오사카시 히가시나리구(東成區) 이카이노(猪飼野) 히가시(東) 2-8 김재평(金在平) 집
성명·연령: 요시다 세이치(吉田正一) 또는 박남호(朴南浩) 28세
범죄 개황:

1. 이번에 오사카에 갔지만 오사카는 전쟁으로 작은 공장은 모두 닫은 상태였다.
2. 일본은 지금은 이기고 있지만, 최후에는 중국이 이긴다. 일본은 나라도 작고 물자도 충분하지 않은데 중국은 국가도 크고 물자도 풍부하며, 또 소련이나 다른 여러 나라가 원조해 주고 있다. 특히 세계 제일의 육군국인 소련은 비행기나 기타 무기를 계속 보내주고 있다. 일본은 조선지원병제도를 실시했는데 400만 정도의 병력에 불과하다.
3. 신문에서는 일본이 이기고 있는 것처럼 보도하고 있지만, 그것은 대부분 거짓이 섞여 있다. 그 증거로는 일본에서는 매일 동원해서 계속 보충하고 있다.
4. 일본이 이기든 지든 우리 조선인에게는 관계없다.

결과: 7월 17일 검거, 9월 15일 송국

청·부·현(廳·府·縣): 사이타마(埼玉)
죄명(罪名): 10월 24일 관할 시찰계에 누설한 것
본적·주소: 경북 의성군(義城郡) 가음면(佳音面) 장동(長洞) 51·기타사이타마군(北埼玉郡) 후도오카마치(不動岡町)
직업·성명·연령: 고물상 박재윤(朴在潤) 34세
범죄 개황:
1. 일본의 천황 폐하가 위대하다거나 고맙다고 하는 문제는 허심탄회하게 말하면 반도인은 그냥 아무렇게도 생각하고 있지 않다. … 우리들은 별도로 학교에서 교육도 받고 있지 않고, 단순히 막연하게 위대하고 고맙다고 들어도 역사적, 국민성적인 아무런 근거도 없기 때문에 실제로는 아무런 생각도 없다.
2. 이왕 전하가 일본에 와 있는데, 가령 조선독립주의자들의 관점에서 보면 필요하고 위대하다고 생각할지도 모르지만, 일반적으로는 아무렇게도 생각하고 있지 않다.
3. 우리들은 일본의 은혜는 상당히 입고 있지만, 그러나 그것은 반도가 독립능력이 없고 일본 혹은 중국에 병합되더라도 마찬가지의 일로 우리들은 어느 국가에 병합되더라도 생활이 어느정도 안정을 얻고 생존할 수 있다면 어느 나라이든 상관없다.

결과: [원문 공란]

청·부·현(廳·府·縣): 도치기(栃木)

죄명(罪名): [원문 공란]

본적·주소: 경남 진주군 진주면 중안동(中安洞) 198·우쓰노미야시(宇都宮市) 기요즈미초(淸住町) 2804

성명·연령: 김인수(金仁洙) 36세

범죄 및 언동 개요: 이왕 전하가 제대로 계셨더라면 조선은 의연하게 존재했을텐데, 흔들렸기 때문에 우리들은 이런 꼴이 되어버렸다. 이왕 전하만이라도 제대로 계셨더라면 조선은 독립하고 우리들은 행복하게 살았을 것이다.

결과: 10월 25일 검거, 시말서를 쓰고 계고(戒告) 후 석방

청·부·현(廳·府·縣): 시즈오카(靜岡)

죄명(罪名): [원문 공란]

본적·주소: 전남 장성군 삼계면(森溪面) 사창리(社倉里)·이와타군(磐田郡) 후타마타초(二俣町) 토목청부 강만위(岡滿衛) 집

직업·성명·연령: 토공(土工) 후지이 이스케(藤井伊助) 또는 문판조(文判造) 38세

범죄 및 언동 개요: 10월 9일 술에 만취해서 다음과 같은 내용의 불온 언동을 큰 소리로 말하며 돌아다녔다. "일본 놈들은 의기양양한 얼굴을 하고 있지만 우리나라를 빼앗았지 않은가? 그때는 우리쪽이 야만이고 일본과 러시아가 결탁해서 빼앗기고 끝났지만, 지금은 개화된 중국과 전쟁해서 강한 쪽이 이긴다고 말하고 있지만, 역시 우리나라를 차지할 생각으로 싸우고 있는 것이다."

결과: 10월 9일 검속(檢束), 설유(說諭) 후 석방

청·부·현(廳·府·縣): 후쿠시마(福島)

죄명(罪名): 주거침입

본적·주소: 강원 울진군 기성면(箕城面) 정명리(正明里) 638·다테군(伊達郡) 미쓰마타마치(三俣町) 아자(字) 나카초(中町) 39

직업·성명·연령: 고물상 황재인(黃在仁) 28세

범죄 및 언동 개요: 10월 9일 오후 8시경 미쓰마타마치(三俣町) 아자(字) 텟포초(鐵砲町) 28 응소자(應召者) 히로세 미노키치(廣瀨巳之吉) 집의 덧문[雨戶]7를 열고 침입해 취침 중인 처녀인 후데(フデ, 25세)에게 정교(情交)를 압박했으나 거절당하고 그대로 퇴거했다.
결과: 벌금 40엔

7) 「지나사변(중일전쟁)에 대한 재일조선인의 동정(動靜)_ 시국에 관한 범죄 및 불온 언동」, 1938.11

청·부·현(廳·府·縣): 경시청
죄명(罪名): 육군형법 제99조 위반
본적·주소: 황해도 장연군(長淵郡) 속달면(速達面) 상태탄리(上苔灘里)·도쿄시 나카토구(中野區) 다카다(高田) 1-76 부용장(芙蓉莊) 내
직업·성명·연령: 잡업 방동명(方東明) 17세
범죄 개요: 올해 6월 상순 친구인 일본인 모 씨에게 "신문 따위 그대로 믿을까 보냐. 일본의 신문은 일본인이 작성한 것이고, 신문기자는 군인이 아니며 제1선에서 일하고 있는 자도 아니니 분명하게 알 수 있겠는가? 신문기자는 뭔가 작은 것이라도 크게 할 수 있는 자가 아닌가?", "중국 신문기자가 빈번하게 중국이 이겼다고 말하며 쓰고 있듯이 일본 신문에 쓰인 것도 전부 사실은 아니다. 일본도 진 적도 있고 전사자 수도 일본의 신문[에서 보도되는 것]보다 많다" 운운하는 유언비어를 말했다.
조치: 11월 7일 도쿄형사지방재판소 검사국으로 송국

청·부·현(廳·府·縣): 경시청
죄명(罪名): 육군형법 제99조 위반
본적·주소: 함남 정평군 춘유면(春柳面) 부흥리(復興里)·도쿄시 다키노가와구(瀧野川區)

---

7 비바람이나 도난을 막고, 실내 보온을 위해 설치한 덧문이다.

다바타신마치(田端新町) 2-70 유키무라(幸村) 집

직업·성명·연령: 신문배달, 니혼대학(日本大學) 제1중학교 5학년생 김태선(金泰善) 25세

범죄 개요: 장고봉 사건에 관해 10월 초순 무렵부터 지인에게 "장고봉 사건에 대해 일본은 국경에 백만 명의 병사를 보내 방비하고 있는데, 소련과 대치하게 되는 것은 경제적 파국으로 빠질 우려가 있고, 전선 병사들의 항전을 억제하기 위해 국경선에 있는 병사들의 발을 철사[針金]로 묶어 응전불가능하게 하고, 외교교섭에 의해 해결하려 하기 때문에 희생이 크다" 운운하는 유언비어를 유포했다.

조치: 11월 7일 도쿄형사지방재판소 검사국으로 송국

3. 『특고월보』, 1939.1~12

1) 「지나사변(중일전쟁)에 대한 재일조선인의 동향_ 시국 범죄」, 1939.1

(1)

본적: 전남 장흥군 부산면(夫山面) 지천리(枝川里)

주소: 도쿄시 고이시가와구(小石川區) 히사카타마치(久堅町) 77, 구사가와(草川) 집

척식대학[拓大] 상학부 학생 장민수(張珉秀, 24세)는 1936년 척식대학 입학과 동시에 학내 조선인 유학생 동창회에 가입하고, 민족의식의 앙양, 민족적 결합의 강화 등을 획책하며 솔선하여 몰래 활약한 측면이 있었다. 요주의 인물이었던바, 이번 사변에 즈음해 1937년 10월 하숙처 [주인인] 구사가와(草川)에게 "일본 정부는 공채 16억을 소화시키겠다고 발표했는데, 그것을 신용해서 거래하면 실패한다. 일본은 사변 시 영국·미국·프랑스로부터 돈을 빌릴 수 없는데, [반면] 중국은 돈을 빌리고 있기 때문에 장기전이 되면 [일본이] 불리해진다"라고 왈가불가한 것 외에도 이후 검거에 이르기까지 "○○부대 ○○방면이라며 불명확한 것을 언급하는 것은 국민에게 거짓을 말하고 있다는 증거다", "일본군의 전사자는 신문발표 이상이다", "황하의 결궤(決潰)는 일본군이 전략적으로 한 것이다" 등으로 유언비어를 유포한 사실이 판명되었으므로 경시청에서는 작년 10월 22일 이 사람을 검거하고, 12월 28일 육군형법 99조 위반으로 도쿄형사지방재판소로 송국했다.

(2)

본적: 경남 창원군(昌原郡) 구산면(龜山面)

주소: 나고야시(名古屋市) 나카무라구(中村區) 히가시데초(東出町) 2-6 거주

고물상 이수찬(李守贊, 28세)은 1938년 11월 28일 조선에 있는 친동생 부부 등의 [일본] 도항(渡航)에 관해, 편의 제공을 받으려는 목적으로 본적지 관할 마산경찰서에 5엔을 국방헌금으로 송금한 것이, 작년 12월 31일 마산경찰서장으로부터 이수찬에게 반환하는 방식에 대해 관할서 앞으로 의탁이 있었으므로 관할서에서는 이수찬에 대해 경위조사를 한 바,

이전에 친동생인 이성수(李性守)에게서 일본도항 알선을 희망받은 적이 있는데, 일반적인 수단으로는 도항이 곤란하므로 사변하의 현 정국에서는 시국을 이용해 애국자를 가장해 당국자의 신용을 얻으면 그 목적을 달성할 수 있다고 망단(妄斷)하고, 앞서 서술한 수단을 취했던 것이 판명되었으므로 본인 이수찬에게 해당 헌금을 반환함과 더불어 앞으로 [이러한 일이 없도록] 간곡히 설득했다.

(3)

본적: 경남 부산부 대신정(大新町), 경남 울산군(蔚山郡) 상북면(上北面) 거리(巨里)

주소: 오키나와현(沖繩縣) 나하시(那覇市) 가키노하나초(坦花町)에 거주

고물상 김임덕(金任德, 28세)과 이귀춘(31세)은 고철 매매를 하는 자인데, 이번 전쟁하의 경제통제로 인해 금 사용이 제한되어 1938년 11월 16일 발행된 오사카마이니치신문(大阪每日新聞)에 "금을 가진 분 없습니까? 신고하지 않으면 벌금입니다"라는 제목의 기사가 게재된 것을 보고, 그것을 본인들의 거래에 이용하고자 마음먹고 위 신문 기사를 소지하고 각 집을 두루 방문하며 그 기사를 보여주면서 금을 매각하도록 종용했다. 게다가 "우리는 금을 사들여도 사적인 용도로 사용하는 것이 아니다. 금 총동원의 취지에 따라 처분하는 것이다"라고 칭하며 마치 금 단속을 위한 관청 관계자처럼 가장하고, 1938년 11월 오키나와현 나카가미군(中頭郡) 구시가와손(具志川村) 사키하라 모리요(崎原盛用)에게서 시가 200엔 정도의 금테 시계를 85엔에 매입한 것 외에도, 각지에서 앞서와 같은 수단으로 금 소지자를 기망해 부정한 이익을 도모했다. 오키나와현에서는 위 사람들을 검거하여 취조 중인데, 1월 26일 사기죄로 관할 검사국으로 송국되었다.

2) 「지나사변(중일전쟁)에 대한 재일조선인의 동향_ 시국 범죄」, 1939.4

(1)

본적: 경상북도 대구부 봉산정(鳳山町) 49

주소: 도쿄시 나카노구(中野區) 미야조노토오리(宮園通) 3-35, 신지 토쿠지로(進士德次郎)

무직 하진학(河鎭學, 21세)은 종래 공산주의 사상을 품고 있고, 또 민족의식이 맹렬하여 작년 4월 반전적(反戰的) 불온 언동을 하여 설유(說諭)하여 조선으로 돌려보내는 조치가 내려진 자인데, 올해 3월 초순 면학(勉學)을 칭하며 다시 일본으로 와서 와세다 전문부 경제과에 시험을 봤으나 불합격했고, 이후 위에서 언급한 주소지에서 무위도식하고 있다. 그리고 위 사람은 조금도 시국에 반성하는 바가 없이 여전히 민족적, 공산주의적 불온 언사를 하고 혹은 부녀자를 유혹하는 등 불량한 행위를 하고 있어, 경시청에서는 주의 중인바, 올해 4월 3일부터 6일까지 하숙처에서 신지 도쿠지로(進士德次郞) 부부와 그곳에서 같이 하숙중인 센슈대학생(專修大學生) 최종철(崔鐘轍)에게 대개 아침, 저녁 식사 때를 이용해 "장개석의 배후에는 조선인 중 명석하고 우수한 두뇌를 가진 많은 자들이 붙어 있기 때문에 기세가 좋고, [중국] 신정부에는 머리가 나쁜 놈들만 붙어 있기 때문에 일본에게 좋은 모양대로 당한다. 결국에는 중국도 조선과 마찬가지로 될 것이다", "아이자와(相澤) 중좌는 사형에 처해진 것이 아니다. 전장으로 보내진 것이다. 2·26 사건에서 관계한 병력은 모두 전장으로 보냈다", "최근 유럽 혼란 때문에 영국 등이 그 방면에 신경을 쓰느라 중국에 대한 관심이 엷어졌기 때문에 [일본에] 좋은 형국이지만, 그렇지 않다면 일본은 위험하다", "신문에서 보는 일본군의 승리는 모두 신문사의 엉터리 보도이다", "일본 군인은 용감하다고 말하지만, 그것은 입으로만 그런 것이고, 전쟁이 싫어서 전장에서 도망쳐 온 사실이 있다" 등 반전적 불온 언사를 한 사실이 있음을 탐지해, 이번 달 9일 이 사람을 검거하여 취조한 결과, 앞서 서술한 사실을 밝히고, 이번 달 18일 육군형법 제99조 위반으로 도쿄형사지방재판소 검사국으로 송국했다.

(2)

본적: 평안남도 평원군 양화면(兩花面) 중흥리(中興里)

주소: 가나가와현(神奈川縣) 요코하마시(橫浜市) 가나가와구(神奈川區) 록가쿠바시초(六角橋町)

무직 박병순(朴秉順, 24세)은 1938년 3월 의학 공부에 뜻을 품고 일본으로 건너와서 이후 수험공부에 전념했는데, 이달 8일 실시되는 이와테현(岩手縣) 모리오카시(盛岡市) 소재 이와테의학전문학교 수험을 위해 같은 시에 가서 우치마루(內丸)의 나가사와이네(長澤いね)

집에 숙박 중, 같은 곳에 하숙하는 에히메현(愛媛縣) 사람 소네 데이키(曹根貞己)와 함께 이번 달 8일 오후 8시경 모리오카시 혼마치(本町)에 있는 음식점 도모요시코토(伴好事) 이케다 키쿠에(池田キクエ) 집에서 술을 마시며, 이케다 키쿠에와 그 집에 있는 여성 2명에게 중국인으로 가장해 "나는 중국인인데, 서로 적이자 동지이다. 일본은 2년 정도 지나면 여러 물품이 바닥날 것이고, 전쟁 수행은 불가능해진다. 이번 전쟁은 일본이 중국을 집어삼키려 하는 것이다. 일본이 중국을 만주국처럼 식민지로 삼기에는 앞으로 20년 이상 걸릴 것이다. 그 사이에 다른 외국이 나오면 어떻게 되겠는가. 일본의 힘으로 가능한 것이 아니다" 운운하며 반전적 언사를 말했으므로 이와테현에서 이 사람을 검거해 취조한 후, 이번 달 27일 육군형법 제99조 위반으로 관할 모리오카시 재판소 검사국으로 송국했다.

3) 「시국 범죄」, 1939.5

본적: 함경남도 덕원군(德源郡) 부내면(府內面) 상동리(上洞里) 163
주소: 도쿄시 오우지구(王子區) 주조(十條) 나카하라초(仲原町) 2-9-3

통신서기보 이성숙(李城璹, 32세)은 1929년(昭和 4) 3월 일본으로 건너 와 같은 해 4월부터 도쿄시에 있는 시바(芝) 우편국 사무원으로 근무 중이었는데, 민족공산주의사상이 농후하고 일찍부터 체신종업원조합 간부로서 좌익사상 선전·선동에 분주히 노력해 온 바 있어, 경시청에서 주시하고 있었다. 올해 4월 22일 오후 8시경부터 교바시구(京橋區) 긴자(銀座)에 있는 '기린 비어홀'에서 같은 우편국 사무원인 시미즈 기치(淸水吉)의 출정환송회에 참석해 옆에 있던 사람에게 "전쟁은 중대 국면에 도달해 있다. 신문 보도보다 일본군 희생자가 사실은 많다. 우리 노동계급의 희생도 아주 커서 크게 생각하지 않으면 안 된다. 총동원법 제11조의 발동 문제에 대한 금융자본가의 [대처] 방식은 제국주의 전쟁의 공식대로다" 등의 반전 언동을 했다. 경시청에서는 이번 달 10일 위 사람을 검거, 취조한 후 같은 달 17일 육군형법 제99조 위반으로 송국했다.

4) 「지나사변(중일전쟁)에 대한 재일조선인의 동향_ 시국 범죄, 기타」, 1939. 7

(1)

본적: 평안북도 의주군 의주읍 동도동(東都洞) 165
주소: 도쿄시 나카노구(中野區) 가미타카다(上高田) 1-215 아라이야카타(新井館) 집

 무직 기무라 도시오(木村敏夫) 또는 최윤경(崔潤璟, 17세)은 올해 5월 초순 북중국에 있는 석가장(石家莊)에서 무단 가출하고, 기무라 도시오라는 이름으로 위조해서 일본으로 건너와 도쿄로 온 후, 사립제일고등 무선공과학교 속성과에 입학했으나, 학비가 여의치 않아 얼마 지나지 않아 휴교하고 무위도식 중인데, 올해 5월에서 6월 사이 주소지인 아라이야카타(新井館) 집에서 대개 저녁 식사 후 같은 하숙집 친구인 마타노 히로시(又野弘), 고바야시 히로시(小林博), 사토 마사시(佐藤匡) 등에게, 자신이 북중국에 있을 때 군의 특무기관의 통역을 했고, 친아버지가 육군대좌로 현재 북중국에서 활약중이라며 사칭하고, 일본군의 행동을 모두 알고 있는 듯 퍼트리고 그 후 "중국군은 일본군보다 강력하고, 중국군을 칭찬[賞揚]하며", "일본 신문은 사실을 보도하지 않는다", "현지에서 일본군은 매우 참학한 일을 한다" 등으로 중일전쟁에 대해 유언비어를 말했다. 또 이 사람은 같은 하숙생인 도쿄제일고등 무선공과학생 이와사키 히로시(岩崎弘, 19세)의 학생증을 몰래 훔친 후 그것을 본인 명의의 학생증으로 변조하고, 그 외에도 절도행위를 감행했다. 경시청에서는 6월 20일 이 사람을 검거하여 취조 중인데, 위에 서술한 사실이 판명되었으므로 같은 달 19일 육군형법 제99조 위반 및 사문서 변조, 절도죄로 관할 검사국으로 송국했다.

(2)

본적: 평안남도 강서군 함종면(咸從面) 봉황리(鳳凰里)
주소: 도쿄시 나카노구(中野區) 가미타카다(上高田) 2-392 세이세이칸(正盛館)

 일본고등음악학교 성학과 3학년생 한근풍(韓根豊, 29세)은 작년 7월부터 올해 7월까지 이전 주소지 세타가야구(世田谷區) 기타자와초(北沢町) 563 모 씨 집에서, 또한 나카노구 가미타카다(上高田) 2-139 모 씨 집에서 각각 그 집사람에게 중일전쟁에 관해 "일본은 경제적으로 상당히 궁지에 몰려있다. 궁극에는 일본은 진다. 조선의 지식계급 중에는 일본에

반대하는 자가 많다", "일본 신문은 나쁜 측면은 기록하지 않기 때문에 진실은 모른다", "일본에서는 사진 등으로 중국의 아이를 귀여워하고 있는 장면이나 좋은 장면만을 기록하고 있지만, 사실 일본은 국내에서는 먹을 수 없으므로 중국을 취할 생각인 것이다" 등의 유언비어를 했고, 그 외에도 앞서 기록한 하숙처 모 씨(세타가야구), 모 씨(나카노구)의 아내를 유혹하고 간통한 후 그녀를 협박하는 등의 불량한 행동이 있었다. 경시청에서는 이번 달 21일 이 사람을 검거해 취조 중이었는데, 서술한 사실이 판명되었으므로 이번 달 29일 육군형법 제99조 위반 및 협박죄로 관할 검사국으로 송치했다.

5) 「지나사변(중일전쟁)에 대한 재일조선인의 동향_ 시국 범죄, 기타」, 1939.8

(1)

본적: 경상북도 대구부 시장정(市場町) 124

주소: 도쿄시 나카노구(中野區) 쇼와도오리(昭和通り) 1초메(丁目) 21 니시무라 세쓰(西村セツ) 집

도쿄물리학교 학생 김상두(金相斗, 21세)는 올해 2월 초순부터 6월 사이 주소지인 하숙집에서 같은 하숙생 친구 2명에게 여러 번에 걸쳐 (ㄱ) 조선에 지원병제도를 실시했는데, 그것은 중일전쟁으로 병력이 부족하기 때문에 우리 조선인을 이용할 심산에서 나온 것이다. 이번에 안 일인데 완전한 군사교육을 시행하지 않고 전선으로 출동시키는 것에 틀림없다. 만약 완전한 군사교육을 실시했다면 반드시 폭동이 일어났을 것임에 틀림없다. (ㄴ) 전쟁은 빨리 멈추는 편이 좋다. 결국 일본은 경제적으로 궁지에 몰려 끝낼 뿐으로 손해 볼 것이다. (ㄷ) 친구가 "조선인과 일본인은 완전히 결합해야 한다"라고 말한 것에 대해 "그것은 매우 곤란하다. 그렇게 되면 결국 조선민족이 멸망한다. 조선민족은 언제까지나 조선민족으로서 확보되야 한다"라고 반박했다. (ㄹ) 일본 군대는 상당히 강력해서 전쟁에서는 이기고 있지만, 장기화될 때는 장개석 편에 소련이나 영국이 원조해 주고 있으므로 일본은 경제적으로 궁지에 몰려 결국 경제적으로 패하게 될 것이다. (ㅁ) 기타 민족적 편견에 기반해 반전, 불온언사를 했다. 경시청에서는 6월 18일 위 사람을 검거하여 취조한 후, 같은 달 16일 육군형법 제99조 위반으

로 도쿄구 재판소 검사국으로 송치했다.

(2)
본적: 전라남도 진도군(珍島郡) 고군면(古郡面) 석현리(石峴里) 474
주소: 도쿄시 혼고구(本鄕區) 기쿠자카초(菊坂町) 73, 메이지대학(明治大學) 학생 김택(金澤, 24세)은 민족의식이 농후하여 좌익조선인 학생과 이울려 놀던 자인데, 1937년 9월 중 친구에게 "소련 비행기가 와서 폭탄으로 도쿄 시민을 전멸시키면 좋겠다"라는 비국민적 언사를 말한 것 외에도, 다수의 일본인 부녀자를 농락했고, 모 여성에게는 남아를 낳게 하고 돌보지 않는 등의 불량행위를 했으므로 경시청에서는 6월 23일 이 사람을 검거하고 엄중히 설유(說諭)한 후 본적지로 송환했다.

(3)~(4) 생략

(5)
본적: 전라남도 화순군(和順郡) 이서면(二西面) 영평리(永坪里) 235
주소: 지바현(千葉縣) 인바군(印旛郡) 우스이초(臼井町) 아자(字) 시라이(白井)
명륜(明倫)중학교 4학년생 양회총(梁會鏦, 21세)은 이번 달 3일 여름방학을 이용해 본적지로 귀성하던 도중 관부연락선에서 "'영구한 평화'라는 … 제목으로 재물을 훔친 자는 처벌받고 나라를 훔친 자는 왕이 된다. … 보라. 사람이 사람을 죽이는 경우 그것은 살인죄로 피할 수 없지 않은가. 그런데 나라와 나라 간에 싸움에서는 살인은 애국자라는 미명(美名)으로 칭송되어, 더 많이 살해한 사람이 더 많은 훈공(勳功)을 자랑하고 있지 않은가.…" 등의 반전(反戰)적 문구를 적은 수첩을 소지하고 있었으므로 야마구치현(山口縣)의 선박경승원(船舶警乘員)에게서 엄중하게 설유(說諭)받았다.

(6) 생략

6) 「지나사변(중일전쟁)에 대한 재일조선인의 동향_ 시국 범죄, 기타」, 1939.9

(1)
본적: 경상북도 영덕군(盈德郡) 영해면(寧海面) 원구동(元邱洞)
주소: [효고현(兵庫縣)] 아마가사키시(尼ヶ崎市) 히가시마쓰시마초(東松島町) 38

음식점 영업 권두칠(權斗七, 29세)은 이번 달 8일 자 경성일보 석간에 보도된「중선지구(中鮮地區) 방공훈련규정」기사를 읽고 실제로 공습을 받은 것으로 인식하고, 이번 달 10일 [그를] 찾아온 같은 고향사람 철공직공 권정만(權正萬) 외 3명에게, 또 11일 [그를] 방문한 고물상 김억수(金億守) 등에게 각각 "조선은 큰일 났다. 가뭄피해로 농작물은 하나도 영글지 못하고, 경성에서는 방공연습으로 적에게 피습되어 경성역이나 용산역도 적의 폭탄이 투하되었다"라고 퍼트렸기 때문에 점차 조선인들 사이에서도 전파되면서 "적 비행기의 공습으로 경성부가 폭파되었다" 등의 단정적인 유언비어로 되었고, 광범위하게 유포되기에 이르렀다. 오사카시에서는 위 유언비어의 출처를 탐구한 결과, 앞에서 서술한 위 사람의 소행임이 판명되었다. 위 사람은 전적으로 신문 보도를 오인한 것이고 하등의 반군적 고의는 없었으며 부주의하게 퍼트리고 다닌 것이므로 엄중히 훈계하는 것에 그쳤다. 또 관계자에 대해서도 각각 타일렀다.

(2)
본적: 충청북도 청주군 사주면(四州面) 용암리(龍巖里) 250
주소: 도쿄시 간다구(神田區) 사루가쿠초(猿樂町) 1-9 사토 쓰요시(佐藤強) 집

이종완(李鐘完, 23세)은 일찍부터 기독교적 감화에 의해 민족적 반감을 품고, 조선민족해방을 위해 일신을 헌신하기로 결의하고, 1936년 중국으로 건너가 동지와의 연락을 획책했으나 제국영사관원에게 탐지되어 유지(諭旨)를 받고 퇴거를 종용받았기 때문에 하는 수 없이 일본으로 건너온 자로, 농후한 민족의식을 갖고 있고, 총후(銃後)에서 국민총동원 태세에 대해서도 민족적 편견에 기반하여 비타협적 태도를 견지하며 또 영국인 기독교선교사 혹은 영국대사관 무관 등과 접근해 외첩(外諜)행위를 하는 듯한 용의가 농후한 부분이 있으므로, 올해 5월 경시청에서는 위 사람을 검거하여 취조를 맡았는데, 위 사람은 1937년 11월경 릿

교(立敎)대학 재학중 동창생인 박귀상(朴貴尙)에게 중일전쟁에 대한 신문 보도에 대해 "일본은 상해전에서 상당한 시일을 필요로 하고 있어, 이번에는 만주사변처럼 진행되지는 않는다. 일본 비행기의 무사귀환을 운운하는 것은 모두 거짓이다. 자폭 행방불명이라고 하는 것은 중국군에 저격되어 추락한 것이다"라고 군사에 관한 유언비어를 한 것 외에도, 1938년 10월까지 동안 릿교대학 학생 대기실이나 교정에서 학우 강춘희(姜春熙) 외 수 명에게 수차례에 걸쳐 반전·반군적 유언비어를 한 것이 사실로 판명되었으므로, 이번 달 11일 육군형법 제99조 위반으로 도쿄지방재판소 검사국으로 송치했다. 또 위 사람은 어학교수라고 칭하며 영국대사관 무관에게 접근하여 무관에게서 학비보조로 금전적 제공을 받는 등의 외첩 용의행동이 농후한 부분이 있으나 증거 [확보가] 매우 어려우므로 하는 수 없이 앞서 기술한 처분에 그쳤다.

(3)~(5) 생략

7) 「지나사변(중일전쟁)에 대한 재일조선인의 동향_ 시국 범죄, 기타」, 1939.10

(1)
본적: 전라북도 정읍군 정주읍(井州邑) 연지리(蓮池里) 208
주소: 도쿄시 세타가야구(世田谷區) 시모키타자와(下北沢) 1157 가와이(河合) 집

신문배달부 니혼(日本)대학 전문부 경제과 김한섭(金漢燮, 26세)은 올해 1월 전쟁 하에 일본에서 공산주의 조직을 확대하여 후방 교란 활동을 하고자 일본으로 잠입해 도쿄에 왔다. 경성에 있는 친구 이재묵(李載墨)을 사칭해 니혼대학 전문부 경제과에 입학해, 대학 내에서 마르크스주의연구회를 조직하고자 몰래 활약했으나 위명(僞名)이 폭로될 것을 우려하여 그것을 중지했다. 올해 4월 이후 세타가야구 기타자와 3-965 아사히(朝日)신문 직배소(直配所) 신문배달부를 선동하여 좌익 그룹의 결집을 꾀하여, 같은 곳에 사는 신문배달부 이동언(李東言), 양정묵(梁丁黙)을 동지로 획득하고, 이후 사변에 관한 신문기사를 파악해 반전적 언사를 해 왔다. 또 김한섭은 검거를 피하기 위해 비밀리에 비수(匕首)를 소지·휴대

하고 다니고, 그 외에도 같은 동네에 거주하는 출정군인의 아내 모 씨(25세)를 감언이설로 농락하고 정교관계를 맺는 등 불륜행위를 했다. 경시청에서는 올해 7월 중 위 3명을 검거하고 취조 중이었는데, 앞에 서술한 내용이 사실로 판명되었으므로 이번 달 11일 김한섭은 치안유지법위반[당목수(黨目遂)][8], 육군형법 제99조 위반, 철포화약류단속법 위반으로, 다른 2명은 치안유지법 위반[당목수(黨目遂)] 육군형법 제99조 위반으로 관할 도쿄형사지방재판소 검사국으로 송치했다.

(2)
본적: 황해도 신천군 신천읍(信川邑) 무정리(武井里) 43
주소: 도쿄시 나카노구(中野區) 미야조노토오리(宮園通) 5-55, 쓰루미야(鶴宮) 아파트

호세이대학(法政大學) 고등상업부 학생 김만복(金萬福, 23세)은 민족의식이 농후하여 불온 언동을 지속해 왔으므로 경시청에서 위 사람의 동정에 주의를 기울이고 있던 바, 위 사람은 작년 11월 중 간다구(神田區) 미토시로초(美土代町)에 있는 도쿄기독교청년회관에서 영어연구회 석상(출석자 이십수 명)에서 영어로 연설을 했는데, 중일전쟁에 관해 "일본은 성전(聖戰)이라고 말하지만, 궁극적으로 중국을 속국 영토화[屬領化]하려는 의도로, 중국 민중이야말로 비참하다. 운운" 등의 폭언을 논술한 사실이 있으므로, 9월 7일 이 사람을 검거하고, 이번 달 10일 육군형법 제99조 위반으로 관할 도쿄형사지방재판소 검사국으로 송치했다.

(3)
본적: 경상남도 창원군 진해읍 일출통(日の出通, 히노데토오리)
주소: 도쿄시 나카노구(中野區) 가미타카다(上高田) 1-15 요코야마(橫山) 집

니혼(日本)대학 전문부 법률과 김무량(金武良, 26세)은 민족의식이 농후하여 일본인과의 절충에서도 사소한 일로 민족적 감정을 격렬히 표출해 상호융화를 저해해 온 자인데, 올

---

[8] 당목수(黨目遂)는 당, 즉 국체 변혁이나 사유재산제도 부인을 목적으로 하는 결사를 위해 그 목적을 수행함을 의미한다.

해 6월 중 그전부터 감정적 거리가 있었던 간다구에 있는 간다 당구장(撞球場) 영업조합 이사인 사카나카 시카키치(酒中鹿吉)와 언쟁 중 당시 노몬한 사건 보도가 있었다는 것을 알고, "일본군이 소련 비행기 60여 대를 격추시켰다고 하는 것은 엉터리이다. 러시아에서는 일본 비행기를 격추시켰다고 하며, 장개석은 일본 비행기 다수를 격추시켰다고 한다. 무엇이 사실일지 모른다. 당신은 일본의 보도만을 믿고 있는 것이다", "일본군은 다수가 부상을 당해 입원해 있는데, 그것은 전장에서가 아닌 자신을 스스로 상처입혀 입원한 것이다. 그것은 전선을 나오면 탄환에 맞을 것을 두려워하여 스스로 상처 낸 후 입원한 것이다" 등 군사에 관한 유언비어를 유포했다. 경시청에서는 8월 28일 위 사람을 검거, 취조 중이었는데, 8월 31일 육군형법 제99조 위반으로 도쿄형사지방재판소 검사국으로 송치했다.

(4) 생략

(5)

본적: 평안북도 용천군 내중면 모고동 399

주소: 부정(不定)

오사카부에서 9월 11일 열차 이동 경찰관이 무직 이유채(李裕采, 18세)를 용의자로 검거해 취조 중이었는데, 위 사람은 편협한 민족의식을 고집하고, 각지에서 불온한 언사를 했었는데, 특히 올해 4월 무렵 구레시(吳市)에 있는 홍문(興文)중학교에 재학중인 중학교 친구에게 "조선이 독립하면 우리들은 행복해 질 것이다", "러시아는 5분 사이에 도쿄를 전멸시킬 준비가 되어 있다", "장개석을 바보라고 말하지만 장개석은 위대하다. 중국군은 약하다고 말하지만, 우리들은 실제를 모르는 이상 제대로 알 리 없다", "교장은 우리나라의 전상자(戰傷者)는 5만 6600명이고, 중국군의 전상자는 백만이라고 말하는데, 일본군에서도 중국군의 반 정도의 전상자가 있다" 등의 군사에 관한 유언비어를 말한 사실이 판명되었다. 또 오사카에서 이 사람은 앞의 죄들을 깊이 뉘우치고 있으므로 엄중 계유(戒諭)에 그쳤다.

8) 「지나사변(중일전쟁)에 대한 재일조선인의 동향_ 시국 범죄, 기타」, 1939.12

(1)

본적: 평안북도 신의주부 진사정(眞砂町)

주소: 도쿄시 나카노구(中野區) 우에노하라초(上ノ原町) 11 나카무라 히데이치(中村秀一) 집

제2 와세다 고등학원 문과 2학년생 박봉진(朴鳳珍, 21세)은 작년 3월 도쿄로 온 이후 민족적 편견에 기초해 당국의 조선인 대책에 대해 강제적 동화정책이라고 비방하고, 그것을 맹종하는 때는 조선민족을 멸망으로 이끄는 것이라고 하여, 그 언동에는 주의를 요하는 것이 있어 경시청에서는 그 동정에 주의를 기울이고 있던 바, 이 사람은 올해 4월 중순부터 9월 사이에 하숙처에서 같은 하숙생들에게 "조선인의 지원병제도는 일본인이 조선인의 증가에 위협을 느껴 전쟁 제1선에 내보내 탄환받이로 삼아 모두를 죽이고 끝내려는 것이다", "조선인의 문화 향상을 위해 의무교육제를 시행해야 하는데, 당국은 그것을 하지 않고 반대로 조선어 사용을 금지하고 있다. 조선어 멸망은 조선의 멸망이다", "중일전쟁이 장기화되면서 또는 일본이 유럽대전에 끌려들어가는 형국에서 이른바 일본은 독일, 이탈리아와 마찬가지로 버틸 수 없는 국가이므로 결국에는 경제적 파탄을 초래하는 위기에 직면하는 시기가 도래한다. 그때야말로 우리 조선민족이 일어나 독립해야 할 것이다" 등으로 반군적 유언비어를 말한 것이 판명되었다. 경시청에서는 11월 11일 위 사람을 검거하고, 11월 16일 육군형법 제99조 위반으로 문의(問疑)[9]하고 제기해 관할 검사국으로 송치했다.

(2)

히로시마현(廣島縣) 구레시(吳市) 아가(阿賀)우편국에서 11월 10일 조선인 부인이 와서 "11월 3일까지 맡겨둔 저금을 찾아가지 않은 경우는 2할 정도 삭감된다고 하는데, 사실인가?"라고 문의하러 왔고, 그 일을 전후하여 일본에 거주하고 있는 조선인들 중 아가우편국에서 저금을 찾으려는 경우가 6건, 총액 818엔 53전에 이르렀다. 히로시마현에서는 앞서의

---

9 법률 용어로 입건 가능 여부를 검토하는 것을 의미한다.

[인출] 이유를 탐구하고자 노력한 결과,

본적: 경상남도 사천군(泗川郡) 삼천포읍(三千浦邑) 봉남리(鳳南里)

주소: 구레시(吳市) 아가초(阿賀町) 히가시노부사키(東延崎)

일일 노동자 이갑용(李甲龍, 33세)이 10월 30일 구레시 아가초에 있는 코크스[骸炭] 공장에서 운반인부로 일하던 중, 광고전단지를 주워 읽고 있을 때, 같이 일하고 있던 본적이 경상남도 청도군 화양면 다로동, 주거지가 구레시 아가초 니시노부사키(西延崎)인 양기범(楊基範, 22세)이 "뭐가 쓰여 있는가?"라고 질문하자 "11월 3일까지 저금을 인출하지 않으면 2할 깎인다고 써 있다"라고 하등의 근거없는 유언비어와 함께 이 전단지 조각을 양기범에게 건네준바, 양기범도 위 유언비어를 같이 일하는 동료들에게 전달한 것에 기인하여 점차 광범위하게 유포되기에 이르른 것으로 판명되었다. 따라서 12월 5일 두 사람을 위경죄(違警罪)로 문의(問疑)하고, 이갑용에 대해서는 과료 3엔, 양기범에 대해서는 과료 2엔에 처했다.

(3)

10월 31일 도쿄시 아사쿠사구(淺草區) 센조쿠초(千束町) 2-8의 요릿집 긴류(金龍)의 판자벽에 백묵으로 쓴 "일본도 드디어 경제적으로 궁지에 몰려 중국을 두려워하는 지경에 된 것으로 보인다. 매일 일은 안하고 방공연습인가. 이런 때 우리 동포여, 조선을 독립하자"라고 조선인 소행으로 보이는 낙서가 있었고, 경시청에서는 행위자를 수사 중이다.

4. 『특고월보』, 1940.3~12

1) 「지나사변(중일전쟁)에 대한 재일조선인의 활동_ 시국 범죄」, 1940.3

본적: 전라북도 부안군 백산면(白山面) 노천리(老川里) 128
주소: 도쿄시 아자부구(麻布区) 가쓰미초(霞町) 1-1

신문배달부 김용일(金容日, 24세)은 조선에 있을 때부터 좌익운동에 광분해 온 자인데 작년 9월 고학 목적으로 도쿄로 와서 이후 메이지대학(明治大學) 학생 김용화(金容華), 동 이봉석(李鳳錫), 김순영(金淳榮) 등에게 "조선독립은 공산주의 사회의 실현에 의해 가능한 까닭"을 해설하고 계몽 및 동지 획득에 힘쓴 것 이외에 중일전쟁 및 노몬한 사건에서 황군 전과에 대해서 신문지의 보도는 허위라고 예시하고 호언하는 등의 불온 언동을 감행하였다. 경시청에서는 작년 12월 2일 위 사람을 검거해 조사한 결과, 전술한 사실을 규명했고, 이번 달 29일 치안유지법 위반 및 육형법 위반으로 도쿄지방재판소 검사국에 송국했다.

2) 「지나사변(중일전쟁)에 대한 재일조선인의 동정_ 시국 범죄, 기타」, 1940.7

(1)
본적: 경상북도 예천군 용문면(龍門面) 성현동(城峴洞) 159
주소: 오사카시(大阪市) 나니와구(浪速區) 시오쿠사초(塩草町) 1141

오사카시립상과대학(大阪市立商科大學) 예과 2학년 재학 중인 한택교(韓宅敎, 21세)는 민족의식이 농후해서 그 언동은 주의를 요하는 자이다. 오사카부 당국에서는 올해 4월 12일 위 사람을 검거해서 조사하고 있는데, 취조 결과 이 사람은 민족적 편견에 근거한 불온언사를 늘어놓고 있는 것 이외에 외람되게도 천황의 신성·존엄을 모독하는 불령사상 내지 이번 사변에 대해서 반일, 반전적 사상을 품고 있으며, 소지한 수첩에 감상록처럼 다음과 같이 불경불온한 수기를 기입함으로써 그 교격(矯激)한 민족적 울분·불만을 표현했다. 따라서 오사카부 당국에서는 사범을 형법 제74조에 대한 불경죄로 입건 여부를 검토하여 이번 달 9일 관할 오사카지방재판소 검사국에 송치했다.

수기(手記) 발췌

8월 28일 월요일 밤 10[시]

8월 25일, 26일, 독·소 간에 불가침조약이 체결되어 일본에게 멋지게 골탕을 먹었다. 대개 독재국은 신변이 위험해지면 뭐든지 과감한 일을 하는데 일본과 같이 빳빳하게 굳어버린 나라에서는 뭔가 대단한 일을 하지 않으면서 국내의 사소한 일을 문제 삼아 곰상스럽게 굴며 무사안일주의를 견지한다. 가엾은 것은 허례가 많은 일본의 국체다. 즉, 첫째도 천황, 둘째도 천황이다. 천황을 너무나 신성시하고 있다. 그것도 성심(誠心)에서 나온 것이 아니라 형식적으로 모두 그렇게 하고 있으니 우리도 그렇게 한다는 식이 거의 모두인 것은 당연하다. 국체의 기원을 천손강림에 구하고, 천황을 절대적으로 신성시하게 하여 헌법에까지 조문을 마련해서 '침범하지 않는다'고 한 것은 국내 평화유지에 많은 공헌을 했다는 점은 누구나 인정하는 바이지만, 너무 극단적인 천황신성시책은 인심을 압박하고 자유를 구속함으로써 각 개인의 발전을 저해한다. 어쨌든 일본의 현재 상황은 정돈(停頓)시대로 침잠하고 있다. 우리는 모든 것이 불만이다. 피정복민족의 우울함마저도 갖고 있다. (후략)

중일전쟁 발발한 지 4년. 그들의 충용스럽고 과감한 행동으로 중국의 요소요소를 점령했다. 그렇지만 저들의 항일의식의 앙양, 불퇴전(不退轉)에는 일본군도 어떻게 할 수 없다. 이윽고 왕조명(汪兆銘)을 수반으로 하는 신(新)중국 중앙정부라는 로봇 정부를 만들었다. 보아라, 그들의 교묘하고 간악한 정책을. 중국을 준(準)식민지로 삼지 않았는가. 중국을 완전한 독립국이라고 인정한다면 아무리 뻔뻔스러운 그들이라고 하더라도 중국 땅에 충령탑이라는 것은 건립하지 못하지 않겠는가. 충령탑!! 그들은 누구를 위해 죽었다는 말인가, 중국 백성을 구하기 위해서인가, 바보 같은 자기 자신을 위해서다. 게다가 교활한 그들은 동아의 신질서라든가 흥아(興亞)라든가 말하고 있다. 좋은 제목이고, 주의(主義)다.[10]

---

[10] 이로 인해 한택교는 오사카구재판소에서 징역 8개월 집행유예 4년의 판결을 받았다. 국가보훈처, 〈공훈전자사료관〉

(1)

본적: 평안남도 강동군 고천면(高泉面) 주광리(朱光里) 258

주소: 지바현(千葉縣) 인바군(印旛郡) 우스이초(臼井町)

사립 명륜(明倫)중학교 교사 '선을(鮮乙)' 황규섭(黃奎燮)은 민족의식이 농후하고 특히 별도 항목에서 기재한 바와 같이 명륜중학의 분규문제에 대해서도 사사건건 일본인 교사와 대립하며 마찰을 일으켜 그 동정을 시찰한바, 올해 2월 10일 오후 6시경 위 학교 제3기숙사 사감실에서 5학년생 이해갑(李亥甲) 외 18명과 잡담 시 "중일전쟁도 결국 일본은 중국에 끌려 장기전이 되어 지금처럼 확대되었는데 이것은 명백히 일본의 패배다", "장기전이 되어 점점 더 길어지면 일본도 물자부족, 국력 소모로 중국과 일본이 함께 무너진다"라고 반전적인 언사를 한 후 "노몬한 사건에서도 러시아는 기계부대의 장비가 좋아 상당히 활약했는데, 일본에는 기계화부대가 없어서 매우 고전해서 수많은 희생자가 나왔고 맥없이 당했다. 특히 황족이 한명 포로가 되셨다고 한다"라고 유언비어를 해서 5월 24일 검거해 육군형법 위반 피의사건으로 6월 18일 관할 검사국에 사건을 송치한바, 당일 기소 전 강제처분에 의해 신병을 유치(留置)해 취조 중인데, 잘못을 뉘우치고 마음을 바르게 고쳐먹은 바가 현저하므로 7월 18일 기소유예 처분이 되었다. 또 위 사람은 6월 23일 앞에서 언급한 명륜중학 교사를 그만두고 근신 중이었는데, 본 처분 결정을 기다렸다가 조선으로 돌아갔다.

3) 「지나사변(중일전쟁)에 대한 재일조선인의 동정_ 시국 범죄, 기타」, 1940.8

(1) 생략

(2)

본적: 경상남도 밀양군 무안면(武安面) 무안리

주소: 지바현(千葉縣) 이스미군(夷隅郡) 도카이무라(東海村)

고물상 윤용주(尹鏞珠, 20세)는 최근 고물 매입이 곤란해진바, 애국부인회 등에서 군으로

의 '독립유공자 공적조서' 참조.

헌납할 고물이나 메리야스류를 모으고 있는 것을 들어 알고, 군부로부터 의뢰받은 것처럼 가장하면 해당 물품의 매입이 용이할 것이라고 하여, 지바현 내의 출정병 유족 등을 두루 방문해 "군대에서 의뢰받았는데 출정군인 유가족으로부터 남루[襤褸:누더기] 2관문(貫匁)씩 걷고 그 대신 백목면(白木綿) 2반(反)씩을 배급한다"라고 사칭하고 올해 7월 이후 18건, 견적 가격 45엔의 사기를 감행해 왔다. 관할 경찰서에서는 이 사람을 사기죄로 검거하고, 이번 달 29일 관할 검사국에 송국했다.

(3) 생략

4) 「지나사변(중일전쟁)에 대한 재일조선인의 동정_ 시국 범죄」, 1940.12

오사카부에서는 지난달 이후 오사카에 사는 조선인들 사이에서 "조선에 중국군 비행기가 폭탄을 투하했다. 운운"이라는 유언비어가 유포되고 있으므로, 그 출처를 규명한 결과,

본적: 경상남도 거창군(居昌郡) 고제면(高梯面) 궁항리(弓項里)[11] 566

주소: 오사카시(大阪市) 미나토구(港區) 이치오카하마도오리(市岡浜通) 2-20

직공 임성배(林聖培, 43세)가 올해 8월 15일 일시 조선으로 돌아가 본적지에서 대구로 가는 승합자동차 안에서 한 조선인이 "10월 4일 밤 대구에 폭탄이 투하되었다 운운"이라고 이야기하고 있는 것을 듣고, 10월 17일 일본에 도래한 후 이것을 과장해서 오사카부(大阪府) 가와치군(河內郡) 마쓰오카초(松岡町) 도요우라(豊浦)에 거주하는 박준용(朴俊龍), 유덕만(柳德滿) 등에게 "10월 4일 밤 대구에 폭탄이 투하되어 집이 몇 채 파손되었는지, 사람이 몇 명 죽었는지 모른다. 조선은 중국군 비행기가 폭탄을 투하하고 쌀은 수확되지 않아 곤란하다 운운"이라고 전한 바, 위 사람들은 이것을 더욱 과장해서 오사카에 있는 조선인들 사이에 유포하여 점차 더 많은 사람에게 전파된 것으로 판명되었다. 이에 10월 12일 임성배 외 2명을 검거하고 육군형법 제99조 위반으로 오사카지방재판소 검사국으로 송국했다.

---

11 원문상에는 '高梯弓須里'로 표기되어 있으나, '고제면 궁항리'의 오기(誤記)로 추정된다.

5. 『특고월보』, 1941.8~12

1) 「지나사변(중일전쟁)에 대한 재일조선인의 동정_ 시국에 대한 특이 동정」, 1941.8

재일조선인은 시국에 대한 이해력이 결핍되어 시국하 객관적 정세의 근소한 변화에 대해서도 쉽게 동요하는 경향이 있다. 즉, 지난달 말부터 철도성에서 관부(關釜)연락선[12]의 승선 지정을 했는데, 우연히 여름 휴가로 조선으로 돌아가는 학생들이 많았던 터라 지정권의 입수가 매우 곤란함을 느꼈던 것, 혹은 당시 군의 동향 등을 보고 들어 국제관계의 긴박함을 추측하는 것 등에 의해 함부로 시국을 억측하고 나아가서는 그 환경을 비관시하고 과대하게 받아들이는 등의 동향을 보인다. 경시청 관하의 개황을 적기(摘記)하면 다음의 표와 같고, 그들의 동정에 대해서는 항상 적절한 지도·단속을 요하는 것임을 통감한다.

청·부·현(廳·府·縣): 경시청
종별: 군사에 관한 유언비어 통신
본적: 전남 진도군 임회면(臨淮面) 염장리(念丈里)
주소: 도쿄시 아라카와구(荒川區) 오구마치(尾久町) 1-821
직업·성명·연령: 셀룰로이드 가공직 송상호(宋相浩) 21세
개요: 올해 7월 31일 본적지 친아버지에게 "현재 전쟁으로 도쿄에서 출정군인이 매일 십수 명씩 출정하고 있다. 이것은 국가의 기밀이므로 신문에도 나오지 않고 출정하는 군인은 이웃집에서도 모르도록 야반(夜半)에 나선다. 이제는 미국과 전쟁이므로 미국과 전쟁하면 미국의 비행기가 도쿄에 와서 대포로 폭발시킨다. 그렇게 되면 사람 수가 부족하여 도저히 방비를 할 수 없으므로 도쿄 내에 있는 조선인이 다른 곳으로 가는 것은 차단된다" 운운하며 통신(通信)했다.
조치: 이번 달 10일 경시청에서 검거, 취조 중

---
12 1905년부터 부산항과 시모노세키(下關)항 사이를 정기적으로 운항한 여객선이다..

청·부·현(廳·府·縣): 경시청
종별: 군사에 관한 유언비어 통신
본적: 경북 청도군(淸道郡) 풍각면(豊角面) 동산동 214
주소: 도쿄시 혼조구(本所區) 고마고메(駒込) 센다기초(千駄木町) 72
직업·성명·연령: 긴조(錦城) 상업(商業) 2학년생 정산동기(鄭山東起, 죠산 도키) 17세
개요: 이번 달 초순 본적지 친어머니에게 "지금 대륙에서는 일본 군대가 미국과 대전쟁을 개시했다. 일본군과 미국군 간의 병력을 비교하면, 일본병은 20만 명 부족하고, 미국병력은 50만 이상이다", "일본이 실패하면 큰일이므로 도쿄는 인구 800만이지만, 그 1/2을 지원병으로 내보는 것으로 하고 있다", "기차승차권을 사도 귀향시켜주지 않으므로, 〈아빠 위독. ■보냄. 얼른 와라. 엄마〉라는 전보를 쳐서 보내주면 간다" 등으로 통신했다.
조치: 이번 달 15일 경시청에서 검거, 취조 중

청·부·현(廳·府·縣): 경시청
종별: 군사에 관한 유언비어 통신
본적: 전남 진도군(珍島郡) 군내면(郡內面) 분토리(粉土里)
주소: 도쿄시 나카노구(中野區) 에코타(江古田) 1-2123
직업·성명·연령: 도쿄무선전신학교 3학년생 고촌성진(高村聖鎭, 다카무라 세이진) 20세
개요: 올해 7월 21일 본적지 친동생에게 [보내기를] "이번 주임 고바야시 주타로(小林重太郎)에게 소집이 와서 시급히 출정했다. 네가 도쿄로 오는 것은 불가능하게 되었다", "시국은 배로 악화했고 언제 미일 전쟁이 일어날지 모른다", "만약 미일전쟁이 일어난다면 도쿄나 각 도시는 불같은 비가 계속 내릴지도 모른다" 운운하는 등으로 통신했다.
조치: 이번 달 14일 경시청에서 검거, 취조 중

청·부·현(廳·府·縣): 경시청
종별: 군사에 관한 유언비어 통신
본적: 경북 성주군(星州郡) 성주면 성산동(星山洞)
주소: 도쿄시 시부야구(渋谷區) 하타가야 히가시초(幡谷東町) 1-888

성명·연령: 청계수웅(淸溪秀雄, 기요타니 히데오) 19세

개요: 이번 달 초순 본적지 친아버지에게 [보내기를] "일미전쟁이 일어나려 하고 있으므로 도쿄는 폭탄 비가 내릴 것이다. 그때는 천명을 기다릴 수밖에 없고 생사를 스스로 판단하는 것은 곤란하다", "형은 철도성 국철에 근무하고 있으므로 잠시의 여유도 없고, 단지 지금 육군병력을 소집해서 30만을 수송하고 있으므로 끝날 때까지는 10여 일이 걸린다" 등으로 통신했다.

조치: 이번 달 20일 경시청에서 검거, 취조 중

청·부·현(廳·府·縣): 경시청

종별: 군사에 관한 유언비어 통신

본적: 경북 영천군 영천읍 기촌동(機村洞) 147

주소: 도쿄시 가마타구(蒲田區) 하네다초(羽田町) 1179 오오타(太田) 집

직업·성명·연령: 직공 영촌영웅(永村英雄, 나가무라 히데오) 24세

개요: 이번 달 초순 본적지 주소로 "제도(帝都:도쿄)는 7월 중순부터 비상상황이다. 국유철도 전차역[省線驛]이나 다소 인파로 붐비는 장소에 사복헌병이 있는 것이 놀라울 정도이다", "8월이라는 달은 해군·육군이 함께 싸울 좋은 찬스이다. 현재 블라디보스토크, 소련·영국·미국 삼국연합군이 시시각각 집결하고 있다. 일본군은 대략적인 계산으로 수일 중에 포고할 것이다", "특히 급하게 응하기 때문에 통조림 또는 식량품을 각자 준비하라는 식으로 보인다", "벌써 도쿄항이나 일본 각 항에서는 군함이 준비되었고 제도(帝都)는 극히 심한 광경을 보이고 있다", "첫째로 인심의 교란을 정부는 두려워한다. 약 1주일 전에 일본 전국에 커다란 소집이 있었는데 잘못해서 절대 비밀리에 진행했다", "사실은 5일 전까지 선전포고가 있었다" 등으로 통신했다.

조치: 이번 달 20일 경시청에서 검거, 취조 중

청·부·현(廳·府·縣): 경시청

종별: 군사에 관한 유언비어 통신

본적: 평남 안주군 안주읍 남천리(南川里)

주소: [도쿄시] 가쓰시카구(葛飾區) 호리키리초(堀切町) 815
직업·성명: 노부카와 상회(信川商會) 강제선(康濟善)
개요: 이번 달 초순 본적지 최병헌(崔炳憲) 앞으로 "너는 일본에 올 생각하지 마라, 나는 조선에 돌아갈 수 없어서 곤란해하고 있다. 일본에서는 피난하라고 명령한다. 게다가 기차나 기선(汽船)에 탈 수 없다", "일본에서는 1개월 전부터 군인을 출동시키고 있는데, 얼마만큼 출동시킬지 모른다. 지금까지 수십만 명이 도쿄를 출발해, 관부(關釜)연락선은 일반인을 승선시키지 못하고 있다. 조선으로 돌아갈 수가 없다", "도쿄에서는 조선으로 돌아가고 싶다는 사람이 수천 명 있는데 경찰관이 출동해서 조선에는 갈 수 없으니 집으로 돌아가라고 말하며 구타한다" 등으로 통신했다.
조치: 이번 달 16일 소재불명이 되어, 소재 수사 중

청·부·현(廳·府·縣): 경시청
종별: 군사에 관한 유언비어 통신
본적: 전북 남원군(南原郡) 산내면(山內面) 중황리(中黃里)
주소: 도쿄시 간다구(神田區) 미사키초(三崎町) 2-1
직업·성명: 도쿄고등예비학교 2학년생 궁본재천(宮本載天, 미야모토 다이텐)
개요: 이번 달 초순 본적지 김은옥(金銀沃) 앞으로 "중학교에서는 특별히 여름 휴가를 폐지하고 8월 31일까지 계속 공부하고 있는 중이고, 대학교 등에서는 소방(消防)연습을 하고 있어, 일-미 개전이 되면 학생들을 출동시킨다고 하므로 절대 학생들은 고향으로 돌려보내지 않는다", "형은 언제 도쿄로 오는지 모르지만, 위험하므로 늦게 오는 편이 좋다고 생각한다" 등으로 통신했다.
조치: 본인 소재 불명으로 수사 중

청·부·현(廳·府·縣): 경시청
종별: 군사에 관한 유언비어 통신
본적: 충남 천안군 환성면 두성리(斗星里)
주소: 도쿄시 가쓰시카구(葛飾區) 가미코마쓰가와마치(上小松川町) 202 오노(大野) 집,

직업·성명·연령: 직공견습생 성촌상록(星村相祿, 호시무라 소로쿠) 18세

개요: 올해 7월 20일 본적지 친형에게 [보내기를] "전쟁이 확대되어 도쿄가 공습받게 될 때는 노인과 어린이는 시골로 피난시킨다고 한다. 공습이 있으면 도쿄의 집은 전멸(全滅)한다. 도쿄는 점차 위기가 다가오고 있다" 등으로 통신했다.

조치: 이번 달 4일 경시청에서 검거, 취조 중

청·부·현(廳·府·縣): 경시청

종별: 군사에 관한 유언비어

본적: 경남 부산부 보수정(寶水町) 2-3

주소: 도쿄시 아라카와구(荒川區) 오구마치(尾久町) 4-153-3

직업·성명·연령: 도쿄니치니치신문 배달부 서전상길(西田常吉, 니시다 쓰네기치) 26세

개요: 이번 달 10일 무렵 아라카와구 오구마치 8-1319 아라이 도시조(新井年藏)와 그의 아내 아라이 마스(新井ます)에게 "중일전쟁은 일본이 이기고 있다고 말하지만, 그것은 선전뿐으로, 만약 일본이 이기고 있다면 전쟁은 벌써 끝났을 터이다. 실제로는 일본은 지고 있다", "장개석도 왕정위도 일본의 학교를 나오고 일본의 교육을 받았는데, 모두 일본에 반감을 갖고 있다", "왕정위는 영리하기 때문에 표면적으로는 친일적으로 행세하고 있지만, 실제로는 반감을 갖고 있다" 등으로 유언비어를 말했다.

조치: 이번 달 20일 경시청에서 검거, 취조 중

청·부·현(廳·府·縣): 경시청

종별: 유언비어 통신

주소: 도쿄시 시부야구 요요기(代々木) 니시하라초(西原町) 1012

성명: 임극행(林極幸)

개요: 이번 달 초순 조선 내 친구에게 "내가 이 편지에서 [새삼] 세계정세를 설명하지 않아도 상세한 내용을 알고 있으시리라 생각한다. 무엇보다 현 시국상 조선인 학생들은 계속 조선으로 피난하고 있는데, 그것은 무엇을 의미하는가? 개전 후 조선인의 입장을 심각하게 염두에 두어야 할 것이다" 운운하며 통신했다.

조치: 이번 달 27일 경시청에서 검거, 취조 중

청·부·현(廳·府·縣): 경시청
종별: 불온 통신
주소: 도쿄시 간다구 니시키초(錦町) 1-101 오다(小田) 집
성명: 박용곤(朴容坤)
개요: 이번 달 초순 조선 내 박용구(朴容九)에게 "언제 전쟁이 일어날지 모르는 상태이기 때문에 이곳에서는 매일 같이 병력을 수송하고 있습니다. 어느 곳으로 가는지도 비밀로 이런 얘기는 할 수 없는데, 조선을 통해 병력을 보내는 것은 사실입니다", "물론 전쟁이 일어나면 조선으로 돌아갈 수 없습니다. 가려고 해도 기차 표를 살 수 없으며, 기차 표를 사더라도 그때는 민심이 동요해서 도중에 보기 좋지 않은 장면이 생길 것입니다. 저는 즉시 시골로 피난할 생각입니다" 등으로 통신했다.
조치: 이번 달 27일 경시청에서 검거, 취조 중

청·부·현(廳·府·縣): 경시청
종별: 불온 통신
주소: 도쿄시 무코지마구(向島區) 데라지마마치(寺島町) 2-140 구시다(串田) 집
성명: 조선인 암본천일(巖本泉一, 이와모토 센이치)
개요: 이번 달 중순 본적지 정우영(鄭宇英)에게 "도쿄에서는 과연 [일본의] 심장부(心臟部)답게 조금도 당황하고 있지 않다. 영국·미국은 일본의 국력을 과소평가하고 있다. 특히 일본의 해군은 세계 각국을 상대로 해서 결코 지지 않을 실력이 있다. 중일전쟁의 무기는 모두 메이지(明治) 시대의 것이다", "1개월 전 전국적으로 비밀리에 300만, 일설로는 600만의 병력을 소집했다. 이것은 일본의 남진(南進)을 방증하는 것으로, 가을 즉 9월부터 시작될 것이다. 빠르면 8월 하순일 것이다", "도쿄에서는 누구나가 영국·미국·러시아 등의 문제로 말한다. 전쟁을 각오하고 있는 너도 통절히 느끼겠지만, 역사가 없는 민족의 비참함이라는 것이다. 우리들 자손에게는 이러한 쓴 맛을 느끼게 하고 싶지 않다. 그렇기 위해서는 일체융화 이외에는 없다" 등으로 통신했다.

조치: 이번 달 27일 경시청에서 검거, 취조 중

청·부·현(廳·府·縣): 경시청
종별: 군사에 관한 유언비어 통신
본적: 황해도 장연군 대구면(大救面) 송월전(松月田)
주소: 도쿄시 아사쿠사구(淺草區) 미스지초(三筋町) 17 아오키(靑木) 집
성명·연령: 산가필수(山佳弼壽, 야마요시 히쓰쥬) 18세
개요: 이번 달 8일 조선에 있는 친구 이등두표(伊藤斗彪, 이토 도효)에게 "8월 15일 무렵에는 꼭 네덜란드령 인도차이나와 전투를 벌일 것인데, 소련과 선전포고를 할지 아닐지가 결정날 것이다. 이번 도쿄니치니치신문은 공습을 예상하고 본사의 윤전기(輪轉機)를 에도가와(江戶川)처럼 빌딩이 없는 장소로 이전했다고 하는 이야기를 들었다. 또 야시키마치(屋敷町)에서는 자본가들이 시골로 이전하는 수가 상당히 많이 있다고 한다", "8월 20일 무렵까지는 어느 방면에서든 충돌이 발생할 것이다", "너도 시국이 순조롭지 않는 한 다시 도쿄로 오는 것은 매우 어려울 것이다. 조선의 상황을 지급(至急)히 알려주길 바란다" 등으로 통신했다.
조치: 이번 달 27일 경시청에서 검거, 취조 중

2) 「지나사변(중일전쟁)에 대한 재일조선인의 동정_ 시국에 대한 특이 동정」, 1941.9

(1)
본적: 평남 강서군(江西郡) 황대면(皇臺面) 성이리(星二里)
주소: 도쿄시 오모리구(大森區) 이리아라이마치(入新井町) 6초메(丁目) 29
도요대학(東洋大學) 척식과 1학년 강성덕(姜成德, 23세, 일본 침례교 신학교 졸업)은 이번 달 6일 시모노세키로 입항할 때 다음과 같은 반전적 기록을 소지하고 있었으므로 야마구치현(山口縣) 해항경비과에서는 일단 장래를 경계해 두었다. "역사상으로 보면 현대와 같이 전쟁에 위협을 느끼고 전율(戰慄)하는 시대는 없었다. 발달의 절정에 달한 과학의 힘을 빌

려 현대 전쟁은 기계화되고 화학화되어 전선에 보낸 병사만이 적의 위협을 받는 것일 뿐만 아니라, 귀여운 어린아이도, 가엾은 부녀자나 노인마저도, 대개 인류 문화가 전쟁에 공포를 느끼고 전전긍긍하고 있다. 이러한 시대 기독교 문화의 심판자[가] 새로운 시대를 알리는 선구자로서 중대한 사명이 있다."

(2)

주소: 히로시마현(廣島縣) 도요타군(豐田郡) 다다노우미초(忠海町)

철공소 경영 고즈쓰미 유이치(小積唯一, 40세, 일본인)는 이번 달 1일 오사카의 조선인 문제에 관해 친구에게 "전시하 도시에서 각종 세력은 현저하게 핍박을 받는다. 특히 오사카가 극심한데, 이 때문에 다수의 조선인이 이주했다. 그중에는 영구적으로 일본에서 거주하여 상당히 [부를] 축적해 일본인 수준이 되어 현재 조선 독립운동을 책동하고 있는 자도 있다. 이 때문에 시민들은 외적보다 이쪽에[=조선인들과의 대결에] 밤낮 전전긍긍하고 있다" 운운하며 말했는데, 관할 경찰서에서는 이러한 언사는 유언비어로, 일본인-조선인을 자극할 우려가 있으므로 즉시 이 사람과 관계자에게 엄중히 계고(戒告)하였다.

(3)

본적: 경남 진양군(晉陽郡) 명석면(鳴石面) 남성리(南星里) 58
주소: 후쿠오카현(福岡縣) 야하타시(八幡市) 나카마치(仲町) 8초메(丁目) 유에이칸(有營館)

인부 김성동수(金城東守, 가네시로 도슈, 31세)에게 이번 달 10일 나고야시 나카구(中區) 니시자카이초(西境町) 3-2 김점선(金點先)으로부터 "재차 알립니다. 지난번 만나서 건네고 싶다고 생각했던 것은 다름이 아닙니다. 단지 지금 곳곳에서 [하고 있는] 전쟁 이야기입니다. 그리고 우편국에 저금하고 있는 돈은 전부 찾아두시고 제가 있는 곳에 와 주시면 다양한 얘기를 듣고 저금은 찾을 수 없다는 얘기가 될 것입니다. 따라서 잘 생각하셔서 돈을 찾아두시고 제가 있는 쪽으로 와 주시면 합니다" 운운하는 통신이었다. 후쿠오카현에서는 이 사람에 대해 전적으로 허구의 사항이라는 내용으로 간유(懇諭)하고 유언비어가 되지 않도록 조치를 강구하였다.

3) 「일본 거주 조선인 학생의 귀향 중 특이 언동」, 1941.9

일본에 거주하는 조선인 학생은 여전히 대체적으로 시국에 대한 확고한 국민적 신념이 결여되어 있고, 심한 경우는 반국가적 불온획책을 감행하는 등 그들의 동향은 상당히 주의·경계를 요하는 점이 있다. 이번 달 말까지 일본 거주 조선인의 치안법 위반 검거자 118명 중 학생이 끼어 있는 경우가 90명으로, 검거 인원의 76%를 학생이 차지하고 있다. 또한 그들은 학교 휴가[방학] 등으로 조선으로 귀국하여 잘못된 견해를 토로하여 조선 내 민심에 악영향을 끼치는 듯하다. 즉, 참고 차원에서 올해 하계휴가 때 조선으로 돌아갔던 학생들이 토로한 언동[조선총독부 수집·기록(蒐錄)] 중 일부 특이한 것을 다음에 적기(摘記)하였다.

기(記)

직업·성명·연령: 와세다대학(早稻田大學) 문과 풍천상익(豊川相翼, 도요카와 소요쿠) 26세
언동(言動) 요지:

1. 조선의 여러 물자는 일본과 비교해서 모든 방면에서 혜택을 받고 있다. 일본 하숙집 밥이 부족한 것은 고통스럽다.
2. 일·미 국교가 긴박하고 도쿄지방의 경비가 실로 뒤숭숭한데, 앞으로 조선인 학생을 백안시하게 될 것이 유감이다.
3. 일·미 문제에 관해 원로급의 영미의존파와 마쓰오카 외무대신을 수반으로 하는 신파(新派)의 대립이 있다는 것은 국론이 통일되지 않았음을 방증한다.

직업·성명·연령: 메이지대학(明治大學) 법과 향촌희득(香村熹得, 고무라 키토크) 26세
언동 요지:

1. 왕정위(汪精衛)의 공식 방일(訪日)에 대해 제국은 국빈으로 최고의 대우를 했음에도 불구하고 국민적 환영열기가 부족한 것은 유감이다.
2. 세계평화를 확보하고자 한다면 지구상에서 암막(暗幕) 소련을 몰아내야만 한다.
3. 네덜란드령 인도차이나 문제의 해결은 먼저 미국을 제거하지 않으면 아무런 효과도 없을 것이다.

직업·성명·연령: 만몽(滿蒙)학교 정대갑(鄭大甲) 26세
언동 요지: 반도인도 특별한 긴장감과 관심을 가지고 제국의 정책 발표를 기다리고 있다. 소련이 패배하면 반드시 미국도 참전하고 이어서 제국(帝國)도 참전할 것이다.

직업·성명: 간사이대학(關西大學) 공학 3학년 곽일용(郭一龍)
언동 요지: 오사카시에서 쌀 배급이 원활하지 않고, 먹을 것을 구하기 위해 종일 시내를 방황하다가 결국 입수하지 못하고, 먹을 것을 기다리고 있는 아이를 안고 울고 있는 비참한 상황을 봤다. 일본은 이 정도로 곤궁해 있는데, 조선은 상당히 윤택하다.

직업·성명: 주오대학(中央大學) 안전광조(安田光助, 야스다 고스케)
언동 요지: 일본인의 조선인관(朝鮮人觀)을 시정하기를 바라는 동시에 당국은 조선에서뿐만 아니라 일본에서도 국책으로 내선일체운동을 철저히 해주도록 바라고 요청해야 한다.

직업·성명·연령: 니혼대학(日本大學) 상과(商科) 3학년 김연찬(金演燦) 27세
언동 요지: 내각 개조로 가장 소란스러운 때 출발했다. 차 안에서 일본인이 얘기하는 것을 들으니 "나는 출정 도중"인데, 목적지는 전혀 모른다[고 한다]. 외부 첩보에 눈치채지 못하게 하도록 복장도 사복으로 두발도 긴 상태 그대로이다.

직업·성명·연령: 호세이대학(法政大學) 법과 송도병훈(松島炳薰, 마쓰시마 헤이쿤) 24세
언동 요지: 일본에서 각 대학생은 네덜란드인도차이나 문제의 실패 및 독소 개전 후의 제국의 태도가 불명확한 것으로 상당히 억측 추론을 하고 있다.

직업·성명·연령: 니혼대학(日本大學) 부속 황도학원(皇道學院) 김택학기(金澤學基, 가나자와 가쿠키) 19세
언동 요지: 본인의 학교에서는 기존에 교관교련이 전혀 없었는데, 최근에는 시국이 중대한 국면이 되면서 각 학교에서 모두 실시하고 있다. 최근 도쿄에서는 미국인은 거의 볼 수

없는데, 반면 독일인이 많아진 것이 눈에 띈다.

직업·성명: 주오대학(中央大學) 예과 3학년 김본문일랑(金本文一郎, 가네모토 분이치로)
언동 요지: 귀성 도중 몇 번에 걸쳐 형사 취조를 받아 불쾌했다. 열차는 초(超)만원으로 매우 혼잡하여 일종의 이상한 동요(動搖)를 느꼈다. 뭔가 국제적으로 커다란 변동이 일어날 전조일지도 모른다.

직업·성명·연령: 게이오대학(慶應大學) 문과 3학년 고목계남(高木桂南, 다카키 게이난) 27세
언동 요지: 어떤 조선인과 일본인 아가씨가 서로 좋아하는 사이가 되어 부부[결혼] 약속까지 했으나, 부모의 반대로 포기했다는 이야기를 들었는데, 조선에 대한 인식이 없고 차별[적] 관념이 있다는 것은 실로 유감스러운 일이다.

직업·성명·연령: 불명(不明)
언동 요지:
1. 도쿄에서 관립대학, 전문학교 재학생의 일부를 제외하고, 기타 사립학교의 대부분의 학도들은 면학은 제2순위로 하고 찻집이나 카페 등을 드나들면서 도쿄를 연애 도장으로 생각하고 있는 사람이 많다.
2. 반도 민중은 시국에 대한 인식이 매우 엷다. 그것은 민도(民度)가 낮은 점도 있지만, 한편으로는 지도적 입장에 있는 관공리가 주민의 이해 여부는 염두에 두지 않고 단지 기계적·형식적으로 상의하달(上意下達)의 책임을 회피하기 때문이 아니겠는가.
3. 도쿄 시민은 등화관제를 철저히 하고 있는데, 조선의 일부에서 훈련 시 공습경보가 울리면 귀찮아 하면서 곧 소등(消燈)하는 등 여전히 철저한 수준에 도달해 있지 않다.
4. 도쿄의 불량 학생 때문에 성실하게 면학 중인 학생들이 다대한 민폐를 입고 있는 점이 있다. 본적지 당국에서 엄선한 후 [일본으로] 도항시키길 바란다.
5. 갑산(甲山)농림학교는 신체제에 즉응해, 영어 교수를 폐지하고 그 대신 중국어로 하고 있는데, 일본에서는 여전히 이러한 사례를 볼 수 없다.

직업·성명·연령: 메이지대학(明治大學) 전문부[13] 법률과 3학년 박수성(朴秀成) 25세

언동 요지: 우리나라의 대신 급에도 친영미파 또는 친독일파가 있고, 이 중대 시국에서 여론이 통일되지 않고 긴박한 국제정세에 대처할 수 없다. 내각의 총사직은 우리나라 참전 문제의 결정 곤란[難決]에도 기인한다.

직업·성명: 메이지대학(明治大學) 법과 1학년 김본희봉(金本熙鳳, 가네모토 기호)

언동 요지:

1. 일본에서 태어난 조선인을 위해 재일조선인 중 유식자 혹은 조선인 학생들이 돌아가면서 언문(諺文)을 가르치고 있는데, 사변 이후로 이것이 금지되었으므로 언문을 배울 수 있는 길이 없어져, 고향에 편지를 보내는 것도 불가능해져 괴로워하고 있다.
2. 고노에(近衛) 수상은 평판이 좋지 않은데, 이른바 고노에 공(公)의 정치력은 권문(五攝家)의 힘이다.
3. 일본은 독일과 소련의 전쟁이 장기화하면 영·미의 실력이 강대해져, 중일전쟁 및 대미(對米)작전이 불리해지므로, 삼국동맹이라는 명분으로 소련과 만주 국경에 병력을 집결시키고 있다. 도쿄에서 이번 응소는 전쟁 당초의 3배 정도인데, 그것은 독소전(獨蘇戰)을 기회로 북쪽의 위협을 제거하고 독일을 도와 속히 영국을 토벌하기 위한 것임은 미루어 짐작하여 알고 있어야 할 것이다.

직업·성명·연령: 간사이(關西) 고공(高工) 신정소원(新井紹元, 아라이 쇼겐) 22세

언동 요지: 관부(關釜)연락선은 [이용객이] 군인이 대부분이고, 일반인은 불과 30명도 미치지 않는다. 기차도 마찬가지로 낮에 이 더위에도 커튼을 전부 내리고 있었다. 상당수의 응소가 있었던 모양으로, 오사카만으로도 2,000명이라고 들었다. 우리 학교에서는 불과 90명의 전체 학생 중에서 20명이나 응소했다.

---

13 전문부(專門部)란 전문학교령에 기반한 실학을 중심으로 하는 단기 과정의 교육기관으로, 대학 본과나 예과와 같은 대학령에 기반한 교육조직과는 다른 형태이다. 대부분은 ○○대학 부속 전문부 ○○과 혹은 ○○대학부속 ○○전문부라고 칭해졌다. '니혼대학 전문부 의학과'처럼 부속이 붙지 않는 경우도 많았다.

직업·성명·연령: 주오대학(中央大學) 법과 2학년 조맹훈(趙孟勳) 24세
언동 요지: 도쿄에 있는 조선인 유학생의 상급학교 지원 경향을 살펴보면, 신체 건강한 자는 대부분 사관학교를 희망하고 있다. 그 원인은 조만간 조선에서도 징병령이 시행될 것으로 전망됨에 따라 징병령이 발포되면 의무적으로 군에 가야 하고, 특히 시국상 문관보다도 무관 쪽이 출세가 빠르며, 또 징병제 실시 후 병졸보다 장교인 편이 유리하다고 생각하기 때문일 것이다.

직업·성명: 경성 중앙중학교 3년 안전영모(安田英模, 야스다 에이모)
언동 요지: 독일은 소련과 싸워 나폴레옹 2세의 전철을 밟을 지도 모른다. 소련이 쓰러질 때는 미국이 영국을 적극적으로 원조할 것이다.

직업·성명·연령: 메이지대학(明治大學) 전문부 법률과 3학년 임수성(林秀成) 25세
언동 요지: 우리나라의 팔굉일우(八紘一宇)의 정신인 동아공영권의 확립이라는 것은 즉, 황색인종의 공존공영을 말하는 것임에도 불구하고, 지금도 일본인·조선인의 차별대우가 이루어지고, 유학중인 우리들에게 숙소[하숙]를 거절하거나 혹은 집을 빌려주지 않는다던가, 조선에 근무하는 관리에게 6할의 가봉을 주는 등은 이러한 종류의 하나의 예시인데, 이러한 사소한 일에 구애되지 말고 이참에 일본인-조선인이라는 관념을 일소(一掃)하여 대국적으로 봐야 할 필요가 있다.

직업·성명: 지요다(千代田)가정전문학교 3학년 김금주(金錦柱)
언동 요지: 일본의 애국열, 특히 부녀자 계급의 노동 정신에는 감격할 수밖에 없다. 일부 조선인 유학생은 빈둥거리고 방탕해져, 창씨(創氏)를 했어도 일부러 옛 성명을 호칭하는 등 진정한 내선일체(內鮮一體)는 앞길이 요원하다고 생각합니다. 긴박한 국제정세 아래에서 제국의 강대한 국력에 대해 절대적 확신이 있습니다. 군인 출신인 도요다 데이지로(豊田貞次郎) 외무대신의 취임은 대외 강경정책을 시사하는 것이겠습니다. 세계로 파급된 전란은 상당히 장기 지속될 것으로 상상됩니다만, 그것에 대처하는 국민의 마음가짐에는 여전히 유감스러운 부분이 있으므로 강력한 지도가 필요합니다.

직업·성명: 시가현(滋賀縣) 나가하마농학교(長浜農學校) 박승문(朴勝文)
언동 요지: 일본에서는 지금 활발하게 육군[병력]을 소집하고 있다. 그것은 절대로 비밀인 듯 하며 응소병의 출발시에도 일반인의 환송을 금하고 있다. 병력, 군수품도 활발히 수송되고 있다.

직업·성명: 주오대학(中央大學) 대월문우(大月文祐, 오오쓰기 후미유)
언동 요지: 조선인에 대해서는 최근 사상이 건전하고 학력이 우수한 자만을 선발하여 입학시키고 있으므로, 반도인의 일본 대학 입학은 곤란하다.

직업·성명·연령: 메이지대학(明治大學) 홍아과(興亞科) 3학년 유완규(柳完珪) 22세
언동 요지: 시국의 진전에 따라 우리 학생도 과거의 자유주의를 방척(放擲)하고 진지한 태도로 공부하고 있다. 특히 군사교육은 출석률 100%의 현황이다. 그중에는 비(非) 국민적 행동을 하는 자도 있어, 우리가 입는 민폐가 적지 않다.

직업·성명: 호세이대학(法政大學) 본과 1학년 본향학태(本鄕鶴泰, 홍고 쓰루야스)
언동 요지: 일본의 경제통제는 독일의 경제통제에 비해 여전히 미온적이다. 향후 더욱 통제가 강화될 것을 염두에 둘 필요가 있다.

직업·성명·연령: 주오대학(中央大學) 법과 1학년 종지관(宗志官) 23세
언동 요지: 시국하 반도인 학생은 지금 더욱 국가에 대한 신념을 황국신민으로서 금도[襟度: 남을 포용할 만한 도량]가 있었으면 좋겠다. 하숙집의 대해 주는 태도가 나쁘고 불량자도 많아 경찰 역시 손쓰지 못하고 곤란해 하고 있다.

직업·성명·연령: 도요대학(東洋大學) 척식과 대원원상(大原源象, 오오하라 겐조) 25세
언동 요지: 고노에(近衛) 공(公)은 민심을 파악하는데 뛰어나서 일반적으로 평판이 좋다. 마쓰오카(松岡) 외교는 실패했다. 영국·미국·소련은 군사동맹을 체결하고, 중국의 오지와 소련의 각지에 비행장 또는 군사시설 설치를 서두르고 있다. 독일은 전격적으로 빨리

정리하지 않고 겨울을 맞이하게 된다면 나폴레옹과 같은 전철을 밟게 될 우려가 있다. 점령하 치안 문제가 어찌 될지 우려된다.

직업·성명·연령: 호세이대학(法政大學) 법과 월성문창(月城文昌, 쓰키시로 분쇼) 26세
언동 요지: 학생 중 상급학교 입학지원자가 급증해 왔다. 그 원인은 경제력이 충실해진 것으로 추측되지만, 반면 징병 유예제도의 영향에 기인하는 부분도 있을 것으로 보인다.

직업·성명·연령: 니혼대학(日本大學) 전문부 무전양수(武田陽洙, 다케다 요슈) 24세
언동 요지: 일본인은 시국의 영향으로 인적 자원이 부족한 관계로 취직은 쉽지만, 조선인은 자격 조건을 갖추지 못하여 취직이 곤란하다.

직업·성명: 와세다대학(早稻田大學) 이공학부 김송웅(金松雄)
언동 요지: 일본 부인의 활동 모습에는 경탄할 수밖에 없다. 남성에 버금가는 노동을 볼 때면 반도 부인들은 자고 있다고 말해도 할 말이 없다고 생각한다. 직업 전사(戰士)로서 일하는 반도인은 [일하기에는] 과한 복장을 하고 있다.

직업·성명·연령: 게이오대학(慶應大學) 이재과(理財科) 이선희(李善熙) 28세
언동 요지: 조선 민족이나 중국 민족 중에는 민족의 독립이라든가 자치권의 요구 등을 주장하는 자가 있는데, 지금은 그것을 외칠 시기가 아니다. 이러한 일은 평화의 시대를 기다려서 나중에 생각해야 할 일이라고 생각한다.

직업·성명·연령: 와세다대학(早稻田大學) 3학년 기산정일(箕山正一, 미노야마 마사이치) 24세
언동 요지: 일본의 프랑스령 인도차이나 진주(進駐)는 프랑스령 인도차이나가 일본의 우선권을 인정한 결과로 기뻐해야 할 현상이지만, 베트남 사람 중에는 일본이 프랑스인을 상대로 공동방위조약을 체결해 베트남인을 상대하지 않은 점에 불만을 가진 자도 적지 않다. 대동아공영권은 각 민족 각자가 각자의 위치에서 번영함에 있는 것이다. 베트남인

의 불만도 당연하다고 생각한다.

직업·성명·연령: 주오대학(中央大學) 법과 1학년 인촌광원(印村光元, 인손 고겐) 25세
언동 요지: 일본에 거주하는 반도 민중에 대해 민족의식을 도발하는 것은 일본인이다. 아무리 미나미(南) 총독이 내선일체를 강조해도 그것은 조선 내에서만의 이야기일뿐, 일본에서는 일본인이 우월감을 가지고 우리들을 대하며 반도인을 멸시하는 정도가 심하다. 내선일체를 바란다면 [그 실현은] 우선 일본인의 조선인관(觀)을 시정하는 것에 있다.

직업·성명: 학생, 단산병조(丹山炳朝, 단잔 헤이초)
언동 요지:
1. 일본에서는 너무나 일본인·조선인 차별이 심하기 때문에 반도인 학생은 상당히 사상적으로 악화하고 있고 민족적 의식이 농후하다.
2. 평북 용천군(龍川郡) 출신 유학생회는 회원 120명이 있어도 창씨(創氏)는 절대로 하지 않는다. 창씨한 자는 입회시키지 않을 정도이다. 창씨에 대해서는 일본인도 일반적으로는 반기지 않는다. 실제로 후생성의 모 고등관은 미나미(南) 총독이 반도인에게 창씨시키려 한 것은 실패라고 말하고 있다. 미나미 총독은 퇴관을 앞두고 있으므로 공(功)을 세우는 데 초조해서 그런 것이라고 말하고 있다.
3. 반도인 학생 중 수재들은 고등문관시험을 보지 않느냐라고 질문하면 대부분 하나같이 고등문관시험은 관리 이외에 다른 길은 없으니 보지 않겠다. 교사가 되어 반도인에게 진실된 조선의 교육을 할 것이라고 말한다. (민족 독립교육을 의미)
4. 일본의 경찰은 신사적인데, 조선의 경찰은 몹시 난폭해 일본에 비할 바가 안 된다.

직업·성명·연령: 메이지대학(明治大學) 법과 추본용병(秋本鏞秉, 아키모토 요헤이) 27세
언동 요지: 도쿄에서 스파이의 경계가 엄중한데, 조선인도 외국인과 마찬가지로 백안시되는 것은 이해할 수 없다.

직업·성명·연령: 메이지대학(明治大學) 법과 허왕두(許王斗) 26세
언동 요지: 장학회와 같은 기관을 설립해 조선인 학생의 일본 도항을 한층 제한하는 것은 극심한 시대역행 행위이다.

직업·성명·연령: 메이지대학(明治大學) 법과 하창현(河昌鉉) 26세
언동 요지: 산업 전사(戰士)로 무지한 조선인 노동자를 일본으로 이주시키는 것은 일고(一考)를 요하는 사안이다.

직업·성명·연령: 메이지대학(明治大學) 경제정치학[經政] 2학년 천곡일관(川谷一貫, 가와타니 잇칸)
언동 요지: 세계정세가 긴박한 오늘날, 도시생활은 저절로 공포심을 느끼게 하며 도쿄에서 오래 살기란 어렵다.

직업·성명·연령: 교토제국대학(京都帝國大學) 법과 이노재(李魯宰) 23세
언동 요지: 일·소 중립조약은 마쓰오카(松岡) 외무대신과 스탈린 모두 오늘과 같은 상황이 있을 것을 내다보고 체결한 것이고, 일본인은 조용히 지켜보고 있다. 일본은 중립적 태도로 전쟁 처리에 매진해야 한다.

직업·성명·연령: 불상(不詳)
언동 요지: 조선인을 지원병으로 삼는 것은 매우 좋은 일이다. 즉 우리들은 장래 지원병을 역이용하면 좋다. 지원병은 일본인보다 우수하다고 들었다. 이 우수한 부대로 불러준다면 그들은 반드시 조국을 위해 총을 들고 일어설 것이다. 이런 의미에서 지원병은 기피해야 할 것이 아니다.

직업·성명·연령: 니혼대학(日本大學) 송산공무(松山公茂, 마쓰야마 도모시게) 27세
언동 요지:

1. 지난번 니혼대학에서 전(前) 경성제대[城大] 총장 하야미(速水)[14] 박사가 내선일체의 이념에 관한 강연을 했을 때, 대부분의 학생은 내선일체 차별철폐와 관련한 상당한 반박 질문을 했는데, 박사의 상세한 해설에 의해 그 진의(眞意)를 깨달은 모양이었습니다.
2. 모 교수의 이야기로는 일·소 개전 시기는 모스크바가 점령되는 때로, 8월 하순에서 9월 상순, 미국이 장개석에게 물자를 본격적으로 수송하기 직전에 선수를 칠 것이라는 것입니다.

직업·성명·연령: 교토제국대학(京都帝國大學) 법과 3학년 대천진강(大川眞江, 오오카와 마에) 26세5399

언동 요지: 교토제국대학, 도시샤(同志社), 릿쓰메이칸(立命館)대학 등의 조선인 학생은 '동아연맹' 운동에 흥미를 품고 매우 왕성하게 연구하고 있는데, 이들 학도에 의해 동아연맹의 조직체가 생겨나고 있다. 대체적으로 동아연맹운동이라는 것은 민족 자치라는 점에서 대환영을 받고 있는 듯하다.

직업·성명·연령: 불상(不詳)

언동 요지: 현재 일본은 조선인의 동화정책을 행하고 있는데, 그것은 성공하는 것은 아니다. 영국이 아일랜드에 대해 동화정책을 시행했지만 뜻대로 되지 않았고, 지금도 골머리를 썩고 있다. 독일과 영국이 개전하면 그들은 일치단결해서 영국을 공격해야 한다고 외치고 있지 않은가? 일본으로서도 동화정책을 시행하면 실패할 것이 당연하다. 민족적으로 봐도 끝까지 융화될 수 없는 부분이 있다.

4) 「지나사변(중일전쟁)에 대한 재일조선인의 동정_ 시국 범죄」, 1941. 11

본적: [대만] 신죽주(新竹州) 묘율군(苗栗郡) 공관장복기(公館庄福基) 361

---

14 하야미 히로시(速水滉)를 말한다. 총장 재임 기간은 1936년 1월~1940년 7월이었다.

주소: 도쿄시 요도바시구(淀橋區) 히가시오쿠보(東大久保) 2-332

직업·성명·연령: 제생회(濟生會) 병원 의원 양일은(揚日恩) 33세

위 사람은 1941년(昭和 16) 6월 이후 수차례에 걸쳐 "일본은 부상병에게 요오드팅크를 발라줄 뿐이고, 또 경비 부족 때문에 입원치료자로 치료 도중인 자를 퇴원시키고 있다", 또는 "노몬한 사건에서 일본은 병사가 앞다투어 결사대에 지원한 것처럼 전하고 있는데, 사실은 강제적으로 병사에게 폭탄을 떠안기고 전차 밑에 들어가도록 했던 것이다" 등 황군에 대한 국민의 신뢰감을 실추시키는 듯한, 혹은 상이군인에 대한 국가의 처우를 비난하는 등, 진실을 왜곡하고 심하게 악질적인 유언비어를 하였으므로 경시청에서 이 사람을 검거하고, 10월 2일 육군형법 위반으로 도쿄구 재판소 검사국에 송치중인 바, 같은 달 22일 기소되었다.

5) 「대동아전쟁(아시아태평양전쟁)에 대한 재일조선인의 동정_ 특이 언동」, 1941.12

(1)

본적: 전북 익산군 북일면 신리(新里) 357

주소: 도쿄시 세타가야구(世田谷區) 미슈쿠초(三宿町) 185 도쿄아사히신문 직배소(直配所) 이마즈 미사오(今津操) 집

신문배달부 오창규(吳昌圭) 또는 매촌겸이(梅村謙二, 우메무라 겐지, 22세)는 이전부터 민족의식이 지극히 농후한 자로, 평소에 조선독립운동이 활발화되지 않는 것을 싫어하여 불온언사를 계속했는데, 올해 7월경부터 동료 조선인들에게 (ㄱ) 일본군은 중일전쟁으로 점령한 후에는 여성을 간음하고 죽이며, 여자가 없으면 금전을 약탈하고 그 돈으로 놀며, 식량은 전부 약탈한다. 또 포로로 삼은 중국 병력들 중 귀순(歸順)하지 않는 자는 전부 죽인다 등으로 군사에 관한 유언비어를 계속 유포하였다. 경시청에서는 9월 9일 이 사람을 검거해 취조한 후, 이번 달 5일 육군형법 제99조 위반으로 관할 도쿄형사지방재판소 검사국으로 송치했다.

(2)

본적: 함남 안변군 신제면 두남리 243

주소: 도쿄시 메구로구(目黑區) 가미메구로(上目黑) 8-550 도쿄아사히신문 직배소(直配所) 이노우에 겐세이(井上彦聖) 집

신문배달부 김항건(金恒健) 또는 도원성보(桃源成輔, 도켄 나리스케, 21세)는 조선에 있을 때 유력자로부터 지원병에 응시할 것을 권유받았으나 그것을 기피하여 공부를 칭하며 올해 3월 도쿄로 온 자인데, 민족의식이 농후하여 도쿄에 온 이후 동료 조선인들에게 (ㄱ) 일본은 중일전쟁으로 약해져 있으므로 남진(南進) 정책은 뜻대로 되지 않을 것이다. (ㄴ) 중일전쟁이 장기화하고 일본은 팔방으로 적[의 공격]을 받아 국가가 무너질 것이기 때문에 그때야말로 조선은 독립할 수 있다. (ㄷ) 지원병제도가 만들어진 당초에는 지원자가 우대받았지만, 현재는 가혹한 취급을 받아 견디기 힘들다고 한다. (ㄹ) 일본군의 비행기는 자폭했다고 신문에는 쓰여 있는데, 그것은 적에게 격추된 것이다. 자폭했다고 말함으로써 매우 위대한 전투를 한 것처럼 거짓으로 말하고 있다는 등의 유언비어를 유포하였으므로 경시청에서는 올해 9월 9일 이 사람을 검거하고 취조한 후 육군형법 제99조 위반으로 이번 달 5일 도쿄형사지방재판소 검사국으로 송국했다.

(3)

본적: 경북 예천군 풍양면(豊壤面) 우지리(憂志里)

주소: 도쿄시 혼조구(本所區) 긴시초(錦糸町) 4-26

폐품처리업[屑物置出業] 함경득(咸慶得) 또는 환산경득(丸山慶得, 마루야마 게이도쿠, 28세)은 민족의식이 농후해 평소에 조선인에게 민족의식을 선양시키는 언동을 했기에 요주의 인물이었는데, 올해 9월경부터 폐품[屑物] 매매시 상대방에게 "드디어 엄청난 큰 사태가 되었다. 블라디보스토크에 미국 비행기 몇천 대가 와서 홋카이도, 가라후토(樺太)를 대폭격했다" 등 사실무근의 유언비어를 계속 유포하였다. 경시청에서는 10월 20일 이 사람을 검거하고 취조한 후 이번 달 1일 육군형법 제99조 위반으로 관할 도쿄 형사지방재판소 검사국으로 송국했다.

6. 『특고월보』, 1942.1~12

1) 「대동아전쟁(아시아태평양전쟁)에 대한 재일조선인의 동정_ 특이 동향」, 1942.1

(1)
주소: 요코하마시 나카구(中區) 고토부키초(壽町) 3-130
성명·연령: 미싱 가공업 나가이 사다키치(永井定吉) 집 고용인 김산일호(金山日鎬, 가네야마 이치고), 김산정웅(金山貞雄, 가네야마 사다오)

위 두 사람에 대해 본적지 부형(父兄)으로부터 [보낸 편지에] "일·미·영이 전쟁을 하게 되면 가장 먼저 당하는 것은 일본이다. 며칠 당하게 될지 모르기 때문에 빨리 철수하고 와라"라는 통신이 있었고, 두 사람은 고용주에게 해고를 간절히 청한 바, 고용주는 극력으로 그 잘못됨을 설득하였으나 전혀 해결된 바 없었고, 두 사람은 상담한 후 결국 도주하였다.

(2)
대동아전쟁 발발 직후 12월 8일부터 12월 22일까지 재일조선인으로 조선에 지인 등에게 편지를 보낸 통신문(180통)에 대해, 그 내용을 내밀히 정탐한바, 대부분 자신의 현황을 우려하고 초조해하는 것일 뿐 시국에 대한 인식을 앙양(昂揚)하는 것은 보이지 않는다. 재일조선인들은 내심 상당수가 계속 동요하고 있다는 일단(一端)을 엿볼 수 있다.
특이한 것을 적기(摘記)하면 다음과 같다.

① 이번 전쟁이 시작된 이후로 물자통제가 점점 엄중해져, 백성들은 모두 생활에 곤란해 하고 있습니다. 또 우리는 조선인이기 때문에 언제 죽임을 당할지도 모르기 때문에 죽어도 조선으로 돌아가서 죽을 생각입니다. 들리는 말로는 관부(關釜)연락선에는 탈 수 없다고 하는데 사실입니까?
② 올해는 정월에 귀향할 계획으로 공장으로부터 휴가를 받았는데, 경찰이 증명서를 [발급해] 주지 않으므로 어쩔 도리가 없습니다. 이것은 미국과의 전쟁이 시작된

것과 관계하는 듯 하며, 일-소 왕래를 금지할 모양이므로 뭐든 다 포기하십시오.

③ 미·일 개전 이후 토목 공사 방면 생활자는 곤란이 막대하여 1주일도 지나지 않았는데 일본의 전황이 불리해져서 손해가 크다고 매일 신문지상에 보도되고 있다. 또 도회지에서는 몹시 곤궁한 도탄지경에 있다.

④ 몰래 물품을 판매하면 무기징역에 처하고 게다가 자본 전부를 빼앗깁니다. 또 전에는 강도범은 3년 징역이었지만 이번에는 7년 이상으로 되었고, 암거래를 한 사람은 무기징역에 처한다고 하여 매매도 할 수 없고 먹을 것도 없어 결국은 죽을 수밖에 없습니다.

⑤ 현재 일본에서는 일미전쟁 후 돌연 신(新)법령이 발포되었습니다. 조선인의 일본 도항이 금지되었습니다. 가족 동거가 불가능합니다. 그리고 일본은 미국에서 가깝기 때문에 폭격받을까 봐 모두가 상당히 걱정 중인데, 조선은 어떻습니까? 또 힘든 것은 앞으로 식량이 점점 없어질 것이므로 저도 죽기 전에 빨리 조선으로 돌아가 부모 형제와 만나고 싶습니다.

⑥ 지금은 일본에서는 도저히 생활할 수가 없습니다. 양력 정월에는 형이 고베(神戶)로 오기로 했었지만, 협의해서 수진(壽鎭) 혼자 일본에 두고 전부 조선으로 옮겨 갈 생각입니다. 절대로 일본에서는 거주할 수가 없습니다. 물자 부족은 물론 외래미(外來米) 1두(斗)도 살 수 없고, 시골에 가는 것도 안 됩니다. 병문(丙文, 장인)도 양력 정월 10일에는 전부 조선으로 돌아가셨습니다. 아무리 생각해 봐도 거주하는 것이 불가능하므로 빨리 [거주할] 집을 준비해 주십시오. 일본에 거주하면 형과 수진 2명은 [군에] 모집되기 때문에 조선으로 돌아가지 않으면 안 됩니다. 나이 40세 이전인 사람은 모두 모집됩니다.

2) 「대동아전쟁(아시아태평양전쟁)에 대한 재일조선인의 동정」, 1942.2

(1) 유언비어 단속 상황

청·부·현(廳·府·縣): 경시청

본적·주소: 경북 예천군 풍양면(豊壤面) 우지리(憂志里) [호주 용(龍)의 장남]·도쿄시 혼조구(本所區) 긴시초(錦糸町) 4-2 기요타 타쓰오(淸田龍雄) 집

직업·성명·연령: 폐품처리업[屑物置出業] 함경득(咸慶得) 또는 환산경득(丸山慶得, 마루야마 게이토쿠) 29세

사건 개요: 도쿄시 무코지마구(向島區) 아즈마마치(吾嬬町) 니시(西) 5-3 약재상 미즈코시 기바(水越義馬) 집에 폐품[屑物] 매매로 간 때 그 가게 안에서 점주와 기누가와 게사오(衣川今朝雄) 두 사람에게 "드디어 엄청난 큰 사태가 되었다. 블라디보스토크에 미국 비행기 몇천 대가 와서 홋카이도, 가라후토(樺太)를 폭격하고 갔다"라고 사실무근임을 인식하고 있으면서 유언비어를 하였고, 추가로 "아무래도 이번에는 일본도 독일도 안 되겠다" 운운하며 반전적 언사를 하였다.

조치: 육군형법 위반으로 송국, 1월 15일 기소, 도쿄구치소 수용

청·부·현(廳·府·縣): 경시청

본적·주소: 전남 영광군(靈光郡) 군서면(郡西面) 보라리(甫羅里) 613 [호주 종하(鐘河)의 동생]·(이전 주소) 도쿄시 후카가와구(深川區) 사루에초(猿江町) 2-9 (현주소) 도치기현(栃木縣) 아시카가군(足利郡) 게노무라(毛野村) 간노우(勸農) 368

직업·성명·연령: 유남루재제업(油檻褸再製業) 덕원종영(德原鐘榮, 도쿠하라 슈에이) 33세

사건 개요: 도쿄시 거주 중에, 도쿄시 시부야구 하타가야(幡ヶ谷) 육군 저수(貯水) 공사장에서 토목인부로 일하던 중, 작년 12월 10일 해당 공사장에서 토공으로 일하게 된 도쿄시 후카가와구 사루에초(猿江町) 2-7 최선장(崔善璋) 또는 산본선장(山本善璋, 야마모토 젠쇼, 37세)에게 "일본은 중국이나 영국·미국과 싸워 이기고 있다고 말하지만 나중에는 패전할 것이다. 그것은 일본은 물자가 부족하기 때문이다. 일본의 군인은 모두 죽고 져도 좋다" 운운하며 반전적 유언비어를 말하였다.

조치: 1월 29일 검거, 육군형법 위반으로 2월 21일 아시카가구재판소 검사국으로 송국

(2) 불온 낙서 단속 상황
청·부·현(廳·府·縣): 경시청
본적·주소·직업·성명·연령: 불명(不明)
발견 장소: 도쿄시 고마고메구 벤텐초(辨天町) 벤텐(辨天)공원 내 매점 미닫이문 판자 [戶板]
개요: 2월 13일 오후 1시 무렵 와세다 경찰서 특고주임이 위 장소에서 연필로 써진 "조국을 사랑하는 조선동포여, 우리들이 일어서야 할 때가 왔다. 오라 동지, 모이라 동지"라고 기재된 것을 발견했다.
조치: 수사 중

(3) 특이 언동
최근 일시 조선으로 귀국했거나 또는 조선에서 온 여행자들의 말에 의하면 제79의회에서 수상이 남방 지역의 여러 국가들에 대해 독립을 인정하는 성명[발표]이 조선인을 아프게 자극해 조선민족에 대해서도 당연히 독립을 인정해야 하는 것으로, 이것이 [계기가 된] 운동으로 은밀히 약진하고 있는 듯한 움직임이 있다고 전해지고 있으므로, 이에 대해서는 각각 근본 국책의 취지를 설명해 오해하는 것이 없도록 유시(諭示)해 두었는데, 앞으로의 동향으로 상당한 주의를 요할 것으로 보인다.

① 지난번 도조(東篠) 수상으로부터 대동아건설방책으로서 제국은 버마 및 인도의 민중을 적으로 삼지 않고, 버마인의 버마, 인도인의 인도건설에 대해 적극적 협력할 것이라는 취지의 성명을 발표했다. 그것이 조선인에게 큰 영향을 주어 조선독립운동이 대두하고 있다.

② 버마, 인도, 말레이 등 남방 여러 나라를 독립시키려면 조선도 당연히 독립시켜야 할 것이다. 만주국도 일본의 보호하 독립 상태로, 오직 조선만이 병합된 상태인 것은 불합리하다.

③ 도조 수상의 연설 후 우리들도 독립해야 한다고 내밀히 약진하는 움직임이 상당히 많고, 그중에는 검거된 자도 있다고 들었다.
④ 남방 점령 지역의 적성(敵性) 국가군에 대해 독립을 인정한다고 하는 시정연설에 대해 조선 내 일부 유식자 사이에는 상당히 큰 반향을 주었던 모양으로, 조선의 독립운동을 운운하는 사람들이 상당히 많아졌다.

3) 「대동아전쟁(아시아태평양전쟁)에 대한 재일조선인의 동정_ 유언비어 단속 상황」, 1942.3

청·부·현(廳·府·縣): 경시청
본적·주소: 경북 대구부 남산정 81 [호주 석진(石鎭)의 차남]·도쿄시 도시마구(豊島區) 니시스가모(西巢鴨) 2-2382 수장(壽莊) 아파트 내
직업·성명·연령: 센슈대학(專修大學) 예과생 김연우(金演雨) 23세
검거(송국) 월일: 2월 4일 검거, 3월 7일 송국
개요: 1941년(昭和 16) 12월 17일 오후 1시경 도쿄시 도시마구 니시스가모 2-2092 도월장(都月莊) 아파트에서 같은 곳에 거주하는 다카자와 스즈코(高澤スズ子) 등에게 "북조선 사람은 상당히 불온한 형세가 있다. 현재의 대동아전쟁은 일본이 유리한 입장에 있으므로 다행이지만, 만약 불리한 입장으로 된다면, 북조선 사람들은 일제히 들고 일어나 독립할 것이다", "이왕 전하도 일본인을 아내로 두고 있으므로 귀국하면 북조선 사람들은 어떻게 할지 모르겠다. 죽일 계획이 있을지도 모른다", "현재 일본인 관리에게 지급하고 있는 6할의 가봉(加俸) 제도는 폐지된다. 이것으로 차별대우가 없어진다" 운운하며 인심을 혹란(惑亂)시키는 듯한 허구의 사실을 날조·유포하였다.
조치: 형법 제105조 3항 위반으로 송국

청·부·현(廳·府·縣): 경시청
본적·주소: 경북 안동군(安東郡) 풍산면(豊山面) 상리동(上里洞) 303 [호주 진영(縉榮)의

차남]·(현주소) 도쿄시 혼조구(本所區) 다테가와초(堅川町) 3-22 노부타 요나가(信田世永) 집

직업·성명·연령: 잡업 이규완(李圭完) 또는 평강완규(平岡完圭, 히라오카 간케이) 28세

검거(송국) 월일: 2월 4일 검거, 2월 28일 송국

개요: 1942년(昭和 17) 1월 14일 오후 9시 반경, 도쿄시 혼조구(本所區) 나리히라바시(業平橋) 5-6 특수음식점 동양관(東洋館) 목하수용(木下壽用, 기노시타 쥬요) 집에서 술을 요구했는데 거절당하자 영업주와 종업원 여성인 춘산문자(春山文子, 하루야마 후미코) 두 명에게 "너희들 같은 놈들이 있으니 조선인은 언제나 일본인에게 괴롭힘을 당하는 것이고, 조선을 빼앗긴 꼴을 당한 것이다. 지금은 일본인들을 상대로 영업하고 있을 때가 아니다. 일본은 전쟁에 이겼다고 말하고 있지만, 실제로는 이기고 있지 않다. 비밀스러운 일은 조금도 발표하지 않고 있으니 모르는 것이다", "미국·영국이 강한 나라이니 결국에는 일본은 지는 꼴이 될 것이다. 진다면 우리 조선인들은 갈 곳이 없어진다. 그때는 일본에 붙어 있는 조선인은 모두 살해될 것이므로, 이 참에 조선은 조선인들로 서야[자립해야] 한다. 우리 같은 사람들이 도쿄에 천 명도 더 있다면 반드시 조선은 독립할 수 있다"라고 군사에 관한 유언비어를 하였다.

조치: 육군형법 제99조 위반으로 송국

청·부·현(廳·府·縣): 경시청

본적·주소: 함남 영흥군(永興郡) 인흥면(仁興面) 상평리(上坪里) 117 [명수(明洙), 5남]·도쿄시 스기나미구(杉並區) 오기쿠보(荻窪) 3-178 오기(荻)아파트

직업·성명·연령: 메이지대학(明治大學) 법과 3학년 강성길(姜成吉) 또는 신농진광(神農進光, 신노 신코) 27세

검거(송국) 월일: 2월 28일 검거, 3월 10일 송국

개요: 1941년(昭和 16) 12월 17~18일경, 도쿄시 우시고메구(牛込區) 와세다(早稲田) 쓰루마키초(鶴巻町) 38 하숙집 오하라칸(大原館)에서 하숙하는 같은 고향 출신 조영진(趙英珍)을 방문하여 상담한 끝에, "대만의 대지진은 상당히 큰 피해를 입은 듯하다고 신문에 보도되고 있는데, 그것은 지진이 아니고 미국의 폭격기가 와서 폭격 받은 듯하다. 그러나

일본에서는 대만이 폭격되었다는 사실을 그대로 신문에 발표하면 일본 국내 인심이 동요하므로 대지진으로 피해를 입었다는 것처럼 신문에 발표했다고 생각한다. 또 대만이 폭격된 모양새라면 자신들도 안심하고 도쿄에서 공부할 수 없다"라고 운운하며 군사에 관한 허구 사실을 날조·유포했다.

조치: 육군형법 제99조 위반으로 송국

청·부·현(廳·府·縣): 오사카부
본적·주소: 전남 보성군 겸백면(兼白面) 평호리 343·오사카시 아사히구(旭區) 이쿠에초(生江町) 7-136
직업·성명·연령: 보험판매원 천순(泉淳) 또는 박학주(朴學柱) 23세
검거(송국) 월일: 2월 24일 검거, 3월 20일 송국
개요: 피의자는 보험권유시 정부파견 저축보국선전부 실행위원 또는 귀환용사인 것처럼 가장해 오사카시 덴노지구(天王寺區) 다마마에마치(玉前町) 49, 신사부로(信三郎)의 장녀 마쓰모토 키구에 외 5명에게 "중국 여성은 매우 비참하고 불쌍하다. [임신으로] 배가 불러도 일본의 병사들이 밉다고 하면서 찔러 죽이므로, 무서워서 천장 뒤에 숨어 밥을 먹고 있는 여성이 있다. 나도 죽이고 왔다. 지금은 비행기도 날아오지 않지만, 3월 무렵이 되면 알류샨 방면에서 횡횡 날아와서 반드시 공습이 있을 것이다. 그때는 남자라는 남자는 모두 전쟁에 가야 하고, 그 후에는 가정은 주부와 아이들이 지켜야 한다. 그때 이 보험에 들어두면 다쳐도 무료로 치료 받을 수 있고, 또 보험료[掛金]가 병원설립의 자금이 된다"라고 시국에 관해 유언비어를 하고, 인심을 혹란시키는 듯한 언사를 하였다.
조치: 언론·출판·집회·결사 등 임시단속법 제17조, 제18조 위반으로 송국

4) 「대동아전쟁(아시아태평양전쟁)에 대한 재일조선인의 동정_ 유언비어 단속 상황」, 1942.4

(1) 유언비어 · 불경낙서 등 단속 상황'

청·부·현(廳·府·縣): 아이치(愛知)현(愛知縣)

종별: 유언비어

본적·주소: 전남 고흥군 금산면(錦山面) 석정리(石井里) 932·아이치현(愛知縣) 히가시카스가이군(東春日井郡) 고조지초(高藏寺町) 아자(字) 다마노(玉野)

직업·성명·연령: 토공 진용문(陳用文) 44세

사건 개요: 피의자는 3월 16일 오후 2시경 지인인 아이치현 니시카스가이군(西春日井郡) 니시비와지마초(西枇杷島町)[15] 아자(字) 기타후타쓰이리(北二ツ杁)[16] 고물상 최광보(崔光保) 집으로 가서 마침 거기에 있던 반도인 김택경정(金澤景政, 가네자와 게이세이) 외 2사람에게 "이것은 전날 욕실에서 들은 얘기인데, 세토(瀬戸) [지역의] 경관의 아내[嫁]가 쌀이 떨어져 버려 쌀가게로 갔지만, 쌀가게도 기일이 오지 않았으니 아무리 경찰[을 남편으로 둔] 사람이라고 해도 줄 수는 없다고 말했기 때문에, 그 사람은 하는 수 없이 집으로 돌아와 아이를 죽이고 자신도 죽어 일가 5명 모두 죽어버렸다고 한다" 운운하며 인심을 혹란시킬 우려가 있는 허위 사실을 유포하였다.

조치: 3월 17일 검거, 형법 제105조 3항 위반으로 3월 31일 나고야지방재판소 검사국으로 송국

청·부·현(廳·府·縣): 교토부

종별: 불경낙서

본적·주소: 경성부 아현정(阿峴町) 495·교토시 나카교구(中京區) 니시노쿄 나카아이초(西ノ京中合町) 8, 2600년 쇼나이(莊內)

---

15 원문상으로는 "面批把島町"로 기입되어 있으나 '西枇杷島町'의 오기(誤記)로 추정된다.
16 원문상으로는 "比二ツ杁"로 기입되어 있으나 '北二ツ杁'의 오기(誤記)로 추정된다.

직업·성명·연령: 사립 교토고등상과학교 1학년 김택주원(金澤周元, 가네자와 슈겐) 17세

사건 개요: 3월 12일 교토시 나카교구(中京區) 니시노쿄(西ノ京) 난부(南部) 우치바타케초(內畑町) 20 오니시 히라시치(大西平七) 집 판자병풍에 "천황 폐하를 죽이겠다. 일본인을 모두 죽여라, 조선 대정의(大正義)"라고 백묵으로 기재한 것이 있음을 발견하고, 범인을 수사한 결과, 김택(金澤)을 용의자로 검거, 취조한 바, 위의 장소에 친구 고본훈위(高本訓位, 다카모토 군이), 김택일평(金澤一平, 가네자와 잇페이) 등과 조선독립에 관해 서로 이야기 한 후, 김택일평이 "일본인을 모두 죽여라"라고 낙서한 바, 피의자는 "천황을 죽이지 않으면 의미가 없다"라며 앞에 기록한 것과 같이 "천황 폐하를 죽이겠다"라고 기재한 것으로 판명되었다.

조치: 3월 17일 검거, 취조한 결과 4월 13일 형법 제74조 불경죄로 관할 교토지방재판소 검사국으로 송국

(2) 적 비행기 본토 공습에 대한 재일조선인의 동향

당초에는 제국 공군의 실탄연습만을 생각하고 있었는데, 고사포(高射砲)의 소리가 들리고, 적의 비행기 공습임을 알게 된 상황이 되자 일시 경탄하여 동요하는 기색이 있었으나, 경찰 당국의 적절한 지도·단속과, 조선인의 밀집지역에 폭탄 소이탄 등의 투하가 없고 대부분 피해가 없었기 때문에 점차 평정한 상태가 되었고, 경방단(警防團), 도나리구미(隣組) 방공군(防空群) 등이 협력하여 방공, 방화에 힘쓰고, 황국신민된 책임을 다하고자 하는 열의를 보이고, 도나리구미(隣組), 경방단으로부터 칭찬받은 바 있었다.

그리고 재차 적기(敵機) 공습을 우려하여 안전한 지역으로 피난하고, 또는 사재기[買溜·買漁], 저금 인출 등 시국을 분별하지 못하는 행동을 하지 않고 각종 유언비어 등을 유포하는 자도 보이지 않으며, 오히려 적기(敵機) 내습(來襲)으로 적개심을 높이고 황국신민으로서 국토방위에 노력하자는 결의를 다지고 있는 자들로 평온한 상태로 옮겨가는 듯하며, 현재 치안상 우려해야 할 동향은 보이지 않는다.

그렇다고 하더라도 일부 재일조선인 중에는 혁혁한 남방 전과 보도에 의해 군에 대한 절대적 감사와 신뢰를 하고 있는 관계상 이번 적기(敵機) 내습으로 우리 본토가 유린된 것은 심히 유감스러워하고, 적기 공습 후 공습경보의 발령이 있었지만 지연된 것, 적기의 격멸(擊

滅)을 보지 못한 것을 유감스러워 하는 등의 의향을 내비치는 자가 있다. 이러한 언동은 군의 조치에 대한 불평불만의 언사는 아니며, 군에 대한 국민의 절대적 신뢰에 응답할 것을 요망하는 격려의 소리로 사료되지만 적절한 지도·단속이 필요하다.

한편, 조선 내에서는 상당히 불안해하고 공포스러워하는 자가 있는 모양으로, 재일조선인 앞으로 안부, 공습, 피해상황을 묻는 것이 다수 있다. 이러한 통신왕복문 등에서 유언비어가 만들어지는 원인이 될 내용이나 불온한 것이 상당히 다수 있다. 유언비어의 단속과 더불어 엄중히 시찰, 내정(內偵)할 필요가 있다.

재일조선인의 피해상황 및 기타 내용을 적기(摘記)하면 다음과 같다.

① 재일조선인 피해상황: 재일조선인의 피해상황은 가나가와현(神奈川縣) 사망자 1명, 경상자(輕傷者) 1명 [사망자,경상자 모두 인부(人夫)]이다. 건축물 피해는 아이치현에서 고물상 창고 1동(손해 200엔가량)에서 작은 화재가 있었던 것 뿐이다.

② 도나리구미(隣組) 방화군(防火群)과 협력 활동하여 상찬(賞讚) 받은 경우: 나고야시(名古屋市) 동방(東邦)가스주식회사 부근에 사는 재일조선인은 일본인 대열에 끼어 회피하는 기색 없이 진지하게 도나리구미(隣組) 방화군(防火群)에 협력활동하여 부근 주민들을 감격하게 했고, 같은 지역 경방단 단장의 상찬을 받았다.

③ 도쿄 거주 조선인 학생 등의 활동: 도쿄에 거주하는 조선인 학생·생도들은 일본인 학생들과 함께 학교 직원의 지도하에 학교방호단원으로서 활동하였는데, [그중에는] 민족공산주의사상을 가진 자도 [있지만] 공습에 대한 유언비어 등을 유포할 기회가 없는 듯해도, 이들 사상분자에 대해서는 엄중한 시찰과 내정(內偵)을 요한다.

④ 일본으로부터 조선으로 보낸 통신으로 내용이 불온한 것

  ⓐ 당일 공습에 의한 손실은 막대하여 요코하마, 가와사키, 요코스카, 도쿄 각지의 군사시설은 물론 인명 피해도 적지 않습니다. 이번의 군부의 과실은 이 편지로 알리는 것은 중지합니다만, 그들의 작전에 잘못이 있었다고 생각합니다. 실수로 자국 비행기가 맞아 떨어졌다는 것은 실로 한심하기 짝이 없습니다. 극도의 신경과민이 돼 있습니다만, 예수 그리스도가 만사를 인도해 주시어 우리들은

절대로 걱정은 없습니다. 운운 (도쿄로부터 발신)

ⓑ 도쿄가 가장 피해가 많고 특히 황실은 대피해라고 하며, 신문에는 도쿄에 관해서는 절대 언급되지 않았습니다. 화재도 밤낮으로 있지만 언급되지 않습니다고 운운함. (돗토리현으로부터 발신)

③ 외국 비행기가 천 대 이상 내습(來襲)해 고베, 나고야에 폭발탄을 투하하고, 부상한 사람도 많다. 여기에 있는 사람들도 이러한 경우이므로 일본으로의 도항 증명 운운은 절대 입에 담지 말아야 합니다고 운운함. (오사카시로부터 발신)

④ 시내가 반 정도 타버렸는데 그 비행기도 고베에 있는 병사들의 힘으로 추락해 버렸다고 합니다. 수돗물도 끊겨 물도 마실 수 없습니다. 정말 위험해서 말로 다 할 수 없을 정도입니다. 정말 세상이 끝난 듯합니다고 운운함. (고베시로부터 발신)

5) 「대동아전쟁(아시아태평양전쟁)에 대한 재일조선인의 동정_ 유언비어, 기타 단속 상황」, 1942.5

청·부·현(廳·府·縣): 경시청
본적·주소: 평남 평원군(平原郡) 용호면(龍湖面) 운봉리(雲鳳里) 120 [호주 진겸(眞謙)의 3남]·도쿄시 조토구(城東區) 가메이도마치(龜戶町) 6-161 다나카 쓰토무(田中務) 집
직업·성명·연령: 인부 한필신(韓必信) 또는 청수필신(淸水必信, 기요미즈 힛신) 20세
사건 개요: 4월 17일 도쿄시 조토구(城東區) 오시마마치(大島町) 6-430 전당포 점원 나카무라 세이지(中村正二, 26세)에게 "잘 봐라, 조선을 독립시켜 보일테니. 천황도 우리들과 마찬가지의 인간이다. 일본은 반드시 경제전에서 진다."
또 4월 20일 오시마마치(大島町) 7-380 미쓰비시(三菱)강재(鋼材)주식회사 공장 안에서 임청작(林淸作, 48세)외 수 명에게, "일본이 이겼다, 이겼다고 말하지만 그렇게 간단하게 이길 리가 없다. 하와이 전과(戰果)도 양쪽 신문을 보지 않으면 모른다. 시골에 대공습이 있어 피해가 심하다"라고 군사 및 기타에 관한 인심을 혹란시키는 유언비어를 유포했다.
조치: 4월 22일 검거, 육군형법 위반으로 5월 8일 도쿄형사지방재판소 검사국으로 송국

청·부·현(廳·府·縣): 경시청
본적·주소: 함남 이원군(利原郡) 차호읍(遮湖邑) 포항리(浦項里) 452 [호주 종해(宗海)의 2남]·도쿄시 고이시가와구(小石川區) 가스가초(春日町) 3초메(丁目) 4번지 2호 야마토칸(大和館)
직업·성명·연령: 도쿄주계상업학교 5학년생 신도진웅(辛島眞雄, 가라시마 마사오) 22세
사건 개요: 피의자는 4월 20일 평북 신의주부 미륵정(彌勒町) 소재 신의주 제1산업조합 서기인 친형 신도시웅(辛島時雄, 가라시마 도키오)에게 제국공습의 상황을 침소봉대해 통신했고, 또 도쿄시내에서 고사포(高射砲) 진지(陣地) 및 공습받은 곳을 표시한 약도를 첨부하여 우송하는 등 군의 비밀을 수집하고 그것을 타인에게 누설했다.
조치: 5월 7일 검거, 5월 10일 평북 신의주지방법원 검사국으로 압송함

청·부·현(廳·府·縣): 효고(兵庫)
본적·주소: 함북 회령군 회령읍 본정(本町) 15·고베시 고베구 야마모토도오리(山本通) 1초메(丁目) 26-1
직업·성명·연령: 제일(第一)기계공구점 주인 이남규(李南珪) 또는 길전겸광(吉田兼光, 요시다 가네미쓰) 32세
사건 개요: 피의자는 작년 12월 8일 이후 올해 3월까지 추산진(秋山進, 아키야마 스스무), 도변삼평(渡邊三平, 와타나베 산페이) 외 수 명에게, "미국의 병사가 갖고 있는 병기들은 놀랍도록 우수하기 때문에 일본 본토가 공습되면 목조건물이기 때문에 큰 일이 날 것이다. 중국과 미국을 가볍게 생각하는 것은 잘못으로 결국 미국 비행기의 공습이 있을 것이다", "많은 사람들이 라디오 뉴스를 듣고 있는데, 그것은 일본인이 영국·미국을 두려워하고 있는 증거다", "프린스 오브 웰즈호(號)는 불침함(不沈艦)으로 유명한 전투함이기 때문에 그것이 격침되었다는 것은 믿을 수 없다", "이번의 미일전쟁에서 일본이 지는 것을 희망하고 있다. 내 생각에 조선은 일본에 [주권을] 빼앗겼으니 일본이 전쟁에 지면 그 복수가 가능하다. 게다가 미국은 조선임시정부를 인정하고 국제적 회의에서는 일본의 외교관의 상석에 자리를 잡고 얼굴을 봤으므로 조선인은 안전을 보증받고 있다" 운운하며 인심을 혹란하는 언사를 누설하였다.

조치: 3월 31일 검거, 언론·출판·집회·결사 등 임시단속법위반으로 5월 14일 고베지방재판소 검사국으로 송국

청·부·현(廳·府·縣): 도치기(栃木)
본적·주소: 경남 울산군(蔚山郡) 대현면(大峴面) 선암리(仙岩里) 252·도치기현 가미쓰가군(上都賀郡) 아시오초(足尾町) 스나하타(砂畑) 동산(銅山) 사택
직업·성명·연령: 아시오(足尾) 동산(銅山) 광부 송본봉근(松本奉根, 마쓰모토 호오콘) 29세
사건 개요: 피의자는 작년 7월 하순 경 아시오(足尾) 동산(銅山) 반도인 노동자 합숙소 스나하타(砂畑) 협화료(協和寮)에서 마침 거기에 있던 동료 취사 담당 일본인 에비사와 후지키치(蛯澤藤吉) 외 2명과 잡담 중에 "군인이 전쟁에 출정하는데 한 사람의 배웅도 없을 정도로 쓸쓸하고 또 그 정도로 바보같은 일은 없다. 기차에 깔려 죽는 편이 오히려 포기가 빠를 것이다" 운운하며 군사에 관한 유언비어를 하였다. 추가로 같은 해 11월 25일 아시오초(足尾町) 스나하타(砂畑) 동산(銅山) 사택 반도인 미택양길(米澤亮吉, 요네자와 료기치) 방에서 미택 외 3명에게 "저금은 무리하게 하는 법이 아니다. 전쟁하는 것과 저금은 같지가 않다. 일본이 전쟁을 하고 있는 것은 정부에 [경제적] 여유가 있어서 마음대로 알아서 하고 있는 것으로, 우리 조선인의 돈을 의지하고 있는 것은 아니다. 저금은 각자가 알아서 하는 것이다. 군대는 군대대로 알아서 전쟁하는 편이 좋다" 운운하며 군사 및 기타에 관한 유언비어를 유포하였다.
조치: 1월 22일 아시오경찰서에서 검거, 육군형법 위반으로 아시오구 재판소 검사국으로 송국, 4월 10일 기소유예처분에 부쳐짐.

청·부·현(廳·府·縣): 기후(岐阜)
본적·주소: 경남 고성군(高城郡) 개천면(介川面) 용안리(龍安里) 번지 불상·기후현(岐阜縣) 이나바군(稻葉郡) 가가시마무라(鏡島村) 김성갑(金成甲) 집
직업·성명·연령: 무직 김산맹천(金山孟千, 가네야마 모우센) 17세
사건 개요: 피의자는 올해 4월 18일 오후 7시경부터 기후현 하시마군(羽島郡) 가사마쓰

초(笠松町) 무라이(村井) 직물(織物)공장 내 기숙사에서 직공 죽산행출(竹山幸出, 다케야마 고이데) 외 수 명에게 "지금 나고야는 공습을 받아 많은 사람들이 죽었다고 하는데, 이런 괴로운 일은 없다. 빨리 항복하는 편이 좋다. 지금부터라도 늦지 않으므로 빨리 미국에 항복하지 않으면 어떻게 할 방도가 없다. 매일밤 이렇게 어둡게 있어야 하고서는 자유가 없어서 곤란하다. 미국도 살아있으니 앞으로 언제 공습이 있을지도 모르겠다. 일본인은 야스쿠니신사에 참배하고 기뻐하고 있지만, 상대측에서는 돈을 받고 해 온 것이다. 오늘밤은 천황 폐하도 발을 펴고 잠들지 못할 것이다" 운운하며 인심을 혹란시키는 언사를 발설했다.

조치: 5월 15일 검거, 언론·출판·집회·결사 등 임시단속법 위반으로 5월 25일 기후지방재판소 검사국으로 송국

6) 「대동아전쟁(아시아태평양전쟁)에 대한 재일조선인의 동정」, 1942.7

(1) 유언비어, 기타 단속 상황'

청·부·현(廳·府·縣): 경시청

본적·주소: 전남 화순군(和順郡) 이양면(梨陽面) 쌍봉리(雙峰里) 364 [호주 홍래(鴻來)의 장남]·도쿄시 교바시구(京橋區) 에치젠보리(越前堀) 3-9

직업·성명·연령: 핫슈(八州)운수주식회사 사무원, 중앙상업학교 4학년생 정기주(鄭基周) 또는 하본무남(武男, 고모토 다케오) 22세

개요: 본적지 종매[從妹:사촌누이동생]인 서강영자(西岡英子, 니시오카 에이코)에게 6월 11일경, "현재는 우리들로서는 상당한 취업난[시기]이다. 이력서를 내면 잠깐 돌아보는 척하고 카운터[帳場]로 가지고 가서 상담이라도 하라고 [하고] 잠시 후 와서는 결원이 없다고 거절하는데, [사무실] 앞 게시판에는 'O담당 O명 채용'이라고 쓰여 있다. 아침 신문을 보고 바로 이력서를 들고 가서 제출하기까지는 좋지만, 이력서를 받아 보고는 서둘러 거절한다. 그것은 조선인이기 때문이다. 셋방[貸間]에서도 마찬가지다. '어느 국적인가'라고 질문을 받아 '조선'이라고 답하면, '그 직전에 결정되었다'든가 '오기로 한 사람이

있다'든가, 심하면 '조선인은 사양한다'는 식으로 말하는 것이 실제 정황이다. 우리들은 이 민족이니까 각오는 하고 있지만, 너무도 분명하게 말하면 울분이 쌓인다. 또 학교 입학시험도 불합격자가 많은 것은 다른 이유가 있는 건지 전혀 이해가 되지 않는다. 조선인은 어디를 가든 좋은 대우를 받을 수 없는 듯하다. 사회가 책상위에서 상상하고 있는 것처럼 되지는 않는다" 운운하며 불온 통신을 했다.

조치: 조만간 학업을 마치고 직업을 구하고자 사촌 누이동생에게 반도인은 취직과 취학에 어려움이 있는 입장임을 과장되게 통신한 것이 판명되었으므로 이번에 한해서 엄중히 설유(說諭)한 후 석방함

청·부·현(廳·府·縣): 경시청
본적·주소: 황해 신계군(新溪郡) 다율면(多栗面) 죽루리(竹樓里)[17] 311 [호주 면규(面奎)의 장남]·도쿄시 요쓰야구(四谷區) 하나조노초(花園町) 19 야마우치 요시에(山內芳惠) 집
직업·성명·연령: 전연 고용(傳研雇) 이원기(李源基) 또는 평송원기(平松源基, 히라마쓰 겐키) 22세
개요: 본적지에 살고 있는 친아버지 평송면규(平松面奎, 히라마쓰 멘케이)에게 6월 28일 무렵 "러일전쟁이 또 시작되고 있으니 도쿄는 물론, 고향에도 매일처럼 다른 나라의 비행기가 공중을 날아다닐 터이므로 올해는 농업도 한층 곤란해질 것이므로 빨리 수확(추수)하셔야 합니다" 운운하며 군사에 관한 불온 통신을 했다.
조치: 7월 9일 검거, 취조 결과 사범이 경미하고 뉘우치는 기색이 현저하므로 엄중히 설유(說諭)한 후 석방함

청·부·현(廳·府·縣): 경시청
본적·주소: 함북 청진부(淸津府) 신암정(新岩町) 83-28·도쿄시 스기나미구(杉並區) 오미야마에(大宮前) 6초메(丁目) 394 쓰치야(土屋) 집

---

[17] 원문은 '多栗竹樓里'이나 당시 행정구역명에 맞게 고쳤다.

직업·성명·연령: 내각(內閣)은급국(恩給局) 밀사과(密査課) 고원(雇員) 김곡유평(金谷唯平, 가네타미 유이히라) 26세

개요: 조선에 있는 친구 식전유경(植田遺慶, 우에다 이케이)에게 "제도(帝都)의 공습은 경보 발령과 동시에 적기(敵機, 미국) 약 50대가 나타나 크게 놀랐습니다. 이것은 일본 영토 내에서 드문 현상으로, 폭격이 있어서 누구를 불문하고 심장이 파열되는 듯 했습니다", "적기가 떨어뜨린 폭탄에 의한 손해는 곳곳에서 상당히 많아 막대한 듯합니다. 대략적으로는 군사시설을 목표로 폭탄을 떨어뜨린 듯 하지만 잘못해서 학교나 병원 등 시내를 폭격해 사상자가 수 백 명에 달했다고 해도 과언이 아니며, 소이탄(燒夷彈)에 의해 불 탄 가옥도 적지 않은 수에 달하고, 재차 야간을 이용해 공습하고 어젯밤에는 시민의 대부분이 편하게 잘 수 없었습니다. 제가 근무하는 곳은 궁성(宮城) 근처로 매일 서류정리와 피난 준비로 분주합니다. 실로 세상이 이처럼 동란이 계속되는 상황에서는 앞으로의 인생길이 절벽 같습니다" 운운하며 통신했다.

조치: 검거해서 취조한 결과, 뜻하지 않게 공습상황을 과장되게 통신했음이 판명되어, 시말서를 쓰고 엄중히 설유한 후 석방함.

청·부·현(廳·府·縣): 효고(兵庫)

본적·주소: 경남 밀양군(密陽郡) 청도면(淸道面) 인산리(仁山里) 442·무코군(武庫郡) 혼조무라(本庄村) 아오키(靑木) 411

직업·성명·연령: 보조직 이강백(李康[王伯]) 또는 평택강백(平澤康[王+伯], 히라자와 고하쿠) 19세

본적·주소: 경남 밀양군 초동면(初同面) 봉황리(鳳凰里) 931·무코군(武庫郡) 혼조무라(本庄村) 아오키(靑木) 411 기노시타(木下) 집

직업·성명·연령: 보조직 이득한(李得漢) 또는 철성득한(鐵城得漢, 테쓰시로 돗칸) 18세

개요: 평택강백(平澤康[王+伯]은 5월 1일경 철성득한(鐵城得漢)과 김본춘재(金本春在, 가네모토 슌자이)에게,

1. 제도(帝都) 공습 시 가와사키(川崎) 동관(銅管) 회사에 폭탄이 떨어져 많은 수의 직공들이 죽었다. 또 국민학교로도 폭탄이 떨어져 학생 800여 명이 죽었다.

2. 현재 일본은 전쟁을 하고 있는데 병력이 적고 소년을 많이 징집해서 국사를 다스릴 힘이 없고, 적의 비행기가 날아와도 그것을 막을 힘이 없다. 일본은 전쟁에 질지도 모른다.
3. 신문지상에서는 일본이 전쟁에 져도 이겼다고 허위 사항을 보도하고 있다.

운운하는 군사에 관한 유언비어를 유포하였다.

철성득한(鐵城得漢)은 이것을 듣자마자 더욱 과장되게 억측한 문서를 작성하여 향리(鄕里)에 편지를 보냈다.

조치: 검거 취조 결과, 위 기록의 범죄사실이 판명되었으므로 7월 16일 관할 검사국으로 송국함

청·부·현(廳·府·縣): 후쿠오카(福岡)
본적·주소: 경남 함안군(咸安郡) 함안면 파수리(巴水里) 166·구라테군(鞍手郡) 니시카와무라(西川村) 규소(九曹) 니시카와(西川) 광업소,
직업·성명·연령: 수찬기(水撰機) 운전담당 임대종(林臺鐘) 또는 임정차(林貞次) 26세
개요: 피의자는 직장에서 비누 부족으로 부자유함을 느끼고 있던 때, 노무 담당자 전성혜(畠盛惠)로부터 조선 내 지방에 많은 비누가 있다고 하니 구입을 알선해 줄 것을 의뢰를 받았고, 이에 형인 경남 함안군 가야(伽倻)산업조합 평산성일(平山聲一, 히라야마 세이이치)에게 "일본은 비누가 전부 배급제인데 1개에 5엔씩 해도 구할 수 없으므로 50개라도 좋고 100개라도 좋으므로 하루라도 빨리 구입해 가마니로 좋게 포장해서 철도편으로 보내주세요" 운운하는 통신을 했다.
조치: 취조한 결과, 위 내용과 같이 죄상이 경미하므로 엄중히 설유(說諭)한 후 석방함.

(2) 조선 남부지방 한발[旱魃:가뭄]에 대한 특이 언동

남부지방은 올해 봄 이후 거의 비가 내리지 않고 볏묘(稻苗) 및 기타 농작물이 말라 죽거나 혹은 모내기가 불가능한 경우가 매우 많아 1939년 이후의 가뭄으로 작황이 좋지 않을 것이 예견되었고, 관계 각 방면 모두 우려하고 있는 바이다.

또 같은 지방 여행객이나 혹은 일시적으로 조선에 돌아온 사람 중 일본에 돌아온 후 그 상황을 과장되게 유포시키는 자가 있다. 이 때문에 재일조선인들에게 다대한 자극을 주고, 유

언비어의 초기 요인을 조장하여 "가뭄은 전쟁에서 온 것으로 전쟁이 계속되는 한 가뭄도 계속될 것이다. 전쟁은 농민의 적이다"라고 고의로 가뭄과 전쟁을 관련지어 반전(反戰)사상을 생성시키고 있는 듯이 보이는 측면이 있다. 이러한 언동자에 대해서는 각각 엄중히 훈계하고 있지만 앞으로 이러한 종류의 언동은 한층 더 많아져 치안상 미칠 영향도 클 것으로 생각되므로, 각별한 유의를 요하는 점으로 보인다. 가뭄에 대한 특이 언동은 다음과 같다.

청·부·현(廳·府·縣): 오사카

언동자: 니시나리구(西成區) 나카히라키(中開) 3초메(丁目) 1, 대산도부(大山道夫, 오야마 미치오)

개요: 올해는 조선의 남부지방 특히 대구 부근에 상당한 가뭄으로 한 톨의 쌀도 수확이 안 되는 모양이다. 따라서 사람들이 모이기만 하면 쌀 걱정 얘기만 한다. 조선인의 대부분은 농민이기 때문에 쌀이 수확되지 않으면 아사(餓死)할 수밖에 없다. 게다가 농민의 목숨줄이라고 불리고 있는 소(牛)가 죽어서 곤란한 상황이다. 게다가 가뭄으로 풀도 전부 말라 버렸고 짚[藁]도 없어 식량부족으로 쓰러지는 상황이다. 참으로 조선의 농민이 가엾고 불쌍하다. 어떻게든 정부는 구제의 손길을 뻗어주길 바란다.

청·부·현(廳·府·縣): 오사카

언동자: 니시나리구(西成區) 쓰모리초(津守町) 76, 장곡천청길(長谷川淸吉, 하세가와 기요기치)

개요: 비가 하나도 오지 않아서 모내기가 불가능한 것은 물론이고 콩도 종자를 심어도 싹이 나지 않고 말라버리는 정도여서 곤란해하고 있다. 이 때문에 조금이라도 물이 있는 곳이 있다면 서로 싸워서라도 물을 퍼오려고 분의(紛議)가 일어나서 경찰 신세를 져야 하는 경우도 적지 않다.

청·부·현(廳·府·縣): 오사카

언동자: 니시나리구(西成區) 미나미히라키(南開) 6초메(丁目) 4, 구두직공 성본한식(城本漢植, 시로모토 간쇼쿠)

개요: 들은 바에 의하면 4월 상순부터 비가 한 방울도 내리지 않았고, 이런 일은 50년에 1번이라고 한다. 이런 상태가 지속된다면 올해는 우리 마을 농가는 전멸이다. 따라서 젊은 사람들은 더 이상 농민은 질렸다며 오사카라도 가서 일하고 싶다. 그러나 경찰이 상당히 엄중해서 도항이 불가능하므로 포기하고 있는 모양이다.

청·부·현(廳·府·縣): 니가타(新潟)

언동자: 산토군(三島郡) 시마다무라(島田村) 고지마 다니조(小島谷三) 478, 고물상 강창섭(姜昌涉)

개요: 올해 벼 농사 작황은 모내기 이후 일조량으로 보아 현시점에서 보면 작황이 좋지 않을 것으로 예상된다. 농민은 다액의 공출미(供出米) 때문에 본인이 먹을 것도 없어졌다. 게다가 가뭄이기 때문에 완전히 비관해 불온한 언동을 하는 사람들이 상당히 많다. 이대로 가면 농민은 뭔 짓을 하지는 않을지 매우 걱정되므로 어떻게든 구체 방도를 강구해 주길 바란다.

청·부·현(廳·府·縣): 시즈오카(静岡)

언동자: 시즈오카시 미세초(見瀬町) 131, 위생업 손성수(孫成守)

개요: 조선으로 돌아와서 놀란 점은 마을에 젊은 사람이 없다는 것과 쌀이 적고 게다가 가뭄이 심하다는 것이다. 농가는 노인과 어린아이만 있고, 밭을 가는 사람도 없으며, 따라서 보리의 수확도 상당히 감소한 모양이다. 내가 알고 있는 바로는 작년 20가마니나 수확했던 보리가 올해는 10가마니이다. 게다가 보리 할당량이 18가마니라고 하므로 상당히 곤란한 상황이다. 또 가뭄으로 벼는 모내기할 수 없는 곳도 많기 때문에 안타깝다. 소문에 의하면 부산 부근에는 매일 평균 두 명 정도의 아사자가 있고, 그 시체 취급 때문에 역장이 곤란해한다는 이야기가 있다.

청·부·현(廳·府·縣): 시즈오카

언동자: 아베군(安倍郡) 이카와무라(井川村) 고고우치(小河内), 광부 원전치돈(原田致敦, 하라다 치돈)

개요: 물이 적어 모내기도 안 되고, 매우 적은 물로 모내기를 한 곳에도 싹이 말라버려 불을 붙여 태워버렸다. 모내기를 할 수 없는 논에는 전부 피[稗]를 심었으나 그것도 말라버렸다. 그 후로 메밀을 심는 시기이지만 비가 내리지 않는 한 역시 무의미하다. 농가는 조만간 먹을 작물이 없어진다. 또 풀이 전부 말라버려 푸르러야 할 산이 새빨갛게 되어 있다. 이 때문에 소에게 줄 풀이 없고 먹일 수가 없으므로 1마리에 600엔 정도 하던 가격이 200엔 정도로 하락하고 있다. 따라서 젊은 사람들도 매일 일이 없어 나무 그늘에서 빈둥빈둥 낮잠 자고 있다.

청·부·현(廳·府·縣): 돗토리(鳥取)
언동자: 니타군(仁多郡) 미사와무라(三澤村), 토공(土工) 김택삼랑(金澤三郎, 가네자와 사부로)
개요: 조선에서는 대가뭄으로 농가 사람들이 올해도 또 작황이 좋지 않아 조선에 있어도 어찌할 수가 없으므로 일본으로 가고 싶다고 말하고 농가를 포기하는 사람이 많은 모양이다. 현재 먹을 것도 보리에 '기장'을 섞어 먹고 있어, 일본과는 비교할 바가 아니다. 지금 조선의 농민은 완전히 비참한 상태이다.

청·부·현(廳·府·縣): 야마구치(山口)
언동자: 아사군(厚狹郡) 아사초(厚狹町), 농업 신정승부(新井勝夫, 아라이 가쓰오)
개요: 조선은 현재 가뭄이 계속되고 있어 벼의 모내기가 안 되고, 모내기 한 벼는 계속 말라 죽고 있는 상태로, 이 때문에 올해는 대흉작으로 아사하는 사람이 상당히 나올지도 모른다. 이 때문에 최근 일본 도항 열기가 상당히 높아져 도항 희망자가 급증하는 경향이 있다. 특히 부산 방면에서는 밀항을 알선하는 자도 상당히 많아지고 있다. 조선의 시골에서는 이러한 가뭄이 양력을 채용했기 때문이라는 유언비어도 돌고 있다.

청·부·현(廳·府·縣): 야마구치(山口)
언동자: 구마게군(熊毛郡) 마리후손(麻里府村) 벳부(別府) 812, 농업 김본주만(金本周萬, 가네모토 슈만)

개요: 조선 농촌은 가뭄 때문에 실로 비참한 상태이다. 그 결과 조선인은 생활의 위협과 불안에서 자살하는 자도 상당히 있다고 한다. 조선에서는 매년처럼 가뭄이나 수해가 있어 다수의 동포가 희생되고 있는데, 일본인은 조금도 우리 동포를 구제하고자 하지 않는다. 이러한 일은 반목(反目)이나 어떤 형태로든 앞으로 나타나게 될 것으로 보인다.

청·부·현(廳·府·縣): 야마구치(山口)
언동자: 야마구치시 유다요코초(湯田横丁), 요리업 풍산학향(豊山鶴鄉, 도요야마 쯔루고)
개요: 조선은 최근 드문 대가뭄으로 농민들이 곤란해 하고 있다. 특히 올해는 조선 전체에서 그 피해가 막대하여 농민들은 하늘을 보며 탄식만 하고 있다. 특히 올해 쌀의 배합 등을 둘러싼 농민들의 불만이나 자포자기가 결국에는 이러한 농작물을 방기하고 돌아보지도 않고 "이런 가뭄에서 더 이상 뭘 할 것인가? 목숨 걸고 급수(給水)해 봤자 모든 쌀은 뺏기고, 게다가 배급은 해주지 않는데 누가 일하겠는가?"라고 말하고 있는 현상이다.

청·부·현(廳·府·縣): 야마구치(山口)
언동자: 전라남도 국민학교장 모 씨
개요: 계속 이어지는 가뭄은 모든 작물을 고사(枯死)시켜 일반 농민들의 불안은 날로 심각해지고 있다. 들리는 바에 따르면 1939년도의 가뭄 때는 각 가정 우물물의 대부분이 고갈되었지만 6할 이상은 모내기를 했다고 하는데, 올해는 우물물도 다량이 있고 지난번에 비해 아직 상당한 여유가 있음에도 불구하고, 모내기 성적이 심각하게 좋지 않다고 한다. 그것은 결국 품삯[勞銀], 비료값 등의 등귀(騰貴)에 의해 농가의 이익이 적어진 것과, 한편 미곡 공출에 힘겨워하는 소작인들 사이에 염농(厭農)사상이 양성된 것에 기인하는 것으로, 현 시국하 식량 문제상 실로 우려해야 할 현상이다. 또 이번 가뭄에 관해 미신적 유언비어가 각지에서 횡행하고 있다. 즉, "우주의 우량(雨量)은 매년 일정(一定)하므로, 전쟁이 시작되면 기상 변화에 의해 전쟁터 방면에 다량의 강우가 있기 때문에 전쟁터 이외의 지역에서는 결국 강우가 적어지는 셈으로, 예부터 전쟁, 한발, 악병은 불가분, 불가피했다" 운운하는 유언비어가 횡행하고 있다.

7) 「대동아전쟁(아시아태평양전쟁)에 대한 재일조선인의 동정_ 불경, 불온 언동, 기타 단속 상황」, 1942.8

청·부·현(廳·府·縣): 경시청
본적·주소: 충남 공주군(公州郡) 읍본정(邑本町) 222 [호주 명수(明洙)의 장남]·도쿄시 시부야구 가미토오리(上通) 2-8 신문판매점 아다치 시로(足立四郎) 집
직업·성명·연령: 신문배달원 채강병(蔡康秉) 또는 평야실(平野實, 히라노 미노루) 21세
범죄 개요: 피의자는 7월 7일 이후 도쿄시 시부야구 가미토오리 2초메 8 신문판매점 아다치 시로 집 2층에서 동료 십용(辻勇, 쓰지 이사무), 중해창기(重海昌基, 시게미 쇼키), 김산(金山, 가네야마) 모 씨, 길전진웅(吉田辰雄, 요시다 다쓰오)과 잡담했을 때 "중일전쟁의 종합 전과 발표는 사실이라면 너무 과하지 않은가? 적(敵)이 230만씩이나 당했는데 일본 병사는 불과 11만 명 정도만 당했다고 하는 발표였는데, 그럴 리는 없을 것이다. 실제로는 일본군도 훨씬 많은 전사·부상자가 있음이 틀림없다. 장개석은 실제 수치를 발표하지 않으므로 일본의 정보국에서도 어차피 진실한 실제 발표는 하지 않을 것이다. 따라서 진정한 발표는 아닐 것이다. 정보국에서는 온갖 거짓 정보를 발표하고 있다", "폭탄 3용사도 죽었을 때는 상당히 떠들썩했는데 지금은 추모하는 사람도 없는 모양새이다. 아무리 국가를 위해 목숨을 다하고 하와이 공습에서 세 명의 대위처럼 2계급 승진을 해도 죽으면 끝나고 아무 의미가 없는 것이다", "조선에 징병제가 실시되는데, 그렇게 되면 조선의 군대는 제1선에 세워지고 일본 병력은 후방에 세워지는 모양이 될 것 아닌가?", "가토(加藤) 소장의 최후는 어이없지 않은가? 적 비행기를 1대 격추하였을 뿐 우리는 3대나 격추되었고 전혀 공적이 없는데도 2계급씩이나 특진하고 군신(軍神) 등으로 칭송받는 것은 당국의 발표가 너무 과하다" 등 군사에 관한 유언비어를 유포하였다.
조치: 8월 22일 육군형법 제99조 위반으로 송국

청·부·현(廳·府·縣): 경시청
본적·주소·직업·성명·연령: 불명(不明)
범죄 개요: 8월 24일 도쿄 중앙우편국 소인(消印)이 찍힌 혼고구(本郷區) 유미초(弓町)

선만(鮮滿)자치연구회 목촌금일(木村金一, 기무라 가네이치) 명의로 제국대학 및 와세다 대학 학생 대기실[에 있던] 학생 여러 명 앞으로 다음과 같은 행운의 편지 식의 반전·반군적 불온내용을 기재한 통신을 발견하였다.

1. 전쟁은 인생 최대의 비참한 일로 인류의 멸망을 의미한다.
2. 전쟁은 군인의 영예를 위해 수많은 인생을 희생시키는 이른바 1명의 장군의 공적을 위해 만 명의 졸병이 고갈되는 죄악이다. 공(功) 1급은 만 명의 생령(生靈)으로 얻을 수 있다. 생각해 보면 지금까지 개죽음한 하사병은 안타깝다.
3. 대동아전쟁은 영토의 야심이 아니라 경제적 갈망에서 연유한 것이라고 한다. 단지 민족 해방을 위한 것이라면 너무나 과다하다. 무엇을 위한 전쟁인지 모르게 되고 결국 직업군인을 위해 국민이 생명과 재산을 빼앗긴다. 수상인 도조(東條)는 검(劍)으로 사상을 정복하려 하고 있는데, 연목구어(緣木求魚)보다 어려우며 전과(戰果)에 따라 사상은 격변하고 있다.
4. 세계평화를 위해 히틀러, 무솔리니, 루즈벨트, 장개석, 도조, 스탈린, 처칠을 사형시키고 즉시 암살해야 할 것이며, 그것이 세계인류를 구하는 유일한 방도이다.
5. 조선과 만주를 즉시 독립시키지 않으면 민족자결이라고 할 수 없다.
6. 이 엽서를 본 사람은 같은 문장을 10장 써서 분포하지 않으면 우환이 있다.

조치: 수사 중

청·부·현(廳·府·縣): 경시청
본적·주소·직업·성명·연령: 불명(不明)
범죄 개요: 6월 3일 광화문 우편국 소인(消印)이 찍혀 있다. "경성 삼판통(三坂通) 26-2 추도풍인(秋島豊仁, 아키시마 도요히토)" 명의로, '도쿄 히비야공(日比谷公) 니주바시(二重橋) 궁내(宮內) 금상(今上) 천황 폐하 귀하'라고 쓰인, 다음과 같이 조선의 징병제 실시에 반대하는 듯한 불온 내용의 서신이 있었던 것을 발견했다.

도조(東條) 수상

전략(前略)……이번에 발포된 징병제 건에 대해 한 말씀 드리고 싶습니다. 조선에 발포되기에는 [시기가] 이르다고 생각합니다. 1944년(昭和 19)으로 정해졌지만, 18~19세의 조선 청년인 자에게는 검사를 받게 하도록 한 것은 현재 청년들은 바라지 않을 것이라 생각합니다. 매월 사례금[月謝]이나 매월 1엔의 후원회비를 내면서 배웠는데 어째서 징병을 바라겠습니까? 의무교육도 아닌데 한일병합 30여 년이고, 대만병합은 가장 빨리 이루어졌는데, 조선에만 발포되었습니까? 그러면 조선인을 바보로 본 것이네요. 근본적으로 잘못된 것입니다. 현재 조선인은 청년들도 징병이 발포되어도 반기지 않습니다. 혹은 단련도 되어 있지 않고 일본인-조선인을 구별하는 의무교육도 되어 있지 않아, 지금 청년들은 징병제가 발포되어 괴로워하고 있습니다. …(중략)… 지원병이라고 해도 강제병적인 요소는 없습니까? 지금 15세 이상 [청년이라면] 모두 조선을 독립시키려는 사상을 갖고 있습니다. …중략… 편지를 쓴 사람은 한 200~300명이 모인 단체의 사람입니다. 그 200~300명은 전부 사상가입니다. 조선에서 군대[가기]를 희망하는 숫자는 100만 분의 1이라고 생각합니다. 그것은 강제적이라고 생각합니다. 만약 1944년도(昭和 19)에 징병제를 시행하면 200~300명의 단원은 가만히 있지 않을 것입니다. 내란이라도 일으켜 미나미(南) 총독을 비롯한 군 사령관을 죽일 터입니다. 깊이 생각해서 징병령을 발포해 주십시오. 지금 이런 판국에 뭐가 내선일체입니까? 같은 고등관 월급이 일본인은 300엔이라면 조선인은 100엔으로 1/3 정도입니다. 상황이 이런데 내선일체라고 말하십니까? 의무교육으로 해서 의무교육을 배운 사람들로부터 징병령을 발포하는 것이 당연하지요. …(중략)… 징병령을 폐지해 주세요. 폐지하지 않으면 당신이 곤란할 것입니다. …(중략)… 일본인은 자신들의 국가를 위해 전사하지만, 조선인은 무엇을 위해 전사합니까? 인간은 죽는 것을 가장 싫어할 것으로 생각하는데, 그렇다면 조선인도 전장으로 나갈 리가 없습니다. 조선인도 머리가 있습니다. 인도가 독립한 것을 부러워합니다. 안녕히 계십시오.

1942년(昭和 17) 5월 ■일

경성 일소(一所)

조치: 수사 중

청·부·현(廳·府·縣): 경시청

본적·주소·직업·성명·연령: 불명(不明)

범죄개요: 조선 경북 경주군(慶州郡) 서면(西面) 아화리(阿火里) 방정능(方正能)의 명의로 궁내성 앞으로 보낸 '엎드려 바라건대 황제 폐하께서 만민이 도탄에 빠져있는 중임을 명찰(明察)하시옵소서'라고 제목을 단 한문 상소문으로 농작물 공출에 대한 불평불만을 기술한 다음과 같은 불온 투서를 발견했다.

역문(譯文)

황제 폐하께서는 만민이 도탄에 빠져있는 괴로움을 명찰하십시오. 현재 [곡식은] 공출(供出) 또는 배급을 운운하며 전부 강제로 걷어갑니다. 백성들과 농사짓는 소까지 기아와 추위를 이기지 못하고서 어찌 농사지어 공출로 바칠 수 있겠습니까? 본디 백성은 나라의 근본입니다. 근본이 굳건해야 나라가 안녕한데, 먹이지 않고 입히지 않고 어찌 오래 가겠습니까?

폐하는 부유하다고 할지라도 천하 백성이 안정되지 않는다면, 가령 넓고 큰 집[大廈] 높은 망루[高樓] 구중궁궐도 사는 사람이 없고 백성이 없다면 무의미한 것처럼, 어찌 오랫동안 전복되지 않을 수 있겠습니까? 그렇다면 즉 폐하는 백성으로 하늘을 삼고, 백성을 식량으로 하늘을 삼아야 할 것이라는 옛 군자의 높은 뜻을 새겨들어야 할 것입니다. 타인을 복종시키는 것은 덕(德)으로 해야 할 것입니다. 억조(億兆)의 백성이 이미 곤궁한 상황에 있음을 명찰하십시오.

가깝게는 탐관오리가 그 이름을 공출 명부에 올리고 면(綿)이나 마(麻) 거래에 사적인 용도로 공출하는 자가 적지 않고, 수량 배당이 부적절하며, 모두 공출하더라도 구장·반장의 무리들은 공출 시 빼돌려서 벼를 쌓은 것이 언덕과 같이 많습니다. 가난한 자와 약한 자는 모두 공출 후 한 톨의 곡식도 더 배급해 주는 것 없어 곤란함만 극에 달합니다. 이러면 이른바 식량[문제]이 내란으로 될 수 있지 않겠습니까.

삼가 올림.

조선 경북 경주군 서면 아화리

방정능(方正能) 상소

조치: 수사 중

청·부·현(廳·府·縣): 홋카이도(北海道)
본적·주소: 경북 경산군(慶山郡) 하양면(河陽面) 금동(琴洞) 116·홋카이도 데시오군(天鹽郡) 닛소(日曹) 천염광업소
성명·연령: 성산태약(星山泰若, 호시야마 다이쟈쿠) 34세
범죄개요: 7월 31일 같은 직장으로 이동 온 응소 군인 모 씨의 아내를 감언이설로 농락하여 불륜관계를 맺기에 이르렀다.
조치: 검거, 취조한 후, 전시 주거침입죄로 송국 중인 바, 징역 6개월 언도(확정)되었다.

청·부·현(廳·府·縣): 홋카이도(北海道)
본적·주소: 경남 울산군 농신면(農新面) 중산리(中山里) 892·홋카이도 기타미센(北見線) 고이시(小石) 조림(造林) 사업장 에가와 후미오(江川富美雄) 집
성명·연령: 영산용만(永山龍萬, 나가야마 류만) 25세
범죄 개요: 제도(帝都) 공습 상황을 본적지 친형 영산진백(永山鎭百, 나가야마 진뱌쿠)에게 "외국 비행기 십수 대가 오후 1시경 와서 가장 요지에 해당하는 7~8곳에 폭탄을 떨어뜨려 그중에는 다수의 사상자도 나왔는데, 신문에도 비밀로 하고 있으므로 보도되지 않으니 알 수 없다. 지금 일본은 상당히 혼란함을 드러내고 있는 듯하다"라고 통신했다.
조치: 시말서를 쓰고 엄중히 설유(說諭)함.

청·부·현(廳·府·縣): 교토(京都)
본적·주소: 전북 전주부(全州府) 청수정(淸水町) 41·교토시 나카교구(中京區) 이와가미도오리(岩上通) 마쓰바라아가루(松原上ル) 호리바 겐지로(堀場兼二郎) 집
직업·성명·연령: 도다이지중학교 3학년 중산무치(中山茂治, 나카야마 시게지) 19세
범죄개요: 4월 22일 본적지 친형인 중산헌일랑(中山憲一郎, 나카야마 겐이치로)에게 "게이힌(京浜)지방에 적 비행기가 내습해 왔고, 또 나고야와 고베도 습격해서 소이탄이 다수 떨어졌습니다. 폭격받으면 집을 떠나지 않으면 안 됩니다. 그때는 이미 늦습니다. 그 이전

에 가면 [지금까지 수학해 온] 학업이 무의미해집니다. 인생의 운명은 알 수 없으니 어쩔 수 없습니다. 침착해지고 냉정해져 공부해야 할 것입니다. 교토는 위험합니다. 신체검사상 교토는 인심이 좋지 않습니다. 집주인 호리바(堀場)도 어제 상태로는 일본 민족과 조선 민족을 차별하고 있습니다. 제 심리로는 일본을 부숴 버리면 유쾌할 것 같습니다. 도리상으로 봐도 일본 민족과 조선 민족으로 한눈에 구별됩니다. 우리 조선은 언제까지나 속국입니다. 나라가 없는 조선인은 실로 슬픕니다. 우리는 언제가 되면 행복해질까요? 나는 개인주의로 밖에 살 수 없습니다. 국체주의(國體主義)자라면 일본인이 될 수 있지만, 저는 싫으므로 어쩔 수 없습니다"라고 통신했다.

조치: 검거, 취조한 결과, 7월 28일 언론·출판·집회·결사 등 임시취체법 위반으로 교토지방재판소 검사국으로 송국

청·부·현(廳·府·縣): 시즈오카(靜岡)
본적·주소: 경남 창원군(昌原郡) 진북면(鎭北面) 지산리(智山里)·군마현(群馬縣) 기류시(桐生市) 하마마쓰초(浜松町) 1-850
직업·성명: 낙하산부품공장 직공 달성신웅(達城新雄, 다쓰시로 아라오)
범죄개요: 7월 31일 열차 안에서 동승객에게 "조선은 올해 비가 내리지 않아 모내기가 불가능한 곳이 다수 있어, 올해는 대흉작으로 곤란하게 될 것이다", "지금 내가 있는 곳은 낙하산 부품을 하청받아 제조하고 있다. 군수품 등은 처음에는 꽤 벌이가 좋을 것이리라 생각해 시작했지만, 이 3개월 정도는 벌기는커녕 능률이 오르지 않고 일은 매우 힘들며 게다가 제품을 납입해도 돈을 곧바로 주지 않기 때문에 200엔이나 손해 봤다"라고 운운하는 불온 언사를 발설했다.
조치: 이동경찰관에게 검거, 취조한 결과 엄중히 설유(說諭)한 후 시말서를 쓰고 석방함.

청·부·현(廳·府·縣): 오카야마(岡山)
본적·주소: 경남 거창군(居昌郡) 고제면(高悌面) 개명리(開明里) 1317·오카야마현(岡山縣) 미쓰군(御津郡) 에요미손(江與味村) 924
직업·성명·연령: 제재(製材)직공 김본이랑(金本二郎, 가네모토 지로) 또는 김점술(金點

述) 38세

범죄개요: 7월 16일 오후 6시 30분경, 오카야마현(岡山縣) 미쓰군 에요미손 마루야(まるや)여관 히시카와 쓰야(菱川津彌) 집에서 음주 후 같은 곳에 마침 있던 동료 조선인 고산일랑(高山一郞) 외 3명에게 "천황, 천황 하지만, 요즘에는 충분히 밥도 먹을 것도 주지 않는다. 배가 고파서 일을 할 수 없다. 천황도 일하고 있지만 우리도 일하고 있으니 먹을 것만큼은 안 주면 일할 수 없다"라고 천황에 대한 불경한 언사를 발설했다.

조치: 8월 1일 검거, 취조 결과, 8월 7일 불경죄로 오카야마 지방재판소 검사국으로 송국

8) 「대동아전쟁(아시아태평양전쟁)에 대한 재일조선인의 동정_ 불경, 불온 언동, 기타 단속 상황」, 1942.10

청·부·현(廳·府·縣): 경시청
종별: 불경·불온낙서
피의자 성명: 불명
개요: 10월 27일 오전 11시 55분경 도쿄시 요도바시구(淀橋區) 시모오치아이(下落合) 1-69번지 지선도로를 통행중이던 도쿄시 요도바시구 시모오치아이 1-68 제련주식회사 여공 중산설지(中山雪枝, 나카야마 유키에, 16세)는 해당 도로상의 '레온' 세안크림 빈 상자에 1전(錢)짜리 알루미늄 동전이 올려져 있고 [그것이] 셀로판으로 싸여진 것을 발견하고 습득한 바, 해당 1전짜리 알루니늄 동전 겉면에 "천황 폐하 바보", 뒷면에 "조선 만세"라고 불경불온문자가 새겨진 것을 발견하였으므로 관할서에 신고하였다. 그리고 습득 당시 모양을 추정해 보면 범인은 통행인이 쉽게 발견하도록 특별히 이런 빈 상자를 사용한 것으로 추찰된다. 또 새겨진 글자는 상당히 예리한 칼이나 뾰족한 것으로 새긴 것으로 보인다.
조치: 현재 수사 중

청·부·현(廳·府·縣): 교토부(京都府)
종별: 불온낙서

피의자 성명: 불명

개요: 10월 10일 교토시 가미교구(上京區) 무로마치도오리(室町通) 가미고료마에아가루(上御靈前上ル) 니시이루다케조노초(西入竹園町) 겐부(玄武) 아동공원 동남쪽 구석에 있는 공중변소 안 시멘트 벽에 다음과 같은 조선독립을 희구하는 듯한 시가(詩歌)의 기록이 있음을 발견했다.

"민족과 혈조(血潮)

산 역사가 쌓여 왔다. 원한은 이곳에 얼마나 많이 쌓였는가[星霜].

우리 망국(亡國)에 태어나 뜨거운 눈물을 알아버렸구나.

나라는 없지만 민족의 빛이 있는 혈조(血潮)야말로

결국에 이루리라, 조선의 독립된 영광된 국가

(한 명의 반도 조선인)"

조치: 현재 수사 중

청·부·현(廳·府·縣): 경시청

종별: 유언비어

피의자 본적·주소: 경남 합천군 묘산면 화양리 548·도쿄시 시부야구 센다가야마치(千駄ヶ谷町) 4초메 812

피의자 직업·성명: 국유철도 전차역[省線] 차장 견습생 윤동식(尹東植), 이동영문(伊東英文, 이토 에이분) 또는 이동식(李東植, 26세)

개요: 피의자는 대동아전쟁이 발발하자 자택 및 다른 곳에서 친구 및 다른 사람들에게 "남양(南洋) 원주민들은 영국·미국인들을 숭배하고 일본인에게는 복종하지 않는다. 이번 대동아전쟁은 무한의 경제력과 광대한 식민지를 가지려는 영국·미국이 싸움에서 이겨 장기전이 되었다. 이에 따라 물자가 소모되어 최후에는 일본이 패전한다. 그것은 독일이 쓰러지는 것을 보면 명확하다"라고 일본의 패전을 예언했다. 또 응소가족에게 "어느 곳이든 가난한 사람이나 일반보통사람 집으로는 소집이 오는데, 신분이 높은 고노에(近衛) 수

상 집 아들이나 높은 사람, 부자 집으로는 소집이 안 온다. 만약 와도 안 갈 것이다. 빨리 위대해 져라"라고 명예로운 응소를 기피하거나 혹은 원망 가득한 마음을 품게 하는 듯한 언사를 했다. 또 올해 2월부터 차장 견습생으로 근무 중 지도차장 다나카 아사기치(田中朝吉) 및 다른 사람에게 "근대의 전쟁은 물자와 경제와 사람이 없으면 진다. 이 세 가지 조건이 우리나라에는 결손되어 있으므로 전쟁에는 이길 수 없다. 제1차 세계대전 때는 독일이 시작해 실력으로 이겼지만, 후에는 물자[부족]와 경제와 내란으로 지고 끝났다. 일본도 그런 식으로 될 것이다"라고 총후(銃後) 국민의 전쟁 필승 신념을 저해하는 듯한 언사를 말했다.

조치: 8월 26일 검거, 10월 9일 언론·출판·집회·결사 등 임시단속법 위반으로 송국

청·부·현(廳·府·縣): 오사카

종별: 유언비어

피의자 본적·주소: 경남 부산부(釜山府) 영선정(瀛仙町) 1655·오사카부 스이타시(吹田市) 가타야마히가시야마초(片山東山町) 27 천리장(千里莊) 아파트

피의자 직업·성명: 무직 김무석(金武石) 또는 김정무석(金井武石, 가나이 다케이시) 21세

개요: 피의자는 8월 하순 내연녀[情婦]인 이타미시(伊丹市) 스즈마쓰(鈴松) 207번지의 야코지마 이와코(八高島岩子, 21세) 및 같은 곳 하숙생 가궁장성(加宮章聖, 가미야 쇼세이) 외 1명에게 부산항은 요새지대인 것을 모두 알면서 반전적(反戰的) 의사를 갖고 "부산항은 파괴되고 피를 외치고 있으며, 대포 고사포가 설치되어 있다"라고 운운하며 군사에 관한 유언비어를 하였다. 그 외에 조선 사정에 관해 "민중의 생활은 말이 나오지 않을 정도이다. 물건은 있지만, 배급 기구가 나빠서 민중에게 물건이 하나도 제대로 들어오지 않는다. 시장에서도 도로에서도 공공연히 밀거래가 이루어지고 있다. 월급은 오르지 않는다. 쌀이 없다. 왜인가? 관리가 나쁘기 때문이다. 일본으로 보내기 때문이 아니다. 관리가 공명심에서 순진한 인민에게 비극을 가하고 있다. 쌀을 생산하는 농민들에게는 한 톨의 쌀도 없다. 약탈이라고 말해도 좋다. 압수하는 모양새이다. 민중은 아사(餓死) 지경에 내몰리고 있다"라고 인심을 혹란하는 말을 유포했다.

조치: 9월 15일 검거, 10월 3일 육군형법 및 언론·출판·집회·결사 등 임시단속법 위반으

로 송국

청·부·현(廳·府·縣): 교토부(京都府)
종별: 불온 문서
피의자 본적·주소·성명: 불명
개요: 전에 해군 군인을 지원한 교토시 가미교구(上京區) 닌나지카이도(仁和寺街道) 가미야가와히가시이루시모요코초(紙屋川東入下橫町)의 국본탁신(國本卓信, 16세)에게 9월 21일 교토시 우쿄구(右京區) 사가아라시야마(嵯峨嵐山) 혼초(本町) 18 김경남(金京南) 명의로 다음과 같이 해군 지원을 방기하고 조선 독립을 위해 궐기하라, 만약 따르지 않으면 살해될 것이라는 내용의 불온 협박장이 우송되었다.

국본(國本, 구니모토) 군에게 (쓰인 주소, 이름은 거짓)
신문을 삼가 보니 당신은 왜 해군 지원을 목표로 했는가?
우리 대한제국은 진주황제(晉洲皇帝) 폐하 아래 한군예지령관(韓軍詣令官) 이대왕(李大王)이 계시다.
이대왕도 당시 일본을 원망하여 눈물을 흘리며 어쩔 수 없이 일한 합국에 조인(調印)하신 것이다.
게다가 일본의 정치는 어떤가? 한국에는 일본 사족(士族)에 해당하는 양반이라는 단어가 있다. 지금은 평민과 마찬가지라고 하더라도, 진주황제 폐하가 유지되지 않는다 하더라도 신민의 마음과 같이 원망해야 할 일본인데, 당신은 왜 일본을 위해 목숨을 던지려 하는가? 같은 죽음이라면 한국독립을 위해 한국독립열혈지사(韓國獨立熱血志士)가 되어 우리 고향 한국의 지사가 되어라.
일본은 만주국과 한국 평화를 깨부수었다.
지금 경성에는 몇만이나 되는 한국독립운동을 외치는 열혈지사가 있다. 그대도 여기에 가담하라. 그렇지 않으면 당신의 목숨은 이번 달 말로 끝난다고 생각하라. 당신의 행동은 매일 12명의 동지가 감시할 것이다. 빨리 그대는 지원을 대신할 사람의 이름을 명확히 기입한[代名明記] 상부의 승인서[上許書]를 가지고 30일 밤 8시 우쿄구(右

京區) 사가아라시야마(嵯峨嵐山) 도월교(渡月橋)의 서쪽 난간으로 와라. 오지 않아도 12인의 동지가 당신이 어찌하는지를 지켜보고 있다. 언젠가는 당신의 목숨은 없어진다.

(그대에게 말한다) 국기(國旗)

한국독립운동을 외쳐라.

(쓰인 주소, 성명은 모두 위조)

조치: 현재 수사 중

9) 「대동아전쟁(아시아태평양전쟁)에 대한 재일조선인의 동정_ 불온 언동, 기타 단속 상황」, 1942.11

청·부·현(廳·府·縣): 경시청
종별: 유언비어
피의자 본적·주소: 함북 회령군(會寧郡) 벽성면(碧城面) 대덕동(大德洞) 27 [호주 원택(元澤)의 장남]·도쿄시 간다구 미사키초(三崎町) 2초메(丁目) 1번지 유타카장(莊) 2호실
피의자 직업·성명: 인부 겸 간토상업학교(關東商業學校) 3학년 학생 강병환(姜秉煥) 또는 팔왕사공관(八王寺公寬, 하치오지 기미히로, 25세)
개요: 올해 8월 초순경부터 9월 하순경까지 머물고 있는 숙박 장소에서 같이 거주 중인 김성충부(金城忠夫, 가네시로 다다오), 하본원일랑(河本源一郎, 고모토 겐이치로)에게 몇 차례에 걸쳐

1. 근래 신문기사는 엉터리뿐이다. 일본의 대(大) 전과도 엉터리다.
2. 일본군은 알류샨에 상륙했다고 발표하고 그 후로는 신문 뉴스가 나오지 않는 것은 일본이 당하고 끝났기 때문이다.
3. 적 비행기가 또 다시 도쿄로 날아오는 일이 있을 것이다. 도쿄는 해상으로도, 중국 육상 기지로부터도 충분히 적 비행기가 올 수 있을 것으로 생각한다.

운운하며 인심을 혹란시키는 사항을 유포했다.

조치: 10월 29일 검거, 11월 24일 언론·출판·집회·결사 등 임시단속법 위반으로 송국

청·부·현(廳·府·縣): 경시청

종별: 불온낙서

피의자 본적·주소: 함북 경성군(鏡城郡) 경성면 금산동(錦山洞) 234 [호주 정치(正治)의 장남]·도쿄시 간다구 사루가쿠초(猿樂町) 2-4 조선기독교 청년회관 내 숙소

피의자 성명: 채수청(蔡洙淸) 또는 풍천차랑(豊川次郎, 도요카와 지로, 24세)

개요: 올해 8월 말, 도쿄시 간다구 사루가쿠초 2-4 조선기독교 청년회관 내 신문잡지열람소에 비치된 조선춘추사에서 발행한 잡지『춘추(春秋)』6월호 100페이지에 기재된 "징병제와 가정동원 군국의 어머니 좌담회"라는 사진 위에 "이런 바보, 똥이나 먹어라"라고 조선민족의 황국신민화에 분개하는 마음 가득한 뜻을 표시한 불온낙서를 발견하고, 범인을 수사한 결과, 앞서 기록한 풍천차랑을 피의자로 검거했다.

조치: 11월 2일 검거, 취조 결과 민족적 편견에서 악희(惡戱)를 한 것으로, 다른 뜻은 없고 사범이 경미하므로 엄중히 설유(說諭)한 후 11월 21일 석방하고, 이후 조선으로 귀국시킴.

청·부·현(廳·府·縣): 경시청

종별: 유언비어, 불경언사

피의자 본적·주소: 함남 문천군(文川郡) 내면 교월리(橋越里)·도쿄시 요쓰야구(四谷區) 나이토마치(內藤町) 1 미야카와 도미카(宮川登美) 집

피의자 직업·성명: 출판업 김동임(金東林) 또는 도원동림(桃原東林, 모모하라 도우린, 25세)

개요: 1942년(昭和 17) 8월 중순 경 요쓰야구 나이토마치 1 양재(洋裁) 교수 미야카와 도미카(宮川登美) 집에서 같은 집 직인(職人) 등과 잡담하던 중,

1. "방공연습은 일소전(日蘇戰) 준비 때문에 하고 있는 것입니다", "독일은 곧 모스크바를 침입하겠지만 독일이 모스크바에 들어가는 때 일소전이 시작되겠지요. 일소전이 시작되면 소련은 도쿄나 오사카 등 대도시로 공습하러 올 것입니다. 소련에서 도쿄로는

2~3시간이면 올 수 있으므로 당신들도 지금 도망가는 편이 좋을 것입니다."
2. "국채는 국민의 의무상 사야 하는 것이 아니므로 돈이 있으면 많이 사고, 없으면 적게 사도 좋습니다. 그러나 현재 상태로는 남방의 자원만으로는 현재 발행한 국채만큼의 금액을 돌려받을 수 없다는 등으로 말하는 사람이 있으므로 국방헌금을 하는 마음으로 사는 것이 아니라면 지금은 사는 것은 그만두는 편이 좋습니다."
3. "지치부노미야(秩父宮)가 [대중 앞에] 나오시지 않는 것은 아프시기 때문일 것입니다. 영국에 있을 무렵 성병에 걸려 뇌막염[腦梅[18]일 겁니다. 다카마쓰노미야(高松宮) 님은 제국대학에는 입학 못하셨으니 머리가 좋지 않을 겁니다."
등으로 유언비어, 불경언사를 말했다.

조치: 경시청에 9월 26일 검거, 취조한 후 이번 달 19일 언론·출판·집회·결사 등 임시단속법 및 형법 제76조 위반으로 도쿄형사지방재판소 검사국으로 송국

청·부·현(廳·府·縣): 나가사키

종별: 유언비어

피의자 본적·주소: 경남 밀양군(密陽郡) 단장면(丹場面) 범도리(泛棹里) 181·나가사키현(長崎縣) 기타마쓰우라군(北松浦郡) 이마후쿠마치(今福町) 이마즈루(今鶴)탄광

피의자 성명: 박도원(朴道元) 또는 선을(鮮乙) 향천이삼랑(香川利三郎, 가가와 리사부로, 50세)

개요: 올해 6월 5일 갱부의 자녀 절구(節句) 축하 모임에 초대받아 축하연 중에 계희일랑(堺喜一郎) 외 5명에게 "조선에 징병제를 실시한 것은 최근 일본이 약해지고 있어서 실시한 것이다."

또한 8월 20일 이웃에 사는 갱부 대강말남(大江末男) 외 3명에게 "조선총독도 이전에는 상당히 좋았지만, 지금 총독의 정치 방식은 나쁘다. 요즘 조선에서 징병제를 실시한다고 하는 것은 일본 병력이 감소했고 병력이 약해져 국력이 약화되었기 때문이다" 운운하며 군사에 관한 유언비어 및 인심을 혹란하는 듯한 언사를 유포했다.

---

18 매독(梅毒) 2기~3기에 나타나는 매독성 뇌막염이다.

조치: 11월 10일 육군형법 및 언론·출판·집회·결사 등 임시단속법 위반으로 송국

청·부·현(廳·府·縣): 효고(兵庫)

종별: 유언비어

피의자 본적·주소: 경북 의성군 봉양면 구미동(龜尾洞) 291·고베시 하야시다구(林田區) 미사키초(御崎町) 2-270

피의자 직업·성명: 일발정기(日發精機)공장 직공 평산수용(平山水龍, 히라야마 스이류, 26세)

개요: 올해 9월 16일 자신이 일하고 있는 공장의 직공인 해원무(海原茂) 등에게 "일본의 장교들이 중국 병력의 포로를 예리한 칼로 참수했다고 하는데, 대략 좋지 않은 느낌이 들며, 그 사체 처분을 부하 병사에게 위탁했다" 등으로 유언비어를 유포했다.

조치: 10월 30일 육군형법 위반으로 검거해 고베지방재판소 검사국으로 송국

10) 「대동아전쟁(아시아태평양전쟁)에 대한 재일조선인의 동정_ 유언비어, 기타 단속 상황」, 1942.12

청·부·현(廳·府·縣): 경시청

종별: 유언비어

피의자 본적·주소: 전남 구례군 광의면(光義面) 지천리(芝川里) 274·[호주 해운(海運)의 차남] 도쿄시 시나가와구(品川區) 히가시오오사키(東大崎) 3초메(丁目) 230 아카오 젠조(赤尾善造) 집

피의자 직업·성명: 신문배달 추원성오(秋原省吾, 아키하라 쇼고) 또는 박석동(朴石東, 20세)

개요: 10월 초순 무렵부터 거실 및 그 외 공간에서 영성정문(永城正文, 나가시로 마사후미), 서성동석(西城棟石, 니시시로 도세키), 산본정차랑(山本政次郎, 야마모토 세이지로) 등에게 수차례에 걸쳐

1. 일본은 지금까지 상당히 이기고 있는 듯하지만, 만약 독일이 소련에게 패하면 일본은 독일과 같은 운명이 되어, 동아시아는 미국의 노예가 될 것이다. 우리가 런던이나 뉴욕으로 공부하러 가는 것도 꿈은 아닐 것이다.
2. 일본의 전과(戰果)도 상당히 있었던 듯한데, 적의 항공모함이나 구축함을 아무리 가라앉혀도 여전히 많이 남아 있는 듯하므로, 일본 쪽에서도 상당히 치명적인 상황과 조우하고 있음이 틀림없다. 미국이 지고 있으면서 자국민에게 이겼다 이겼다고 선전하고 있듯이, 일본의 발표도 그 손해를 실제보다 적게 발표하고 있을 것이다.
3. 천황 폐하를 숭배한다고 말하며 어느 한 노파가 기뻐하고 있었는데, 자기 자식을 희생하는지도 모르다니 바보 같은 일이다. 나는 그런 기분은 모르겠다. 일본인은 잘도 만세일계(萬世一系)라고 칭하지만, 2600년씩이나 지속되었다고 말하므로 그 사이에 정말 이어졌는지 어떤지 알 게 뭐냐. 지금 천황 폐하가 특별한 교육을 받았는지 아닌지 모르겠지만, 그저 인간이지 않은가? 자기 자식을 희생에 내모는데 존경하다니 바보스러운 일이다.

운운하며 군사에 관한 유언비어를 유포하였다.

조치: 11월 21일 검고, 12월 16일 육군형법 위반으로 송국

청·부·현(廳·府·縣): 경시청
종별: 불온낙서
피의자 본적·주소·성명: 불명(不明)
개요: 12월 17일 도쿄시 요도바시구(淀橋區) 쓰노하즈(角筈) 1-3번지에 건립되어 있는 어대전(御大典) 기념비의 토대 콘크리트에 쇠못 같은 것으로 "조선, 대조선 만세"라고 3촌각(寸角)[정방형 9센티미터] 크기로 기입한 것을 발견함.
조치: 수사 중

7. 『특고월보』, 1943. 1~12

1) 「대동아전쟁(아시아태평양전쟁)에 대한 재일조선인의 동정_ 유언비어, 기타 단속 상황」, 1943. 1

청·부·현(廳·府·縣): 경시청
종별: 불온낙서
피의자 본적·주소·성명: 불명
개요: 1월 31일 도쿄시 아라카와구(荒川區) 닛포리초(日暮里町) 2초메(丁目) 73 평천근지조(平川近之助, 히라카와 곤노스케) 집 판자 병풍에 검정색 연필로 겨우 해독할 수 있을 정도로 "일본을 쓰러뜨려라, 조선만세"라고 낙서한 것을 발견했다.
조치: 수사 중

청·부·현(廳·府·縣): 홋카이도(北海道)
종별: 유언비어
피의자 본적·주소: 경성시 예덕정(禮德町) 41·부정(不定)
피의자 직업·성명: 중고시계행상 박순흥(朴順興) 또는 목촌순흥(木村順興, 기무라 준코, 44세)
개요: 외첩(外諜) 용의자로 취조한 결과, 해당 용의는 없었으나, 다음과 같은 유언비어를 유포한 것으로 판명되었다.

1. 최근 오타루(小樽)에서 함대로 병력이 점점 차출되는데, 소련과 싸울 준비일지도 모른다.
2. 오비히로(帶廣)에는 군 비행장이 있고 그 외에 상당히 많은 병력이 주둔하고 있다. 또 그 지역에는 이번에 항공 공창(工廠)이 개설되었다.
3. 1월에는 대대적인 소집이 있을 것이다.

조치: 작년 12월 17일 검거, 현재 취조 중

청·부·현(廳·府·縣): 도치기(栃木)

종별: 유언비어

피의자 본적·주소: 충북 논산군(論山郡) 성동면(城東面) 삼산리(三山里) 259·후쿠시마현(福島縣) 미나미아이즈군(南會津郡) 야마시마초(山島町) 아자(字) 아토마치(後町) 3973

피의자 직업·성명: 고물상 안전창갑(安田昌甲, 야스다 쇼코, 42세)

개요: 1월 6일 도치기현 사노초(佐野町) 요리점 미야코(みやこ)인 다시로 가즈히라(田代和平) 집 객실에서 예기(藝妓) 오리에(おり江)인 다시로 세키(田代セキ)와 유흥 중에

1. 작년 도쿄가 공습을 당했을 때는 모두 "연습이다, 연습이다"라고 말하며 어슬렁어슬렁 하고 있었다. 적의 비행기가 떨어뜨린 폭탄은 모두 계획한 장소에 떨어졌고 무의미한 폭탄은 하나도 없었다. 그 비행기도 한 대도 격추되는 것 없이 도망가 버리고 끝났다. 그때처럼 공습이 또 다시 있으면 일본은 박살날 것이다.

2. 그때는 도쿄 외에 오오타(太田) 비행장이나 가와사키(川崎)까지 폭탄을 떨어뜨렸는데, 너는 모르지? 그것은 신문에는 나오지 않으니 모를 것이다.

3. 미국이 일본을 공습했는데, 일본은 미국본토로 1번도 공습하지 않았다. 일본은 어찌할 수 없는데 저쪽 놈들(루즈벨트)은 위대한 점이 있다. 그 점에 있어서 일본에는 그렇게 뛰어난 사람이 없다.

4. 도쿄에서 들은 것인데, 요코하마(橫浜)에서도 그 사이 독일 군함이 2척 정도 불이 났다. 가솔린 탱크에 불이 붙었다고 한다.

조치: 1월 7일 검거, 1월 19일 언론·출판·집회·결사 등 임시단속법 제17조 위반으로 송국, 1월 19일 약식 명령에 의해 벌금 100엔에 처함

2) 「대동아전쟁(아시아태평양전쟁)에 대한 재일조선인의 동정_ 유언비어, 기타 단속 상황」, 1943.2

청·부·현(廳·府·縣): 경시청

종별: 불경·불온투서

피의자 본적·주소·성명: 불명

개요: 2월 11일과 2월 28일 2번에 걸쳐 도조(東條) 수상 앞으로 다음과 같이 지극히 불경·불온한 투서가 있었다.

1. 2월 11일 자 소인이 찍힌 것 (파트론지봉투, 초등학교 아동용 노트 용지 사용)

 보낸 이: 황해도 벽성군(碧城郡) 벽성군 청년 일동을 대표해서

 받는 이: 도쿄시 도조 수상 관저(官邸) 도쿄총리대신 각하

 조선독립을 이룬다

 우리 반도인이야말로 역사가 시작된 이래 더러운 너희 나라와는 상대하지 않았다. 조선인은 일본 너희들에 비해 훨씬 상위에 자리한 위대한 인간이다. 일본의 동료로 들어갈 더러운 조선인이 아니다. 적국 일본이여, 각오하라. 너희들이 아무리 반도에 징병제도를 실시하고 병력을 양성하려고 하지만, 우리는 그날을 기다리고 있다. 우리에게 총검을 쥐여줘라. 우리의 적은 일본인이다. 우리는 어느 곳이든 조선 조국을 위해 지금이야말로 그 기회를 놓치지 않을 것이다. 일본을 쳐부술 때이다. 우리는 일찍부터 일본 천황의 목을 원했다. 때가 왔다. 몇 번을 거친 지금이야말로 조선인들이 오랜 기간 품어 왔던 숙원(宿怨)을 풀 수 있는 시기가 도래했다. 먼저 이곳에 우리가 있고, 동지 수명이 있다. 우리는 조국 조선을 위해 생명을 던질 자들인데, 적국 일본에는 끝까지 반항할 것이다. 죽을 때까지 반항하고 죽어서도 또 반항할 것이다. 우리는 내년이야말로 기다리고 있다. 징병이 되면 그때야말로 바로 나서서 내가 가슴에 품고 있는 숙원(宿怨)을 풀기 위해 적국 일본에 반항하기 위해서, 아니 멸망시키기 위해서이다.

 영국·미국·중국이여, 영화롭게 승리하라. 우리도 한 사람으로 일본 격멸을 위해 매진할 것이다. 영국·미국·중국이 없이도 일본을 멸망시키는 것쯤은 길면 3년간, 우리는 일본 멸망의 날을 하루가 천추같이 기다리는 바이다.

2. 2월 28일 자 소인이 찍힌 것 (봉함엽서를 사용)

 보낸 이: 조선 충남 부여군(扶餘郡) 충화면(忠化面) 백자리(百子里) 808 김자현(金子顯) 올림

받는 이: 일본 도쿄시내 내각총리대신 관방 도조 히데키(東條英機) 귀하

바보 대장 도조(東條)에 고함

조선산 곡물의 공출 및 기타 농산물 공출, 놋그릇(眞鍮) 식기의 공출 등은 지방 관헌의 강제적 가택수색 및 인민 구타까지 말이 되지 않는 상황이다. 현재 내가 있는 지방에서는 아사자, 입을 옷도 없는 동사자가 속출하고 있는 비참한 상태인데, 관헌은 이것을 병사(病死)로 사칭한다. 이것은 영국의 인도 착취 이상의 상황으로, 일시동인(一視同仁)은 일시백악(一視百惡), 내선일체는 내선백체(內鮮百體)이다. 왜 무죄한 조선인에게만 가혹한 정치를 베푸는가? 이참에 일본 쇼와(昭和) 히로히토(裕仁)를 때려죽여서[打殺] 소련의 공동일치(共同一致) 무산(無産)을 채택하는 방법이 가장 적절하다고 생각한다. 반전사상이 도처에 궐기하는 상태가 이른바 관헌이 있고 대낮이어도 일어나는 강도와 같다. 침식을 폐하고 생각해서 그 뜻을 발포하여라.

조치: 현재 수사 중

3) 「대동아전쟁(아시아태평양전쟁)에 대한 재일조선인의 동정_ 유언비어, 기타 단속 상황」, 1943.3

청·부·현(廳·府·縣): 경시청
종별: 불온 낙서
피의자 본적·주소·성명: [원문 공란]
개요: 이번 달 12일 오전 9시 30분경 교바시구(京橋區) 미나토마치(湊町) 1-1 사쿠라가와스지(櫻川筋)에 가설한 이나리바시(稻荷橋) 철기둥[鐵柱]에 백묵(白墨)으로 4촌(寸) 초서체로 "조선 독립한다"라고 낙서된 것을 도쿄 수상경찰서[水上署]에서 발견했다.
조치: 범인 엄중히 탐색 중

청·부·현(廳·府·縣): 아이치(愛知)

종별: 유언비어

피의자 본적·주소: 경남 의령군(宜寧郡) 용덕면(龍德面) 교암리(橋岩里) 143·세토시(瀬戶市) 도고초(東鄉町) 43

피의자 직업·성명: 야마모토 데쓰히로(山本哲大)의 아내 잡역부 야마모토 기슈(山本貴周, 37세)

개요: "지난번 야마구치(山口:아이치(愛知)현 내 소재)에서 여인이 리어카를 끌고 세토 쪽으로 외출했다가 오는 도중 순사에게 발견되어 리어카 안을 수색당했는데 쌀이 나왔다. [순사가] 어디로 가는지를 묻자, 그 여인은 이름은 모르지만 나를 따라와 달라고 했다. 이에 순사가 따라가자, 여인은 경찰[서]로 들어가 버렸기 때문에 순사는 그대로 어디론가 가버렸다"라는 유언비어를 지인 4명에게 유포했다. 피의자는 이번 달 2일 세토시(瀨戶市) 스에히로초(末広町)에 있는 활동 상설관 앞에서 일본인 부인이 이야기하고 있을 때 들어 알게 된 것이다.

조치: 엄중히 설유(說諭)한 후 앞으로 이런 일이 없도록 경계함

4) 「대동아전쟁(아시아태평양전쟁)에 대한 재일조선인의 동정_ 유언비어, 기타 단속 상황」, 1943.4

청·부·현(廳·府·縣): 경시청

종별: 비상사태 하 조선인의 보호대책 진정(陳情)

피의자 주소: 나카노구(中野區) 오타키초(小瀧町) 46

피의자 성명: 정연규(鄭然圭)

개요:

"일반 시민 중에는 배타적인 좁은 마음[狹量心]에서, 또 아직도 간토대지진[關東大震災] 당시 사실무근의 조선인 사건에서 오해를 품고 있는 자가 있는 듯합니다. 공습이나 물자 배급 생활, 죽창이나 쇠갈고리[鳶口] 등의 훈련과 수반하여 조선인에 대한 오해가 쌓이고,

공습 시 조선인이 혹시 습격하는 것은 아니냐는 의구심을 품고 있는 자도 있는 것으로 생각됩니다. 따라서 정회장(町會長), 도나리구미장(隣組長), 군장(群長)을 비롯한 마을 내 모임의 임원인 자 중에서 조선인에 대해 오해하고 반감이나 적개심을 품고 있는 자가 있거나 배척하거나 괴롭히거나 경멸하거나 말을 걸지 않고 무시하는 등의 좋지 않은 마음을 가진 자가 있으므로 이번에 이런 자들을 도태하고, 다수결 등의 방법으로 조장(組長)을 추천하고 조장·군장(群長) 등 역원을 중심으로 조선인을 배척하는데 단결하고 있는 도나리구미를 개편하는 것이 성지(聖旨)를 받드는 충신의 길이라고 생각되옵니다."

"도쿄부(東京府) 경시청(市警視廳) 등과 연락해서 마을 내 일본인과 조선인의 화목을 도모하고 오해를 푸는 기관을 마련하고, 또 부정 방지 기관을 마을 내 모임에 두는 것은 어떻습니까?", "소생은 지진 사건을 스스로 처리했던 어리석은 사람인 만큼 민(民)의 오해를 두려워하는 자이기도 한데, 그 오해를 풀기 위해서는 전력을 다해 온 자이기도 합니다."

이상(발췌)과 같이 등사 인쇄물을 제작하여 관계 관청 방면에 진정(陳情)했다.

조치: [원문 공란]

청·부·현(廳·府·縣): 효고(兵庫)

종별: 군사에 관한 유언비어

피의자 본적·주소: 경남 하동군 하동읍 내동(內洞) 298-5·이보군(揖保郡) 오쓰무라(大津村) 도쿠모토 고타로(德本幸太郎) 집

피의자 직업·성명: 토공(土工) 강대선(姜大善, 30세)

개요: 위 사람은 협화회에 입회에 수긍하지 않고 언동이 불온하여 온갖 면에서 불편한 기미가 있었던 자로, 올해 3월 11일 이카마군(飾磨郡) 히로하타초(廣畑町)에 있는 닛테쓰(日鐵) 히로하타(廣畑)공장 소속 하마다(濱田) 그룹 덕본(德本) 집에서 동료 3명과 잡담 중에, "우리들이 국방헌금을 했다고 해서 일본이 이긴다고 생각하는가?"라고 말하자, 동료가 "일본이 지면 어떻게 할 것인가?"라고 반문하자, "일본이 지는 편이 좋지"라고 불온한 언사를 했다.

조치: 4월 20일 언론·집회·결사 등 임시단속법 (제18조) 위반으로 송국, 같은 달 23일 벌금 50엔에 처함.

청·부·현(廳·府·縣): 나가사키(長崎)

종별: 군인을 가장한 사기

피의자 본적·주소: 나가사키현 시모아가타군(下縣郡) 이즈하라마치(嚴原町) 오아자(大字) 이마야시키(今屋敷)·나가사키현 가미아가타군(上縣郡) 사스나무라(佐須奈村) 오아자(大字) 사스나(佐須奈)

피의자 성명: 최원석(崔元石) 또는 말영희춘(末永喜春, 스에나가 요시하루, 28세)

개요: 최원석, 즉 스에나가 요시하루는 같은 마을에 거주하는 스에나가 기쿠타로(末永喜久太郎, 일본인)의 서자(庶子)로 입적한 이래 제탄업(製炭業)에 종사해 오던 중 작년 8월 징병 검사 결과, 갑종 합격이 되었다. 올해 4월 10일 서부 제51부대에 입대하기로 되었으므로, 일단 아내의 본적지(경남 여수군)로 가고자 나가사키를 출발하였다. 도중에 구루메(久留米)에서 육군 중위 금장(襟章)인 51부대 금장, 군도(軍刀), 기타 부속품을 구입해 준비하고 조선으로 도항해 아내와 만난 후 거기서 육군헌병 중위의 명함 100장을 인쇄했고, 부산에서 모장(帽章)과 기타를 구입해 준비했다. 올해 3월 31일 부박(釜博:부산-하카타)연락선 류마루(琉丸)에 승선하고, 배안에서 육군 중위의 복장을 정돈했다. 같은 날 도요사키무라(豊崎村) 히타카쓰(比田勝)에서 1박 후 다음 날인 4월 1일 긴무라(琴村)에 도착했다. 도중 반도제탄업 신정원석(新井元石, 아라이 겐세키)을 만나 "이번에 현에서 너희들 조사하러 섬으로 올 것"이라 하고 그 사람을 통역으로 삼아 각 마을 산림제탄업자(반도인)를 방문해 "식량의 배급 증가, 협화회 수첩 개정에 의한 자유여행" 등의 감언이설을 하며 조사비용 명목으로 한 사람당 5엔에서 20엔까지 25명에게서 받아 266엔을 사취하였다.

조치: [원문 공란]

5) 「대동아전쟁(아시아태평양전쟁)에 대한 재일조선인의 동정_ 유언비어, 기타 단속 상황」, 1943.5

청·부·현(廳·府·縣): 오사카(大阪)

종별: 군사에 관한 유언비어

피의자 본적·주소: 전남 광양군(光陽郡) 광양면 세풍리(世豊里) 531·오사카시 니시나리구(西成區) 시오지도오리(汐路通) 1-1

피의자 직업·성명: 직공 평목일미(平木一美, 히라키 가즈미, 31세)

개요: 올해 4월 5일 경계경보 발령 중 오사카시 니시나리구(西成區) 쓰모리초(津守町) 다카다(高田)기계공장에서 동료에게

1. 이번에 적이 홋카이도(北海道)에 상륙했다고 한다.
2. "매일 아침 직장에서 천황 폐하를 위해 일하자라고 외치는 것은 나에게는 괴롭다"라며 유언비어와 불경언사를 말했고,

또 4월 7일 같은 직장에서 "적이 가고시마(鹿児島)에 상륙했기 때문에 경계경보는 해제되지 않는 것"이라고 유언비어를 유포했다.

조치: 4월 8일 검거, 5월 8일 언론·집회·결사 등 임시단속법 제17조 위반으로 오사카구재판소 검사국으로 송국

청·부·현(廳·府·縣): 효고

종별: 불온낙서

피의자 본적·주소·성명: [원문공란]

개요: 5월 21일 히메지시(姬路市) 히메지역(姬路驛) 구내 공중변소 안에 "조선이여, 독립하라. 일본의 속박에서 벗어나라. 우리 조선이여, 자유[19]를 추구하라"라고 낙서된 것을 발견했다.

조치: 행위자 수사 중

청·부·현(廳·府·縣): 홋카이도(北海道)

종별: 군사에 관한 유언비어

피의자 본적·주소: 경성부 신공덕정(新孔德町) 41·후쿠시마현(福島縣) 후쿠시마시 아라마치(荒町) 32

19　원문은 'フライハイト'로 독일어로 '자유', '면제'를 뜻하는 'freiheit'로 추정된다.

피의자 직업·성명: 중고시계상 목촌순흥(木村順興, 기무라 준코, 44세)

개요: 목촌(木村)은 1942년(昭和 17) 6월 이후 홋카이도 오비히로시(帶廣市) 니시이치조(西一條)에 있는 죽내(竹內, 다케우치)여관을 거주지로 삼고 시계 행상에 종사하던 중, 영업관계자 및 기타 숙소의 여자 종업원들에게

1. 오비히로(帶廣)에 군 비행장이 생긴 것
2. 최근 오타루(小樽)에서 치시마(千島)까지 군대 수송을 하고, 소련과 전쟁을 준비하는 것
3. 비호로(美幌)에 해군비행장이 있는 것
4. 오비히로(帶廣)에 항공 공창(工廠)이 있는 것
5. 네무로(根室), 앗케시(厚岸) 방면에 중요한 군 시설이 있는 것
6. 치시마에서 네무로까지의 우리 수송선은 적의 잠수함 때문에 침몰되었던 것

등의 유언비어를 말하였다.

조치: 3월 17일 육군형법 위반으로 송국

청·부·현(廳·府·縣): 홋카이도(北海道)

종별: 군사에 관한 유언비어

피의자 본적·주소: 함남 북청군(北靑郡) 신북청면 보천리(寶泉里) 587·홋카이도 기타미시(北見市) 6條 4-2796

피의자 직업·성명: 시계부속품상 송원인치(松原寅治, 마쓰바라 도라지, 42세)

개요: 송원(松原)은 현주소에서 시계상을 경영하는 동안,

1. 비호로(美幌)에 군 비행장이 있어 매일 비행기가 부근을 비행하고 있는 것
2. 비호로(美幌)에 해군비행장이 있는 것

등에 관해 2~3차례에 걸쳐 영업상 접하는 타인에게 유포했다.

조치: 4월 6일 육군형법 위반으로 송국

6) 「대동아전쟁(아시아태평양전쟁)에 대한 재일조선인의 동정_ 유언비어, 기타 단속 상황」, 1943.6

청·부·현(廳·府·縣): 경시청

종별: 불온낙서

피의자 본적·주소·성명: [원문 공란]

개요: 5월 31일 [도쿄시] 도시마구(豊島區) 스가모(巢鴨) 7-1808 거주 니혼바시구(日本橋區) 료고쿠(兩國)에 있는 국제무역주식회사 회계 담당이 5월 말 급료 중에서 50전 지폐 뒷면에 파란색 잉크로 "지금이야말로 우리 조선인들이 가야 할 때이다. 동지들이여 넘어가자. 중야무선(中野無線) 긴 저고리 민족 조선이여, 독립하자"(원문그대로) 라고 낙서된 것이 있음을 발견했다.

조치: 행위자 수사 중

청·부·현(廳·府·縣): 효고

종별: 불온 낙서

피의자 본적·주소·성명: [원문 공란]

개요: 5월 21일 히메지시(姬路市) 히메지역(姬路驛) 구내 공중변소 안에 "조선이여, 독립하라. 일본의 속박에서 벗어나라. 우리 조선이여, 자유를 추구하라"라고 낙서된 것을 발견했다.

조치: 행위자 수사 중

청·부·현(廳·府·縣): [원문 공란]

종별: 불경언사

피의자 본적·주소: 전남 보성군 문덕면 한천리(寒泉里) 260·야마구치현(山口縣) 오쓰군(大津郡) 헤키손(日置村)

피의자 직업·성명: 섬유제품 소매조합 사무원 중촌대균(中村大均, 나카무라 다이킨, 22세)

개요: 작년 11월 초순 자택에서 친구 2명에게 "난바 다이스케(難波大助)가 천황 폐하를

저격한 원인을 알고 있는가? 난바 다이스케가 폐하를 저격한 것은 다이스케와 혼인이 허락된 아가씨에게 폐하가 손을 댔기 때문에 분개한 나머지라고 해, [지금 계신] 금상(今上) 천황 폐하보다 현명한 미야사마(宮樣)를 황위에 즉위시키기 위해 저격한 거야"라고 불경언 사를 했다.

조치: 이번 달 2일 불경죄로 징역 1년에 처함.

7) 「대동아전쟁(아시아태평양전쟁)에 대한 재일조선인의 동정 _ 불경사건, 불온낙서, 유언비어, 기타 단속 상황」, 1943.7

청·부·현(廳·府·縣): 경시청
종별: 불온통신
피의자 본적·주소: 경남 부산부 범일정(凡一町)·[도쿄] 아사쿠사구(浅草區) 하시바초(橋場町) 1-7
피의자 직업·성명: 사무원 임상육(林相陸), 즉 임국장(林國藏, 하야시 쿠니죠 42세), 장남 임의봉(林儀鳳), 즉 임용웅(林龍雄, 하야시 나쓰오, 22세)
개요: 임상육(林相陸)은 작년 4월 22일 무렵 부산부에 있는 친족 소림백수(小林伯守, 고바야시 햐쿠슈) 앞으로 "…이번에야말로 귀선(歸鮮)할 작정이었는데, 최근 미국 비행기의 공습이 심하고 게다가 도쿄 정 중앙부까지 날아와서 곳곳에 폭탄을 투하해 그 손해가 적지 않다. 까닭에 도항권을 허가받을 때 지금 시점에 아이들만 남겨두고 집을 비우는 것은 매우 위험천만하다고 말하여 나의 귀선(歸鮮)이 허가되지 못했다…"라고 통신했다.
임용웅(林龍雄)은 같은 해 4월 무렵 부산부에 있는 친족 소림백수(小林伯守) 앞으로 "…독일을 건설한 히틀러, 이탈리아를 건설한 무솔리니 모두 혈기 있는[血性] 남자가 아닌가. 저렇게 인생, 혈기 있는 남자가 되어 사회의 희생이 될까. … 주의(主義)를 위해서는 적(敵)이 되는 것도 사양하지 않는다. 오히려 목숨을 걸고 이상(理想) 세계로 돌진한다"라고 통신했다.
조치: 이번 달 22일 검거·취조하니, 친족인 소림(小林)에게만 통신했으므로 엄중히 훈계

하는 데 그침.

청·부·현(廳·府·縣): 경시청
종별: 불온통신
피의자 본적·주소: 황해도 벽성군(碧城郡) 가좌면(茄佐面)·간다구(神田區) 진보초(神保町) 3-2-2
피의자 직업·성명: 회사급사(會社給仕) 죽림각희(竹林珏憙, 다케바야시 고쿠키, 18세)
개요: 6월 7일 황해도 온천리(溫泉里) 해룡(海龍)자동차 지부 사무원 청수계준(清水啓俊, 시미즈 게이쥰) 앞으로 "도쿄는 종종 공습받고 있어서 시외(市外)로 가서 …"라는 내용의 통신을 했다.
조치: 훈계(訓戒)

청·부·현(廳·府·縣): 경시청
종별: 불온투서
피의자 본적·주소·성명: [원문 공란]
개요: 6월 21일 자 히로시마현 구레시 우편국 소인이 찍힌 봉투로 경시총감 앞으로 다음과 같은 불온투서가 있었다.

(원문) 편지로 말씀드립니다. 청풍상하(清風祥賀)하시옵소서.
최근 불상(不祥)사건이 있다는 풍문을 들었는데, 이 건은 보통 흔히 있는 단순한 폭행사건이 아니며, 조금 더 깊게 봐야 할 부분이 있습니다. 왜 주위상황을 살피는데 조선민족투쟁[적 요소냐], 나라 잃은 자가 저지른 처지로 취급되는지요. 일본 민족의 전시의 혼란스러운 틈을 이용한 민족 멸망의 뿌리에 기인한 행동입니다.
경시총감 귀하
혁명여성이 대두하는 시기가 옵니다.

용의자 모습은 테 없는 사각 안경, 신장 5척(尺) 2촌(寸), 흰색이면서 중간 아랫부분에 구

멍 뚫린 신발 [착용], 얼굴이 길고, 갈색 피부

조치: 수사 중

청·부·현(廳·府·縣): 경시청

종별: 불온낙서

피의자 본적·주소·성명: [원문 공란]

개요: 6월 22일 혼고구(本鄕區) 네즈스가초(根津須賀町) 네즈신사(根津神社) 경내 공중변소 바깥쪽 문에 검은색 연필로 쓴 초세체로 "조선인은 위대하다"라는 낙서가 있음을 발견하였다.

조치: 수사 중

청·부·현(廳·府·縣): 경시청

종별: 불온낙서

피의자 본적·주소·성명: [원문 공란]

개요: 7월 3일 아다치구(足立區) 센쥬(千住) 4초메(丁目) 공터에 있는 공중전화실 외곽 뒤편에 백묵으로 쓴 초서체로 "조선만세"라고 낙서된 것을 발견하였다.

조치: 수사 중

청·부·현(廳·府·縣): 홋카이도(北海道)

종별: 불온낙서

피의자 본적·주소·성명: [원문 공란]

개요: 6월 17일 이와미역(岩見驛) 구내 대변소 벽에 검은 연필로 "조선인이여, 결속하라, 독립을 위해"라는 낙서가 있는 것을 발견했다.

조치: 수사 중

청·부·현(廳·府·縣): 교토

종별: 불온 시(詩) 발간

피의자 본적·주소·성명: [원문 공란]

개요: 교토시 사쿄구(左京區) 기타시라카와(北白川) 오이와케초(追分町) 시라이 기노스케(白井喜之介)가 발행에 관여한 시집 『암벽(岩壁)』의 올해 6월 1일 자 발행된 제10집에 경성에 사는 안동박(安東博)이 기고한 글이다.

"국토가 없다. 궁성(宮城)이 없다.

아무런 이유가 없다.

눈물이 없는 눈물인 것이다.

눈[雪]은 어째서 동으로 북으로 [흩날리는가]

저녁에 낙엽은 흩어지겠지.

머물다, 머물고 싶어도

오로지 모두 갈 뿐이다.

그렇게도 구름처럼,

낙엽처럼.

조치: 7월 6일 내무대신으로부터 삭제 처분을 받음.

청·부·현(廳·府·縣): 오사카

종별: 불온투서

피의자 본적·주소: 전남 제주도(濟州島) 안덕면(安德面) 상산리(相山里) 6·오사카시(大阪市) 스미요시구(住吉區) 이카이노(猪飼野) 히가시(東) 10-14

피의자 직업·성명: 직공(職工) 고도계수(高島啓洙, 다카시마 게이슈, 28세)

개요: 고도(高島)는 친구인 송산홍(松山弘, 마쓰야마 히로시)이 그의 아내가 도망[出奔]가면서 그 아버지인 평산현호(平山鉉號, 히라야마 겐고)와 중매인 김촌웅수(金村雄守, 가네무라 오슈)에게 원한이 있음을 알고 그를 동정하여 두 사람을 형사처분에 부치도록 특고과(特高課) 내 조선인 계장에게 보내기를 "평산, 김촌은 올해 4월 무렵 지인 수 명에게,

1. 일본은 전쟁에 패한다. 일본이 멸망하면 중국 방면이나 일본은 미국의 지배하에 놓여

종래 대로 개인이 자유로운 사회가 될 것이므로 지금 이때 밀거래로 돈을 벌어야 한다.
2. 중국 방면으로 보낼 비행기가 매일 평균 500대씩 일본에서 제주도로 보내져 중국으로 날아갔는데, 모두 격추되었다.

등의 유언비어를 유포했다"라는 내용의 투서를 했다.

조치: 육군형법 제99조, 해군형법 제100조, 형법 제172조 위반으로 송국

청·부·현(廳·府·縣): 오사카

종별: 불경 및 유언비어

피의자 본적·주소: 함남 장진군(長津郡) 장진면 읍상리(邑上里) 4-2·교토부 오토구니군(乙訓郡) 무코우초(向日町)

피의자 직업·성명: 무코우(向日) 자동차 운전수, 이근천휘(利根川暉, 도네가와 히카리, 28세)

피의자 본적·주소: 경북 군위군(軍威郡) 효령면(孝令面) 장기동(場基洞) 190·오사카시 기타구(北區) 요리키마치(與力町) 2-15

피의자 직업·성명: 자동차 운전수 강본정웅(江本政雄, 에모토 마사오, 29세)

개요: 1942년(昭和 17) 12월 이후 지인들과 대화를 나눌 때,

1. 미카사미야(三笠宮) 전하가 천황 폐하가 되었더라면 일본은 아직은 괜찮은 나라였을 텐데.
2. 대체로 지금의 황후폐하는 천황 폐하를 좋아하지 않는다. 천황 폐하에게는 외부에 좋아하는 사람이 있었는데, 이왕 전하에게 시집온 방자(方子) 여왕전하였다.
3. 다이쇼 천황은 본처에게 아이가 없었으므로 첩이 있는 곳에 기거했다.

기타 불경언사를 했고, 추가로 일본의 대본영발표는 모두 거짓이다. 3천 명의 병력이 죽어도 2~3명이 죽었다고 밖에 발표하지 않는다 등으로 유언비어를 유포했다.

조치: 형법 제74조, 76조, 육군형법 제99조에 위반되는지 문의(問疑)해 송국

청·부·현(廳·府·縣): 시가(滋賀)

종별: 불온통신

피의자 본적·주소: 경북 예천군 풍양면(豊壤面) 하동리(河東里) 163·가모우군(浦生郡) 아즈치무라(安土村) 오아자(大字) 고나카(小中)

피의자 직업·성명: 전(前) 직공(職工) 횡전인훈(橫田仁勳, 요코다 진쿤, 41세)

개요: 3월 24일 친아버지 앞으로 "…지금 전쟁은 세계전쟁으로, 미국·영국은 세계의 문명국이다. 양국은 일본과 만주를 전멸시킬 예정이다. 일본이 9월 10일까지 이기는 것이 불가능하다면 만주인과 일본인과 조선인은 전부 멸망한다. 일본의 실상은 말이 안 된다. 죽느냐 사느냐의 상태이다"라고 통신했다.

조치: 만주로 건너가려는 아버지를 말리기 위해 통신했던 것임이 판명, 엄중히 경계하는 데 그침.

청·부·현(廳·府·縣): 야마구치

종별: 출정 군인이 집을 비운 사이 가택 침입

피의자 본적·주소: 전남 동성군(冬城郡) 목사동(木寺洞) 평리(坪里)·호후시(防府市) 오아자(大字) 신덴(新田)

피의자 직업·성명: 토공(土工) 인부 산길이창(山吉二昌, 야마키치 니쇼, 25세)

개요: 위 사람은 6월 30일 밤 호후시(防府市) 신덴(新田) 농부로 출정병이 되어 집을 비운 이시마루(石丸) 모 씨 집에 침입하여 그 집 장녀 모 씨(18세)를 간음하려 했으나 위 사람이 소란을 피우자 미수에 그쳤고 도주했다. 이때 그 집에서 현금 3엔 50전을 훔쳤다.

조치: 검거, 취조 중

청·부·현(廳·府·縣): 후쿠오카

종별: 유언비어 유포

피의자 본적·주소: 경북 대구부 남산정 248·후쿠오카시(福岡市) 이나바초(因幡町) 31

피의자 직업·성명: 우유[배달] 인부 광전영길(廣田榮吉, 히로타 에이키치, 33세)

개요: 5월 중 일시 조선으로 돌아갔다가 돌아온 후 5월 20일경 동료에게 "대구 주변에서는 계란, 사과 등의 배급은 경찰관 및 기타 관리들이 대부분 가져가 버리고 일반민중에게는 지급되지 않는다", "김해에서는 조선인 여자가 쌀을 암거래로 사서 돌아가는 도중 순

사에게 적발되어 동행했던 아이를 연못에 던져 넣자 그 여인도 뛰어들었는데, 모친은 목숨을 건졌고 아이는 죽었다" 기타 사실무근의 사항을 날조한 유언비어를 유포하였다.

조치: 검거, 취조 중

청·부·현(廳·府·縣): 후쿠오카

종별: 불온 낙서

피의자 본적·주소: 온가군(遠賀郡) 미즈마키마치(水卷町) 일본광업 온가(遠賀)광업소 다카마쓰(高松) 제3갱(坑)

개요: 6월 24일 다카마쓰(高松) 제3갱(坑) 공임계(工賃係)에서 지급된 임금 중 10엔 지폐에 "추풍님(追風樣), 일본이 만든, 너희들, 9333. spay. byss. Spay. 일본군 죽이겠다. [전쟁에서] 질 일본의 이 지폐를 받고 [이 글귀를] 읽은 사람은 나에게 올 것. 알겠냐?" 등의 문구를 낙서한 1장을 발견했다.

조치: 수사 중

청·부·현(廳·府·縣): 나가사키(長崎)

종별: 불온 문구[辭句]

피의자 본적·주소: 충남 논산군(論山郡) 광석면(光石面) 사월리(沙月里)·히가시소노기군(東彼杵郡) 에가미무라(江上村) 오모리구미(大林組) 배속하 영천(永川) 숙소[飯場] 내

피의자 직업·성명: 토공 송원안웅(松原安雄, 마쓰바라 야스오, 32세)

개요: 6월 15일 송원안웅은 자신이 속한 숙소 우두머리의 장남 영천일랑(永川一郎, 나가가와 이치로, 국민학교 3학년생)이 수신고사(修身考査) 용지의 가정통신란에 요건(要件) 기재법을 도와달라 부탁받았으나 무지해서 기재요령을 몰랐는데, 마침 영천일랑이 수신(修身) 교과서 중 스사노오노미코토(素戔嗚尊)[20]가 야마타노오로치([八岐]大蛇)를 퇴치했을 때 항목을 암송하던 것을 들었던 기억대로 "천황 폐하는 매우 대단하고 큰 동물이십니다"라고 불경한 문구를 기재하고 그것을 담임 훈도(訓導)에게 제출하게 했다.

---

20 일본 신화에 등장하는 남성 신으로 무용(武勇)을 지녔다.

조치: 무지에 기인한 것으로, 다른 뜻은 없는 것으로 판명되어 훈계함

청·부·현(廳·府·縣): 가라후토(樺太)
종별: 불온 낙서
피의자 본적·주소·성명: [원문 공란]
개요: 6월 18일 원박역(元泊驛) 구내 역직원 변소 대변소 벽판자에 검정 연필로 "조선민족을 위해 일어나라, 우리 동지여"라고 낙서된 것을 발견했다.
조치: [원문 공란]

8) 「조선인 운동 상황_ 불경사건, 불온낙서, 기타 단속 상황」, 1943.8

청·부·현(廳·府·縣): 교토(京都)
종별: 불온 낙서
피의자 본적·주소: 전남 고흥군(高興郡) 고흥면 계정리(季丁里) 416·교토시 우쿄구(右京區) 하나조노테라노우치초(花園寺ノ内町)
피의자 직업·성명: 직물 직공 김천정일(金川正一, 가네카와 마사이치, 15세)
개요: 절도피의자로 교토시 우즈마사(太秦)경찰서에 검거되어 유치 중에, 6월 20일 무렵 유치장 내에 "독일 대승, 일본 대패, 조선 독립"이라고 낙서하였다.
비고: 절도사건으로 조치함. 낙서는 엄중히 경계함.

청·부·현(廳·府·縣): 교토
종별: 불경 낙서
피의자 본적·주소: 경북 상주군(尙州郡) 낙동면 유곡리(柳谷里) 953·교토시 후시미구(伏見區) 니시부타이초(西舞臺町) 23
피의자 직업·성명: 철도 고원(雇員) 안변지융(安邊之隆, 아베 유키타카, 18세)
개요: 7월 2일 종이쪽지에 '대일본 제국 주식회사 사장 폐하 총지배인 도조 히데키(東條英

機)'라고 기재하고 소지했다.

비고: 위 사람은 국가관이 없고 다른 뜻은 없이 기재한 것으로 판명되어, 엄중히 훈계함.

청·부·현(廳·府·縣): 효고(兵庫)

종별: 불경죄

피의자 본적·주소: 경남 밀양군(密陽郡) 초동면(初洞面) 범평리(帆平里) 480·고베시(神戶市) 나다구(灘區) 하나조노마치(花園町) 69

피의자 직업·성명: 직공 가등정남(加藤政男, 가토 마사오, 31세)

개요: 위 사람은 기요메(きよめ)교회 광신자로, 소지한 수첩에 "…먼저 일본국민을 구하고자 한다면 죄인인 폐하를 신의 자녀로 구제하고, 그런 후에 모든 일본인을 구해야 할 것이다…" 등의 불경 언사를 기입했다.

비고: 6월 18일 검거, 7월 21일 불경죄로 송국

청·부·현(廳·府·縣): 효고

종별: 불경 언사

피의자 본적·주소: 경남 사천군(泗川郡) 정동면(正東面) 소곡리(所谷里) 679·고베시(神戶市) 효고구(兵庫區) 시모자와도오리(下澤通) 4-218

피의자 직업·성명: 목욕탕 종업원 진촌의웅(津村義雄, 쓰무라 요시오, 50세)

개요: 올해 2월 14일 밤 고베시 나다구(灘區) 이즈미도오리(泉通) 주변 유명 온천 비사카 마사노(昆沙賀政乃) 집에서 그 집 장녀 비사카 야에코(昆汝賀八重子)에게 "전쟁은 일본이 이길지 적이 이길지 알 수 없다", "이번 전쟁에서 일본이 지면 조선은 독립해서 일본과 충돌할 것이므로 지금 잘 봐둬라" 등의 불온 언사를 발설했다.

비고: 8월 11일 검거, 8월 26일 언론·출판·집회·결사 등 임시단속법 제18조 위반으로 송국

9) 「조선인 운동 상황_ 불경사건, 불온낙서, 기타 단속 상황」, 1943.10

청·부·현(廳·府·縣): 경시청
종별: 불온 낙서
피의자 본적·주소·성명: [원문 공란]
개요: 9월 4일 오후 3시경 혼조구(本所區) 미도리초(綠町) 2-7 고물상 조선인 백수곤(白守坤) 또는 백천수위(白川守衛, 시라카와 슈에이)라 불리는 자의 집에서 호구 사찰하기 위해 온 우케모치(受持) 순사가 그 집의 3조 다다미 사이에 빨간색 잉크로 매우 선명하게 "우리에게 독립을 주는 전쟁은 지금이다. 이(李)여, 부탁한다"라고 낙서한 50전(錢) 지폐 1장을 발견했다.
비고: 행위자 수사 중

청·부·현(廳·府·縣): 경시청
종별: 출정 군인이 집을 비운 사이 침입 (내용 생략)

청·부·현(廳·府·縣): 홋카이도(北海道)
종별: 유언비어
피의자 본적·주소: 경기도 개성부(開城府) 북동정(北東町) 580·홋카이도 가미가와군(上川郡) 가와무라(川村) 아자(字) 나카고에(中越)
피의자 직업·성명: 중월관(中越官) 행사업소 내 나무꾼[杣夫] 하동동현(河東東顯, 가와히가시 도켄, 40세)
개요: 6월 26일 취로처인 사무원 수 명에게

1. 반도인과 내지인이 생각하고 있는 것은 반드시 합치되는 것은 아니다. 일본인과 생각의 폭을 좁힐 수 없는 부분이 있다.
2. 우리들은 동포이기 때문에 일본은 정의로운 나라가 아니라고 말하라는 듯한 질문을 받을 때가 있다.
3. 나는 강국이라고 하는 것은 항상 강한 나라는 아니라고 생각한다. 세계 역사를 보면 국

가의 흥망이라는 것이 있다. 조선에는 영미파도 있고, 소련의 물을 먹은 사람도 있으니 그런 시기를 기다려 독립 희망을 품은 사람도 있을 것이다. 일본이 말하는 것과는 다르게 되고 있다. 실제로 [일본은] 조선을 침략했다.

등의 불온 언사를 유포했다.

비고: 7월 21일 언론·출판 임시단속법 위반으로 송국됨. 기소유예처분에 처해짐.

청·부·현(廳·府·縣): 홋카이도

종별: 유언비어

피의자 본적·주소: 경상북도 달성군(達城郡) 화원면(花園面) 구라동(九羅洞)·홋카이도 우라카와군(浦河郡) 우라카와초(浦河町) 오도오리(大通り) 1초메(丁目)

피의자 직업·성명: 토목청부업 이보전(李寶傳) 즉 등촌충지(藤村忠志, 후지무라 다다시, 30세)

개요: 올해 3월 도나리구미상회(隣組常會) 자리에 무단으로 손님방에 들어갔으므로 주인에게 주의를 받은 것에 분개해 주인과 동석자들에게 "두고 보자, 일본이 1년이 채 지나지 않는 사이에 두들겨 맞아 없어질 테니"라는 불온한 언사를 하고 반항했다.

비고: 8월 31일 언론·출판 임시단속법 위반으로 송국됨.

청·부·현(廳·府·縣): 오사카(大阪)

종별: 유언비어

피의자 본적·주소: 충청북도 옥천군(沃川郡) 동이면(東二面) 평산리(坪山里)·오사카시 아사히구(旭區) 오미야초(大宮町) 1-44

피의자 직업·성명: 메리야스 직공 천상형순(川上亨淳, 가와카미 고준, 25세)

개요: 7월 2일 지인 2명에게

1. 쌀 1홉 남짓을 준다면 채권(債券)을 사 주겠다.
2. 국민을 곤란하게 하는 전쟁이라면 그만두는 편이 좋다 등으로 말했고, 또 7월 8일 아사히구 오미야초 2초메 도나리구미상회 자리에서 동석자 13명에게 "채권, 채권하며 그렇게 시끌벅적하게 선전하며 국민을 괴롭게 하는 전쟁은 빨리 그만두는 편이 좋다. 전쟁은 어

느 쪽이든 이기면 된다. 우리와 관계없다. 아무리 채권을 가지고 있어도 일본이 지면 돈은 돌아오지 않는다" 등으로 인심을 혹란하는 언사를 했다.

등으로 인심을 혹란시키는 언사를 했다.

비고: 7월 16일 검거, 8월 24일 언론·출판 단속법 위반으로 송국됨.

청·부·현(廳·府·縣): 교토(京都)
종별: 불온 낙서
피의자 본적·주소·성명: [원문 공란]
개요: 9월 초순 교토시 후시미구(伏見區) 후카쿠사이지키초(深草飯食町) 832, 잡화상[荒物商] 쓰지타 데이이치(辻田貞一) 집 병풍에 백묵으로 "일어나라 반도민족이여, 독립을 향해 지금이야말로"라고 낙서된 것을 발견했다.
비고: 수사 중

청·부·현(廳·府·縣): 군마(群馬)
종별: 불온 언사
피의자 본적·주소: 경상남도 하동군(河東郡) 청암면(靑巖面) 평촌리(坪村里)·도네군(利根郡) 모모노무라(桃野村) 시모즈(下津) 아자(字) 나카무라(中村) 하자마구미(間組) 야마나카(山中) 사무소 배하 김본관오(金本寬吾, 가네모토 간고) 집
피의자 직업·성명: 토목업 국본재우(國本宰禹, 구니모토 사이구, 30세)
개요: 8월 13일 하자마구미(間組) 야마나카(山中) 사무소 배하 사코(左古)사무소에서 수명과 대담 중에 야마나카 사무소의 회계담당이 불친절한 것에 분개한 후 "천황 폐하라도 이치에 맞지 않는 것을 한다면 개자식[犬畜生]이다. 때려죽여 끝내야 할 것이다"라고 함부로 말했다. 동석한 3명으로부터 각각 일본인이라면 그런 것은 말하지 말라고 주의를 받았다.
비고: 9월 22일 불경죄로 검거, 송국됨.

청·부·현(廳·府·縣): 후쿠시마(福島)
종별: 출정 군인이 집을 비운 사이 가택 침입 (내용 생략)

10) 「조선인 운동 상황_ 불온낙서, 유언비어, 기타 단속 상황」, 1943.11

부·현(府·縣): 오사카(大阪)

종별: 불온 낙서

피의자 본적·주소·성명: [원문 공란]

개요: 10월 25일 오후 1시 40분경 오사카시 미나미구(南區) 난바신지(難波新地) 지선전주(地先電柱)에 먹과 붉은색 그림물감 같은 것으로 양반지(洋半紙)에 손으로 쓴 "■■ 고한다!! 우리 뜨거운 피를 가진 동포 한민족(韓民族)에게. 불의의 탄압이 극에 달하고 있다. 잽[21]의 마수(魔手)"라고 낙서된 불온 문서 1장이 붙어 있었다.

비고: 수사 중

부·현(府·縣): 오사카

종별: 유언비어

피의자 본적·주소: 경남 창원군(昌原郡) 웅천면(熊川面) 남내리(南內里)·사카이시(堺市) 시치도우히가시마치(七道東之町) 148

피의자 직업·성명: 토공(土工) '선을(鮮乙)' 산촌종태(山村鐘泰, 30세)

개요: 위 사람은 공산주의분자로 항상 불온 언동을 했는데, 올해 8월 중 사카이시에서 지인 임신굉(林信宏), 이등호덕(伊藤鎬德, 이토 고토쿠), 중촌만이랑(中村萬二郎) 등에게 "만주의 내도(內島)에서 조선인이 독립운동을 일으켜 많은 경찰서에 잡혀 들어가 살해됐다" 운운하는 유언비어를 하였고, 그 외에 9월 10일 같은 사람들에게 "이탈리아가 무조건 항복을 했으니까 더 이상 [전쟁하는 것은] 무의미하고, 독일이 패하면, 독일이 지면 일본도 진다. 그렇게 되면 일본은 공산주의가 된다" 등으로 말했다.

비고: 9월 20일 검거, 11월 15일 형법 105조 3항에 문의(問擬)하여 송국함.

---

21 원문 'ジャップ(잽)'은 미국인이 일본 사람을 멸시하여 부르는 말이다.

부·현(府·縣): 아이치(愛知)

종별: 유언비어

피의자 본적·주소: 경남 함안군(咸安郡) 법수면(法守面) 윤외리(輪外里)·효고현(兵庫懸) 미하라군(三原郡) 미나토마치(湊町) 사토구미(里組) 471

피의자 직업·성명: 김성무웅(金城武雄, 가네시로 다케오, 47세)

피의자 본적·주소: 경북 선산군(北善山郡) 삼동면(三東面) 임천동(林泉洞) 479·나고야시(名古屋市) 미나토구(港區) 오우스초(小碓町) 24

피의자 직업·성명: 항만하역(荷役)노동자[仲仕] 강본일랑(岡本一郞, 오카모토 이치로, 25세)

피의자 본적·주소: 경북 김천군(金泉郡) 어모면(禦侮面) 군자동(君子洞) 92·나고야시 미나토구(港區) 쓰키산초(築三町) 1-2

피의자 직업·성명: 항만하역(荷役)노동자[仲仕] 삼산의융(森山毅隆, 모리야마 다케루, 36세)

피의자 본적·주소: 전남 무안군(務安郡) 현경면(玄慶面) 마산리(馬山里) 435·나고야시 미나토구(港區) 쓰키산초(築三町) 1-27

피의자 직업·성명: 인부(人夫) 김광기굉(金光基宏, 가네미쓰 모토히로, 28세)

피의자 본적·주소: 경북 영천군(榮川郡) 화산면(花山面) 용평리동(龍坪里洞) 205·나고야시 미나토구(港區) 사키가케초(魁町) 1-2

피의자 직업·성명: 인부(人夫) 풍도용학(豊島龍學, 토요시마 류가쿠, 44세)

개요: 1943년(昭和 18) 10월 5일 이후 6일까지 김성무웅(金城武雄)이 강본일랑(岡本一郞)에게, 강본이 삼산의융(森山毅隆)에게, 삼산이 김광기굉(金光基宏)에게, 김광이 풍도용(豊島龍學)에게 각각 순차적으로 사실무근의 일을 날조하여

"조선의 큰 마을에서 대중이 만세, 만세를 외치고 큰 소동을 일으키고 있다. 헌병이나 군대까지 출동해 발포했기 때문에 만세를 하지 않은 자까지도 살해되었다."

"최근 일시적으로 귀선증명서(歸鮮證明書)를 발급해 주지 않는 것도 이 때문이다."

"붙잡힌 젊은 사람들은 만주 탄갱(炭坑)으로 보내졌다."

"소동을 일으킨 것은 배고 고픈 것이 원인일 것이다."

등으로 유언비어를 계속 유포했다.

비고: 김성(金城)은 취조 중, 다른 사람들은 11월 15일 언론·출판·집회·결사 등 임시단속법 제18조 위반으로 송국됨.

부·현(府·縣): 나가사키(長崎)
종별: 유언비어
피의자 본적·주소: 충북 중주군(忠州郡) 가금면(可金面) 탑평리(塔坪里) 487·기타마쓰우라군(北松浦郡) 시가마치무라(鹿町村) 나가구시멘(長串免)
피의자 직업·성명: 노가미동아광업(野上東亞鑛業) 가미무라(神村)광업소 이입(移入) 노무자(勞務者) 채탄부(採炭夫) 풍전금생(豊田錦生, 도요타 니시키오, 39세)
피의자 본적·주소: 경남 동래군(東萊郡) 북면(北面) 장전리(長箭里) 183·기타마쓰우라군(北松浦郡) 시가마치무라(鹿町村) 나가구시멘(長串免)
피의자 직업·성명: 채탄부 김곡석만(金谷錫萬, 가네타니 세키만, 39세)
개요: 풍전금생(豊田錦生)은 올 해 10월 초순 기타마쓰우라마치(北松浦町) 전지역 넓게 충해(蟲害)로 인해 소나무가 말라 죽은 것을 발견했는데, 조선에 있을 당시 노인에게서 "일본과 조선이 전쟁했을 때 소나무가 많이 말랐다고 한다"라고 들었던 것을 상기하며 10월 4일 동료인 김곡석만(金谷錫萬)에게 "소나무가 말라 있는 것은 위험한 일이 있다. 일본과 조선이 전쟁했을 때 조선이 져서 많은 소나무가 말랐다. 이번 전쟁은 일본이 질 것이다"라고 말했다. 다시 김곡은 같은 달 13일 무렵 그것을 동료에게 "저쪽 소나무가 말라 있는데 옛날 일본과 조선이 전쟁해서 졌을 때 소나무가 많이 말랐다고 한다. 이번에는 일본이 전쟁에서 지는 것이 아니겠는가?"라고 말하며 유언비어를 유포했다.
비고: 이번 달 16일 언론·출판·집회·결사 등 임시단속법 제18조 위반으로 두 사람은 송국됨.

부·현(府·縣): 사이타마(埼玉)
종별: 조선인을 멸시하는 속된 노래[俗謠]
피의자 본적·주소·성명: [원문 공란]
개요: 구마가야마치(熊谷町) 히가시국민학교 아동들 사이에서

1. 조선인은 불쌍해. 전쟁에 지고 나라를 빼앗기고, 지진으로 집이 찌그러졌네. 납작납작하게.
2. 조선인은 불쌍해. 종이 휴지를 주워 1일 5전, 밥이 부족해서 배가 꼬르륵꼬르륵

이라는 속된 노래가 유행했고, 계속 불리웠다.

비고: 10월 30일 교장과 간담 즉시 이 방송을 엄격히 금지시킴.

부·현(府·縣): 미에(三重)
종별: 출정 군인이 집을 비운 사이 가택 침입 (내용 생략)

부·현(府·縣): 지바(千葉)
종별: 유언비어
피의자 주소: 도쿄도(東京都) 조토구(城東區) 오시마마치(大島町) 6-167번지
피의자 직업·성명: 토공(土工) 박선민(朴善民), 아내 오야마 후미코(大山フミ子), 즉 청천양엽(清川良葉, 기요카와 료요, 25세)
개요: 피의자는 올해 8월 29일 지바군 니노미야초(二宮町) 마에바라(前原) 농부 시시쿠라 마스지로(宍倉益次郎) 외 1명에게 "나는 아이들이 많아 배급미로는 부족하므로 어쩔 수 없이 사탕수수[藷]를 사러 오는데, 도쿄에는 청과물[靑物]이 없다. 지난번에도 오시마마치(大島町) 3초메(丁目)의 청과물시장에서 줄 서서 사려고 했을 때 아이를 업은 여인이 많은 사람들에게 밀려 생후 1개월 정도의 아이가 죽어버렸다"라고 유포했다.
비고: 언론·출판·집회·결사 등 임시단속법 제17조 위반으로 9월 30일 송국, 10월 23일 기소유예

부·현(府·縣): 지바
종별: 유언비어
피의자 주소: 인바군(印旛郡) 도미사토무라(富里村) 나나에(七榮) 494번지
피의자 직업·성명: 구두 수선업 고교진옥(高橋晉玉, 다카하시 신교쿠, 39세)

개요: 피의자는 7월 6일 성선(省線)²² 나리타역(成田驛) 앞에서 동업자인 조선인 박본희 삼랑(朴本喜三郎) 외 3명에게 "[지바] 산부군(山武郡) 방면에서 자매들을 데리고 가던 약행상인[毒消賣]²³이 살해되어 금품을 빼앗긴 듯하며, 토막토막 찢겼고 목이 베었으며 뼈와 살이 분리된 채로 있었다고 한다"라고 유포했다.
비고: 경찰범 처벌령 제2조 제16호에 의해 8월 21일 과료(科料) 5엔

부·현(府·縣): 지바
종별: 일본인이 유포한 조선인 관계 유언비어
피의자 주소: 아와군(安房郡) 나나우라무라(七浦村) 오오카와(大川) 443
피의자 직업·성명: 농업 고미야마 하치고로(込山八五郎)의 처 고미야마 가즈코(込山和子, 20세)
개요: 피의자는 올해 2월 4일 "요전에 고베무라(神戶村)에 있는 토목공사 노동자의 방에서 조선인이 약 행상[毒消賣] 여인을 강간하고 최후에는 죽이고 삶아서 먹어버렸는데, 그때 다테야마(館山)경찰서의 순사가 현장 조사하러 왔으므로 같이 있던 무리가 돼지를 삶았으니 드셔보시라고 말했던바, 그 순사도 고기를 먹었고 '달다'고 말했다고 한다. 이 때문에 보슈[房州:아와安房 지역의 이칭] 해안의 여인들이 야반도주했다"라고 유포했다.
비고: 서약서를 쓰고 엄중히 훈계함.

부·현(府·縣): 지바
종별: 일본인이 유포한 조선인 관계 유언비어
피의자 주소: 기미쓰군(君津郡) 기미쓰초(君津町) 나카노(中野) 411
피의자 직업·성명: 물품 판매업 사카모토 타쓰(坂本たつ, 69세)
개요: 올해 4월 9일 "최근 보슈(房州) 방면에서 조선인이 에치코(越後)[출신]의 약 행상인[毒消賣]을 죽이고 [그 사체를] 먹었다고 하는 평판이 있다. 경찰관이 사복으로 수사하

---
22 일본 철도성(운수성)에서 관리하던 철도선을 지칭한다.
23 위장장애, 복통 등에 효과가 있는 약 독쇄환(毒消丸)을 팔던 행상(行商)을 말한다.

러 갔는데 안쪽에서 인간의 허벅지가 매달려 있어 놀랐다고 한다"라고 유포했다.
비고: 서약서를 쓰고 엄중히 훈계함.

부·현(府·縣): 지바
종별: 일본인이 유포한 조선인 관계 유언비어
피의자 주소: 이치하라군(市原郡) 사토미무라(里見村) 쓰키데(月出) 1115
피의자 직업·성명: (農) 나카무라 야스유키(中村安之, 41세)
개요: 올해 4월 21일 "가메야마(龜山: 기미쓰군君津郡 가메야마무라龜山村 관내) 방면에서 에치코(越後)의 약 행상인[毒消賣]이 조선인에게 살해되었다고 한다"라고 유포했다.
비고: 서약서를 쓰고 엄중히 훈계함.

부·현(府·縣): 지바
종별: 일본인이 유포한 조선인 관계 유언비어
피의자 주소: 인바군(印旛郡) 나리타초(成田町) 신쇼지마에(新勝寺前)
피의자 직업·성명: 식당 경영 오오쓰카 야스지(大塚保治, 48세)
개요: 올해 5월 4일 "오사카에 한쪽 팔이 없는 조선인 백만장자가 있는데, 그가 적에게 '스파이'로 다수의 조선인을 사용해 손닿는 대로 농작물을 고가로 사 모아, 일본의 통제 경제를 파괴하려고 몰래 활약하고 있다. 도미사토무라(富里村) 나나에(七榮)의 산업조합[産組]에서는 이들 '스파이' 행위가 발각되어 땅콩[落花生]은 조선인에게는 팔지 않게 되었다고 한다"라고 유포했다.
비고: 서약서를 쓰고 엄중히 훈계함.

부·현(府·縣): 지바
종별: 일본인이 유포한 조선인 관계 유언비어
피의자 주소: 이치카와시(市川市) 야와타(八幡) 103번지 1
피의자 직업·성명: 무직 이시사키 후미(石崎フミ, 29세)
개요: 올해 6월 21일 "조선인 노동자의 아내가 쌀이 부족하여 파출소 순사에게 간청하였

으나, 순사가 아이들을 처분하고 오라고 말하였으므로 집에 돌아가 아이 2명을 살해하여 처분하고 왔다고 재차 [파출소에 가서] 출원하니, 아이 아버지가 집에 돌아와 그렇게 된 상황에 분노하여 그 순사(巡査) 2명을 살해했다"라고 유포했다.

비고: 언론·출판·집회·결사 등 임시단속법 제17조에 의해 9월 10일 송국

부·현(府·縣): 지바

종별: 일본인이 유포한 조선인 관계 유언비어

피의자 주소: 후나바시시(船橋市) 미나토초(港町) 1-2074

피의자 직업·성명: 무직 데구치 하나(出口はな, 29세)

피의자 주소: 후나바시시(船橋市) 미나토초(港町) 2-1916

피의자 직업·성명: 어부 가네코 하루기치(金子春吉, 40세)

개요: 올해 6월 23일

1. 앞 항목과 마찬가지의 행위를 했다.
2. 도쿄의 조선인 노동자가 쌀을 구하지 못해 곤란해 하고 있었는데 아이들이 "밥, 밥"하며 졸랐기 때문에 근처 집에서 밥을 빌리러 갔는데 아무도 없어서 식리에 한 그릇 가득 밥이 담겨져 있는 것을 훔쳤으므로 경찰에 고소당했다.

등으로 유포했다.

비고: 언론·출판·집회·결사 등 임시단속법 제17조에 의해 9월 10일 송국

부·현(府·縣): 지바

종별: 일본인이 유포한 조선인 관계 유언비어

피의자 주소: 가이죠군(海上郡) 아사히초(旭町) 2-882

피의자 직업·성명: 농부 다무라 신이치(田村眞一, 46세)

개요: 올해 7월 3일 "우치보(內房)[24] 방면(요새 지대)에서 조선인이 기차에서 사진을 촬영하고 있는 것을 발견당하자 뛰어내려 도주했다고 한다"라고 유포했다.

---

24 지바현의 다수를 차지하는 보소반도(房総半島)의 안쪽을 칭하는 명칭으로 도쿄만(東京湾)에 접한 구역이다.

비고: 엄중히 훈계함.

부·현(府·縣): 지바
종별: 일본인이 유포한 조선인 관계 유언비어
피의자 주소: 인바군(印旛郡) 하부무라(八生村) 시모후쿠다(下福田)
피의자 직업·성명: 마을 부촌장[村助役] 오오사와 고헤이(大澤孝平, 61세)
개요: 올해 7월 5일 "최근 모토노무라(本埜村) 방면에서 조선인이 쌀을 고가에 매입해서 강 속에 버리고 있다고 '스파이'로 불리고 있다고 하는데, 엉터리 소문일 것이다"라고 유포했다.
비고: 엄중히 훈계함.

부·현(府·縣): 지바
종별: 일본인이 유포한 조선인 관계 유언비어
피의자 주소: 이스미군(夷隅郡) 후루사와무라(古澤村) 에노사와(榎澤) 3092
피의자 직업·성명: 청년학교 지도원 고치 요시미(高地義實, 32세)
개요: 올해 7월 20일 현재 조선인 중 양질(良質)인 자는 중경(重慶) 신정부의 장개석 휘하에서 활약하고 있다고 유포했다.
비고: 엄중히 훈계함.

부·현(府·縣): 지바
종별: 일본인이 유포한 조선인 관계 유언비어
피의자 주소: 후나바시시(船橋市) 미야모토초(宮本町) 4초메(丁目)
피의자 직업·성명: 승려 야마나 간류(山名寬龍)
개요: 올해 7월 23일 "버마 방면에서 일본군 소속의 조선인이 버마 승려를 때렸으므로 신도들이 폭동을 일으켰는데, 헌병이 조선인의 처벌을 언명하자 진정되었다"라고 유포했다.
비고: 엄중히 훈계함.

부·현(府·縣): 지바

종별: 일본인이 유포한 조선인 관계 유언비어

피의자 주소: 인바군(印旛郡) 아사히무라(旭村) 968

피의자 직업·성명: 도야 가쓰조(土屋勝藏)의 아내 고기류 판매업 도야 모토(土屋もと, 28세)

개요: 올해 7월 29일 "지난번에 시스이마치(酒々井町)에서 조선인이 5명 있는 곳에 에치고(越後)의 약 행상인[毒消賣] 여자가 오자 조선인들이 [그녀를] 실컷 놀린 후 결국 죽이고 먹어버렸다"라고 유포했다.

비고: 엄중히 훈계함.

부·현(府·縣): 지바

종별: 일본인이 유포한 조선인 관계 유언비어

피의자 주소: 인바군(印旛郡) 도미사토무라(富里村)

피의자 직업·성명: 군 익찬장년단[郡翼壯][25] 부단장 후지사키 겐노스케(藤崎源之助, 45세)

개요: 올해 8월 2일 "일전에 시스이마치(酒々井町)에서 조선인이 약 행상인[毒消賣] 여인을 잡아서 실컷 놀린 후 결국 죽이고 먹어버렸다"라고 유포했다.

비고: 엄중히 훈계함.

부·현(府·縣): 지바

종별: 일본인이 유포한 조선인 관계 유언비어

피의자 주소: 인바군(印旛郡) 후나호무라(船穗村)

피의자 직업·성명: 식량 검사원 바바 마사오(馬場政夫, 33세)

개요: 올해 9월 29일 "사쿠라초 나미키(佐倉町 並木)에서 에치고(越後)의 약 행상인[毒消賣] 자매가 살해되었고 그 육체는 나리타초(成田町) 방면에서 돼지고기나 닭고기로 판매

---

25 '郡翼壯'은 군(郡) 단위 대일본익찬장년단(大日本翼贊壯年團)을 말한다. 대정익찬회(大政翼贊会, 1940.10~1945.6)는 일본의 관제 국민통합 기구로 전시기 국민동원체제의 핵심 조직으로, 각 행정단위에 지부를 두었으며, 실천 부대로 '대일본익찬장년단'과 같은 외곽 단체를 두었다. '대일본익찬장년단(大日本翼贊壯年團)'을 줄여서 요쿠소(翼壯)'라고 불렀다.

되었다. 부근의 산림에서 백골(白骨)이 목욕 수건에 싸인 채 발견되었는데, 범인은 도쿄 방면에서 물건 사러 오는 조선인이라고 말해지고 있다. 젊은 여자들이 집을 혼자 지키기도 어려울 정도라고 한다"라고 유포했다.

비고: 엄중히 훈계함.

부·현(府·縣): 지바
종별: 일본인이 유포한 조선인 관계 유언비어
피의자 주소: 인바군(印旛郡) 구즈미무라(久住村) 호타야(幡谷) 1224
피의자 직업·성명: 농업 겸 정미업 교스 마사요시(京須正義, 45세)
개요: 올해 10월 2일 "아지키마치(安食町) 방면에서 조선인이 쌀 1가마니를 100엔에서 200엔 정도에 구입해 그것을 도네가와(利根川)에 흘려버리는 경제적 모략을 해서 헌병에게 검거되었다고 한다"라고 유포했다.

비고: 엄중히 훈계함.

부·현(府·縣): 지바
종별: 일본인이 유포한 조선인 관계 유언비어
피의자 주소: 산부군(山武郡) 도우가네마치(東金町)
피의자 직업·성명: 요리점 기무라 가주로(木村嘉重郎) 집 작부(酌婦) 세키 유키(関ゆき, 35세)
개요: 올해 10월 5일 "최근 조선인이 왕성하게 '피마자' 열매를 고가에 사들여 그것을 바다 속에 버리고 있다고 하는데, '피마자' 기름이 비행기에 없어서는 안되는 것이라고 하는데 조선인이 미국·영국의 모략의 앞잡이가 되어 활동하고 있는 것이다"라고 유포했다.

비고: 엄중히 훈계함.

부·현(府·縣): 지바
종별: 일본인이 유포한 조선인 관계 유언비어
피의자 주소: 기미쓰군(君津郡) 미나토마치(湊町) 미나토(湊) 211

피의자 직업·성명: 여인숙 사사오 요시로(笹生芳郞) 집 고용부인[雇婦] 가미코 야마(神子やま, 30세)

개요: 올해 10월 24일 "최근 이와네(岩根, 기사라쓰시(木更津市) 관할) 방면으로 여자들이 무심코 가서는 안 된다. 지난번에도 산속에 젊은 여자들이 갔는데 조선인 5~6명이 달려들어 험한 꼴을 당하고 말았다고 한다"라고 유포했다.

비고: 엄중히 훈계함.

11) 「대동아전쟁(아시아태평양전쟁)에 대한 재일조선인의 동정(動靜) _ 유언비어, 기타 단속 상황」, 1943.12

청·부·현(廳·府·縣): 경시청
종별: 불경 불온 투서
피의자 주소·성명: [원문 공란]
개요: 이번 달 8일 경시총감 앞으로 [도쿄시] 무코지마구(向島區) 데라지마마치(寺島町) 78초메(丁目) 다마노이(玉の井) 1-6 스다 요시오(須田良夫) 명의로 다음과 같은 내용의 불경, 불온한 투서[封書]가 있었다.

기(記)

너희들 야마토혼을 가진 민족이여, 반성하라. 너희들이 매일 무엇을 하고 있는지 잘 고려해 보라. 어디까지나 일국의 총리대신이 전병[餠菓子] 1개에 1엔에 사들여 먹고 있는 것은 실로 치정자로서 부끄러워해야 할 일이다.

또 조선 민족은 너희들과 달리 개발(開發) 측면에서 2천 년이나 더 오래된 역사를 가진 우수한 민족이다. 그럼에도 불구하고 조선 내 고이소(小磯) 총독이 국민학교에서 자국어 내지 조선어를 말하지 말도록 하는 교육방침이 얼마나 민족적 박멸을 꾀하는 것인가. 신국(神國)의 민족이라면 반드시 신의 힘에 의해 망할 수 있다. 민족이 자국의 언어를 아는 것이 얼마나 나쁜지 좋은지 [모르느냐] 혹은 그것을 억제해 없애려는 것이 야마토 민족의 조선 민족 동족화(同族化) 또는 너희들이 외치는 황민화(皇民化)이라 함은 심히 유감스럽다기보다는 미국·영국에 타도될 하나의 징조일 것이다. 황국화 한다면서 관부(關釜) 연락선 승선에 11시 귀선(歸鮮)증명서를 하부하거나 바보 취급하는 것은 어떤 이유인가? 형제 혹은 동족이라면 이런 차별적 행동은 피해 달라. 우리 조선인들은 너희 같은 부지자(不知者)보다는 미·영에 복종하는 것을 기쁘게 생각한다. 미국·영국이 말하기를 도쿠가와 300년의 쇄국시대에 접어들어 관부선이 없어지게 되었거나 또는 침몰하게 되었는데, 도조(東條) 군(君)이 반성하기를 신의 힘에 의지해 기도한다. 누가 전장으로 가서 진지하게 활동할 것인가를 생각해 보라. 지금 일본의 바보들은 미·영의 공습 하에 독가스로 민족을 잃게 될 것이다. 지금 조선 민중에게 언어를 사용하지 못하는 교육방침과 마찬가지로 바다 가운데 왜국의 일개 노예가 될 것이다. 그들은 모두 천벌을 받을 것이다. 나카노 세이고(中野正剛)[26]의 죽음을 모르는가. 천황은 (이하 지극히 불경한 문장을 기술함)

청·부·현(廳·府·縣): 경시청

종별: 불온 낙서

피의자 주소·성명: [원문 공란]

개요: 이번 달 20일 [도쿄시] 닛포리역(日暮里驛) 서쪽 육교[跨線橋] 서쪽 철판에 백묵으로
"조선 독립, 이번 기회를 잡아라
 조선독립 만세, 한 명의 청년"
이라고 낙서되어 있는 것을 발견하였다.

청·부·현(廳·府·縣): 오사카

종별: 유언비어

---

[26] 나카노 세이고(中野正剛, 1886~1943)는 일본인 저널리스트, 정치가, 중의원 의원이었다. 내각총리대신 도조 히데키의 독재정치에 강하게 반발하는 의견을 표시하는 차원에서 1942년 대정익찬회를 탈퇴했다. 같은 해 11월 10일 와세다 대학 오쿠마 강당에서 도조 탄핵에 대해 연설하기도 했다. 1943년 9월에 경시청에 신병이 구속되었다가 석방된 뒤 같은 해 10월 27일 자택에서 할복 자결했다.

피의자 본적·주소: 경남 경주군(慶州郡) 양남면(陽南面) 하서리(下西里) 709·오사카시 미야코지마구(都島區) 이쿠에초(生江町) 604 수락장(壽樂莊)

피의자 직업·성명: 용접공 문진수(文鎭洙) 또는 평본구웅(平本久雄, 히라모토 히사오, 23세)

개요: 위 사람은 올해 3월 12일 본인의 취직처인 석탄금속공업주식회사 덴마(天滿) 공장에서 일본인 직공 상등 수병 아베 요시가쓰(阿部吉勝)로부터 미드웨이 해전 체험담을 듣고 그것을 날조하여 다음 날 13일 미야코지마구(都島區) 아카가와초(赤川町) 조선인 평본태수(平本泰壽, 히라모토 다이쥬) 집에서 그 집 사람에게 "작년 미드웨이 해전에 대한 대본영 발표는 진상과는 다르다. 실제는 그때 해전에 참가하고 돌아온 해군 수병의 얘기에 의하면, 일본군은 예상하지 못한 때 적 비행기의 습격을 받아 1대의 비행기도 항공모함에서 비행하지 못하는 중에 항공모함 4척 모두 적 비행기의 폭탄에 의해 침몰되고 끝났다고 한다. 그 수병이 타고 있던 군함 이세(伊勢)도 겨우 도망쳐 왔다고 한다. 신문에서 발표하고 있는 것도 신용할 수 없다"라고 유포했다. 추가로 5월 초순 같은 집에서 "조선은 일본보다 쌀이 적어 한 사람당 1일에 1홉으로, 울산 방면에서는 최근 20~30명의 아사자가 나왔다고 한다"라고 유포했다.

비고: 언론·출판·집회·결사 등 임시단속법 위반으로 11월 27일 송국

청·부·현(廳·府·縣): 아이치(愛知)

종별: 유언비어

피의자 본적·주소: 경남 의령군(宜寧郡) 칠곡면(七谷面) 도산리(陶山里) 101·니시카모군(西加茂郡) 사나게초(猿投村) 니시와자시타(西技下)

피의자 직업·성명: 점토(粘土) 채굴부 송월부명(松月富明, 마쓰쓰키 토미아키, 30세)

피의자 본적·주소: 아이치(愛知)현 니시카모군 사나게초 고시도(越戶)

피의자 직업·성명: 점토 채굴부 일본인 이다 마사유키(井田政雪, 49세)

피의자 본적·주소: 아이치(愛知)군 닛신무라(日進村) 이와사키(岩崎)

피의자 직업·성명: 농아탄(農亞炭) 채굴 하청업 스즈키 다모쓰(鈴木 保, 46세)

개요:

1. 송월부명(松月富明)은 협화회 고로모(擧母)지부 보조원인데, 올해 8월 24일 고로모초(擧母町) 소재 얼음가게에서 이다 마사유키(井田政雪) 외 1명에게 아무런 근거가 없음에도 불구하고 "남방 버마가 독립했을 때부터 조선에서도 지금 독립 만세를 외치고 있는 놈들이 없다고 한정할 수 없다"라고 말했다.
2. 이다 마사유키는 거기에 억측을 추가해 친형 이다 마사하루(井田政春) 및 스즈키 다모쓰(鈴木 保)에게 "지금 조선에서 최근 버마가 독립했으니 조선도 독립하고 싶다고 하는 생각으로 뜻을 가진 자들이 모여 경성에서 집회를 열고 기세를 모으고 있고 대중들은 독립 만세를 외치고 소란을 피우고 있다"라고 말했다.
3. 스즈키 다모쓰는 같은 날 고로모초(擧母町) 야마모토(山本) 이발소에서 손님 2명에게 "지금 조선에서는 버마가 독립했으니 조선도 독립하고 싶다고 하며 뜻을 가진 자들이 모여 경성에서 시민대회를 열고 기세를 모아 많은 청중들이 독립 만세를 외치고 있다고 한다. 나는 조선인을 15~16명 정도 사용하고 있는데, 이번 전쟁 때 이런 일이 있게 되어 난처하다"라고 말했다. 그 밖에 같은 달 26일 아이치(愛知)군 닛신무라(日進村) 시미즈 다이스케(淸水代佐) 집에서 도나리구미(隣組) 상회(常會) 석상에서 마찬가지의 유언비어를 유포했다.

비고: 언론·출판·집회·결사 등 임시단속법 위반으로 9월 10일 검거, 송국됨. 11월 22일 송월(松月)은 벌금 50엔, 이다(井田)는 벌금 80엔, 스즈키(鈴木)는 벌금 100엔에 처해짐.

청·부·현(廳·府·縣): 아이치
종별: 유언비어
피의자 본적·주소: 경남 부산부(釜山府) 가야정(伽耶町) 534·나고야시 미나토구(港區) 마사고초(眞砂町) 2-7
피의자 직업·성명: 철공업 문전만수(文田萬秀, 후마타 만슈, 40세)
개요: 올해 11월 무렵 나고야시 미나토구 호라이초(寶來町)에 있는 음식점인 전중삼랑(田中三郞, 조선인) 집에서 군마현(群馬縣) 아가쓰마군(吾妻郡) 사와다무라(澤田村) 목탄 굽기[炭燒] 인부 서본수복(西本守福, 니시모토 모리후쿠)으로부터 "지금 도쿄에서는 독립 만세를 외치며 상당히 많은 사람들이 관계되고 있다고 한다. 아직 그렇게 말하는 자가 있

으므로 우리들도 눈치가 보이고 곤란하다"라고 듣고, 같은 달 18일 앞서 기록한 음식점에서 거기에 억측을 추가해 마침 거기에 있던 손님에게 "방금 하나뿐인 내 조카도 이번에 조선에서 독립 만세에 관계되어 사형 되었다고 하는 편지가 와서 곤란해 하고 있다", "도쿄에서도 조카 친구들이 7명 정도 독립운동을 하고 있다. 조선의 경성에서는 지금 몇백 명으로 칭해지는 많은 사람들이 조선독립 만세를 외치고 있다"라고 유포했다.

비고: 언론·출판·집회·결사 등 임시단속법 위반으로 9월 10일 검거. 12월 10일 송국

청·부·현(廳·府·縣): 아이치

종별: 유언비어

피의자 본적·주소: 경북 군위군(軍威郡) 악계면(岳溪面) 대율동(大栗洞) 743·나고야시 히가시구(東區) 히가시야바초(東矢場町) 2-12

피의자 직업·성명: 금속가공직인[旋盤工]. 청강석근(靑岡錫根, 아오오카 세키네)

피의자 본적·주소: 경북 청도군(淸道郡) 대성면(大城面) 거녹동(巨綠洞) 247·도쿄도 조토구(城東區) 오시마마치(大島町) 기타스나초(北砂町) 7-90

피의자 성명: 이석용(李碩龍)

개요: 이석용(李碩龍)은 올해 8월 상순 도쿄로 부임하는 도중 청강석근(靑岡錫根) 집에 들러 그에게 "규슈의 탄갱에서 일었던 일인데, 조선인 인부가 일을 마치고 돌아가는 길에 얼음집에서 일본인 감독으로부터 복장을 갈아입고 오라고 주의를 들었는데 '아무리 감독이라도 밖에서 주의를 줄 필요는 없다'고 하며 말다툼이 되었고 싸움이 점점 커져서 군대까지 출동했다고 한다"라고 발설한 바, 청강석은 다시 이 내용을 나고야시에 거주하는 지인 덕전석근(德田錫根, 도쿠타 세키네), 대산인준(大山仁俊, 오야마 진쥰) 등에게 유포했다.

비고: 엄중한 설유(說諭) 처분.

청·부·현(廳·府·縣): 히로시마(廣島)

종별: 유언비어

피의자 본적·주소: 불상(不詳)·구레시(吳市) 아가무라(阿賀町) 시오타니(鹽谷)

피의자 직업·성명: 히로시마가스(廣島瓦斯)주식회사 아가(阿賀)공장주택 석탄운반부 죽원칠용(竹原七龍, 다케하라 나나류, 28세)

개요: 10월 18일 오전 9시경 야마구치현(山口縣) 하 니시이치쵸(下西市町) 쇼센(省線) 니시이치역(西市驛) 앞 공터에서 조선인 남녀 수명이 서서 얘기하는 내용을 듣고, 다음 날인 19일 자신의 취업처인 직장에서 동료 김완정순(金完正楯) 외 2명에게 "야마구치현 탄갱에서 미국인 포로가 조선인에게 담배를 달라고 했기에 조선인이 포로에게 담배를 주었는데, 일본인이 조선인에게 포로에게 담배를 주는 것은 안 된다고 하자, 조선인은 줘도 괜찮지 않으냐고 말하며 싸움이 시작되었고, 일본인은 조선인에게 '너희들도 포로다'라고 말했으므로 큰 싸움으로 번져 조선인 2명과 일본인 1명이 죽었다. 거기에 군인이 와서 철포를 쏘았으므로 조선인은 달아나 산 위로 올라가 돌을 던졌는데, 전화를 걸어 순사와 형사가 와서 진정되었다" 운운하며 유포했다.

비고: 언론·출판·집회·결사 등 임시단속법 위반으로 검거, 10월 30일 송국

청·부·현(廳·府·縣): 오카야마(岡山)

종별: 유언비어

피의자 본적·주소: 전남 곡성군(谷城郡) 목사동면(木寺洞面) 용봉리(龍鳳里)·구메군(久米郡) 요시오카손(吉岡村) 히사기(久木) 78

피의자 직업·성명: 광부 성산이남(星山二男, 호시야마 지난, 36세)

개요: 위 사람은 지정된 광산에 취업해 절차를 밟지 않고 무단으로 장기 결근을 하는 등 불량한 분자로, 올해 9월 이후 2~3회에 걸쳐 동료 조선인 십수 명에게 "전쟁으로 인해 물품은 적어지고 서로 부자유한 생활을 해야 하는 상황이 되었다. 빨리 전쟁을 중지해야 할 것이다. 전쟁을 멈추면 물건도 자유롭게 되고 생활난이 해소될 것이다. 지금 같은 괴로운 생활로는 곤란하다"라고 반전적(反戰的) 언사를 유포했다.

비고: 언론·출판·집회·결사 등 임시단속법 위반으로 12월 1일 송국

청·부·현(廳·府·縣): 나가사키(長崎)

종별: 유언비어

피의자 본적·주소: 경북 의성군 봉양면(鳳陽面) 도원동(桃源洞)·니시소노기군(西彼杵郡) 고우야기무라(香燒村)

피의자 직업·성명: 토공 송산수진(松山守辰, 마쓰야마 모리타쓰, 42세)

개요: 위 사람은 효고현(兵庫縣) 아리마군(有馬郡) 미타초(三田町) 신도(新道)에 사는 토공(土工) 우산길태랑(禹山吉太郎)을 치정·원한의 마음에서 형사처분을 받게 할 목적으로 올해 7월 25일 후카보리(深堀)경찰서 고우야기무라(香燒村) 순사부장 파출소에 출두하여 "길태랑은 나에게 시모노세키 터널이나 히로시마의 군함 등의 사진을 찍어 중국 장개석이나 장학량에게 보내면 돈은 몇백 엔 혹은 몇천 엔도 벌 수 있다. 그 대축(帶縮)을 시골마을 1채 1채 사서 돌아다니며 간판을 보고 누가 출정했는지를 기록해서 중국의 장학량이나 장개석에게 보내면 몇백 엔, 몇천 엔도 벌 수 있다고 말했다. 길태랑은 확실히 '스파이'다"라고 말했고, 그 밖에 올해 7월 20일 무렵 지인 2명에게 같은 내용의 유언비어를 유포했다.

비고: 무고(誣告) 및 언론·출판·집회·결사 등 임시단속법 위반으로 검거, 10월 22일 송국, 11월 29일 무고죄로 징역 4개월에 처해짐.

8. 『특고월보』, 1944.1~12

1) 「대동아전쟁(아시아태평양전쟁)에 대한 재일조선인의 동정_ 유언비어 및 기타 단속 상황」, 1944.1

부·현·청(府·縣·廳): 오사카(大阪)

종별: 유언비어

피의자 본적·주소: 경북 의성군 단밀면(丹密面) 동암동(凍岩洞)·오사카시 히가시요도가와구(東淀川區) 가시마초(加島町) 1187

피의자 직업·성명: 자전거 리어커 운반부 대도수득(大島水得, 오오시마 스이토쿠, 29세)

개요: 작년 11월 중 고용된 오사카시 서구(西區) 규죠(九條) 미나미도오리(南通) 2-161, 二급배소에서 동료 신호덕의(神戸德義, 고베 도쿠요시), 등전조희(藤田朝喜, 후지타 아사키), 흑전중이(黑田重二, 구로다 시게지) 등에게 아무런 근거가 없음에도 불구하고 "설탕이 2~3만근 있는 곳을 알고 있는데, 매입해 줄 만한 데가 어디 없을까? 전부 사려는 사람이 있다면 1근에 3엔으로, 이것을 연결해준다면 수수료만 해도 매우 크지 않는가? 물품은 아마가사키(尼ヶ崎) 부근의 방공호에 들어 있다. 그 위에는 고사포(高射砲)가 자리하고 있다. 운반 방법은 군대 트럭으로 물품 위에 헌병이 앉아서 운전해 나르기 때문에 절대 안심해도 된다. 한큐(阪急)와 다카시마야(高島屋)[27]는 너무 크기 때문에 사지 않을 것이다. 방공호 위에는 고사포가 자리하고 있고, 헌병이 경비서고 있으므로 일반인들이 모르는 것은 당연하지 않은가? 역시 헌병도 밀거래를 하는 것이다"라고 유언비어를 유포했다.

조치: 1월 6일 형법 제105조 전시(戰時)인심혹란죄로 검거, 송국

부·현·청(府·縣·廳): 교토

종별: 유언비어

---

27 한큐와 다카시마야는 모두 백화점이다.

피의자 본적·주소: 충북 영전군 용산면 산저리 300·교토시 후시미구(伏見區) 시모토바(下鳥羽) 나카지마토야마초(中島外山町) 9

피의자 직업·성명: 양돈업(養豚業) 손종규(孫宗奎, 44세)

개요: 작년 12월 5일 오사카부 나카카와치군(中河內郡) 야타무라(矢田村) 손순대(孫順大) 집에 갔을 때 손순대에게 들은 얘기에, 집으로 돌아간 후 자신이 창의 날조한 사항을 추가하여, 교토시 후시미구(伏見區) 시모토바(下鳥羽)의 스기야마 도시오(杉山敏夫) 또는 부임봉원(富林奉元, 도미바야시 호겐)이라 불리는 자에게 "오사카에서 어떤 사람이 징용되어 가서 얼마 있다가 도주했는데 그의 본가로 도주했다고 하는 통지가 있었고, 그 후 얼마 뒤 본인은 체포되었다는 통지가 있었다. 아내가 안심하고 있을 무렵 이번에는 해골이 담긴 상자가 도착했고, 그 속에는 남편의 뼈가 들어 있었다고 한다 운운"하는 유언비어를 유포하였다.

조치: 1월 10일 언론·출판·집회 등 임시단속법 제18조 위반으로 검거, 송국

부·현·청(府·縣·廳): 효고

종별: 유언비어

피의자 본적·주소: 전남 영암군 학산면 매월리·부정(不定)

피의자 직업·성명: 전(前) 선원(船員) 부영무웅(富永武雄, 도미나가 다케오), 즉 손사남(孫四男, 25세)

개요: 전시 하 육해군 군인이 사회에서 우대받는 상태를 목격하고, 군인으로 위장하면 일반인보다 존경받고 우대되어 어떤 일도 쉽게 가능하다고 맹신하고, 선박에 [대해] 지식과 경험이 있던 것을 기화(奇貨)로 하여, 작년 4월 이후 현역 해군 중위 또는 2등 기관사(예비해군중위)로 위장해, 고베 시내를 전전하면서 지인과 다른 사람들에게

1. 나는 원래 상선(商船)을 탔었는데, 그 배가 개장(改裝)되어 가가(加賀)로 불리는 항공모함이 되어, 계속해서 그 배를 탔는바, 남방 방면에서 침몰했기 때문에 500명 가까운 승조원 중에서 겨우 13명만 살아남았다.

2. 나는 해군보도부 부영(富永) 소좌의 동생인데, 전에 가가(加賀)로 불리는 항공모함에 타고 있을 때 해당 함선이 침몰해서 부하 1,000여 명을 잃은 적이 있다.

3. 내가 이번에 하는 임무는, 야마모토(山本) 사령장관이 타고 있는 배가 굉침(轟沈)된 것을 그 후에 인양했는데 스스로 항행(航行)하는 것은 물론 전투력도 없으므로 그 선박을 어떤 기지로 끌어 놓은 후 수리를 하기 위해 끌고 가는 임무를 맡고 가는 것이다.

4. 나는 전투 발발과 동시에 군함에 승선해 남방으로 출동했다. 항공모함 가가(加賀)에 탑승해 해당 함대가 솔로몬해협에서 침몰했고, 나는 기관부(機關部)의 책임자로 군법회의에 부쳐졌지만, 모 대위의 변호로 무죄가 되었고, 다음 달 7일까지 휴가를 얻은 상태다.

5. 나는 항공모함 승조원 해군중위이다. 현재 함대가 가와사키 조선소에 입거(入渠) 수리 중으로 군 관계 공장을 순시하고 전선 상황을 얘기하고 있다. 진주만 특별공격대에도 지원했는데 빠져나왔다. 야마자키부대를 구원하라는 명을 받았는데, 조종을 잘못하여 애투섬[Attu Island] 용사들이 저런 최후를 맞게 했다 운운[10월 4일 코베(神戶) 미와기공(三和機工)회사 식당에서 공원 50명에게 강연한 내용]

라고 유언비어를 유포하였다.

그 밖에 위 사람은 남방 방면으로부터 저렴한 물건을 구입해 왔다고 사칭하며, 또 실제 군인인 것으로 사칭하여 일시 대출을 이유로 해서 현금을 빌리는 등의 형태로 12명에게서 합계 현금 1510엔, 구두·단검(短劍)·시계·샤프펜 등 시가 141엔 상당액을 편취하였고, 또 횡령·절도죄도 감행했다.

조치: 작년 10월 검거, 12월 27일 육해군형법위반 및 사기·횡령·절도죄로 송국됨

부·현·청(府·縣·廳): 야마구치
종별: 유언비어
피의자 본적·주소: 나가사키현 히가시소노기군(東彼杵郡) 미야무라(宮村)
피의자 직업·성명: 해군공장장 취사장 내 조선인 이정선(李貞善, 33세)
개요: 작년 11월 중 지인 수 명에게 "나가사키 쪽에서 여러 가지 들었는데, 전쟁 상황이 전혀 재미있지 않습니다. 이번 전쟁에서 일본은 집니다. 일본[에게 행운]은 1937년까지밖에 없는 듯합니다. 나가사키 현장에서도 전쟁에서 지고 있었으므로 재료가 들어오지 않아 야지마구미(矢島組)가 13개 동의 해군 병사(兵舍) 건축 청부를 맡고 있었는데 2개 동이 중지되었습니다. 또 해군의 무도장 건축도 2개 동 청부를 받았지만 1개 동은 중지되었

습니다. 전쟁에서 지고 있으므로 더 이상 재료가 없는 것입니다" 등의 유언비어를 유포하였다.

조치: [원문 공란]

부·현·청(府·縣·廳): 시마네(島根)
종별: 유언비어
피의자 본적·주소: 경남 진주군 상반성면(上班城面) 장안리(長安里)·시마네현 노기군(能義郡) 야스기초(安來町)
피의자 직업·성명: 자동차 운전수 삼호정사랑(三好正四郎, 미요시 세이시로, 25세)
개요: 작년 12월 중 지인(일본인) 사카모치 이키치(板持伊吉)에게 "조선의 동북부에서는 독립운동이 일어나 상당히 활발해져 커다란 문제로 되고 있는 듯하다. 국가 총력을 들여 싸워야 할 때인데 참 난처하게 됐군"이라고 말했다.
조치: 엄중 훈계함

2) 「교토 거주 조선인 학생의 모략적 의도에 기반한 유언비어 유포사건 검거 및 취조 상황」, 1944.2

교토부에서는 교토에 거주하는 조선인 학생들 사이에서 전국(戰局)을 왜곡하고 일본의 패전을 운운하거나, 혹은 재미조선인이 조선독립에 관해 계속 활약하고 있다는 등의 유언비어가 유포된 곳이 있다고 하므로, 극력 내부 정탐한 결과, 성봉중학(聖峯中學) 조선인 학생 화산창영(和山昌永, 와야마 쇼에이) 외 2명의 소행이었음을 탐지하고, 작년 10월 그들을 검거하여 취조 중이었는데, 범죄 정황이 판명되었으므로 이번 달 1일 육해군형법 형법 제105조 2항, 언론·출판·집회·결사 등 임시단속법 형법 제18조 각각 위반으로 문의(問擬)하여, 교토구 재판소 검사국으로 송국하였다. 사범(事犯)의 개요는 다음과 같다.

(1) 피의자 본적·주소·성명·연령

① **본적:** 평북 용천군(龍川郡) 내중면(內中面) 당령동(黨嶺洞)

 주소: 교토시 사쿄구(左京區) 기타시라카와(北白川) 히가시히라이초(東平井町) 청수영일(淸水榮一, 시미즈 에이이치) 집

 성명: 성봉 중학 학생 화산창영(和山昌永, 와야마 쇼에이, 22세)

② **본적:** 전남 완도군 완도읍 군내리(郡內里)

 주소: 교토시 사쿄구(左京區) 기타시라카와(北白川) 히가시히라이초(東平井町) 시로카와엔(白川園) 아파트

 성명: 성봉 중학 학생 김자일부(金子一夫, 가네코 가즈오, 20세)

③ **본적:** 전남 완도군 고금면(古今面) 농상리(農桑里)

 주소: 교토시 히가시야마구(東山區) 야마시나(山科) 니시노산카이초(西野山階町) 산전영자(山田榮子, 야마다 에이코) 집

 성명: 성봉 중학 학생 상촌경환(桑村慶煥, 구와무라 게이칸, 22세)

(2) 사범(事犯)의 개요

피의자 화산창영(和山昌永, 와야마 쇼에이), 김자일부(金子一夫, 가네코 가즈오), 상촌경환(桑村慶煥, 구와무라 게이칸)은 모두 민족의식이 매우 농후한 분자(分子)들로 조선의 독립을 희구(希求)해 왔는데, 결국 대동아전쟁 과정에서 일본이 패전에 빠지고 국내 혼란을 초래하는 것을 필연적 결론으로, 이러한 기회에 조선 민중의 봉기에 의해 독립을 완수해야 할 것이라고 맹단하고, 일반 조선인들에게 앞에서 서술한 신념을 가지게 하기 위해서는 일본이 패전에 빠질 수 있다는 것, 조선 민중의 민족의식을 격앙시키는 것 등의 유언비어를 유포하는 것으로써 비밀리에 암약(暗躍)해야 할 것이라고 하며, 1943년(昭和 18) 9월 상순부터 서로 간에 다음과 같은 유언비어를 유포한 바 있다.

1. 화산창영(和山昌永, 와야마 소에이)

(1) 1943년 사쿄구(左京區) 시시가타니데라(鹿ケ谷寺)의 전정성산(前町星山, 마에초 호시야마) 집의 김택응철(金澤應哲, 가네자와 오우테쓰) 방에서 동급생 김택응철,

신정인철(新井仁哲, 아라이 진테쓰) 두 사람에게 "너희들은 애투섬의 옥쇄(玉碎)를 사실이라고 믿는가? 애투섬의 옥쇄라는 것은 사실은 명목일 뿐, 진상은 살아남은 자는 모두 죽는 것이 싫어졌기 때문에 전부 포로가 되었던 것이다"라고 말했다.

(2) 1943년 9월 중순경 교토시 죠도지(淨土寺) 신뇨초(眞如町) 낙락장(洛樂莊)의 김강춘남(金江春男, 가네에 하루오)의 방과 사쿄구(左京區) 요시다(吉田)케이크가게 등에서 동급생 김강춘남, 대원일건(大原一健, 오오하라 잇켄), 김달호(金達鎬)에게 "애투섬에서 날아온 전서(傳書) 비둘기가 일본의 어떤 곳에 도착했다. 그 편지에는 야마자키부대가 적에게 에워싸였음에도 불구하고 원군이 오지 않기 때문에 이제는 죽느냐 포로가 되느냐 선택지밖에 없다. 어느 길을 택하는지는 그때 기분에 따른다며 격노에 차 쓴 모양이었다. 그리고 생존자는 모두 죽음에 염증을 느껴 결국 포로가 되어 버린 모양새이다. 따라서 애투섬 옥쇄라고 말하는 것은 거짓이다"라고 말했다.

(3) 1943년 8월 무렵 조선에서 차에 동승했던 성명·연령 불상(不詳)의 30세 정도의 조선인 남성으로부터 "조선의 한 시골에 상당히 정교한 라디오를 가진 사람이 있어 어느 날 라디오를 듣고 있는데 미국 하와이에서 조선을 향한 방송이 나왔습니다. 그 내용은 '조선의 여러분들에게 말씀드립니다. 여러분 모두는 왜 일본식으로 성(姓)을 바꾸고 또 왜 지원병이 됩니까?'라는 것으로, 그 이야기가 마을에서 확산되어 라디오를 가지고 있던 사람은 경찰관에게 붙잡히는 꼴이 되었고 경찰에서는 라디오를 매우 엄격히 조사하고 있습니다"라는 유언비어를 들어 알게 된바, 진위가 불명한 유언비어임을 인지하면서도 그것을 1943년(昭和 18) 9월 초순 무렵 교토시 사쿄구(左京區) 시시가타니데라(鹿ヶ谷寺)의 전정성산(前町星山) 집, 김택응철 방, 요시다초(吉田町) 소재 요시다케이크가게 등에서 김택응철, 신정인철, 대원일건, 김달호에게 "라디오 얘기인데, 어떤 조선인이 하와이로부터 뉴스를 듣고 있는데 조선인을 향한 방송이 나왔고, '조선의 모든 사람에게 말씀드린다. 이쪽에 있는 조선인들은 이전과 같이 행복한 생활을 하고 있다. 그런데 조선의 여러분들은 왜 일본식으로 성을 바꾸고 왜 지원병이 되느냐'라고 말했고, 그 이야기가 마을에서 확산되어 라디오를 가지고 있는 조선인은 경찰에 붙잡혀 간

모양이다"라고 말했다.

(4) 예전에 교토상과학교(京都商科學校) 2학년생 풍전상우(豊田相牛, 도요타 소규)라는 자에게 "러시아에 있는 조선인이 일본군에 대해 폭동을 일으킨 듯하다"라고 들어 알게 되자, 1943년 10월 상순경, 성봉중학교 교정에서 동급생 김자일부, 대원일건, 김강춘남, 김산송죽, 김달호 5명에게, "러시아에 가 있는 조선인이 일본을 향해 선전포고를 한 듯하다. 조선인의 배후에는 러시아가 붙어 있기 때문에 러시아가 일본에 선전포고를 한 것과 마찬가지다"라고 말했다.

(5) 1943년 10월 상순 성봉중학교 교정에서 김자일부, 대원일건, 김강춘남, 김달호, 김택응철 5명에게, "관부(關釜)연락선이 폭격당해 구조된 곳은 1, 2등 객실 손님뿐이다. 3등 객실에 타고 있던 것은 주로 조선인이므로 구조되지 못했다. 그래서 조선인은 모두 죽었다. 구조된 것은 일본인뿐이다"라고 말했다.

(6) 1943년 10월 말경 성봉 중학 5학년 1반 교실에서 대원일건, 김강춘남, 김달호 3명에게 "내년부터 의료(衣料) 점수가 더욱 엄격해져서 반으로 될지도 모른다고 한다. 특히 학생이 오버[코트]나 스프링코트, 목도리를 하는 것은 내년부터는 엄중하게 단속되며, 그런 것을 하는 자가 있으면 정부에서도 회수해 간다고 말하고 있다. 대학생의 제복도 전부 국민복으로 바꾸고 보통 사람들도 양복을 입는 자는 경찰이 시국을 인식하지 못하는 자라고 하며 주목한다고 하는 형국이므로 아마도 입는 자가 없어질 것이다"라고 말했다.

(7) 1943년 10월 말경 성봉 중학교 교정에서 김자일부, 대원일건, 김강춘남, 김달호 4명에게 "야마모토(山本) 원수(元帥)가 비행기에서 전사했다고 하는 것은 거짓으로, 군함이 [폭파]당했기 때문에 전사했다고 한다. 야마모토 원수가 전사하기 전에 커다란 해전(海戰)이 있었고 일본이 졌음이 틀림없다"라고 말했다.

(8) 1943년 10월 말경 교토시 사쿄구(左京區) 죠도지(淨土寺) 우편국 앞에서 김자일부에게 "함흥의 육군 병원에서 폭동이 일어난 듯하다. 또 대구에서도 조선인이 직급이 높은 일본인을 살해한 사건이 있었던 모양이다"라고 말했다.

(9) 1943년 11월 하순경 성봉 중학교 교정에서 대원일건, 김강춘남, 김달호, 김산송죽 4명에게 "러시아에서는 조선인이 대거 이주해 와서, 러시아 군대에 들어가 훈

련을 받고 있다. 그리고 그중에는 상당히 직위가 높은 사람도 생겨나고 있다고 하는 얘기이다"라고 말했다.

(10) 1943년 11월 하순경 교토시 사쿄구(左京區) 햐쿠만벤(百萬遍) 부근 도로 위에서 김강춘남, 대원영구(大原永久, 오오하라 에이큐) 2명에게, 도쿄 정보국에서 일하고 있는 조선인이 어느 날 라디오를 듣고 있는데, '가까운 시일 내에 미국이 도쿄를 공습한다. 그때 조선인까지 죽이고 싶지는 않으므로 피난하라. 도쿄를 공습하기까지는 시간이 있으므로 빨리 피난하도록'이라 하는 방송이 있었으므로, 그것을 들은 조선인은 친구 2~3명과 상담하고 도쿄에 있는 조선인에게 이 일을 알리고자 하였는데, 그것이 폭로되어 경찰에 붙잡혔다고 동급생인 김자일부로부터 들어 알게 된 것을 유포하는 등

대동아전쟁하에서 인심을 혹란(惑亂)할 목적으로 군사 및 시국에 관한 유언비어 혹은 허위 사실을 유포했다.

2. 김자일부(金子一夫, 가네코 가즈오)

(1) 1943년 10월 하순경 교토시 히가시야마구(東山區) 야마시나(山科) 즈시오쿠오노에초(厨子奧尾上町)의 고바야시(小林) 집에 거주하는 친구 김경환(金慶煥), 즉 상산경환(桑山慶煥)에게, 그리고 교토시 사쿄구(左京區) 기타시라카와(北白川) 히가시히라이초(東平井町) 58 시로카와엔(白川園) 아파트 그의 숙소에서 친구 화산창영(和山昌永), 송원홍(松原弘, 마쓰바라 히로시)에게 "고노에 공(公)이 내각을 꾸렸을 무렵 어떤 조선의 높은 사람을 비행기로 불러 회견했고, 고노에는 그 조선인에게 자신은 조선독립을 용인하지만 일본 군부에서 그것을 반대하기 때문에 조선의 독립은 불가능하다고 했다"라고 말했다.

(2) 1943년 10월 하순경 아침 학교 등교 도중 학급 친구인 화산창영(和山昌永)에게 "부겐빌[Bougainville]섬이나 과달카날섬에서 일본군의 전진은 전진이 아니고, 일본군은 전멸했다"라고 말했다. "미국에서 조선 독립임시정부가 있고 그곳에 조선의 국기가 달려 있다고 한다"라고 말하는 등

시국에 관해 인심을 혹란시킬만한 사항을 유포하였다.

3. 상촌경환(桑村慶煥, 구와무라 게이칸)

(1) 1943년 11월 하순 학교 친구 김자일부에게 이전부터 알고 있던 지인에게 들었던 사항을 사실 불명임에도 불구하고 "경성에서 유치장에 들어가 있던 조선인이 한 높은 사람을 구하고자 다이너마이트를 던졌다. 그런데 핵심인 그 당사자는 도망치지 못하고 다른 죄인 2명이 탈출했고, 즉시 [그 사람은] 체포되었다고 한다", "요즘 도쿄 학생들이 조선으로 돌아가는 것은 야간이 되면 고압 전력으로 외국에서 일본 도쿄를 향해 '도쿄에 있는 조선인은 빨리 돌아가라, 아메리카가 독일의 베를린을 공습한 것은 일본의 도쿄를 공습할 연습이므로 다음번에는 이러한 형태로 도쿄를 공습한다'라고 방송하고 있는 것을 듣고 돌아가는 것이다."

(2) 11943년 11월 하순 교토제국대학 농학부 앞 인근 식당으로 저녁을 먹으러 가던 도중에 친구인 송원홍(松原弘, 마쓰바라 히로시)에게 "정보국에서 근무 중인 어느 조선인이 어느 날 미국 라디오 방송에서 '가까운 시일 내에 미국은 막대한 비행기를 사용해 도쿄를 공습할 것이므로 도쿄에 있는 조선인은 빨리 고향으로 돌아가라'라고 말하는 것을 들었다고 한다. 그것을 들은 그 조선인은 일고(一高: 제일고등학교)의 조선인 학생들과 상의하여 그 일을 인쇄하여 도쿄의 조선인 모두에게 알리려 했는데, 그걸로 전부 발각된 모양이다. 그런 소문이 계속 전달되어 도쿄에 있는 조선인 학생들은 최근에 모두 고향으로 돌아갔다고 한다."

"그리고 또 어떤 강연회에서 시베리아를 횡단하여 돌아온 사람이 강연한 내용 중에 '시베리아의 어떤 곳에서 주위 1리나 되는 진지(陣地)가 있고 그곳에 조선의 국기가 걸려 있고 조선인 병력이 수비하고 있는 것을 봤다'고 말했다고 한다."

"또 구루스(来栖)[28] 대사(大使)가 가 미국 방문 중에 가장 마음에 걸렸던 일은 '너희 조선인들을 죽이는 것은 불쌍하므로 빨리 고국으로 돌아가라'고 하는 방송이었다고 한다. 이 이야기를 정보국에 있는 어떤 조선인이 듣고 도쿄대 학생에게 말한바, 그것을 들은 대학생은 그 이야기를 조선인에게 알리고자 프린트해서 책상

---

28 일본 외교관 구루스 사부로(来栖三郎, 1886~1954)를 말한다. 1941년 특명전권대사로 미국에 파견되었다가 아시아태평양전쟁이 발발하자 1942년 일본으로 돌아왔다.

서랍 속에 넣어 두었다가 헌병인가 형사에게 발견되어 끌려나갔다고 한다."

"도쿄의 어느 지역에서 강연회가 있었고 거기에서 변사(辯士)가 말하기를, '이 청중 중에는 반도 출신자도 있을 것인데, 전부 일본인이라고 생각하고 말할 테니 그런 줄 알고 들어 주시오. 나는 독일 베를린에서 돌아올 때 러시아를 통과해서 왔는데, 그때 러시아의 어느 지역에서 광대한 진지가 구축되어 있었고 그곳에서는 조선의 국기가 세워져 있었고 조선인이 총검을 가지고 지키고 있었다. 나는 그것을 보고 지금이야말로 조선인이 저렇게 러시아 세력에 압도되어 일본에 대항하고 있지만, 만약 일본과 러시아가 전쟁하게 되면 그 총검은 러시아를 향하도록 변할 것이고 [조선이] 일본 편이 되어 싸울 것이라고 생각하니 나는 든든하게 생각되었다."

"미국에 조선인이 많이 거주하고 있고 이들은 미국으로부터 조선은 독립하라는 말을 들었고 조선의 임시정부를 인정받아 조선의 국기를 내걸고 있다고 한다. 그리고 조선인에 대해서는 특별히 좋은 대우를 하고 있다고 한다. 이런 상황을 지금 일본에 돌아온 어떤 대사(大使)가 보고 점점 더 조선인을 미워하는 듯하다."

등의 유언비어를 유포했다.

3) 「조선인 운동 상황_ 불온낙서, 유언비어, 기타 단속 상황」, 1944.3

부·현·청(府·縣·廳): 경시청
종별: 불온 문서
피의자: [원문공란]
개요: 1월 25일 오후 6시경 이타바시구(板橋區) 이타바시초(板橋町) 4-1485 앞 공중전화실내 송화기 아래 선반 위에 반지(半紙) 1장에 손으로 "일본이 지면 조선은 만세, 독립하자[29]일생(日生)"이라고 쓴 먹물 글씨의 불온 문서가 네 번 접혀서 방치되어 있었다.
비고: 수사 중

---

29 원문은 가타카나 "ドクリツス"로 일본어로 '독립하다'를 뜻하는 'どくりつ(獨立)する'를 가타가나로 쓴 것으로 추정된다.

부·현·청(府·縣·廳): 경시청

종별: 불온 낙서

피의자: [원문공란]

개요: 3월 1일 아사쿠사구(淺草區) 공원 6區 2호-1 연극장 오페라 관내에 연필로 "조선독립 만세"라고 쓴 불온 낙서가 있었다.

비고: 수사 중

부·현·청(府·縣·廳): 경시청

종별: 불온 투서

피의자: [원문공란]

개요: 1943년(昭和 18) 11월 30일부 야마구치현(山口縣) 우베(宇部)우편국 소인이 찍힌 파트론지 한 겹짜리 봉투에 청색 잉크 펜글씨로 표면에 '도쿄 궁내성(宮內城)'이라고 쓰고, 뒷면에는 '야마구치현 우베시 니시구(西區) 혼마치(本町)에서 전하는 소식, 본인의 사진'이라고 적었다. 내용은 용지 1장에 푸른색 잉크를 사용한 펜글씨로 '한마디 전령(傳令)함. 미일전쟁은 이길 것이라고 생각하는가? 이번에 조선이 독립하게 해달라. 나는 전라북도 태생이다'라고 불온 자구(字句)를 나열하며 수형(手型) 사진(국민복 착용, 두발은 장발, 왼쪽 부분 네모로 각진 얼굴, 추정 연령 25세가량) 1장을 동봉했다.

비고: 수사 중

부·현·청(府·縣·廳): 경시청

종별: 불온 투서

피의자: [원문공란]

개요: 3월 17일 도쿄도 에바라(荏原)우편국 소인이 찍힌 관제 엽서에 청색 잉크 펜글씨로 발신인 에바라구(荏原區) 서중연민(西中延民)이라고 하여 경시청 앞으로 "일본인은 나라는 작고 인종은 왜소하다. 과거의 빈핍심(貧乏心)에서 벗어나지 못하고 들러붙어 있다. 큰 사람이 아니고 대륙적인 인종이 아니다. 작은 섬 섬사람 근성이다"라고 기재되었다.

비고: 수사 중

부·현·청(府·縣·廳): 가나가와(神奈川)

종별: 불온 투서

피의자: [원문공란]

개요: 월 8일 혼다(本田) 경찰부장과 이소코(礎子)경찰서 앞으로 (동일 필적으로 보임) 관제 엽서에 "대진재(大震災) 때 [내가] 신세 졌던 사람 3명이나 살해당한 나이다. 원수를 갚을 때가 왔다. 지금이라도 공습(空襲)이 되면 300명의 동지가 교하마(京濱)에 일제히 불을 질러 미국의 동지들을 맞이할 것이다. 4월을 기억하고 있다"라고 하는 불온한 내용을 기록한 것이 우송되었다.

비고: 수사 중

부·현·청(府·縣·廳): 효고(兵庫)

종별: 유언비어

피의자 본적·주소: 경상남도 사천군 남양면·기노사키군(城崎郡) 도요오카초(豊岡町) 89

피의자 직업·성명: 이발업 강본봉용(岡本鳳勇, 오카모토 호유, 47세)

개요: 1943년(昭和 18) 11월 9일 도요오카서(豊岡署) 관내에서 "경찰관이 역에서 손님의 짐을 조사하려했는데 [알고 보니] 경찰관 부인의 짐이었고, 다른 손님이 납득하지 않았다"라는 유언비어를 유포했다.

비고: 1943년(昭和 18) 11월 24일 검거, 송국, 12월 20일 기소유예 처분.

부·현·청(府·縣·廳): 효고

종별: 유언비어

피의자 본적·주소: 경상남도 창녕군 창녕면·고베시 하야시다구(林田區) 니시시리이케초(西尻池町) 1-133

피의자 직업·성명: 간사이고무(關西護謨)공장 직공 서산수웅(西山秀雄, 니시야마 히데오, 26세)

개요: 1943년(昭和 18) 12월 10일 무렵 고베시 하야시다구 니시시리이케초에 있는 간사이 고무 공장 내에서 '순사가 시골에서 쌀을 가지고 왔다. 형사가 조사해고 그 쌀을 몰수

했다. 형사 부장이 순사의 집을 수색하니 몰수한 쌀이 나왔다" 등의 시국적 유언비어를 유포한 자이다.

비고: 1월 24일 언론·출판·집회·결사 임시단속법 위반으로 송국

부·현·청(府·縣·廳): 시마네(島根)
종별: 불온 낙서
피의자: [원문공란]
개요: 2월 29일 오후 3시경 산인센(山陰線)[30] 도다코하마역(戶田小濱驛) 공중변소 내에 "독립의 뜻이 있는 우리 반도청년이여"라고 청색 잉크로 낙서한 것을 발견했다..
비고: 수사 중

부·현·청(府·縣·廳): 홋카이도(北海道)
종별: 불온 낙서
피의자: [원문공란]
개요: 1943년(昭和 18) 11월 29일 오후 9시경 에스토루군(惠須取郡) 도우로초(塔路町) 하쿠초(白鳥)광업소 갱 입구(堅入坑口) 감시실[見張室]에 백묵으로 "누가 썼는지 의미를 모르겠습니다. ナイセンリハン[31]"이라고 기재된 것을 발견했다.
비고: 수사 중

---

30 일본의 간선철도 노선으로 교토에서 주고쿠(中国) 지방에서 동해안에 접한 산인[山陰] 지역을 거쳐 시모노세키시(下関市)로 이어진다.
31 'ナイセンリハン'은 '內鮮(ナイセン)離反(リハン)', 즉 일본과 조선의 갈라서는 것을 의미하는 것으로 보인다.

4) 「조선인 운동 상황_ 유언비어, 불온 낙서, 기타 단속 상황」, 1944.4

부·현·청(府·縣·廳): 경시청

종별: 유언비어

피의자 본적·주소: 오사카부 사카이시(堺市) 류진바시도오리(龍神橋通) 1-6·세타가야구(世田谷區) 와카바야시초(若林町) 14

피의자 직업·성명: 도쿄도(東京都) 주사보(主事補) 도민생활청소과 시나가와(品川)출장소 북기성웅(北崎成雄, 기타자키 세이유, 36세)

피의자 본적·주소: 후쿠이현(福井縣) 사카이군(坂井郡) 모토부무라(本部村) 아자(字) 기요미즈(清水) 34·시나가와구(品川區) 미나미시나가와(南品川) 4-383

피의자 직업·성명: 시나가와청소회사 지배인 다전정오랑(多田政五郎, 다다 세이고로, 40세)

개요: 위 두 사람은 올해 2월 이후 청소회사 관계 사원 및 기타 다수에게 "조선에 나쁜 사상을 가진 자가 있어서 조선 내에서는 지금 조선독립운동이 일어나고 있다고 한다. 그래서 경찰에서도 조선으로 돌려보내지 않으려고 단속하고 있다. 운운"하며 유포했다.

비고: 3월 14일 경시청에 검거, 엄중히 훈계

부·현·청(府·縣·廳): 경시청

종별: 불온 투서

피의자: [원문공란]

개요: 도조(東條) 수상 앞으로 3월 28일 나고야(名古屋) 시내 지역 소인으로 보이는 봉투(무기명)로 다음과 같은 내용의 불온 투서가 있었다.

"우리 천지신명에게 구하여 조선독립운동을 일으키자. 일본인에게 야마토 혼이 있다면, 우리 조선인에게도 그러한 애국 혈조(血潮)와 전통적인 조선의 혼이 있다.
도조 군, 조선 경성의 경계를 더욱 확실히 하게나
1944년(昭和 19) 3월 18일

나고야시에서 독립군의 한 사람 천야의춘(淺野義春, 아사노 요시하루)"

부·현·청(府·縣·廳): 경시청
종별: 유언비어로 될 우려가 있는 언사
피의자 주소: 도쿄도 시바구(芝區) 시로카네다이마치 1-81
피의자 직업·성명: 애국사 주간(主幹) 이와타 아이노스케(岩田愛之助)
개요: 월 17일 관할 경찰서 경찰에게 말하기를 "이바라키현(茨城縣) 헌병에게 들은 이야기인데, 최근 현 내에서 쌀을 사가고자 오는 무리의 태반이 조선인이라고 한다. 게다가 상당히 터무니없이 비싼 가격에 사들였을 쌀을 버리고 있는 모양이라고 하는 듯한 이야기였는데, 그것은 배후에 모략의 마수(摩手)가 있는 것이다. 식량난인 일본 후방을 혼란시키고자 기도하는 것으로 생각된다. 그러나 과연 그 자본이 어디에서 나오고 있는 것일까? 미국인가? 영국인가? 중경(重慶)인가? 그것도 아니면 일본인가? 모두 이러한 배후에는 상당히 크고 교묘하고 치밀한 조직이 있을 것으로 생각된다."
비고: 다른 사람에게 말하지 말도록 엄중히 하달.

부·현·청(府·縣·廳): 경시청
종별: 조선인을 대상으로 한 일본인의 유언비어
피의자 주소: 가라후토(樺太) 루다카군(留多加郡) 루다카초(留多加町) 가사이(河西) 후시코(伏子)
피의자 성명: 지바 도메오(千葉留男)
개요: 올해 1월 중순 이후 지인 수명에게 "도쿄는 물품이 부족해서 무 1개 사는 데도 줄을 지어 기다리고 있는데, 공습 때문에 한 두 사람이 쓰러질 때도 있다. 1개월에 100엔 정도의 월급을 받아도 물가가 등귀해서 생활이 어렵다. 그런데 매월 채권을 사야 하니, 그것을 팔아 생활하고 있는데, 그 채권을 조선인이 사고 돌아다니고 있다" 운운하며 유포했다.
비고: 언론·출판·집회·결사 임시단속법 위반으로 검거, 송국

부·현·청(府·縣·廳): 가라후토(樺太)

종별: 조선인을 대상으로 한 일본인의 유언비어

피의자 주소: 호에이군(豊榮郡) 가와카미무라(川上村) 아자(字) 미쓰이(三井)

피의자 직업·성명: 가와카미 탄광 운탄부(運炭夫) 다카다 에우(高田えう, 55세) 외 3명

피의자 주소: 도요하라시(豊原市) 니시이치조(西一條) 미나미(南) 3-14

피의자 직업·성명: 어채상(魚菜商) 야스다 다네요(安田タネヨ, 42세) 외 1명

피의자 주소: 루다카군(留多加郡) 루다카초(留多加町) 도오리마치(通町)

피의자 직업·성명: 무직 미즈시나 기요코(水品淸子, 40세) 외 9명

개요: 관련된 피의자들은 1월 초순 이후 각각 수 명에서 십여 명에게 "도요하라(豊原)에서 조선인들이 쌀이 부족해지자 밀거래로 사왔던 것을 경찰관이 발견했고, 말이 통하지 않으므로 연행해 이틀 밤이나 체류시키고 그 이튿날 통역이 말한 바에 의하면, 집에 아기가 있다는 사실이 알려져 즉시 집으로 돌려보냈는데, 집에 있던 3명의 아이가 죽어 있었는데, 1명은 계단까지 올라오다가 죽은 상태였고, 1명은 벽의 흙을 입에 넣은 채로 죽어 있었다고 한다" 운운하며 유포했다.

비고: 언론·출판·집회·결사 임시단속법 위반으로 검거, 송국

부·현·청(府·縣·廳): 가라후토

종별: 조선인을 대상으로 한 일본인의 유언비어

피의자 주소: 도요하라시(豊原市) 오오도오리(大通) 미나미(南) 9-6

피의자 직업·성명: 스켈 상회(商會) 주인, 시의원 세키 히로로쿠(關拾六, 50세) 외 4명

피의자 주소: 호에이군(豊榮郡) 오치아이초(落合町) 오치아이 미나미(南) 16 히가시(東) 13

피의자 직업·성명: 어채상(魚菜商) 구메 주이치로(久米忠一郎, 45세)

개요: 1월 하순 이후 수 명에게 앞 사례와 같은 유언비어를 하였고 추가하여 [말하기를] "어린아이가 죽은 이야기를 조선인들이 듣고 대소동이 발생하고 있다고 하므로 이것은 크게 화제가 되지는 않을지"라고 운운하며 유포했다.

비고: 언론·출판·집회·결사 임시단속법 위반으로 검거, 송국

부·현·청(府·縣·廳): 가라후토

종별: 조선인을 대상으로 한 일본인의 유언비어

피의자 주소: 도요하라시(豊原市) 미나미니센(南二線) 니시(西) 10

피의자 직업·성명: 무직 오토모 사키(大友サキ, 30세) 외 6명

개요: 1월~2월 중에 수 명에게 [말하기를]
"조선 여자가 아이 3명을 안고, 쌀이 아무리 해도 부족해서 다른 사람에게서 3되 정도의 쌀을 받아왔는데, 봉투가 찢어져 있었기 때문에 찢어진 곳에서 쌀이 새었고 그것을 경찰관이 보고 언어가 통하지 않아 유치장에 들어보냈고, 3일 내내 계속 울고 있었다. 풀려나자마자 집으로 달려가 보니 7세 아이를 필두로 3명의 아이들이 모두 배고픔과 추위로 죽어 있었으므로 여자는 정신이 나간 사람처럼 울었다" 운운하며 유포했다.

비고: 언론·출판·집회·결사 임시단속법 위반으로 검거, 송국

부·현·청(府·縣·廳): 가라후토

종별: 유언비어로 될 우려가 있는 언사

피의자 주소: 루다카군(留多加郡) 노토로무라(能登呂村) 나이샤(內砂)

피의자 직업·성명: 어업조합 전무이사 야마오카 겐지로(山岡賢次郎, 48세)

개요: 3월 초순 관할 경찰원에게 "어딘가에서 쌀 1가마니를 조선인에게 백 엔에 팔고 있는데, 나중에 조사해 보니 그 지폐가 위조지폐였던 모양이다" 운운하며 말을 흘렸다.

비고: 다른 사람에게 말하지 말도록 엄중히 하달.

부·현·청(府·縣·廳): 아키타(秋田)

종별: 유언비어로 될 우려가 있는 언사

피의자 주소: 오가치군(雄勝郡) 유자와초(湯澤町) 마에모리(前森)

피의자 직업·성명: 협화회(協和會) 보도원(補導員) 조선인 금정영길(今井榮吉, 이마이 에이키치)

개요: "올해 초 무렵 경성에 있는 고등학교 이상 학생들 약 1,000명이 독립운동을 기도(企圖)해 검거되어 커다란 동요를 초래하고 있다고 운운하는 소문이 일본인과 조선인들 사

이에 전해져 하나의 화제가 되었다. 진실은 재일조선인에게도 단속이 매우 엄중해져 대진재 당시처럼 탄압이 오지는 않을지를 우려하는 마음을 품은 조선인이 많고, 결전하 진상을 끝까지 분명히 해 둘 필요가 있다고 생각했기 때문에, 경성에 있는 지인에게 문의한 바, 절대 이러한 일은 없다고 하는 말이 왔으므로 안심했다."

"최근 니이가타(新潟)에 살고 있는 조선인에게서 들었는데, 징병제가 시행되고 있고 실제로 내선일체화된 요즘 일본인-조선인을 구별할 필요 없고, 이번에 일본에 거주하는 조선인 단체인 협화회(協和會)를 해산하는 것으로 되었고, 니이가타에서는 이미 회원들을 정리하는 중이다"라고 3월 15일 관할 시찰관에게 유포하였다.

비고: 뜻하지 않은 언사(言辭)가 유언비어의 원인이 되므로 신중해야 할 것을 유시(諭示)

부·현·청(府·縣·廳): 야마구치(山口)
종별: 불온 낙서
피의자: [원문 공란]
개요: 3월 26일 시모노세키(下關)에 입항한 관부(關釜) 연락선 흥안환(興安丸) 3등 침대 천장 판자에 "구(舊) 한국기를 그리고 그 밑에 조선독립 대장 김일성"이라는 낙서가 있었다.
비고: 수사 중

부·현·청(府·縣·廳): 효고(兵庫)
종별: 유언비어
피의자 주소: 고베시 소재 가와사키 중공업 회사 이입 노무자 협화훈련대 기숙사
피의자 성명: 조야하왕(朝野夏王, 아사노 나쓰오, 23세), 이본기우(李本起羽, 리모토 기하, 23세)
피의자 주소: 아마가사키시(尼崎市) 미나미카와바타(南川端) 아마가사키(尼崎)선거(船渠)회사 기숙자
피의자 성명: 고산번일(高山繁一, 다카야마 시게이치, 23세), 광촌의웅(廣村義雄, 히로무라 요시오, 20세)

피의자 주소: 니시노미야시(西宮市) 나가하라(長原) 간사이가쿠엔(關西學院) 세이젠료(成全寮)

피의자 직업·성명: 니시노미야시(西宮市) 신학교 학생 대만인 류수영(劉水影, 24세)

개요: (올해 2월 월보 참조) 올해 1월 검거된 관계 피의자들의 유언비어와 관련해 동료인 조선인 노무자들 다수에게 올해 2월 이후 이렇게 말했다.

"이번 전쟁은 지는 것이 당연하다", "부자는 편하게 놀고 있는데 우리들만 이런 고생을 하고 있으니 전쟁은 지는 것이 당연하다", "곧 우리들도 징용될 것이고, 징용되면 [고국으로] 돌아갈 수 없으니 지금 놀아야 한다", "빨리 조선으로 돌아가자. 방공호를 파고 소란을 피우고 있는 것은 공습이 가까워졌기 때문이거나 두렵기 때문이지 않겠는가", "일본은 신국(神國)으로 자부하고 있지만, 우리들은 이런 국체(國體)는 신용할 수 없다. 민족이 다르고 피가 다르다", "중일전쟁도, 대동아전쟁도 일본 제국주의 침략 전쟁이다."

그 밖에 불온 사항에 저촉되는 유언비어를 말했다.

비고: 2월 18일 이후 검거되어 취조 받은 후, 이번 달 11일까지 전원(全員)이 언론·출판·집회·결사 등 임시단속법 위반으로 송국

5) 「조선인 운동 상황」, 1944.6

(1) 불온 낙서, 유언비어, 기타 단속 상황

부·현·청(府·縣·廳): 경시청

종별: 불온 투서

피의자: [원문 공란]

개요: 5월 11일 오전 6시 50분 혼고구(本鄕區) 고마고메하야시초(駒込林町) 199번지 쇼다 가오루(庄田薰) 집 신문지 투입함 안에 400자 원고용지를 반으로 접은 것에 검정 연필로 "지금 대신(大臣)은 조선의 스파이[回し者]이므로 일본은 영국과 미국에 진다. 빨리 조선과 전쟁하라"는 모략적인 불온 투서가 있었다.

비고: 수사 중

부·현·청(府·縣·廳): 홋카이도
종별: 유언비어
피의자 본적·주소: 경남 창원군 진해읍 동조리(洞調里) 563·하코다테시(函館市) 가이간초(海岸町) 64
피의자 직업·성명: 일로(日魯)어업주식회사 숙사(宿舍) 내 잡부(雜夫) 서촌길랑(西村吉朗, 30세)
개요: 2월 19일 가미이소군(上磯郡) 기코나이초(木古內町) 238 토공(土工) 카운터 오카모토 후미타쿠오(岡本文宅雄) 집에서 위 사람과 그 외 4명에게 "배급물자가 부족한 것은 정부의 방침이 나쁘기 때문이다. 눈 색깔이 이상하고 키가 큰 자들(미국 병사를 뜻함)이 이 부근에 상륙하지 않으면 우리들에게 자유는 오지 않는다" 등의 시국적 유언비어를 유포한 자이다.
비고: 5월 7일 언론·출판·집회·결사 등 임시단속법 위반으로 송국

부·현·청(府·縣·廳): 홋카이도
종별: 불온 낙서
피의자 본적·주소: 전남 구례군 토지면(土旨面) 금내리(金內里) 264·유바리시(夕張市) 후쿠즈미(福住) 20번지
피의자 직업·성명: 호주[영순(泳舜)]의 장남 석천택모(石川澤模, 니시카와 사와모, 11세)
개요: 5월 28일 오후 0시 30분 유바리시(夕張市) 후쿠즈미(福住) 20번지 공동 수도 덮개 판 벽 북쪽에 백묵으로 "일본인에게 지지 마라"라는 불온 낙서를 한 자이다.
비고: 단순한 악희(惡戲)임이 판명되어 석방함.

부·현·청(府·縣·廳): 오사카
종별: 유언비어
피의자 본적·주소: 경남 의녕군(宜寧郡) 의녕면 서동(西洞) 447·나카카와치군(中河內郡) 류게초(龍華町) 다케후치(竹淵) 337
피의자 직업·성명: 김자경일(金子慶一, 가네코 게이이치), 즉 자동차운전수 김연국(金烟

國, 26세)

개요: 작년 5월 5일 나카카와치군(中河內郡) 류게초(龍華町) 마을 회장 히키타 기사부로(疋田喜三郎) 집에서 마을 반상회 석상에서 출석자 수 명에게 "전쟁은 이기든 지든 좋으니까 빨리 끝내고 배급품을 빼서 나눠주길 바란다"라는 반전적(反戰的) 언사를 발설하여 인심을 혹란시킨 자이다.

비고: 3월 23일 언론·출판·집회·결사 등 임시단속법 위반으로 오사카구검(大阪區檢)으로 송국하여, 약식 명령으로 벌금 100엔에 처함.

부·현·청(府·縣·廳): 오사카
종별: 유언비어
피의자 본적·주소: 충남 서산군 서산면 읍내리 2·니시나리구(西成區) 쓰루비바시(鶴見橋) 기타도오리(北通) 7-10
피의자 직업·성명: 오사카 공학교(工學校) 3학년 금속 만물공[挽物工] 국본방웅(國本芳雄, 구니모토 요시오, 25세)
피의자 본적·주소: 경남 함안군 여항면(艅航面) 내각리(內各里) 248·기타구(北區) 미나미모리마치(南森町) 11 영정정길(永井正吉, 나가이 마사키치) 집
피의자 직업·성명: 오사카 공학교 3학년 신문배달인 이원방태랑(李原芳太郎, 리바라 요시타로, 21세) 외 3명

개요: 피의자들은 사립 오사카 공학교 학생들로 통학 중이던 작년 10월경부터 같은 해 11월 초순경까지 같은 학교 교실과 기타 동급생 5명이 만나 서로 간에

1. 일본인은 조선의 지원병에 대해서도 차별하고 있다.
2. 우리들은 진학과 취직에 상당한 차별대우를 받고 있는 듯하다. 서로 공부해서 독립을 위해 제대로 하자.
3. 북조선에서 노동자가 독립을 위해 쟁의를 제기했고 결집했으므로 헌병이나 군대가 나와 발포해 대부분 검거되어 소란스러운 상황이다.
4. 신문에서 발표한 관부(關釜) 연락선의 침몰은 미국의 어뢰가 아니라 조선대학생이 밤중에 기관부를 폭발시킨 것인 듯하다.

5. 교토에서는 조선인 대학생이 4만 명이나 독립운동을 제기해 독립 만세를 외치고 있는 모양새이다.
6. 조선에서는 한 대나무 뿌리가 있는데, 대나무에 뿌리가 나면 조선이 번성하고 뿌리가 마르면 쇠멸한다고 한다. 그런데 요즘 그 뿌리가 자라나고 있다고 한다.

등등의 허보(虛報)를 유포하고, 시국에 관한 유언비어를 말했다.

비고: 5월 19일 언론·출판·집회·결사 등 임시단속법 위반으로 송국

부·현·청(府·縣·廳): 오사카

종별: 유언비어

피의자 본적·주소: 전남 진도군 고군면(古郡面) 오산리·부정(不定)

피의자 직업·성명: 삼곡장길(三谷長吉, 미타니 오사키치), 즉 가스용접공 조남귀(曹南貴, 36세)

개요: 작년 8월 중순경, 하숙처인 니시나리구(西成區) 아사히미나미도오리(旭南通) 8-12 무타 가네키치(牟田金吉) 집에서 무타 및 다른 2명에게 "큰 소리로 말할 수는 없지만, 나는 여전히 조선의 공산당에 가입되어 있다. 거기에는 조선인 장교도 있고 기관총이나 대포 등의 병기(兵器)도 많이 있다. 나는 지금도 경찰 미행이 붙어 있는 것 같다"라며 허구의 사실을 날조하여 유포한 자이다.

비고: 5월 19일 언론·출판·집회·결사 등 임시단속법 위반으로 송국

부·현·청(府·縣·廳): 효고

종별: 유언비어

피의자 본적·주소: 경남 부산부 일선정(溢仙町) 612·히가시나리구(東成區) 다이세이도오리(大成通) 1초메(丁目) 29

피의자 직업·성명: 회사원 부전무(富田茂, 도미타 시게루, 43세)

개요: 3월 13일 오후 6시경 돗토리현(鳥取縣) 도하쿠군(東伯郡) 아소즈무라(淺津村) 도고(東郷)온천여관 망호루(望湖樓)에서 투숙 중에 계단 아래 로비[客間]에서 잡담 중에 이전에 접대부[酌婦]였던 나카무라 지요코(中村千代子) 및 다른 4명에게 "오사카의 천왕사(天

王寺) 역에서 짐을 들고 하차한 학생을 사복형사가 조사하더니 갑자기 때렸는데, 그 짐은 사실은 그 형사의 아내가 무거운 듯이 들고 있었던 것을 학생이 동정해서 들어준 것으로, 형사도 어처구니 없었던 일이었다"라고 시국에 관해 인심을 혹란시킬만한 유언비어를 한 자이다.

비고: 5월 5일 언론·출판·집회·결사 등 임시단속법 위반으로 벌금 50엔에 처해짐. (약식명령)

부·현·청(府·縣·廳): 도치키(栃木)
종별: 불온 낙서
피의자 본적·주소: 경북 안동군 안동면 다실리(多實里)·가미쓰가군(上都賀郡) 닛코마치(日光町) 아라사와(荒澤) 1750
피의자 직업·성명: 미산광치(米山廣治, 요네야마 고우지), 즉 토공(土工) 권용호(權龍虎, 33세)
개요: 5월 13일 오후 5시경 닛코마치(日光町) 구지라(久治良) 소재 현립 닛코고녀(日光高女) 앞 현(懸) 도로 위에 백묵으로 "대동아 개돼지의 교육"이라는 불온한 낙서를 했다.
비고: 6월 1일 언론·출판·집회·결사 등 임시단속법 위반으로 송국

부·현·청(府·縣·廳): 시마네(島根)
종별: 유언비어
피의자 본적·주소: 경북 영주군(榮州郡) 영주읍 하망리(下望里) 379·이이시군(飯石郡) 이이시무라(飯石村) 가미구마아이(上熊合)
피의자 직업·성명: 남산정길(南山正吉, 미나미야마 마사키치), 즉 토공(土工) 남광술(南廣述, 23세)
개요: 3월 하순 경 요나고시시(米子市) 소재 요나고시(米子)조선소 숙소(飯場) 신정태원(新井泰園, 아라이 다이조노) 집에서 신정(新井, 아라이) 및 다른 4명에게 [말하기를] "이번 전쟁은 일본이 이길 가망이 없다. 우리들도 죽어야 하게 될 것이다. [어차피] 같이 죽을 것이라면 조선에서 죽고 싶은데, 좀처럼 조선으로 돌아갈 수 없고 기차에 타는 것까지도

금지되어 있다. 가면 갈수록 조선으로 돌아가는 것이 불가능해질 것이다"라고 시국에 관해 인심을 혹란시킬만한 사항을 유포한 자이다.

(2) 기타큐슈(北九州) 지방 적 비행기 공습에 따른 재일조선인의 동정_ 유언비어 및 기타 요주의 동향

반대로 총체적으로는 앞서 서술한 것과 같이 양호한 동향이 있지만, 일부에서는 적 비행기 공습 사실 내지 피해 상황을 보고 들어 상당한 충격을 받고 다소 동요하는 움직임이 있는 것은 부정하기 어렵다. 다음과 같은 요주의 현상이 약간 인정되며, 향후 지도 및 단속상 유의해야 할 것을 통감한다.

1. 와카마쓰시(若松市)에서 일부 항만하역(荷役) 조선인들이 16일 아침 출근율이 일본인 노동자에 비해 상당히 저하된 경향을 보인다. 결근자의 일부는 가재도구 정리하는 듯한 모양이고 공습에 대해 공포에 빠진 경향이 있다.

2. 도바타시(戶畑市)에서 조선인의 일부 중에 적의 공습에 당면해서도 연습일 것으로 오해하여 담소를 나눈 자가 있다. 적극적으로 방공(防空) 활동을 하고, 또 진지하게 몸을 보호하는 조치를 강구하는 자가 적고, 실제 적의 공습이라는 것을 알게 되면 결국 상당한 충격을 받는다.

3. 후쿠오카현(福岡縣) 시모시카노시마(下志賀島) 소재 조선인 석탄 하역(荷役) 노동자 고전재출(高田再出, 다카다 사이데, 38세)은 16일 오후 9시경 경보 발령중임에도 불구하고 동료 조선인 김택금차(金澤金次, 가네자와 긴지, 49세) 집에서 등화관제가 불충분하였으므로 주의한 바, 김택금차가 격앙해 흉기로 고전재출과 싸우다가 등 부분을 찌르는 상해를 입혔다.

4. 후쿠오카현(福岡縣) 시모시야카노오(下古河目尾)탄광에서 이입 조선인 노무자에게는 "16일 아침 비행기가 탄광의 산속에 폭탄을 떨어뜨린 것은 연습이다. 우리들의 만기(滿期)도 가깝고 성적도 나쁘기 때문에 일본의 비행기가 연습을 이용해 실제 전쟁처럼 보이는 것이다" 등으로 함부로 말한 자이다. (지도·단속을 추가함)

5. 유언비어
    (1) "시내에서 모 조선인이 적 비행기의 내습을 보고 박수치며 기뻐하고 있었으므로 일본인에게 두들겨 맞았다고 한다." [16일 와카마쓰(若松) 시내에서 유포됨]
    (2) "공습시 도바타시(戶畑市) 센보초(千防町) 부근의 주민이 대피로 집을 비운 중인 것을 기화(奇貨)로 하여 조선인이 가옥에 침입해 물품을 절취하는 것을 경찰이 발견하여 검거했다." [와카마쓰(若松) 시내에서 유포됨]
    (3) "조선인에게 방공(防空) 사상이 전혀 없어 공습 하 집 밖에서 담배를 아무렇게 않게 피고 있는 등 심각한 실태이다." [와카마쓰(若松) 시내에서 유포됨]
    (4) 이이즈카시(飯塚市) 고모다(菰田) 특수음식점 사카모토(坂本) 집에 등루(登樓)한 3명의 조선인 탄갱 노무자들이 작부(酌婦)에게 "조선에서는 피해가 없다고 당국이 발표하고 있지만, 경성, 인천, 평양 등에 상당히 피해가 있었던 것 같다"라고 유포했다.
    (5) 같은 집 작부(酌婦) 신자(信子, 노부코)는 집을 방문한 손님에게 "다치아라이(太刀洗)[32]에 쌀을 사러 가서 쌀 1말(斗)에 50엔에 사왔다. 그 지역 사람 말에 따르면 다치아라이(太刀洗)의 비행기는 한 대도 비행하지 않고 군인들은 모두 비행기 아래 숨어 있다고 한다"라고 유포했다.
    (6) "적 비행기가 기타큐슈지방을 공습하고 돌아가는 길에 조선으로 날아가 부산도 폭격을 받은 듯하다." [와카마쓰(若松) 시내에서 유포됨]
    (7) 그 밖의 지방: 이번 공습 시 전국적으로 경계경보가 발발되었는데, 일반적으로 재일 조선인들의 동정(動靜)은 지극히 침착[冷靜]했고, 도쿄, 가나가와, 교토, 오사카, 고베(神戶), 나고야 등 주요 도시 내지 이입 노동자들이 다수 취업해 있는 각 현 취업장에서도 특이한 동향은 없는 추세이다. 하지만 여전히 일부 지역에서는 불온한 유언비어를 유포하거나, 또는 허보(虛報)에 미혹되는 자들이 없기 어렵다. 오사카에서는 공습 직후 재일조선인들 사이에서 (가) 도쿄가 공습된 듯하다. (나) 조선인이 150명 정도 경찰관에게 수갑을 채워져 끌려갔다 등의 유언비어가 유포되었다.

---

32 현재 후쿠오카현(福岡縣) 남부 지역의 미이군(三井郡) 다치아라이초(大刀洗町)에 해당한다.

6) 「조선인 운동 상황」 1944. 7

(1) 유언비어, 기타 단속 상황

부·현·청(府·縣·廳): 홋카이도

종별: 불온 낙서

피의자 본적·주소: 전남 고흥군 도화면(道化面) 당오리(堂烏里)·아사히카와시(旭川市) 이치조도오리(一條通) 9초메(丁目) 히다리쥬고(左十號) 요네다 만키치(米田萬吉) 집

피의자 직업·성명: 토공 인부 제등철웅(齊藤哲雄, 사이토 데쓰오, 23세)

개요: 6월 3일 가미가와군(上川郡) 히가시카구라무라(東神樂村) 시비나이(志比內) 일본발송전(日本發送電)발전소 수로개수 공사장의 작은 대장간 판자벽에 카바이트램프 모서리로 "토대(土隊), 잠결사(潛結社) 사원들이여, 너희들은 서로 힘을 모아……의 뜻"이라는 요령부득의 문자를 불로 구운 불온한 낙서를 했다.

비고: 현재 취조 중

부·현·청(府·縣·廳): 오사카

종별: 불온 낙서

피의자: [원문 공란]

개요: 6월 14일 오후 4시경 기타구(北區) 우메다초(梅田町) 오사카역 중앙 공중 남자변소 서쪽 북쪽에서 6번째 대변소 내 서쪽 흰벽[높이 약 5척(尺) 위치]에 부드러운 흑색 연필로 1글자당 약 1촌(寸) 크기로 "대동아전쟁은 우리의 전쟁이 아니다. 우리들은 영국·미국 편이다. 일개 조선 장년(壯年)"이라고 불온한 내용의 흘려 쓴 낙서가 있었다.

비고: 수사 중

부·현·청(府·縣·廳): 후쿠오카

종별: 유언비어

피의자 주소: 교토군(京都郡) 유쿠하시마치(行橋町) 가와시마(川島)

피의자 직업·성명: 조선인 공무원(工務員) 신정원칙(新井元則, 아라이 겐소쿠, 21세)

개요: 교토군(京都郡) 유쿠하시마치(行橋町) 가와시마(川島)에서 이웃사람 4~5명에게 "조선인은 20년씩이나 노예로 일본인들에게 바보취급을 당했다. 이번 공습도 4~5년 전이었다면 조선은 절대 받지 않았고 또 영미인들도 조선인들을 죽이지 않았을지도 모른다. 그러나 지금은 조선인도 지원병으로 입대하기 때문에 일본인과 마찬가지로 공습도 받고 죽기도 한다. 지원병을 하는 것은 바보 중에 가장 바보이다" 등의 시국적 유언비어를 유포한 자이다.

비고: 현재 취조 중

부·현·청(府·縣·廳): 후쿠오카
종별: 유언비어
피의자 주소: 다가와군(田川郡) 소에다마치(添田町) 미야초(宮町) 요시다(吉田) 집
피의자 성명: 조선인 강성수(姜星秀, 23세)
개요: 6월 17일 위에 적힌 숙소에서 가족 및 친척 4~5명에게 "이번의 공습으로 가시이(香椎)[33]에도 폭탄이 떨어졌는데 화약창고에 떨어지지 않아서 다행이다", "가시이(香椎) 부근에 있던 포로수용소의 포로들이 박수치며 기뻐했다"라고 공장의 공원(工員)이 말하고 있었다 등의 시국적 유언비어를 유포한 자이다.
비고: 엄중히 훈계함.

부·현·청(府·縣·廳): 후쿠오카
종별: 유언비어
피의자 주소: 야하타시(八幡市) 도오리마치(通町)
피의자 성명: 조선인 화전영광(火田榮光, 33세)
개요: 6월 18일 관할 서원(署員)에게 "자신보다 4~5 집[軒] 앞에 폭탄이 떨어져 방공호로 대피한 자는 전부 당했는데, 그것은 모두 요리집의 중년 아저씨(親爺)이거나 한량(遊人)뿐이었다" 등의 시국적 유언비어를 누설했다.

---

33 후쿠오카현 히가시구(東區)에 위치하는 지역이다.

부·현·청(府·縣·廳): 아이치(愛知)

종별: 불온 투서

피의자 본적·주소: 경남 창녕군 설산면 월령리 985·나고야시 쇼와구(昭和區) 미야코지마초(都島町) 1-12

피의자 직업·성명: 회람(回覽) 잡지업 김본종봉(金本宗奉, 가네모토 소호)

개요: 올해 3월 봉서(封書)에 무기명으로 도쿄도 내각총리대신 도조 히데키(東條英機) 각하 앞으로 보내며 다음과 같은 불온 투서를 했다.

"우리 천지신명에게 맹세하기를 조선독립운동을 일으킬 것이다. 일본인에게 야마토 정신이 있다면, 우리 조선인에게도 그러한 애국 혈조와 예부터 내려오는 조선혼이 있다. 도조(東條) 군, 조선 경성의 경계를 좀 더 확실히 하라.
1944년(昭和 19) 3월 28일
나고야시에 있는 독립군 일원 천야의춘 (淺野義春, 아사노 요시하루)"

비고: 아이치현에서 광범위한 범위에 걸쳐 필적에 의한 수사를 계속해서 결국 6월 22일 검거할 수 있었음. 치안유지법 위반으로 조치할 전망임.

(2) 적 비행기 기타큐슈 폭격에 대한 조선인의 통신 상황

지난달 적 비행기가 기타큐슈 지방을 공습했을 때 재일조선인들은 일단 냉정함을 유지했고, 공습 후에도 표면적으로는 양호한 동향을 보였으나, 원래 조선인은 정황을 잘못 인식하거나, 사태를 왜곡·과대하게 부추겨 듣거나 또는 유언비어에 미혹되는 등의 나쁜 경향이 있다. 게다가 실제로 적 비행기 공습에 직면했기 때문에 상당히 심각하게 정신적 충격을 받았을 것임을 부정하기 어렵고, 시일이 경과함에 따라 점차 친척·지인들에게 보내는 통신에서 사태를 함부로 억측하는 현상이 두드러지고 과대하게 참담하게 통신하는 등의 이러한 내부 정황이 그대로 보이는 지경에 이르렀다.

즉, 6월 19일에서 6월 29일까지 모지(門司) 우편국에서 검열한 조선인 관계 통신문을 모아 본 바, 검열 200건 중

(1) 피해를 허위·과대하게 통신한 것　　　　　　　　　　　　　　28건
(2) 적의 습격 상황을 과대하게 통신한 것　　　　　　　　　　　12건
(3) 앞의 (1),(2)에 해당하는 것으로 두드러지게 불안감을 호소한 것　7건

합계 47건 이 다수를 차지하고, 앞서 서술한 동향의 일단을 엿볼 수 있는 증거로 추측되며, 향후 공습 시에는 이들 조선인에 대해서는 당국 발표 이외의 헛된 상상에 기반한 과대 내지 허구의 통신은 엄중히 자제하도록 각별한 지도와 단속을 요함을 통감했다.

또 앞서 기록한 통신 중 주요한 것을 적기(摘記)하면 다음과 같다.

과대·허구 등 통신문 예시

(1) 해당 오구라시(小倉市)에 타국의 비행기 수 백 대가 내습(來襲)했다. 운운
(2) 외국 비행기가 160대 와서 공중전이 있었고, 그중 17대는 도쿄로 날아갔습니다.
(3) 비행선 50대가 왔다가 갔습니다. 사람은 일본인, 조선인을 합해 450명 정도 죽었습니다.
(4) 6월 15일 밤 중에 야하타(八幡) 모든 시가(市街)에 미국 비행기가 와서 10여 곳에 많은 폭탄을 투하했는데, 곤다(權田) 樣에게는 별다른 이상 증상은 없었으나, 다른 곳에서는 수 백 명의 사람들이 폭탄으로 죽었습니다.
(5) 미국 비행기가 와서 후쿠오카현의 도바타(戶畑)라는 곳과 그 부근 일대에 많은 폭탄이 떨어져 많은 사상자가 나왔습니다.
(6) 적군 비행기가 와서 야하타시(八幡市)와 그 외 다른 곳에 다수의 폭탄을 투하했지만, 이곳 내가 있는 곳은 별다른 이상 증상은 없습니다. 다른 곳에서는 수 백 명의 사람이 죽었습니다.
(7) 6월 15일 밤 외국 비행기가 와서 사람도 많이 죽었고, 일본 전국 여기저기 공장이 폭파되었고, 전혀 말할 수 없는 모양입니다.
(8) 15일 오후 12시 15분 미국 비행기가 와서 폭탄을 투하, 많은 사람들이 죽고 부상당했습니다. 16일 오후 4시까지도 날아다녔습니다.
(9) 이번에 이쪽에는 러시아 비행기가 와서 사람들이 많이 죽고 다쳤습니다.

(10) 일본은 16일 밤 12시 기타큐슈 방면이 서양 비행기에 폭격받아 피해가 심각했고 사망자도 많았습니다. 내가 있는 곳 근처에도 피습당했는데, 매우 심각한 모양입니다.

(11) 6월 15일 밤에 영국 비행기가 와서 후쿠오카 방면에 폭탄을 떨어뜨리고 사람도 많이 죽었고 가옥도 많이 파괴되었습니다.

(12) 일본에서는 영국 비행기가 6월 15일 밤 11시부터 침입해, 이곳저곳에 폭탄을 떨어뜨리고 사람들도 다수 죽었고, 가옥도 많이 날아갔습니다.

(13) 6월 15일 밤 3시 러시아 비행기가 이곳 지역으로 와서 얼마나 걱정했는지 모릅니다. 그날 밤은 잠도 못자고 밤을 샜습니다. 그리고 러시아 비행기 2대가 격추됐습니다.

(14) 일본에서는 미국 비행기가 와서 야하타시(八幡市)를 폭격해서 수만의 사람들이 죽었습니다.

(15) 지금 일본에는 적국 비행기가 와서 폭탄을 떨어뜨려 내가 있는 근처에서는 1천 명이 죽었습니다.

(16) 가옥 1000채가 날아갔고 사람들도 100명가량 죽었습니다.

(17) 수천 명의 사람들이 죽었습니다만, 운운

(18) 큰 가옥 수 백 채가 날아갔고, 사람들도 수백 명 죽었습니다.

(19) 적의 비행기가 와서 폭탄을 떨어뜨려 수백 명의 사람이 죽었습니다.

(20) 해당 지역에서 죽은 사람의 수는 어마어마하고, 그 참상은 말로 다 할 수 없습니다.

(21) 그 피해 양상은 참혹하여 지면상으로 간단히 적을 수 없습니다.
그 외에 대동소이한 것 2건 있음.

(22) 일본은 비행기가 와서 많이 죽었습니다. 조선은 무사했으므로 일본에 와 있는 조선인들도 모두 조선으로 돌아가려고 하고 있습니다.

(23) 최근 일본 방면은 적 비행기의 폭격으로 죽은 자가 많고 도저히 생활해 나갈 수 없을 듯합니다. 살벌한 지금 시대인만큼 여러 가지로 생활상 걱정이 많을 듯합니다.

(24) 해당 지방은 현재 곤궁한 상태입니다. 외국 비행기 20대에 폭격되어 당분간 불안합니다. 밤이 되면 전등이 켜지지 않아 안심되지 않고 불안하고 적막한 기분입니다.

(25) 대궐같은 집들도 많이 폭파되고 사람들도 수 백 여 명 죽어버렸습니다. 실제 안심하고 살아가는 것이 도저히 안됩니다.

(26) 적 비행기 17대가 규슈 지방으로 와서 폭탄을 투하했으므로 몇백 명의 사람들이 죽었습니다. 나는 공장에서 무서워 견딜 수 없었습니다. 이곳에서는 거주하고 싶지 않습니다.

(27) 공습 날부터 사람들은 외출도 쉽사리 못합니다.

(28) 공습은 참담한 것이었으므로 인심이 동요하고 있습니다.

(29) 이쪽에서는 매일매일 수천 명의 군대가 출정합니다.

(30) 일본은 극히 최근 밤에 적군 비행기 공습을 받고 다수의 군인이 출동했고 사람들도 다수 죽었다고 합니다. 제가 있는 곳에서도 많은 사람들이 죽었습니다.

(31) 정말 비참하다. 눈물이 앞을 가린다. 경성은 전부 파괴되었다는 얘기가 있는데 사실인지 어떤지 알려 다오.

(32) 드디어 와야 할 날이 왔다. 공포로 인해 한 숨도 잘 수 없었다.

· (33) 많은 사람들이 죽었다고 하는데, 늙은 부모가 걱정하고 있으니, 빨리 돌아오라.

7) 「조선인 운동 상황_ 유언비어 단속 상황」, 1944.8

부·현·청(府·縣·廳): 홋카이도

종별: 유언비어

피의자 본적·주소: 경남 합천군(陜川郡) 쌍상면(双相面) 죽전리(竹田里)·우류군(雨龍郡) 누마타무라(沼田村)

피의자 직업·성명: 아사노(淺野) 탄산(炭山) 갱내 인부 김해석술(金海石述, 가네우미 세키쥬쓰, 23세)

개요: 2월 25일경 "3일부터 우편저금의 환급이 불가능해진다"라고 제한되는 듯한 허구 사실을 유포했다.
비고: 언론·출판·집회·결사 등 임시단속법 위반으로 송국

부·현·청(府·縣·廳): 오사카
종별: 유언비어
피의자 본적·주소: 경북 청송군 진보면(眞寶面) 고현동(高峴洞)·미야코지마구(都島區) 다이토초(大東町) 2초메(丁目) 336
피의자 직업·성명: 화물자동차 조수 김원도수(金原道守, 가네하라 도슈, 38세)
개요: 1944년(昭和 19) 3월경부터 미야코지마구(都島區) 다이토초(大東町) 2초메 가키모토 자이타로(柿元材太郎) 집에서 "전쟁에서 일본이 지면 여자들은 미국인의 2호가 될 것이므로 지금 나의 2호가 되라", "나는 일본인보다 강하므로 괜찮다. 지금 나의 2호가 되어 둬라" 등의 유언비어를 말한 자이다.
비고: 언론·출판·집회·결사 등 임시단속법 위반으로 송국

부·현·청(府·縣·廳): 오사카
종별: 유언비어
피의자 본적·주소: 경북 예천군(醴泉郡) 용궁면(龍宮面) 산택리(山澤里) 251·나니와구(浪速區) 단모노초(反物町) 1338
피의자 직업·성명: 무직 중촌말봉(中村末奉, 나카무라 스에보, 36세)
개요: 5월 29일 오후 9시경 자택 부근에서 "일본 정부는 처음에는 국민 한 사람도 남기지 않을 때까지라는 듯이 싸울 기세였는데, 현재는 무조건 항복할 것이라고 한다", "황족은 전부 반전론자(反戰論者)로, 이에 대한 증거로는 천황이 전쟁 칙서를 발표했을 때 황후폐하가 울었다는 것이다" 등의 시국 유언비어를 한 자이다.
비고: 언론·출판·집회·결사 등 임시단속법 위반으로 송국

부·현·청(府·縣·廳): 후쿠시마

종별: 조선인에 대한 일본인의 유언비어

피의자 본적·주소: 미나미아이즈군(南會津郡) 아라카이무라(荒海村) 바바가하라(馬場原)

피의자 직업·성명: 농부 와타베 기요(渡部キク, 57세) 외 일본인 부인 5명

개요: 7월 27일 미나미아이즈군 아라카이무라 바바가하라에서 "이난(伊南) 쪽에서 조선인에게 아가씨(娘)가 잡아 먹혔다고 한다. 자매가 독쇄환(毒消丸)을 팔기 위해 언니는 광산으로 동생은 마을로 갔는데, 저녁이 되어도 언니가 돌아오지 않아 동생이 찾으러 산속 숙소(飯場)로 갔는데 언니의 ■■가 떨어져 있었다. 둘러보니 겉옷(衣裳)도 떨어져 있었으므로 동생은 정신없이 주재소로 달려갔다고 한다"라고 시국 유언비어를 유포한 자이다.

비고: 언론·출판·집회·결사 등 임시단속법 위반으로 송국

부·현·청(府·縣·廳): 돗토리(鳥取)

종별: 조선인에 대한 일본인의 유언비어

피의자 본적·주소: 고치현(高知縣) 아키군(安藝郡) 기라가와초코우(吉良川町甲) 2411·도쿄도 스기나미구(杉並區) 오기쿠보(荻窪) 2-100

피의자 직업·성명: 고쿠가쿠인대학(國學院大學) 교수 마쓰나가 모토키(松永 材, 54세)[34]

개요: 1943년(昭和 18) 12월 12일 대일본 신기회(神祇會) 돗토리현 지부가 주최하는 국체명징(國體明徵) 강연회에서 "일본은 제정일치의 국가이다. 대신(大臣)이 관임식(觀任式)을 끝내고 이세신궁(伊勢神宮)에 참배하는 법인데, 그 후에 곧장 교토 주변에서 예기(藝妓)들을 불러 연회를 열다니, [도대체] 뭐가 제정일치인 것인가?", "조선의 일부 지식인층은 우리들은 일본의 유대인이 돼 주겠다고 말하고 주술처럼 외치고 있다고 하는데, 그들은 일본이 전쟁에 계속 지고 있는 지금이야말로 조선 독립의 기회라고 말하고 있다고 한다. 또 미국에서는 조선임시정부를 수립하고 있다고 하는데, 조선인은 미국을 신뢰하고 있는 것이다" 등의 시국 [관계] 유언비어를 말한 자이다.

---

[34] 松永材(1891~1968)는 철학자, 우익운동가로 1933년 '일본주의연구소(日本主義研究所)'를 창설했다.

비고: 언론·출판·집회·결사 등 임시단속법 위반으로 7월 25일 송국

8) 「조선인 운동 상황 _ 불온 투서, 유언비어 단속 상황」, 1944. 10

부·현·청(府·縣·廳): 경시청
종별: 불온 투서
피의자: [원문 공란]
개요: 올해 6월 1일 부 야마구치현(山口縣) 우베(宇部)우편국 소인이 있는 관제엽서 2장에 청색 잉크로 쓴 글자로 다음과 같이 불온 투서를 궁내성 앞으로 보냈다.
"내각부에서 일례(一例) 전령(傳令), 지금까지 원수로 원망해 왔는데, 지금이다. 미국·영국의 비행기가 오면 한 번에 전멸이다. 과장되게 말하지 말라. 우리들은 하루라도 빨리 무너지는 것을 기다리고 있다. 야마구치 우베시(宇部市)"
비고: 현재 수사 중

부·현·청(府·縣·廳): 오사카
종별: 내선 혼혈인인 조선인에게 대한 유언비어
피의자 본적·주소: 와카야마현(和歌山縣) 이토군(伊都郡) 구도야마초(九度山町) 시이데(椎出) 877·아사히구(旭區) 나카미야초(中宮町) 7-52 고후소(光風莊) 아파트 내
피의자 직업·성명: 무직 야스다 미쓰오(保田光雄, 21세)
개요: 6월 20일 오후 9시 30분경 아사히구 나카미야초 고후소(光風莊) 아파트 내에서 송촌(松村, 마쓰무라), 근영(根永, 네나가)에게 "너희들 반도인들은 이럴 때 마음이 맞는 동지들이 모여 뭔가 조직해 도쿄지진[관동대지진] 때처럼 하면 어떤가? 도쿄지진 때는 반도인들이 우물에 독을 넣거나 아이들에게 독이 든 비스킷을 주거나, 산에 가서 청죽(靑竹)을 벌채해 와서 죽창을 만들어 여자아이들인 일본인을 찔러 죽였다고 하는데, 그때처럼 모두가 단결해서 하면 좋지 않겠는가?" 등 시국적 유언비어를 유포한 자이다.
비고: 10월 21일 언론·출판·집회·결사 등 임시단속법 위반으로 송국

부·현·청(府·縣·廳): 오사카

종별: 유언비어

피의자 본적·주소: 전남 보성군 웅상면(熊峠面) 대산리(大山里)·[오사카시] 스미요시구(住吉區) 시바타니초(柴谷町) 44 후지나가타(藤永田)조선소[35] 내

피의자 직업·성명: 직공 암본평문(岩本平文, 이와모토 히라부미, 30세)

피의자 본적·주소: 강원도 울진군 울진면 지리(池里)·스미요시구 시바타니초 44 후지나가타조선소 내

피의자 직업·성명: 직공 삼전무웅(森田武雄, 모리타 다케오, 30세)

피의자 본적·주소: 경남 마산부 봉암리(鳳巖里) 154·스미요시구 시바타니초 44 후지나가타조선소 내

피의자 직업·성명: 직공 김본학봉(金本鶴奉, 가네모토 쓰루호, 18세)

개요: 2월 5일 스미요시구 시바타니초에 있는 후지나가타조선소에서 들어 알게 된 전황(戰況) 소식을 같은 날 오후 7시경 같은 공장 기숙사에서 삼전무웅, 김본학봉 외 1명에게 "말레이시아 군도로 미국 기동부대가 상륙했다. 아, 안 된다. 일본이 지면 조선에도 '바도리오 정권'[36]이 가능하다. 일본이 지면 미국의 속국이 되어 지금보다 행복한 생활을 할 수 있다" 운운하는 유언비어를 유포했다. 삼전무웅은 이에 대해 "이번 전쟁이 길어지면 일본은 패전한다. 우리는 징용으로 와서 지금과 같이 저렴한 임금으로는 가족을 부양하며 생활할 수 없다. 일을 쉬고 몰래 벌어서 행복하게 생활하는 것이 우리의 가장 좋은 방책이다"라고 유포했다. 김본학봉은 "그렇다. 나도 지금 부모나 형제를 조선으로 돌려보내고 안전한 지대에 두겠다 운운"이라고 유포했다. 이후 생산 능률을 저하할 목적으로 올해 2월 6일부터 3월 17일까지 알리지 않고 결근했고, 고의로 총동원 업무에 종사하지 않으려 한 자이다.

비고: 언론·출판·집회·결사 등 임시단속법 및 국가총동원법 위반으로 송국

---

[35] 오사카시에 있던 민간 조선소로 1689년 3월 '兵庫屋'으로 창업되어 일본에서 가장 오래된 조선소로 알려져 있다.

[36] 원문에 "バドリオ政權"으로 표기되어 있다. '바도리오'는 파시즘 체제하에서 육군참모장, 통합참본 본부장 등을 지낸 이탈리아의 군인 정치가 Pietro Badoglio(1871~1956)을 칭하는 것으로 보인다.

부·현·청(府·縣·廳): 오사카

종별: 유언비어

피의자 본적·주소: 경기도 인천부 신정(新町) 18·이쿠노구(生野區) 이카이노(猪飼野) 니시(西) 4초메(丁目) 95

피의자 직업·성명: 무직 국광민정(國光敏正, 구니미쓰 도시타다, 50세)

개요: 8월 15일 오후 8시경 자택 앞 도로에서 더위를 식히고 있던 수 명에게 "이렇듯 공습이 빈번하게 있어서는 곤란하다. 빨리 안전한 곳으로 도망가지 않으면 살해되고 말 것이다. 적은 전파 병기가 우수하므로 일본에서 공습 경보가 발령된 때는 적이 도망친 후이다. 결국 미국 쪽 기술이 우수하므로 이긴다. 중국에 주둔하고 있는 일본 병력은 야간 연습 시 중국군 쪽으로 도망치고, 일본의 하사관 급이라면 중국군에서 장교로 받아 준다"라고 운운하는 유언비어를 유포한 자이다.

비고: 언론·출판·집회·결사 등 임시단속법 위반으로 송국

부·현·청(府·縣·廳): 오사카

종별: 유언비어

피의자 본적·주소: 제주도 제주읍 문도리(門都里)·니시나리구(西成區) 기타히라키초(北開町) 3초메(丁目) 1

피의자 직업·성명: 무직 강성양이(江城良伊, 에시로 료이, 22세)

개요: 8월 23일 오후 3시경 이쿠노구(生野區) 쓰루바시(鶴橋) 기타노마치(北ノ町) 2초메(丁目) 236 광금각아(光金覺兒, 미쓰카네 가쿠지) 집에서 잡담 중에 "도쿄에서 쌀 5되 정도 가지고 있던 사람이 순사에게 발견되어 그 순사가 연행하고자 경찰에 전화를 걸려 했을 때, 50엔을 건네자 그대로 돌려보내 주었다"라는 유언비어를 한 자이다.

비고: 언론·출판·집회·결사 등 임시단속법 위반으로 송국

부·현·청(府·縣·廳): 오사카

종별: 유언비어

피의자 본적·주소: 경남 통영군 동부면(東部面) 가리(加里)·나니와구(浪速區) 모토마치

(元町) 5-868

피의자 직업·성명: 제화공(製靴工) 이원윤구(伊原潤九, 이하라 쥰큐, 24세)

피의자 본적·주소: 경성부 견지동(堅志洞) 31·나니와구(浪速區) 가모메마치(鷗町) 1-64

피의자 직업·성명: 대구보융번(大久保隆繁, 오오쿠보 다카시게, 29세)

개요: 6월 29일 오후 7시경 나니와구 가모메마치 1초메 64 대구보융번(大久保隆繁) 집에서 [이원윤구(伊原潤九)가] 대구보융번 외 수 명에게 "규슈에서 공습이 있었을 때 짐을 수색하기 위해 전기를 킨 자가 있었고, 조사해 보니 전부 조선인이었다. 그래서 경방단에게 모두 살해당한 형국이었다. 운운" 등의 유언비어를 했고, 대구보융번은 이것을 들어 안 후 유언비어를 수 명에게 유포했다.

비고: 언론·출판·집회·결사 등 임시단속법 위반으로 송국

부·현·청(府·縣·廳): 오사카

종별: 일본인의 조선인에 대한 유언비어

피의자 주소: 미나토구(港區) 이치오카모토마치(市岡元町) 4초메(丁目) 16

피의자 직업·성명: 결발(結髮) 견습생 하기오 사치코(萩尾幸子, 22세)

개요: "기타큐슈의 폭격으로 등화관제가 불완전해진 조선[인] 부락(部落)이 피해를 입었다. 그것은 조선인이 나쁜 목적으로 등화관제를 하지 않았던 것이 아니겠는가. 등화관제는 잘 하지 않으면 안 된다" 운운하는 등 유언비어를 한 자이다.

비고: 설유(說諭) 처분

부·현·청(府·縣·廳): 오사카

종별: 일본인의 조선인에 대한 유언비어

피의자 주소: 미나토구(港區) 기타니치히가시마치(北日東町) 108

피의자 직업·성명: 목공 지물직(持物職) 이시무라 다쓰조(石村辰藏, 29세)

개요: 9월 5일 오후 9시경 도나리구미(隣組) 상회(常會)의 석상에서 "군대에서 경계경보를 발령하면 무장해서 나오는 것은 10분 정도로 영정(營庭)에 정렬한다. 우리는 미야코지마구(都島[區])의 교바시(京橋) 경비를 위해 가는데, 공습경보가 발령되면 실탄 15발을

받아 전면부 탄환 넣는 곳에 넣어서 들고 가고 착검(着劍)해서 경비에 임해야 할 것이다. 저쪽 주변에는 조선인이 많으므로 주안점[眼目]은 조선인을 죽일 것이[라는 점이]다. 찔러 죽일 것인가 때려죽일 것인가의 명령은 조선인도 군대에 입대해 있으므로 경계경보가 나오면 조선인 군인은 1개소에 모아 영내에서 한 발짝도 밖으로 나오지 않게 하라" 등의 시국 유언비어를 말한 자이다.

비고: 육군형법 위반, 언론·출판·집회·결사 등 임시단속법 위반으로 송국, 복죄(服罪)함.

부·현·청(府·縣·廳): 교토

종별: 유언비어

피의자 본적·주소: 경남 창원군 태천면(態川面) 북부리(北部里) 514·[교토시] 우쿄구(右京區) 사이인히가시산조초(西院東三藏町) 28

피의자 직업·성명: 기중기 운전사 산천민갑(山川珉甲, 야마카와 민코, 21세)

개요: 5월 하순경 자택 앞길에서 이웃인 등정정자(藤井靜子, 후지이 시즈코) 외 2명에게 "내가 일하고 있는 나카야마(中山)제강소에서는 미국 포로가 많이 일하고 있는데, 얼마 전 그 포로가 지도원인 일본인의 지도 방법이 맘에 들지 않는다며 분개해 그 지도원을 붙잡아 전기화로의 솥[鍋] 속에 던져 넣었으므로 그 사람은 열탕에서 뼈가 녹아버려 심하게 화상을 입고 말았다. 솥에 던진 포로는 그 자리에서 군대를 위해 총살되었다" 등의 시국 유언비어를 한 자이다.

비고: 9월 14일 언론·출판·집회·결사 등 임시단속법 위반으로 벌금 40엔의 판결을 언도받고 확정, 복죄(服罪)함.

부·현·청(府·縣·廳): 와카야마(和歌山)

종별: 유언비어

피의자 본적·주소: 전남 보성군 미력면(彌力面) 반용리(盤龍里) 186·불명

피의자 직업·성명: 전기 드릴공 화전찬기(華田贊基, 하나다 산키, 23세)

피의자 본적·주소: 전남 무안군 몽탄면(夢灘面) 몽강리(夢江里)·불명

피의자 직업·성명: 포백(布帛) 제품 브로커 서원용길(西原龍吉, 니시하라 류키치, 24세)

개요: 7월 20일경 이토군(伊都郡) 오고무라(卽應其村) 부천점암(富川占巖, 도미가와 덴간) 집에서 부천(富川, 도미가와)와 다른 1명에게 "미국인은 신사적인 나라로 조선인에게 상당히 동정하고 있으므로 조선을 절대 폭격하지 않을 것이며, 또한 독립시켜 줄 것이다. 일본은 위험하므로 빨리 조선으로 떠나도록 [하라]" 등의 시국 유언비어를 한 자이다.

비고: 현재 지명 수배 중

9) 「조선인 운동 상황_ 불온 낙서, 유언비어, 기타 단속 상황」, 1944.11

부·현(府·縣): 이와테(岩手)
종별: 유언비어
피의자 본적·주소: 경기도 경성부 洞 241·와가군(和賀郡) 구로사와시리초(黑澤尻町) 가미가와기시(上川岸) 사이쿠라 다미(齊藏タミ) 집
피의자 직업·성명: 저술업(著述業) 특요선갑(特要鮮甲) 정연규(鄭然圭, 45세)
개요: 8월 27일 자택을 방문한 조선인 토목 하청업자 김본래엽(金本來燁) 외 15~16명에게 "대동아전쟁은 반드시 일본이 질 것이므로 현금을 소지하고 있더라도 지폐는 종잇조각과 마찬가지로 될 것이다. 따라서 이제 물건으로 교환해 두는 편이 좋다. 특히 토지를 구입해 두면 몰수되는 일은 없다. 게다가 패전 후 물자 부족을 고려하면 토지만 있으면 생활은 가능한 것이다", "미국에서는 독립 의용군을 조선인 이민자로 편성해 미·영군과 함께 대일(對日) 진공 중이다. 실제로 지난번 기타큐슈에 내습 온 적 비행기 조종사의 태반은 조선인이었다", "일본의 대재벌 무리 중에는 일본의 패전을 예견하고 그 재산의 일부를 중립국에 위탁관리하거나, 조선인으로 호적을 취득하려고 현재 뒤에서 공작하고 있다", "미일전쟁에서 [일본이] 패전한 후 일본에 거주하는 조선인은 일본인에게 살해될 위험이 충분히 있으므로 여차할 때의 일을 생각해 둘 필요가 있다" 등의 시국적 유언비어를 유포한 자이다.

비고: 언론·출판·집회·결사 등 임시단속법 위반으로 송국

부·현·청(府·縣·廳): 아이치(愛知)

종별: 유언비어

피의자 본적·주소: 전남 무미군(茂米郡) 무풍면(茂豊面) 현내리(縣內里) 650·세토시(瀬戸) 구마노초(熊野町) 22, 무직 김본고만(金本古萬, 가네모토 후루만, 36세)

피의자 직업·성명: 무직 풍전풍자(豊田豊子, 도요타 도요코, 22세)[37] 외 3명

개요: 9월 상순경 조선인 부녀자 김본고만(金本古萬)은 공습에 대한 공포심에서 억측한 결과, 근처에 거주하는 이웃 풍전학자(豊田學子)에게 "적이 낙하산으로 내려오면 일본인은 죽일지도 모르지만, 우리 조선인은 살려줄 것이다"라고 발설했다. 풍전풍자(豊田豊子)는 동일한 내용의 유언비어를 풍전일부(豊田一夫, 도요타 가즈오)에게 누설하는 등 누차 유포한 자이다.

비고: 엄계(嚴戒)

부·현·청(府·縣·廳): 시가(滋賀)

종별: 유언비어

피의자 본적·주거: 전남 여수군 삼일면(三日面) 묘도리(猫島里)·이카군(伊香郡) 스기노무라(杉野村) 아자(字) 가네이군(金居郡)

피의자 직업·성명: 닛치쓰(日窒) 쓰치쿠라(土倉)광업소 안 니시무라조(西村組) 숙소(飯場) 내 토공 김촌상갑(金村相甲, 37세)

개요: 6월 27일 오후 2시경 위에 적힌 광업소 내 침전지 작업장에서 조선인 토공 수 명에게 "일본이 지면 우리는 미국인에게 살해될 것이라는 등의 걱정은 없다. 조선인은 역시 일본인에게 사역하고 있는 것처럼 미국인에게 사역할 뿐이다. 미국인은 결코 빈핍한 사람들까지 죽이지는 않는다. 만일 일본인이 살해된다고 하더라도 우리는 살해되지 않는다" 등의 시국적 유언비어를 유포한 자이다.

비고: 언론·출판·집회·결사 등 임시단속법 위반으로 송국

---

[37] 문맥상 풍전풍자(豊田豊子)일 가능성이 크나, 원문 그대로 두었다.

부·현·청(府·縣·廳): 후쿠오카(福岡)
종별: 유언비어
피의자 본적·주거: 경북 고령군 개진면(開津面) 부동(釜洞) 8·도바타시(戶畑市) 남천■사(南天■寺) 아마쓰쓰미(尼堤) 3449
피의자 직업·성명: 제강공 김산호용(金山虎龍, 가네야마 도라류, 23세)
개요: 5월 20일 10시 30분경 도바타시(戶畑市) 메이지무라(明治町) 3초메(丁目) 혼다(本多) 라디오 가게에서 조선인 삼성일(森盛一, 모리 모리이치) 외 3명에게 "소련군이 각지의 전투에서 우세하게 독일병을 포로로 삼고 있고, 독일 비행기도 격추되고 있다" 등의 시국적 유언비어를 유포한 자이다.
비고: 언론·출판·집회·결사 등 임시단속법 위반으로 송국

부·현·청(府·縣·廳): 나가사키
종별: 유언비어
피의자 본적·주거: 경남 부산부 신평리(新平里) 277·니시소노기군(西彼杵郡) 고우야기무라(香燒村) 마테가우라(馬手浦)
피의자 직업·성명: 가와미나미(川南)중공업 주식회사 요시다구미(吉田組) 숙소[飯場] 우두머리 행산차복(杏山且福, 교잔 마타후쿠, 38세)
개요: 8월 23일경 위에 적힌 요시다조 사무소 앞에서 같은 그룹원인 월본정호(月本政好) 외 2명에게 "요즘 신문은 맞지 않는다. 격추했다고 하는 적 비행기 수는 많이 제시하고 있고, 공습으로 당한 것은 전혀 나오지 않는다", "미국은 비행기가 많다고 하는데, 그것이 한꺼번에 일본으로 날아오면 일본은 극심하게 고통받으며 끝나게 될 것이다" 등 시국 유언비어를 유포한 자이다.
비고: 언론·출판·집회·결사 등 임시단속법 위반으로 송국

부·현·청(府·縣·廳): 나가사키
종별: 유언비어
피의자 주거: 오오무라시(大村市) 혼잔로(本山路)

피의자 직업·성명: 토건 야마가타조(山形組) 사무원 소류오시(小柳吾市, 고야나기 고이치)

개요: 9월 7일 위에 적힌 주소지에서 시찰계원에게 "경성에서는 일본군이 옥쇄(玉碎)할 때마다 지나치게 일본을 과대평가하고 있다. 의외로 [일본은] 약하다. [실태가] 이러한데, 조선이 일본에만 너무 의존하고 있어서는 위험하다고 하는 유언비어가 나돌고 있고, 최근 경성에서는 야간에 일본인이 외출하면 살해된다고 하는 엉터리 소문이 나돌고 있다. 또 부산 근해에서는 중경(重慶) 측 앞잡이가 있어 중국에 있는 미국 공군이 공습 올 것이라며 어선(魚船)에서 조명탄을 쏘아 올렸다고 한다는 말이 퍼지고 있다" 등의 시국 [관계] 유언비어를 유포했다.

비고: 다른 사람에게 말하지 않도록 엄히 경계함.

부·현·청(府·縣·廳): 가라후토(樺太)

종별: 불온 투서

피의자: [원문 공란]

개요: 11월 11일 도요하라(豊原) 우편국 소인이 찍히고 뒷면에 가라후토 철도국으로 인쇄된, 펜글씨로 가라후토신문사 앞이라고 쓰여진 이중봉투에 다음과 같은 불온한 내용의 투서가 있었다.

"일본멸망, 조선독립, 중국 발영(勃榮)

학무(學務)병사과(兵事課)의 여러분들, 본 서신을 오오쓰(大津) 군에게 건네주시기를 바랍니다. 일본멸망의 때가 곧 올 것입니다. 독일은 금년 한해를 기다리면 와해될 것으로 보이며, 독일이 망하면 소련은 일본에 대해 전쟁을 개시하려 할 것입니다. 만약 이와 같이 사태가 전개된다면 일본 제국은 내년 봄 3월까지 멸망하지 않겠습니까? 여러분 각오하십시오. 한마디 주의 드리겠습니다. 여러분 이 서신을 보고 스파이의 행동일 것으로 치부하고 경계하지 않을 수 있겠습니다. 그러나 그 사실을 예언하겠습니다. 일본 민족 7천만에게 특별히 주의 주겠습니다. 남은 3천만 명은 미국영국의 스파이가 될 것임을 우리들 S사원들은 일본 전체에 첩보활동을 기획하고 있는 바입니다. 우리들은 일본인 유지자(有志者)의 이름을 사용하여 각하에게 한마디 주의를 주겠습니다. 만세.

가라후토청 장관 오오쓰 도시오(大津俊男) 군에게

전 토요하라(豊原) 시장 S사원 다카하시 야타로(高橋彌太郎) 보냄"

비고: 수사 중

9. 『특고월보』, 1945(원고)

1) 「유언비어 단속 상황」

6월 말 현 시점에서 조선인에 관한 유언비어 단속은 87건, 106명, 그중 송국(送局)한 사범(事犯)은 18건, 20명이다.

단속 사범을 종별로 나누면, 일본인의 조선인에 대한 유언비어가 41%, 조선인의 일본인에 대한 유언비어가 10%, 조선인 간 유언비어가 48%로, 대공습 후(3월 10일 이후)에는 종전에 비해 일본인의 조선인에 대한 유언비어가 2배. 조선인 간 유언비어는 약 2배 반 격증하고 있다.(별표 1 참조)

또한 그 내용을 보면 (별표 2, 3 참조)

1. 일본인의 조선인에 대한 유언비어는 조선인의 비도덕적인 것, 경제사범에 관한 것이 격감한 반면, 공습에 관한 것이 약 3배 증가해 적국 측 모략 공작을 하거나 분적(奔敵)[38] 또는 반역행위를 하는 자가 새로이 격증, 유포되면서 공습 피해의 증대, 오키나와 함락 등 전쟁 국면의 급박화에 따른 일본인의 초조감으로부터 조선인을 극도로 위험시하는 각종 추측·억측 동향이 감지되는 상황이다.
2. 조선인의 일본인에 대한 유언비어는 그 수 또는 내용의 추이에서 현저하게 차이를 보이지는 않는데, 전쟁 국면의 부진과 관련하여 일본인을 경시하거나 무능하게 보는 경향이 있고, 일본의존 관념의 퇴조를 시사하는 부분이 있다.
3. 조선인들 사이의 유언비어는 공습에 관한 것이 약 2배, 도주 또는 도피적 귀선(歸鮮)에 관한 것이 3배, 이적(利敵) 또는 분적(奔敵)에 관한 것이 5배 급증했고, 그 외 반드시 패전할 것이라는 것과 비상사태 하 일본인의 살해를 억측하는 것이 신규로 유포되고 있으며, 공습 격화에 따른 조선인의 불안·동요를 덮기 위한 것이 아닌 패전적·보신적(保

---

[38] 적과 싸우지 않고 포로가 될 목적으로 적에게 도망가는 것을 의미한다.

身的) 태도에서 기인한 억측이 계속되고 있다.

위의 유형 외에 우려할 만한 추세로는 전쟁 국면의 급박화에 따라 생산·치안 면에서 처음부터 일본인과 조선인 간에 취사선택할 수밖에 없는 사태의 발생도 [일어나지 않는다고] 보장하기 어렵고, 앞으로 유언비어 단속에서는 특별히 유의가 필요하다.

〈별표 1〉 유언비어 단속 건수

종류/시기별	대공습 전 건수	대공습 후 건수	합계
일본인의 조선인에 대한 유언비어	12	14	36(41%)
조선인의 일본인에 대한 유언비어	4	5	9(10%)
조선인 사이의 유언비어	13	29	42(48%)
합계	29	58	87

〈별표 2〉 유언비어 유형별

종류별	유언비어 내용 분류	대공습 전	대공습 후
일본인의 조선인에 대한 유언비어	공습에 관한 것	4	11
	경제사범에 관한 것	4	1
	조선인의 비도의성에 관한 것	4	-
	적국 측 모략공작을 하려는 것	-	7
	분적 또는 반역행위를 하려는 것	-	5
조선인의 일본인에 대한 유언비어	내선통혼을 강요하는 것	2	2
	공습 하 일본인의 보복을 억측하는 것	2	-
	일본인을 멸시 또는 무능시하는 것	-	3
조선인 사이의 유언비어	공습에 관한 것	6	11
	경제 및 기타 전시통제를 비방하는 것	3	-

조선인 사이의 유언비어	반드시 패전할 것이라는 내용	-	3
	도주 내지 피난적 귀선(歸鮮)에 관한 것	2	6
	비상사태 하 일본인의 살해를 억측하는 것	-	3
	이적(利敵) 또는 분적(奔敵)에 관한 것	1	5
	독립운동 및 기타에 관한 것	1	1

〈별표 3〉 유언비어의 내용

시기별 종류별	대공습 전		대공습 후	
	유언비어의 개요	건수	유언비어의 개요	건수
일본인의 조선인에 대한 유언비어	(1) 일본인 부인을 살해하고 그 인육을 먹거나 또는 팔고 있다고 말한 것	4	(1) 조선인은 방공(防空) 활동을 하지 않고 짐을 가지고 곧장 도망갈 수 있다고 말한 것	2
	(2) 공습 대피 시기를 노려 조선인이 도둑질을 하고 있다고 말한 것	2	(2) 공습 혼잡 시에 도둑질을 하는 것은 조선인이라고 말한 것	2
	(3) 조선인에게 밀거래자[闇]가 많은 것은 적국 측의 모략에 의한 것이라고 한 내용	2	(3) 조선인은 공습 시에 적 비행기를 유도하기 위해 불을 피우고 있다고 말한 것	6
	(4) 몰래 폭리를 취하고 있는 것은 조선인이다. 혹은 이러한 조선인들에게 물건을 팔지 못하도록 해야 한다고 말한 것	2	(4) B29에는 조선인이 타서 비행기를 유도하고 있었다고 한다고 말한 것	1
	(5) 조선인은 적 비행기를 보고 기뻐했는데, 일본 비행기는 노려보고 있었다고 말한 것	2	(5) 밀거래만 하는 조선인을 일제히 보이콧해서 팔지 못하게 하면 좋겠다고 말한 것	1
	-	-	(6) 광산이나 공장에서 화재가 많이 발생하는 것은 조선인의 모략이라고 말한 것	3
			(7) 미국이나 소련은 조선인을 사용해 모략 활동을 하고 있다고 한다고 말한 것	2
			(8) 조선인은 미국 병력 상륙시 환영용으로 연미복(燕尾服, 모닝 코트)이나 양복을 사재기했다고 말한 것	3
			(9) 조선에서 폭동이 일어나고 있다고 한다고 말한 것	2
			(10) 조선인은 미국의 앞잡이가 되어 일본인에게 폭행을 가하므로 조선에서는 살 수 없다고 말한 것	2

조선인의 일본인에 대한 유언비어	(1) 이 전쟁에서 일본 남자는 의지가 안되므로 나와 결혼하는 것이 좋다고 말한 것	2	(1) 일본인은 우리를 바보취급하는데, 우리가 아니면 전쟁은 불가능하지 않겠느냐고 말한 것	1
	(2) 공습이 격화되면 우리들은 일본인에게 살해될지도 모른다고 말한 것	2	(2) 일본인이 조선으로 전적(轉籍)하거나 또는 조선의 옷을 사 모으고 있다고 말한 것	2
	-	-	(3) 일본은 패전할 것이므로 지금 내 아내가 되라고 말한 것	2
조선인 사이의 유언비어	(1) 채권은 무가치하므로 그것을 사지 말고 송금하는 편이 좋다고 말한 것	1	(1) 공습 피해에 관한 억측적인 것	4
	(2) 조선내의 노무(勞務) 공출, 물자배급 등에 관해 궁핍한 상황을 과대하게 유포한 것	2	(2) 조선에서는 공습이 없다고 말한 것	3
	(3) 공습피해에 관한 과대 또는 허구인 소문을 유포한 것	6	(3) 조선[인 의복] 윗도리를 착용하고 있으면 기관총 사살을 받지 않는다고 말한 것	2
	(4) 전쟁 종결 전망이 보이지 않는 것으로 인해 이입노무자의 도주를 선동한 것	2	(4) 공습 피해를 사실이라며 적국의 힘을 칭찬한 것	2
	(5) 미국 병력 상륙을 환영시 연미복이나 양복을 준비하고 있다고 말한 것	1	(5) 특공대를 비방한 것	1
	(6) 조선독립운동에 관한 것	1	(6) 미국 병력이 상륙할 때까지 연미복이나 양복을 사서 환영하지 않으면 안 된다고 말한 것	3
	-	-	(7) 미국 병력이 상륙하면 조선 의복을 입고 있거나 사진을 갖고 있으면 살해당하지 않는다고 말한 것	2
	-	-	(8) 일본의 패전은 반드시 도래할 것이다. 올해 중에 패배한다. 또는 일본이 지면 조선은 독립할 수 있다고 말한 것.	3
	-	-	(9) 일본이 패배하기 전에 돌아가야 한다고 말한 것	4
	-	-	(10) 조선에서 폭동이 일어나고 있다고 하므로 지금 돌아가지 않으면 일본인에게 죽임당할 것이라고 말한 것	3
	-	-	(11) 조선에 돌아가는데는 암표도 있고 밀항선도 있다고 한다고 말한 것	2

자료 목록

연번	편저자	문건명(호수,일자 등)	자료(책)명	발행일	원문 쪽수
1	朝鮮軍參謀部		昭和十一年前半期 朝鮮思想運動槪觀附錄	1936.8	70~78
2	朝鮮軍參謀部		昭和十三年後半朝 鮮思想運動槪況	1939.2	150~151, 163~164
3	朝鮮軍參謀部		昭和十四年前半朝 鮮思想運動槪況	1939.8.31	179,184
4	朝鮮軍參謀部		昭和十四年後半朝 鮮思想運動槪況	1940.2.28	240~243 256~257
5	朝鮮軍參謀部		昭和十五年前半朝 鮮思想運動槪況	1940.8	298~301 310~311[1]
6	朝鮮總督府 警務局 保安課	警戒取締事項 등	治安狀況 26-47	1937.9.14 ~1938.2.23	
7	朝鮮總督府 警務局 保安課	警戒事項	治安狀況	1938.6.10	
8	朝鮮總督府 警務局 保安課	不穩言動 及流言蜚語ノ狀況	治安狀況	1938.8.5, 1938.10.15[2]	
9	朝鮮總督府 警務局 保安課	時局犯罪ノ趣向	高等外事月報 1,3,4,6,8,12	1939.7 ~1940.7	
10	朝鮮總督府 警務局		『昭和十六年十二月第七十九回 帝國議會說明資料』	1941.12	147~154[3]
11	高等法院檢事局 思想部	時局關係の犯罪 に關する調査 등	思想彙報 13, 14, 16, 18-25	1937.12 ~1940.12	
12	日本內務省 警保局 保安課	支那事變に對する 在住朝鮮人の動靜 등	特高月報1937.7~1944.11	1937.7 ~1944.11	
13	日本內務省 警保局 保安課	在留朝鮮人運動の狀況	特高月報 1945(原稿)	1945	504~506[4]

---

1 이상 출처는 宮田節子 編·解說, 『朝鮮思想關係資料集 六』, 高麗書林, 1993이다. 원문 쪽수는 이에 따른다.
2 이상 출처는 국사편찬위원회, 『한국사데이터베이스-국내항일운동자료 경성지방법원 문서』 https://db.history.go.kr 이다.
3 출처는 朝鮮總督府 編, 『朝鮮總督府 帝國議會說明資料 第6卷』, 不二出版, 1994이다. 원문 쪽수는 이에 따른다.
4 출처는 朴慶植 編, 『在日朝鮮人關係資料集成 第5卷』, 三一書房, 1975이다. 원문 쪽수는 이에 따른다.

동북아역사재단 일제침탈사 자료총서 61
사회·문화편

유언비어(2)
전시기(1937~1945) '불온 언동'

초판 1쇄 발행 2023년 12월 27일

기획 | 동북아역사재단 일제침탈사 편찬위원회
편역 | 정병욱·김연옥
펴낸이 | 이영호
펴낸곳 | 동북아역사재단

등록 | 제312-2004-050호(2004년 10월 18일)
주소 | 서울시 서대문구 통일로 81 NH농협생명빌딩
전화 | 02-2012-6065
홈페이지 | www.nahf.or.kr
제작·인쇄 | 니케북스

ISBN 979-11-7161-045-7 94910
      978-89-6187-704-6 (세트)

- 이 책은 저작권법으로 보호를 받는 저작물이므로 어떤 형태나 어떤 방법으로도 무단전재와 무단복제를 금합니다.
- 책값은 뒤표지에 있습니다. 잘못된 책은 바꾸어 드립니다.